中華文明の考古學

飯島武次編

同成社

東亞文明之
考古學研究

序
―― 考古学から見た中華文明 ――

　現在の中国の領域を中心に、北はモンゴル高原から南はベトナム、西はタクラマカン砂漠東辺からチベット高原、東は朝鮮半島・日本列島に到るユーラシア大陸の東地域には、風土・生業・言語などに多様性を持ちながらも、粟栽培・稲栽培・養豚、禮制・儒教・仏教、都城制、葬制、漢字など共通の文化によって結ばれた東アジア世界が形成されてきた。その中心となってきたのは中国で、その文化は「中華文明」と呼ばれることがある。中国文化は西域を通じて西方との繋がりも深いが、ここで言う中華文明は東アジア世界を舞台とした中国発祥の文化である。「中華」の単語は、『三国志』蜀志五巻、諸葛亮伝・注に「使游歩中華、騁其龍光」（中華に游歩してその龍光を騁せしむ）とあり、南朝宋の裴松之による注の記述に見られるが、言葉としての「中華」あるいは「中國」の出現はそれより遙かに古いと考えられる。文献に見られる中華は、4〜5世紀のものであるが、しかし考古学の上からは、新石器時代に入ると中華文明の形成が始まったとも言える。

　中華文明の源流あるいは淵源をたどると、それは黄河や長江の流域に出現した穀物栽培の農耕文化にあると見ることができる。中国新石器時代前期の開始時期は、おおよそ10000年以前と推定され、新石器時代前期後半に入ると農耕技術水準の比較的高い穀物栽培が行われ、広い地域で豚の飼育も行われていた。黄河流域に河北省武安市の磁山遺跡や河南省新鄭市の裴李崗遺跡などの遺跡が出現し、磨盤・磨棒・鏟・鋸歯鎌がきわめて特徴的な石器遺物として使用され、粟の栽培が行われていた。また長江中流域の湖南省澧県の彭頭山遺跡や湖北省宜都市の枝城北遺跡では、稲の籾殻が発見されている。前5000年前後と考えられる浙江省余姚市の河姆渡遺跡からは大量の稲遺物が発見され、大規模な水稲栽培の存在が確認されている。この稲栽培文化がやがて朝鮮半島・日本列島にも拡大していく。中国における新石器文化は、西アジア・エジプトの小麦栽培の文化や、中南米のトウモロコシの栽培文化とは異り、黄河流域の粟栽培文化と長江流域の稲栽培文化を特色とする。中華文明の源流を遠くたどれば、この時期に源流があるともいえる。

　それぞれの国の歴史において、その国の古代国家成立時期は重要な歴史的意味を持つが、中国の場合も例外ではない。中国古代文明の出現期には、版築城壁と大型建築物を伴う都市が出現し、青銅の使用が開始され、やがて文字が使用されるようになる。龍山文化につづく二里頭文化は、青銅器時代に入っている。筆者は青銅器時代に入ったこの時代を、夏王朝の時代と考えている。二里頭文化には、宮殿宗廟区の出現、青銅器の出現、図象記号の出現など、中華文明誕生の兆しが見て取れる。殷代の二里岡文化に入ると青銅器の出土地域も黄河流域から長江流域にも拡大し、湖北省武漢市黄陂区盤龍城遺跡や江西省新干県大洋洲遺跡などにおいても青銅器が発見されている。世界の諸遺跡において青銅遺物は発見されているが、極限にまで発展した中国の青銅器文化は、この頃成立した中華文明の一つの特色ともなっている。

　殷墟文化には、甲骨文と呼ばれる文字が存在する。甲骨文は、占いの記録と推定され、法律文書

や経済文書ではないが、文章を構成している文字である。甲骨文字はやがて漢字へと発展変化していくが、中国・ベトナム・朝鮮・日本などの東アジア諸地域では、この漢字が用いられ、中華文明の強い影響の象徴となっている。甲骨文には、「中商」「大邑商」「天邑商」の単語が散在し、「中商」は4例ほどが知られ、「戊申卜王貞受中商年」（戊申に卜して王貞う。中商稔を受けられんか）（甲骨文合集20650）などとある。この単語が意味する商の中心、商の中心都市は、後の「中国」「中華」の思想の起源とも見ることができる。

周は、殷代の終わりに渭水盆地から起こった国である。西周時代には、青銅器と文字が禮器と金文として成熟期を迎える。周原付近の窖蔵からは、多数の青銅器が発見され、その一部の青銅器には銘文が存在し、盂鼎（285文字）・史墻盤（284文字）・毛公鼎（479文字）など長文の銘文が存在する。特に史墻盤は、西周前期の重要な史実を述べるだけでなく、文字は優美で、文章も韻を踏み、古典文学の傑作とも言われている。西周青銅器の出土地点は、黄河と長江流域を中心に広い地域に拡大し、西周青銅器の出土地点を見れば、西周時代の青銅器使用が殷代より普遍的であったことは明らかである。1963年に陝西省宝鶏市で発見され、現在、宝鶏青銅器博物館に収蔵されている「何尊」の銘文中には、「宅茲中國」（この中国に宅ずる）とあって「中國」の単語が見られるが、成王の時の文章である。これは国の中心、畿内の意味であるが、中華に通じる意味もある。『尚書』梓材に「皇天既付中國民越厥疆土于先王」（皇天既に中国の民とその疆土とを先王に付す）とあり、皇天は中国の人民とその土地を先王に与えた、と解釈されている。また『詩經』大雅・民勞には、「惠此中國」（此の中国を恵しみて）とあって、この京師つまり都の民を慈しみ、と解釈されている。周に関わる古典文献に「中國」が見られるようになる。これらの「中國」は中華を意味するものではないが、後の中国における儒家の思想において西周時代は政治的に理想の時代と考えられ、その思想が東アジアの文化に与えた影響は大きい。

東アジアにおける鉄器の出現に関しては、その場所と時期に関して定説が定まらないようであるが、中国における鉄器の出現と使用の普遍化が東アジアの諸文化を考える上で大きな意味を持っていることは確かである。現在発見されている考古資料から見ると、春秋時代後期には鉄の製錬技術が確立していて、鉄器が道具として使用されていたことは明らかである。南京市六合区程橋遺跡、湖南省長沙市龍洞坡遺跡、湖北省常徳市徳山遺跡などからは人工的に製錬された鉄から製作された鉄削、鉄㞢、鉄鋳などの遺物が発見され、最初の人工的な鉄の製錬は楚国で始まった可能性も高いとも言われたことがある。戦国時代中・後期に属する鉄製遺物を出土する範囲は、齊・燕・秦・韓・趙・魏・楚国などの領域におよび、それらの領域の鉄製遺物には、斧・錛・鑿・刀・削・錐・犁・钁・鋤・鍬・鎌・剣・戟・矛・鏃・鼎・盤などがあり、生産工具・武器・生活用具にいたるまで鉄で作られるようになってはいる。しかし、鉄製品の中では依然として農具が多く、鉄製農具が各地に浸透していった状態をうかがうことができるが、武器遺物の発見例は相対的に少ない。鉄武器使用が広まるのは、戦国時代後期から秦漢時代に入ってからであるが、漢代の鉄生産技術は、鍛造のほか鋳造において優れた技術を有していたことが知られ、製鉄関係の遺跡・遺物は、漢代が本格的な鉄の時代に入っていたことを明確に示している。後漢時代に入ると、鉄器の使用が中国全土に広がり、やがて中華文明の拡大と共に鉄製品と製鉄の技術も中国領内から外へ出て、東アジア全

体に広まり、人類文化の発展に大きな役割を果たすことになる。

　秦始皇帝の出現によって、前221年に至り中国国家の統一が行われ、貨幣・度量衡・法律・文字なども統一された。その後、前漢武帝の出現により、統一国家による統一した文化が確立する。この秦漢の統一文化の出現によって、都市国家に根ざしていた中国古代文明が終了し、古代中央集権国家の新しい時代に入ったと言えるが、百家争鳴の中国が統一されたことによって漢民族を中心とした新たな中国つまり新たな中華が東アジアの中心に確立したと見ることができる。秦始皇帝は、過去に例のない巨大な陵墓を造営した。始皇陵は、広大な陵域、巨大な墳丘、想定される巨大な亜字形の竪穴墓室、広い陵園、多数の陪葬坑や俑坑を有し、その後の中国皇帝陵の範となるものであった。秦始皇帝が行った皇帝陵の造営は、漢王朝に引き継がれ、劉邦の長陵、景帝の陽陵、武帝の茂陵の造営につながっていく。秦漢帝陵造営の伝統は、清朝の陵墓まで続いたとも言える。中国における陵墓造営の思想は中華文明として東アジア諸国へ伝播し、巨視的に見ると遠く日本の古墳文化もその起源は、秦漢の帝陵造営から始まった中国墳丘墓の伝統下にあると見ることができる。

　始皇帝の篆書への文字の統一は、漢の隷書をへて今日用いられている漢字への出発点となっている。春秋時代以前の出土文字資料は甲骨文や金文に代表されるような宗教的な占い、あるいは祖先の偉業などを記載したものが多いが、始皇帝以降の文字は国家統治のための法律・思想・記録に用いられ、文字の使用目的が大きく変化している。秦漢時代の出土文字資料としては、湖北省孝感市雲夢県睡虎地出土の戦国末年から始皇帝時代の竹簡、湖南省長沙市馬王堆漢墓出土の葬送に用いた竹簡、山東省臨沂市銀雀山出土の孫子兵法・孫臏兵法などの竹簡、滇王金印・南越王金印・広陵王金印の印章類、各地で出土している封泥など無数の文字資料が知られる。漢代には紙の使用とあいまって文字の使用が、殷周時代の甲骨文・金文とは比較にならないほど一般化し、やがて中国の漢字遺物（漢字が鋳造されている漢式鏡・貨幣・印章など）が東アジアに拡大していった。そして周辺国の漢王朝に対しての朝貢外交が開始され、志賀島発見の「漢委奴国王」金印はそれを示す遺物である。中国で出現した漢字は、中国のみならず言語の異なる朝鮮・日本・ベトナム等においても用いられ、東アジア文化成立と中華文明拡大の共通の道具となった。

　中国では三国時代の後、晋が国を統一したが、4世紀初めに南北分裂の南北朝時代を迎えた。中国東北部からおこった高句麗は朝鮮半島北部に領土を広げ、313年に楽浪郡を滅ぼした。半島の南部は、新羅・百済・加羅の諸国となる。5世紀初めから約1世紀にわたって、『宋書』倭国伝によれば、讃・珍・済・興・武の倭の五王が相次いで中国南朝に朝貢している。この頃、日本における漢字の使用も開始される。先記したようにこの頃の中国の文献に初めて「中華」の文字が見られる。4世紀から8世紀にかけては、中華文明が政治的、経済的な力を伴って東アジアへ伝播、拡大していく。4世紀から8世紀、東アジアの諸国は中国への朝貢制度を通じて、各種の先進的な技術、仏教文化、律令制、都城制などの知識つまり中華文明を学んでいった。

　日本へ漢字が伝わったのは、『古事記』によれば応神天皇の時、5世紀の初めと伝えられているが、漢字に対する知識はさらに早い時期から伝播していたと推定される。「漢委奴国王」金印の後、日本の古墳時代の鉄刀・剣類には漢字が金銀で象嵌されたものがある。東大寺山古墳出土の鉄剣には、「中平」と後漢の年号に当たる単語があることにより、中国・朝鮮の製品とする考えもあるが、

江田船山古墳や稲荷山古墳出土の鉄刀・剣には、反正天皇あるいは雄略天皇と考えられる人名があり、日本人（日本に居住している民）がすでに漢字を理解していたと解釈される。

　6世紀には、仏教が日本へ伝わるが、それに伴って寺院の造営技術や瓦の窯業技術が日本へもたらされ、飛鳥寺などが造営される。蓮華紋瓦当の起源は、中国北朝文化にある可能性が高いが、南朝の瓦当、高句麗・新羅・日本・渤海の瓦に共通の蓮華紋が認められ、寺院の造営に始まる建設技術の伝播は、都市造営に繋がっていったと考えられる。北周から出た隋の文帝は、南北に分裂していた中国を統一し、都を大興城に定めた。李淵は、618年に隋を倒し唐を建て、都を長安とし、唐の都城制はこぞって東アジア諸国において模倣され、渤海の上京龍泉府、日本の平城京などがそれである。唐は、律・令・格・式の法制にもとずく整然とした律令制国家体系を作り上げた。隋・唐王朝による東アジア文化圏の形成は、中華文明のより大きな拡大でもあった。

　現在の中国の領域を中心に日本列島を含むユーラシア大陸の東地域には、風土・生業・言語などに多様性を持ちながらも、共通の文化によって結ばれた東アジア世界が形成されてきた。その中心となってきたのは中国で、その文明は中華文明と呼ばれている。この「中華」の単語は、冒頭に述べたように『三国志』蜀志五巻、諸葛亮伝の南朝宋の裴松之による注の記述に見られるが、「中商」や「中國」の文字は、甲骨文や金文に見られ、「中商」や「中國」の単語は殷周時代から出現し、それは国の中央を意味していたと考えられる。中華文明の周辺地域への定着は、秦漢帝国出現以降で、後漢・南北朝・隋唐時代には、中国の周辺国が先進国文化であった中華文明を積極的に学び、自国に取り込み、中華文明が中国周辺地域に急速に拡大していった。

　本書は、中華文明と中華文明の東を取り囲む諸文化に関する考古学的研究の論文集である。第1部で現在の中国地域の研究を取り扱い、第2部で周辺の地域における内容を取り扱っている。各論文は、中華文明およびそれを取り巻く諸文化に関わる最新の研究成果を集めたものである。本書は、そうした視点から編集された論文集として深い意義がある。中華文明に関わる今後の研究の進展を期待して序にかえさせていただく。

　　2013年10月

　　　　　　　　　　　　　　　　　　　　　　　　　　　　　　編　者　飯　島　武　次

目　次

序──考古学から見た中華文明── ……………………………………… 飯島武次　i

第Ⅰ部　中国編

良渚囲壁集落と良渚遺跡群 ………………………………………… 中村慎一　2

先史マカオの玉器製作におけるロクロの考察 …………… 鄧　聡（訳 劉宇毅）　12

大石鏟考 ………………………………………………………………… 小柳美樹　21

海岳地区における生業に関する一考察
　　──磨盤・磨棒の使用痕分析から── …………………………… 加藤里美　31

宮室建築と中原国家文明の形成 ………………………… 許　宏（訳 内田宏美）　41

二里頭遺跡の出現 …………………………………………………… 大貫静夫　56

二里頭文化の長流壺に関する一考察 ……………………………… 長尾宗史　68

殷文化の東方開拓と発展 ………………………… 劉　緒（訳 近藤はる香）　76

殷墟骨笄・象牙笄の広がり
　　──殷代笄考（2）── ……………………………………………… 鈴木　舞　88

甲骨文字研究の成果蓄積とデジタル化技術
　　──近年の中国・台湾における動向を踏まえて── ……………… 鈴木　敦　101

青銅卣の法量規格 …………………………………………………… 廣川　守　112

馬牲の境界 …………………………………………………………… 菊地大樹　122

宝鶏石鼓山西周墓の発見と高領袋足鬲 …………………………… 西江清高　132

西周青銅器の生産、流通の分散化
　　──古代中国の社会構造── ……………………………………… 近藤はる香　144

西周青銅戈毀兵行為に関する研究
　　──山西省天馬─曲村墓地の事例を中心に── ………………… 田畑　潤　153

西周時代の青銅明器 ………………………………………………… 角道亮介　165

山東龍口帰城遺跡考 ………………………………………… 黄川田修 175

周式銅剣から見た巴蜀式青銅器の出現過程 ………………… 宮本一夫 185

東周から漢時代にかけての黒陶着色技法 …………………… 川村佳男 200

建国期における秦文化の一考察 ……………………………… 髙野晶文 210

江漢地域における秦墓の成立 ………………………………… 小澤正人 218

咸陽厳家溝陵園における考古学的発見と探索 ……………… 焦南峰（訳　安食多嘉子）230

中国鏡の出現
　　──出現期銅鏡の再検討── ………………………………… 岸本泰緒子 241

名工孟氏伝
　　──後漢鏡の転換期に生きる── …………………………… 岡村秀典 255

漢代墓葬出土銭の研究
　　──洛陽・西安周辺の事例から── ………………………… 佐藤大樹 265

清代の銭貨流通 ………………………………………………… 三宅俊彦 278

第Ⅱ部　周辺地域編

日韓の甑と有孔広口壺 ………………………………………… 酒井清治 296

銅斧と銅剣の鋳型
　　──遼東青銅器文化考・3── ……………………………… 千葉基次 307

高句麗東山洞壁画古墳出土の青磁獅子形燭台 ……………… 早乙女雅博 319

弥生時代研究と侵略戦争
　　──弥生式土器文化起源論における石器研究の役割── … 寺前直人 332

日本列島における方相氏の起源をめぐって ………………… 設楽博己 342

西の船・東の船団 ……………………………………………… 杉山浩平 354

日本の神仙思想と道教的信仰
　　──烏・鳳凰・朱雀── ……………………………………… 利部　修 364

三角縁神獣鏡前半期の分有ネットワークの変遷 …………… 折原洋一 374

筒形器台の分類と編年 ………………………………………… 池野正男 385

日本における勾玉研究の意義 ………………………………… 瀧音　大 400

北方四島の考古学的研究 ……………………………………… 右代啓視 409

弥生後期十王台式期における集落の一様相
　　——茨城県笠間市塙谷遺跡の再検討—— ………………………………… 淺間　陽　425

入間川上流域の古墳時代
　　——飯能市加能里遺跡の事例を中心に—— ……………………………… 油布憲昭　436

移民の土師器生産
　　——土師器製作技法からみた平安時代の移民—— ……………………… 藤野一之　448

GRONINGER MUSEUM の中国・日本磁器 ………………………………… 髙島裕之　458

民俗資料の貿易陶磁の壺
　　——東京都の資料の紹介—— ……………………………………………… 鈴木裕子　468

編集後記 ……………………………………………………………………………… 酒井清治　481

第Ⅰ部　中国編

良渚囲壁集落と良渚遺跡群

中 村 慎 一

　良渚遺跡群が施昕更により発見されたのは1936年のことである。良渚鎮近傍の棋盤墳で1片の黒陶片を採集した彼は、その翌月から数カ月を費やして発掘調査を実施し、早くも翌1937年には報告書『良渚』の原稿を書き上げている。それからちょうど70年の歳月を経た2007年、人々の耳目を集めるニュースが飛び込んできた。巨大囲壁の発見である。施昕更の名は知らずとも、彼の生まれ故郷の地名を冠する良渚文化の名称は今や世界中の考古学者や中国学者の知るところとなった。良渚こそが中国における最古の文明の発祥地であり、それはメソポタミアやエジプトの古代文明と比肩しうるものであることが徐々に明らかになりつつある。本論は、現在筆者が実施している浙江省文物考古研究所との国際共同研究の成果に触れつつ、良渚遺跡群における近年の諸発見を概観し、今後の研究のあるべき方向性を見通すことを目的とする。なお、囲壁集落発見の歴史的意義についてはすでに別稿でも論じているので（中村 2012）、併せてご一読いただければ幸いである。

1．良渚遺跡群の概要

　良渚遺跡群とは、浙江省の省都杭州市の余杭区に属する良渚鎮から瓶窯鎮にかけての東西約11km、南北約7kmの範囲を指す（浙江省文物考古研究所 2005）。すでに140カ所を超える遺跡地点が発見されており、それらを総称して良渚遺跡群と呼ぶ。ただし、遺跡分布の粗密は一様ではなく、莫角山周辺遺跡群、大遮山南麓遺跡群（かつて「天目山南麓遺跡群」としたもの）、荀山周辺遺跡群の三つに大きくまとめることが可能である（中村 2003a・b、Nakamura 2005）。

　莫角山周辺遺跡群が「王都」としての政治的中心地、大遮山南麓遺跡群がエリート層の墓葬区、そして荀山周辺遺跡群は手工業や農業に従事する一般集落の集合と筆者は捉えてきた。その大まかな区分は今でも有効であると考えているが、荀山周辺遺跡群と他の二つの遺跡群との間には、幅3kmほどの遺跡分布がきわめて希薄な地帯が広がっていることから、これについては独立した別個の小遺跡群との捉えかたもありえよう。

　施昕更の調査の主要な舞台となったのは、彼の生家のあった良渚鎮の近辺、すなわち筆者の言う荀山周辺遺跡群であったが、鐘家村、長命橋、全山など、莫角山周辺遺跡群にも時おり足を伸ばしている。その当時すでに精巧な玉器の存在は知られていたが、昕更はそれを「周漢の間」（周王朝と漢王朝の間）の産物とみていた。相対的にも絶対的にも年代を決定する術をもたなかった以上、それはやむをえないことであった。

　その後、日中戦争と国共内戦の混乱を経て、良渚文化に関する研究が再開されたのは1950年代半

ば以降である。1959年には、中国科学院考古研究所副所長であった夏鼐により「良渚文化」の名称が提唱されたが、「竜山文化の影響を受けた一種の（新石器時代）晩期文化である」との認識であり、時期的位置づけは不確かなものであった（夏 1960）。1960年代後半から中国でも放射性炭素年代測定が実施されるようになり、70年代後半には紀元前3300年頃から１千年間程度継続したという、現在とそれほど変わらない年代観が形成されていった。

　70年代から80年代前半にかけて良渚文化研究をリードしたのは江蘇省と上海市であったが、80年代後半に入ると、反山遺跡（1986年）、瑶山遺跡（1987年）、莫角山遺跡（1987年）と、次々に重要遺跡が発見、調査され、良渚文化研究の中心は浙江省へと移る。それと同時に、王明達により「良渚遺跡群」という概念が提唱されたことの意義はとりわけ大きなものがある（王 1987・1996）。この地域には良渚文化期の遺跡が密集しており、数十平方kmの範囲が一つの「遺跡群」として把握できること、そして、良渚遺跡群こそが良渚文化の全時代、全地域を通じて最大のセンターであることが、その後徐々に学界の共通認識となっていった。90年代には匯観山、塘山、廟前等の諸遺跡が調査され、96年には「全国重点文物保護単位」に指定されている。今世紀に入ってからは卞家山、後洋村などが調査され、今回の発見を迎えることとなった。

２．囲壁集落の発見

(1) 囲壁発見の経緯

　2006年の春、遺跡保護の観点から、莫角山の上に居を構える住民を他所に移住させる計画が持ち上がり、その移住先として瓶窯鎮の葡萄畈という場所が候補地となった。そこも遺跡群内であるため、その年の後半、事前調査が実施された。葡萄畈自体は南北に延びる崗地状の高まりであるが、その西側の低地は水田として利用されていた。まずはそこにグリッドが設定され発掘が始まった。すると、幅45mほどで深さ約１mの南北方向の溝状遺構が検出され、その中には良渚文化晩期の遺物が大量に包含されていた。さらに、溝状遺構と東側の崗地との関係を明らかにするためにトレンチを東に拡張すると、その崗地が自然地形ではなく、人工的に土を盛り上げた構築物であること、そして、その盛土の底部には一抱えもある石塊が一面に敷き詰められていることが判明した。石塊は角のとれた川原石ではないので、旧河川の河原を掘り当てたわけではない。当地の農民の言によれば、そのあたりでは崗地状の高まりに井戸を掘るとかならず石敷き面に当たるという。石敷きと土築構築物とは何らかの関係があるとみた発掘担当者は、地表面からボーリングスティックを打ち込んで石敷き面を追いかけることで盛土遺構の規模・範囲を確定できると考え、2007年３月から作業を開始した。まずは葡萄畈から南北両方向へと探りを入れ、さらに方向を変えて延びる延長部を追跡していった。その結果、同年11月までに、東西南北４面の土築囲壁の検出に成功した。最初に盛土が見つかった葡萄畈は西壁の一部であったのである（浙江省文物考古研究所 2008、劉 2009）。

(2) 囲壁の規模と構造

　発見された囲壁は莫角山周辺遺跡群の中心地点である莫角山をとり囲む位置にある（図１）。幅

図1　良渚遺跡群と良渚囲壁

図2　囲壁の残存状況（北壁第2トレンチ）

40〜60mの囲壁（ところどころに「馬面」状の突出部が設けられており、そこでの幅は100m近くに達する）が囲繞する範囲は、南北1800〜1900m、東西1500〜1700m、面積にして約290haになる。南北にやや長い隅丸長方形で、各辺もやや湾曲しているが、円形ではなく方形を意識していることは認めてよいであろう。西南隅の鳳山、西北隅の饅頭山と黄泥山、東北隅の雉山など自然の山体を利用する部分もあるが、大部分は人工的に土を盛り上げて構築している。

　土築囲壁の内外両側に環濠が掘られているようであるが、その位置や規模はまだ確定できていない。葡萄畈地点で検出された幅45m、深さ1mの溝状遺構は外環濠とみてまず間違いないが、他地点においても同様の規模であったかは今のところわからない。同じく西壁の白原畈地点では幅60mの壁を横断するトレンチが入れられ、壁の東西両端が低く落ち込んでいくことまでは確認されたが、内外2重の環濠の幅や深さまでは確認できなかった。

図3　石敷きにみられる「単位」（南壁第1トレンチ）

　内外2重の環濠は囲壁の切れ目で連接している。つまり、この集落は水門によって外界との交通を確保していたのである。水門の位置については、北面、東面、南面では現況地形の観察とボーリング調査とによって確定することができたが、西面については市街化が進み地形の改変も著しいためそれがむずかしかった。共同研究の日本側メンバーである渡部展也は市街化が進む前の1970年代に撮影されたコロナ衛星画像の解析によって、西壁にも水門が2カ所開いていた可能性が高いことを明らかにした。計8カ所の水門の位置は図中に白色の三角形で示してある。

　囲壁の残存状態は地点により異なるが、残存状態の良好な北壁の一部では高さ4mほどの盛土が確認されている（図2）。壁とは言っても見上げるように屹立する壁ではない。これは「堆築」と呼ばれる工法と関係する。黄河流域で発達したいわゆる版築技法が、黄土を木枠の中に入れて突き固めることで、黄土粒子の結合力とも相まって、垂直に近く壁を立ち上げることも可能であるのに対し、「堆築」は泥土のかたまりを積み上げるだけなので、緩やかな傾斜を呈するものとならざるをえない。ただし、発掘断面の観察からすれば、緩やかとはいっても40度程度の角度はあったようである。後述するように、他の遺跡における発掘所見から、土砂は植物質の「土嚢」あるいは「もっこ（畚）」のようなものに入れられたまま積み上げられたようであるが、良渚囲壁の発掘ではその直接の証拠は得られていない。なお、盛土の粘土鉱物組成、粒度、元素組成等の分析結果から、少なくとも北壁については、現在でも地表面に土丘として残る饅頭山や黄泥口から土砂を運搬してきたと認められると報告されている。また、盛土の基底部には周辺の平野部の地山として広範に分布する湖沼堆積物を積み、その上に土丘の土を盛った可能性も併せて指摘されている（胡ほか2013）。

　囲壁の構築法でとりわけ目を引くのは、基底部に石塊を敷きつめるという工法である。これは、新石器時代であれ、それ以降であれ、他にまったく類例を見ない特異なものである。古代日本の「敷葉工法」のように、何らかの排水機能を想定する見解もあるようであるが、盛土の中間にではなく基底部に石塊を敷くことにどれほどの排水効果が期待できるのか筆者には判断できない。今後、専門家の協力を得て、その土木工学的な意味が究明されなければならない。なお、石塊の来源についても研究が行われており、北壁については北方の大遮山地から、南壁については南方の大雄山方面から運搬されてきた可能性が明らかになりつつあるという（王寧遠氏の教示による）。また地点によっては、石積みの状態はかならずしも均一ではなく、石塊の種類や大小にある範囲のまとまりが認められる場合がある（図3）。筆者は、そのそれぞれの「単位」が、囲壁の建造現場近くまで

丸木舟ないしは筏で運ばれてくる石塊の一回当たりの運搬量ではないかと想像している。

(3) 囲壁の年代

環濠の埋土中から出土する遺物の大部分を占めるのは土器片で、そこに破損した石器や食物残滓としての動物骨などが混じるといった状況である。いわゆる生活廃棄物と見てよいものであり、日本の弥生時代環濠と同様、環濠が埋積していく過程でゴミ捨て場として利用されたことを物語っている。

出土土器は、年代が明らかなものは基本的にすべて良渚文化晩期に属するものであるが、豆や鼎の形態からみて、ある程度の年代幅があることがうかがえる。さらに、数量はごくわずかではあるが、湖州銭山漾遺跡を標準遺跡とする「銭山漾文化」（良渚文化に後続する新石器時代晩期文化）の典型器物とされる外側縁が大きく湾曲する魚鰭形鼎足なども出土している。これを囲壁集落が居住されていた間の遺物と見るか、あるいは集落廃棄後の遺物と見るかは意見の分かれるところであろう。

AMS法による放射性炭素年代測定は、主に西壁の葡萄畈と白原畈、そして北壁の第2トレンチ（TG2）から出土した遺物を対象として実施されており、その点数は日中双方の機関を合わせて30点を超えている。測定結果の詳細は今後の正式報告に譲るとして、ここでは概略のみを記すが、葡萄畈ではBP4800～4700年の年代が大半を占めるのに対して、白原畈と北壁TG2ではBP4600～4400年とピークがやや新しい年代にずれている。他遺跡の測定結果から見て、良渚文化はBP4500年頃には終焉を迎えると考えるのが妥当である。したがって、良渚囲壁集落でBP4500年以降の年代が散見されることは、前述の「銭山漾文化」遺物の存在と併せ考えるべき問題かと思われる。

(4) 囲壁と環濠

1980年代以降、中国各地で新石器時代囲壁集落が陸続と発見される中、ひとり長江下流域のみこれまで囲壁の存在が確認されていなかった（塘山土塁は「防洪堤」と考えられていた）。この地域の新石器文化を研究する者の一人として、筆者にはそれがたいへん奇異なことに思われた。考古学的な様相からみるかぎり、良渚文化は新石器時代中国で最も社会の複雑化が進んだ文化である。その良渚文化、とりわけ良渚遺跡群になぜ囲壁が存在しないのか？　隔絶した政治的優位ゆえに防御的施設としての囲壁は必要なかったのかもしれないと考えたことさえあった。しかし、やはり良渚遺跡群に囲壁は存在したのである。

なおかつ、その規模は290haと、山西省の陶寺遺跡と並ぶ新石器時代中国最大の囲壁集落となる（年代的には陶寺遺跡よりも数百年早い）。夏王朝の「王都」と目される河南省二里頭遺跡（紀元前1750～1520年頃）の広さは約300haとされる。良渚遺跡群の場合、囲壁外にも遺跡が濃密に分布しているので、実際の居住域はさらに広かった。その広さは二里頭を凌駕することは確実である。

ところで、土築囲壁の構築法には版築と堆築の2種類があり、後者の場合は壁面の傾斜が緩やかなものにならざるをえないことを先に述べた。この両者の違いは、根本的には、壁を築くことが目的であるか否かの違いに帰すると筆者は考えてきた。つまり、版築は壁を築くことが目的であるの

に対し、堆築は環濠を掘ることが目的であり、その結果としての排土を環濠の傍らに積み上げたもの、という解釈である。単純化して言えば、版築の壁で囲まれているのは囲壁集落、堆築の壁で囲まれているのは環濠集落となる（中村 2012）。しかし、良渚囲壁の場合、厖大な労働力を投下して壁の基底部に石塊を敷き詰めていること、また、盛土の鉱物学的・地球化学的分析からみて、壁の基底部近くの盛土はその脇の環濠の排土と考えて大過ないが、その上には別の場所から搬入した土砂が積み上げられているらしいことなどを勘案するとき、囲壁はただ

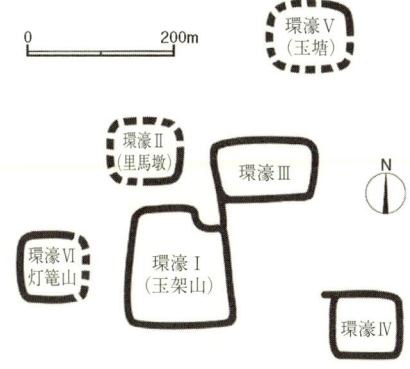

図4　玉架山遺跡の方形環濠群

単に環濠の副産物と決めてかかることには躊躇せざるをえない。そこで、本来であれば、良渚の場合は囲壁と環濠の双方が等しく重要であるという意味で、「囲壁／環濠集落」とでも呼称すべきところではあるが、煩雑さを避けるため、本論では囲壁集落の語を用いることとする。

　太湖周辺から杭州湾岸にかけての地域では新石器時代の比較的早い段階から環濠を持つ集落が出現し、馬橋文化期から春秋時代にかけての時期にまで継続していた（中村 2011）。良渚文化期の事例としては3条の環濠で囲まれた江蘇省蘇州市の独墅湖遺跡が唯一の完掘例であったが（朱 2007）、近年、浙江省杭州市余杭区臨平所在の玉架山遺跡において近接する六つの環濠集落が検出され、研究者の注目を集めている（趙 2012）（図4）。

　2点あるポイントの一つ目は、環濠どうしがどうやら水路によって連結されていたらしいことである。中国では古くから「南船北馬」と称されるが、江南の水郷地帯はすでに良渚文化期には形成されていたとみてよい。2番目のポイントは、環濠で囲まれる集落が基本的に方形、それも正方形に近い方形を呈することである。同じ居住面積を確保するのであれば、集落を円形の環濠で囲むのが労働投下は最も少なく済む。それをわざわざ方形にするのは、背後に何らかの強い観念が存在することを想像させる（中村 2004）。

　この二つの特徴がいずれも良渚囲壁に当てはまることは強調すべきことである。環濠は防御的な機能を有すると同時に、集落を地域の水上交通ネットワークに組み込むための手段でもあったのである。考古学的な証拠はいまだ乏しいが、良渚の環濠は人工的な運河やクリーク、そして自然の河川や湖沼を介して良渚文化が分布するかなり広大な地域と繋がっており、人と物資が行きかっていたに違いないと想像できる。

　集落が方形の環濠に囲まれる点についてはやや複雑な問題がある。先に記したとおり、良渚囲壁は良渚文化晩期の建造になるものである。一方、臨平玉架山遺跡ではこれまでに良渚文化墓地としては最多の400基を超える墓が検出されているが、筆者がこれまでに何度かその副葬土器を実見した限り、主体となるのは良渚文化晩期のものであるものの、良渚文化中期に属するものもまた少なくない。常識的に、まずは環濠を掘削したうえで集落の居住が始まったと考えるならば、玉架山の方形環濠は良渚の先駆となるが、居住が始まって暫くたってから環濠を掘削するという可能性も捨てきれない。その場合は、良渚の方形環濠を玉架山が模倣したということになるかもしれない。

玉架山遺跡は横山遺跡や茅山遺跡などとともに臨平遺跡群を形成する。良渚文化期には数十kmの間隔をおいて遺跡が密集する地域（＝遺跡群）が点在するが（中村 2003a・b）、この臨平遺跡群はそのなかでも良渚遺跡群に距離的に最も近い遺跡群であると同時に、「濾過器」と呼ばれる特異な形態の土器をもつ点や紫褐色凝灰岩製の石鏃を多用する点が良渚遺跡群と共通しており、良渚遺跡群と最も親密な関係にある遺跡群でもある。方形環濠の出現はそうした脈絡のなかで考えるべき問題であるかもしれない。玉架山遺跡の調査成果の公表、そして他遺跡における類例の増加が待たれる。

3．関連遺跡の調査

⑴ 莫角山

莫角山周辺遺跡群の中心に位置するのはいうまでもなく莫角山遺跡である。東西長630m、南北長450m、面積30万 m^{2}という規模を誇る。この大土台の上には大莫角山、小莫角山、烏亀山の三つの小土台が乗っている（図5）。

莫角山全体が人工の構築物であるとの認識が得られたのは1987年のことであった。104号国道（寧杭公路）の拡幅工事の際に、莫角山の南端近くが削り取られ、直径20mにも達する六つの大型紅焼土堆積遺構が切り通し面に露出したのである。その下を深掘りしたところ、人工堆土の厚さが10.2m以上に達することが判明した（王 1996）。

これを承けて実施された1992～93年の発掘調査では、大莫角山の南側に位置するⅣ-Ⅰ発掘区で泥層と砂層から成る広大な版築基壇が確認され、小莫角山の南麓に相当するⅡ-Ⅰ区においては掘立柱の柱穴列が検出された（浙江省文物考古研究所 2001）。柱穴列自体はかなり小規模なものであり、「宮殿」と呼びうるような建築のそれではありえないが、三つの小土台の整然とした配置などは、その上に建ち並ぶ豪壮な殿舎群の存在を想像させるに十分なものであった。

それから20年近くの間、莫角山遺跡に対する本格的な調査は実施されなかったが、今世紀の10年代に入ってからは、探査、ボーリング、トレンチ発掘等、各種の調査で活況を呈するようになっている。

ボーリングについていうと、莫角山の現地表面から地山にまで達するボーリングコアが66カ所で得られている（図5）。その結果、莫角山全体がかならずしも平坦な地表面に構築されたわけではなく、西側にもともと存在していた自然の土丘を起点として、そこから東へ向かって盛土を拡大していくという工程がとられたことが判明した。土築囲壁の場合と同様、はじめに水成層に由来する青灰色粘土を積み、その上を黄褐色の土砂で覆っている。

莫角山については四至の確認も兼ねて、東西南北4面の土台縁辺部においてトレンチ発掘が実施されている。なかでも東斜面の発掘は大規模で、いくつもの重要な知見が得られているが、ここではそのうち2点のみ紹介しておこう。

一つ目は、出土遺物の年代観、AMS年代測定のいずれにおいても、莫角山の築造は良渚文化晩期である蓋然性が高いことである。囲壁／環濠の建造とほぼ同時期となる。

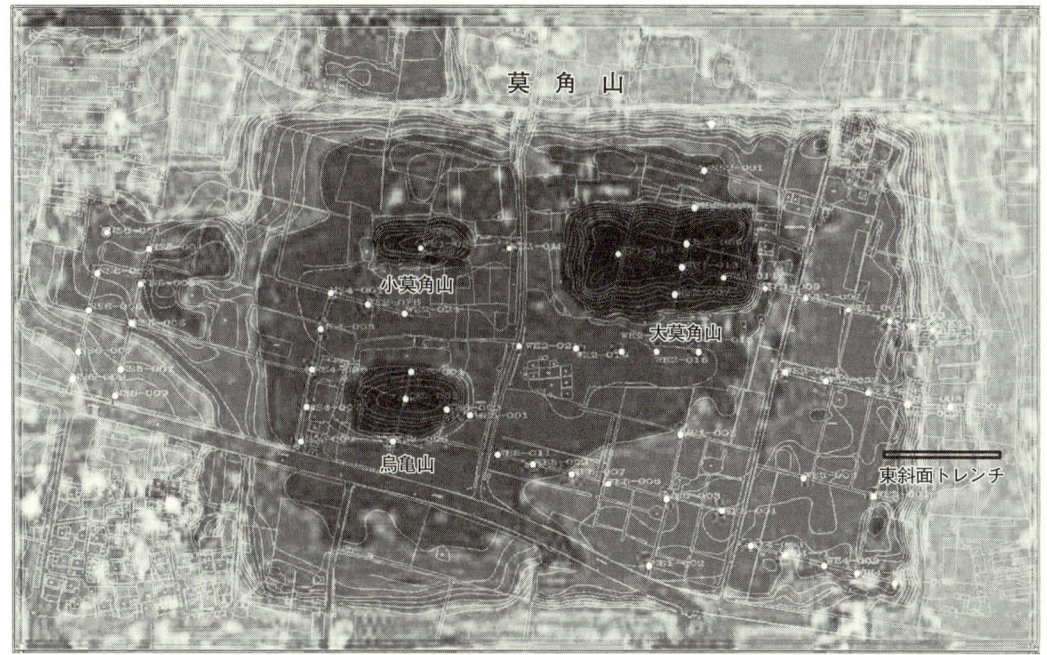

図5　莫角山の数値標高モデル（白点がボーリング位置）

　もう一つの特筆すべき発見は、たまたまこのトレンチにかかった11号ピットと命名された浅い遺構（断面図から判断するかぎり、遺構というよりも1枚の堆積層のようにみえる）の存在である。このピットの埋土は炭化物を多く含む黒色土で、その主体となるのは炭化稲籾であった。保存状態はきわめて良好で、なかには籾のついたままの穂が束になって出土した例もある。発掘担当者の王寧遠は、この黒色土ピットは600〜700m²の範囲に広がっており、10〜15トンの炭化籾が含まれていると試算したうえで、籾を納める食糧倉庫が火災に遭って倒壊したものと推測している（同氏の教示による）。

　ここで出土した炭化籾の特徴として、粒形が不揃いであることを挙げることができる。想像を逞しくするならば、米蔵に収納されていた籾は各地から貢納されたものであり、さまざまな産地の産物であるがゆえに品種も異なり、粒形も不統一となったのではなかろうか。これまで籾や米の形態学的研究は、それが野生種であるか栽培種であるか、栽培種であればジャポニカなのかインディカなのか、といった栽培植物学的観点から行われてきたが、変異の幅を社会経済的な観点から解釈できる可能性も考慮に入れるべきであろう。

(2)　塘山と崗公嶺

　東苕渓の北岸に、高さ2〜7m、幅20〜50mほどの高まりが大遮山の南麓と並行に5kmほどの長さに延びている。地元では「塘山」とも「土垣」とも呼ばれる。それが人工の構築物であると判明したのは1996年のことである。その東端近くで起きた盗掘事件に端を発し、緊急の試掘調査が行われた結果、それが良渚文化期に建造されたものであることが判明した。

　われわれは日中共同調査項目の一つとして、塘山についても衛星画像の解析や現地踏査を実施し

てきている。その結果、この構築物が、北方の山地から流れ下る土石流を押しとどめるための「防洪堤」であるといった単純な見方では不十分であることが明らかとなりつつある（張・呉 2007）。なぜなら、土塁状の高まりは部分的には併行する2条に分かれており、むしろその間が水路として利用されていた可能性が示唆されるからである。治水と用水、塘山はこの二つの機能を併せ持つものと考えておくべきであろう。

それに関連して、良渚遺跡群の範囲からは外れるが、もう一つ別の重要発見を紹介しておこう。良渚囲壁から西北西へ8kmほど隔たった瓶窯鎮彭公村の良渚文化期のダム状遺構である。2009年に彭公村の崗公嶺という地点で大規模な土取り作業が行われた際に偶然発見されたもので、草本植物にくるまれた土塊が積み上げられている様子が切り通し面に露出していたことから、それが人工物であると判明したものである（浙江省文物考古研究所ほか 2011、王 2012）。日中両国で植物素材のAMS年代測定を行った結果、BP5000～4800年の年輪補正年代が得られている。

このダムは300mほど隔たった二つの山と山との間を塞ぐように土を盛って造られている。基底部の厚さで50～80m、高さは高いところで20m近くある。実は同様の遺構は、近辺数kmの範囲内でその後何カ所も発見されている。それらを繋いでいくことによって、大遮山を迂回して西北方向から良渚遺跡群方面へと溢れ下る洪水をコントロールしていたようなのである。今から5000年前にこのような大規模な治水工事が行われていたことは驚嘆に値する。

同時に、BP5000～4800年というこの年代はまた新たな問題をわれわれに投げかけてもいる。というのも、これは良渚文化中期に想定される年代であり、晩期に建造された良渚囲壁集落に先行することになるからである。良渚文化前期に遡る墓が主体を占める瑶山墓地、中期に中心が置かれる反山墓地などの存在から見て、良渚遺跡群はかなり早い段階から良渚文化の政治的中心地になっていたことは確実である。しかし、当初から囲壁が存在していたわけではなく、晩期になってようやくそれを造ったということなのだろうか？

いま一度目を凝らして図1を眺めていただきたい。実はこれまで言及してきた晩期の囲壁の外側、その東側から南側にかけてもう一条の崗地状の高まりが延びているのがおわかりになるだろうか。卞家山遺跡が乗る高まりである。卞家山遺跡ではこの高まりの上にある部分には良渚文化中期からの墓地が営まれているのに対し、高まりの南側は急激に落ち込んで水域となっており、その接点には船着き場が設置されていた（趙 2009）。囲壁と環濠の組み合わせと考えても差し支えない。もしこの高まりが人工の構築物であるとすれば、その年代は中期以前に遡るはずである。塘山の築造時期と併せ、今後解明を進めていかなければならない大きな課題である。

参考文献
王寧遠 2012「良渚古城外囲結構的探索―兼論GIS及RS在大遺址考古中的応用」『中国考古学会第十四次年会論文集』文物出版社、60-68頁
王明達 1987「"良渚"遺址群概述」余杭県政協文史資料委員会（編）『良渚文化』余杭県、118-121頁
王明達 1996「良渚遺跡群概説」王明達・中村慎一（編）『日中文化研究』第11号（良渚文化―中国文明の曙光―）勉誠社、53-66頁
夏鼐 1960「長江流域考古問題」『考古』1960年第2期、1-3頁

胡薪萃・師育新・戴雪栄・王金涛・劉斌・王寧遠 2013「基於粘土鉱物XRD分析的良渚古城城墻土特徴及物源探討」『岩石鉱物学雑誌』第32巻第3期、373-382頁
朱偉峰 2007「独墅湖遺址発掘報告」蘇州博物館（編）『蘇州文物考古新発現』古呉軒出版社、161-284頁
浙江省文物考古研究所 2001「余杭莫角山遺址 1992～1993年的発掘」『文物』2001年第12期、4-19頁
浙江省文物考古研究所 2005『良渚遺址群』文物出版社
浙江省文物考古研究所 2008「杭州市余杭区良渚古城遺址 2006～2007年的発掘」『考古』2008年第7期、3-10頁
浙江省文物考古研究所・余杭区普査隊 2011「浙江杭州：彭公水壩遺迹可能与良渚古城外囲防洪系統有関」『中国文物報』2011年2月25日第4版
趙曄 2009「良渚遺址群卞家山 2002～2005年発掘」浙江省文物考古研究所（編）『浙江考古新紀元』科学出版社、133-136頁
趙曄 2012「浙江余杭臨平遺址群的聚落考察」『東南文化』2012年第3期、31-39頁
張立・呉健平 2007「浙江余杭瓶窯、良渚古城結構的遥感考古」『文物』2007年第2期、74-80頁
中村慎一 2003a「玉の王権—良渚文化期の社会構造—」初期王権研究委員会（編）『古代王権の誕生Ⅰ』角川書店、186-200頁
中村慎一 2003b「良渚文化的遺址群」北京大学中国考古学研究中心（編）『古代文明2』文物出版社、53-64頁
中村慎一 2004「中国における都市の生成」『国立歴史民俗博物館研究報告』第119集、195-210頁
中村慎一 2011「比較考古学からみた弥生巨大環濠集落の性格」設楽博己・藤尾慎一郎・松木武彦（編）『弥生時代の考古学3 多様化する弥生文化』同成社、88-101頁
中村慎一 2012「良渚城址発現的意義」北京大学考古文博学院・北京大学中国考古学研究中心（編）『考古学研究（九）（慶祝厳文明先生八十寿辰論文集）』文物出版社、575-586頁
Nakamura, Shin-ichi 2005 Le Riz, le jade et la ville : Évolution des sociétés néolithiques du Yangzi. *Annales: Histoire, Sciences Sociales* 60-5、1009-1034
劉斌 2009「良渚古城的発現与初歩認識」『浙江省文物考古研究所学刊』第9輯、科学出版社、152頁

図版出典

図1～3、5：浙江省文物考古研究所提供
図4：趙2012図5を一部改変

先史マカオの玉器製作におけるロクロの考察

鄧　　聡（訳　劉宇毅）

はじめに

　香港・マカオは近代史において、それぞれイギリスとポルトガルの植民地であり、その後1997年と1999年に相次いで中国に復帰し、特別行政区域となった。香港・マカオ地区が植民地であった間、考古学は発展を見ることなく、長い間当該地区の考古学はすべて数人のアマチュア考古者の手によって担われてきた。彼らは仕事の合間に、またあるいは休日に限られた考古学的活動を行い、そこでは香港考古学会がこの役割を演じていた。香港・マカオの考古学の発展は、この地域の学術界における考古学への関心を待たなければならない一方で、社会的影響力を持った学者が登場した後に、やっといくらかの変化をみることとなる。このような人物として、世界的に著名な考古学者である鄭德坤が代表的である。鄭德坤は、1974年ケンブリッジ大学定年後、当時の香港中文大学校長であった李卓敏の招請に応じて中国考古学と芸術史の教授として赴任した。1978年、鄭は中国文化研究所において中国考古芸術研究センターを創立し、香港地区における専門的な中国考古学研究への気風を推し進めた。

　1985年、筆者は日本の東北大学の博士課程を修了後、すぐ母校に戻り、中国考古芸術研究センターの仕事に従事した。1987年から1989年の間、主に香港大嶼山東湾遺跡の発掘を行い、1988年には当時千葉大学の加藤晋平、その助手である山田昌久と数名の筑波大学の大学院生が、香港に来て東湾遺跡の発掘調査に参加した。その折、加藤の紹介で筆者は飯島武次と知り合い、1989年、飯島は駒澤大学の大学院生計10名を伴い、共に東湾遺跡の新石器時代の、今から約5000年前の住居址を発掘した（図1）。ここで確認された2軒の住居址は、香港地区において最初に発見された先史遺跡の住居址であり、その意義は重大であった。1989年、東湾遺跡JK13第8層で出土した1点の石英石器（T67N2700）は、両面ともに錐状

図1　1989年の香港大嶼山石壁東湾遺跡での駒澤大学、中山大学および香港中文大学の発掘調査隊集合写真

であったが、回転する絃紋を有していた。この石器の機能は、長い間判断を下せずにいた。その後、1995年および2006年にマカオの黒沙遺跡での発掘調査でまた同様の石器を発見した。そして20年近く研究が経過し、1989年に発掘された石英石器は、ロクロ機械の中の受軸器であることが確認された。また、東アジア地域の異なる時期から同様な受軸器も発掘された。これは東アジアの先史機械の歴史上、重要な発見であった。

本稿は1989年香港の考古調査に来た飯島が、マカオの黒沙遺跡において発見した受軸器に対する最新の研究成果の報告であり、日本の諸先生方からのご指摘を期待するものである。

1. 黒沙遺跡の発掘と環状・玦状装飾品工房の確認

黒沙遺跡はマカオ路環島における最も重要な先史遺跡の一つであり、黒沙海岸は南北に1km以上伸びる。考古学的発見から当該遺跡は新石器時代後期の段階で、おそらく環状・玦状装飾品を製作する専門集団の集落と考えられる。1972年7月、香港考古学会は路環島で調査を行い、黒沙海岸の北側すなわち今のウェスティンホテルの周辺で、新石器時代後期の数点の土器片を発見した。表採品には「研磨石」（Polishing stone）とされる1点と石錛1点があったが、特に注目すべきはこの研磨石である。報告で発表された図からは、石器の一端には乳状の突起があり、器体は中心付近で切断されていた（Kelly 1973a）。この「研磨石」は、本稿において中心となる石器であり、後にこの石器はロクロの受軸器の破片とみなされることとなる（図2）。1972年にこのロクロ受軸器の破片が発見されて以来、黒沙に玉器製作工房の集落が存在している可能性が指摘されていた。

1977年10月、香港考古学会は黒沙遺跡の南側の海岸、すなわち今の黒沙公園テニスコート付近の斜面、海抜4.7mの地点であるが、ここの表土に近い位置から「窖藏」（cache）と呼ばれる遺構を検出した。そこでは石英製環状装飾品の素材などの未成品と、さらに1点の比較的精緻な完成に近い状態の大型石英製環状装飾品も出土し、その環内には環芯が1点置かれていた。しかしこの環と環芯は異なる石材であった。これらの遺物が原位置からの出土なのかどうかは、論証するすべはない（Meacham 1976-1978）。1995年と2006年の発掘による層位関係から、上述した環状・玦状装飾品の年代は、新石器時代後期であると考えられる。これにより、黒沙海岸の南側は環状・玦状装飾品を製作する専門集団の集落の範囲であった可能性も考えられる。

1985年1月、香港考古学会は再び黒沙遺跡で発掘調査を行い、5×5mのグリッドを3ヵ所、そして三角形の調査坑一つを調査した。報告書によると第1文化層からは石英質の石芯1点、有槽砥石1点、打製礫石器の工具2点を含む石器が出土した。この他に石英質あるいは火成岩質石片が36点と、土器の破片5000点以上が出土した（Meacham 1984-1985）。しかし1985年の発掘調査の報告は非常に簡単であり、上述した第1文化層の出土遺物や出土状況の詳細は報告されていない。

1995年1月、香港中文大学の発掘調査チームとマカオ大学中国語学部は合同して、マカオ路環島黒沙遺跡の発掘調査を行い、新石器時代の二つの異なる時期の文化層を確認した。今から約4000年前の文化層からは、1ヵ所の焼土塊と礫石で構築された遺構を検出し、同時に数点の水晶・石英装飾品の製品が出土した（鄧聡・鄭煒明 1996）。この発掘調査において最も重要な収穫は、当該遺跡

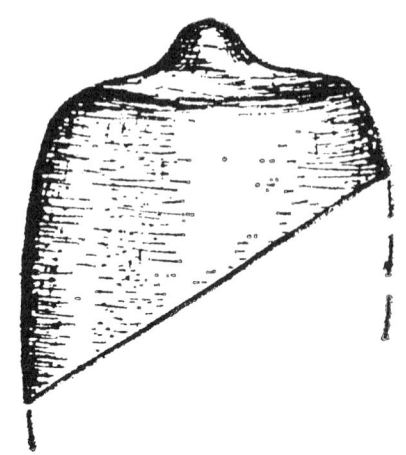

図2 1972年マカオ黒沙遺跡採集のロクロ受軸器（Kelly 1973）

の性質と層位関係に初歩的な理解がなされ、そして新石器時代後期の環状・玦状装飾品の製作工程を復元したことである。その工程は以下の通りである。

第一の工程は原石の採集と打撃による成形である。黒沙遺跡出土の水晶製装飾品の原石は、河流と河床の間に散在する礫石の個体岩から採取される。石片の生産は玉器装飾品製作の基礎である。石片の生産の過程で、石核から必要な石片を剥離し、さらにその石片の片面あるいは両面を直接打撃し加工して円盤状に成形し、環状・玦状装飾品の素材を作る。黒沙遺跡で出土した石片の観察から、打製技法は直接打撃法及び両極技法を中心とする。黒沙遺跡から出土するいくつかの石片の打撃点は明瞭であり、硬質の石錘を用いて加工されている。筆者は出土した石器の石材を鑑別し、その結果同じ石材で相互に接合した例はかなり少なく、また加工された原石と石核の個体資料も非常に少ない。このことから、第一工程における石片の生産や素材の加工などの工程は、当該遺跡の発掘地点内で行われていない可能性が高いと推測される。

第二の工程は研磨である。盤状に打製された環状・玦状装飾品の素材の両面に研磨を行う。また、素材の外縁にも簡単な研磨を施す。

第三の工程は管鑽穿孔である。上記の工程で製作された素材を管鑽穿孔し環状体を造りだす。これは第一環と呼ばれる。この第一環の特徴としては外縁部に未成品の状況が留まり、整ってはいない。この第一環にさらに加工を行うと玦状装飾品となる。石芯の形態によって、片面穿孔と両面穿孔の方式に区分できる。石芯はさらに穿孔され、別の小さい環状装飾品として再利用される。

第四の工程は研磨とつや出しである。穿孔された環状物の外縁と内縁のすべてに研磨とつや出しを行う。玦状装飾品への最終工程は玦口を作ることである。玦口は一般的にのこぎりで切断される（鄧聡 1996）。

以上は環状・玦状装飾品の製作工程の初歩的な復元である。しかし具体的に、たとえば穿孔技術などの分析は、さらなる研究の進展を待ちたい。われわれは、1996年に『澳門黒沙』が出版された後、珠海宝鏡湾の同様な遺跡に対する考察を通して、1995年の黒沙遺跡の報告書で「環砥石」と分類されていた石器を再検討し、新たにロクロ機械の中軸と回転台の接合部に取り付けられる部品であることを確認した。これはロクロ受軸器と呼ばれ、簡単に受軸器とも呼ばれる。

1995年の黒沙遺跡で調査された玉器製作工房における遺構の構成や遺跡との関係をさらに理解するために、2006年、われわれは1995年の調査区の北側、西側および南側で06G3、06G3A及び06G2グリッドの再調査を行った。この発掘では、1995年に検出した玉器製作工房と同時期の活動面を検出し、あわせて出土遺物に対して詳細な記録を行った。この他、06G3から北に約20mの地点に、さらに06G8グリッドを開け、黒沙公園内における遺跡状況のさらなる調査を行った（鄧聡 2013）。現在、私たちは黒沙遺跡に対して、過去数回の発掘調査の成果を初歩的に整合させ、遺跡内の生活

の空間関係に対して再整理を行った。ここでは黒沙遺跡の考古資料の整理に関して、まず以下の二点の説明が必要であろう。

　第一に、香港考古学会による1977年と1985年の発掘は、調査区内の遺物の平面分布図と遺物の整理が足りなかった。私たちはその後、マカオ博物館で関連する出土遺物を直接観察したが、系統的な分析は困難であった。ただ黒沙遺跡の玉器製作工房の全貌を考慮すると、香港考古学会が発掘した資料は依然として参考に値するものである（Kelly 1973ab、Meacham 1984-1985ab ほか）。

　第二に、玉器製作工房は集落研究の一種である。比較的広大な面積が明るみになる条件の下でこそ、活動面の遺構と遺物に対して科学的な解釈ができるのである。現在、われわれが発掘した面積はわずか100㎡程度である。そのため、今現在の認識はやや限定されたものとなる。

2．黒沙遺跡の玉器製作におけるロクロ機械の確認

　黒沙遺跡における1995年と2006年の2度の発掘において、玉器製作工房の活動面の性質や、出土した土器と玉器の平面分布を考慮すると、ここには集落の工房址が所在していた。かつ、検出された石英・水晶の器物の比率が高いことから、ここは環状・玦状装飾品製作の中心である可能性が高い。黒沙遺跡の工房址内の竪軸ロクロを考慮すると、それは相応に固定された機械であるはずである。それならば検出されたロクロ遺構を中心にして、半径3mの範囲内全体で玉器製作活動と密接な関係があると考えられる（図3）。一方、過去の先史時代の玉器製作工房の研究から明らかなことは、精巧な玉器製作の活動には、十分な光量が必要なことである。このような玉器製作のロクロの位置は、自然光を利用するために、工房内の窓に近い位置のはずである。以上の前提から、黒沙遺跡における新石器時代後期の玉器製作工房の活動に初歩的な分析を行う。

　われわれの黒沙遺跡のロクロ遺構に対する認識には、相当の紆余曲折な過程があった。1995年、b5グリッド南側からNo.8のロクロの受軸器が出土し、その傍らには浅黄色の二重の円形プランを持つ遺構が検出された。外側の直径が5.7cm、内側の直径が約2.4cmであり、厚さ約5mmであった。原報告の図版10-2と11-2では、明確な痕跡があった（図4）。筆者は、この円形遺構はロクロの中軸の痕跡である可能性が高いと推測する。受軸と中軸痕の内径は大体一致する（鄧聡 2004）。ロクロの受軸器と中軸遺構の両者の密接な関係が明らかであることから、おそらくロクロの中軸に受軸器を設置していた可能性が高いであろう。中軸の木芯は地中深く埋められていたと思われる。このようにして、ロクロ受軸器の上に回転盤を設置する。回転盤の底部中心の溝に、受軸器上端の乳状突起を挿し込む。受軸器上下の回転面には潤滑油を注していたかもしれない。1995年に出土した黒沙遺跡のロクロ受軸器の高さは7.8cm、直径5.5cmであった。もし、ロクロの中軸の上が太く、下が細かったのであれば、中軸の直径は約10cmになるであろう。その上に設置される回転盤の直径は50cm以上となり、かなりの重量が荷重される。これにより、マカオ黒沙遺跡の円盤回転機械は、水平の竪軸ロクロである可能性が高く、円盤が連動して水平回転する作業台装置の一種であった。

　以上で確認した1995年に検出したロクロ機械に関する遺構を基に、これと受軸器の関係を考慮し

16 第Ⅰ部　中国編

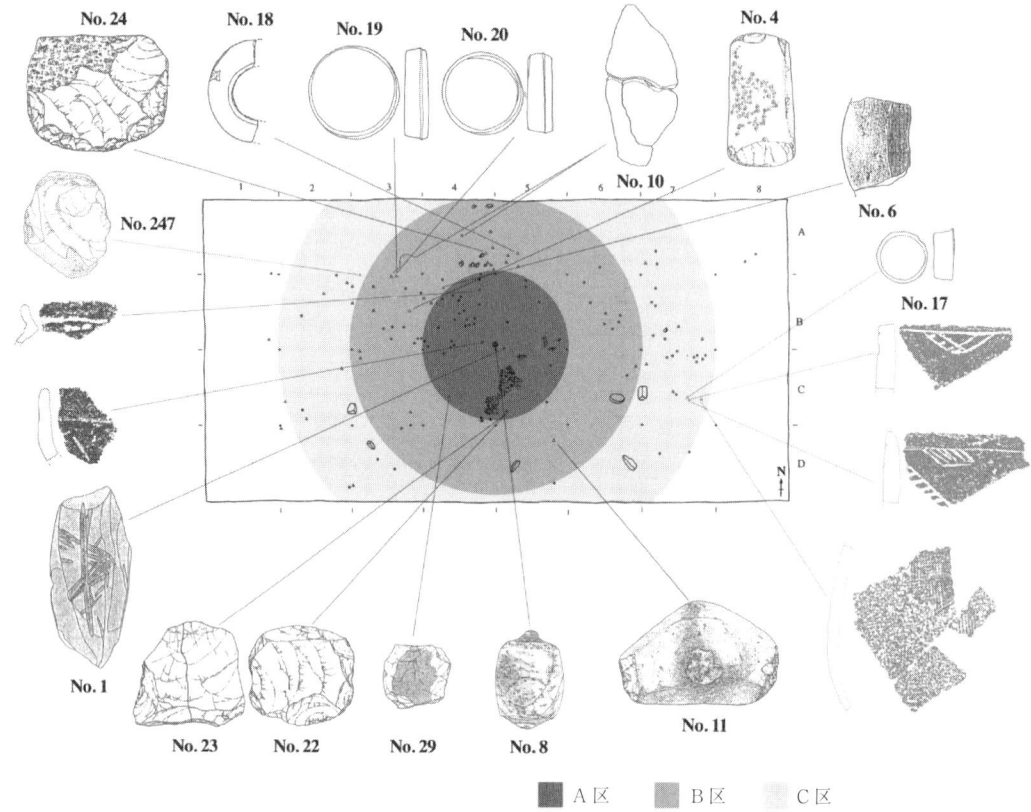

図3　マカオ黒沙遺跡工房址のロクロ機械とその他出土遺物の平面分布図

た上で中心地とみなす。そこからさらに放射状に1〜3mに広がる範囲が、環状・玦状装飾品の製作と最も深い関係がある区域となるはずである。

　A区　受軸器から1mの範囲内である。ロクロの回転盤の直径が比較的大きく、重量も重く、さらに十分な回転機能を持たせる必要から、回転盤にはある程度の作業空間が必要であった。今のところの所見として、黒沙遺跡のロクロ受軸器の周囲1m以内で発見された遺物は少なかったが、その中でも、数点の盛水用の鉢形の土器と有槽砥石が1点出土している。この有槽砥石には緩やかな扁平となる研磨面があり、未成品への最後の工程で用いられたと推測できる。受軸器から南側へ1m近くの辺縁から2点の環状・玦状装飾品の原形が出土している。No.23は石片の素材で、片面が加工され、No.22は両面が加工されていた。No.29は両面を打撃調整した後に、さらにその両面が研磨されており、大きさからこれは玦状装飾品の未成品である。ロクロから1m以内の範囲で、重要な遺構は焼土遺構であった。われわれはかつて、加熱することで石英と水晶の材質が改善されると考えたことがある。

　B区　受軸器から1〜2mの範囲内である。黒沙遺跡のロクロの1〜2mの範囲内は、環状・玦状装飾品とそれに関連する工具および生活用具が密集する空間である。以下に遺物によって直接関係と間接関係との二つの面から議論したい。

　間接関係の遺物は盛水鉢、罐などである。玉器の製作の過程で、水と研磨剤はキーポイントとな

図4　1995年マカオ黒沙遺跡のロクロ受軸器の出土状況とロクロ機械の復元図

る。黒沙遺跡の一帯は砂地であり、いかに適した粗さの研磨剤を選択するということも重要な工程である。次いで、石斧は木材加工の工具であり、ロクロなどの修理に用いられる。石臼は飲食生活の道具だった可能性があり、玉器製作工房での生活を反映したものである。

　直接関係のものはロクロから2m以内の範囲で出土する遺物であり、環状・玦状装飾品の製作に関連する器物が多い。以下、いくつかの種類に分けて分析を行う。

　第1に石英・水晶製品である。この範囲内では大きさがわずか1～2cmの石英片が数点出土している。これは環状・玦状装飾品の素材の加工および最終的な加工も工房内で行われたことを示している。この他、ロクロの2mの範囲内で体積が大きく、加工技術も精巧な1点の環状・玦状装飾品の未成品であるNo.24が出土している。この未成品の表面は細かい彫琢の痕跡が残っていた。大きさから5～6cmの環状装飾品を、さらにその芯から1～2点の玦状装飾品を作ることができ、これは環状装飾品と玦状装飾品が連続して製作されていた可能性を示している。

　第2に精巧な水晶製の石芯（No.19とNo.20）である。上下に折り重なって出土しており、人為的に置かれたものと推測され、出土位置も原位置であろう。石芯の直径が約5cmであることから、この石芯は少なくとも1点あるいはそれ以上の環状装飾品から取り出された可能性が高い。この2点の石芯が慎重に重ねられてロクロの周辺に置かれていたことは、ロクロによる再穿孔を準備していた状況にあったのであろう。No.18は水晶製の玦状装飾品の破片である。直径は上述した石芯とほぼ同じで、石芯を再穿孔したものであろう。この玦状装飾品の破片は、完成前に破損してしまい、工房内に忘れ去られたものである。この他にも推測できることは、No.19とNo.20の精巧な水晶石芯を取り出すもととなった環あるいは玦は、すでに加工され工房外に持ち出されたとする可能性である。

第3に大石錘（No.11）や石鑿（No.10）である。それぞれ打撃調整と穿孔としての機能がある。

C区 受軸器から2～3mの範囲内である。黒沙遺跡のロクロより3mの範囲内で唯一、水晶製石芯No.17が1点のみ出土している。直径はわずかに1.9cmで、おそらく再穿孔された石芯から作られたものであろう。他には数点の土器片と石器片などがある。その範囲ではロクロや環状・玦状装飾品に関する資料の出土が激減する。

このように受軸器からの距離でA・B・Cの3区に区分すると、そこから出土する遺物の分布や組成の状況は、十分に空間的機能の差を反映している。A区は受軸器の周辺であり、回転盤が旋回する空間である。それゆえ、A区の辺縁に至って数点の環状・玦状装飾品の未成品が出土することが理解できる。B区は環状・玦状装飾品の未成品、芯、環などが最も豊富に出土する。これはA区を中心にロクロによる作業が行われていたことを大きく反映している。C区ではわずかに小さな石芯などの遺物が出土し、明らかにロクロ作業の中心範囲ではない。

3．結　論

ロクロを用いた環状・玦状装飾品製作の空間分析には、以下の3点の認識がある。

1点目。ロクロはB・C区の範囲内で、未成品、芯、玦片など各工程に関する遺物が出土し、さらには、存在していたがすでに持ち運ばれた環状・玦状装飾品もロクロによる加工の対象であった。砥石や石錘、石鑿は補助的な工具である。玉器製作工房内におけるロクロを中心とした作業風景が、明確に浮かび上がる。

2点目。ロクロの回転運動の復元は、上述した総体的な環状・玦状装飾品の製作過程を通して理解できる。穿孔は環状・玦状装飾品の製作において最も重要な工程であった。観察によると、B・C区出土の環状装飾品の内壁および芯の穿孔面に、いずれも高速回転によって形成された光沢と線状痕が残っている。同様に、A区の受軸器の長軸両端に、特に乳状突起の周囲にも、高速回転によって形成された光沢と線状痕がはっきりとみられる。

3点目。環状・玦状装飾品、および上述した受軸器それぞれは、ロクロによる作業において、同一の回転軸で同時に回転していた。具体的には、まず環状・玦状装飾品の未成品を回転盤に固定する。未成品に竹管を密着させ固定し、穿孔時に水を注し研磨剤である砂を加える。この時、ロクロ内の受軸器は、回転盤と木軸の中間に位置し、受軸器は摩擦と過熱を減らすために、自由な水平の回転をする。つまり、ロクロの木軸が固定されている状況のもと、車筒などの構造をもって回転盤を安定させている。これが回転盤の推進を通して力学的な効果に転換し、強力な推進力を生みだすことにより穿孔が完遂されるのである。

黒沙遺跡で1995年に行われた発掘調査のグリッドはロクロを用いた環状・玦状装飾品製作の作業空間であり、明らかに工房が集中する範囲を示している。今のところ、ここでの工房の構造に対する分析が足りておらず、今後は調査区を拡張し、周囲の遺構と遺物の関係を確認する必要がある。2006年に1995年調査区の北側、西側の06G3と06G3Aの二つのグリッドを設定し、約70㎡を発掘した。南側には2㎡の06G2グリッドを発掘した。06G2グリッドの東壁から、高さ4.5cm、直径2.8cm

の小形の受軸器が出土した。このG2受軸器はやはり1995年調査のロクロ機械から半径3ｍの範囲内にあり、隣接する工房なのか同じ工房に属するものなのかは確認が待たれる。

1995年調査区の西側のG3Aグリッドでは、1995年調査区西壁に近い地点から灰坑（Pit 3）が検出され、石英・水晶製の環状・玦状装飾品素材と加工のための工具が出土している。この他、G3とG3Aの二つのグリッドの間で、石柱の基礎の位置関係に従うと、さらに1～2軒の工房址が部分的に検出された。そのうちのＦ１の面積は約25㎡であり、工房址の周縁からは、石英・水晶の環状・玦状装飾品未成品などが発見された。現在発掘された95年の調査区とG3、G3Aグリッドの範囲内では、依然として2軒または3軒の工房址の境界をはっきりと見分けることがむずかしい。

最後に、黒沙遺跡における集落の全体像への考察から、遺跡内における玉器製作工房と遺跡の空間的な関係に対して、以下のいくつかの考えがある。

第一に、3号灰坑は石英・水晶製の環状・玦状装飾品の素材を貯蔵する穴であり、玉器製作工房において、ある種特殊な遺構である。数度にわたる発掘調査から、ここは工房内の活動範囲であり、原位置を留めていることが証明された。これは工房址における周囲への性格づけに、重要な影響を与えている。われわれは、1995年調査区のロクロ機械による製作活動の範囲と、G3Aグリッドの3号灰坑は同時期であり、両者には密接な関係があったはずであると考えている。

第二に、G3とG3Aグリッドの約70㎡の範囲内において、多くの石英・水晶製の環状・玦状装飾品の素材あるいは未成品が発見され、さらに多くの玉器製作用の砥石も発見されている。この範囲は環状・玦状装飾品の製作活動に関連すると説明できるが、G3とG3Aグリッドではロクロ受軸器の発見はなく、いかなる石芯や環などの遺物も出土していない。これは1995年の調査区で確認されたロクロ機械の周囲が、明らかに回転運動による加工作業の中心であったことを示している。1977年と1985年の香港考古学会による遺跡南側の海岸での、比較的大きな面積の発掘を振り返ると、石英・水晶製の環状・玦状装飾品の素材や未成品が多く出土しているが、ロクロ受軸器は発見されていない。これは海岸におけるいくつかの玉器製作集落の工房址でロクロ機械を用いていない可能性を暗示している。

第三に、G3から北に約20ｍの地点にあるG8グリッドでは、グリッドの東北角の東壁に近いところから高さ7.5cm、直径7.3cmの楕円形をした、巨大でしっかりとしている受軸器が出土している。明らかにここがもう一つのロクロ機械を有する工房址だった可能性を示している。しかし、発掘面積が少ないことから、これより多くの議論はできない。

第四に、1972年に黒沙遺跡の北側海岸から、ロクロ受軸器の破片が発見されている。このことからわれわれは黒沙海岸が新石器時代晩期において、海岸の南北に複数の環状・玦状装飾品製作の専門集団が生活し、その一部はロクロ機械を所有していたと推測している。

参考文献

鄧聡　1996「Ⅴ遺物」『澳門黒沙』澳門基金會、中大出版社、55-72頁

鄧聡　2004「澳門考古學的反思」『澳門2004』澳門基金會、400-408頁

鄧聡　2013『澳門黒沙玉石作坊』澳門民政総署文化康体部

鄧聡・鄭煒明 1996『澳門黒沙』澳門基金會、中大出版社

Kelly, W. 1973a Field Survey of Coloane. *Journal of the Hong Kong Archaeological Society*, vol IV, Hong Kong Archaeological Society, pp. 12-16.

Kelly, W. 1973b Excavation at Hac Sa, *Journal of the Hong Kong Archaeological Society*, vol IV, Hong Kong Archaeological Society, pp. 17-18.

Meacham, W. 1976-1978 Hac Sa Wan, Macau. *Journal of the Hong Kong Archaeological Society*, vol. VII, Hong Kong Archaeological Society, pp. 27-33.

Meacham, W. 1984-1985a Hac Sa Wan, Macau Phase III. *Journal of the Hong Kong Archaeological Society*, vol. XI, Hong Kong Archaeological Society, pp. 97-106.

Meacham, W. 1984-1985b Note on the Middle Neolithic Sequence in the Light of Hac Sa, *Journal of the Hong Kong Archaeological Society*, vol. XI, Hong Kong Archaeological Society, pp. 106-108.

大石鏟考

小 柳 美 樹

　本稿で論じる「大石鏟」とは、中国大陸の広西・広東地域に分布する新石器時代晩期より青銅器時代初期を中心に製作され、最長70cmにも達するものもある大型の石鏟のことを示す。集中する出土地域の名前をとり「桂南大石鏟」と多く呼称されている（たとえば蒋廷瑜ほか 1992など）。1950年代以来、断続的に出土している大石鏟であるが、その実像については詳らかではない点が多い。そのため本稿では、報告文献を整理し、現地での実物観察を通しての所見を述べることとする。

1．大石鏟の分布

　報告文献等を整理すると、大石鏟の出土数はおよそ500点以上にのぼることがわかる。その分布は北限を広西省柳州一帯として、南は海南島に及び、東は広東省封開地域、西はヴェトナム東部に及ぶ（図1）。この分布域は特徴的な大型石鏟はもとより、小型ながらも大型石鏟と同様な形態である石鏟も含まれていることには注意しておくべきであろう。特に大型で肩部に楔形を呈する形態は、その集中分布域を広西省扶綏県・隆安地域としている。

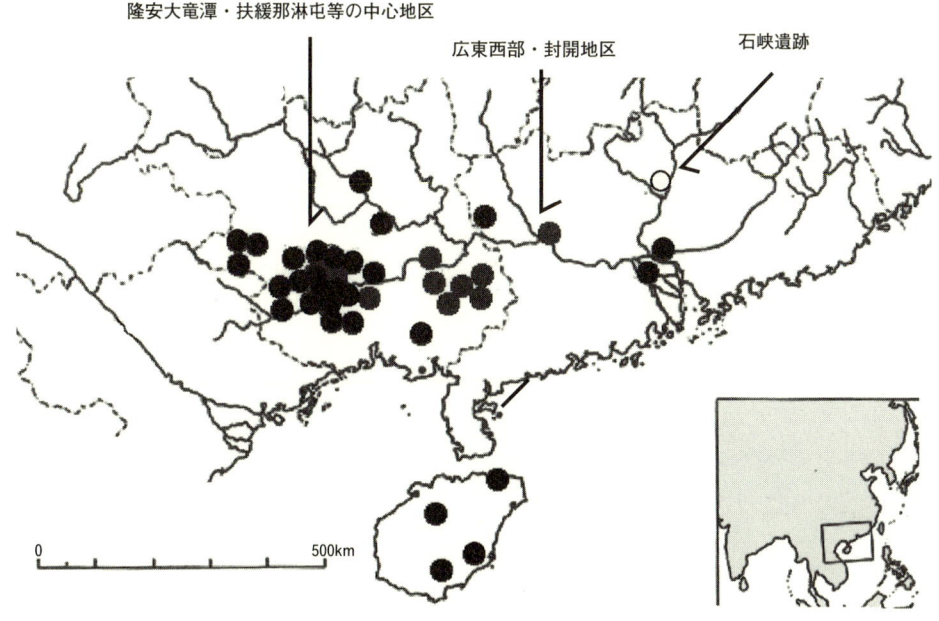

図1　大石鏟の分布図（●が出土地点）

2. 代表する大石鏟出土遺跡および出土地点

桂南地区は現在の広西省の玉林地区、欽州、南寧、百色南部、柳州南部一帯を示すが、この地区でいわゆる大石鏟が発見された遺跡や地点は60カ所にのぼる。代表的な遺跡・地点を挙げる。

(1) 那淋屯遺跡（広西壮族自治区文物考古訓練班ほか 1978）

広西省扶綏に所在する。遺跡面積は約1,500m²で、四方は山に囲まれており、比高差20〜30mの台地上に立地する。1973年の試掘調査において、24m²の調査範囲から43点の石鏟が出土した（図2）。石鏟は検出面に広く分布しており、規則的に置かれていた。配置状況はそれぞれ地面に突き刺さっていたが、刃部を上に向けている。つまり、柄装着部が地面に刺さっている状態にあるため、柄は装着されていないことと推定できる。石鏟が重ねられているものは、石鏟と石鏟の間に廃棄された（割れた）石鏟の破片や小型石鏟が挟まっていたことも確認されている。

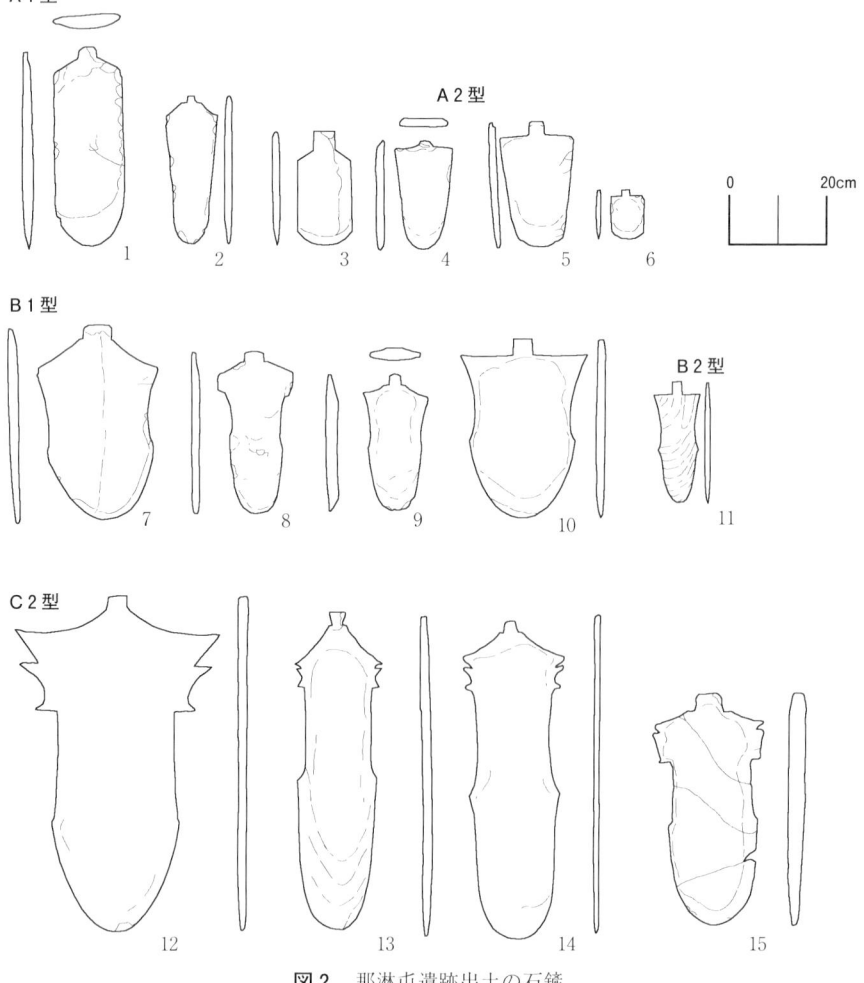

図2　那淋屯遺跡出土の石鏟

(2) **大竜潭遺跡**（広西壮族自治区文物考古訓練班ほか 1978、広西壮族自治区文物工作隊 1982）

広西省隆安県に所在する。遺跡面積は約5000m²で、西に小石山、東に右江を臨み、南面には焼畑地という立地環境にある。1978年の調査では三本の試掘坑（調査面積19.5m²）から複数の石鏟が出土している。それぞれ刃部を上に向けて地面に刺さった状態で検出されている（図3）。試掘坑T3からは、石鏟や石片、石鏟の破片を用いて直径約1.2mの円圏遺構が造られ、円圏内からは黒色土が検出されている。この遺構では石鏟は直立、倒立、横置きなどさまざまであった。T3出土の木炭の炭素14年代測定結果は5910±105年前、年輪較正では6570±130年前と報告されている。

1979年における調査ではグリッド34区画（約820m²）が発掘調査された。石鏟は231点が出土し、石器の総点数の99％を占める。石材は頁岩が主であり、砂岩、泥質岩が少量みられる。

文化層（第Ⅱ層）は黄褐色土で厚さ40〜60cmであり、遺構面を厚く覆っている。図版をみると、灰坑覆土にも第Ⅱ層土が混入している表現がなされており、遺構全体が洪水等により土砂が覆われた可能性をもつ。調査によって、灰坑20基、溝1条、紅焼土坑多数が検出されており、それぞれの遺構内から石鏟の配列が検出されている。すなわち、通称「石鏟遺構」と呼ばれているものである。

灰坑内の石鏟遺構の事例を挙げると、T1AH3は円形竪穴で口径1.88m、深さ1.7mを測る。土坑底部は平底で、紅焼土塊、砕けた炭、石鏟数点が置かれていた。これら石鏟は、上下二層に分かれ、いずれも円圏を形成している。上層の円圏は径約52cmで、下層は径約1.2mを測る。

ほかの灰坑内石鏟遺構についても報告文献では紅焼土の混在および堆積記載があり、石鏟および砕けた石鏟の破片等が規則性を有して置かれていることがわかる。

石鏟配列遺構は石鏟の配置形態によって直立、斜立、横置き、平置きの四種類に分けられる。ほかにも乱雑に置かれた遺構も確認できる。各遺構を形成している石鏟の数量は2点から20点と不一である。

配列がより複雑化している遺構が存在していることを報告者は述べている。直立あるいは斜立配列の組み合わせは、石鏟配列の中でも特色ある形式である。1点から数点の石鏟によって組み合わさり、凵字形と円圏式の異なる配列形状を呈している。石鏟は、いずれも柄装着部を下にして、刃部を上に向けて置かれている。同様に、共通した傾向にある状況としては、TA4、TA1、TB1で検出されている4基の単独の石鏟は、どれも直立しており、箆面を東北方向に向けていることである。複数の石鏟によって形成されている配列遺構も数の多少にかかわらずに、みな器体が貼り合わさったように重ねられ、箆面を東北方向に向けている。

直立して凵字形を形成している遺構は三点の石鏟によって、北・東・西の三面を形成して凵字形をつくり、その中間位置に陶罐が置かれ、その罐内部（底）に石鏟が1点置かれているという状況が意識的につくりあげられている。

直立して円圏形を呈している石鏟遺構は1基のみが検出されているにすぎないが、それは6点の石鏟によって構成されている。一般的に多いものが横置きと平置きで円圏を形成している石鏟遺構である。また、乱雑に置かれて規則性のないものも多いと報告者は述べる。

鄭超雄・李光軍は、これら遺構を原始祭祀場として、円圏石鏟遺構の祭祀対象は天神であり、凵字形や隊列形などはそれぞれ祭祀対象が異なると論じた（鄭超雄・李光軍 1991）。

24　第Ⅰ部　中国編

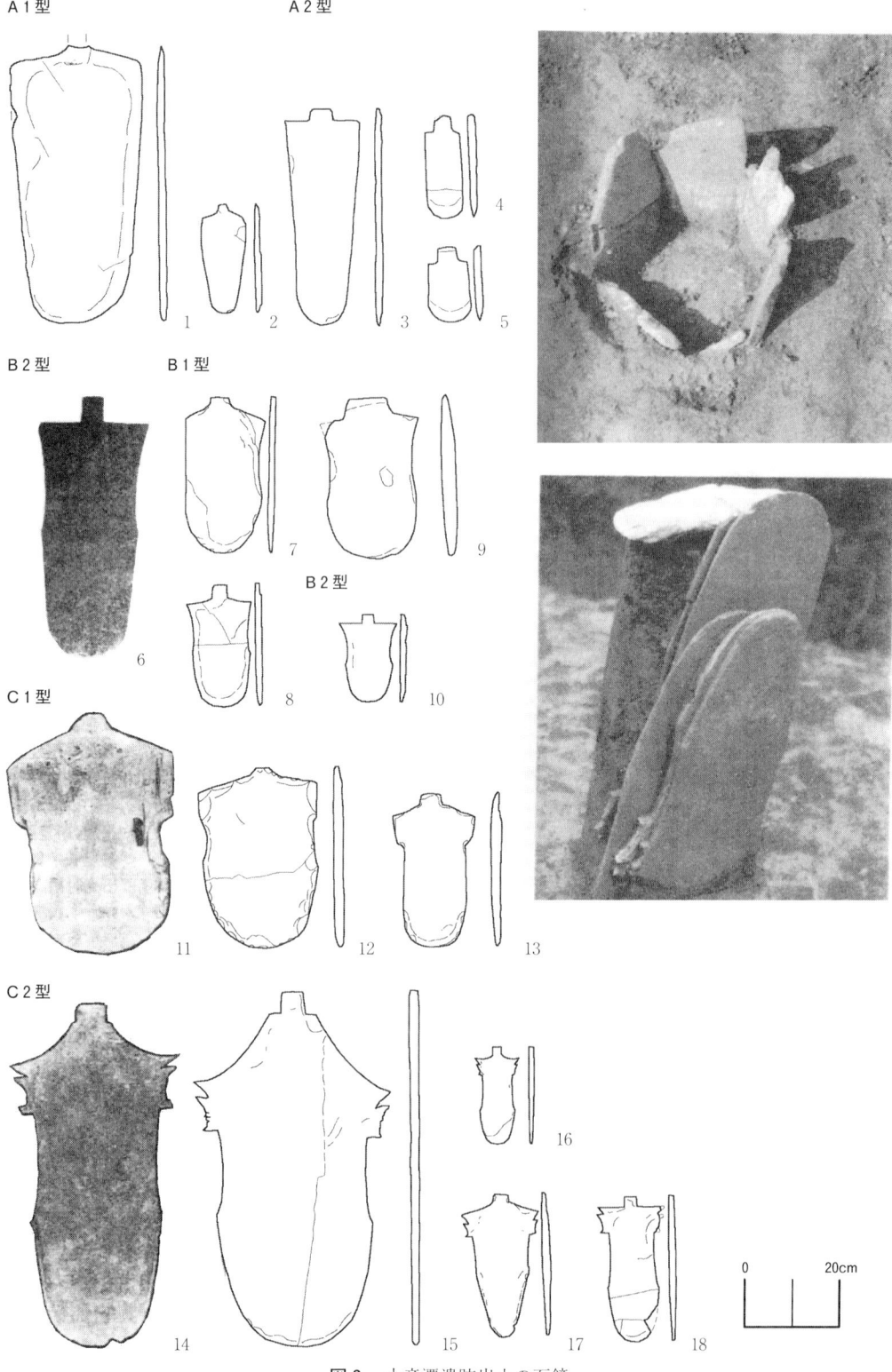

図3　大竜潭遺跡出土の石鏃

那淋屯遺跡1978年次調査および大竜潭遺跡1978年次調査の報告者は、石鏟の出土状況が規則的であること、数点は重なって刃部を上向きにして置かれていたこと、石鏟には使用痕跡がないこと、出土した石鏟周辺には未完成品や未加工の石片（石材か）が出土していることから、両遺跡が石鏟製作地点であろうと推測した（広西壮族自治区文物考古訓練班ほか 1978）。

　一方で、大竜潭遺跡1979年次の調査報告者は、出土した石鏟の大多数が実用的な農耕具であることを指摘している。同時に、石鏟の石材原産地が大竜潭遺跡から5、6kmほど離れていることから、大竜潭遺跡が石鏟製作所（加工場）であったことに否定的な見解を示している。むしろ石材原石や石材が発見されていないことから、検出された遺構と遺跡そのものが農業生産に関わる祭祀活動の場所であると考察している（広西壮族自治区文物工作隊 1982）。

(3) **広西省内で大石鏟が発見されている遺跡や地点**（広西壮族自治区文物考古訓練班ほか 1978）

　1978年次分布調査および大竜潭遺跡1978年次調査報告に合わせて、広西省内で大石鏟が発見されている遺跡名が58地点（大竜潭遺跡と那淋屯遺跡を除く）ほど挙げられている。本稿では所在する市・県名に整理し遺跡数を記述しておくことにする。すなわち、邕寧県18、隆安14、武鳴県3、扶綏県6、崇左県2、大新県1、平果県1、靖西県1、徳保県2、南寧市1、合浦県1、浦北県1、貴県1、玉林県2、容県1、北流県1、平南県1、来賓県1が挙げられている。

　そのうち武鳴県では、1981年に太平郷葛陽大隊葛陽村棠宝嶺で円圏状石鏟遺構が検出されており、石鏟は22点を数える。刃部はみな上方を向いている。1985年には馬頭郷安灯陽嶺坡においても検出されている報告文献がある（何乃漢 1985）。邕寧県壜楼地区では石祖と共伴して出土した報告もあり、遺構の性質をうかがえる事例でもあろう。

(4) **広東西部地域〜徳慶地区**（丘立誠・鄧増魁 1983）

　石鏟7点出土の概略報告がみられる。石鏟はすべて単独で山の斜面や小渓谷の縁辺で発見されており、出土時には平置きされていたものや刃部を下に向けて縦置きされていたと記載されている。上述した那淋屯遺跡や大竜潭遺跡の出土状況とは刃部の位置関係を含め、大きく異なることは注意しておくべきであろう。また、共伴する遺物は見られないこと、出土地点の地理環境が居住に適していない場所であることを報告者は述べる。

(5) **広東西部地域〜封開県地区**（楊式挺・鄧増魁 1989）

　1982年から1984年にかけて行われた調査によって28カ所の遺跡と遺物出土地点が発見されているが、大石鏟が出土した遺跡は牛圍山、佛子崗、奇竜山、遺物出土地点として苦稔崗、大垌話村が挙げられている（図4）。また、それらの石鏟と類似した遺物として、西樵山（第七地点）、大仙崗、広州菠蘿山、海南島儋県、陵水、琼中、白沙、保定で発見されていると述べられている。

　封開県の東南に位置する杏花区は三方を山に囲まれて西部に平坦地をもつ地理環境にある。杏花河流域は山丘が折り重なり、遺跡の比高差は川岸より5〜30mを測るが、少数の遺跡は50〜60mを測る程、高所に存在する。

1983年には新杏花河底の深さ1mの地点で大石鏟が出土している。また、新聯郷石峡村后山遺跡では石矛や印紋陶片が共伴しており、青銅器時代まで年代が下る石鏟もあることを示す事例となっている。同様に、青銅器時代にまで石鏟の年代が下がる事例としては、広東省合浦清水江地点で青銅片との共伴が確認されている。石鏟の器表面上にうろこ状の切断痕がみられることや側辺上部（肩部）の切断が非常に平直であることなどからその加工には金属利器が用いられているという見解も提示されている。筆者はその見解は部分的な伝統的現象であると考えており、かつそうした儀礼が後の時代まで継続したのではないかと推察する。やはり、多くは新石器時代の遺物と共伴していることや出土層位の判断から、新石器時代後期の所産であると考える。

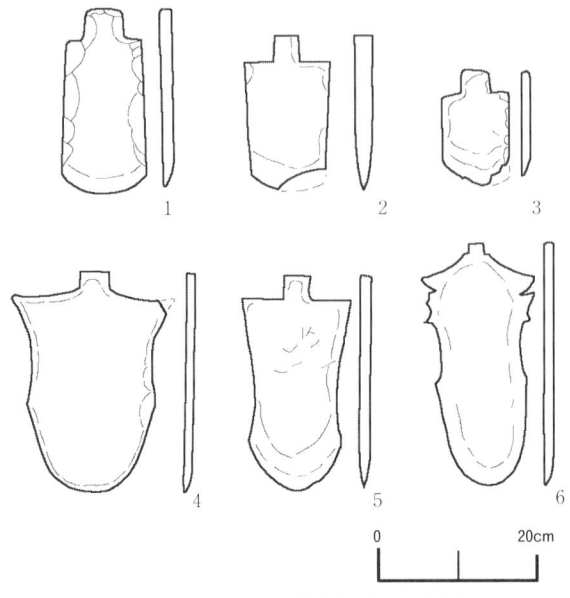

図4　広東西部・封開地区出土の石鏟

(6) 広西省内での出土事例（インターネット記事）

速報的にインターネットによる近年の大石鏟出土情報を得ることができる。紙媒体での詳細な出土報告を今後に期待したいが、具体例がわかるものを挙げる。

2011年下半期には、広西省隆安県喬建鎮儒浩屯谷紅嶺では巨石等によって構成された祭祀遺跡群のなかで、100点近くの石鏟、錛、斧、砧、土器片が出土したことが報じられている（李鵬臻 2012）。

2012年5月には、広西省南寧市壇洛鎮富庶村雷憧坡で100点にのぼる完形品の石鏟が出土しており、破片からは300点にのぼる点数であったであろうと推計されている。同様に、同富村雷憧坡においても出土したと報じられている（張捷 2012、趙岩 2012、李鵬臻 2012）。

2013年5月には、広西省隆安県丁當鎮英敏村雷空屯遺跡において調査範囲46m^{2}中5m^{2}の範囲で22点の石鏟と1200点多の破片が分散していたと報じられている（林婉怡 2013）。

3．形態について

前段までに述べてきたように、石鏟はこれまでに約500点以上の出土が確認できる。石鏟の形態分析はすでに出土報告文献や個人研究で行われている（たとえば佟柱臣 1989および上述報告文献）。それらの分類について個々に評価意見の詳細を省くが、大概にしてその分類基準が肩部形態と側辺部形態、刃部形態をそれぞれ同一の分類基準としているために分類上の混乱を来していることは否

定できない。具体的に述べると、全体形からみた「梯形」と刃部形態のみの「舌形」を同レベルで分類して、それぞれⅠ式とⅡ式とする例があるが、梯形には舌形の刃部を持つものもあり、その逆も然りである。さらに側辺形態——たとえばくびれ形態（束腰）、肩部形態（短袖式）を大分類の基準としている。筆者にはその基準での分類は理解に苦しむ。

そのため本稿では、改めて以下の基準で分類を行った。

大分類はA・B・Cの3分類とした。

　　A型：側辺部にくびれ（束腰）を有しないもの
　　B型：側辺部にくびれ（束腰）を有するもの
　　C型：側辺部上部（肩部）に短袖状の突起を有するもの

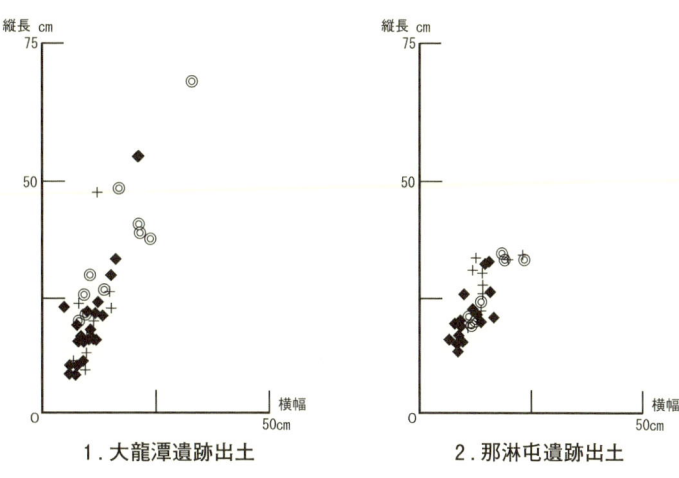

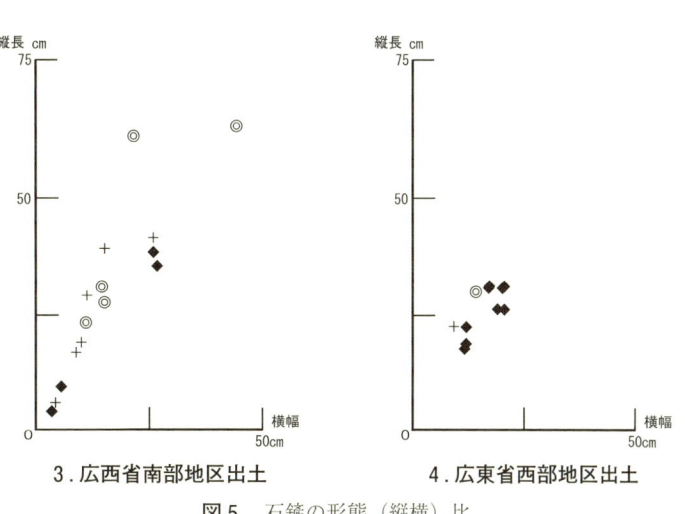

図5　石鏃の形態（縦横）比

さらに小分類は、A型、B型では1：斜肩の形状、2：平肩の形状に分けた。C型では1：直袖と記述表現を有するもの（すなわち、歯状表現、楔形表現を有しないもの）、2：帯歯（歯状表現を有するもの）に分けた。

この分類での一例はすでに上述してきた各地点での図版上でも示した次第である（図2～図4）。また、形態について図化されていないものでも形状記載があるものについては分類照合を行った（図5）。これによって、分類別の石鏃の性格、傾向を確認することにしたい。

A型石鏃は、普遍的な石鏃の形状、言い換えれば典型的な石鏃の形状であることが確認できる。特に本地域のみでみられる石鏃とは言い難い。報告文献でみられるように黄河流域新石器文化の磁山・裴李崗文化や仰韶文化の石鏃に類似することを指摘できるのは、まさに基本的な石鏃の形状を呈していることに由来する。これらA型石鏃は実用品として製作され、或いは利用された後に、埋納行為の際にほかの型の石鏃とともに供されたと理解したい。

B型石鏃は、くびれ部（束腰）を有することで、その形状は桂南地域独特の地方型石鏃を呈している。数量的にもB型式が多い。

C型石錛は比較的にA・B型よりも長大なものが多いことが図5からも確認できる。特に側辺上部（肩部）は「短袖」を呈しているが、日本考古学ではいわゆる「なすび形」木製農耕具と呼ぶものに形状が似ている。この形状の由来については、日本の静岡県宮塚遺跡や滋賀県針江中遺跡での着柄状態のままの出土状況から、その着柄方式に由来することが判明しているが（黒崎 1996）、おそらくは桂南大石錛においても、同様に着柄する際の梱縛方法に由来しているのだろうと考えるのが無難であろう。その元来の形状が発展し、長大化し非実用品化されたことにより祭祀供犠物としての形状のデフォルメ（強調化）が行われたものと推察する。そのために、刃部加工が故意に施されていないものが多見できる。製作時にすでに祭祀道具として使用することを認識していたのであろう。しかしながら、C型石錛のすべてが非実用品であったかというと早計であり、たとえば広西省柳州白蓮洞遺跡の博物館施設で実見した「小型」のC型石錛には明らかに刃部に使用痕跡による摩耗がみられ、短袖の帯歯部位には着柄のための梱縛痕跡とそれによる器表面の剥落などを観察することができた（2013年2月3日実見）。

　形態別の数量比較については、隆安大竜潭遺跡の事例が参照できる。まず、報告文献に則った形態分類、次に筆者分類、数量比の順で記し、確認しておく。すなわち、総出土点数中、Ⅰ式＝A型は38点（19％）、Ⅱ式＝B型は135点（66％）、Ⅲ式＝C1型10点（5％）、Ⅳ式＝C2型は21点（10％）を示す。典型的な大石錛と言えるⅣ式は全体の1割を占めるに過ぎない。くびれ型（束腰）は全体の8割を占めることがわかる。大石錛が集中分布する隆安地域以外では、数量が少ない点は考慮すべき点ではあるが、A2型、B型（特にB2型）、C2型に傾向をうかがうことができる。そのため大石錛は隆安・扶綏・邕寧の集中三地域内の某所で製作されて後に、各地点に選択された石錛が運び出されたものとも考えられる。このことは、石錛石材が板岩や頁岩を主流とするが、それらも上述した集中三地域が石産地であり、他の場所では得ることができないため、農業生産物などとの交換によって石錛を得たのだろうと推測されている（何乃漢 1986）。

4．桂南大石錛からみる稲作農耕

　桂南大石錛は、その出土状況からその多くが祭祀遺構から出土するものが多く、特にその石錛自体が祭祀遺構を構築していることが確認できた。一方で単独で出土しているものも祭祀的役割の中で埋納もしくは放置されたものが多いように推察できる。そうした中で、実用品であったものも少なからず存在していることをあらためて認識し評価しておくべきであろう。すべてを非実用品として扱うと、より当時の農耕形態を検討する上で浅薄な考察になってしまうからである。

　次に、この大石錛をもとに他資料を通じて稲作農耕の諸相について述べることとする。その資料として広東封開地区での考古資料が参考になる。

　広東西部に位置する封開地区での稲遺存体出土状況をみると、封川蔪竹口遺跡では約6000年前から7000年前相当（もしくはより古くなる可能性がある）の第7層出土の土器胎土中から水稲プラント・オパールが検出されている（広東省文物考古研究所ほか 1998）。また杏花鎮広信河遺跡では4000年前とされる新石器時代の遺物（土器片等）とともに炭化米・稲籾殻が出土している（向安強

2005)。大石鏟と同時代的資料としては、石峽文化の遺跡から稲遺存体が検出されることが挙げられる。石峽文化の二次葬の葬送儀礼では、まず一次葬で用いる土坑墓の壁を焼き固めるという「火焼墓穴」と称される習俗において、その焼土中から多くの稲籾殻が検出されるという。出土遺跡と

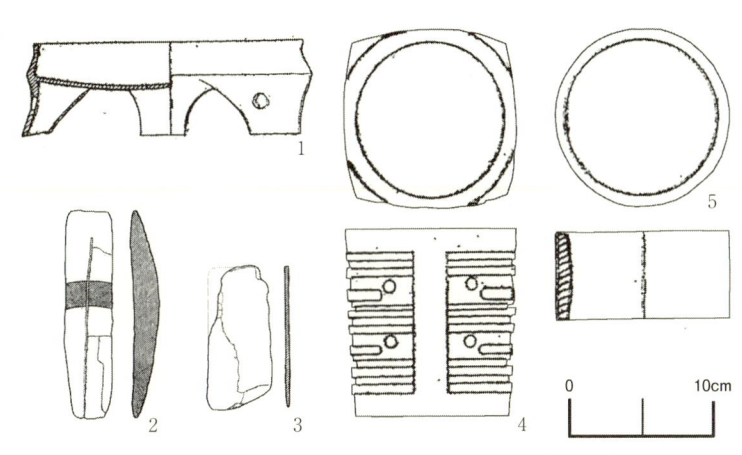

図6 広東西部 封開地区出土の石峽文化・良渚文化系遺物

しては杏花鎮鳥騒嶺、新聯郷禄美村対面崗遺跡1号墓、杏花鎮三聯羅沙崗土坑墓、東和郷牛窩嶺、清水村狗嶺頭、風楼郷の羅文冲、牛鼻冲、狗児嶺、羅欧山、斑石郷の牛圍山、猛虎頭山等が挙げられる（向安強 2005）。石峽文化は広東北部曲江区の石峽遺跡を指標とする新石器文化だが、琮や環・瑗、鉞は長江下流域の良渚文化の影響、鼎や石鋤の一種である钁は、江西地域を中心とする樊城堆文化等の影響や系譜を引くものであり、稲作文化を基盤としている文化であると認められている。封開地区では、この石峽文化の遺跡が散見できる。例を挙げると、封開禄美村対面崗遺跡では石琮1点、環2点、鉞1点（図6-3～5）が出土しており、同地区羅沙崗1号墓では石峽文化系の盤式鼎や钁（図6-1・2）が、同新聯郷地域の替秧崗遺跡では石峽文化の石钁、利宅村塘角嘴遺跡では環、旧屋后山遺跡では石鉞1点がそれぞれ出土している（楊式挺・鄧増魁 1989、向安強 2005など）。この地域が北（長江流域）からの稲作文化が南下した文化影響下にあることをうかがい知ることができよう。

そうした中で、特に注意すべきことは本稿で主題としている大石鏟が石峽文化系遺物を伴う遺跡からは出土していないことである。末尾にあたって、大胆な仮説が許されるならば、この広東封開という地域は、大石鏟系統の稲作文化と長江系統に連なる石峽文化の稲作文化が交接する場所であったが、その「混在」が明確には確認できないことから、二つのその稲作文化の集団がひとつの地域で共存していたと認識しておきたい。更に検証を進めたいところである。また、大石鏟の出自については、広西地域における有肩石斧からの系譜をもつことは容易に予測を立てることができるが、この問題についてはより広く深く当該地域の資料と対峙して考察を進めなければいけないであろう。

参考文献（インターネット情報は確認日を記載した）

何乃漢 1986「広西史前時期農業的産生和発展初探」『農業考古』第2期、90-95、129頁

梶山 勝 1978「南中国新石器時代晩期の文化領域について」『古代学』30巻、20-27頁

広東省博物館ほか 1978「広東曲江石峽墓葬発掘簡報」『文物』第7期、1-15頁

広東省文物考古研究所ほか 1991「封開県鳥騒嶺新石器時代墓葬群発掘簡報」『文物』第11期、1-7、54頁

広東省文物考古研究所ほか 1998「広東封開篈竹口遺址発掘簡報」『文物』第7期、38-41頁
丘立誠・鄧増魁 1983「粤西発現的大石鏟」『考古』第9期、838頁
黒崎　直 1996『古代の農具』(日本の美術　第357号)、至文堂
向安強 2005「広東史前稲作農業的考古学研究」『農業考古』第1期、149-155頁
向安強・姚錦鴻 2006「広東封開杏花河発現的古栽培稲及相関問題探討」『農業考古』第1期、33-45頁
広西壮族自治区文物考古訓練班ほか 1978「広西南部地区的新石器時代晩期文化遺存」『文物』第9期、14-24頁
広西壮族自治区文物工作隊 1982「広西隆安大竜潭新石器時代遺址発掘簡報」『考古』第1期、9-21頁
蒋廷瑜・彭書琳 1992「桂南大石鏟研究」『南方文物』第1期、19-24頁
趙岩 2012「廣西南寧出土300多件新石器晩期大石鏟」『唐山環渤海新聞網』2013年5月3日確認
張捷 2012「廣西出土一批新石器時代大石鏟　距今4000多年歴史」『新華網』2013年5月3日確認
鄭超雄・李光軍 1991「広西桂南"石鏟遺址"試論」『考古与文物』第3期、50-56、43頁
傅憲国 1988「論有段石錛和有肩石器」『考古学報』第1期、1-36頁
佟柱臣 1989「広西大石鏟的考察」『中国歴史博物館館刊』第13-14期、22-30頁
楊式挺 1989「広東新石器時代文化与毗鄰原始文化的関係」『中国考古学会第七次年会論文集』初出（本稿では楊式挺 1998『嶺南文物考古論集』271-281頁に再収されたものを参考にした）
楊式挺・鄧増魁 1989「広東封開県杏花河両岸古遺址調査与試掘」『考古学集刊』第6集、63-82頁
李鵬臻 2012「南寧壇洛発現新石器時代古人遺址　石鏟類型更豊富」『中国民族宗教網』2013年5月3日確認
林婉怡 2011「隆安又発現一處大石鏟遺址　相關部門搶救性発掘」『人民網』2013年5月3日確認

補註

図版については、それぞれ報告文献より必要に応じて再トレースを行い、再構成した。

執筆にあたり、科学研究費（B）課題番号24401002「長江下流域における基盤整備型水田の成立期に関する学際的研究」（研究代表者宇田津徹朗）による研究助成の一部を利用した。

海岳地区における生業に関する一考察
――磨盤・磨棒の使用痕分析から――

加 藤 里 美

はじめに

　海岳地区における新石器時代は後李文化に始まりをみせる。この時期、海岳地区内では、独自の文化が展開しているが、黄河中流域の裴李崗文化の影響を大きく受けていることは、周知のとおりであり、有足磨盤・磨棒や植物遺存体の出土がそれを裏付けてきた。後李文化の後に続く、北辛文化、大汶口文化においても、土器や石器の器種組成、形態、文様に見られる共通性などの要素をうかがうことができ、黄河の中流域と下流域の交流は断続的に継続していたのである。これまでに、裴李崗文化ではアワを積極に取り入れた生業を展開していたことから、その影響を受ける後李文化や北辛文化では、裴李崗文化と同様にアワを中心とした雑穀栽培を含む形態の生業を営んでいたととらえられている。

　発掘調査数の増加や分析が精緻になりつつある今日、新たな見解が提示されるようになってきた。後李文化の月庄遺跡出土の炭化米の資料は、中国全土の資料から見ても古いうえに、これまで発見された同時期の資料よりも緯度が最北に位置する。しかし、出土資料が野生種であるのか栽培種であるのかについては不明であること、さらに、後李文化に続く北辛文化では稲資料が確認されていないこと、また、コメを食していたとしても運び込まれたものであるのか、栽培していたのかについては言及できない状況にある（Gary W. Crawford *et al.* 2006）。現状では、初期の段階からアワを中心とした雑穀栽培が開始され、大汶口文化期には稲作が開始されていたと理解するにとどまっている。そこで、ここでは当該地区における生業がどのように展開し、体系だてられていくのかを解き明かすために、食品加工具である磨盤・磨棒を使用痕分析から検証し、海岳地区における新石器時代開始期の食物の利用について考えたい。

1．磨盤・磨棒概要

　磨盤・磨棒は磨盤を下石、磨棒を上石として一組となった食品用の加工具で、両手で棒状の上石を持ち下石の上を並行に移動させることで粉砕、粉化するいわゆるサドルカーンである。新石器時代の資料としては、出土状況の特異性や足を有する形態、出土量の豊さなどから、磁山文化と裴李崗文化の「すりうす」[(1)]は、多くの研究者の目を引き付けた。有足「すりうす」が消滅すると、無足の「すりうす」が両文化の分布域以外に拡散するように分布域を広げ、雑穀文化に伴う加工具として継続して使用される。「叩く」「搗く」といった動作の伴う「うす」は、中国華南から南部を中心

に広範に分布する。当該地域は、栽培作物が主としてイネであったことが指摘されており、主にイネの脱穀に使用したことが想定されている。したがって、大きくは雑穀文化と稲作文化の違いによって北部では「すりうす」、南部では「うす」を中心として各々の食体系の中で用いられていたといえる（加藤 2002）。

２．使用痕分析

近年、山東省一帯の資料を中心に、使用痕分析と脂肪酸分析を併用して、加工対象物が雑穀だけでなくコメや堅果類に及ぶ可能性があることが提示されている（王強 2008、上條 2008）。日本列島の資料については、石皿などの粉化加工具に加えて収穫具の機能・用途論について、使用痕分析による顕微鏡レベルでの石器の表面分析によって肉眼観察にもとづく推論を検証し、より詳細な議論を展開する段階にあり（池谷 2003ほか）、その研究成果に一定の評価がなされている。ここで記すのは、下記の要領で実施した使用痕分析の結果である（加藤 2011）。

(1) 手順と方法
①実物資料の観察（裴李崗遺跡・石固遺跡・賈湖遺跡・月庄遺跡・北辛遺跡他75点）
サンプル作成の後、使用痕の分析を行い、タイプ別に一覧表を作成し（表１）、これを基本として、実物資料と比較検討した。
②加工対象物検証のためのサンプル作成
石材：島根県松江市来待産出の来待石（凝灰質砂岩）
加工対象物：有殻アワ・無殻アワ・有殻キビ・無殻キビ、ドングリ（シイ）、無殻オオムギ
動作：脱穀、粉化
記録：使用痕を1,000回の動作ごとに、金属顕微鏡で100倍、200倍、500倍について記録。
顕微鏡仕様：表２を参照。

(2) 検証結果
サンプルの観察において、加工対象物の硬度と上石と下石の使用方法、力の掛け具合などの違いにより、磨面の形成や使用痕のパターンが大きく関連していることが判明した。
各ポリッシュは、阿子島分類の基準を参照して分類した（阿子島 1986）。なお、タイプＡ１やＡ２は阿子島分類のＢタイプ、池谷分類の礫Ｂタイプに類似し、タイプＢは池谷分類の礫Ｃに類似している。また、粉砕して粉化する作業を行った場合、対象物がキビとドングリ（シイ）のように、種実の大きさが異なっていてもＡ１のようにほぼ同様の光沢が形成されることが判明した（図３～８）。
①磨盤（下石）
実物資料においては、長軸30cmを超える資料が大部分を占めており、磨面上の使用箇所によって形成される光沢が異なる。たとえば、裴李崗遺跡103号墓出土の磨盤は（図１−１）、Ａ１の光沢

表1　サンプルポリッシュ各タイプの特徴

	輝度		平滑度		高低差	連節度
	外部コントラスト	内部コントラスト	きめ	まるさ		
A1	やや明るい	明るい	やや粗い	まるい	高所から始まり全体を覆う	一面を覆う
A2	やや明るい	明るい	やや粗い	まるい	高所から順に発達する	パッチが連接している
A3	やや鈍い	やや弱い	粗い	小パッチはややまるい	高所から順に発達する	一面を覆う
B	きわめて明るい	きわめて明るい	滑らか	平坦	高所のみに形成される	一面を覆う
C1	やや鈍い	暗い	やや粗い	角ばっている	高所から順に発達しているが最下部まで及ばない	小さなパッチが全体に広がる
C2	やや鈍い	やや暗い	粗い	角ばっている	高所から順に発達しているが最下部まで及ばない	未発達な小パッチ
D	きわめて明るい	やや明るい	粗い	凸の部分のみまるい	高所にのみ形成される	独立したパッチが点在

表2　顕微鏡仕様

明暗視野金属顕微鏡	BXFM-N38MDSP
対物レンズ	MPLFLN 5 XBD・MPLFLN10XBD・LMPLFLN50XBD
接眼レンズ	WHN10X
中間変倍装置（1×、2切り替え）	U-ECA
写真撮影装置	NY-E510　一眼レフデジタルカメラシステム SHODENSHA 300MPiX USB Camera
架台	ユニバーサル架台2型　SZ2-STU2

面が中央部に顕著に確認でき、前方部の磨面にはBが形成されている。また、磨盤の外縁にあたる部分に前方部と同様のBが筋状に形成されており、対象物を加工する際に上石とダイレクトに接した結果と考えられる。これと同類の光沢面の分布模式は、月庄遺跡（図1-6、図9～12）や北辛遺跡（図1-8、図13～16）出土の資料にも共通して認められる。一方で、光沢があまり発達せず、磨面形成がはっきりしない資料も認められる。賈湖遺跡119号墓出土の資料は（図1-2）、裴李崗遺跡103号墓出土資料などのように加工ポイントとして最も使用した部分が凹んでおり、よりくぼんだ部分とそれ以外の光沢が大きく広がっているものの、光沢が暗く明確でないA3が認められる。また、当該資料は長軸70cmを超える大型のもので、先端部分はほとんど使用していなかったと考えられ、明確な光沢が認められなかった。同様の資料として、石固遺跡（図1-3）や北崗遺跡（図1-4）、月庄遺跡（図1-7）などがあげられる。

②磨棒（上石）

形態は大きく二つに分類でき、それによって使用方法に若干の相違があると考えられる。単軸の断面形が多角形を呈し、ⅰ．円形に近いもの、とⅱ．方形に近いもの、とでは利用する面の使用する際の動作に若干の相違点があると考えられる。また、下石と比べて加工の際に加工面と接着する面積が少ないため、下石と比べると使用痕の光沢の発達が激しい部分が見られる。

ⅰの例として、北崗遺跡26号墓出土の磨棒では（図2-1）、A1とBが形成される部分とA2が主に形成される部分とに分かれる。Bは極端に平滑な面を形成するものであることから、利き腕や加工の動作に左右で相違があるなどの要因が考えられる。また、使用痕は両端部の先端の一部を除いてすべての部位に確認できる。他の例として、石固遺跡39号墓出土の磨棒では（図2-2）、上面と下面にA1が確認でき、磨棒の複数個所を使用していたことがわかる。

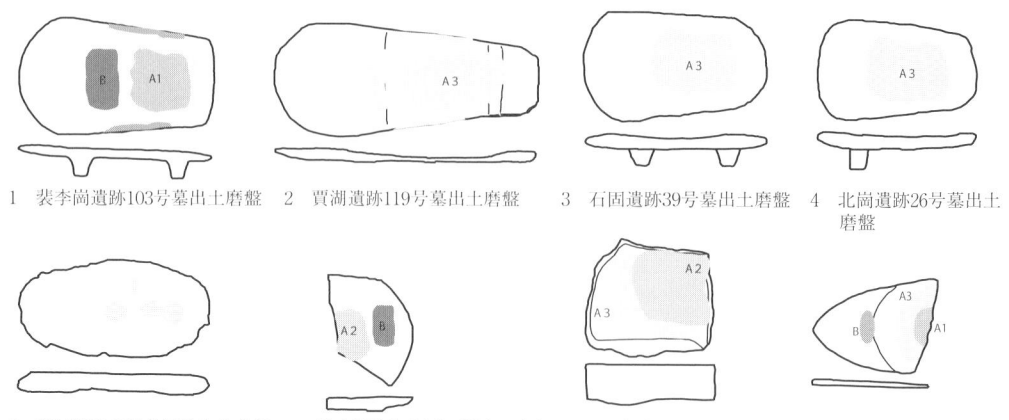

1　裴李崗遺跡103号墓出土磨盤　2　賈湖遺跡119号墓出土磨盤　3　石固遺跡39号墓出土磨盤　4　北崗遺跡26号墓出土磨盤

5　西河遺跡62号住居址出土磨盤　6　月庄遺跡包含層一括出土磨盤　7　月庄遺跡灰坑178出土磨盤　8　北辛遺跡採集磨盤

図1　磨盤使用痕分布模式図（※スケール不同）

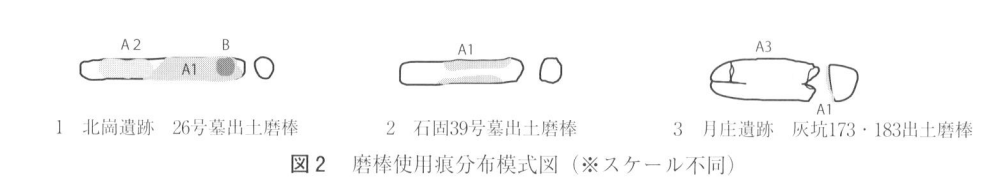

1　北崗遺跡　26号墓出土磨棒　2　石固39号墓出土磨棒　3　月庄遺跡　灰坑173・183出土磨棒

図2　磨棒使用痕分布模式図（※スケール不同）

　ⅱの例として、月庄遺跡灰坑出土の磨棒は（図2-3、図17・18）、単軸の断面形が台形を呈しており、最も面積の大きい部分にはA1が形成されている。光沢はかなり明るく、丸みを帯びていることが特徴としてあげられ、上面のA3が認められる部分とは大きく差があることがわかった。主に使用していた面がA1の確認できた面とすれば、その上面は持ち手であったことになり、上面のA3は手ずれの可能性がある。さらに、面がゆるくカーブを持っていることから単純な前後の移動だけでなく、カーブを利用した押しつぶしの動作が用いられていたとも考えられる。

　③「すりうす」の用法と加工対象物

　実物資料とサンプルとの比較検討により、「すりうす」は主として種実の粉砕、粉化の作業に用いられていたと考えられる。動作の種類から、上石を単純に前後に移動するタイプとアーチを利用した運動を加えながら前後に移動するタイプと分けることができ、加工時には下石の磨面を作業の手順によって使い分けていたことも明確となった。加工対象物はサンプルで加工の対象としたすべての植物の種実においてほぼ同様の光沢が形成されており、光沢の差は磨棒の形状差異による使用方法あるいは使用回数の差異によるものと考える。したがって、種実を対象とした加工は雑穀類に限られたものではなく、堅果類などにも及んでいたことが指摘できる。それ以外に、C1・C2は、加工対象物の硬度が種実よりも高い堅果類やアワ・キビ等の外殻の脱皮＝脱殻が想定される。

3．黄河中・下流域における初期農耕期における食物の加工について

　裴李崗文化における「磨盤」「磨棒」には、大きく2種類が認められることがわかった。特に、賈湖遺跡や石固遺跡など光沢面がやや鈍い光をもつA3が主として認められる遺跡と、裴李崗遺

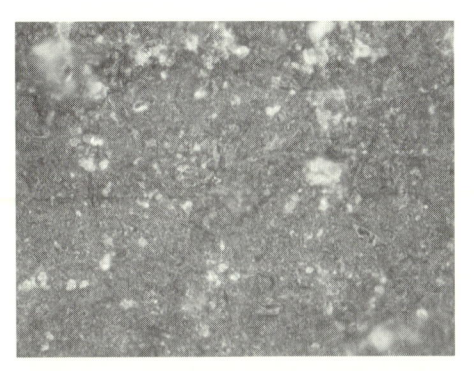

図3　A1　無殻アワ　粉化　下石　×500

図4　A1　ドングリ　粉化　上石　×100

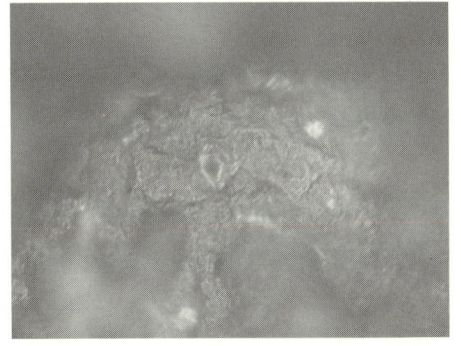

図5　A1　無殻アワ　粉化　下石　×500

図6　B　ひっかき　下石　×100

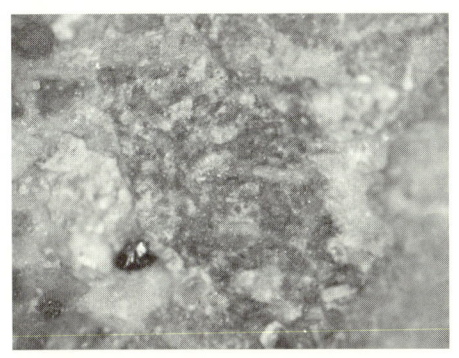

図7　C1　キビ　脱皮　下石　×500

図8　C2　アワ　脱皮　上石　×500

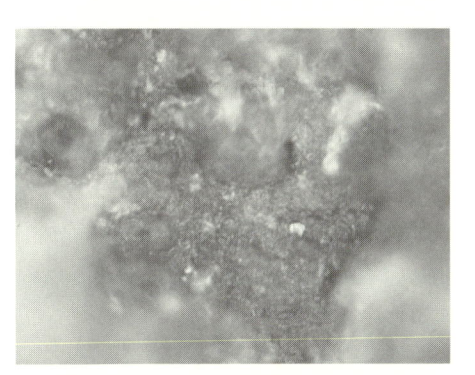

図9　月庄遺跡　磨盤　×100

図10　月庄遺跡　磨盤　×200

図11　月庄遺跡　磨盤　×100

図12　月庄遺跡　磨盤　×100

図13　北辛遺跡　磨盤　×100

図14　北辛遺跡　磨盤　×200

図15　北辛遺跡　磨盤　×100

図16　北辛遺跡　磨盤　×200

図17　月庄遺跡　磨棒　×100

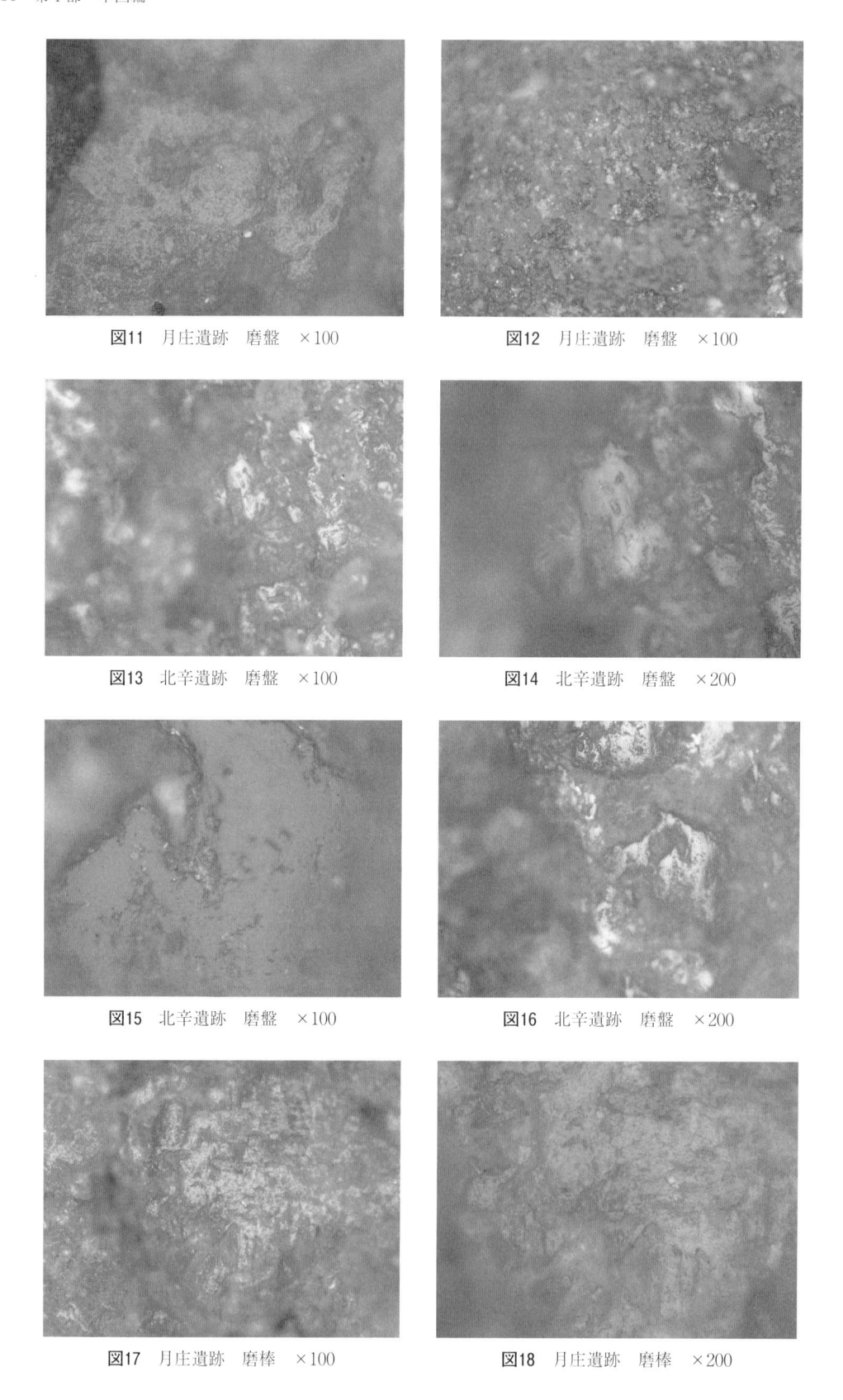

図18　月庄遺跡　磨棒　×200

表3　新石器時代黄河流域植物遺存体出土地名表

遺跡名	所在地	文化期	植物遺存体
半坡	陝西省西安市	仰韶文化	クリ、マツ、アブラナ、ハシバミ
東下馮	山西省夏県	龍山文化	モモ
班村	河南省澠池県	裴李崗文化	エノキ、ハルコガネバナ、エゴマ、ナラ類、野生ダイズ、サンシュ、アオチリメンジソ
大何村	河南省鄭州市	仰韶・龍山文化	ゴマ、ハス、アシ
大泉	河南省郟県	裴李崗文化	モモ、クヌギ、ナツメ、マンシュウグルミ
莪溝	河南省密県	裴李崗文化	クヌギ、ナツメ
莪溝北崗	河南省密県	裴李崗文化	クヌギ、ナツメ、モモ
石固	河南省長葛県	裴李崗文化	ハシバミ、ノニレ、チョウチグルミ、サネブトナツメ
裴李崗	河南省新鄭県	裴李崗文化	ウメ、サネブトナツメ、モモ、クリ
沙窩李	河南省新鄭県	裴李崗文化	モモ、ナツメ
賈湖	河南省舞陽県	裴李崗文化	ケモモ、ヒシ、クヌギ、野生ダイズ、アシ
荘里西	山東省兗州市	龍山文化	野生ダイズ、サネブトナツメ、ブドウ、スモモ
王因	山東省兗州市	北辛・大汶口文化	ナラ
磁山	河北省武安県	磁山文化	マンシュウグルミ、モモ
西万年	河北省武安県	磁山文化	マンシュウグルミ
孟各荘	河南省三河県	仰韶文化	モモ

跡などのA1・A2など光沢のかなり発達した磨面を形成するグループである。また、黄河下流域の後李文化期から北辛文化期の資料では、A1・A2が発達したものと表面がかなりざらつくC1・C2の2種類に分けることができた。下流域で裴李崗文化期の資料と同様のA1・A2タイプがみられるのは、後李文化期の月庄遺跡とA1・A2に加えてBが異常に発達した北辛文化期の北辛遺跡の資料である。

　これらはいずれも黄河中流域からの影響が強くみられる有足の磨盤である。これまで、使用方法に関する見解は、①アワやムギなどを粉化するための道具である、②アワやムギなどを脱穀するための道具である、とするものが主流であったが（天野 1979、陳文華 1993他）、近年になり、③磨盤を穀物加工具それも雑穀と強く結びつくものとする従来のとらえ方に疑問を呈する提言や（槙林 2004）、④海岳地区の資料について使用痕分析や脂肪酸分析による雑穀以外の植物の加工の可能性（王強 2008、上條 2008）が提示されつつある。黄河流域今回のサンプルではドングリ（シイ）のみの検証となったが、黄河中・下流域ではイネ・アワ類以外にもさまざまな種の植物が検出されており（表3）、中には堅果類も多く含まれることから、それが加工の対象となったことが充分に考えられる。今回の検証では、加工対象物の種類を特定することはできなかったが、磨盤・磨棒はこれらの種実の粉化、脱穀の両方に活用された道具であったといえよう。

　次に、他の道具との組成を検討すると、機能別の比率によると、北辛文化期には加工具の比率が高いことがわかる（図19）。この時期の磨盤は裴李崗文化の様相を強くもつ資料であることや、イネ・アワが出土していることからも堅果類などの種実の粉化を主とする雑穀文化に伴う加工具としての役割が強いものとして位置づける必要がある。さらに、有足磨盤には、裴李崗文化については墓内への副葬が頻繁に行われること、有足の形状の整形への労働投下、同じ形式のものを作成することなど、道具の有する機能以外に重視すべき側面がある（加藤 2004・2005）。海岳地区の磨盤にも、磨面の使用痕跡に裴李崗文化のそれと共通する要素が確認できた点から、道具だけが伝播した

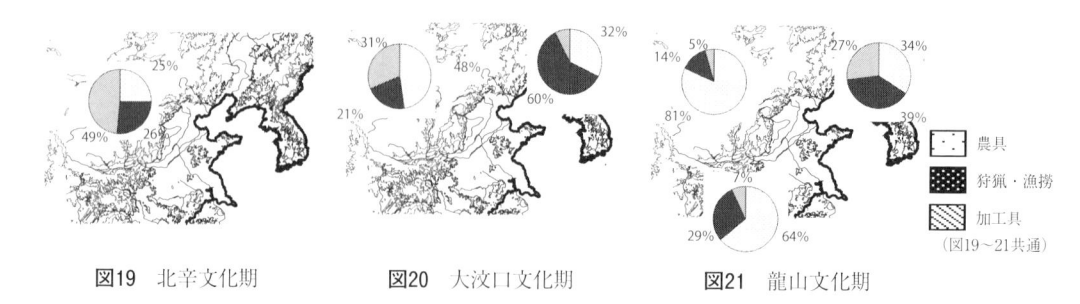

図19　北辛文化期　　　図20　大汶口文化期　　　図21　龍山文化期

のではなく加工方法やこれに関連する食体系が伴っていたと考えることができる。

　大汶口文化期には、内陸部では北辛文化の傾向が引き継がれ、農具の占める割合が大半で（図20）、加工具が3割程度を占めており、磨盤・磨棒はこの時期には減少傾向にあるものの雑穀栽培と稲作栽培で不足する食糧を補うために堅果類を加工していた可能性が高く、加工具の使用が必要な状態にあったと考えられる。一方で、膠東半島一帯では狩猟・漁撈用具が圧倒的多数を占めており、居住環境に応じて生業展開していた。特に、沿岸部においては、在地系の土器の様相が強く、従来の狩猟・漁撈に重点をおいた食体系が継続していたと考えられる。

　龍山文化期には、膠東半島一帯の様相が大汶口文化期の内陸一帯の様相と近似し、稲・雑穀栽培＋堅果類等の粉化の体系となる（図21）。内陸一帯では、圧倒的に農具の割合が上がり、磨盤・磨棒はほぼ消滅する。このことから、磨盤・磨棒による加工を必要とする食物を採集しない、もしくは加工方法が変化したことが指摘できる。

おわりに

　黄河中・下流域の磨盤・磨棒を使用痕分析によって比較した結果は、磨盤・磨棒が盛んに使用された裴李崗文化、後李文化、北辛文化、大汶口文化の早期までの段階は初期農耕期における雑穀のみの加工具ではなく、主として、雑穀栽培で賄いきれない部分の補完手段として堅果類を摂取する際の加工手段であることも示している（加藤 2005）。すなわち、堅果類の採集活動を伴う初期の穀物栽培が食体系を安定的なものとし、後続の農耕社会発展のための基盤を築いたといえる。

　収穫具の石刀は磨盤・磨棒の減少と消滅と反比例して増加する資料である。同じく裴李崗文化から伝播し、北辛文化に出現して以降、海岳地区においては徐々に独自の形態変化を遂げていった。大汶口文化期から龍山文化、岳石文化期には資料数が増加し、特に龍山文化期、岳石文化期には形態、長軸・短軸の形状比が定型化する。道具の固定化はすなわち使用の際の動作をも固定し、道具と使用方法の定着化を導くことになる。こうした状況を稲作・雑穀栽培の安定化の始まりととらえるならば（加藤 2007）、海岳地区における磨盤・磨棒の使用の減少と消滅の時期は初期農耕社会の成立と捉えることができよう。

註

(1)「すりうす」の呼称は1953年に有光教一が提唱したものである。中国大陸では、旧石器時代の下川遺跡

で出土した破片が最古の資料とされており、新石器時代に至ると爆発的に資料数が増加する。また、裴李崗文化・磁山文化の後は無足の「すりうす」が両文化の分布域外に拡散するように分布域を広げ、継続して使用されるなど、使用期間が長期にわたるシンプルな道具である。

⑵　脂肪酸分析については、採取の方法や分析技量などについての問題が指摘されており、分析結果は慎重に扱うべきであろう（山東大学 2009）。

⑶　科学研究費『中国新石器時代における食品加工具に関する基礎的研究―使用痕分析からのアプローチ―（課題番号：1972020）平成19年～22年　文部科学省・科学研究費補助金　若手研究Ｂ　研究成果報告』による。

参考・引用文献

阿子島香　1986『石器の使用痕』ニューサイエンス社
天野元之介　1979『中国農業史研究』増補版　お茶の水書房
安志敏　1979「裴李崗・磁山和仰韶―試論中元新石器文化的淵源及発展」『考古』1979-4
池谷勝典　2003「礫石器の使用痕研究」『古代』113号
池谷勝典　2003「磨石、敲石、石皿の実験考古学的研究」『アルカ研究論集』第1号、アルカ
今村佳子　2003「中国新石器時代の土器からみた文化動態」『考古学研究室創設30周年記念論文集　先史学・考古学論究』Ⅳ、127-190頁
上條信彦　2008「山東半島磨盤与磨棒的使用微痕及淀粉粒分析」『海岱地区―早期農業与人類学研究』科学出版社
甲元眞之　2001『中国新石器時代の生業と文化』中国書店
加藤里美　2002『中国新石器時代における食品加工具の考古学的研究』國學院大學大学院叢書9
加藤里美　2004「食品加工具にみる精神文化の変容」『國學院大學紀要』第42巻、1-21頁
加藤里美　2005「裴李崗文化の墓制に関する一考察―賈湖遺跡を中心に―」『上代文化』第39輯、53-61頁
加藤里美　2007「中国新石器時代海岱地区の石刀」『國學院大學考古学資料館紀要』第23輯、151-160頁
加藤里美　2009「海岱地区农耕社会的适应策略（Adaptation strategy at agrarian society in Haidai Area）、『聚落与環境考古国際学術研討会暨国際尭王文化論壇』2009年10月17日、山東大学（中華人民共和国）
加藤里美　2010「中国新石器時代の磨盤・磨棒―裴李崗文化を中心に―」『石器使用痕研究会会報』№11、2011年3月
加藤里美　2011『中国新石器時代における食品加工具に関する基礎的研究―使用痕分析からのアプローチ―（課題番号：1972020）平成19年～22年　文部科学省・科学研究費補助金　若手研究Ｂ　研究成果報告』
佐藤絵里奈　2007「中国新石器時代の貝製収穫具に関する一考察」『駒沢考古』第32号、89-107頁
槙林啓介　2004「中国新石器時代磨盤・臼などの分類と地域性」『考古論集　河瀬正利先生退官記念論集』987-1002頁
宮本一夫、欒豊実、上條信彦　2008「以膠東半島为中心的石器群」『海岱地区―早期農業与人類学研究』科学出版社
藤本　強　1983「石皿・磨石・石臼・石杵・磨臼（1）―序論・旧石器時代・中国新石器時代―」『東京大学文学部考古学研究室研究紀要』1
Gary W. Crawford、陳雪香、王建華　2006　「山東済南長清区月庄遺跡発現後李文化時期的炭化稲」『東方考古』第3集、山東大学東方考古研究所中心編、科学出版社、247-251頁
Li LIU and Xingcan CHEN 2009 15-19th Understanding Early Neolithic Subsistence Strategies and Land Use, *2009 International Symposium on Environmental and Social Changes in Ancient Chi-*

na.

Li Liu, Wei Ge, Sheahan Bestel, Duncan Jones, Jinming Shi, Yanhua Song, Xingcan Chen 2011, *Plant exploitation of the last foragers at Shizitan in Middle Yellow River Valley China:evidence from grinding stones. Journal of Archaeological Science 2011. 38 (12)*: 3524-353

安志敏 1955「中国古代的石刀」『考古学報』第10冊、28-51頁

王　強 2008『海岱地区史前時期磨盤、磨棒研究』山東大学学位論文

陳文華 1994『中国農業考古図録』江西科学技術出版社

宮室建築と中原国家文明の形成

許　宏（訳　内田宏美）

　新石器時代に始まる黄河流域の住宅建築の形式は、竪穴式住居から平地式住居、高台式住居へと発展していく。建築は社会や文化の産物として、社会の発展やその動向を反映する指標である。中国の新石器時代後期とその後の青銅器時代において、竪穴式住居は依然として確認できるが、同時に大型の平地式住居や高台式住居が出現する。このような大型建築の出現は建築技術の発達と関連性があり、社会の分裂が徐々に拡大していくことを示している。大型の版築基壇建築の築造には大規模な労働力の動員が必要であるが、同時にそれは礼制を表す宮殿や宗廟の存在と権力の象徴をも意味する。宮室建築の誕生は、礼制や文明とも深く関わっているのである。

　ゆえに宮室建築の起源とその発展について検討することは、中原の国家文明の成立過程を明らかにするための重要な手段の一つである。

　上位階層が使用する高等建築としての宮室が、社会が複雑化していく上での産物であることは間違いない。宮室の出現は簡単に成し遂げられたものではないが、時間をどこまで遡れるのか、出現までの過程には何らかの転換点があったのかどうか、検討しなければならない。われわれが宮室建築の起源について考察する場合、まず先史時代における一般的な住居とは異なる特殊な建築様式を持つ大型の平地式建物を参照する必要がある。

　地下式あるいは半地下式の建物は湿度が高く、採光も充分でないことから、人類の居住場所としてはあまり適さない。先史時代と歴史時代前期において、このような建築は容易に建てることができ、また使用する部材も少ないことから、その多くは下位階層のための住居であった。地下式・半地下式建物のなかには特殊なものがあり、これらは宗教や祭祀を行うために利用されていた。たとえば、遼寧省の牛河梁紅山文化遺跡のいわゆる"女神廟"や、河南省新密市新砦の大型浅穴式建物、河南省偃師県二里頭遺跡祭祀区域内の長方形半地下式建物である"墠"（歴史文献中に見られ、祭祀を行った場所）などがある。このような建築は政治に関わる建物である宮室とは関わりがないことから、本稿では議論しない。

1. "宮室建築"の定義について

　漢代およびそれ以前の歴史文献において、一般に夏殷周王朝時代（三代）あるいはそれ以前の建物を総称して"宮室"と称す。たとえば『易経・系辞下』では、

　　上古穴居而野処、後世聖人易之以宮室。

とあり、『世本・作篇』では、

堯使禹作宮室。

『論語・泰伯』では、

　　（禹）卑宮室而尽力乎溝洫。

『史記・夏本紀』にも、

　　（禹）卑宮室、致費於溝淢。

という類似した記述がある。『淮南子・泛論訓』では、

　　古者民沢処復穴……聖人乃作、為之築土構木、以為宮室。

とある。ここでは、宮室とはいわゆる建物の総称であり、貴賤や階層などによる区別はない。（以下の）『礼記・儒行』の記述がそれをよく表わしている。

　　儒有一畝之宮、環堵之室、篳門圭窬、蓬戸甕牖。

とあり、このような簡素な住居についても"宮"と呼んでいる。

『爾雅・釈宮』では、

　　宮謂之室、室謂之宮。

とあり、『説文』は、

　　宮、室也。

とある。"宮"と"室"は互いに注釈しあったもので、同義語である。一般的に、宮は形や構造を表す概念であり、建築群あるいは院落建築（中庭のある塀で囲まれた建築）を指す。室は宮を構成する部分、すなわち単体（独立した）建築または部屋のことを指す。『礼記・曲礼下』では、

　　君子将営宮室、宗廟為先、厩庫為次、居室為後。

とあり、当時の"宮室"の持つ意味は広く、宗廟や厩舎、居室なども含んでいたことがわかる。

　漢代以降、"宮室"は徐々に社会の上位階層あるいは王が使用する高等建築を指すようになる。

　現代の考古学において、研究者は大型建築遺構のことを"宮殿"、"宮殿建築"、"宮殿址"などと呼んでいる。ただし、"宮殿"という用語は宮室よりも後に使用されるようになった用語であり、その定義も狭く、一般的には単体建築を指す。語彙から見ると、"宮殿"は主として朝廷と寝室という二つの機能を持つ建物を指し、宗廟などの礼制建築は含まない。よって宮殿は"宮室"よりもより政治的要素の強い建築物という意味を持っていたと考えられる。

　考古資料における大型礼制建築については、その機能や性質を明確に定義できる要素が乏しい。上古時代の建築の多くは複数の機能を兼ね具えていることから、相対的に不明確で広範囲なものも含め、広義の意味での建築群を"宮室建築"とするのが適当であると考える。

2．二里頭遺跡に始まる初期宮室建築

　河南省偃師県の二里頭遺跡で発見された大型建築群は、今までのところ礼制に関わる中国で最も古い宮室建築とされている。その後の二里岡文化や殷墟文化の大型宮室建築は、同じ系統に位置づけられる。よって二里頭遺跡の宮室建築群は、中国における宮室建築の起源や発展を考察する際の一つの出発点となる。

現在までのところ、二里頭遺跡で発見された大型版築建築址は全部で8基ある。うち二里頭文化前期に相当するものが2基（3号・5号建築址）あり、宮殿区の東部に位置する。二里頭文化後期に属するのは6基（1号・2号・4号・6〜8号建築址）で、宮殿区の東部および南西部に位置している。二里頭文化後期には、建築群の周囲を版築城壁（土塁壁）が囲んでおり、宮城区を形成している（図1）。

　なお、7号および8号建築址は、宮城の南壁と西壁を跨ぐように位置しており、門塾のような単体建築である。その他6基の建築址はいずれも（中庭を持つ）院落式の複合建築である。

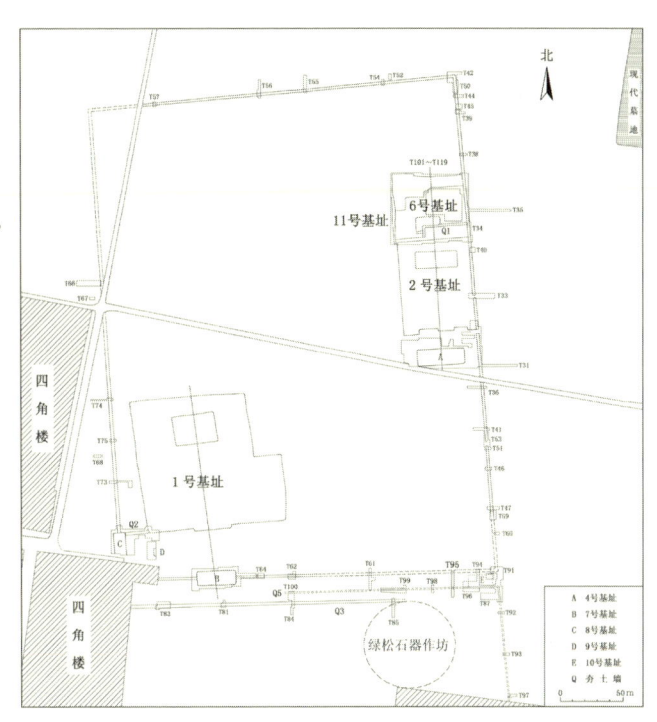

図1　河南省二里頭遺跡宮室建築の分布

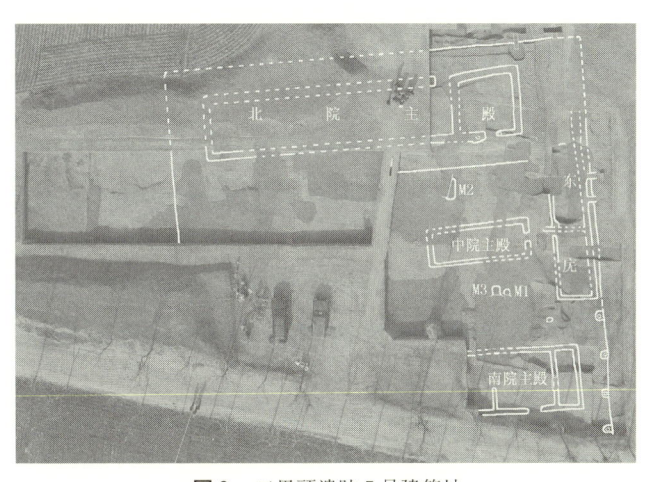

(1) 前期建築

　前期の3号、5号建築址は東西に並列しており、その間は道路と地下の排水溝によって隔てられている。二つの建築址はそれぞれ少なくとも三つの庭院（中庭）から構成されている。庭院の規格は統一され、いずれも同一の建築軸に沿った回廊建築を伴っている。建物の築造時期および使用年代は、二里頭文化二期に相当する。

図2　二里頭遺跡5号建築址

　3号建築址[6]の長さは100mを超え、幅は50m前後である。中院主殿の版築基壇は幅6m余りで、その上に連続する部屋の遺構が発見されている。部屋の外側には前廊が伴う。中院内の南北幅は約20mで、中院と南院では貴族墓と石組みの井戸などの遺構が確認されている。北院内では、水を貯めた痕跡のある大型土坑も発見されている。

　5号建築址[7]は残存状態がよい（図2）。数回にわたり修築あるいは増築されており、版築の最上層部分の幅は約48mである。発掘調査区内の南北方向の長さは約45mで、南に向かってさらに延

びている。確認された遺構の総面積は2100m²を超えている。いずれの院落も主殿と院内の路土（踏み固められた表土）を伴っており、主殿には幅の狭い壁によって仕切られた大きさの異なる部屋が存在する。また、北院と中院の院内では、同時期の貴族墓が発見されている。

(2) 後期建築

①宮殿区南西部建築群—1号・7号建築址

宮城区の南西部に位置する1号建築址は、大型の院落建築遺構である(8)（図3）。すべての建物が正方形の大

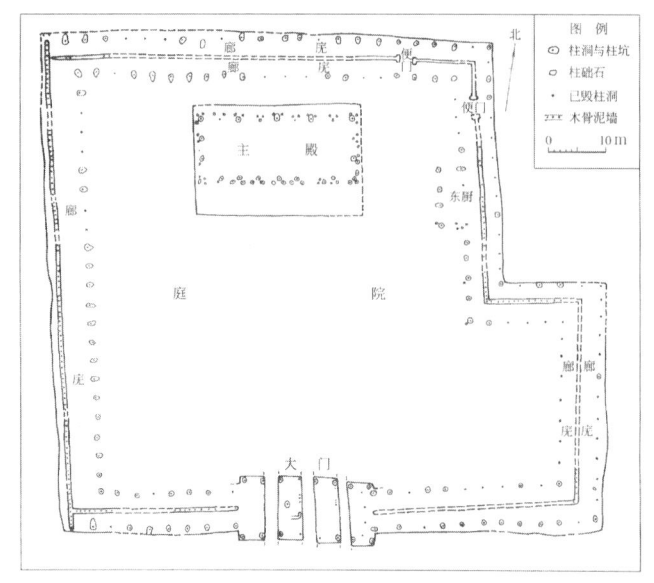

図3　二里頭遺跡1号建築址

型版築基壇の上に築かれている。基壇の東西は長さ107m、南北は約99mで、北東部分の角が内側に凹んでいる。総面積は約10000m²である。基壇となる版築土の厚さは1～4mで、硬くしまっている。基壇の周囲を回廊と土壁が囲んでいる。主殿堂は、基壇の中央北寄りに位置している。殿堂部分の基礎は東西36m、南北25mで、柱穴も確認されている。柱穴から復元すると間口が8間、奥行は3間で、その周囲を木造の回廊建築が囲んでいる。主殿堂の南は広い庭院になっており、面積は少なくとも5000m²に達する。南大門は南回廊の中央に位置し、門塾と3本の門道（通路）を伴う。なお建物の下には陶製の水管が発見されており、排水施設となっている。

7号建築址は、大型で単体の版築基壇建築で、1号建築址南大門の南約30mの宮城区南城壁上に位置している。基壇は東西約32m、南北幅は約10～12mで、基槽（基壇の基礎を構築するために掘り下げた土坑または溝）は最も深いところで2mに達している。版築土は硬くしまっており、基槽下部の版築部分には、卵石（礫石）が3層にわたって敷かれている。なお、1号建築址の主殿堂基壇の基礎も同様の建築構造になっている。7号建築址の中軸線は1号建築址の中軸に繋がることから、両者は同じ建築群として捉えることができる。宮城区の南大門遺構と推測する研究者もいる(9)。
(10)

1号、7号建築址および宮城区の土塁壁の造営時期は、二里頭文化三期に相当する。

②宮殿区東部建築群—2号・4号・6号建築址

2号建築址(11)は、宮殿区東の土塁壁を利用して築造されたもので、独立型の院落建築である。建築址は長方形を呈し、南北約73m、東西約58mで面積は4000m²を超える。版築基壇は最も厚いところで3mに達し、主殿、回廊、土塁、南大門の組み合わせからなる。主殿堂は庭院の北寄り中央に位置する。殿堂の基壇は東西約33m、南北約13mで、木骨土壁と回廊の柱穴が発見されている。柱穴から復元すると基壇の間口は3間で、その周りを木造の回廊建築がとり囲んでいる。主殿の南

は庭院である。基壇を囲む土壁の内側にも回廊がある。南大門は南回廊の中央部に位置し、門塾の中央に一本の通路がある。庭院内の2カ所で地下排水施設が発見されているが、陶質の管と板状の石を組んだ排水溝の二種類に分かれる。

4号建築址[12]は、2号建築址の正面に位置している。4号建築址の主殿の北側は2号建築址の南回廊および南大門から10m余りのところに位置し、大型の版築基壇を形成している。主殿の基壇は、東西が40m弱、南北は12mを超える。すでに発掘調査が行われた1号、2号建築址の主殿の面積よりも大きい。版築基壇部分の残存状態は良好である。基槽の深さは1m以上で、一部は2～3mに達する。基壇の南北両側の辺縁では、規則的に並んだ大きな礎石が発見されている。主殿東縁の外側では、南北方向に並んだ木骨土壁の基槽と回廊の柱の礎石が見つかっているが、これは4号建築址の東廊の可能性がある。発掘された遺構からは、4号建築址と2号建築址には関連性が認められ、両者は同じ建築群に属すと考えられる。

上述した2号・4号建築址は、二里頭文化三期に築造が始まり、二里頭文化四期あるいはそれよりやや後まで継続して利用されていた。

6号建築址[13]は2号建築址の北壁外側に位置し、宮城区東壁の一部を利用して建てられた大型院落建築である。北殿、西回廊、東・南土塁および庭院の組み合わせから成る。基壇は横長の長方形を呈し、東西は56.6～58m、南北は東部が約38.3m、西部が49.5mで、総面積は2500m²を超える。築造時期は二里頭文化四期に相当することから、2号建築址築造後一定の時期が経過してから増設された建物である。

6号建築址の東西の長さは2号建築址とほぼ同じである。また、いずれも宮城区の東壁を利用して築造したものであり、西廊の礎石は南北方向の同一線上に排列されている。ゆえに6号建築址は、(この宮城区内の)宮室建築の配列を継承したものであると言える。ただし、増築された二里頭文化第四期の6号建築址は、1号および2号建築址に見られる中軸対称（主軸を中心として左右対称に建物を配置）の特性を具えておらず、二里頭遺跡の宮室建築に別の類型があったことを示唆している。

(3) 建築制度の分析

前述したように、閉鎖的な性格を持つ院落建築の構造は、二里頭文化の宮室建築における最大の特徴となっている。建物の方位は磁北に近く（172～174度）、主殿は"座北朝南"（北側に位置し、南を正面とする）で、回廊が庭院を囲んでいる。建築群や院落建築の内部は、主軸を中心として対称になるよう配置されている。このような建築址は規模が大きく、その構造や用いられた技術が複雑であったことは明確で、新石器時代のいわゆる"大房子"（大型建築址）とはまったく異なっている。複雑な設計理念や熟練した建築技術の活用、建築に携わった者達の組織力などの存在がうかがえる。このような建築制度は、中国宮室建築の先駆けとして、後世の発展の基礎を築いたと言える。

学術界において、1号および2号建築址等の宮室建築の性質については、活発的な議論が行われてきた。これらの建築址は、宮殿や宗廟、社稷（神を祭る祭壇）、祭祀儀礼に関わる空間などと推

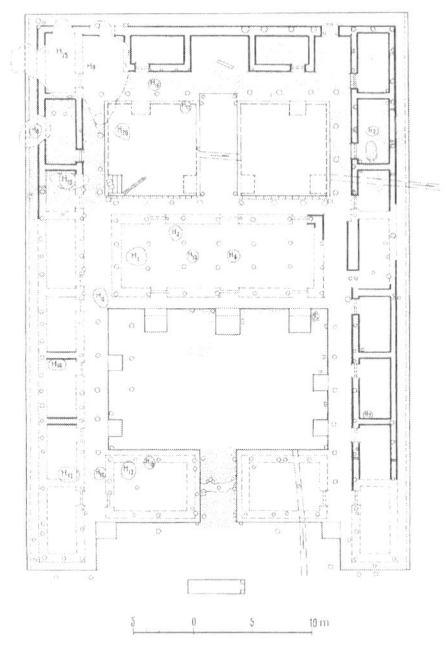

図4 陝西省岐山鳳雛 甲組建築址平面図

測されているが、現在のところ考古資料からは結論には至っていない。実際、古代中国では"事死如事生"（死と生は同一）とされ、祖先の魂を祭る宗廟と在世の王が居住する宮殿の建築規模や形態は、おそらく初期においてはまったく同一のものであった。後漢の祭邕の『独断』によれば、

> 人君之居、前有朝、後有寝。終則前制廟以象朝、後制寝以象寝……総謂之宮。

とあり、文字資料からは夏殷周王朝時代の宮室建築では、基本的に宮殿と宗廟が同一のものであったことがわかる。宮室の前殿・朝堂は廟とも称する。"廟"や"宮"は、先秦時代の文献にしばしば見られる用語である。後世の"廟堂"・"廊廟"は王臣らが政治を行う朝廷を指す。宮殿と廟が一体であったことは、先秦時代からの伝統である。この時期の宗廟は祖先を祭る場所だけでなく、各種の重要な儀礼を行う場所でもあった。このことから、古代社会において祭祀と政治は一つのもので、生人の"宮"と先人の"廟"は切り離すことができなかったと断定できる。

ここで注意すべきなのは、二里頭遺跡において二里頭文化前期の宮室建築とされる2基（3号・5号建築址）の遺構が、いずれも一体化した多重院落建築であるという点である。二里頭文化後期に見られる独立型の院落建築群とは構造が明らかに異なっている。一体的な多重院落建築はその後の二里岡文化期（例：湖北省黄陂県の盤龍城遺跡1号～3号建築址［F1、2、3］が多重院落構造をなす）から西周時期（例：陝西省岐山県鳳雛村の甲組建築址）に至るまで発見されている（図4）ことから、異なる院落建築の類型が同時に存在していたことがわかる。よって、両者の機能、性質の差異については今後も引き続き議論する必要がある。なお、二里頭遺跡3号、5号建築址の院内では貴族墓が列をなした状態で発見されており、宮室建築の機能を考察するうえで、重要な手がかりとなりうるかもしれない。

単体建築について言えば、二里頭遺跡の宮室建築は一定の建築基準を有していた。主殿堂建築址の基壇はいずれも横長の長方形を呈し、幅は11～13m程度で、長さと幅の比率は1：2より大きい。多くの基壇の上には、木骨土壁で仕切られた複数の部屋が発見されている。上述した4基の建築址の版築基壇の長さと幅の比率には共通性が認められるが、これは当時の宮室建築に明確な建築基準が存在していたことを示す。この時期の建築基準はまだ初期段階のものであったが、この特性は後の二里岡文化や殷墟文化の宮室建築に影響を与えることとなる（表1）。

表1を見ると、主殿堂建築には数百年の年代差があるにも関わらず、建物の規模には大差がないことがわかる。木骨の土壁を伴う部屋は奥行きが5～6.4mほどである。また、南北方向に二列に並ぶ柱の間は、10～11.5mの間で統一されている。このことは、大型宮室建築には建築基準が存在

表1　龍山〜西周時期における宮室建築主殿基壇の比率

建築址	主殿基壇の長さと幅（m）	面積（㎡）	基壇長幅比
古城寨 F1	28.4 ×13.5	383.4	1：2.1
二里頭 1 号建築址	30.4 ×11.4（周辺立柱）	346.6	1：2.67
	36 ×25（正殿前のテラス部分を含む）	358	（1：1.44）
二里頭 2 号建築址	32.75×12.75	417.6	1：2.57
二里頭 4 号建築址	36.4 ×13.1	476.8	1：2.78
二里頭 7 号建築址	31.5 ×11	346.5	1：2.86
偃師商城 2 号建築址			約1：4.4
偃師商城 3 号建築址			約1：3.8
偃師商城 4 号建築址	36.5 ×11.8	430.7	1：3.1
偃師商城 5 号建築址	54 ×14.6	788.4	1：3.7
盤龍城 1 号建築址	39.8 ×12.3	489.5	1：3.24
盤龍城 2 号建築址	29.95×12.7	380.4	1：2.36
鄭州商城 C8F15	65 ×13.6	884	1：4.78
鄭州商城 C8F1	30 ×13（東端欠損）	390以上	1：2.31
鄭州商城 C8F101	31.2 ×11	343.2	1：2.84
洹北商城 1 号建築址	90 ×14.4（東端未発掘）	1296以上	1：6.25
殷墟乙八	85 ×14.5（北端不明）	1235.5以上	1：5.86
殷墟乙二十	56 ×15（東端未発掘）	840以上	1：3.73
周原鳳雛甲組建築址前堂	17.2 ×6.1（周辺立柱）		1：2.81
周原召陳 F3	22 ×13.5（周辺立柱）		1：1.63
周原召陳 F5	28 × 9.6（周辺立柱）		1：2.91
周原召陳 F8	20.8 × 9（周辺立柱）		1：2.31
周原雲塘 F1	19 ×13.6（周辺立柱）		1：1.4
周原斉鎮 F4	21.8 ×16（周辺立柱）		1：1.36

注：この表は杜金鵬 2010の論考内の附表、及び李萌 2009の論考をもとに作成した。

し、それが継承されていたことを示している。また、その一方で当時の建築技術には限界があり、部屋の奥行きを拡張することはできなかった。このような状況を踏まえると、宮室建築がその雄大さを示すためには、長さ（間口）を拡張する以外に方法はなく、建物の奥行きと間口の比率は1：3以上で、比率が最も大きなものは1：7以上に達している。西周時期になるとこの状況に変化が見られる。西周時期の大型建築は、支柱を用いることで建物の奥行きがより深くなっている。よって、建物の間口と奥行きの比率はやや小さく（1：1.5以下）なり、室内の面積は100m²以上に達している。

3．宮室建築の要素と開始

礼制建築と定義できる遺構としては、二里頭遺跡の大型建築址を一つの基準とすることができる。現在、中国において最も古い礼制に関係する宮廟建築の典型的な例は、大型の版築遺構である。その後の二里岡文化や殷墟文化の大型建築は、同じ系統に位置づけられる。よって、考古学資料から見た中国早期における宮室建築とは、大型の版築基壇遺構であり、宮室建築の要素については以下のようにまとめられる。

1．一般的な建物に比べて大型で、面積は数千〜1万m²である。

２．版築によって基壇を作り出す、土木工事を伴う建物である。
　　３．複雑な建築構造（割付）を持つ。建物は一定の形に整えられており、閉鎖的な庭院を有し、中軸を中心とした左右対称をなす。

　建物の空間配置をさまざまな角度から見た場合、宮室建築は単体建築、院落建築、建築群（宮城）の三つの単位に分かれる。なお単体建築は単独で存在しているわけではなく、建築群の一部を構成している。ゆえに宮室建築とは、本来複合的な構造を持つ建物であり、院落建築はその最小の単位であると言える。

　宮室建築の院落に見られる閉塞性は、宮室建築の政治的な性格と関連がある。ある研究者は"（内部を）見せない"という概念は、中国において伝統的な都市建築景観の大きな特徴の一つであると指摘する。また、内部が"見えない"宮室建築は、直接謁見できない皇帝が所有するものであり、都市に帰属せず、記念物になるわけでもない。このようなことから宮室建築は誕生してまもなく、閉鎖的な性格を持つ院落形式を採用したと考えられる。群衆（公衆）の関与や彼らへの開放とは無縁のものであることは、初期の宮室建築を定義する際の重要な指標の一つである。

　宮室建築が持つ閉塞性、独占性、秩序性といった特徴は、早期国家の政治体制を建築物に反映させたものであり、中国初期文明における特質を示す一側面である。

　二里頭文化の大型版築建物址に先駆けて、版築の技術を用いて作られた土壁や建物の最も古い例は、河南省鄭州市の西山仰韶文化後期の城址で確認できる。龍山文化期になると、黄河中下流域に分布する建物にも、普遍的に版築の技術が用いられるようになる。この地域の直立性かつ吸湿性のある黄土が、土を突き固める技術として版築を可能にした。版築を用いた大規模な土壁や、高台に建てられた宮室建築などは、社会の複雑化を反映しており、中国の歴史上最も古い文明記念碑であると言える。

　山西省襄汾県の陶寺遺跡の北東部では、大きさの異なる複数の版築基壇が集中しており、発掘者はこれを宮殿区と推定している。そのうち最も大きい版築基壇遺構（IFJT3）は、陶寺文化中期のものである。版築基壇は正方形に近い形で、面積は約１万 m^2 である。その基礎中央部やや東よりに柱穴が残っており、建物の正面は西南方向を向いていた。発掘者はこれを主殿堂と推定している。柱穴が並ぶ範囲は、長さ23.5m、幅12.2m、面積は286.7m^2ある。主殿堂の柱穴は三列あり、全部で18カ所の礎石が確認された。柱と柱の間の距離は一定でなく、狭い部分は約2.5m、広い部分は３m、中央の最も広い部分は５mである。遺構の保存状況があまりよくないため、建築構造などの詳細については不明である。

　この他に、破壊された版築基壇の溝状遺構（灰溝）や土坑（灰坑）の中からは土製の瓦片、紋様の施された漆喰壁の破片、青い色で彩色された漆喰壁の裾部分の破片、縄目紋様の施された漆喰床の破片などが見つかっており、この場所には高等建築が建てられていたことがわかる。

　形や構造の面で二里頭遺跡の宮室建築に直接繋がり、かつ保存状態の比較的良好な版築基壇は、王湾三期文化に属す河南省新密市の古城寨遺跡で、龍山時代の城址である（図５）。築造年代および使用年代は中原龍山文化の後期にあたり、紀元前2000年前後に相当する。

　この建物は版築基壇によるもので、地下の基壇基礎部分の遺構は残っているが、地上の基壇部分

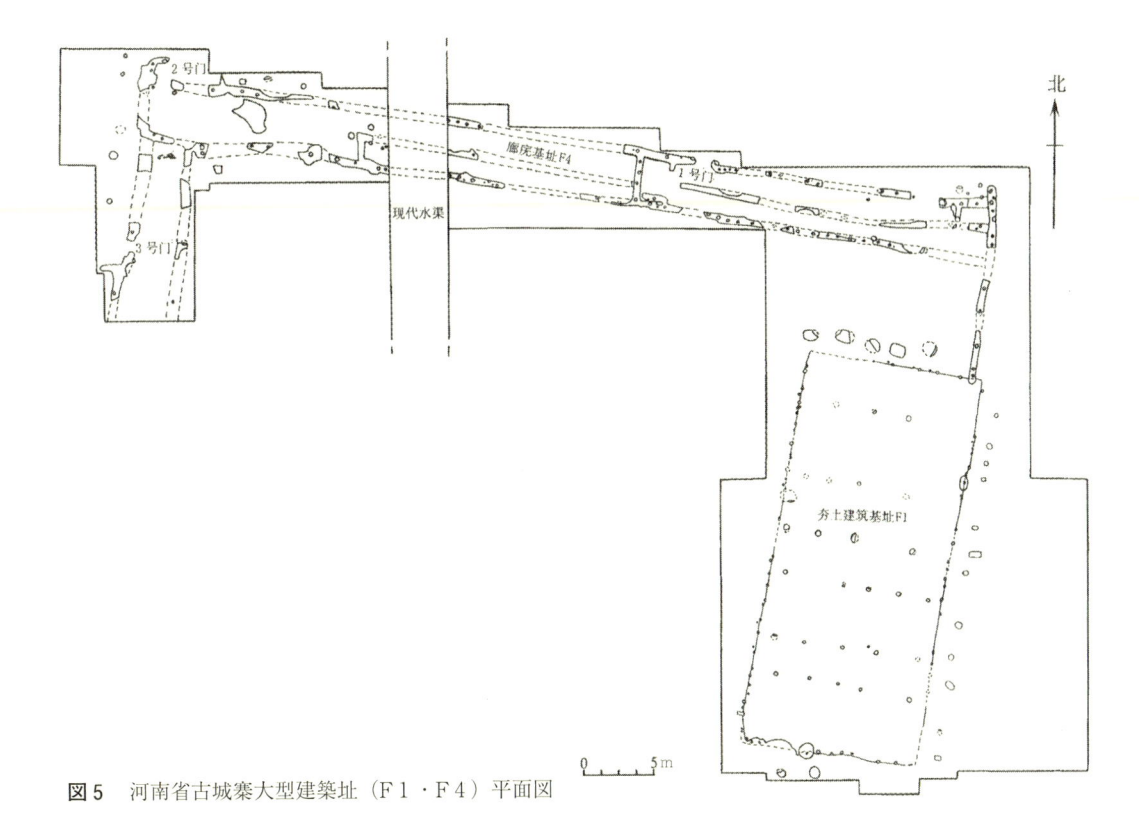

図5 河南省古城寨大型建築址（F1・F4）平面図

は残存していない。基壇は遺跡内の中央部やや北東よりに位置しており、主体建築の1号建築址（F1）とその付属施設である4号建築址（F4）から構成される。1号建築址は正面が西を向いており、南北の長さが28.4m、東西は13.5mである。その規模は二里頭遺跡の1、2号建築址の主殿とほぼ同じであり、面積は300m²余りである。遺構の破壊がひどく、室内が複数の部屋に分かれていたかどうかは不明である。4号建築址は北回廊と西回廊が垂直に交わっており、北回廊は長さ60mである。これらの遺構と主体建築を合わせると、面積2000m²以上の大型院落建築となる。

　古城寨大型建築址の主殿は長方形を呈し、規模が大きい。長さと幅の比率は、二里頭及びそれ以降の宮室建築と類似している。閉塞式の院落構造で、主殿は院落の一端に位置し、回廊が主殿を囲んでいる。このような建物の構造は、その後の宮室建築の先駆けとなっている。しかし古城寨の大型建築の建築方向は、二里頭及びそれ以降の遺跡に見られる正面が南を向いた"座北朝南"ではなく、宮室建築のより初期のかたちと考えられる。これまでの考古資料によれば、これが中国の最も古い四合院建築の特徴を持った大型建築である。ある研究者は、このような建物は集落の中において最も位の高い統治者が政治を行ったところであり、龍山時代の初期宮殿であると推測している。[25]

　二里頭文化より前の時期において建物の配置が明確な宮室建築は、この一遺跡のみである。また、龍山時代以前の大型建築には同様の構造を持つ遺構は発見されていないことから、中国宮室建築はおそらくこの時期から始まったと考えられる。

4．宮室建築の源流

　中原とは黄河中下流域を中心とし、華夏王朝における礼制文明成立の中核でもあったことはよく知られている。他の地域の早期文化の一部は、中原王朝の礼制文明に吸収された。初期の宮室建築について言えば、その起源や発展は中原およびその周辺地域の自然や歴史伝統の中にある。基本的に、長江流域やその他の地域の伝統建築が中原王朝文明の宮室建築の出現に影響を及ぼしたということはない。よってわれわれは、中国の宮室建築の起源について検討する際、黄河中下流域の中原を中心に考える必要がある。

　民族資料から見た大型建築は一般的に、公共住宅、集会所、男女別の公共施設、首長の住居など数種類ある。[26]多数の機能を持つ大型建築は、民族誌においてもしばしば見られる。ゆえに、新石器時代の集落で発見された大型建築址"大房子"は、その機能や性質について明確に定義することがむずかしい。一般住居とは異なる"大房子"の機能や性質を検討する際、当時の社会発展状況の分析と切り離すことはできない。

　新石器時代の集落において公共施設としての"大房子"の出現は比較的早いが、この時点で社会の複雑化との関連性はとくに認められない。たとえば、紀元前6000年紀頃、新石器時代前期の興隆洼文化の集落では、すでに面積140m^2に達する"大房子"が出現している[27]。

　黄河中流域の関中地域に分布する陝西省西安市の半坡遺跡[28]、臨潼県の姜寨遺跡[29]などでは、紀元前5000年紀の仰韶文化期の"大房子"が発見されており、その面積は最大で100m^2を超える。これらの"大房子"は周囲を小型の建物に囲まれていることから、研究者は公共活動の場所であったと推定している[30]。なかでも西安市の半坡遺跡の１号建築址（Ｆ１）[31]では、木骨土壁で仕切られた大きさの異なる空間が確認できる。建物は入り口付近の大きな空間と、その後ろにある三つの小さい空間から構成されている。ある研究者はこれが最も古い"前堂後室"（前殿とその後ろにある寝室、寝宮）の実例であると考えている[32]。

　紀元前4000年紀になると、晋（山西）、陝（陝西）、豫（河南）の境界地帯では、廟底溝類型に属する遺跡間の交流が盛んになった。河南省西部の霊宝市一帯が廟底溝類型の中心地域で、面積40万m^2に達する西坡遺跡がその中心的集落の一つであった。

　西坡遺跡の中心部では、多数の大型建築址が発見されている。105号建築址（F105）は外側に回廊を伴い、面積は500m^2余りである。106号建築址（F106）は室内の面積が240m^2に達する（図６）。これらの建築址は、これまでに発見された当該時期の独立型の建物としては、最も大型のものである。二つの建築址には複雑な技術が用いられており、106号建築址の床面には数層の敷物が確認でき、地面と壁は朱砂を用いて赤く塗られている。発掘者はこれらの建築址が大規模で、高度な建築技術が用いられており、かつ集落のなかで特別な位置にあることから、一般的な住居址ではなく、集落における大規模な公共活動を行った場所であると推測している[33]。

　これとほぼ同時期にあたる河南省洛陽市の王湾遺跡でも、面積が200m^2に達する大型の平地式建築址が発見されている[34]。

甘粛省秦安県大地湾遺跡の仰韶文化後期の集落は面積が36万m²に達し、集落群の中心的な村落である。集落内は最も大型の901号建築址（F901）を中心に、扇状に広がる構造を持つ。901号建築址は"座北面南"（主室が北に位置し、入り口は南に面す）で、131m²の長方形の主室を中心としている（図7）。主室から両側に延びた通路で繋がる側室は左右対称で、また主室の後ろは壁で仕切られ独立した後室となっている。主室の前には付属施設と広場があり、その総面積は420m²前後に達する。科学分析の結果によると、住居の床面は現在のコンクリートに近い強度を持った土で固められていた。これらの結果を統合すると901号建築址は、前堂、後室と東西側室から成る多間式（部屋が複数に分かれる様式）の大型建築である。その構造は整然としており、主室とそれ以外の建物とを明確に区別し、複雑かつ厳格な構造を持った建築群である。よって、一般的に109号建築址は集会または宗教儀礼を行うための公共的な建築物であり、いわゆる"原始殿堂"（初期殿堂）と考えられている。

　ここで注意すべきなのは、この建築址は、複数の空間（部屋）を伴う複合型建築であるという点である。

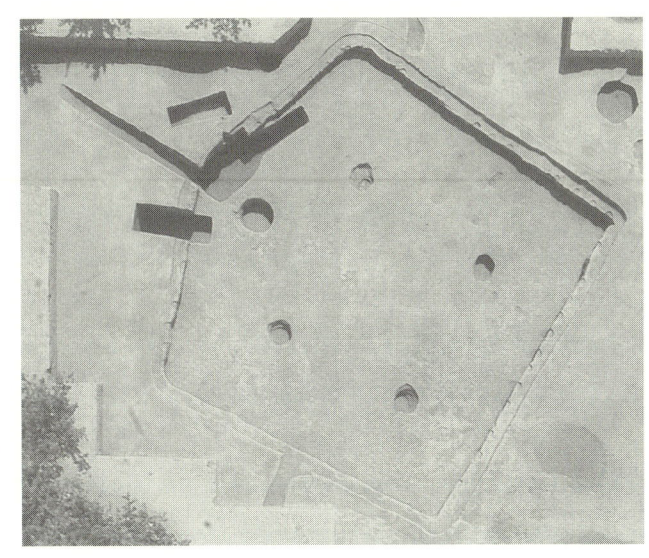

図6　河南省霊宝西坡大型建築址 F106

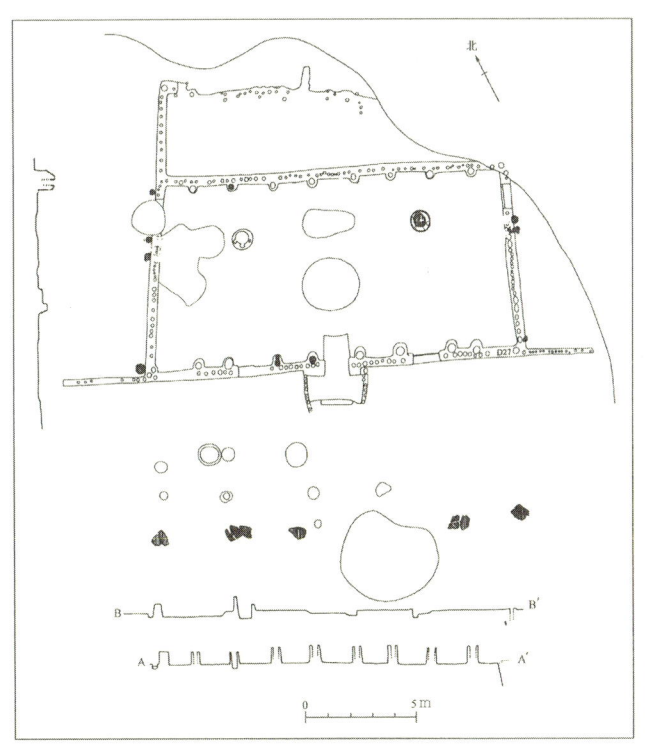

図7　甘粛省大地湾遺址大型建築址 F901平面図

主室には三つの門があり、中門は凸字状を呈す。中央には炉、左右の壁の際には大型の柱穴があり、柱穴は中軸線を中心に左右対称をなしている。また、建物は"前堂後室"の配置となっていることから、後世に見る礼制建築の原形と考えられる。

5．宮室建築から見た国家文明の形成

　前述した先史時代の"大房子"を見ると、それらのほとんどが当時の集落において他の建物よりも多くの面積を占めていたにすぎないということがわかる。これらの大型建築址は平地式であるが、版築の技術はまだ用いられていない。ここで最も重要なことは、"大房子"の構造が開放的な性格を持つという点である。これらの建物は公共施設としての機能をもっており、外部に対して閉鎖的な構造をとる宮室建築とは特徴が異なっている。よって、先史時代の大型住居址は、二里頭の都邑から始まる夏殷周王朝時代宮室建築の直接の前身であるとは言えない。

　このようなことから、宮室建築の出現時期は仰韶時代と二里頭時代の間の龍山時代にあると限定される。龍山時代、東アジアは青銅器時代に入っており、広域王権国家が興る重要な時期であった。中原を中心とする黄河中流域では、新石器時代の最盛期を迎えてから秦漢帝国が勃興するまでの間に、二つの大きな発展段階（画期）があった。

　一つめは紀元前6000年紀～4000年紀の仰韶時代である(39)。この時期は階層のない平等な社会が複雑化していく過程であったが、東アジア地域の農耕文化は多元的かつ平和的に発展していった。紋様が描かれた紅彩陶のほか、集落を囲む環濠などが特徴で、集落の構造は向心的（住居が集落の中心を向く配置）、公共活動の場所は"大房子"と中心の広場であった。さらに埋葬方法は薄葬で、玉器は発達していないことも、この時期の特徴を示す重要な要素となっている。

　二つめの画期は、紀元前3000年紀～1000年紀の銅石併用時代から青銅器時代である(40)。龍山時代と二里頭に始まる初期王朝時代を含む。考古資料によると、龍山時代には社会的な階層差が顕著となり、貧富の差が生まれた。それは、集落形態や建物の規格や性質、出土遺物から見ても明らかである。たとえば、紅陶・彩陶は灰陶や彩絵陶（焼成後に紋様を描いた土器）へと変化した。また、内部に求心力を持った集落の構造や公共の集団墓地は、その歴史舞台から姿を消すこととなった。"大房子"に代わり、中心の広場が閉鎖的・排他的で主軸を中心に建物が配置される院落式宮室建築が主流となった。長方形を呈した城壁建築が普遍化し、厚葬の風習が広まった。また、玉器の発達や青銅器の使用も拡大し、青銅製の礼器や楽器、兵器が作られた。小麦や綿羊、骨卜（獣骨を用いた占い）の風習なども社会生活に入り込むこととなり、文字や文書も見られるようになる。ゆえに龍山時代は、礼制制度を特徴とする華夏文明の起源や形成に関わる重要な時期であったと言える。多くの諸文化の現象や制度の要素も、初期の王朝文明へと継承されていく。その後数百年の"逐鹿中原（中原に鹿を追う）"、政権を獲得するための紛争を経て、広域王権国家が出現し、ついに"中国"という概念が世に表れることとなる。

　考古資料とその研究成果は、仰韶時代と龍山時代の間に重大な社会変革がおこっていたことを示している。つまり、黄河中流域とその周辺地域では、仰韶文化後期から廟底溝二期類型の時期に社会の分裂や情勢の動揺、再構築が起きていた。繁栄を迎えていた仰韶文化廟底溝期と比較すると、遺跡の数や分布密度は減少するが、各地の文化的様相は共通性の強いものから地方色が豊かなものへと変化した。このような現象はもともとあった社会秩序が崩壊したことを示唆している(41)。地方色

の強い文化が出現した一つの重要な契機は、中原東方や東南の文化的要素の流入である[42]。龍山時代後期すなわち中原龍山文化の段階（紀元前2400年～1800年頃）に至ると、宮室建築のような夏殷周時代の礼制と関わる遺跡が出現する。礼制に関連した初期礼器の出現も、前述した社会変革や再構築と直接結びつく産物であった。ただし中原龍山文化期より前、すなわち仰韶時代の社会秩序や行動規範、宗教的思想とは強い関連性がなかったと推測される[43]。

　初期の宮室建築は、閉鎖的な性格を持った院落建築構造が政治政策を公にしない、排他的であるという特徴を持つ。宗教祭祀の独占、主軸を中心とした対称的な建物配置は、権力を中心とした秩序や威厳を示す。また、規模や構造が異なる建築が同時に存在していることは、統治機構や管理が複雑化していたことを反映している。このような初期国家の特性を示す要素は、これより前に遡って見出すことはできない。

　国家とは"文明社会の概括"[44]で、また国家は社会の上に成り立つものであり、武力や法的な力を基盤とした権力機構であると仮定すると、秦安大地湾及びそれ以前の"大房子"とそれに伴う広場は民衆に開かれたものであり、集落の形態は血縁・宗教的色彩の強いものであった。よってこれらの建物・集落は、国家文明とは関連性がない。

　宮室建築から見た中国の国家文明は、紀元前3000年紀後半の龍山時代後期に成立したと言えよう。

註

(1) 周星　1989「黄河流域的史前住宅形式及其発展」『中国原始文化論集』文物出版社
(2) 許宏　2000『先秦城市考古学研究』北京燕山出版社、79頁
(3) 遼寧省文物考古研究所　1986「遼寧牛河梁紅山文化"女神廟"与積石塚群発掘簡報」『文物』1986年第8期
(4) 中国社会科学院考古研究所河南新砦隊、鄭州市文物考古研究院　2009「河南新密市新砦遺址浅穴式大型建築基址的発掘」『考古』2009年第2期
(5) 中国社会科学院考古研究所　2003『中国考古学・夏商巻』中国社会科学出版社、129-130頁
(6) 中国社会科学院考古研究所二里頭工作隊　2005「河南偃師二里頭遺址中心区的考古新発現」『考古』2005年第7期
(7) 趙海涛、許宏、陳国梁　2011「二里頭遺址宮殿区2010～2011年度勘探与発掘新収獲」『中国文物報』2011年11月4日
(8) 中国社会科学院考古研究所　1999『偃師二里頭（1959年～1978年考古発掘報告）』中国大百科全書出版社
(9) 中国社会科学院考古研究所二里頭工作隊　2004「河南偃師市二里頭遺址宮城及宮殿区周辺道路的勘察与発掘」『考古』2004年第11期
(10) 杜金鵬　2005「偃師二里頭遺址一号宮殿基址再認識」『安金槐先生紀念文集』大象出版社
　　 劉緒　2005「2004年度夏商周考古重大発現点評」『古代文明研究通訊』第二十六期
(11) 中国社会科学院考古研究所　1999『偃師二里頭（1959年～1978年考古発掘報告）』中国大百科全書出版社
(12) 中国社会科学院考古研究所二里頭工作隊　2004「河南偃師市二里頭遺址4号夯土基址発掘簡報」『考古』2004年第11期
(13) 趙海涛、陳国梁、許宏　2006「二里頭遺址発現大型囲垣作坊区　全面掲露一処二里頭文化末期大型庭院建築」『中国文物報』2006年7月21日
(14) 杜正勝　1987「従考古資料論中原国家的起源及其早期的発展」『中央研究院歴史語言研究所集刊』第58巻

第 1 分

⒂　湖北省文物考古研究所　2001『盤龍城―1963～1994年考古発掘報告』文物出版社
　　杜金鵬　2005「盤龍城商代宮殿基址討論」『考古学報』2005年第 2 期
⒃　周原考古隊　1979「陝西岐山鳳雛村西周建築基址発掘簡報」『文物』1979年第10期
⒄　杜金鵬　2010「新密古城寨龍山文化大型建築基址研究」附表『華夏考古』2010年第 1 期
⒅　李萌　2009『三代宮室和宮城研究』図一、中国社会科学院研究生院碩士学位論文
⒆　李萌　2009『三代宮室和宮城研究』中国社会科学院研究生院碩士学位論文
⒇　唐暁峰　2005「城市紀念性小議」『人文地理随筆』三聯書店
(21)　国家文物局考古領隊培訓班　1999「鄭州西山仰韶時代城址的発掘」『文物』1999年第 7 期
(22)　中国社会科学院考古研究所山西隊、山西省考古研究所、臨汾市文物局　2008「山西襄汾県陶寺城址発現陶寺文化中期大型夯土建築基址」『考古』2008年第 3 期
(23)　河南省文物考古研究所、新密市炎黄歴史文化研究会　2002「河南新密市古城寨龍山文化城発掘簡報」『華夏考古』2002年第 2 期
(24)　方燕明　2009「夏代前期城址的考古学観察」『新果集―慶祝林澐先生七十華誕論文集』科学出版社
(25)　杜金鵬　2010「新密古城寨龍山文化大型建築基址研究」『華夏考古』2010年第 1 期
(26)　汪寧生　1983「中国考古発現中的"大房子"」『考古学報』1983年第 3 期
(27)　中国社会科学院考古研究所内蒙古工作隊　1997「内蒙古敖漢旗興隆窪聚落遺址1992年発掘簡報」『考古』1997年第 1 期
(28)　中国科学院考古研究所、半坡博物館　1963『西安半坡―原始氏族公社聚落遺址』文物出版社
(29)　西安半坡博物館、陝西省考古研究所、臨潼県博物館　1988『姜寨―新石器時代遺址発掘報告』文物出版社
(30)　汪寧生　1983「中国考古発現中的"大房子"」『考古学報』1983年第 3 期
(31)　中国科学院考古研究所、半坡博物館　1963『西安半坡』文物出版社、13-20頁
(32)　楊鴻勳　2001『宮殿考古通論』紫禁城出版社、5 頁
(33)　河南省文物考古研究所、中国社会科学院考古研究所河南一隊、三門峡市文物考古研究所、霊宝市文物保護管理所、荊山黄帝陵管理所　2003「河南霊宝西坡遺址105号仰韶文化房址」『文物』2003年第 8 期
　　李新偉、馬蕭林、楊海青　2005「河南霊宝市西坡遺址発現一座仰韶文化中期特大房址」『考古』2005年第 3 期
(34)　北京大学考古文博学院　2002『洛陽王湾―考古発掘報告』北京大学出版社、20-21頁
(35)　甘粛省文物考古研究所　2006『秦安大地湾』文物出版社
(36)　李最雄　1985「我国古代建築史上的奇跡」『考古』1985年第 8 期
(37)　蘇秉琦主編　1994『中国通史・第二巻（遠古時代）』上海人民出版社、256頁
(38)　楊鴻勳　2001『宮殿考古通論』紫禁城出版社、20-22頁
(39)　蘇秉琦主編　1994『中国通史・第二巻・遠古時代』上海人民出版社、85頁
(40)　厳文明　1981「龍山文化和龍山時代」『文物』1981年第 6 期
　　厳文明1993「龍山時代考古新発現的思考」『紀念城子崖遺址発掘60周年国際学術討論会文集』斉魯書社
　　最新の考古学と年代学の研究成果によると、龍山文化の下限はB.C.1800年前後で、その後の二里頭文化に続く。
(41)　趙輝、魏峻　2002「中国新石器時代城址的発現与研究」『古代文明』第 1 巻、文物出版社
(42)　魏興涛　2012「中原与東方及東南―試従清涼寺墓地探討外来因素在中原地区早期社会復雑化過程中的作用」『中国社会科学院古代文明研究中心通訊』第22期
(43)　許宏　2004「礼制遺存与礼楽文化的起源」『古代文明』第 3 巻、文物出版社
(44)　恩格斯　1972「家庭、私有制和国家的起源」『馬克思恩格斯選集』第四巻、人民出版社

訳者補註

　本稿の図・表は、著者が作成したものをそのまま掲載している。論文を日本語に訳すにあたっては、飯島武次2004「二里頭文化の大型建築址―夏王朝時代の宮殿区・宗廟区」(『駒沢史学』第64号、駒沢史学会)、許宏(久慈大介訳) 2004「二里頭遺跡における考古学的新収穫とその初歩的研究―集落形態を中心として―」(『中国考古学』第4号、日本中国考古学会)に用いられている用語等を参照した。

二里頭遺跡の出現

大 貫 静 夫

はじめに

　1991年に『中国文物地図集―河南分冊―』（国家文物局主編 1991）が出版され、初めて河南省全域の時代別の遺跡分布の全貌を知ることができることになった。筆者（大貫 1997a）はそれに基づき、龍山時代王湾3期文化から二里頭文化にかけて、嵩山以南に特徴的である併存する線状組織からそれらを統合した大きな網状組織へという大きな社会変化が生じたことを想定した。そのような社会変化の背景として、二里頭という巨大集落が突然その中心地域に登場する洛陽盆地では先行する龍山時代おいても周辺地域とは異なり、規模の大きな集落を持つ集落群が存在していたことを重視した。大規模中心集落としての二里頭遺跡の出現が王湾3期文化から社会変化の過程できわめて重要な意味を持っていたとの理解は、古くは隋（1987）なども述べておりまったく新しい視点というものではないが、集落分布、集落群の変遷の中での二里頭遺跡の位置づけを試みたのである。

　ほぼ同じ頃にやはり『河南分冊』のデータを基にして、劉（Liu 1996）は同列政体間交渉という当時流行の理論で初期王朝にいたる社会の統合過程を説明しようとした。地理的に孤立した盆地のような地域では発展に限界があり、地形的な制約のない平原地域で隣接諸集団が競争する地域こそ大きな可能性をもっていたというのである。これではなぜ二里頭文化の時代に洛陽盆地が中心になるのかの説明ができない。たしかに、平原部では当時の『河南分冊』でも龍山時代には洛陽盆地周辺より密度の高い遺跡分布があり、見かけ上は大型の網状組織を形成する地域集団に見えるが、それはしばしば氾濫する平原部における小規模分散居住が遺跡の数の多さになっているにすぎないと理解した（大貫 1997a）。

　もう一人、趙（2001）による研究がある。龍山時代の遺跡群の理解などは筆者の理解と近く、かつより詳細に分析しており参考になる点が多い。大きく異なる点は黄河以南の洛陽盆地をその一部として、黄河の南北を一体とした大遺跡群として設定にしたことにある。黄河以北は一見すると大規模遺跡である廟街遺跡を中心とした大地域集団のように見えるが、その中の大部分は龍山時代に急増する小規模単純遺跡であり、かつ二里頭時代になるとほとんどが消える。華北平原地域と同様の動きをする遺跡群であり、その評価は低かった（大貫 1997a）。

　その後、洛陽盆地およびその周辺で詳細な遺跡分布調査（中国社会科学院考古研究所二里頭工作隊 2005、陳ほか 2003）がおこなわれ、遺跡数は飛躍的に増加し、時期や面積などの修正があった。このような新たなデータを踏まえ、2006年に中国でおこなわれた国際シンポジウムで再検討の結果を発表したことがあるが、要旨（大貫 2006）だけしか公表されていない。そこで、その後に公表

された調査研究の成果もふまえ、本稿では二里頭遺跡出現の意義を再度考え、まとめておきたい。

1．二里頭遺跡における二里頭1期

　前稿では二里頭遺跡の出現を歴史上の画期と考えるとしながら、1期の扱いを曖昧にしていた。
　その後の調査（許宏ほか 2004）によれば、300万㎡になるのは2期からだが、1期でもすでに100万㎡を超える大集落であったという。そして、1期からも青銅製品や象牙製品、トルコ石が出ていることから最初から一般の集落とは規模的にも質的にも異なる特別な集落であった。さらに、興味深いのはこの1期段階では複数の集落からなっていた可能性が説かれていることである。漸移的な拡大ではなく、突然の出現であるならば多数の人々が当然ながら他所から来たことになる。最初は複数の異なる集団が分かれて住み、その後融合していったという経過を反映するかもしれないからである。その最初の1期の居住地域はその後宮殿区が形成される二里頭遺跡の中心部分であり、居住区がその外側に広がっていくという漸移的な拡大が起きた。

2．二里頭遺跡の一二三問題

　二里頭遺跡および二里頭文化がなぜこれほどまで重視されるかと言えば、前者は後の『史記』などで中国歴史上の最初の王朝とされてきた夏王朝の都であり、後者はその人々が残した考古学文化であろうという理解が背景にある（鄒 1980、岡村 2003、飯島 2011など）。夏（1977）によれば、夏文化とは夏王朝時代の夏民族の文化であり、王朝成立以前の文化は先夏文化である。中国人研究者の場合、鄒（1980）の主張以来、二里頭文化＝夏文化＝夏王朝とすることに疑問を持たないのが一般的だが、わが国の考古学者の間では二里頭文化、夏王朝がつねに等号で結ばれるわけではない。
　西江（2003）、宮本（2005）、飯島（2012）は2期から遺跡の規模が拡大し、宮殿・宮殿区が2期まで遡ることがわかったことや青銅器の普及を重視し、2期に王朝の成立を認める。岡村（2003、2007）は3期における青銅礼器の出現あるいは王城内の機能分化を王朝儀礼の成立と見なし、3期を王都、王朝のはじまりと考える。何を指標とするか次第だが、これらの場合、二里頭文化という考古学的な枠組みと社会発展上の変化の枠組みがずれることになる。
　なお、土器と地層の変化から分けられた2期と3期は1号、2号宮殿が2期層の上面に建造され、3期層との境となっているので時代の画期としても明瞭であり、3期を二里頭政治体制の完成という議論には異論はない。しかし、最近様相が明らかになりつつある2期の宮殿およびそれに伴う貴族墓は2期層の途中にある。したがって、宮殿の出現を重視した場合、厳密には時代の画期が2期の途中となり、2期の古い段階は1期との区別がなくなる。たしかに社会への変革のゴールは3期であっても、転換点は2期に遡り、大遺跡が突然出現する1期にすでにスタートしていたと筆者（大貫 2006）は考える。日本考古学で言えば、弥生時代早期の分布範囲は狭くても時代区分の画期として重視し、大和朝廷による統一以前であっても古墳時代の始まりをやはり重視する立場に近い。

3. 洛陽盆地の新たな遺跡分布調査

洛陽盆地における詳細な遺跡分布調査を推進した一人である許（2006）は、筆者と同様に洛陽盆地の中心に突然巨大な集落が登場したことを重視する。許らの遺跡分布調査で判明した最新の遺跡分布（図1）は筆者が利用した『中国文物地図集・河南分冊』とはかなり異なったものとなっており遺跡の分布密度が増してはいるが、それから読み取れる変化には大きな間違いはなかったというのである。

なお、『河南分冊』の分析結果では龍山時代から二里頭時代にかけて各地で遺跡数が減少しているが、その中では他の地域に比べ洛盆地周辺での遺跡数減少率は相対的に低く、龍山時代層との同一遺跡での重複率は相対的に高かったという点に筆者（大貫 1997a）は注目した。最新の洛陽盆地での詳細な分布調査に基づく数値と比較するために、やや広くなるが、同じ地域である洛陽市、偃師県および孟津県の『河南分冊』での遺跡数を抽出すると、龍山期（＊この地域は龍山前期の遺跡が少ないのでほとんどが後期の遺跡の可能性あり）の遺跡数に対し二里頭期の遺跡数（＊ただし商代とだけ記される遺跡を除くので増える可能性あり）は約半数に急減していた。また、龍山期から二里頭期への重複率は約4割であり、同時代の周辺地域と比べて高かった。

これに対し、洛陽盆地伊洛河流域における最近の許らの詳細な分布調査に基づく数値では、龍山時代の遺跡数は95、二里頭時代の遺跡数は125で約1.3倍と逆に増加している。二里頭文化の中心地域らしい数値である。龍山期で終わる遺跡数は39に対し、二里頭遺跡もその一つであるが、二里頭期になって出現する遺跡が69と多い点は『河南分冊』とはまったく異なる。そして、同一遺跡で龍山と二里頭が重複する遺跡は56遺跡であり、重複率は約6割である。龍山から二里頭期への重複率は『河南分冊』以上に高い数値であるが、遺跡数が倍増しても重複率は遺跡数の増減ほど大きく変化していない。以前の論考では、地域間の分布調査の精粗に配慮して、地域毎の遺跡の絶対数ではなく増減率と重複率の比較を重視した。増減率はかなり怪しくなったが、重複率は有効だったようだ。二里頭期から始まる遺跡数の増加が増減率の変化に大きく関わっている。その増減も各時期別の時間幅が一定ではないので、同時存在した集落の増減率そのものではない。それでも各地域の時期別の時間幅を一定にすれば地域間の増減率の高低には意味を見出せると考えたのである。

(1) 洛陽盆地中西部の遺跡群

龍山期から二里頭期にかけて、洛陽盆地中西部における集落分布がどのようになっていたかを具体的に見てゆく。最新の分布調査（図1）を見ると、二里頭期になって二里頭遺跡が南岸に位置する洛河の対岸、北岸沿いに新たな集落が展開していることがわかる。二里頭期に洛陽盆地北半側の開発が進んだものと考えられ、それが二里頭の大集落成立の背景にあるようだ。

現在、二里頭遺跡は伊河と洛河に挟まれた位置にあるが、二つの河の分岐点は当時はより西側にあり、二里頭付近では旧伊洛河と呼ばれる旧河道は二里頭遺跡の南を流れていた（中国社会科学院考古研究所二里頭工作隊 2005、塩沢 2009）。したがって、当時は二里頭遺跡は旧伊洛河の北岸に

位置していた。その上で、洛陽盆地西部における龍山期から二里頭期への遺跡分布の変化を見ると、伊河と洛河の旧合流地点および伊河の南岸沿いでは龍山期と二里頭期が重複する大遺跡がかなりの密度で分布することがわかる。

旧伊河洛河に挟まれた三角地帯では二里頭期の遺跡数9のうち、7が龍山と重複する。図1に示したように、40万㎡台の最大の遺跡を始めとして、大きな遺跡は皆龍山と重複している（ただし、複合遺跡では時期ごとの面積は確かではない）。

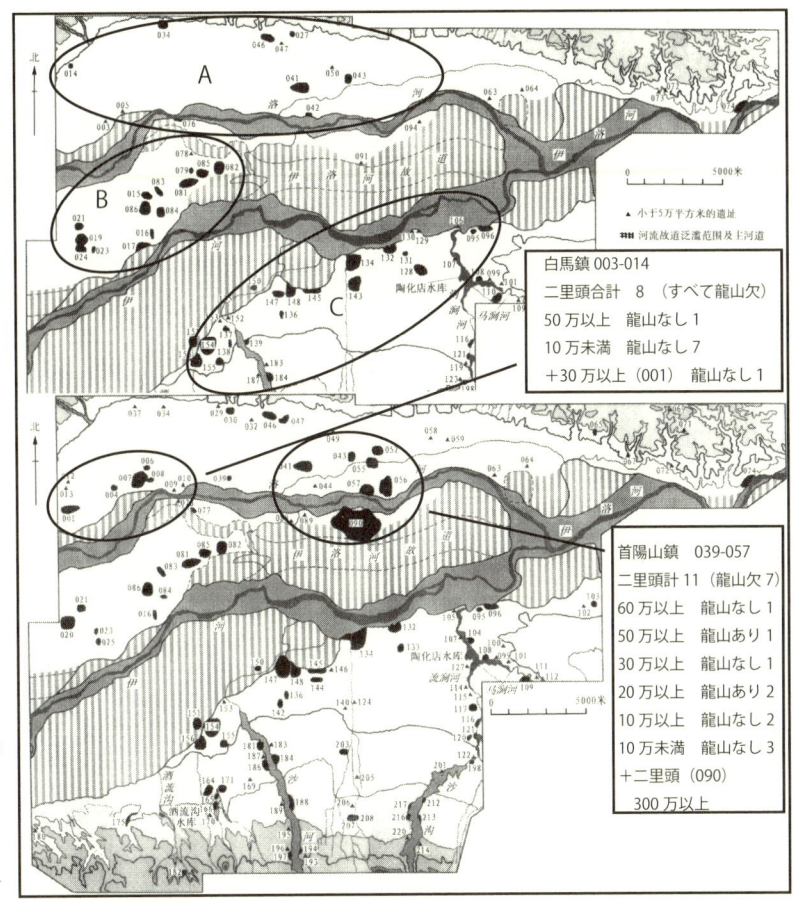

図1 洛陽盆地中西部における龍山時代（上）と二里頭時代（下）の遺跡分布（中国社会科学院考古研究所二里頭工作隊 2005 図3、4を改変）

二里頭期に新規に出現しているのは10万㎡以下の2遺跡のみである。もちろん、それぞれ時期を細別した場合、必ずしも連続居住になるわけではないだろうが、連続性の強い遺跡群である。

伊河の南岸沿いにも大きく見ると三つの遺跡群があり、東群には高崖西（134）79.5、高崖東北（132）26、中群では掘山（147）37.5、西窯溝（148）19、西群では南寨上村東（154）68、南寨西村南（151）22.5、俎家荘北（156）21万㎡というように、それぞれに大型の集落遺跡がある。これらのうち、最も大きな集落は4～5kmの間隔で旧伊河北岸に並んでいる。これらはいずれも龍山期と重複しており、やはり連続性の強い遺跡群である。

このような龍山期との連続性が強い遺跡群の規模（重複する場合時期ごとの遺跡面積の変化は知ることがむずかしいため遺跡の数や分布範囲をも重視する）には大きな変化がない。これらの旧伊洛河南岸沿いの大遺跡にはその後背に旧伊洛河に注ぐ支流の川筋遺跡群を伴い、それら各川筋遺跡群の拠点集落として大河に注ぐ河口に位置していることが多く、それらが近距離で並びネットワークを形成している点で嵩山以南の川筋遺跡群からなる集落分布とは大きく異なり、洛陽盆地には二里頭遺跡を中心とする新たに統合化された社会組織が出現する基盤が龍山時代にすでにあったことが洛陽盆地西部の遺跡群を重視する理由であった（大貫 1997a）。

それらの地域と異なるのが二里頭遺跡が出現する旧伊洛河北岸である。元来は二里頭遺跡もこの遺跡群に含められるのでそれを加えたとすると首陽山鎮遺跡群では龍山期6遺跡（最大が50万台1、20万台2、10万台1、10万未満1）から二里頭期12遺跡（最大の遺跡が二里頭遺跡であり、次いで60万台1、50万台1、30万台1、20万台2、10万台3、10万未満3に倍増している。龍山期と重複する例は4遺跡にすぎず、8遺跡が二里頭期に新たに出現している。二里頭期では規模の大きな遺跡群が形成されている。この遺跡群に西には白馬鎮の遺跡群がある。龍山期にはいずれも10万未満の小規模な3遺跡があるのみで二里頭期には廃絶する。代わって二里頭期から新たに始まる遺跡は別の郷に属するが同一遺跡群に属すと見なせる1遺跡を加えて8ある。50万台の遺跡が1、30万台が1のほかはみな10万未満の小型の遺跡であり、それほど大きな遺跡群ではないが、それまでほとんど人がいなかった地域に集落が展開した。

　洛陽盆地西部は龍山期の規模の大きな三角地帯の遺跡群と伊河南岸沿いの遺跡群が二里頭期にも大きな変化はなく、それに加えて旧伊洛河の北岸の二里頭遺跡に代表される遺跡群が加わったのである。さらに、仰韶期の遺跡分布まで遡ってみると、旧伊洛河北岸にも遺跡が広がっており、龍山期に一度ほぼ空白になったことが分かる。この点が仰韶時代、龍山、二里頭期と大きな変化のない他の2地域との違いである。龍山期の汎世界的な温暖湿潤な気候に伴い河南省でも遺跡が増加するのが一般的であるから、この空白はこの地域の個別の事情よるのであろう。

　実際、花粉胞子分析（宋ほか 2002、張ほか 2011）によれば、二里頭遺跡でも龍山期末期には温暖湿潤な気候であり、その湿潤な気候の結果、微高地である二里頭遺跡の周辺は広い面積にわたって水に浸かっていたし、洪水の痕跡も見つかっている。二里頭周辺の川沿いはこの地域で最も標高の低い120m以下である。そして、この地点は旧伊河と旧洛河の合流点から近く、氾濫しやすかったのであろう。旧伊洛河北岸沿いに龍山期の遺跡が分布しないのはそのためであろう。その後、二里頭1期前半には冷涼化し、後半にはさらに乾燥化して、周辺の水が引いていった。土が顔を出すのに伴い、草木、動物が現れたであろう。一般には乾燥冷涼化は農耕民にとってはマイナス要因であるが、旧伊洛河北岸では逆にプラスに作用し、二里頭期になって、洛陽盆地の中心である旧伊洛河の北岸にそれだけの人口を支えられる土地が出現し農地が開発されたのであろう。その転換点が二里頭1期であった。後述する新砦遺跡（北京大学震旦古代文明研究中心ほか 2008）の分析では繁栄する2期（二里頭1期前半以前）段階では温暖湿潤でコメが多く出ているが、衰退する3期（二里頭1期後半）段階には植物遺存体自体は出ていないので実態は不明だが、乾燥化して、アワ、キビ畑作農耕に転換したと考えられている。隣接する洛陽盆地東部でも龍山期にはコメが見つかっているが、二里頭期には見つかっていない（陳ほか 2003）。

　それにもかかわらず、二里頭遺跡では穀物の中で乾燥に適したコムギも出ているが、アワに次いでコメが約3分の1と多く出ている。（許 2009）。ただし、洛陽皂角樹（洛陽市文物工作隊編 2002）ではコメは少ないので、周辺に低地が広がるという立地上の特殊性に由来するのか物資の集中する中心集落という特殊な性格に由来しているのか判断がむずかしい。

(2) 洛陽盆地東部の遺跡群

龍山期から二里頭期に連続して居住していた遺跡がどのくらいあるのかは、それぞれの細別時期がわかる集落遺跡は限られており判断がむずかしいが、二里頭１期の遺跡は二里頭２期以後に比べ少ないことが知られていることからもかなり少ないであろう。その実態を知るには洛陽盆地の東端で以上の調査区域

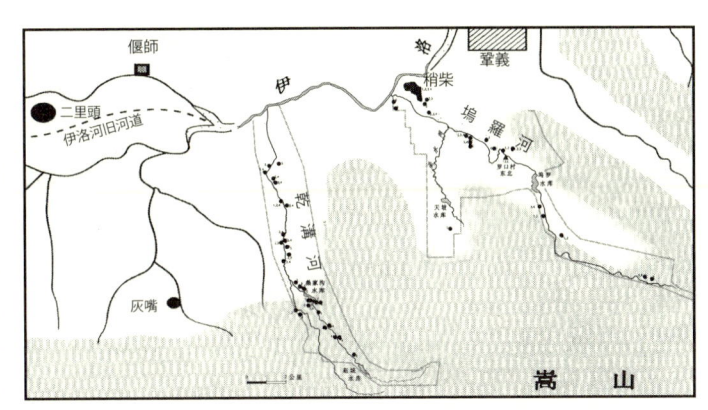

図２ 洛陽盆地東部の二里頭期遺跡分布
（陳ほか 2003 図２、９より改変）

のすぐ東側の伊洛河の二本の支流沿いを別のグループが分布調査した事例（陳ほか 2003）が参考になる（図２）。それによれば、上でも注意したように、二里頭１期に突然巨大な稍柴遺跡（１期が60万㎡かは不明）が伊洛河との合流点に出現する塢羅螺河流域では龍山期16、二里頭期21、またその西の干溝河流域では龍山期28、二里頭期30であり、やや増加している。ただし、ここでは龍山期は前、後期に分けられ、二里頭文化も時期別に分けて遺跡数が紹介されている。細別されていない遺跡を除くと、塢羅螺河流域では龍山後期９、二里頭１期６、二里頭２期12となっており、全体に同時存在した遺跡数は最大でもかなり少なくなり、とくに二里頭１期は遺跡自体が減少する。龍山後期と重複する二里頭１期遺跡は２であり、重複率22％まで下がる。干溝河流域では龍山後期20、二里頭１期４、二里頭２期９であり、やはり二里頭１期の落ち込みが大きい。龍山期から二里頭１期へ重複する遺跡は２、重複率は20％であり、塢羅螺河流域に近い。二里頭１期から２期への重複率は塢羅螺河流域で100％であり、干溝河流域でも75％と高率であるのと対照的である。

龍山後期の時間幅は二里頭１期から４期までの合計時間幅と同じかやや長いはずだから、二里頭期と同レベルでさらに時期を細別すれば同時存在遺跡数がかなり減るだろう。したがって、それらの数値をそのまま実数として考えてはいけないが、二里頭１期段階は集落数が減少した時期であり、土器型式も不安定であった。その段階に二里頭遺跡が出現し、二里頭文化という新しい土器様式が成立したのである。そして、集落が増加する２期になると土器型式も斉一、安定化へ向かう。

もう一つわかることは、許ら（中国社会科学院考古研究所二里頭工作隊 2005）がすでに指摘しているように同じ洛陽盆地内でも東部では遺跡数は増えても３遺跡を除き６万㎡以下の小規模遺跡であり、大規模遺跡が目立つ西部とはまったく異なるということである。洛陽盆地の中でも西部が初期王朝の形成で重要な役割を担っていたことの反映として理解してよいのであろう。

龍山時代には目立った遺跡のなかった広大な空き地の中に約150万㎡という巨大な二里頭遺跡が突然出現することに加えて、洛陽盆地の東端という重要な場所に二里頭遺跡に次ぐ規模の稍柴遺跡（河南省文物研究所 1993）が同じ１期に出現していることには歴史的な意味があり、その社会的変革の契機はやはり二里頭集落が二里頭文化１期に洛陽盆地に出現することにあると判断した（大貫 2006）。稍柴遺跡を東への窓口として重視する見方は西江（2005）も指摘しているが、筆者はその

ような社会組織は両遺跡が出現する1期の少なくとも新段階に遡ると考えるのである。二里頭1期古段階に、その稍柴集落は、さらに東の、その同時性は下で検討することになる、龍山、新砦期の城壁を持つ巨大な新砦集落を中心とする集団とどのような関係にあったのかは遺跡のさらに詳しい報告を待つべきであろう。

4．二里頭文化第1期

(1) その背景

　二里頭遺跡では王湾3期文化の文化層はほとんど見つかっておらず、二里頭文化第1期に突然多数の人々が移ってきたことになる。上ですでに指摘したように、二里頭期になると寒冷乾燥化するという気候変動があった。したがって、洛陽盆地およびその周辺ではそれまでより農民の生活は苦しくなり、他方で二里頭遺跡に代表される旧伊洛河北岸では農耕に適した土地が出現した。このことが周辺から旧伊洛河北岸に人が集まった大きな理由の一つではないかと考える。人の移動という疑問に答えるのが文化史考古学の古典的主題の一つである。この疑問に答えるためには、先行する在地の文化である王湾3期文化から二里頭文化1期への土器変化の検討が必要となる。

　最初にまず触れておくべきは、二里頭文化第1期の土器は王湾3期文化の中でも二里頭遺跡の所在する洛陽盆地に展開した土器からの漸移的な変化では説明できないと考えられてきたことである。鄒（1980）は二里頭文化の土器は先行する王湾3期文化の土器とは不連続であり、かつ1期、2期、3期と連続して途中で切れることはない同一の土器文化に帰属するということを強調した。99年の報告書でも1期から4期への土器の変化について説明するために19種類の器種を取り上げているが、1期から始まるものが15種とほんとどである。そして、「河南龍山文化は二里頭文化の主要な来源ではあるが、両者は別の文化である。前者と後者とでは質的な変化が生じている。当時の氏族、部落あるいは部族中の巨大分化、あるいはそれらの間の激烈な闘争を反映している」と述べている。その結果成立したのが二里頭遺跡であり、二里頭文化1期の土器である。おもに土器型式によって設定される考古学文化には恣意的な側面があることは否定できないが、土器型式の変化が歴史動態を反映しているということ自体は否定されるべきではない（大貫 1997b）。

　張（2012）によれば先行する大城の存在が注目されている山西の陶寺遺跡も臨汾盆地に突然出現した。陶寺文化の分布は臨汾盆地に限られ分布範囲は狭いが、とくに陶寺前期古段階は陶寺前期城址の集落にしかないという。このような状況は二里頭文化と同様に社会の再編成と土器の変化がやはり密接な関係にあることを物語っているといえよう。

(2) 二里頭遺跡の1期土器

　二里頭遺跡1期の土器は当初61年簡報（中国科学院考古研究所洛陽発掘隊 1961）では河南龍山後期の土器とされていたが、一般的な河南龍山文化の土器とは連続的ではなく、間に欠落があるとも述べられていた。その後、65年の簡報（同 1965）で、前（＝1）期の土器も河南龍山文化を基礎として山東龍山文化の要素を吸収して成立した「二里頭類型」に属すると変更された。

1980年以後出土した土器を時期別に紹介した写真図録『二里頭陶器集粋』（中国社会科学院考古研究所編 1995）が1995年に出て、99年報告書（同 1999）に先行して1期を含めた多くの土器が公表された。この図録と78年以前出土の資料を扱う99年報告は扱う資料が異なるだけでなく、図録の解説者である鄭光による1期の土器についての理解も異なっていた。鄭によれば、これまで二里頭遺跡で1期とされてきた土器の一部が常に標準的な2期の土器と同一の地層、灰坑、墓葬中で共伴しており、一部の従来1期とされてきた土器は2期に属すことになるという。鄭が疑問を投げかけた1期土器の枠組みとは図録出版時はまだ出ていなかった99年報告書の理解であり、かつそれに基づく現在の通常の1期土器の理解であろう。鄭1期の土器には龍山の土器と区別できない土器があると指摘され、鄭2期の土器との違いが強調される。どの土器を指すのか記載されていないので不明の点もあるが、黒白図版：22の双耳盆、同15の器蓋、同16の碗などは99年報告の1期では見ることがない。同一の単位からは典型的な二里頭1期の土器も出ており、これら龍山的な土器だけで従来の1期とは異なる単独の段階を構成するとは考えにくいが、今まで発見例が少ないことから考えて、移住してきた人々が最初に残し、すぐ消えてしまった土器が含まれているのではなかろうか。ただし、このような狭義の二里頭1期をもってしても鄭は二里頭の土器に精通していないと1期と2期の土器の区別はむずかしいとも述べていることが重要であろう。

　99年報告でも1期が新旧2段階に分かれることを示唆しているが、これらの根拠となる単位や文化層出土の公表された土器は少なく、理解がむずかしい。顧（2003）によれば、99年報告1期古段階が鄭光1期、新段階が鄭光2期古段階に対応するという。とりあえずはこのように考えておくが、本稿で使う「1期」は99年分期による。

　李（2002）は99年報告での新旧二分の各単位を基本とする1期の細別案を提示している。多くの器種は型式学的に新旧に振り分けており、一部は99年の層位に従っていない問題もあるが、これが最もわかりやすい。古段階により龍山に近いものをあて、新段階に2期により近い土器が多いと言うことでは99年分期と共通する。というよりも、層位的あるいは遺構の切り合いから明確に分離された公表資料が少ないため、机上で操作している部分が多いはずである（それを鄭光は批判していることになる）。

5. 新砦遺跡をめぐって

　鄭州市近傍の新密新砦遺跡は面積100万㎡の大型遺跡であり、王湾3期文化期から二里頭文化2期まで継続する。『地図冊』でも新砦遺跡は龍山時代から二里頭時期への過渡期の大型遺跡とされていたが、新砦遺跡を含む遺跡群ではほかの遺跡が皆小規模であり、新砦遺跡の評価は低かった（大貫 1997a）。

　2008年に出版された大部の報告書（北京大学震旦古代文明研究中心ほか 2008）によれば1期（王湾3期文化）、2期（「新砦2期文化」を提唱）、3期（二里頭文化1期）の各文化層が層位的に確認された。そして、1期龍山および2期新砦期の城壁が見つかり、一般的に新砦遺跡の評価は高い。新砦期はさらに前後2期に細分され、河南龍山王湾3期文化から新砦期を経て二里頭1期まで

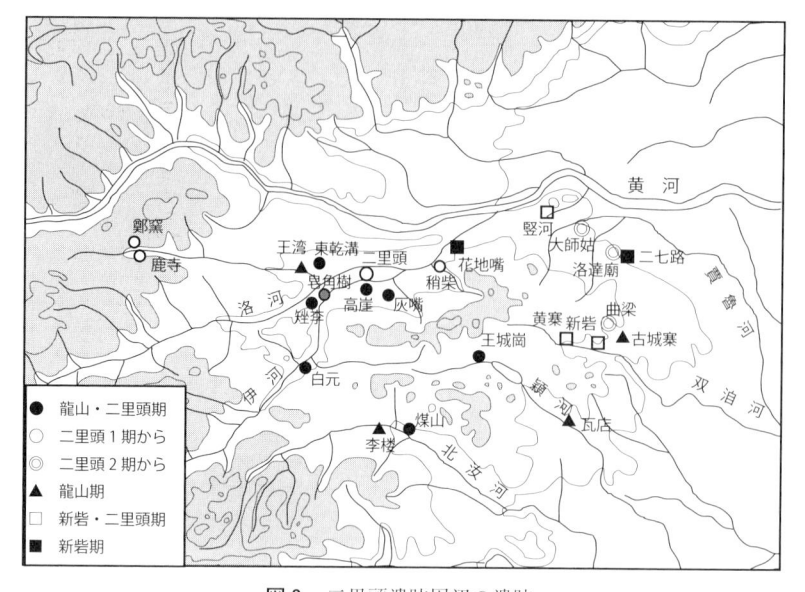

図3 二里頭遺跡周辺の遺跡

漸移的な変化であったことを論じている。従来の典型的な新砦期は報告書での分期によれば新砦2期の新段階である。山本（2011）は2期の前段と後段の間に土器型式変遷の画期があることを指摘しており、新砦2期文化という括り方に否定的である。筆者も罐、鼎、器蓋の組成比率の大きな変化から見ても2期前段と後段の間に画期があると考える。

ここでの3期二里頭文化1期段階の土器は先行する2期の土器との連続性が強いことも述べられており、単純に人が入れ替わったような状況ではない。二里頭文化1期の段階にはその地域性を失うとともにかつ集落の衰退、終焉を迎えたのである。代わって、鄭州市周辺で二里頭文化に属する集落遺跡として知られる洛達廟遺跡、曲梁遺跡、大師姑遺跡は二里頭2期から始まることに歴史的な意味があろう。とくに、大師姑では二里頭2期新段階から城壁を伴って始まる点で、二里頭における宮殿の建設と連動している。

現在問題となっているのはこの新砦2期新段階の分布範囲である。王湾3期文化から二里頭文化への漸移的変化を考える立場では嵩山周辺のかなり広域に分布していたと当初考えていた。趙（1985）は新砦期の土器の分布が二里頭1期の分布する範囲と重なると考え、二里頭文化の最も古い段階として位置づけた。また、隋（1987）は煤山遺跡で王湾三期文化と二里頭2期の間に設定された二里頭1期段階を新砦期とした。しかし、洛陽盆地には新砦期が広がることはなく、二里頭1期と新砦期は同時併存していたとみなした。許（2006）も同時期に新砦期が煤山遺跡を含む穎汝区に、二里頭1期古段階が伊洛区に分布していたとした。

しかしながら、08年報告書ではそれまで新砦期の分布範囲とされてきた諸遺跡をくまなく検討し、西は穎汝区にすら及ばず、北は黄河を越えることなく、東は鄭州西部までであり、王湾3期文化の東北部に相当する狭い範囲にしか分布しないとされた。漸移的な変化との立場を変えないのであれば、二里頭文化は嵩山東部で形成されたことになろう。煤山の「二里頭1期」は隋などから二里頭1期より排除され新砦期とされたが、新砦報告では新砦期からも排除されたのである。早くから煤山遺跡「二里頭1期」を二里頭文化から切り離して王湾3期文化の末期に位置づけるべきと主張してきた飯島（1985、1991）の見方は今でも重要な論点である。

08年新砦報告書（同書：541）は嵩山東部では王湾3期文化が終わり新砦2期文化になっても、

西部地区では王湾3期文化が継続し、その後、東部新砦期から二里頭1期が生まれ、西部に広がったと考えている。しかし、少なくとも新砦2期後段（新砦期）は土器の類例が各地の龍山期の層ではなく二里頭1期あるいはその相当層から見つかることと矛盾し、この理解は成り立たない。

二里頭遺跡1期を二分した李（2002）は新砦遺跡で上層から出ている二里頭1期は二里頭1期新段階であり、新砦期は二里頭1期前段と同時期であるとした。顧（2003）や許（2006）もこれに同意している。そして、李は鄒衡と同様に二里頭文化は新砦期を経ずに直接王湾三期文化から生まれたとした。

この問題に関して、最新の^{14}C較正年代（測定値ではないことに注意！）では新砦1期龍山は前1870まで、新砦2期前段は前1870～1790年、後段（旧新砦期）は前1790～1720年、二里頭文化1期は前1735～1705年とされている。樹輪較正だけでは年代の幅がありすぎ、年代を絞り込むために編年という研究者によって意見の分かれる考古学的な根拠を補正に持ち込んだ結果である。つまり、新砦期・二里頭1期古段階併行説に立てば別の較正年代が出るというにすぎない（大貫 2012）。実際、新砦2期後段（旧新砦期）と二里頭遺跡1期の較正前の数値はほぼ同じであり、同時併存の傍証となりうるのである（許 2006）。ただし、新砦2期前段には上の両者にはない古い数値があり、二里頭1期前段より古い可能性を示している。問題となるのは、新砦2期前段期の嵩山西部地域がどうなっていたかであろう。

新砦2期前段の位置づけを考えるには王湾3期文化の終末との関係を考える必要がある。王湾3期文化は従来から嵩山の北側と南側では地域差があるとされてきた（趙 1996、韓・楊 1997）が、ここでは煮沸具の組合せから洛陽地区、潁汝地区、鄭州地区の3区に分ける德留（2003）の区分は伊洛河、潁汝河、賈魯河（双泊河を含む）水系に対応するように、土器から見た地域性には水系が深く関わっている。さらに、二里頭文化全体を通じて以上の三つの地域に分かれることも德留（2004）が指摘しているが、二里頭一期という段階だけを見れば、それらの間の差異はより大きい。この鼎立状態は2期以降に伊洛水系土器の分布拡大、斉一化が進むことで解消されてゆく。ただし、秦（2004）などが分析しているように、遺跡ごとの土器は多様であり、地域性はなくならない。

王（2006）は多くの研究者は龍山から二里頭への変化を漸移的な変化であると考えるため、新砦期を両者の過渡的な性格であるとするのであるがそれは誤りであり、実際には嵩山の北と南との間での大規模な再編成があったという。これによれば洛陽盆地西部以外の地域から二里頭遺跡への移住者も想定しないといけないが、二里頭1期新段階においても南北の地域性は解消されておらず、基本的には王湾3期文化の地域差を引き継いだもので、二里頭集落の成員は洛陽盆地西部周辺からの移住者が主であろう。

この短期間の段階に王湾3期文化から二里頭文化1期土器に突然変化したことに二里頭遺跡出現の意味があろう。そして、伊洛地区や潁汝区では王湾3期文化と二里頭文化1期の間に新砦2期が介在することはないので、新砦2期から二里頭1期という移行期の文化を独立させて設定する必要はない。李のように二里頭1期とくに古段階における鼎立状態を重視して二里頭文化1期二里頭類型（従来の「二里頭類型」とは異なる）、煤山類型、新砦類型とする考え方もあるが、新砦08年報告に従えば、二里頭遺跡および新様式の土器の出現を重視し、地域間の対立を重視する二里頭文化、

新砦2期文化となる。頴汝地区はそれらとは異なるが鼎立の一翼を担うとは言いにくい一体性に乏しいグループである（図3）。

ただし、王湾3期文化から二里頭1期へ移行する中間に位置する土器群である新砦2期前段の分布範囲は嵩山東麓に限られる。この^{14}C較正年代で80年間と見積もられている段階の洛陽盆地西部地域では二里頭1期の始まりがそこまで遡るのかが土器型式からは明確にできない。あるいは鄭光1期にその段階が含まれるのかもしれない。新砦遺跡では洪水が知られている段階でもあり、許（2006）がその段階の伊洛地区を空白としているように洛陽盆地でも何かが起きていたのであろう。今後の課題であり、それが二里頭文化成立の解明になろう。

まとめと課題

二里頭遺跡という大集落の出現の背景を汎世界的な気候変動という発掘しなくともわかるような説明によるのではなく、発掘調査および遺跡分布調査の結果に即して説明した。また、新たな社会組織の成立と土器の変化は連動するという立場から土器から何が言えるかを考えた。それにしても物を見て人を見る考古学の実践はむずかしいものである。

なお本稿の内容は2012年10月の日本中国考古学会関東部会月例会で発表したものの一部である。紙数の制約もあり月例会ではおこなった土器分析は省略した。塩沢氏からはその後旧伊洛河道について資料の提供と教示を受けた。

参考文献

飯島武次 1985 『夏殷文化の考古学的研究』山川出版社
飯島武次 1991 『中国新石器文化研究』山川出版社
飯島武次 2012 『中国夏王朝考古学研究』同成社
大貫静夫 1997a 「『中国文物地図集―河南分冊―』を読む」『住の考古学』139-154頁
大貫静夫 1997b 「中国における土器型式の研究史」『考古学雑誌』82-4、109-124頁
大貫静夫 2006 「関於最近的拉網式考古調査等的成果（提要）」『二里頭遺址与二里頭文化研究』541-542頁
大貫静夫 2012 「中国初期王朝の年代」『考古学ジャーナル』627、1頁
岡村秀典 1993 「中国新石器時代の戦争」『古文化談叢』30、1245-1259頁
岡村秀典 2003 『夏王朝―王権誕生の考古学―』講談社
岡村秀典 2006 「王朝成立的考古学証拠（提要）」『二里頭遺址与二里頭文化研究』523-524頁
岡村秀典 2007 「学術文庫版「補論」」『夏王朝―中国文明の原像―』講談社学術文庫、205-307頁
塩沢裕仁 2009 「漢魏洛陽城周辺的水文環境」『東漢魏晋南北朝都城境域研究』洛陽博物館文化叢書、71-85頁
徳留大輔 2003 「中国新石器時代河南中部地域の土器から見た地域間交流（上）（下）」『古代文化』55-5、27-43頁、55-6、28-39頁
徳留大介 2004 「二里頭文化二里頭類型の地域間交流」『中国考古学』4、79-110頁
西江清高 2003 「先史時代から初期王朝時代」『世界歴史大系中国史1』3-102頁
西江清高 2005 「地域間関係からみた中原王朝の成り立ち」『国家形成の比較研究』304-323頁
宮本一夫 2005 『中国の歴史01　神話から科学へ』講談社

山本尭 2011 東京大学大学院人文社会系研究科修士論文
王立新 2006「従嵩山南北的文化整合看王朝的出現」『二里頭遺址与二里頭文化研究』410-426頁
夏鼐 1977「碳—14測定年代和中国史前考古学」『考古』1977-4、217-232頁
河南省文物研究所 1993「河南鞏県稍柴遺址発掘報告」『華夏考古』1993-2、1-45頁
河南省文物研究所編 2004『禹州瓦店』世界図書出版公司
韓建業・楊新改 1997「王湾三期文化研究」『考古学報』1997-1、1-21頁
許宏 2006「嵩山南北龍山文化至二里頭文化演進程管窺」『中原地区文明化進程学術研討会文集』212-222頁
許宏 2009『最早的中国』科学出版社
許宏・陳国梁・趙海涛 2004「二里頭遺址聚落形態的初歩考察」『考古』2004-11、23-31頁
国家文物局主編 1991『中国文物地図集—河南分冊—』中国地図出版社
顧万発 2003「《"新砦期"研究》増補」『中国上古史研究専刊』3、109-128頁
秦小麗 2004「二里頭時代の中原東部地区」『中国考古学』4、1-28頁
鄒衡 1980「試論夏文化」『夏商周考古学論文集』95-182頁
隋裕仁 1987「二里頭類型早期遺存的文化性質及其来源」「中原文物」1987-1、49-55、23頁
宋豫秦・鄭光・韓玉玲・呉玉新 2002「河南偃師市二里頭遺址的環境信息」『考古』2002-12、75-79頁
中国科学院考古研究所洛陽発掘隊 1961「1959年河南偃師二里頭試掘簡報」『考古』1961-2、82-85、81頁
中国科学院考古研究所洛陽発掘隊 1965「河南偃師二里頭遺址発掘報告」『考古』1965-5、215-224頁
中国社会科学院考古研究所河南二隊 1981「河南密県新砦遺址的試掘」『考古』1981-5、398-408頁
中国社会科学院考古研究所河南二隊 1982「河南臨汝煤山遺址発掘報告」『考古学報』1982-4、427-475頁
中国社会科学院考古研究所編 1995『二里頭陶器集粋』中国社会科学出版社
中国社会科学院考古研究所編 1999『偃師二里頭—1959〜1978年考古発掘報告—』中国大百科全書出版社
中国社会科学院考古研究所二里頭工作隊 2005「河南洛陽盆地2001〜2003年考古調査簡報」『考古』2005-5、18-37頁
趙芝荃 1985「略論新砦期二里頭文化」『中国考古学会第4次年会論文集』13-17頁
趙芝荃 1986「試論二里頭文化的源流」『考古学報』1986-1、1-20頁
趙春青 1996「中原龍山文化王湾類型再分析」『洛陽考古四十年』95-115頁
趙春青 2001『鄭洛地区新石器時代聚落的演変』北京大学出版社
張鵬程 2012「試論史家湾遺存」『考古与文物』2012-6、38-49頁
張俊娜・夏正楷 2011「中原地区4ka BP前後異常洪水事件的沉積証拠」『地理学報』66-5、685-697頁
陳星燦・劉莉・李潤権・華翰維・艾琳 2003「中国文明腹地的社会複雑化進程—伊洛河地区的聚落形態研究」『考古学報』2003-2、161-217頁
杜金鵬 2001「新砦文化与二里頭文化」『中国社会科学院古代文明研究中心通訊』2、23-28頁
北京大学文博学院・河南省文物研究所 2007『登封王城崗考古発現与研究（上・下）』大象出版社
北京大学考古文博院・鄭州市文物考古研究所 2000「河南密県新砦遺址的試掘」『華夏考古』2000-4、3-10頁
北京大学古代文明研究中心・鄭州市文物考古研究所 2004「河南新密市新砦遺址2000年発掘簡報」『文物』2004-3、4-20頁
北京大学震旦古代文明研究中心・鄭州市文物考古研究院 2008『新密新砦—1999〜2000年田野考古発掘報告』文物出版社
方燕明 2005「河南龍山文化和二里頭文化碳十四測年的若干問題討論」『中原文物』2005-2、18-32頁
洛陽市文物工作隊編 2002『洛陽皂角樹』科学出版社
李維明 2002「二里頭一期遺存与夏文化初始」『中原文物』2002-1、33-42頁
Li Liu 1996 Settlement Patterns, Chiefdom Variability, and the Development of Early States in North china, *Journal of Anthropological archaeology, 15*, 237-288.

二里頭文化の長流壺に関する一考察

長 尾 宗 史

はじめに

　二里頭文化の長流壺は二里頭類型第2期にみられる土器で、二里頭遺跡を代表する精美な土器の一つであり、このことはこの土器が『二里頭陶器集粹』のカバー表紙を飾ることからも十分にうかがい知ることができる。長流壺の出土点数は非常に少なく、現在二里頭文化において詳細を知ることのできるものはわずかに3点であるが、いずれも墓から出土し、その精巧な造型からも注目すべき遺物である。

　長流壺は壺形盉、封頂長流壺、象鼻盉、獣首盉ともよばれ、また報告書によっては「盉」とのみ記される場合もある。名称上、盉の一類と考えられるが、形状は盉とは大きく異なり、その発生も盉とは異なるであろう。盉の形態上の大きな特徴として杜金鵬は、款足（袋状の空足）であり、密閉される口縁部（封頂）を有し、封頂部の前部には管状の注口が付き、注口の後部には口部があり、一つの把手を持つものとしている（杜金鵬1992）。これに対して長流壺は封頂部が盉の形状と似るものの、三足の袋足を持たず圏足が付き、頸部以下が壺形となるという特徴を持っている。

　また、この長流壺の発生と伝播については、長江流域の石家河文化から発生し、二里頭文化において礼制に組み込まれ、その後さらに各地へ拡散していくという意見がある（龐小霞・商江涛2012）。

　筆者は2013年3月に湖北省博物館を訪れた際、湖北省天門市石家河遺跡出土の長流壺を観察し、当資料が二里頭遺跡の長流壺と類似する器物であるとあらためて認識した。二里頭文化のいくつかの要素、たとえば玉器などは、石家河文化の影響を強く受けているという意見もあり（飯島2012）、やはり二里頭遺跡の長流壺は新石器時代後期末葉長江流域に展開していた石家河文化に淵源を持ち、石家河文化が北へ拡張する過程で、黄河流域にもたらされたものであると想定している。

　本稿においては、二里頭文化およびその前段階である河南龍山文化と石家河文化の長流壺を検討することによって、長流壺がどのような展開をもって変遷していくのかを明らかにすることを目的とする。また、本稿で取り扱う資料は、河南省の偃師二里頭遺跡、伊川県南寨遺跡、淅川県下王崗遺跡、湖北省の天門市貫平堰遺跡と肖家屋脊遺跡より出土したものである（図1）。

1．二里頭文化における長流壺

　現在、二里頭遺跡を含む二里頭文化二里頭類型の各遺跡で確認され、かつ報告されている長流壺

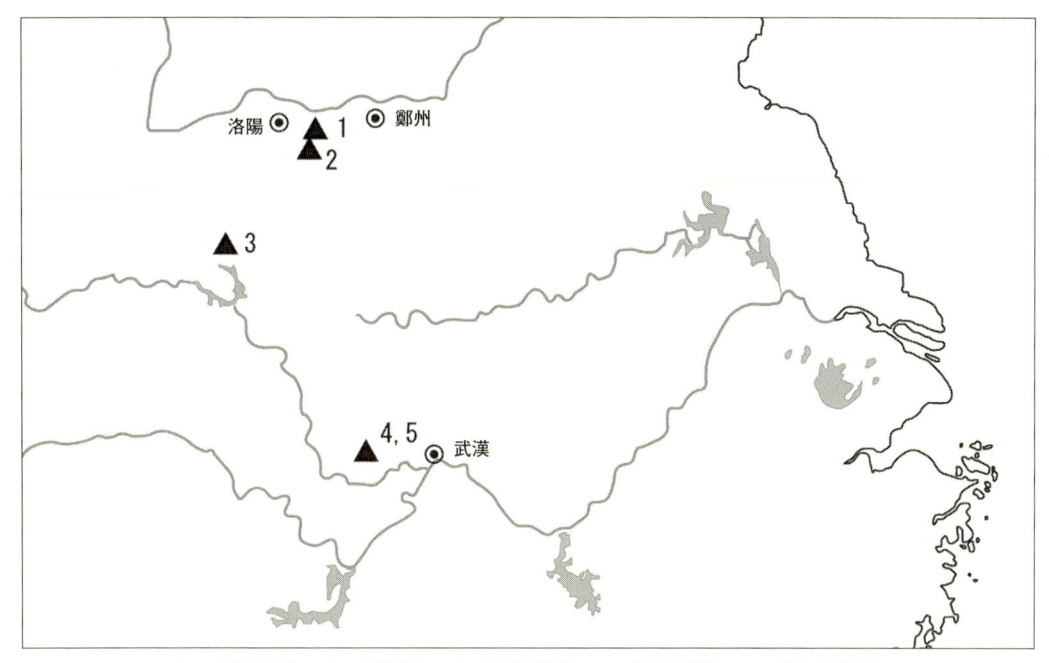

1：二里頭遺跡　2：南寨遺跡　3：下王崗遺跡　4：貫平堰遺跡　5：肖家屋脊遺跡
図1　長流壺出土遺跡（新石器後期～二里頭文化期）

は、二里頭遺跡で84YLIVM51：1と02VM3出土の長流壺の2点と、河南省伊川県南寨遺跡出土のYPNT85M26：2の1点の計3点である。以下にそれぞれの詳細を述べる。

(1) **偃師二里頭遺跡84YLIVM51：1**（中国社会科学院考古研究所　1995）

　二里頭遺跡二里頭類型第2期に属する。器高26cm。胎土は泥質灰陶で、封頂部には管状の長い注口とその根元の両側に左右対称の乳状突瘤がつき、獣面を思わせるような形状をもつ。頭部は直立し、やや丸みの帯びた肩部が強く張り出す。胴部は緩やかに収束していき、下部には外反する圏足が付く。器体全体に丁寧な磨きが施されており、肩部から胴部上部にかけて弦紋と指甲線紋によって文様帯が構成される（図2）。この種の文様帯構成は同時期の高領罐（82YLIVM72：10、84YLIVM58：3）、単耳壺（85YLVC：1）などの肩部にもみられ、二里頭遺跡二里頭類型第2期の特徴的な文様構成の一つであると考えられる（図3）。

図2　二里頭遺跡84YLIVM51：1

(左：高領罐82YLIVM72：10　中：高領罐84YLIVM58：3　右：単耳壺85YLVC：1)
図3　二里頭遺跡第2期の高領罐と単耳壺

(2)　偃師二里頭遺跡02VM3号墓出土の長流壺（中国社会科学院考古研究所二里頭工作隊 2005）

02VM3墓は3号宮殿址の中庭南側で検出され、副葬品には長流壺以外にも緑松石象嵌龍形器や銅鈴、鳥首玉飾、觚・鉢とみられる漆器、爵・盉を含む10数点の土器などが出土している。02VM3号墓は副葬品の出土状況や宮殿址に伴うという検出状況からも、被葬者は高級貴族または王権に関連する者である可能性が高い。

(3)　伊川南寨遺跡 YPNT85M26：2 （河南省文物考古研究所 2012、河南省文物研究所 1996）

胎土は泥質黒陶で、管状の注口は欠損している。注口の根元の両側に左右対称の乳状突瘤がつき、やはり獣面を思わせる形状をもつ。口縁部と胴部の間に帯状の把手がつき、把手上面には二つの乳状突瘤が、表面には5本の沈線が施される。頸部は高く、肩部の張りが強く、やや扁平な胴部となり、假圏足部は外反する。器体全体には丁寧な磨きが施されており、無紋ではあるが、頸部と假圏足部に凸弦紋が一周する。器高32cm、口径5.6cm、底径12.8cmである（図4）。

二里頭文化における長流壺はいずれも二里頭類型第2期に属し、そしていずれもが墓から出土している。これは長流壺が二里頭類型第2期において、墓の副葬品として葬送儀礼に大きく関わっていたことを示している。さらに二里頭遺跡02VM3号墓のような高位階層墓の出土事例を鑑みると、長流壺は青銅器や玉器、土器の酒器などと並んで被葬者の地位を示すような遺物であったと考えられる。

では、これらの長流壺はどのように二里頭文化に伝播してきたのか、次に新石器時代後期の長流壺をみることとする。

2．新石器時代後期の長流壺

新石器時代後期の長流壺は河南龍山文化では河南省淅川県下王崗遺跡で1点が、長江流域の石家河文化では湖北省天門

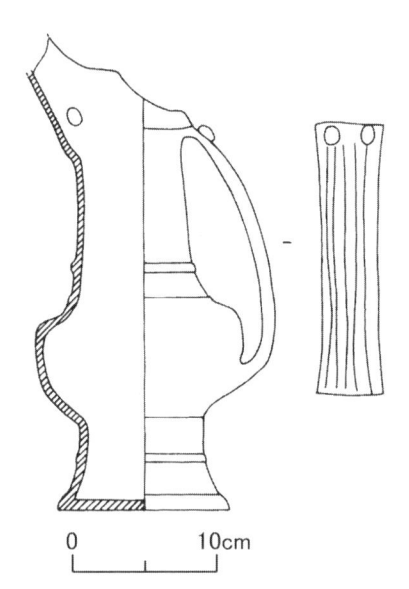

図4　南寨遺跡 YPNT85M26：2

市貫平堰遺跡と天門市肖家屋脊遺跡からそれぞれ1点の出土が確認されている。

(1) 淅川下王崗遺跡 T4②：420 （河南省文物研究所ほか 1989）

　胎土は泥質黒陶である。封頂部前面の管状の注口は欠損しており、注口の根元の両側に左右対称の乳状突瘤がつき、二里頭遺跡や南寨遺跡出土の長流壺ときわめてよく似た形状である。口縁部と胴部の間に帯状の把手が付く。肩部の屈曲はなだらかで、鼓状の胴部は緩やかに窄んでいく。圏足部は欠損しており不明である。器体前面に丁寧な磨きが施されており、無紋ではあるが、頸部に凸弦紋が施されている。口径8cm、胴径16cm、器高27cmである（図5－1）。

(2) 天門市貫平堰遺跡 H1①：9 （湖北省文物考古研究所ほか 1996）

　胎土は泥質灰陶である。後述する肖家屋脊遺跡出土の長流壺と形状がきわめて類似し、頸部をつくらず胴部上部に注口がつき、注口の根元の口縁部付近に鉤状の鶏冠飾が付く。胴部と圏足部の接合部には一対の円形鏤孔が施される。把手には絞索紋とよばれる太い縄状の隆起線紋が施される。胴部全面には細縄紋が施される（図5－2）。

(3) 天門肖家屋脊遺跡 H538：10 （湖北省荊州博物館ほか 1999）

　胎土は泥質灰陶である。頸部をつくらず胴部上部に注口がつき、注口の根元の口縁部付近に鉤状の鶏冠飾が付く。把手は欠損している。円形の胴部下面に外反する圏足をもつ。胴部全面に細縄紋が施される。器高36cm、口径7cmである（図5－3）。

　河南龍山文化と石家河文化の長流壺は、墓からの出土ではなく、いずれも文化層または灰坑からの出土である。これら長流壺は二里頭文化に流入してから後、葬送儀礼の土器として組み込まれた

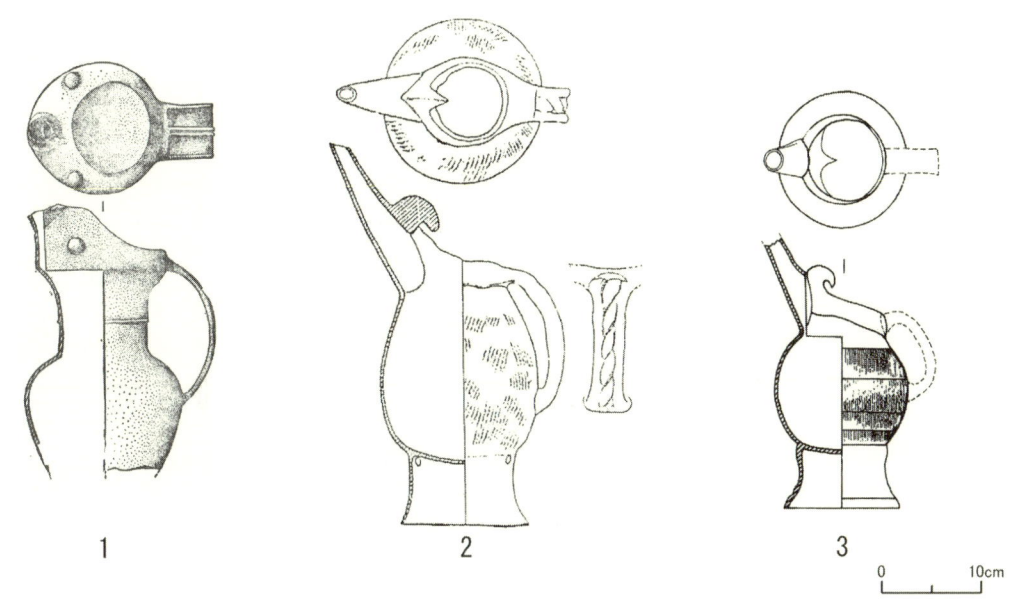

（1：下王崗 T4②：420　2：貫平堰遺跡 H1①：9　3：肖家屋脊 H538：10）
図5　新石器時代後期の長流壺

ものと考えられる。

　また、新石器時代後期から二里頭文化期までの長流壺は型式学的にも一系統で追うことが可能で、貫平堰遺跡 H1①：9 と肖家屋脊遺跡 H538：10→下王崗遺跡 T4②：420→二里頭遺跡 84YLIVM51：1 と伊川南寨遺跡 YPNT85M26：2 の順の変化がたどれる。長流壺は、今のところ石家河文化以前に遡ることはできない。

3．長流壺への考察

　ここまで、二里頭文化とその淵源である河南龍山文化・石家河文化の長流壺の状況をそれぞれ紹介した。では、新石器時代後期に長江流域で出現した長流壺はどのようにして黄河流域に伝わったのかを、在地の土器の壺と比較して検討してみたい。

　淅川下王崗遺跡における長流壺と同時期の壺にはⅠ式壺と分類される T6②：98 と H145：4 とがある。それらは高く直立した頸部をもち、肩部はなだらかに湾曲し、鼓状の胴部は緩やかに窄む形状をもつ。さらに H145：4 は小さく外反した口縁部と假圏足をもつ。T6②：98 は口径8.6cm、胴径13.5cm、器高14cm で、H145：4 は口径8.4cm、胴径11.6cm、器高13.6cm である。下王崗遺跡の長流壺と比較して、これらの壺は大きさこそやや小さいものの、封頂部の注口と把手を除いた基本的な形状は同様である（図6-1・2）。

　二里頭遺跡における長流壺84YLIVM51：1 と同時期の壺には上述した単耳壺85YLVC：1 がある。胎土は泥質灰陶で、頸部は短く、口縁部は小さく外反する。肩部は強く張り出し、胴部は緩やかに窄んでいく。胴部下部には大きく外反した圏足が付く。把手は欠損しているが、資料では肩部から胴部の間に把手が復元されている。器体全体に丁寧な磨きが施されており、肩部から胴部上部には弦紋と指甲線紋によって文様帯が構成される。口径7.7cm、器高16cm である。二里頭遺跡の長流壺84YLIVM51：1 と比較すると、把手の位置が長流壺では封頂部と胴部上部の間に付くのに対して、単耳壺85YLVC：1 は肩部から胴部の間に付くことが大きな差異であるが、基本的な形状は同様である。特に肩部から胴部上部にかけて同様な文様帯を構成することから、この二つの器物は強い意識の下製作されたものと推測できる（図6-3）。

　伊川南寨遺跡における長流壺 YPNT85M26：2 と同時期の壺には YPNT85H132：10がある。胴

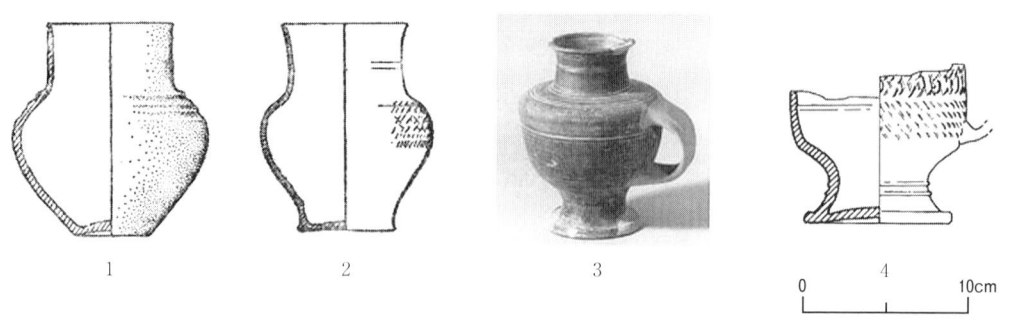

（1：下王崗 T6②：98　2：下王崗 H145：4　3：二里頭85YLVC：1　4：南寨 YPNT85H132：10）
図6　各遺跡の土器の壺

下半部のみの破片資料ではあるが、胴下部がやや強い屈曲をもって収束する、強く外反する假圈足の表面に凸弦紋が施される、欠損しているが胴部に把手が付くなど、長流壺 YPNT85M26：2 と類似した形状をもつ。しかし、底径が7.5cmと小さく、大きさにかなりの差異が存在するのも事実である（図5-4）。伊川南寨遺跡の長流壺は二里頭遺跡の長流壺とほぼ同時期の遺物であり、また南寨遺跡において墓から出土する鬶・盉・爵などの遺物も二里頭遺跡出土のものと強い類似性をもつことからも、これらの遺物は二里頭遺跡から直接もたらされた可能性も存在する。

　このように、各時代の各遺跡で出土したそれぞれの長流壺と壺には、その形状において大きく類似することがわかった。これはおそらく、長流壺が他地域に流入する際、在地の壺と融合して変化したことを示し、長流壺を受け入れる側も当然、壺の一種として認識していたことを示しているであろう。長流壺は土器の壺の一種であり、決して盉から型式変化していったものではなく、それゆえ長流壺を壺形盉、象鼻盉、獣首盉などのような名称を用いて盉の一種とすることは適さないのである。

4．二里頭遺跡における葬送儀礼の変化と長流壺

　これまで新石器時代後期から二里頭文化までの長流壺の出現とその展開を検討してきた。ここでは二里頭遺跡の葬送儀礼において長流壺がどのように関わっていたのかを検討してみたいと思う。

表1　二里頭遺跡第2期における墓壙面積と副葬品

墓号	面積(㎡)	青銅器	玉器	酒器			飲器		炊器					盛食器					貯蔵器				葬具	備考
				鬶	盉	爵	觚	杯	鑵	鼎	鬲	甑	瓿	盆	盤	豆	碗	簋	高領罐	尊	甕	壺		
ⅤM3	2.46	●	●	○	○				○					○		○				○			朱砂	
ⅤM8	1.58				1	1			1					1		1				1			朱砂・漆皮	
ⅣM6	1.4				1	1										1				2				攪乱
ⅨYLM15	1.26				1	1								1		1	1						朱砂	
ⅣM11	1.23		●		1	2			1					1		1							朱砂	
ⅤM22	1.23	●		1		1	2		1					2	1	1				1			朱砂・板灰	
ⅨYLM10	1.23			1		1	2		2					1		2		1						攪乱
ⅤM49	1.21			1		1	2		1							1								
ⅣM14	1.14				1	1								1									朱砂	
ⅤM15	1.14				1	2	3	1								2								
ⅨYLM2	1.14				1	1			1					2	1	1								
ⅣM18	1.11				1	1			1					1										攪乱
ⅣM9	0.9					1	1							1		2				1	1		朱砂	
ⅨYLM12	0.9					1	1	1	1					1		2				1	1		朱砂	
ⅨYLM20	0.39			1	1	1			2					1						1				攪乱
ⅨYLM3	0.32																							攪乱

※土器の○は数不明

表2　二里頭遺跡第3期における墓壙面積と副葬品

墓号	面積(㎡)	青銅器	玉器	酒器			飲器		炊器					盛食器					貯蔵器				葬具	備考
				鬶	盉	爵	觚	杯	鑵	鼎	鬲	甑	瓿	盆	盤	豆	碗	簋	高領罐	尊	甕	壺		
Ⅲ南坑	5.13		●		1																		朱砂・筵	攪乱
ⅢKM10	3.3																						朱砂・漆木棺	攪乱
ⅢKM6	3.17	●			1																		朱砂・漆皮・木朽痕	
ⅤKM10	3.16																						朱砂・漆皮・木朽痕	
ⅢM2	3.06		●		1	1				1													朱砂・漆木棺	腰坑
ⅤYLM4	2.9		●		1																		朱砂・漆木棺	
ⅤⅠKM3	2.9		●		1																			二層台
ⅢM4	2.8					1			1														朱砂・漆木棺	攪乱
ⅤM3	2.8		●		1	1			3					1									朱砂・漆木棺	
ⅨYLM8	1.89				1	1	2								1	2								
ⅤⅠM28	1.84				1	1			1											1			朱砂・木棺	
ⅤM11	1.79	●			1																			攪乱
ⅤⅠM7	1.62				1	1			1	1				1						1			朱砂・木朽痕	
ⅨYLM9	1.31							1						1		1								
ⅤⅠM44	1.21				1	1			3					1									朱砂	
ⅣM17	1.08				1	1			1							1								
ⅤⅠM41	1.08								1							1								
ⅨYLM11	0.82		●																					
ⅨYLM14	0.7				1	1			1															
ⅣM16	0.68															1								
ⅨYLM13	0.6																						朱砂	
ⅤⅠM20	0.56							2						1		2							朱砂	
ⅤⅠM25	0.56								1	1				1		2							朱砂	
ⅤⅠM23	0.47																						朱砂	

二里頭遺跡の墓は、墓の規模と副葬品のセット関係とが相関して等級制度を有しているというのが先行研究により明らかとされている（宮本 2006、飯島 2013など）。なかでも等級制度上最高位となる副葬品として青銅容器が挙げられ、それらは後の殷周社会制度を考える上でも重きを置くべき器物であり、夏殷周三代の礼制を考慮する上でも重要である。しかし筆者は、二里頭遺跡の等級制度の成立と変遷をたどる上で、青銅容器も重要な要素であると認識しているが、土器の酒器類と分類される一類も、特に注目すべき器物であると考えている。以下に土器の酒器を中心にした分析を行ってみたい。

　二里頭遺跡における葬送儀礼については、土器の酒器類である鬹・盉・爵の副葬状況に注目するとその変遷をみてとることができる。表1と表2は二里頭遺跡第2期と第3期において墓壙規模が明確な墓を抽出し、面積の大小で並べた表である。二里頭遺跡第2期においては鬹・爵または盉・爵のセットを中心として成り立っており、また副葬品において明確な格差はみられないことがみてとれる。しかし、二里頭遺跡第3期になると鬹の副葬がなくなり、盉＋爵のセット関係が中心となる。さらに墓壙規模によって青銅器・玉器＋盉・爵の上位階層墓と盉・爵＋日用土器の中位階層墓、日用土器のみの下位階層墓とに明確な格差をみてとることができる。

　ここでの分析からは、二里頭遺跡においては第2期と第3期の間に大きな変化があったことがわかる。つまり葬送儀礼において鬹が消滅し、盉と爵に統一されるようになるのである。二里頭遺跡第3期において副葬品と墓壙規模による等級制度が確立したといえるであろう。

　長流壺は二里頭遺跡第2期の副葬品にみられる土器である。特に3号宮殿址に伴う02VM3号墓から出土が確認されることから、有力な貴族階層が所有していた土器であることがわかる。しかし、二里頭遺跡第2期においては土器の鬹・盉・爵を中心に葬送儀礼が行われていたと考えられ、長流壺は墓の副葬品としての普遍性がないことも含めて、奢侈品のような性格を有していたと考えられる。そして二里頭遺跡第3期以降、長流壺の出土事例がみられなくなることは、上述したように二里頭遺跡における葬送儀礼にこの時期に大きな変化があり、二里頭式の葬送儀礼が確立したため、もともと外来的な要素を持つ長流壺が副葬品として用いられなくなった結果であろう。

おわりに

　杜金鵬は封頂盉の研究において、盉の源流を山東地区の鬹に求め、大汶口文化の鬹が河南地区に伝わり、発展し盉に変化したとし、その後、二里頭文化期に黄河上流域、長江流

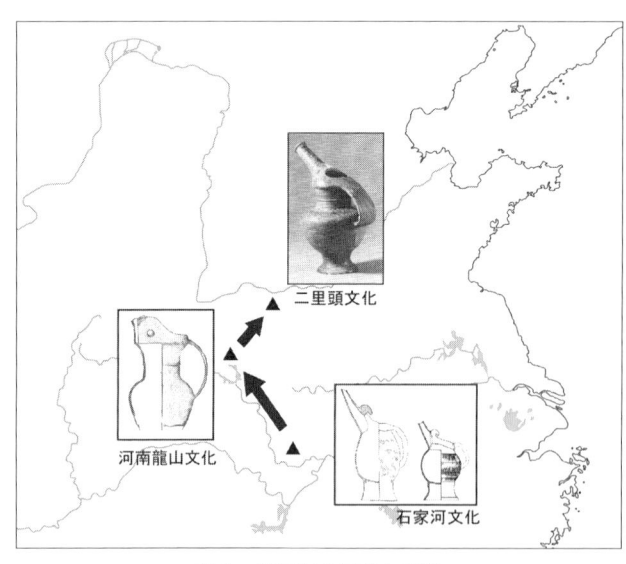

図7　長流壺の伝播と変遷

域、西遼河地区に展開していくとした。これに対して長流壺は新石器時代後期末葉の長江流域の石家河文化において出現し、南陽盆地の河南龍山文化に伝わり在地土器と融合した。さらに二里頭文化期に黄河流域に流入し、そこでもまた在地の土器と融合し、二里頭文化の長流壺となり高位階層墓の奢侈品として副葬されるようになる。この点からも長流壺は盉の一類として発展してきたのではなく、注口が付くタイプの壺として発展・展開していったと考えられる。その後、二里頭式の長流壺はさらに各地に伝播していくが、二里頭文化では二里頭類型第3期以降、二里頭遺跡の葬送儀礼が確立することでその姿を消していくこととなる（図7）。

註

(1) 報告書の実測図ではなく、『二里頭陶器集粋』の写真資料と図版解説を参照したため、圏足か假圏足であるのかは不明。

参考文献

飯島武次 2003『中国考古学概論』同成社

飯島武次 2012『中国夏王朝考古学研究』同成社

河南省文物研究所 1996「河南伊川県南寨二里頭文化墓葬発掘簡報」（『考古』1996年第12期）

河南省文物考古研究所 2012『伊川考古報告』大象出版社

河南省文物研究所・長江流域規画辦公室考古隊河南分隊 1989『淅川下王崗』文物出版社

湖北省文物考古研究所・中国社会科学院考古研究所 1996「湖北天門市石家河三処新石器時代遺址発掘」（『考古学集刊』第10集）

湖北省荊州博物館・中国社会科学院考古研究所・北京大学考古学系石家河考古隊 1999『肖家屋脊』文物出版社

中国社会科学院考古研究所 1995『二里頭陶器集粋』中国社会科学出版社

中国社会科学院考古研究所編著 1999『偃師二里頭　1959年〜1978年考古発掘報告』（『中国田野考古報告集』考古学専刊丁種第五十九号）、中国大百科全書出版

杜金鵬 1992「封頂盉研究—中国古代酒器研究之二」（『考古学報』1992年第1期）

杜金鵬・許宏主編 2005『偃師二里頭遺址研究』北京大学出版社

龐小霞・高江涛 2012「先秦時期封頂盉初歩研究」（『考古』2012年第9期）

宮本一夫 2006「中国における初期国家形成過程を定義づける」『東アジア古代国家論』すいれん社

殷文化の東方開拓と発展

劉　緒（訳　近藤はる香）

　本稿のいう東方とは、中原地区に相対する地理的概念で、主に現在の山東省とそれに近接する一部地域を指す。史学界では殷代及びそれ以前この地域は東夷の地であったとする[1]。また、東夷に関する考証研究の多くは、殷族をその一員と見なし、学者によっては殷族を東夷と区別していても、依然「夷と殷は東の系統に属し、夏と周は西の系統に属すことは明らかである」と結論づけている（傅 1933）。殷族を東夷集団とする説は、契の居した蕃、昭明の商、相土の商丘、成湯が都した亳を多くの学者が現在の山東省南部及び河南省東部の商丘一帯にもとめるように、殷人は東方に発祥したとする説と関係している。

　殷文化はいつ頃東方に出現したのか。また、どのように発展していったのか。これは殷族が東方のどの地におこったのか、学術界で伝統的に言われてきた認識が果たして成立するものであるのか、成湯が夏を滅ぼした後、殷王朝の統治構造全体の中で東方地域はどのような地位を占めていたのかなどの諸問題とかかわってくる。これらの問題に論及した研究はすでにみられるが意見のずれも大きい。本稿は考古学資料の分析にもとづき、これらの問題について意見を述べることにしたい。

1．殷代以前の東方地域の考古学文化

　いずれの考古学文化が殷代前期の文化にあたるかという問題は、ここ10年ほどで基本的な意見の一致を見るようになり、二里岡文化が殷前期の文化[2]、年代上これに先行し、かつ連続する考古学文化がすなわち夏代の考古学文化であると考えられている。

　二里岡文化以前、すなわち殷代以前の東方地区の考古学文化には、時代順に北辛文化（魯北では後李文化）、大汶口文化、山東龍山文化（「典型龍山文化」とも呼ばれる）、岳石文化があり、四つの発展段階ととらえることができる。各方面から比較分析を加え、^{14}C 年代測定の結果も参考にしながら整理すると、これらは年代上、その西に位置する中原地区の四つの考古学文化―裴李岡文化、仰韶文化、河南龍山文化（王湾三期文化とも呼ばれる）、二里頭文化と対応している。

　このことからもわかるように、殷前期文化、すなわち二里岡文化より以前は、東方地域は一つの相対的に独立した文化区域を形成していて、中原地域と東西に隣接し、類似した発展軌跡をたどりながらも、それとは異なる地域色を有し、中原と歩調を共にしながら、独自の道を歩んでいたのである。

　分布範囲でみると、殷以前の4段階において、東西二つの文化は互いに進退を相関させる形で展開している。

①北辛文化―裴李岡文化段階：いずれの文化遺存も発見地点が少なく、分布範囲を確定し難い。

②大汶口文化―仰韶文化段階：大汶口文化の分布範囲は、西は現在の河南省東部までを含み、平頂山市で大汶口文化要素の遺存が発見されているように（張脱 1977）、その影響は河南省中部にまで及んでいる。

③龍山文化段階：山東龍山文化の分布は、西は山東省をでないが、これに対する河南龍山文化の分布範囲は、東は山東省内に食い込み、山東省西部から河南省東部までを含む。この地域の龍山文化遺存は河南龍山文化の地方類型とみなされ、「造律台類型」もしくは「王遊坊類型」と呼ばれている。大汶口文化段階と比べると、本段階の東方文化は東側に縮小、後退し、かわって中原文化が東に大きく張り出している。

④岳石文化段階：岳石文化の分布は山東龍山文化の分布より西に大きく拡大し、山東西部と河南省東部を奪回して、その影響は、西は鄭州、さらには鄭州をこえ、二里頭遺跡でも少量の岳石文化要素の器物が発見されている。岳石文化と同時期である二里頭文化の分布範囲は、前段階の河南龍山文化に比べて、西に大きく後退、豫東の商丘地区はその帰属からはずれ（商丘 1983）、東は開封から杞県、太康の一帯にとどまっている。分布範囲でみると、岳石文化は二里頭文化に拮抗しているといえ、この段階で、岳石文化と二里頭文化は黄河中下流域で最も広い分布範囲を有する二大文化となっている。この二つの考古学文化と同時期、かつ隣り合う文化に下七垣文化があるが、この下七垣文化は現在の冀中南と豫東に分布して、範囲は狭いが、東方の岳石文化、中原中心部の二里頭文化とは異なった性質を持ち、単独に扱うべきであることを説明しておきたい。下七垣文化は二里頭文化の東北に位置しているが、本稿はこれを東方文化圏内に括ることはしない。

　二里岡文化以前の東方と中原を二大集団とみなし、各段階における分布範囲の変化をこの二大集団の勢力の変化と消長ととらえるのなら、両者は互いにせめぎあいを繰り返していたということになろう。東方集団は大汶口文化と岳石文化の二段階において優勢で、その中間の龍山文化段階では劣勢となる。これに対して中原地区の考古学文化の東方向への拡大は、龍山文化段階で最も強く、仰韶文化と二里頭文化の両段階で弱まる。中原と東方が進退を相関させて発展していくありさまは、中原とその周辺地域の各時期考古学文化との関係のなかでも、きわめて突出し、顕著にあらわれている。

2．岳石文化非先商文化説

　殷文化とは通常殷代の殷文化を指し、二里岡文化の頭から、殷墟文化の末までを指す。殷代以前の殷文化は先商文化（訳者補注を参照）と呼ばれるが、大きな枠組みで見た場合には、この先商文化も当然のことながら殷文化に属する。したがって、殷文化が東方地域にいつ出現したのか、また殷王朝の最初期の東方経略が如何なるものだったのかを検討する際、東方地域に先商文化はあるのか、つまりは、岳石文化は先商文化なのかという問題をまず考えなくてはならない。

　従来先商文化に対する認識には、非常に多くの観点があり、地域でいえば現在の河北省、山東省、陝西省、山西省ひいては内蒙古と遼寧までの広範囲に議論が及び、さまざまな考古学文化がその対

象として検討されてきたが、最も一般的な見方は、冀中南と豫北に分布する下七垣文化を先商文化とする意見である。これに次ぐのが岳石文化を先商文化とする説であり、この説は学界でもかなりの影響力がある。この二つの意見を除く諸説はあまり重視されていない。もし岳石文化が先商文化であるとするならば、東方地域は当然殷文化発祥の地ということになり、その文化は夏代にはすでに形成され、殷代に至ってもなお継続していたはずである。

　下七垣文化は岳石文化とほぼ同時期、古黄河を境に東西に隣接して、互いに影響しあっている。地理的には、両者とも広義の東方の範疇に入り、またどちらの分布地域にも殷人発祥地に関する文献記載があり、二者ともに先商文化とみなしてもよいようにも見える。しかし、下七垣文化と岳石文化はまったく異なった特徴を持つ別々の考古学文化であり、両者を同一の考古学文化とみなす研究者はいない。考古学的にみれば、両者がともに先商文化ということはあり得ない。

　下七垣文化が先商文化であるとする説はすでに多くの学者が論じており、筆者もそれに賛同する。従って、ここであらためて論じることはしない。岳石文化が先商文化であるとする説については、疑問とするところがあり、以下そのことを詳細に論じてみたい。

　岳石文化を先商文化とする説には従来、主に二つのアプローチがあり、一つはすなわち史学界の伝統的な見方—殷人は東方（主に豫東と魯西南をさす）に発祥したとする説を根拠として、時代と地理関係から直接比定を行って、「殷が夷に出自することは中国上古史の常識である。したがって先商文化はおそらく岳石文化の一支であろう」（張・張 1997）とするものである。もう一つは、第一の認識のもとに、考古学的な論証を加えたもので、いわゆる「南関外型」及び二里岡文化中に含まれる岳石文化要素を根拠に、比較分析を行い、岳石文化を先商文化とするものである（方 1992、欒 1994）。

　「南関外型」に含まれる岳石文化要素は最初から明確に認識されていたのではなく徐々に識別されるようになっていった。1973年に発表された鄭州南関外遺跡の発掘報告は、この類の要素をもつ遺存を二里岡下層文化とは区別し、南関外下層に代表される遺存として「南関外期」と称し、南関外中層に代表される遺存は後者二里岡下層文化に属するとした。発掘報告の作者は比較分析の結果、下層すなわち「南関外期」の遺物は南関外中層の遺物とは「明らかに異なる」特徴を持っており、時代は中層に先行するとし、当時の認識にもとづき、これを鄭州地区の洛達廟類型とともに殷代前期の文化として、二里頭文化段階に相当するものとし、同時に南関外中層の二里崗下層文化も当時の認識にもとづき、殷中期文化であるとした（河南省博物館 1973）。後に鄒衡は南関外中層と下層を統合し、時代は二里頭文化第四期の晩い段階に相当するとして、これを先商文化「南関外型」と称した（鄒 1980）。まもなく、羅彬柯も中、下層を統合して、二里頭第四期文化に分類している（羅 1982）。仇偵も中層と下層は分けることはできないとし、二里頭第四期と同時期であるとした（仇 1984）。羅と仇はともに鄒の南関外中下層を統合する考えとその年代観に賛同しており、文化属性も同様に殷系統と考えているが、鄒の先商文化説には賛同しておらず、羅、仇はそれぞれこれを当時の認識での殷前期文化、殷中期文化にあてている。三氏の論文はみな1980年代初めに発表されたもので、この当時、岳石文化はまだ命名されたばかりであったから（厳 1981）、当然三氏とも岳石文化に対する認識がまだ浅く、理解も十分でなかったのだろう。南関外下層文化の文化要素分

析では一人として東方の岳石文化との関係に触れておらず、下層と中層の相違や下層の特異性を見落としている。これは当時としては無理のないことであり、それぞれの環境の至すところでもあった。1984年鄒衡は山東省菏澤安邱堌堆遺跡の発掘を指揮し、そこで、龍山文化、岳石文化および二里崗上層文化以降の殷文化の堆積を発見して、岳石文化に対して明確な認識をもつようになり（北京大学 1987）、先に鄭州で発見されていた岳石文化の遺物の性質も明確となって、長年にわたる疑問から解放された。鄒は1987年に発表した「論菏澤（曹州）地区的岳石文化」の中で、「三十年以上ずっとそれ（鄭州で発見された岳石文化遺物：筆者注）が一体何なのかわからずにいたが、今やっと、それが山東省岳石文化の最も代表的な土器の一つだったということがわかった」（鄒 1987）と感慨ぶかく述べている。先商期および殷前期の鄭州地区に少量ながら岳石文化遺存が存在することを初めて明確に指摘したのである。あらためて文章をしたため、論じることはしなかったが、この時すでに鄒が自らの提唱した「南関外型」先商文化の中に岳石文化要素が含まれることを認識していたのは明らかである。1989年、南関外遺跡発掘報告の作者である安金槐は再度「南関外期」について論証を行い、南関外中層と下層は統合できないことを強調し、下層すなわち「南関外期」は鄭州洛達廟期とともに二里崗下層に先行し、そのうち「南関外期」遺存は外来の文化遺存で、おそらく河南省東南部の淮海沿岸からもたらされたものであろうとした（安 1989）。安が依然として岳石文化を認識していなかったことがわかる。同年、李伯謙は南関外中層、下層遺存を比較分析して、「両者の間には驚くべき相違がある」と指摘し、統合すべきではないとしたが、下層遺存の性質については夏代の、夏の友好国の文化遺存であろうとした（李 1989）。1992年には、方輝がさらに詳細な論証を行って、南関外中層、下層を区分する意見に賛同、「層位関係、遺物のいずれから見ても「南関外期」を設定する区分は成立するのであって」、中層と下層は統合すべきではないとした。この時、方は下層、つまり「南関外期」には大量の岳石文化要素が含まれることを指摘している。方は南関外中下層を統合することには反対だが、「南関外期」が先商文化の最も晩い時期にあたるという意見には賛同しており、その起源は岳石文化のいずれかの類型にあって、「豫東北の濮陽地区、魯西の聊城、菏澤地区のあたりに由来する可能性が高い」とした（方 1992）。1994年には欒豊実が、鄭州地区南関外下層は成湯が夏を滅ぼす以前の殷文化（先商文化にあたるが、欒はこれを「早期殷文化」と呼んでいる）であるとの前提のもと、さらに一歩踏み込んでこの「早期殷文化」に含まれる岳石文化要素の器物は山東岳石文化に由来し、これを根拠として殷人は東方に発祥するとの従来の説に従い、岳石文化が先商文化にあたると推定した（欒 1994）。この説はすぐに一部研究者の賛同を得ることとなった。方と欒はともに岳石文化を熟知しており、関心も人一倍であって、「南関外期」には岳石文化の要素が最も多く含まれるのだから、「南関外期」はおのずと岳石文化に由来することとなり、「南関外期」が先商文化であるとの前提のもと、その起源が岳石文化にあると考えるのもごく当然のことではある。しかし、南関外下層と中層がまったく異なるもので、区別されるべきものならば、下層の起源が中層の起源とはならず、両者は互換不可能なのであるから、別々に考えていかなければならないはずである。南関外中層—二里崗文化の起源は別途考察が必要となってくるわけである。明らかに彼らは南関外下層の起源を強調するあまり、南関外中層—二里崗下層期殷文化、すなわち殷前期文化の起源に十分に目を向けていなかった。このように

岳石文化が先商文化だという結論には理解し難いところがある。

　筆者は南関外中層遺存と下層遺存は分けるべきで、両者はそれぞれ別の文化に属し、中層は二里崗下層文化—殷前期文化なのであるから、下層は当然先商文化ではないと考える。先商文化の探求とはそもそも既知の殷前期文化を起点に、その文化要素をたどって、推定していくべきであって、先に「南関外期」が探求の対象である未知数の先商文化であると断定して、そこから起源をたどっていくものではない。

　上述のように、二里崗文化が殷前期文化であるというのは学界のほぼ共通認識である。周知のとおり、二里崗文化の主要要素には、下七垣文化に由来するものと二里頭文化に由来するもの、またこの段階になって新たに現われた要素とがあり、岳石文化要素はと言うと、鄭州で個別的に見られるのみである。その中で最も多く岳石文化要素を含むものが南関外下層であるが、時代は二里崗下層期にやや先行する。鄭州のその他の地点及び鄭州より西の殷前期文化遺跡の多くでは岳石文化の要素はさらに少なく、もしくはまったくみられず、したがって、このきわめて少数の岳石文化要素が二里崗文化を構成する状況は決して主流ではない。一方ばかりを見て、支流の源流を主流の源流としてしまっては、本質は見落とされ、主客転倒となってしまう。

　つまるところ、岳石文化と二里崗文化とは文化特徴が本質的に異なり、その間に継承関係がみられないだけでなく、鄭州および鄭州より西の広大な殷前期文化分布域内で、岳石文化要素がほとんどみられないことからも、岳石文化が二里崗文化の前身であるとの結論は成り立たなくなる。もうひとつ注意すべきは、岳石文化の分布範囲すなわち山東省全域と河南省商丘地区にはいまだ二里崗下層文化遺存が発見されていないことである。山東省は考古学の進んだ地域であり、この広大な範囲で二里崗下層文化遺存が見られないのは、まだ見つかってないのではなく、そもそもきわめて少ない、もしくは存在しないと考えるのが妥当であろう。もし岳石文化が先商文化であるならば、岳石文化の分布域でなぜこの後文化の中断がおこってしまうのか。先商期の後になぜ殷代最初期段階の殷文化が続かないのか。あるはずのものが存在しない、これは非常に特殊な、そして非常に重要な現象であって、先商文化を検討する際、必ずしっかりと向き合い、かつ合理的な解釈をしていかなければならない。1987年に鄒は先に挙げた「論菏澤（曹州）地区的岳石文化」の中で「二里崗下層期、山東省内には依然として岳石文化が存在し」、「殷前期の二里崗期上層の晩い段階、もしくはそれよりもっと後の時期になってやっと、山東省の大部分の地域で殷文化が岳石文化にとってかわるようになる」と指摘している。20年あまりが経ち、山東省の考古発掘もさらなる進展をみせているが、依然として二里崗下層遺存は発見されておらず、鄒の推測がいかに的確なものであったかがわかる。殷王朝初期において、東方地域は明らかにまだその統治領域に入っておらず、この時期の東方地域は相変わらず岳石文化の天下であり、東夷集団に属していたのである。

　岳石文化は先商文化ではない、すなわち、夏代の山東には殷文化は存在していないのだから、殷人が山東、商丘地域に発祥した族であるとする説は成り立たないのである。

3．殷文化の東方拡張

上述したように、殷文化が初めて東方地域に現われるのは殷前期、二里岡上層期になってからのことである。

魯北ではこの時期に相当する殷文化の分布域は少なくとも済南一帯に及び、大辛庄遺跡がその代表である。大辛庄遺跡は泰山北麓、現在の済南市東部に位置し、膠東半島に通ずる交通要所にあたる。この遺跡は1930年代には発見されていて、1950年代以降幾度もの発掘調査が行われた、山東省内でも発掘が最も進んだ殷代遺跡である。殷代遺存も非常に豊富で、時代の上でも二里岡文化上層期から殷後期まで、長い期間にわたって殷文化が途絶えることなく存在している（山大東研中2004・2008、山大歴文院 2010）。現在大辛庄遺跡の殷代遺存は殷文化の一地方類型として扱われている。二里岡文化上層期には、殷文化は早くも東方に拡張し、魯北地域ではすでに済南一帯まで達していたことが確実である。済南以東ではこの時期の殷文化の遺物が発見された遺跡もあるが、殷文化の分布圏であったかの確証を得るには資料がまだ不十分である。1965年北京大学考古学専攻61年度生の臨淄での発掘実習期間中、淄瀰河流域で考古学調査を行ったが、そのうち瀰河の調査では、寿光丁家店子から益都潭家坊間の瀰河両岸で、殷代遺跡が25カ所確認された。益都（現在の青州市）蕭家などの遺跡で試掘を行い、典型的な二里岡文化上層期の土器である鬲、甗、盆、假腹豆、直腹簋、小口甕などがみつかっている（王迅 1994、王恩田 2000、及び北京大学考古文博学院1965年実習資料も参考）。2003年、筆者が参加した臨淄桐林遺跡の発掘では、一部の堆積層から鬲や假腹豆などの白家荘期に相当する典型的な殷文化の土器が発見された。2008年冬に博興東関遺跡の発掘現場を参観に訪れた際には、ここにも安陽洹北花園荘時期に相当する、比較的典型的な殷文化の鬲があることがわかった。これらの資料はまだ系統的な整理が行われておらず、はたしてその全体が殷文化に属するものであるのか、判断しかねるが、岳石文化との明らかな関係性もみてとれない。これらの資料の整理検討を引き続き行っていく必要がある。ただ以上の発見から確かなことは、二里岡上層期もしくは少し後の時期には、殷文化はすでに瀰河の西淄瀰河流域まで影響を及ぼしていたことであり、淄瀰河流域の殷後期の資料とあわせて考えるならば（詳細は次節）、二里岡上層期にはこの地域はすでに殷文化の分布域に入っていた可能性が高い。膠東半島については、まだこの時期の殷文化遺存は見つかっていない。

魯南には、二里岡文化上層遺存を含む遺跡が、東は運河を超えて泗水流域及びその南で比較的多く発見されている。ただ発掘された遺存の内容はそこまで豊富ではなく、これに対し、済寧潘廟遺跡（国家文物局 1991a）の状況は比較的良好で、これを殷文化潘廟類型と呼ぶ研究者もある（唐 1999）。その他、済寧鳳凰台（国家文物局 1991b）、泗水尹家城（山大歴史 1990）と天斉廟（国家文物局 1994）、滕州前掌大などの遺跡でも、鬲、甗、假腹豆、簋、盆、大口尊、爵、小口甕などの二里岡上層遺物が個別的に発見されている。この時期の魯南地区の殷文化遺存は内容はあまり豊富ではなく、まとまった明瞭な文化様相を呈しているわけでもないが、当地区以南、すなわち中原殷文化の中心地からさらに遠く離れた安徽省と江蘇省で殷文化が発見されていることから、その中間

に位置する魯南地区が二里岡上層期には殷文化の分布域に属していたと証明できる。

　安徽省でも殷文化は二里岡文化上層期に入ってから見られるようになり、代表的遺跡の含山大城墩（安徽省文考研 1989）にちなんで、殷文化「大城墩類型」と呼ばれている（王迅 1994、唐 1999）。

　大城墩遺跡には夏商周各時期の遺存がみられ、内容も比較的豊富である。1970年代末から1980年代初めにかけて幾度か発掘が行われている。簡報はその第二期、第三期を殷代―二里岡文化上層期から殷墟第一期に当たるとしている。殷文化の遺物としては、鬲、甗、盆、假腹豆、大口尊、直口缸、小口甕などが出土している。

　江蘇省では、殷文化遺存の豊富な遺跡を挙げるのはむずかしいが、上述の安徽省殷文化遺存すなわち大城墩類型から推測して、安徽と魯南の間に位置する江蘇省西北部―現在の徐州、邳州一帯には殷文化遺跡が存在するものと考えられる。特に注意すべきは、塩城龍崗遺跡で、ここでは殷文化の鬲、甗、假腹豆などが発見されている（王愛東 1996、南京博物院 1999、韓 2001）。塩城は黄海に近く、辺境地域といえる。資料が非常に少ないため、ここが殷文化圏内に入るかどうか断定しがたいが、殷文化の影響を受けていたことは疑う余地のない事実である。つまり、龍崗遺跡の発見によって、これより北の蘇北全域が殷文化の強い影響を受けていたことがわかり、殷文化の分布圏内に属していた可能性さえも考えられるのである。

　江蘇省長江下流域は殷代、湖熟文化の分布圏に属していた。湖熟文化の年代と性質に関しては、まだ意見が分かれているが、その早い段階において殷文化要素が認められることは誰もが認めるところで、殷文化要素が出現するのは早くて二里岡上層期、鬲、甗、刻槽盆などが出土している。湖熟文化がその早期に殷文化の影響を受けていたことが明らかである。

　このように、安徽江蘇両省での殷文化の発見から、それより北に位置する魯南地区は殷文化圏に属していたと考えられる。

　山東省内での二里岡上層文化の分布をあらためてまとめてみると、上述の膠東半島で発見されていない他、魯東南地区でもまだ関連する報道がない。ただ、蘇北での発見、特に龍崗遺跡の発見からみて、魯東南地区もたとえ殷文化圏に属していないとしても、殷文化の影響は受けていたと思われ、殷文化要素が存在したであろうことが十分考えられる。このことからわかるように、二里岡上層文化期から山東の大部分は中原文化の版図に属するようになり、東方地域が中原に対して独立性を保つというそれ以前の局面はここで終息した。すなわち、殷前期の二里岡上層文化が初めて、長期にわたった東方と中原の対立局面を打破し、東方の独自の発展路線を終結させ、半島を除くこの地区の考古学文化を中原のものと一致させることに成功したのである。これこそまさに殷王朝の最初の東方経略の結果であろう。

4．殷王朝後期における東方経営

　殷前期文化の分布は殷王朝の東方拡大が大規模なものであったことを物語っている。細かくその分布状況を見ていくと、上述の魯北、魯南両地域に分布が最も密集し、殷後期に至ってもこのよう

な状況は続いて、かつ強まる傾向をみせる。魯北、魯南両地域には等級の高い集落遺跡が出現して、殷王朝の東方経営の重点となっていく。

　魯北地区では殷文化後期の遺跡が最も多く発見され、その中でも大辛庄と蘇埠屯遺跡が最高等級に属し、殷王朝が東方経営にあたる際の重要な拠点であった。

　大辛庄遺跡の殷文化遺存は殷後期まで続き、殷後期の遺構としては住居址や井戸、窖穴、貴族墓地が発見されている。遺物の中で最も注目されるのは青銅器、甲骨文、原始瓷器、白陶、金箔の残片などで、これらはみなこの拠点集落の等級の高さを示している。

　貴族墓地は殷墟一期またはそれよりも早い時期から営まれ、殷文化がこの地区に出現するやいなや、すぐに貴族が現われたこと、そしてその後殷が滅びるまでの全期にわたって絶えることなく貴族が存在し続けたことを物語る。この墓地の墓葬の多くには人と大量の犬が殉葬され、後期になると腰坑を設ける墓はさらに多くなり、一部の墓には青銅器が多く副葬されるようになる。中でも犬の殉葬が広く見られることと一基の墓に殉葬される犬の数の多さは、同時期の等級を同じくする墓葬の中でも突出している。規模の大きい墓（M74）では、21匹もの犬が殉葬されていた（山大東考研 2004）。

　この墓地のなかで最大規模にあたるのが2003年に発掘されたM106と2010年に発掘されたM139である。この二基の年代はともに当遺跡の早い段階に属する。後者の規模のほうが少し大きく、墓口は縦3.22m、横が2.24mである。槨内はすでに盗掘にあっているが、二層台に10点余りの青銅器が残されており、うち最も大きなものは口径が約40cmある円鼎で、これは同時期の円鼎としてはかなり大きいものにはいる。被葬者の身分の高さがうかがいしれる。その他副葬品では、青銅鉞一点と石磬一点が注目され、青銅鉞の高さは29.5cm、刃部の幅では30.6cmと、蘇埠屯「亞醜」大銅鉞に匹敵する大きさをもっており、現在知られる殷代青銅鉞の中でも最大級の一つに数えられている。石磬は山東省内で出土した磬の中で時代の最も古いものの一つに入る。研究によれば、最も古い石磬は龍山時代にさかのぼり、陶寺遺跡にみられ、その後次第に量を増やし、各地に広がっていったが、どの時代のものも、石磬が出土する墓葬はみな貴族墓である（郭 2012）。したがって、銅鉞と石磬の出土はこの墓の等級が高いものであることを示している。大辛庄は殷代甲骨文の第三の出土地であり、山東では唯一の甲骨文出土地である。第一、第二の甲骨文出土地は安陽と鄭州であるが、これらはいずれも殷代の都城遺跡である。また、原始瓷器と白陶も高級貴族のみが所有できる器物である。

　これに対し、殷後期後半—殷墟三、四期には、大辛庄遺跡の墓葬の規模は縮小傾向を見せ、文化的特徴にも変化が見られる。この時期の墓葬には先のM106とM139の規模を超えるものはないが、少量の青銅器を副葬する墓は依然存在している。殷後期後半に入っても、当遺跡は相変わらず殷王朝の東方における需要拠点として機能していたが前半期ほどの勢いはなくなっていたことがわかる。墓葬から出土した青銅器の中には、族徽銘　　をもつものがあり、この墓地はおそらく　　族の墓地であったと考えられる。

　文化的特徴の変化は主に土器にあらわれる。二里岡上層期から殷後期前半にかけて、大辛庄の土器は中原文化との共通点が強くなり、形態的特徴の類似度も高くなっていくが、殷後期後半になる

と共通性、類似度が明らかに弱まっていく。たとえば、殷墟第四期に最もよくみられる無実根肥足鬲と厚唇簋は大辛庄遺跡ではきわめて少なく、かわって墓葬から最も多く出土するのは明確な実足根がなく、縄紋が底まで施される足の太い錐足鬲で、その形態は西周早期の鬲に近い。土器のこのような変化はこの遺跡が独立性を強めていったことを示している可能性があり、殷王朝の統治の重心が移ったことと関係があると思われる。

　蘇埠屯遺跡は山東省青州市（元益都県）の東北10km蘇埠屯村東にあり、大辛庄遺跡の遠く東に位置し、殷墟との距離はさらに遠くなる。蘇埠屯には殷晩期の等級の高い墓地があり、居住区址はまだ発見されていないが、おそらく墓地付近にあると推測される。1930年代には青銅器が見つかっていて、すでに発掘済みの殷代墓は10基、車馬坑が1基ある。このうちM1は殷墟以外で発見された唯一の四面墓道をもつ殷代大墓である。殷墟においては殷王墓と思われるものにのみ四方に墓道が設けられているから、蘇埠屯M1（1号墓）の被葬者は殷王に相当する地位の人物であったと考えられ、墓地全体の等級の高さが計り知れる。すでに発掘されている殷後期の墓としては他に、一面墓道の「甲」字形墓が2基あり、これも殷後期の墓では珍しいもので、殷墟以外では4カ所でしか発見されていない。

　蘇埠屯墓葬の多くは早くに盗掘を受けているが、保存状態が比較的よいものもあり、出土遺物も多い。1号墓からは2点の青銅鉞が出土し、これは現在知るところの殷後期青銅鉞のなかで最大級に属する。また、この2点の青銅鉞を含む青銅器の多くには「亞醜」の族徽銘がみられる。8号墓から出土した青銅器には族徽「融」が鋳こまれているが、当墓地は「亞醜」族の最高等級人物のものであるとするのが一般的な見方である。

　蘇埠屯貴族墓にはすべてに腰坑が設けられ、大墓には犬、人を殉葬し、1号墓には人が48人、犬が6匹殉葬されている。土器は殷墟にみるものとまったく同じであり、特に陶製冥器の觚と爵は殷墟のものと変わらない。この2種類の土器は殷墟では最も一般的にみられるもので、分期断代の基準としても重要な殷墟文化の代表的器物であるが、殷墟以外の地域の殷後期の墓地では、蘇埠屯墓地と磁県下七垣墓地の両地にみられるのみである。このうち下七垣墓地は殷墟に近く、その副葬品の特徴が殷墟と同様であるのは理解に易しいが、蘇埠屯墓地は殷墟から遠く離れ、少なくとも済南大辛庄よりはずっと離れており、その大辛庄の殷後期墓には蘇埠屯より殷墟に近いにもかかわらず、冥器化した陶觚と陶爵はみられない。このことは蘇埠屯墓地の被葬者たちが殷王朝とより密接な関係をもった人物であったことを物語っていよう（鄧 2011）。同時に、殷後期殷王朝の魯北における統治の重心が大辛庄から蘇埠屯に移り、全体的には西から東へ拡張していく様子、すなわち、この時期殷王朝が東方辺境への統制をさらに強化したことが見て取れる。殷文化の分布範囲は前期から後期にかけて、程度に違いはあっても、北、西、南の三方すべてで縮小傾向をみせている。唯一東方地域—現在の山東地域の殷文化だけが殷後期にいたっても殷前期（後半）の分布範囲をほぼ保ち続け、さらに拡大する勢いを見せている。このことからも、蘇埠屯墓葬の特異性が決して偶然ではないことがわかるだろう。

　蘇埠屯墓地は各方面で、殷王朝と高度な特徴の一致を見せており、その被葬者はおそらく殷王朝統治下で当該地域の管理を任された最高首領であろうと考えられる。

魯南地域は、殷前期には殷王朝の統治下に入った。殷後期では、殷王朝が設営した重要拠点の一つが発見されていて、滕州前掌大遺跡がそれにあたる。

　前掌大遺跡は滕州市の西南にあり、山東省の南の省界に近く、南にいくとそこはもう江蘇省となる。当遺跡の殷代遺存は前期から後期までのものを含むが、発掘されたのは主に墓葬で、殷代後期から周初に属する。発掘は9回行われ、殷代後期から周初の墓葬が110余基発掘されており、そのうち「中」字形の二面墓道を持つ大墓が3基、一面墓道の墓が9基、車馬坑5基、馬坑4基が発掘された。大墓は盗掘に遭っているが、中小型墓には保存状態が良好なものもある。墓葬にはまた腰坑、人の殉葬が多くみられ、殷人の葬俗と一致する。副葬品の土器は、殷文化要素の器物が各時期ともに多くみられ、青銅器には、族徽銘「史」を鋳こんだものが多く出土している。そのため、一般にここは史族の墓地と見られていて、被葬者は殷王朝から派遣されてこの地に駐在する最高長官であり、その性質と地位は河南羅山県天湖の「息」族墓地と類似するものだと考えられている。前掌大一帯は殷王朝の東南辺境における拠点であったのだろう。

　以上山東省で発見された殷後期の最高等級に属する遺跡は、その他「方位」(10)の地域の同時期、同等級の墓葬と比較してみても、最高級レベルに属するものであることが分かった。四面墓道をもつ大墓だけをとってみても、この等級の墓は他の方位の地域では見られず、二面墓道と一面墓道の大墓も同様に他地域ではきわめて珍しい。殷王朝は東方を相当に重視していたことがわかる。

　殷王朝がなぜこんなにも東方を重視したのか、なぜ魯北、魯西南地域を重視したのかという問題については、すでに論及があり、魯北地域はおそらく渤海湾の製塩資源の掌握と関係して重視されていたとみられ、特に晋西南解州の鹹湖を失った後、魯北地域の重要度が増したのであろう（燕2009）。近年この方面の研究は画期的な成果を収めており、青州双王城でも殷後期から西周にいたる大規模な製塩遺跡が見つかっている。また、魯西南はおそらく南方の銅鉱石資源の掌握または獲得と関係していると考えられる。

　殷王朝は殷後期に入ると、北、西の二方向で統治領域を大幅に喪失し、南方においても大きな縮小を見せるが、唯一東方地域だけが、殷前期に支配下に入って以来、縮小、弱化をみせることなく存続して、支配の強化が進められていったことを最後にもう一度確認しておきたい。このことは東方地域が殷王朝の殷後期における統治の中で重要な地位を占めていたことを物語っているのである。

註
(1) 蒙文通は1920年代に中国上古代の部族を江漢民族、河洛民族、海岱民族の三系統に分類する説を提唱している（蒙 1929）。海岱民族は現在の山東省の泰夷族系を指す。その後間もなく傅斯年が有名な「夷夏東西説」を発表し（傅 1933）、夷は東方にあるとした。1940年代に入り、徐旭生が蒙と近似した結論を得るに至り、中国古代の部族を華夏集団、東夷集団、苗蛮集団の三大集団に分類し、現在の山東省地域の部族を東夷集団としている。
(2) ごく少数の研究者が依然として旧説を支持、二里頭文化後期段階を殷前期の文化としている。
(3) 簡報は初め塢牆遺跡には二里頭文化遺存があるとしていたが、その後の考古学調査と発掘によって、商丘地区は岳石文化の分布範囲に属することがわかっている。

⑷　当論文は先商文化の起源はおそらく二つに分かれ、一つは冀南豫北に由来する（鄒衡の先商文化にあたる）、日用品の土器を使う、被支配者階級の文化、もうひとつは東方の海岸地帯に由来する、城壁や青銅器、文字などの貴重品を使用する支配者階級の文化であるとした。

⑸　「南関外型」は鄒衡によって提唱された、南関外中層と下層を含む遺存で、鄒はこれを「先商文化」であるとした。「南関外期」とは発掘報告の見解で、南関外下層の遺存のみを指す。本稿でいう「南関外期」も同様に南関外下層遺存を指している。

⑹　発掘報告の執筆者は安金槐、安は二里頭文化後半（洛達廟類型も含む）は殷文化前期、二里岡文化は殷中期の文化であると考えていた。

⑺　「岳石文化」の名称は厳文明が当論文で命名した。

⑻　筆者の調査所見。

⑼　明義士はかつて山東省で石磬を多数収集しているが、出土地は不明である。文中の磬と同時期とみられるものもある。山東省博物館現蔵。

⑽　殷王朝からみて北、西、南の三方向に位置する地区を指す。

引用・参考文献（ピンインアルファベット順）

安徽省文物考古研究所　1989「安徽含山大城墩遺址発掘報告」『考古学集刊』（6）中国社会科学出版社

安金槐　1989「関於鄭州商代南関外期遺存的再認識」『華夏考古』1989年第1期

北京大学考古系商周組・山東省菏澤地区文展館・山東省菏澤市文化館　1987「菏澤安邱堌堆遺址発掘簡報」『文物』1987年第11期

方輝　1992「南関外期先商文化的来龍去脈及其対夏商文化断限的啓示」『華夏文明』第三集、北京大学出版社

傅斯年　1933「夷夏東西説」『慶祝蔡元培先生六十五歳論文集』国立中央研究院歴史語言研究所1933年（のち岳玉璽他編選『傅斯年選集』天津人民出版社1996年に所収）

郜向平　2011『商系墓葬研究』科学出版社

国家文物局考古領隊培訓班　1991a「山東済寧潘廟遺址発掘簡報」『文物』1991年第2期

国家文物局考古領隊培訓班　1991b「山東済寧鳳凰台遺址発掘簡報」『文物』1991年第2期

国家文物局田野考古領隊培訓班　1994「泗水天斉廟遺址発掘的主要収穫」『文物』1994年第12期

郭明　2012「関於中国早期石磬的幾個問題」『早期夏文化与先商文化研究論文集』科学出版社

韓明芳　2001「江蘇塩城市龍岡商代墓葬」『考古』2001年第9期

河南省博物館　1973「鄭州南関外商代遺址的発掘」『考古学報』1973年第1期

李伯謙　1989「先商文化探索」『慶祝蘇秉琦考古五十五年論文集』文物出版社

欒豊実　1994「試論岳石文化与鄭州地区早期商文化的関係—兼論商族起源問題」『華夏考古』1994年第4期

羅彬柯　1982「小議鄭州南関外期商文化—兼評"南関外型"先商文化説」『中原文物』1982年第2期

蒙文通　1929『古史甄微』（巴蜀書社版1999年）

南京博物院　1999「江蘇省考古事業五十年」『新中国考古五十年』文物出版社

仇儁　1984「関於鄭州商代南関外期及其他」『考古』1984年第2期

山東大学東方考古研究中心・山東省文物考古研究所・済南市考古研究所　2004「済南市大辛庄商代居址与墓葬」『考古』2004年第7期

山東大学東方考古研究中心　2008「大辛庄遺址1984年秋試掘報告」『東方考古』第4集、科学出版社

山東大学歴史系考古専業教研室　1990『泗水尹家城』文物出版社

山東大学歴史文化学院考古系、山東省文物考古研究所　2010「済南大辛庄遺址139号商代墓葬」『考古』2010年第10期

商丘地区文物管理委員会・中国社会科学院考古研究所河南二隊　1983「河南商丘県塢牆遺址試掘簡報」『考古』1983年第2期

唐際根 1999「中商文化研究」『考古学報』1999年第4期
王愛東 1996「塩城首次出土一批商代文物」『中国文物報』
王恩田 2000「山東商代考古与商史諸問題」『中原文物』2000年第4期
王迅 1994「東夷文化与淮夷文化研究」北京大学出版社1994年
徐旭生 1985『中国古史的伝説時代』文物出版社1985年
燕生東 2009『渤海南岸地区商周時期塩業考古研究』北京大学博士学位論文
厳文明 1981「龍山文化和龍山時代」『文物』1981年第6期
張長寿、張光直 1997「河南商丘地区殷商文明調査発掘初歩報告」『考古』1997年第4期
張脱 1977「河南平頂山市発現一座大汶口類型墓葬」『考古』1977年第5期
周昌富 2001『中国音楽文物大系・山東巻』大象出版社
鄒衡 1980「試論夏文化」『夏商周考古学論文集』文物出版社
鄒衡 1987「論菏澤（曹州）地区的岳石文化」『文物与考古論集』文物出版社

訳者補注

「先商文化」とは文中にあるように、「商」に「先行する」時代の「商」文化のことである。日本では「商」を用いず、「殷」を用いてその時代、文化を指すため、「先商文化」の定義、概念に則れば、「先商文化」は「先殷文化」とすべきであるが、「先商文化」はすでに学術界で通用しており、ここでは中国語原文の「先商文化」をそのまま用いることとする。

殷墟骨笄・象牙笄の広がり
――殷代笄考（2）――

鈴木　舞

はじめに

　これまでの殷代骨角器に関する論考は、笄・象牙杯・柶等の個別の器種に対する分類・編年に関する専論もあったが、その多くが概説的な内容に留まる。近年では骨角器工房遺跡出土の製作関連遺物から製作工程や使用した動物種や部位を同定するという新しい研究が導入されながら、一方で従来の分類・編年等に関する基礎研究が考慮されないまま、定量的な分析に偏る傾向もある。本稿では、骨角器、特に骨笄・象牙笄を主な検討対象として、従来の分類・編年研究を踏まえつつ、素材獲得・生産・流通・消費という一連の流れを考慮し、その生産状況と製品の分布状況から、殷代における骨角器生産活動の一端を復元する。

1. 殷代骨角器研究の現状

　殷墟遺跡の出土遺物中に獣骨や象牙で作った器物のあることは、早くも1916年羅振玉による『殷墟古器物図録』中で指摘された（羅 1916）。その後間もなく、日本でも京都大学が実物を所蔵し、これらは浜田耕作の資料紹介により知られるようになる（浜田 1921）。50年代以降、発掘調査の進展により一定数の骨器が確保されると、関連論考が多数執筆されるようになる。これらの多くは概説的な内容に留まるが、一部で象牙杯・骨柶・笄など個別の器種に対する詳細な分類や編年もあった。たとえば、李済は殷墟小屯・侯家荘で出土したすべての骨笄を8形式に分類・編年し、骨笄の編年を遺構の年代決定の材料として利用した（李 1959）。難波は柶上に見られる獣面紋の系統分析から骨柶の製作者集団の動向について考察したが、これは同じく獣面紋を施す青銅器の生産体制との関係性という点で興味深い（難波 1995ab）。

　近年、中国の研究者らは「動作連鎖」の概念を積極的に取り入れ、骨角器研究にもこれを応用しつつある。また、動物考古学の普及もあり、李志鵬らは欧米の研究者と共同で、殷墟鉄三路骨器製作工房で出土した骨材や未成品を材料に、骨材とされる動物種と部位の同定、作られた製品の種類、製作工程の復元、製品の流通状況等を考察した（Roderickほか 2011）。骨角器の製作段階に着目し、生産遺跡や製作関連遺物に基づいて検討する方法は、欧米・日本では90年代から行われていたが、中国人研究者らによって中国大陸の資料に対して応用された点で新しい。ただし、研究に際し、従来の分類・編年研究をあまり考慮せず、定量的な分析に特化する傾向もある。本稿では、分類・編年研究を生かしつつ、骨角器に見られる素材獲得・生産・流通・消費という一連の流れを重視し、

特に笄製作に関わる素材の獲得及び製品の分布について分析し、殷代における手工業生産活動のあり方を明らかにする。

なお、骨角器の検討に際し、笄を分析対象としたのは、笄が新石器時代以来中国全土に広く見られる製品であり、数量も多く、複雑な形状をしているために属性も豊富で、通時代的・広域的な比較検討に適する故である。また、本稿での主な検討対象地域は河北省南部から河南省北部とする。当該地域は黄河中流域に位置し、太行山脈東麓に広がる華北平原の中でも、殷代の都に比定される遺跡や、またそれ以外の殷代遺跡も多く点在する地域である。なお、西周期の検討に際しては、西周の中心地である陝西省の渭河流域の遺跡出土の遺物も分析対象とした。

2．殷周笄類の分類・編年とその分布

(1) 殷後期の鳥形笄の分類と殷墟遺跡における役割

本章では、殷周笄類の分布状況及びそれらと殷墟製作・出土笄との関係を考える。それに先立ち、本節では殷墟出土象牙笄・骨笄の特徴を簡単に説明する。

殷墟出土骨笄の分類と編年は、李済の研究に代表される（李 1959）。筆者はかつて李済分類を参照し、自ら殷墟出土骨笄を分類した（鈴木 2011・2012）。笄には頂部が幾何学形のものと鳥形のものとが存在し、鳥形笄に注目すると、さらに次のように分類できる（図1）。すなわち、a型「鶏冠形」、b型「高座鳥形」、c型「低冠鳥形」、d型「平頂鳥形」、e型「簡化鳥形」の五型式である。殷中期に出現した写実的かつ立体的なa型を祖型とし、殷後期にはa型から派生したと考えられるb〜e型が盛んに作られる。

殷墟出土の鳥形笄の多くは墓の副葬品である。とりわけ、b型「高座鳥形」は侯家荘の殷王墓にのみ副葬され、c型「低冠鳥形」は侯家荘・小屯を中心に王室関係女性の墓に副葬される。それ以外の鳥形笄もまた、侯家荘・小屯に出土が偏る。5種の鳥形笄の素材に目を向けると、殷王墓に選択的に副葬されるb型だけが象牙で作られる。それ以外の4種の鳥形笄は決して象牙を使わず、ウシ・ブタ・シカ等の一般の動物骨を利用する。また、殷墟の笄は、実用に足る数点が副葬されるだけ

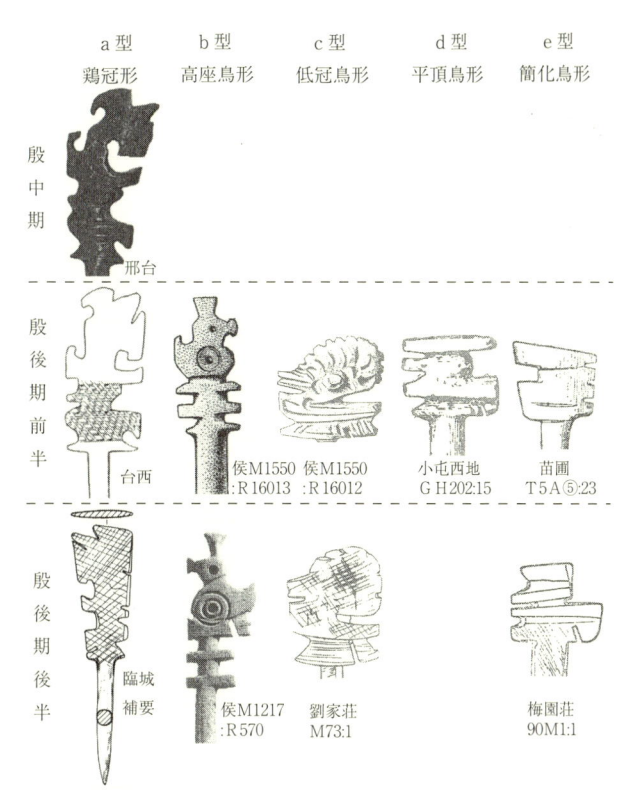

図1　殷代鳥形笄の分類（各種報告書・簡報より転載の上、筆者作成）

でなく、大量副葬される傾向がある。たとえば、婦好墓からは500点近い笄が出土した（社科院考古所 1980）。以上のような殷墟における鳥形笄のあり方からは、殷代の鳥形笄が実用的な装飾品というよりも、被葬者の階層と関係し、身分を象徴する副葬品であった可能性が考えられる。

(2) 殷周時期における鳥形笄の分布の変遷とその特徴

次に、殷墟以外の殷後期の遺跡群や、あるいは前後する時代における鳥形笄の分布状況の確認と、それらと殷墟出土笄との形態上の比較検討を行う。

殷中期は鳥形笄の出現期である（図2）。特に邢台で出土した4点は皆非常に写実的かつ厚みを持つ立体的な作りである。また、個体ごとの形態差が大きい。洹北商城出土品は邢台のものとは異なり、扁平化する。また写実的な表現ではなく、鶏冠や尾、嘴などが強調され、イラスト風に鳥を表現する。

殷後期では、河北省南部から河南省北部に位置する複数の殷代遺跡で骨製の鳥形笄が1～数点出土する（図3）。そのほとんどは遺物包含層中や灰坑の埋土中から検出されており、殷墟の鳥形笄の多くが墓の副葬品として発見されるのとは、出土状況が異なる。殷墟とは消費形態が異なると考える。また、河南・河北で出土する鳥形笄は、必ず殷墟で殷王墓専用とされる鳥形笄b型「高座鳥形」以外のものであり、もちろん素材も象牙ではなく、すべて骨製である。形態は殷墟の鳥形笄に準ずる。以下では、鄭州及び補要出土品を例に挙げて、殷墟出土品と形態を比較し、その関係性を考察する。

1点目は、鄭州市人民公園遺跡出土の鳥形笄である。鄭州人民公園遺跡で出土した鳥形笄は、報告書と河南博物院の展示中で公表されたものを合わせると20点近い[(2)]。その多くは遺物包含層中での出土である。殷墟出土のc型「低冠鳥形」は、図4の通り、c1型～c4型の四つの小型式に分類できる[(3)]。図3に示した鄭州人民公園出土の鳥形笄のうち、最も左側の1点は、一見してc型とわかり、なおかつ、特に鳥の頭部断面に羽毛を表現した鋸歯状紋が施され、全身は眼だけが浮彫りで、それ以外の部分は無紋のc1型に相当する。製作の精巧さは殷墟出土品と遜色ない。この他、鄭州で出土したc1型4点やa型1点、羊字形笄も殷墟出土品と変わらない。一方、図3中の最も右側の1点は、殷墟出土品から派生した形態と考える。当該笄は、基本的に鳥形笄c型の形態を採りつつも、外形線の切り出しのラインが、殷墟のそれや上で挙げた他の鄭州人民公園出土のc型に比べて曖昧であること、鳥の頭部が丸形ではなく後頭部に向かって鋭角の先端部を持っていること、また顔の中心部に穿孔することで眼を表現するなどの点で、明らかに殷墟のものとは異なる特徴を持つ。殷墟から移動した、上述のc1型を参考に在地で製作したと考える。つまり、鄭州の鳥形笄には、殷墟から移動したものとそれを模倣して在地で製作したものとの2種類が混在したと考える。

2点目に、河北臨城補要村遺跡出土笄（図3）と殷墟鉄三路骨角器工房出土の未成品（図5）を比較する。補要村で出土したのはa型「鶏冠形」である。a型は図1で示した通り、殷中期の鳥形笄出現期の型式であり、殷周時代の鳥形笄の原点である。このことは、図5の臨城補要村出土品の図面中に示したように、a型を①肥大化した鶏冠、②鳥本体、③鳥の台座に分けると理解しやすい。同時に、そのような視点で以て殷墟鉄三路骨角器工房で出土した多数の未成品（図6）を見てみる

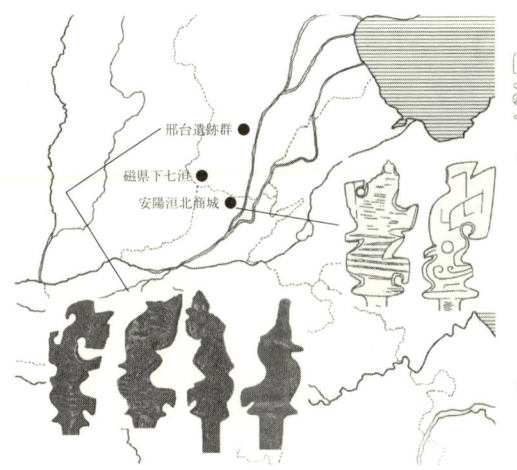

図2　鳥形笄の分布（殷中期）
（各種報告より転載）

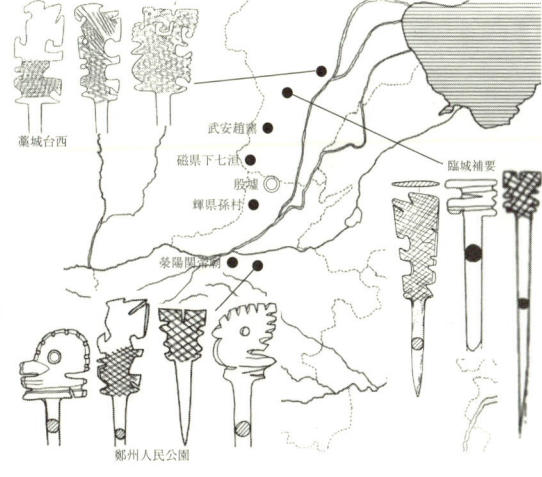

図3　鳥形笄の分布（殷後期）
（藁城・臨城は報告より転載、鄭州については本文の註2を参照）

c1型　　小屯M5:110
c2型　　侯M1550:R16012
c3型　　大司空H310:5
c4型　　劉家荘M73:1

図4　鳥形笄c型の小型式
（各種報告より転載）

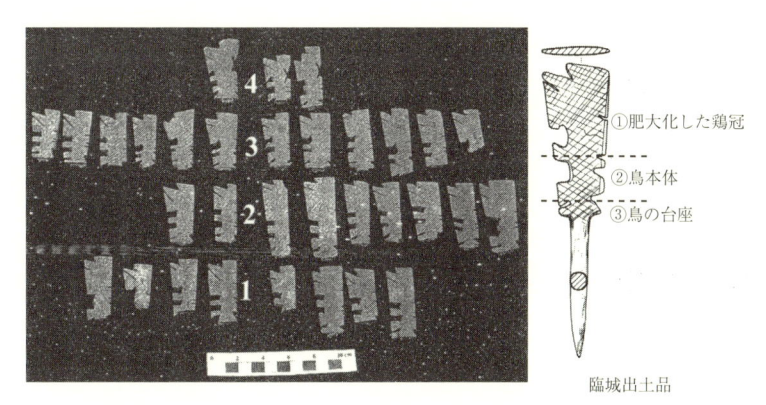

図5　殷墟鉄三路骨角器工房遺跡で出土した鳥形笄の未成品
（Roderickほか2011より転載）

①肥大化した鶏冠
②鳥本体
③鳥の台座

臨城出土品

と、両者がまったく同じ構造であることがわかる。臨城補要村出土鳥形笄もまた、殷墟で製作された後に、当地まで移動してきた笄と考える。

　紙幅の都合上、本稿では以上3点について詳述するに留めるが、この他、殷墟由来の製品と在地での生産品が混在するのは藁城台西遺跡の例がある。一方、台西以外の遺跡で見られる鳥形笄は、その形態より、臨城補要村遺跡と同様に皆殷墟に由来する製品と考える。

　なお、先行研究では、殷墟内の鉄三路工房で1㎡あたり6〜7体分のウシの骨が出土していること、鉄三路を含む殷墟内の三つの骨角器製作工房の合計面積が6万㎡になることから、殷墟の骨角器工房全体でのウシの消費頭数を30〜40万頭と想定し、また三つの工房内で製作された骨笄は一千万点に上ると計算された。そして、これだけ大量の骨笄は殷墟内だけでは消費しきれないとし、殷墟での生産品は商品として都以外の集落へも流通していたと説明する（社科院考古所 1994、Roderickほか 2011）。ただし、これは数値上での推定であり、考古学的な根拠は示されない。実際、骨笄の多くは単純な形態であるため属性に乏しく、本稿のような検討を行うことはむずかしい。と

▲ 灃鎬遺跡（象牙製と骨製が混在）

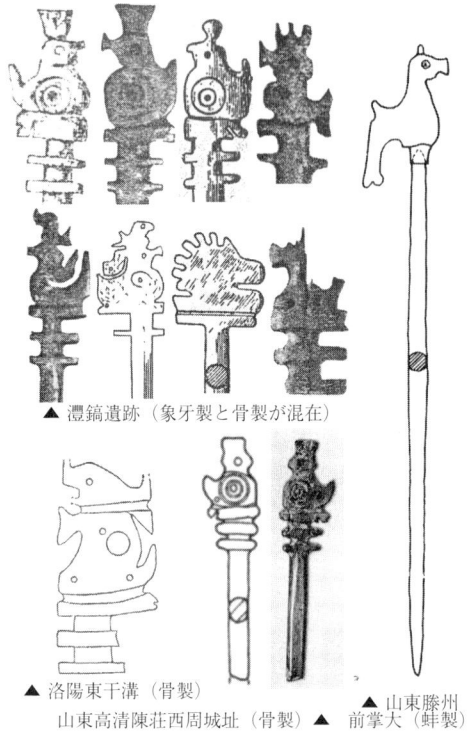

▲ 洛陽東干溝（骨製）
山東高清陳荘西周城址（骨製）▲
▲ 山東滕州前掌大（蚌製）

図 6 鳥形笄の分布（西周期）
（各種報告より転載）

はいえ、本稿において殷後期の鳥形笄が殷墟のみならず河南・河北一帯へ広がったことを示せたように、鳥形以外の骨笄もまた同様に流通した可能性は低くはない。

最後に西周期の状況を述べる（図6）。周の鳥形笄については、灃鎬・周原・洛陽でｂ型「高座鳥形」ばかりが出土する。殷後期のものに比べると、①出土地が周の政治的中心地に限定されながらも、多くが灰坑の埋土中や遺物包含層中から出土しており、周の王族に所有が限られたわけではない可能性があること、②素材には象牙と一般の動物骨とが併用されること、また、③殷後期の形態を保つのは一部だけで、多くのものは二羽の鳥が上下に重なる、鳥そのものの大型化・扁平化、冠の形状の変化等、形態の差異や変化が著しく、画一的に生産された印象のないことが特徴として挙げられる。ｃ型も１点だけ確認される。また、中心地以外に目を向けると、山東前掌大墓地で蚌製の鳥形笄の出現すること、同じく山東省に位置する高清陳荘西周城址遺跡ではａ型の出土が１点確認されるものの象牙製ではないこと、また陝西省の宝鶏強国墓地ではすべての墓で銅製笄を副葬し、そのうちの１点が銅製鳥形笄であること等がその特徴である。陝西では銅製、山東では蚌製など素材が変わる。これらの地域では鳥を笄のモチーフにするという概念だけが伝わり、製作はそれぞれで独自に行ったと考える。

3．素材獲得に関する問題──特に象牙の獲得をめぐって──

第２章での検討の結果、殷墟で製作された笄は、殷後期に至り、殷墟内での消費を中心としながらも、河南・河北にまで広域的に分布することがわかった。加えて、殷墟の殷王墓でのみ象牙製の笄が副葬され、それ以外の殷墟の墓や殷墟以外の遺跡で発見される笄は皆骨製であることもわかった。それでは、骨笄と象牙笄との間に見られる、このような流通・消費形態の差異は何に由来するのであろうか。本章では、各遺跡における出土動物骨を集成し、各時代・遺跡における笄素材の入手形態を手がかりに、骨笄と象牙笄に見られる流通・消費形態の差異について考える。

(1) 骨角器の素材

これまでに発表された殷代遺跡出土の骨角器・未成品・骨材に関する報告によれば、当時の骨角器の素材は、主にウシ・ブタ・ヒツジあるいはシフゾウ・ニホンシカ・アカシカ・キバノロ等のシ

カ類の四肢骨や肋骨、ウシ・ヒツジ・シカ類の角、ゾウ・ブタの牙などである。またヒトの骨を材料とする場合もある（石 1933、虞 1958ほか）。ここで、殷墟の骨角器工房で出土した動物骨を例に、殷代に骨材とされた動物種について再考する。

　現在報告されている骨材は、その多くが動物の四肢骨である。殷墟の場合、鉄三路骨角器製作工房の骨材はウシが圧倒的多数を占め、特に中手骨・中足骨の割合が高い（李ほか 2010、Roderickほか 2011）。北辛荘工房の骨材はウシ・ブタが多く、その他にヒツジ・イヌ・ウマがあり、また少量のシカの角と骨がある（社科院考古所 1987）。大司空工房ではウシが多く、その他にブタ・イヌ・ヒツジ・シカの骨があり、主に四肢骨、その他に肋骨や骨盤があり、角材はシカの角であった（社科院考古所 1994）。また、1987年小屯東北地で調査された１号灰坑中では多数の鹿角が集められていた（安陽隊 1989）。1920～30年代や2005年の小屯調査でも灰坑や遺物包含層中から、各種動物の骨材や未成品、製品の集積地等が見つかっており、また小屯に骨角器製作工房のあった可能性も言われており（李 1930・1933・石1933・安陽隊 2009ほか）、１号灰坑中の鹿角も角材であった可能性が十分に考えられる。以上より、殷代骨角器の素材はウシ・ブタ・ヒツジ・イヌ・ウマ・シカ類等とわかる。またこの他、骨材・角材としての出土は確認されないものの、第２章第１節で述べたように、笄等の象牙製品も存在する。骨角器の素材として、ゾウも考慮すべきである。

(2) 動物骨の集成と殷代の気候

　本節では、各遺跡から出土する動物骨を集成し、殷代における骨材の入手方法を考える。表１は集成結果である。動物骨を集成する際は、笄の出土の有無に関わらず、二里頭期～殷周期の遺跡の中で、専門家による動物骨の同定が行われた遺跡の情報を収集した。

　表１からわかることは、以下の４点である。まず、①二里頭・殷周期を通してヒツジが普遍的に出土する。新石器時代、ヒツジは末期後葉の朱開溝遺跡以降急速に出土数を増し、このことは草原化・乾燥化の進展を示すとされるが（久保田 2013）、二里頭・殷周期もそれまでの乾燥化を継承したとわかる。また、②先行研究によれば、新石器時代末期前葉の太行山脈周辺ではすでに、たとえば陝西省の下魏洛遺跡や案板遺跡でタケネズミ以外の熱帯性大型哺乳類が見られなくなり、一方で乾燥を好むウマが出現することから、内陸部でやや寒冷乾燥化が始まるとされるが（久保田 2013）、殷後期・西周期になると、上述の陝西だけでなく、太行山脈を東に越えた河南省の殷墟遺跡でもウマの出現が認められ、乾燥化はより東の地域へと拡大したものと考える。なお、ウマは殷墟期に急激に出土数を増すが、これは気候の変化だけでなく、馬車の流行及び馬飼育の拡大が大いに関係すると思われる。③また、表中の複数の遺跡でワニ・サイ・ゾウ等の熱帯性動物の骨が見られるが、これは二里頭・小双橋・洹北商城・殷墟等に集中し、特に殷墟では小屯・侯家荘という殷王室に関わる区域で偏って出土する。④上述のように、徐々に寒冷乾燥化の進む中、しばしば骨角器や卜骨の材料とされるヒツジは、当該時期には普遍的に出土し、また同様の用途が想定されるウシ・ブタ・シカ等もまた今回のデータ収集対象遺跡では普遍的に出土する。前３者は家畜として、また後者は野生生物として集落周辺に生息していた可能性が高い。一方、ゾウは野生動物なのかあるいは家畜なのか、またはこれらとは入手方法が異なるのか、これまでにも長く議論されてきたところで

表1 各遺跡における出土動物骨あるいは骨角器の素材

時代	地域	遺跡・地点名	出土した動物骨あるいは骨角器の素材
二里頭1期	河南	二里頭	ブタ（46％）・ヒツジ（43％）・ニホンジカ（6％）・ウシ（3％）
二里頭2～4期	河南	二里頭	ウシ・ブタ（40-52％）・ヒツジ（17-20％）・ニホンジカ（11-15％）・シフゾウ（0.2-0.45％）・ノロジカ（0.02-0.2％）・キバノロ（3期のみ、0.2％）・イヌ・ウサギ・クマ・ニワトリ・オオワシ・ワニ・サイ（2期のみ、0.14％）
二里頭期の各遺跡			家畜ではウシ・ヒツジ・ブタ・イヌ・ウマ・ウサギ、野生動物ではゾウ・イノシシ・シカ・キバノロ・タヌキ・スマトラサイ。72％はシカ。ゾウは主に二里頭。骨柶はほぼウシ、二里頭遺跡に限って象牙製もあり。櫛と笄も二里頭に限り象牙製もあり。装飾品はブタ・象牙・貝製、そもそも装飾品はほぼ二里頭出土。
二里頭～殷前期	内蒙古	朱開溝	二里頭期には主にブタ・ウシ・ヒツジ、他にアカシカ・ノロジカ・タヌキ・ヒョウ・イヌ・クマ（ただし骨1）・ラクダ。殷前期はブタ・ウシ・ヒツジ。ウシは四肢骨が骨材、肩甲骨が卜占用。アカシカの角と四肢骨は骨材。
龍山・二里頭	河南	滎陽竪河	龍山期にはブタ・ウシ・イヌ、二里頭期にはヒツジ・シカも加わる。
殷前期	河南	鄭州商城	ウシ（ウシ坑あり）・シカ・ヒツジ（卜骨も）・イヌ・ブタなど。卜骨の多くがヒツジ、他にブタ・ウシも。象牙製品もあり。
殷前期	河南	二里頭	ブタ（40-55％）・ウシ（15-20％）・ヒツジ（9-18％）・ニホンジカ（10-13％）・シフゾウ・ノロジカ・キバノロ・ヤギ・クマ・ヒョウ・ワニ・イヌ・ウサギ・ニワトリなど
殷前期	河北	武安趙窯	ウシ・ヒツジ・ブタ・イヌ
殷中期	河南	小双橋	ウシ（牛頭牛角坑・骨材）・ヒツジ（卜骨も）・イヌ・ゾウ・トラ・ツル・ブタ・ニワトリ・ワニ・シカ・シフゾウ等。象牙製の筒形装飾品あり。
殷中期	河南	洹北商城	ウシ（卜骨多数、36％）・ブタ（51％）・ヒツジ（卜骨少数、10％）・イヌ（2.5％）・サイ（0.5％）・シフゾウ（0.1％）・スイギュウもあり
殷中・後期	河北	藁城台西	ウシ（卜骨多数）・シフゾウ・ニホンジカ・スイギュウ・ノロジカ
殷後期	河南	殷墟小屯	ウシ（多数）・ブタ（少量）・イヌ・シフゾウ（角多数）・アカシカ（少量）・タカ・オオワシ・ニワトリ・カワセミ
殷後期	河南	殷墟（30年代の発掘、小屯・侯家荘を中心とする）	シフゾウ・スイギュウ（1000以上）ウシ・ブタ・ヒツジ・ニホンジカ・キバノロ・ウマ・イヌ・タヌキ・ウサギ・クマ・トラ・クマネズミ・タケネズミ（100以上）キツネ・ウスリーグマ・ヒョウ・ネコ・クジラ・モグラネズミ・バク・サイ・ヤギ・ゾウ・サル（10以下）
殷後期	河南	殷墟苗圃北地	ウシ（65％）・ブタ（15％）・イヌ（10％）・ヒツジ（9％）・シフゾウ角（5％）・ニワトリ（1％）
殷後期	河南	殷墟花園荘H27	ウシ（98％）・ブタ・イヌ・シカ角
殷後期	河北	武安趙窯	ウシ（卜骨利用も）・ヒツジ・ブタ・イヌ・シカ（加工痕跡も）
殷後期	河北	滄州倪楊屯	ウシの卜骨・シフゾウの角製農耕具
殷後期・西周期	河南	輝県孫村	ウシ・ニホンジカ・シフゾウ・ブタ・ウマ・トラ・ウサギ・ヨウスコウワニ・イヌ（ブタは殷末には約50％、西周期には61％。ウシは殷末には20％、西周中期に15％、後期には3％。ニホンジカは殷末に30％、西周期に10％前後）
殷末～西周期	安徽	滁州何郢	ブタ・ニホンジカ・ノロジカ・ウシ・ヒツジ・イヌ
西周期	陝西	澧西馬王・大原村	ウマ・ブタ・ニホンジカ・ウシ・スイギュウ・ヒツジ・ニワトリ・ウサギ・イヌ。ブタが約40％。
西周期	陝西	澧西新旺村	ウマ・ブタ・シカ・ウシ。ウシが75％。

あり、検討を要する。

(3) ゾウ及び象牙の獲得に関する問題

ゾウは、これまでの殷代研究において、その存在の有無がしばしば議論の的となった動物である。現在アジアゾウの生息域は、中国では雲南省西双版納、他は東南アジア・インド亜大陸に限られる。このため、特に気候史研究において、殷墟遺跡におけるゾウの骨及びゾウ坑の発見をどう解釈するかが問題視されてきた。つまり、当時の黄河流域に野生のゾウが生息していたと考える者（王1921、徐1930、梁2001ほか）とそうではない者（楊・徳1936、林1958、周1999ほか）とがおり、またその両方の可能性を考える者もいる（王・楊1982、朱2006）。この他、ゾウの生息は認めるものの、気候条件から言って寒さに弱いアジアゾウではなく、ナウマンゾウの可能性があると考える者もいる（李・侯2010）。なお、殷代の黄河流域にゾウが生息してとする者は、殷墟のゾウ坑の他に、卜辞中の「獲象」という行為や殷周青銅器における象紋の使用を傍証として挙げる。

殷より遡る時代のゾウの生息状況を顧みると、華北の旧石器時代の遺跡からはゾウの化石が普遍的に出土する。その種はアジアゾウではなく、ナウマンゾウとの説もある。また、山西省襄汾村遺跡ではアジアゾウの骨の化石が出土した（李・侯2010）。新石器時代後期前葉には、甘粛省大地湾遺跡でアジアゾウの骨の出土が確認できる（甘粛省文物考古研究所2006）。一方、殷に後続する時代では、たとえば戦国時代に成立したとされる『禹貢』では、揚州・荊州では中央政府に象牙やサイの角を納めたこと、『韓非子』解老篇でも生きたゾウを見るのは稀だと記される。戦国期の黄河流域にはすでにゾウは生息しておらず、南方からの貢納品であったという状況を反映すると考える。[6]

このような状況を踏まえ、以下では実際に殷代のゾウに関して、自ら資料を収集し、筆者なりの考察を試みる。これまでの議論における問題は、往々にして殷墟発見のゾウ坑だけを取り上げて議論が展開されたことにあると考える。本節では、殷墟遺跡の前後の時代、また華北地方或いは範囲を広げて黄河流域の各遺跡におけるゾウの骨や歯、象牙製品の出土分布から、象牙の入手方法を考える。

ゾウの骨の出土状況を時代順に概観する。二里頭期には、ごくわずかではあるが二里頭遺跡のみで柶・櫛・笄などの象牙製品が出土する（李2004、袁ほか2007、楊2008）。ゾウの骨については、二里頭遺跡で出土したとする者とそうでないとする者とがおり、現状では正確な状況がわからない。時代の下った殷前・中期では、鄭州商城で象牙製觚1点及び櫛1点（河南省考古所2001）、小双橋遺跡で管状製品1点が出土した（河南省文物研究所1993）。その他の多数の殷代遺跡ではゾウの骨も象牙も出土が確認できない。殷後期では、殷墟遺跡では子ゾウ坑2基が殷王墓の陪葬坑として見つかった（胡1955、王・楊1982）。図面や写真の掲載はなく、文章のみでの報告であり、詳細な時期も不明ではあるが、生きた子ゾウが殷後期の安陽にいたことは間違いない。殷王墓で祭祀が執り行われた際に、他の人間犠牲や動物犠牲・馬車などとともに、殺され埋められたものと考える。また、楊鍾健とテイヤール・ド・シャルダンによる殷墟出土動物骨の集成によれば、ゾウの歯・四肢骨・脊椎骨など10点未満が出土したとされる（林1958）。具体的な出土地点は記されないものの、1936年の報告であることから、おそらく小屯あるいは侯家荘での出土と想定できる。この他、侯家

荘の殷王墓群や小屯の婦好墓等の王族関係墓を中心に、尊・碗・盂・杯・豆等の象牙製礼器や櫛・笄などの多数の象牙製装飾品が副葬される。そのひとつが、殷王墓出土の鳥形笄ｂ型である。西周期には澧鎬・周原・洛陽等で象牙製笄やその他の象牙製品が出土する。ゾウの骨の出土は管見の限り確認できない。

　以上の状況をまとめると、笄を始めとする象牙製品の出土はきわめて限定的であり、各時期の都やそれに準ずる集落に限られる。さらに、特に殷墟内での象牙製品の分布の偏りからは、殷王やその関係者の中で独占的に消費されたと考える。このようなゾウ及び象牙製品の分布状況は、シカ・ブタ・ウシ等の骨材で作られた骨角器がどの遺跡でも普遍的に出土することとは対照的である。以上より、殷墟やその他の都と比定される各遺跡でゾウの骨が発見されたのは、都という物資の集積地ゆえの現象と解釈でき、ゾウあるいは象牙は基本的に外地から搬入されたと考える。それのような貴重なものであるからこそ、象牙製笄は殷王墓にしか副葬されないし、骨笄と象牙笄とでは流通・消費形態に差が生ずると考える。[7][8]

　なお、現在までのところ、殷墟でゾウの骨・象牙の加工が行われた明確な証拠はないものの、骨角器工房の存在が指摘される小屯遺跡のE16坑中からは、その他の動物骨にまじってゾウの下顎骨が出土した（李 1933）。また、殷墟遺跡で出土した象牙製容器や柶の紋様は青銅器や白陶のそれと同じであり、殷墟で製作された可能性が高そうである。

まとめ

　本章では、第２章及び第３章での検討結果から、殷代及びそれに前後する時代における骨角器の生産と分布の状況をまとめる。以下、新石器時代から周代までを三つの段階に分けて論じる。

　第一段階は、新石器時代から殷中期である。各時期の中心的集落と考えられる河姆渡遺跡・良渚遺跡・陶寺遺跡・大汶口遺跡や、二里頭遺跡・鄭州商城遺跡・小双橋遺跡でのみ象牙製品が出土する。中心的集落のみが象牙を独占的に入手し、集落内部で消費する。また、上述の遺跡では象牙以外の動物骨を利用した骨材や製品も出土するが、基本的に集落ごとにシカ・ブタなどの動物を捕獲し、その肉を食料にするとともに骨は骨材として活用した。集落内部で加工・生産し、製作後も集落内での消費を基本とする自給自足型経済であった。

　第二段階の殷後期には、状況が複雑化する。最初に殷墟での状況を説明する。殷墟では象牙は基本的に外地から入手、殷墟内部で加工した。笄で言えば、たとえば鳥形笄ｂ型がこれに相当し、できあがった製品は殷墟内の殷王や王族の間で独占され、まして殷墟外部にもたらされることはない。象牙以外の一般の動物骨製品は、殷墟周辺に生息する野生動物あるいは殷墟内で飼育する家畜の骨を利用して作られた。骨材や未成品が骨角器工房遺跡内部だけでなく、一般住居址からも出土するという現在の発掘状況から考えると、骨角器製作を専門とする工房内にて大量生産される場合と、家庭内で副業的に生産される場合とがあると推定される。このようにして殷墟で作られた鳥形骨笄の一部は、殷墟内部だけでなく、河北省南部から河南省北部にまで移動していた。また、殷墟での笄製作数の推定からすれば、殷墟内で余剰生産物となる笄があったとも言われ、鳥形以外の骨

笄が河南・河北へ移動した可能性も否定できない。

　続いて、殷墟の鳥形笄が移動した先である河南・河北の各集落における骨角器の生産・分布状況を見てみよう。骨製の鳥形笄は、殷墟内で使用されると同時に外地へも移動しており、さらには鄭州出土品のように殷墟の模倣品が在地で生産される場合もあった。これらの集落でも骨材や骨材坑の存在、多数の単純な形式の骨角器製品の出土が確認されており、集落周辺でウシ・ブタ・ヒツジなどの動物資源を確保し、骨角器への加工・生産を行っていたと考える。なお、鳥形笄が流通する集落は、当該時期に多数存在する殷代遺跡の中でも比較的規模の大きな遺跡である。一方、規模の小さな殷代遺跡でも、ほぼ必ず何らかの骨角器が出土する。これらの小規模集落では、殷墟から直接的あるいは間接的にも骨角器製品が流入してきた可能性は低く、骨角器の生産・消費は新石器時代以来の自給自足型の可能性が高いと考える。

　第三段階は西周期である。灃鎬・周原・洛陽という政治的中心地でのみ象牙製の鳥形笄b型やその他の象牙製品が出土する。象牙は殷代同様外地から独占的に入手、加工したと推定される。一般の動物骨で製作された骨笄やその他の骨角器製品については、集落周辺でウシ・ブタ・ヒツジ・ウマなどの動物骨を入手し、骨角器を生産、製品は集落内で消費したと考える。

おわりに

　本稿では、殷代の骨笄・象牙笄を主な検討対象として、その生産と「流通」という問題関心から、骨角器の中でも特に属性の豊富な鳥形笄を選択して、殷墟で生産された鳥形笄と河南・河北の殷代遺跡中で発見される鳥形笄の形態に関する比較検討を行い、河南・河北で出土する鳥形笄が殷墟から移動したものであることを証明した。同時に、殷墟から移動した鳥形笄をもとに在地で生産された鳥形笄もまた存在していたことを証明した。その際、素材の獲得にも目を向け、従来議論の的であった象牙の獲得方法についても、筆者なりの見解を示した。

　殷後期において、殷墟遺跡の手工業生産という観点で言えば、青銅製品はこれまでに積み重ねられてきた分類・編年という基礎作業を踏まえて、近年その製作過程で残された陶土や鋳型からのアプローチが行われたり、また青銅器そのものに科学的な分析を行うことで肉眼では観察不可能なレベルの製作技術を復元するということが盛んになってきた。また、従来言及されてきた青銅器・骨角器以外にも、史語所所蔵資料を見直すことで、玉器・大理石器・蚌器等の各種製作工房の存在にも目が向けられるようになり、殷墟手工業という枠組みでの研究が行われるようになってきた（李2008）。近年の殷墟手工業研究は、資料を所蔵する中国・台湾の研究機関とそこに所属する研究者によって、資料そのものの丹念な観察や資料を利用した化学分析が主流となりつつある。このような研究状況の中、本稿では資料を持ちえない「外国考古学」という立場から、これまで見過ごされてきた報告書・簡報中の図面や写真をあらためて見直すことで、現状でなしうるだけの分析を行ったつもりである。このような形でもまた、殷墟手工業研究の一端となるのであれば幸いである。

註

⑴　鈴木（2011）では、本稿で鳥形笄 a 型とした「鶏冠形」については、「Ⅴ類：笄頭部が鳥を象ったもののうち、比較的に抽象的な形状をしているもの」とし、本稿中の鳥形笄 b 型～ e 型は「Ⅵ類」とし、互いに鳥を象ったものといいながらも、別扱いをした。その後、鈴木（2012）では「鶏冠形」も鳥形笄と明言した。本稿では、鈴木（2012）での考えを引き継ぎ、「鶏冠形笄」も含めて鳥形笄とし、それらを五型式に分類した。それぞれに詳細については、鈴木（2011）を参照のこと。また、殷代における鳥形笄の分類・編年及び生産体制に関し、本稿では紙幅の都合上、概略を述べるに留め、詳細は別の機会に論ずることとする。

⑵　本稿で言及した鳥形笄をはじめとする鄭州人民公園遺跡出土の笄類に関する情報は、鄭州商城の報告書『鄭州商城』の掲載内容及び2011～12年にかけて河南省鄭州市の河南博物院にて展示されていた笄資料に基づくものである。図3中に挙げた当該遺跡出土の骨笄4点も、筆者が2011年11月に河南博物院を参観した際に撮影した写真をもとに作図したものである。

⑶　註1で述べた事情により、鈴木（2011）で鳥形笄 b 型とした「低冠鳥形」は、本稿では鳥形笄 c 型という名称を与えた。それ故、「低冠鳥形」内での四つの小型式の設定については鈴木（2011）と変わらないが、名称はそれぞれ「c 1 型」「c 2 型」「c 3 型」「c 4 型」に変更となった。小型式それぞれの詳細については、鈴木（2011）を参照のこと。

⑷　山東での骨笄及び象牙笄の分布は、本文中で述べた殷周遺跡とは異なる。前掌大墓地（滕州市）の墓111基（殷後期～西周前期）では骨角器306点（笄50点、笄帽12点を含む）、象牙器38点（笄 8 点、笄帽 3 点を含む）を検出した。象牙製笄の型式に関し、低冠鳥形笄が存在すること、またその他の形態の象牙製笄もが存在する点で特異である。また、その副葬に関しても、墓地の北区と南区では笄の副葬形態が異なり、北区では帯墓道大墓（殷後期～西周前期）にだけ複数点の骨製・象牙製笄を副葬するが、南区では墓の規格の高低に関わりなく、普遍的に笄が副葬される。また、付近で見つかっている居住遺跡でも鶏冠形笄 1 点（殷後期）が見つかっており、その形態は殷墟のそれそのままである。居住遺跡で見つかった鶏冠形笄や殷後期の墓に副葬された低冠鳥形笄（骨製）が殷墟から入ってきた後、象牙製の低冠鳥形笄を在地生産した可能性が考えられる。西周初期には、非常に写実的・立体的な蚌製鳥形笄 4 点も副葬される。型式的には明らかに殷墟のものとは異なり、素材もまた異なり、在地での生産品と考える。山東での象牙製品の出土は大汶口文化の時代にまで遡り（劉 1980）、殷代の山東に独自の象牙入手ルートがあった可能性は十分にあるだろう。なお、その生産については、集落遺跡内で多数の骨材・角材や骨角器の未成品が発見されており、前掌大を担った人々が自ら骨角器の製作を行っていたのは確実である。

⑸　本文中で述べた通り、小屯遺跡に骨角器工房が存在したことは早くも1930年代から言われてきたが、その詳細については未だ検討されていない状態にある。

⑹　戦国時代以後におけるゾウの生息域の変遷については、徐（1930）、宮崎（1957）、上田（2002）などに詳しい。

⑺　なお、ゾウ及び象牙の具体的な供給地については、現状では確かなことは言えない。現生のアジアゾウが暖かい環境を好むことから考えると、大まかではあるが、中国の南方の可能性が高いと思われる。この他、ゾウをモチーフとした紋様や形態を持つ青銅礼器の起源が殷代の湖南省と考えられることや（馬 2010）、四川省成都市の金沙遺跡及び成都市郊外の三星堆遺跡で百数十点もの象牙を集積した象牙坑が発見されていることは、ゾウの供給地を知るためのひとつの手掛かりとなるかもしれない。また、興味深いのは、註⑷で挙げた通り、山東省前掌大墓地の状況である。当該墓地ではこれまでに111基の殷後期から西周前期の墓が報告されているが、ここでは墓道を持ち複数の青銅礼器が副葬される等の規格の高い墓に象牙器が副葬されるのはもちろんのこと、規格の低い墓にまで広く象牙器の副葬が見られる（社科院考古所 2005ほか）。本文中の第 3 章第 2 節で述べた通り、寒冷・乾燥化は内陸部から進行していったようであり、前掌大墓地のある山東半島は最も海岸沿いに位置しており、比較的温暖であったと考えられる。山東

におけるこのような象牙器副葬の現象もまた、殷代におけるゾウ及び象牙の供給地を考える際、ひとつの手掛かりとなるかもしれない。

(8) これまでにも指摘されてきたように（王・楊 1982ほか）、卜辞中には「氏象」「来象」という表現が見られ、「氏」は貢納するという意味とされる。これは本稿での検討結果を支持するひとつの証拠となり得る。しかし一方で、甲骨文第1期と第5期を中心に、「獲象」「省象」という卜辞も見られ、これらは田猟によって象を得ることとされる。甲骨文資料は当時の状況を反映すると考えるが、考古資料に見られるこのような偏りとどのようにすり合わせ、解釈すればよいのかという点は残された課題として残った。

参考文献
（日文）
上田　信　2002『トラが語る中国史』山川出版社
梅原末治　1961「安陽殷墓の骨牙容器」『慶祝董作賓先生六十五歳論文集』下冊
久保田慎二　2013『中国新石器時代末期における環太行山脈地区文化圏の形成過程―土器分析を中心に―』
　　　（2011-2012年度科学研究費補助金研究成果報告書）
鈴木　舞　2011「殷墟遺跡出土の鳥形骨笄に関する小考察」『東京大学考古学研究室研究紀要』25
鈴木　舞　2012「笄類から見た殷周時代―鳥形笄を中心に―」『日本中国考古学会2011年度大会発表資料集』
　　　日本中国考古学会
難波純子　1995a「殷墟出土のいわゆる骨柶について（上）」『古代文化』第9号、vol.47
難波純子　1995b「殷墟出土のいわゆる骨柶について（下）」『古代文化』第12号、vol.47
浜田耕作　1921「支那古銅器研究の新資料―殷墟発見と傳ふる象牙彫刻と土器破片」『國華』379
林巳奈夫　1958「安陽殷墟哺乳動物群について」『甲骨学』第6号
宮崎市定　1957「象の後退」『東洋史研究』第15巻第4号

（中文）
袁靖・徐良高　2000「灃西出土動物骨骼研究報告」『考古学報』2000-2
袁靖ほか　2000「河南安陽市洹北花園荘遺址出土動物骨骸研究報告」『考古』2000-11
袁靖ほか　2007「公元前2500年～公元前1500年中原地区動物考古学研究：以陶寺、王城崗、新砦和二里頭遺
　　　址為例」『科技考古』第2輯
袁靖・宮希成　2008「安徽滁州何郢遺址出土動物遺骸研究」『文物』2008-5
王宇信・楊宝成　1982「殷墟象坑和"殷人服象"的再探討」『甲骨探史録』三聯書店
河南省文物局編著　2012『輝県孫村遺址』科学出版社
河南省文物研究所　1993「鄭州小双橋遺址的調査與試掘」河南省文物研究所編『鄭州商城考古新発現與研究』
　　　中州古籍出版社
河南省文物研究所　1996「河南滎陽堅河遺址発掘報告」『考古学集刊』10
河南省文物考古研究所　2001『鄭州商城』文物出版社
河北省文物管理処　1979「磁県下七垣遺址発掘報告」『考古学報』1979-2
河北省文物研究所編　1985『藁城台西商代遺址』文物出版社
甘粛省文物考古研究所　2006『泰安大地湾』文物出版社
胡永慶　1993「試論鄭州商代遺址出土的骨器」河南省文物研究所編『鄭州商城考古新発現與研究』中州古籍
　　　出版社
胡厚宣　1955『殷墟発掘』学習生活出版社
黃藴平　1996「内蒙古朱開溝遺址獣骨的鑑定與研究」『考古学報』1996-4
侯彦峰　2012「輝県孫村遺址動物骨骼遺存研究分析」河南省文物編著『輝県孫村遺址』科学出版社
徐中舒　1930「殷人服象及象之南遷―殷代河南実為産象之区」『史語所集刊』第二本第一分冊

石璋如 1933「第七次殷虚発掘：E区工作報告」『安陽発掘報告』第四期
中国社会科学院考古研究所 1980『殷墟婦好墓』文物出版社
中国社会科学院考古研究所 1987『殷墟発掘報告（1958〜1961）』文物出版社
中国社会科学院考古研究所 1994『殷墟的発現與研究』科学出版社
中国社会科学院考古研究所 2005『滕州前掌大墓地』文物出版社
中国社会科学院考古研究所安陽工作隊 1989「1987年安陽小屯村東北地的発掘」『考古』1989-10
中国社会科学院考古研究所安陽工作隊 1992「1986-1987年安陽花園荘南地発掘報告」『考古学報』1992-1
中国社会科学院考古研究所安陽工作隊 2009「2004-2005年殷墟小屯宮殿宗廟区的勘探和発掘」『考古学報』2009-2
中国社会科学院考古研究所安陽隊 1991「1982-1984年安陽苗圃北地殷代遺址的発掘」『考古学報』1991-1
中国社会科学院考古研究所澧鎬工作隊 1992「陝西長安県澧西新旺村西周製骨作坊遺址：付録 動物骨骸鑑定単」『考古』1992-11
馬強 2010「商周象紋青銅器初探」『中原文物』2010-5
裴文中・李有恒 1985「藁城台西商代遺址中之獣骨」河南省文物研究所編『藁城台西商代遺址』文物出版社
北京大学考古文博学院・河北省文物局・邢台市文物管理処・臨城県文化旅游局 2011「河北臨城県補要村遺址南区発掘簡報」『考古』2011-3
孟憲武・謝世平 2008「殷商制骨」『紀念殷墟127甲骨坑南京室内発掘70周年論文集』文物出版社
楊傑 2008「二里頭遺址出土動物遺骸研究」『中国早期青銅文化：二里頭文化専題研究』科学出版社
羅振玉 1916『殷虚古器物図録』
李維明 2004「二里頭文化動物資源的利用」『中原文物』2004-2
李永迪 2008「史語所安陽大連坑発掘所見的王室手工業生産活動及其相関問題」『中央研究院歴史語言研究所"紀念殷墟発掘八十週年学術研討会"論文』2008年10月13-14日
李冀・侯甫堅 2010「先秦時期中国北方野象種類探討」『地球環境学報』第1巻第2期
李済 1930「十八年秋工作之経過及其重要発現」『安陽発掘報告』第二期
李済 1933「安陽最近発掘報告及六次工作之総估計」『安陽発掘報告』第四期
李済 1959「笄形八類及其文飾之演変」『中央研究院歴史語言研究所集刊』30（上）
梁彦民 2001「商人服象與商周青銅器中的象装飾」『文博』2001-4
林永昌・種建榮・雷興山 2013「周公廟商周時期聚落動物資源利用初識」『考古與文物』2013-3
虞禺 1958「商代的骨器制造」『文物参考資料』1958-10
呂承瑞 1965「殷墟骨柶形制之分類」『考古人類学刊』35・36、国立台湾大学

（英文）

Roderick B.Campbell, Zhipeng Li, Yuling He &Yuan Jing. 2011. Comsumption, exchange and production at the Great Settlement Shang [bone-working at Tiesanlu, Anyang]. Antiquity. Vol.85 No.330

甲骨文字研究の成果蓄積とデジタル化技術
―― 近年の中国・台湾における動向を踏まえて ――

鈴木　敦

はじめに

ISO/IEC JTC1/SC2/WG2/IRG/Old Hanzi Expert Group(1)（以下OHEG）は、2003年から甲骨・金文・小篆のデジタル化方式について国際標準(2)を定める検討を進めてきた（Li他 2003）。当初は、甲骨文字から始めて金文・小篆についても原案を作成することが予定されていたが、現実にはその最初の課題である甲骨文字の原案を完成できないまま、作業開始から丸10年後の2012年にOHEGは解散するに至った（IRG 2012）。

筆者は従来、これをISOすなわち工業標準・国際標準という非常に細分化した分野で、先行研究の調査が不十分なまま無理のある計画を立てたことによる特殊事例と認識していた（鈴木 2008）。今回、中国・台湾における近年の甲骨文字資料のデジタル化計画の動向を調査するに及び、OHEGのような挫折には前例があること、並びに然るべき成果物の公開に「到達できた」あるいは「到達できたと判断しうる」計画のすべてが、何らかの形で甲骨文字研究史上の先行業績を活用していることを知った。

本稿では、まず中国・台湾において1990年代後半から2000年代半ばにかけて実施された複数の甲骨文字資料のデジタル化計画に関して、その概要と当初目標の達成状況を整理し、先行研究の活用の重要性について示す。併せて、国際標準化に向けた「先行研究の単純なデジタル化」の先にある「甲骨文研究全般の進捗のために必要となる作業」についても考えたい。

1. 甲骨文字デジタル化の意義とOHEGにおける作業の問題点

一口に「甲骨文字のデジタル化の意義」と言っても、その利用局面によって決して単一ではない。たとえば印刷業界においては「外字作成コストの低減」が第一義となろう。しかし本稿では、専ら甲骨文字「研究」の進展に資することを念頭に、その意義を論ずることとする。

既存資料の捜集や新出土資料の登場により、幸いにして甲骨文字資料の数は増加を続けている。しかしこれはまた同時に、その統計的・帰納的な分析がもはや紙ベースでは手に負えない量に達しつつあることも意味している(3)。かくして今後の甲骨文字研究の進展には、研究者共通のプラットホームとして「コンピュータで処理できる甲骨文字の電子データベース」の構築が不可欠である。しかし、現時点では甲骨文字のデジタル化に関する標準的な方法が確立しておらず、研究者が均しく参照可能な電子データベース構築の見通しは立っていない。

甲骨文字資料の文字ベースでのデジタル化に当たっては、まず、

  A：純粋に甲骨学上の課題
  B：甲骨学と情報工学の連携で解決すべき課題

という、性格の異なる二つの課題が存在することを自覚し、その上で的確に解決する必用がある。具体的には、上記A・Bに要する作業の内容を峻別し、

  a：まず甲骨文字の研究者が、「安定した包摂範囲の設定」「楷書体への置き換え」[(4)]等、純粋に甲骨学上の課題を解決する。
  b：その上で、甲骨文字の研究者が工学研究者から実現可能性と技術的制約に関する情報を受け取りつつ、「甲骨学上の知見をどのように電子的に表現するか」、具体的には、たとえば「一つの包摂範囲に対して1個の参照字形を定めるか、複数の参照字形を定めて字形選択情報を加えるか」等といった課題について、判断を下す。

という二段階の作業が必用なのである。

 デジタル化に当たっては、その底本として個々の文字を分類整理した一覧表（以下「分類表」）を作成する必要がある。これは、上記bに相当する作業である。分類表の作成には、さらにその前段階として、予め個々の文字について安定した包摂範囲が設定されていなければならず、これは、同aに相当する作業である。しかし、甲骨文字研究史の中で包摂範囲を議論することの重要性は広く認識されているとは言いがたい（鈴木 1997）。かくして、往々にして「分類表作成」と「包摂範囲設定」の区別が認識されないままにデジタル化作業の計画が立てられてしまいがちである。両者の区別が自覚されないままに作成された分類表では、デジタル化に要求される品質[(5)]を担保することは不可能である。

 両者が峻別されたとして、前段階の作業を十全に行うには、「甲骨文字資料全体を視野に、第三者が検証可能な形で安定した包摂範囲を設定すること」、具体的には「編纂時点で参照可能な限りの甲骨文字資料について、これを用例ごとに整理する作業」が必用となる。

 実際にこの作業を行った先行実績としては、註（3）に記した島（1967）とその発展版と言うべき姚（1989）があるのみである。いずれも編者が文字通り研究者生命をかけて、長年にわたり膨大な労力をつぎ込んで初めて完成を見た大著である。デジタル化を念頭に、独自に安定した包摂範囲を定めようという試みは、この二書に匹敵する工具書を短時間で新たに編纂し直すことと同義である。仮に人員・予算が確保できたとしても、時間的制約に鑑みてこの企てが非現実的であることは自明であろう。したがって、作業を二段階に分けて品質を担保しながら全体計画を短期間で完了させようとすれば、第一段階においては先行業績としての島（1967）・姚（1989）の活用が必須となるのである。

 本稿の冒頭に記したOHEGにおける作業の最大の問題は、これらの作業が明確に切り分けられることなく、また個々の段階で必要となる作業の重みが十分に認識されていなかったがゆえに、先行業績が活用されなかった点にあったと言えよう。

2．甲骨文字デジタル化計画の動向

ISO/IEC JTC1/SC2/WG2が進めている ISO/IEC 10646規格の整備作業においては、「既存のデジタル化資源を充分に調査し、国際標準に基づいたデジタル化資源が過去のデジタル化データを引きつぐこと。かつ将来にわたって継続的に整備できる手法を選択すること」が、作業全体の大前提として強く求められている。しかし筆者の知る限り OHEG に参加していた専門家からは、甲骨文字のデジタル化計画に関して、先行ないし並行する同種の計画に対する言及はほとんどなされなかった。そこで本節では、OHEG を主導していた中国と台湾における当該事例について独自に調査し、OHEG の活動内容が特殊例外的なものであったかどうかを考えてみたい。

(1) 本稿における調査方法とその限界

甲骨文字研究者の手になる著作においても（先行業績として著書や論文が注記されることはあっても）、何らかのデジタル化計画の成果物を活用したことが明示的に言及されることは、残念ながら稀である。このため本稿における調査に当たっては、中国側の動向については「CNKI」、台湾側の動向については「台湾期刊論文索引系統」を用いて、「甲骨」「数字化（デジタル化）」「編碼（コード化）」「字庫（フォント）」等のキーワードを組み合わせて検索するという、初歩的な方法を採らざるを得なかった。必然的にその調査結果には一定の限界があることを、予めお断りしておく。

(2) 調査結果

今回調査した諸計画を、前述の「前段・後段の区別が明確に行われているか否か」「当初計画通り然るべき成果を公開できているか否か」という観点から整理した結果を表1に示す。

以下、各計画の具体的な状況を紹介する。

①「漢達文庫」

当該分野において最もよく言及される業績が、香港中文大学中国文化研究所が構築した「漢達文庫」である（図1）。甲骨の拓本集である郭（1978）、同書所収のすべての卜辞を逐一模写し楷書への置き換え結果を付した姚（1988）、同書を再編してコーパス化した姚（1989）の三者を組み合わせた電子データベースの完成を目指して、1996年から構築作業が開始された。

「拓本収集」「卜辞の同定」「模写」「楷書への置き換え」「包摂範囲の設定」といった、純粋に甲骨学上の課題に相当する部分を専ら既存業績に委ねることで、短時日で一定の規模の電子データベースを構築することができた（蔡 2001）。その成果に基づき、さらに沈他（2001）・曹他（2006）等を生み出している。同データベースには模写テキストも含まれており、表示するための先秦文字を含む外字フォントも公開されている。ただしこの外字フォントによって甲骨文字を入力するソフトは提供されていないため、甲骨文字そのもので検索することはできない。

②中央研究院の計画群

「漢達文庫」と並んで言及される実績は、中央研究院の複数の研究所が運用している種々の計画

表1　各計画の段階分けと成果物

研究機関	計画名称	目標	前段階	後段階	成果物 概要	フォント	入力ソフト	検索時の入力	URL
香港中文大学	漢達文庫	合集、摹釈総集、類纂の連結	摹釈総集、類纂	摹釈総集、類纂のテキスト入力	甲骨文校釈総集、新編甲骨文字形総表	有	無?	楷書、文字番号	http://www.chant.org/ http://www.cuhk.edu.hk/ics/rccat/research1.html
中央研究院	漢字構形資料庫	様々な先秦文字、その楷書化された字形のフォント作成	類纂	類纂見出し字のフォント化	類纂見出し字約3600字中、2700字をフォント化	有	有	検索なし	http://cdp.sinica.edu.tw/cdphanzi/
	甲骨文合集材料来源表資料庫	来源表を電子的に検索可能なものにする	来源表	来源表のテキスト化と検索のWebインタフェース	来源表検索システムの公開	文字処理ではない			http://xiaoxue.iis.sinica.edu.tw/obm/Home/
	小學堂甲骨文資料庫	甲骨文編を電子的に検索可能なものにする	甲骨文編	甲骨文編の甲骨文字SVG化と典拠情報のテキスト化	甲骨文編検索システムの公開	無	無	楷書、項番号	http://xiaoxue.iis.sinica.edu.tw/jiaguwen
	先秦甲骨金文簡牘詞彙資料庫	先秦文字資料の楷書化された釈文の検索	摹釈総集	摹釈総集のテキスト化	摹釈総集の検索システムの公開	無	無	楷書	http://inscription.sinica.edu.tw/
	甲骨文数位典蔵	中央研究院が所蔵する甲骨拓本のデジタル化と関連情報の集積	小屯殷墟文字釈文、摹釈総集	小屯殷墟文字釈文、摹釈総集のテキスト化	拓本画像と各釈文資料の連結データベースのWeb化と公開	無	無	楷書	http://ndweb.iis.sinica.edu.tw/rub_public/System/Bone/home2.htm
国立成功大学	甲骨文全文影像資料庫	合集、摹釈総集、類纂の連結	摹釈総集、類纂	摹釈総集テキスト入力	摹釈総集の検索システムの学内公開	無	無	楷書	http://ttssearch.lib.ncku.edu.tw/ttscgi/ttsweb1.exe
華東師範大学	花園庄東地甲骨検索系統	花園庄東地甲骨の検索システムの構築	花園庄東地甲骨（釈文?）	摹写あるいは楷書化された釈文のテキスト入力?	検索結果表示用のフォント、検索システムの公開（現在は一般公開停止中?）	有	無	楷書	http://www.wenzi.cn/huadong/index.HTM
	古文字考釈提要総覧関連検索	既存の先秦文字研究の解釈のリスト化	さまざまな既存研究	さまざまな既存研究と参考字形画像	リストの検索システム（現在は一般公開停止中?）	無	無	楷書、文字番号、特殊表現	http://www.wenzi.cn/tiyao090104/Index.asp
安陽師範学院	甲骨文字典	甲骨文字を入力できるソフト、摹写・釈文・原拓画像がたどれるデータベース、Wordと連携	明示されていない	入力ソフト作成?	未発表	?	?	?	http://yswh.aynu.edu.cn/jgwyjsite/jgwzdn.htm

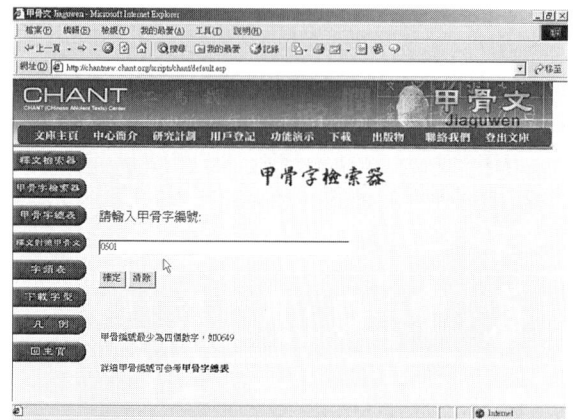

図1　漢達文庫　甲骨文検索システム

群である。

　最初の甲骨文字デジタル化計画は、2004～2005年にかけて実施された「甲骨文数位典蔵」と思われる。その後、楷書異体字の研究を行っていた「漢字構形資料庫」計画と連携を深め、2012年に姚（1988）の楷書化部分をほぼすべて格納した電子データベース「先秦甲骨金文簡牘詞彙資料庫」として公開した（図2）。同データベースは、さまざまな先秦文字資料を楷書化した状態で検索するシステムであり、甲骨文字を含む先秦文字自体で検索する機能は提供されていない。

　他に注目すべき計画として、胡（1999）のWeb化ならびに中国科学院考古研究所（1965）の模写字形データベース構築がある。後者は、中国科学院考古研究所（1965）の項目番号、拓本の元著録番号等で検索することはできるが、甲骨文字自体からの検索機能は、やはり提供されていない。[12]

③成果公開したその他のデジタル化計画

この他、計画をある程度達成したと判断されるものとして、台湾・国立成功大学の「甲骨文全文影像資料庫」（図3）がある。この計画も「漢達文庫」と同様に、郭（1978）・姚（1988）・姚（1989）の連携データベースを目標としていたが、姚（1988）の楷書化部分の入力を完了した段階の1996年前後を以て停止したと思われる。構築完了後、一時DVD媒体で市販された時期もあったが、現在では学内ネットワーク上でのみ限定的に公開されている。

当該計画では甲骨文字の模写字形のフォント制作は企図されておらず、甲骨文字による検索機能も提供していない。また、計画名称にある「影像」がデータベース化されたか否かについても、今次調査では把握し得なかった。

また、華東師範大学においては、「花園荘東地甲骨検索系統」ならびに「古文字考釈提要総覧関連検索」電子データベース構築計画が進められてきた。

いずれも現在では一般公開を中断しているために詳細は不明であるが、前者は、花園荘東地出土甲骨の拓本・模写・楷書への置き換え等を収めた中国社会科学院考古研究所（2003）を底本とし、この内の楷書化部分を検索するシステムと思われる。検索結果の表示には専用のフォントが必要とされており、当該フォントには甲骨文字の模写字形と楷書化字形が含まれているため、あるいは甲骨文の模写字形での検索機能を付加することも企図されていたのかもしれない（図4）。

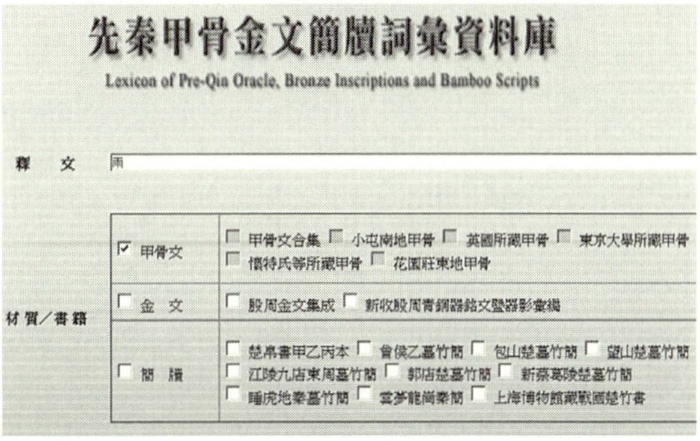

図2　中央研究院「先秦甲骨金文簡牘詞彙資料庫」

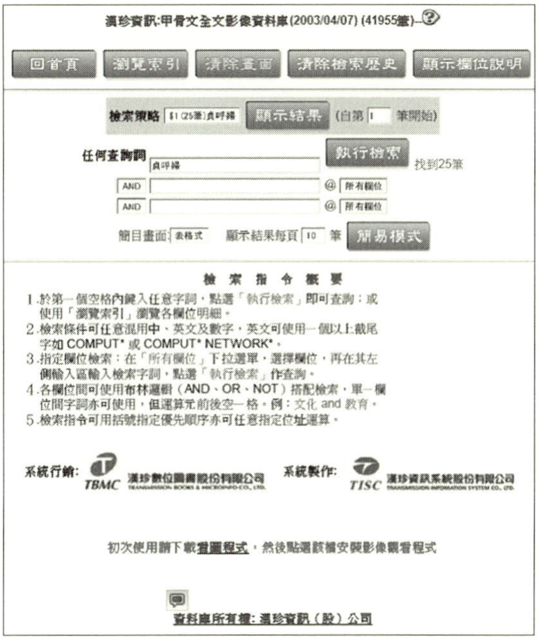

図3　国立成功大学「甲骨文全文影像資料庫」

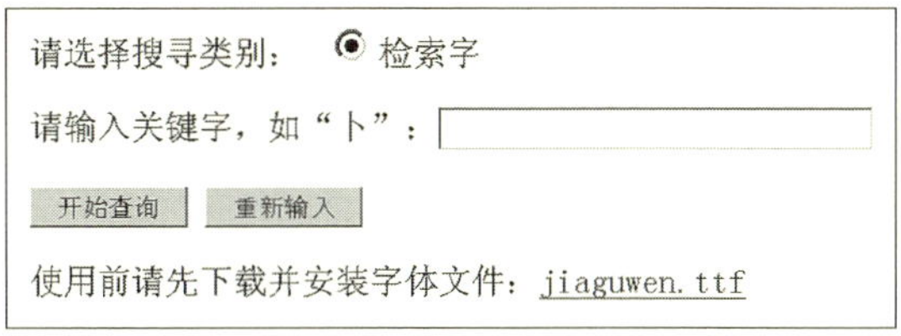

図4　華東師範大学「花園荘東地甲骨検索系統」

後者は、先秦文字に関する学説を見出し字ごとに収集した劉他（2008）を、楷書体、漢字構造抽象表現（華東師範大学は、アルファベット・数学記号と漢字の組み合わせで、甲骨文字の構造表現を行おうとしていた）、当該学説の提唱者等で検索するシステムであると推測される。

以上、①②③の、何らかの成果物が公表されたデジタル化計画には「何らかの底本を有す」とい

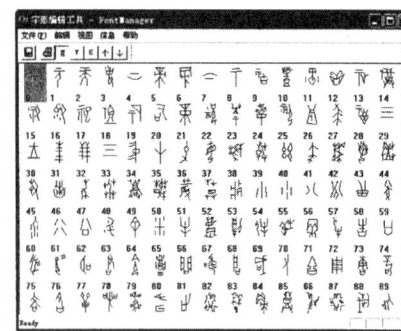

1：甲骨文入力ソフト　　　2：甲骨文漢字対応表　　　3：甲骨文フォント
図5　安陽師範学院の試作ソフト群

う共通点が見出せたが、同時に「情報工学的な新規性を主題とした論文は見出されない」という点でも共通していた。[13]

④成果物を発表していないデジタル化計画

情報工学的な技術開発を念頭に置いた論文を数多く発表してきたのは、安陽師範学院のグループである。甲骨学与殷商文化研究中心・計算機与信息工程学院・さらに安陽市甲骨文数字化工程研究中心等の機関が連携して作業を進めており、「スキャン画像からのフォント生成」（栗他 2007）・「入力方式」（聶他 2010）・「字形構造情報からのフォント合成および字形の自動識別」（栗他 2013）等、きわめて多彩なテーマでの発表を行っている。しかし、これらの計画の最終的な成果物として想定されるフォントやデータベースは未だ公開に至っていない。

安陽師範学院のWebページ上に公表されている甲骨文入力ソフト（図5-1、安陽師範学院 2013a）と甲骨文漢字対応表（図5-2、安陽師範学院 2013b）は、いずれも2005～2006年頃に公開されたと推測される。[14] 前者は、沈他（2001）の体裁を踏襲した甲骨文字部首順排列である。後者は甲骨文字を沈他（2001）から採っていることから、やはり同書との関係性の強さが伺われるが、排列は甲骨文字を楷書化した際の現代中国語発音のピンイン順である。さらに、両者の取組の延長上で公表された栗他（2013）における試作フォント（図5-3）では説文排列になっており、成果物作成の大前提とも言える部分で揺らぎが認められる。また、フォント中の字形の品質も決して高くはない。

以上、成果物の公表状況から見える傾向は以下のようにまとめられよう。

冒頭に述べたデジタル化の「前段階（甲骨研究者が担当すべき部分）」と「後段階（技術的な制約を勘案した整理、甲骨研究者と技術者が共同で行うべき部分）」を区別し、前段階で先行研究を活用した計画は一定期間内に何らかの成果物を公表できている。換言すれば、「何を（前段階）どう（後段階）デジタル化するのか」が開始時に充分明確であるか否かが計画の成否を分けていると言える。

3．甲骨文字資料のデジタル化の要件

最後に、これまでの検討結果を踏まえて、甲骨文字資料のデジタル化の要件を「甲骨文字研究の進展に資すること」を念頭に整理する。

(1) コンピュータの限界を踏まえた、作業内容の切り分け

今後の甲骨文字研究において、コンピュータの持つ「大規模データ処理能力」を活用することがきわめて重要となることは言を待たない。勢い、新たな工学的技術開発テーマに取り組むべく、今後甲骨文字研究にまつわる情報処理的な論文の発表件数は必然的に増加すると予想される。しかし、これまでに実行されたこの種の取組が、甲骨文字のデジタル化並びにその先にある甲骨文字研究の進捗には思いのほか貢献できていない、という傾向が見られることも確かである。甲骨文字研究そのものとの連携が不十分なままに、コンピュータに関する新技術の開発で甲骨学上の諸問題の解決が爆発的に進むと考えて計画を建てることは、きわめて危険である。コンピュータは甲骨文字研究者に代わる頭脳とはなり得ない。あくまでこれを活用する甲骨文字研究者の有能な手足としてのみその能力を発揮しうるということを、改めて自覚しなければならないのである。甲骨文字のデジタル化に当たっては「純粋に甲骨学上の課題」と「技術的課題との摺り合わせを踏まえた課題」とを峻別し、それぞれにふさわしい手法で、その解決を図る必要がある。

(2) 先行業績の活用と新たな研究成果の蓄積・共有

「純粋に甲骨学上の課題」の解決には、まずその課題の大きさを正確に認識し、先行業績を十二分に活用することが不可欠である。その上で、新たな研究成果を①研究者間の共有財産として②（とりわけこれが重要であるが）第三者検証が可能な形で③蓄積していくことが重要である。

しかし、残念ながら現実にはそうなっていない。包摂範囲の研究を例に取れば、前述の漢達文庫は、先行業績としての姚（1989）を活用して然るべき成果を挙げた例である。しかし、活用に先立ち自ら行ったであろう同書の校訂研究の記録は公表されていない。このため、校訂研究の過程で得られていたであろう同書の包摂範囲に関する新たな知見について、第三者は検証はおろか単純に活用することさえできない。その結果後続の研究者は、結局、姚（1989）の校訂研究から自らの作業をスタートさせなければならない。漢達文庫構築に伴って得られたであろう知見が、研究者間の共有財産として蓄積されて行かないのである。同様に陳（2010）もまた、現状では姚（1988）形式での公表に留まり、姚（1989）形式での整理結果を公表しておらず、ここでも新たな知見の共有・蓄積は進展していない。

かくして、これら新たな実績があるにもかかわらず、包摂範囲の議論の起点は相変わらず姚（1989）段階から前進することができないのである。研究成果が共有・蓄積されず、議論が深まっていかないという例は、包摂範囲研究に限らず甲骨文字研究全般にしばしば見受けられる。

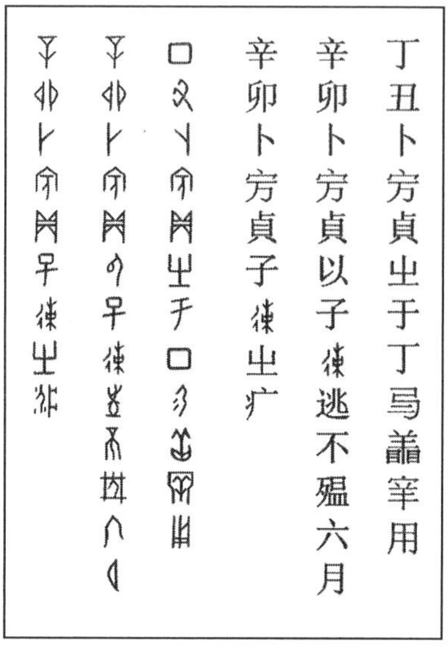

(3) プラットホーム構築の必要性と甲骨文字デジタル化・国際標準化の果たす役割

今後の研究の進捗を促すために、研究成果の共有・蓄積のためのプラットホーム構築が望まれるところであるが、これは言うは易く行いがたい。

その原因の一つとして、甲骨文字をそのまま活字化することの困難さが挙げられる。この障害は、電子文書が一般化する中で益々大きくなってきている。

かくして斯界では、長年にわたり「甲骨文字を楷書に置き換えて扱う」という手法が多用されてきた。しかし、甲骨文字の楷書化には未だ統一したルールが確立されておらず、複数の研究者間ではもちろん、一人の研究者においてさえ不統一を極めているのが現状である。一例として陳(2010)の状況を図6に示す。甲骨文字の模写と楷書化結果を対比すれば、その不統一の甚だしさは即座に理解していただけよう。

図6 「楷書化」ルールの不統一例

かくして、同一の甲骨文字が複数の楷書体に置き換えられ、原字との一意対応が確保されないという問題が多発する。島(1967)・姚(1989)のような甲骨文字のデータベースを作成する場合であれ、論文のデータベースを作成する場合であれ、これが研究成果の共有・蓄積にきわめて大きな障害となっているのである。

この障害を解決するには、主観に左右される楷書化という手法によらず、より客観性の高い模写による情報の共有・蓄積を進めねばならない。甲骨文字そのものの電子化が求められるのは、まさにこの理由による。

さらに、甲骨文字資料の数が膨大となった現在、甲骨文字デジタル資料の情報蓄積は個別のグループで行うにも限界があり、研究者間の相互連携が必須である。円滑な相互連携のためには、デジタル化された甲骨文字資料が長期にわたって安定的に利用できるデジタル化方式の確立が必須である。甲骨文字の単なるデジタル化に留まらず、その国際標準化を目指すことは、まさにこの目的に資するためである。

(4) 国際標準化と研究サイクルの確立

国際標準化を目指すに当たって最も意を用いねばならないのは、言うまでもなく互換性の保証である。一度規格に組み込まれた内容は将来にわたってその内容を変更することができない。このため甲骨文字の国際標準化に当たっては、いきなりすべての文字を対象とすることは不可能である。包摂範囲が安定しているもの、すなわち包摂範囲の研究が進んでいるものから、順次標準化の対象としてゆくという慎重さが求められる。換言すれば、現時点でなお包摂範囲が安定していない甲骨文字については、当面国際標準化を見合わせねばならないのである。[15]

甲骨文字の国際標準化に先立つ作業に当たって、より深く認識せねばならないのは、既存の紙

ベースのデータベースである島（1967）・姚（1989）をそのままデジタル化しても、国際標準化のための分類表にはできないということである。なぜなら、この二書がそれぞれ設定している包摂範囲はかなりの部分で一致してはいるものの、なお異同も多いからである。また、それぞれの包摂範囲設定に対して個別に修正を主張する研究成果も多々発表されている。さらにこの二書の刊行後に得られた甲骨文字資料も相当数に上っている。このため国際標準化に当たっては、以下のような手順が求められよう。

　①一連の作業の経過と成果を第三者が検証可能な形で共有できる体制の下に、

　②まず、新資料も含めた甲骨文字の「デジタル化」を進め、

　③島（1967）・姚（1989）を底本としてこれに②の成果を加え、質（紙媒体から電子媒体へ）・量（新資料追加）共に島（1967）・姚（1989）の発展版となる電子データベースを構築し、

　④コンピュータの大規模データ処理能力を活用して用例研究を行い、

　⑤この二書が設定していた包摂範囲自体の妥当性を再検討・修正し、

　⑥その結果、安定した包摂範囲が設定できたと判断された文字については、技術系研究者との協働作業に移行して「国際標準化」し、

　⑦なお不安定な文字については、引き続き甲骨文字研究者による研究に委ね、研究の進展を待つ。

甲骨文字の研究が第三者検証可能な形で積み重ねられることにより、「速やかに国際標準化が可能な文字」と「さらに研究が必要な文字」の区分が明確となる。このような研究の蓄積と、その結果としての甲骨文字国際標準化の進展こそが、今後の甲骨文字研究の着実な発展に資するはずである。

　なお、本研究は、JSPS 科研費 24500116の助成を受けたものである。

註

(1) IRG（Ideographic Rapporteur Group）は、国際符号化文字集合規格 ISO/IEC 10646（ISO/IEC JTC1/SC2/WG2 2011）の整備を担当する組織の内、表意文字部分の整備を担当する作業グループを指す（実際には漢字の作業部会として活動している）。本稿の主題である甲骨・金文・小篆の標準化作業を直接担っていたのは、IRG の下部組織である「Old Hanzi Expert Group」であった。

(2) 国際標準規格が定められなくとも「デジタル化」すなわち「電子データの作成」自体は可能である。しかし、デジタル化作業に必要なソフトウェア群の整備のコスト削減や、大規模なデジタル化作業の実施においては、国際的・標準的な方式が定まることが期待される。本稿における「国際標準化」とは、このための方式の検討作業である。

(3) 島（1967）は、昨今その有用性が高く評価されているコーパスベースの研究方法の、甲骨文字研究の分野における最初の業績と言うことができる。その手法は姚孝遂に受け継がれ、島（1967）をさらに拡大した姚（1989）の完成を見た。しかし、その後も甲骨文字資料が着々と増加してきた一方で、紙媒体での巨大コーパスたるこの種の工具書のさらなる後継の編纂は止まってしまったように見える。その原因は種々想定できようが、資料の増大により、甲骨文字コーパスの作成作業がもはや人手では遂行困難となってしまったことが、大きく影響しているであろうことは想像に難くない。

(4) 同様の概念を筆者はこれまで「文字域」と称してきたが、本稿では漢字の標準規格の分野で広く通用し

⑸　ここでは参照字形が美的であるか否かという意味ではなく、参照字形がどのような甲骨文字を指示しているのか、あるいは拓本に見える甲骨文字の字形がどの参照字形に対応しているのかの判断に迷うような場合が多いことを「品質が低い」と称す。

⑹　ISO 標準における甲骨文字の標準開発について、既存のデータベースとの相互運用が必要だという指摘は、まずアメリカの甲骨文字研究者 Adam Smith によってなされ、香港中文大学の漢達文庫との互換性に配慮すべきであることが主張された（Smith 2011）。

⑺　2001年に華東師範大学が開催した甲骨文字のデータベース構築に関する会議には、中国・台湾に加えて日本、韓国、カナダ、アメリカ等からも参加者があった（張 2002）。したがって、中国・台湾以外の国・地域においても甲骨文字のデジタル化計画が存在する可能性はある。しかし、OHEG において「国もしくは地域の代表」として正式に意見を表明し、計画を主導していたのは中国・台湾のみであったので、本稿では専らこの両者を調査対象とすることとした。

⑻　CNKI　China Knowledge Resource Integrated Database　http://www.cnki.net/

⑼　台湾期刊論文索引系統（Perio）　Index To Taiwan Periodical Literature System　http://readopac.ncl.edu.tw/nclJournal/

⑽　以下に紹介する取組以外にも、たとえば北京師範大学においては早い段階から説文小篆と甲骨文字のフォントとその入力ソフトを開発していたと思われる（胡 2006）。しかし、今回の調査では論文発表やプレスリリース等を検索し得ず、検討の対象外とせざるをなかった。

⑾　曹他（2006）は楷書のみの釈文集であり、この外字フォントによる模写テキストは出版されていない。

⑿　「漢字構形資料庫」では甲骨文字の模写字形のフォント2,700字と入力ソフトを作成している。模写字形での検索機能の付加を企図したものかとも推測されるが、詳細は不明である。

⒀　「漢達文庫」は既存資料の楷書化に纏わる修正提案や新出資料をもとにした追補に、「漢字構形資料庫」は更新に関する報告に終始している。したがって、これらの計画の軸足は情報工学的研究ではなく、甲骨文字そのものの研究に置かれていたと判断される。

⒁　両者とも具体的な公表日データを欠いているため、発表年表記についてはやむを得ず筆者の閲覧日（2013年5月1日）を以て代えざるを得なかった。

⒂　このように記すと、あるいは「包摂範囲研究を含む甲骨文字研究の進展のためには甲骨文字の国際標準化が必要であり、国際標準化のためには全ての甲骨文字の包摂範囲確定が必要である」という循環論法に陥る、との危惧を抱かせるかもしれない。しかし、これは杞憂である。なぜなら、包摂範囲が不安定な甲骨文字のほとんどは出現例が限られたものであり、その文字を欠くことでただちに甲骨文字研究全体が立ちゆかなくなるわけではないからである。

引用文献一覧

郭沫若　1978-1982『甲骨文合集』中華書局

胡佳佳　2006「基于語料庫方法的数字化《説文》学基礎資源構建」北京師範大学学位論文

胡厚宣　1999『甲骨文合集材料来源表』中国社会科学出版社

蔡世彬　2001「甲骨文全文資料庫—現代科技与古老文字的結合」『中大通訊』2001年6月4日

島邦男　1967『殷墟卜辞綜類』大安

聶艶召・劉永革　2010「甲骨文自由筆画輸入法」『中文信息学報』2010年第24巻第6期、103-107頁

沈建華・曹錦炎　2001『新編甲骨文字形總表』中文大学出版社

鈴木敦　1997「甲骨文字における"文字域"の設定—『甲骨文編』の検討を通じて—」『コミュニケーション学科論集　茨城大学人文学部紀要』創刊号、219-232頁

鈴木敦　2008「Old Hanzi における甲骨文字符号化作業の問題点」『九州と東アジアの考古学』九州大学考古

　　　　学研究室50周年記念論文集刊行会、783-792頁
　　　　（中文訳）「対古漢字中的甲骨文字進行符号化処理的問題点」『南方文物』2008年第3期、124-129、
　　　　163頁
曹錦炎・沈建華 2006『甲骨文校釋總集』上海辞書出版社
中国科学院考古研究所 1965『甲骨文編』中華書局
中国社会科学院考古研究所 2003『殷墟花園荘東地甲骨』雲南人民出版社
張再興 2002「古文字信息化処理国際学術研討会」『中文信息学報』第16巻第3期、63-64頁
陳年福 2010『殷墟甲骨文摹釋全編』中国線装書局
姚孝遂 1988『殷墟甲骨刻辭摹釋總集』中華書局
姚孝遂 1989『殷墟甲骨刻辭類纂』中華書局
栗青生・李雪山 2007「基于多特征融合的甲骨文字采集算法」『福建電脳』2007年第10期、21-22頁
栗青生・呉琴霞・王蕾 2013「甲骨文字形動態描述庫及其字形生成技術研究」『北京大学学報（自然科学版）』
　　　　第49巻、第1期、61-67頁
劉志基・董蓮池・王文耀・張再興・潘玉坤 2008-刊行中『古文字考釋提要總覧』上海人民出版社

Smith, Adam 2011　Comments on the work of the Old Hanzi Group towards an encoding of OBI script,ISO/IEC JTC1/SC2/WG2/ N4236
ISO/IEC JTC 1/SC 2/WG 2/IRG2012　IRG Meeting No.38 Resolution, ISO/IEC JTC 1/SC 2/WG 2/IRG N1870
Li,Guoying and Tom,Bishop 2003　Draft Agreement on Old Hanzi Encoding, ISO/IEC JTC 1/SC 2/WG 2/ IRG N1014
安陽師範学院 2013a　甲骨文字典　http://yswh.aynu.edu.cn/jgwyjsite/jgwzdn.htm
安陽師範学院 2013b　甲骨文—漢字対応表　http://yswh.aynu.edu.cn/jgwyjsite/listn.asp

青銅卣の法量規格

廣川　守

はじめに

　中国殷周青銅彝器のうち、殷墟期に大流行した酒器は、西周期に入ると器種、数量ともに急激に減少する。とくに温酒器や飲酒器の減少が著しく、盛酒器は器種が限定されていく。盛酒器のなかで壺、尊、卣などは比較的多く製作されていて、とくに尊と卣は、同紋様、同銘文のセットで製作使用されるケースが多かった。この点についてすでに廬連成等が一尊一卣、一尊二卣という組み合わせを指摘している（廬連成・胡智生 1988）。筆者は以前、殷墟後半期から西周前半期にかけて流行した青銅觚形尊について、その胴部設計に規格が存在し（廣川 2001）、さらにそれが容量約200ccの単位で規定されていてることを示唆した（廣川 2007）。尊に酒を入れる際の容量規格が存在したとすると、セットをなす卣にも法量に何らかの規格が存在していた可能性があると考え、これまで卣の形状分析と容量測定を進めてきた。本稿では、卣の容量規格を研究する前段階としておこなった形状分析を紹介しながら、製作上の規格が存在したのかどうかを検証したい。

1．対象とする資料

(1) 対象とする卣

　卣は可動式の大きな釣手を持っているのが大きな特徴で、器種分類で「卣」と同定する際の基準になっている。そのためさまざまな本体形状の器を一括して「卣」と称しており、なかには殷墟期から西周前期にかけてみられる短頸扁壺に釣手が付いた器で、「卣」とする見解と「提梁壺」とする見解に分かれる場合もある。数量的には横断面が楕円形あるいは隅丸長方形で胴部が張り出し、頸部が外被せの蓋受け口になっている器が圧倒的多数を占める。さらにこのタイプは、釣手が長径側に付く例が多く、短径側に付く例は殷墟後半期に若干存在するのみである。本稿では殷墟期から西周期にかけての状況を検討するため、長径側に釣手の付くタイプを分析対象として採りあげる。

(2) 卣の分類

　本稿で採りあげる卣を分類する基準として、まず直接容量にかかわってくる横断面形状と腹部形状で大きく分類する。横断面形状では大きく楕円形タイプと隅丸方形タイプとに、また腹部形状では腹部中央が強く張るタイプと腹下部が張り出す下ぶくれタイプとに分類可能である。

　Ⅰ式（図1-1・2）：器横断面が楕円形で胴部中央が強く張るタイプ。釣手の形状は縄を撚った

図1　対象とする卣
1．Ⅰ式：山西霊石旌介1号墓　2．Ⅰ式：陝西扶風荘白1号窖蔵　3．Ⅱa：泉屋博古館249　4．Ⅱb：泉屋博古館62
5．Ⅲ式：泉屋博古館63　6．Ⅲ式：陝西扶風召李1号墓

ようなタイプと断面が蒲鉾形を呈し両端に犠首を付けたタイプとがある。蓋・本体側面の鰭状稜飾は後者に多く、前者は非常に少ない。また蓋のつまみはすべて蕾形をしている。製作年代は、ほぼ殷墟後半期であるが、後者の方がやや新しく西周初頭まで存続する。

Ⅱ式（図1-3・4）：横断面が楕円形で胴下部が強く張るタイプ。釣手はすべて両端に犠首を付ける。蓋・本体側面の鰭状稜飾は付くものと付かないものが併存する。蓋のつまみは蕾形と円筒状の2種類がある。とくに蕾形の蓋を持つものは、胴外形がやや縦長で、円筒状のものと異なる。そのため蕾形をⅡa式、円筒状形をⅡb式と細分する。いずれも西周前期を中心に流行するが、蕾形の方がやや古い年代観を与えられている。

Ⅲ式（図1-5・6）：横断面が隅丸方形で胴下部が強く張るタイプ。鰭状稜飾は付くものと付かないものが併存するが、釣手はすべて両端に犠首を付け、蓋のつまみもすべて円筒状である。主に西周中期に流行する。

以上の形式分類をもとにして、卣の法量を検討していきたい。

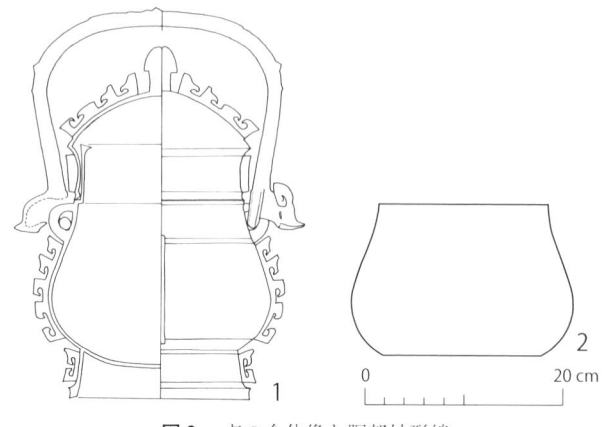

図2 卣の全体像と胴部外形線

2．卣の法量規格

(1) 法量比較の基準

前章で設定した形式ごとに卣の法量を比較していきたい。その際、とくに胴部の形状に注目した。以前觚形尊で行った法量比較では、とくにその胴部に強い規格が存在し、圏足の高さや口縁の開き具合、鰭状稜飾の形態など酒を入れない部分の形状については、かなり自由裁量にまかされていた（廣川 2001）。したがって卣についても酒を入れたであろう部分について詳しく比較してみたい。蓋を除く卣の本体は、つよく張った胴部に蓋の受け口となる頸が付く構造となっている（図2-1）。この胴と頸との境界は明瞭な段を形成しており、酒を入れる際の目安として最適である。それよりも多く頸部まで酒を入れてしまうと、器を動かす際に、釣手が可動式であるが故に酒をこぼしてしまう可能性が高くなる。したがって卣の場合は胴部に酒を入れたと推測した。そのため本稿では胴部にしぼって検討を行った。胴部外形の比較は、筆者がこれまでに作成した実測図を中心に、中国で発行された報告書に掲載された実測図のうち、比較的縮小率が小さく、報告書中の法量数値と整合している資料を抽出した。対象とした資料数は60点である（表1）。これらの実測図から導き出される寸法と実測図同士の重ね合わせを通して比較を試みる。本稿ではとくに長径側で断ち割った実測図のみを用いて、図2-2のように胴部の外形線のみを抽出し比較を進める。(1)

(2) Ⅰ式の比較

Ⅰ式は総数27点を検討した（表1-1～27）。Ⅰ式の外形を比較すると、ほぼ3種類の大きさに分かれる。とりあえずこれらを大・中・小タイプとして比較を進める。まず大サイズは表1-18～27の10点である。これらを重ね合わせると図3-1のようになる。いずれもほぼ同じ形状をしている。胴高は最小が13.4cm、最大で14.8cmと1.4cmの幅があるが、うち6点が14cm弱に集中している。胴最大幅は22.7cm、最大が25.7cmである。重ね合わせ図で1点だけ幅の広い例が山東滕州前掌大11号墓出土卣（表1-27）で、これを除くと、ほぼ約±1cmの範囲にはいっている。

中サイズは表1-8～17の10点である。これらを重ね合わせたのが図3-2である。胴高は最小11.9cm、最大13.4cmと1.5cmの幅があるが、そのうち7点が12.2cm±0.3cmの範囲内に集中している。胴最大幅は最大で22.2cm、最小は20.0cmで、ややバラついた印象を受けるが、ほぼ約±1cmの範囲に収まっている。

小サイズは表1-1～7の7点である。これらを重ね合わせたのが図3-3である。大サイズや中サイズに比べ、明らかに胴部の縦横比率がバラついている。ただ少し細かく検討してみると、似

表1 対象とする卣一覧

	形式	サイズ	出土地	胴高	胴最大幅	文献
1	I	小	河南安陽榕樹湾1号墓	8.0	18.0	安陽市文物考古研究所2009、図5-3
2	I	小	陝西宝鶏石鼓山1号墓	8.5	15.2	石鼓山考古隊2013、図9
3	I	小	山東滕州前掌大38号墓	8.6	15.0	中国社会科学院考古研究所2005、図200
4	I	小	河南安陽大司空村303号墓	8.6	14.4	中国社会科学院考古研究所安陽工作隊2008、図18-7
5	I	小	山西霊石旌介1号墓	9.8	15.8	山西省考古研究所2006、図39
6	I	小	陝西涇陽高家堡2号墓	9.8	15.2	陝西省考古研究所1995、図38
7	I	小	山東滕州前掌大11号墓	10.3	17.8	中国社会科学院考古研究所2005、図203
8	I	中	陝西岐山賀家村1号墓	11.4	21.7	曹瑋主編2005、P1237
9	I	中	河南安陽大司空村303号墓	11.9	21.5	中国社会科学院考古研究所安陽工作隊2008、図18-8
10	I	中	奈良国立博物館卣07	11.9	19.6	奈良国立博物館2005、図版71
11	I	中	陝西扶風荘白1号窖蔵	12.0	21.3	曹瑋主編2005、P531
12	I	中	陝西涇陽高家堡1号墓	12.2	20.5	陝西省考古研究所1995、図19
13	I	中	山西霊石旌介2号墓	12.3	21.7	山西省考古研究所2006、図121
14	I	中	河南鹿邑太清宮長子口墓	12.6	19.9	河南省文物考古研究所他2000、図91
15	I	中	奈良国立博物館卣03	12.7	20.4	奈良国立博物館2005、図版67
16	I	中	奈良国立博物館卣08	13.1	22.2	奈良国立博物館2005、図版72
17	I	中	河南安陽范家荘東北4号墓	13.4	22.2	中国社会科学院考古研究所安陽工作隊2009、図3-3
18	I	大	河南安陽郭家荘50号墓	13.4	24.1	中国社会科学院考古研究所1998、図33
19	I	大	山東滕州前掌大38号墓	13.6	23.5	中国社会科学院考古研究所2005、図201-1
20	I	大	奈良国立博物館卣04	13.6	24.2	奈良国立博物館2005、図版68
21	I	大	河南洛陽林校車馬坑	13.6	24.4	洛陽市文物工作隊1999、図16-2
22	I	大	北京房山琉璃河251号墓	13.7	23.9	北京市文物研究所1995、図108
23	I	大	遼寧喀左山湾子窖蔵	13.8	22.7	廣川守1994、図22
24	I	大	山西霊石旌介1号墓	13.9	23.1	山西省考古研究所2006、図45
25	I	大	山東滕州前掌大120号墓	14.2	24.0	中国社会科学院考古研究所2005、図202
26	I	大	山西霊石旌介3号墓	14.7	24.5	山西省考古研究所2006、図185
27	I	大	山東滕州前掌大11号墓	14.8	25.7	中国社会科学院考古研究所2005、図205
28	IIa	小	陝西宝鶏竹園溝8号墓	9.4	14.7	廬連成・胡智生1988、図131
29	IIa	小	陝西宝鶏竹園溝7号墓	9.5	14.4	廬連成・胡智生1988、図82
30	IIa	中	河南鄭州洼劉村1号墓	10.9	16.2	鄭州市文物考古研究所2001、図26-2
31	IIa	中	湖北随州葉家山50号墓	10.9	18.3	湖北省文物考古研究所他2012、図23-2
32	IIa	中	陝西扶風荘李9号墓	11.6	17.8	周原考古隊2008、図12-2
33	IIa	中	泉屋博古館61	12.7	17.7	泉屋博古館2002、図版98
34	IIa	大	山東滕州前掌大21号墓	14.5	21.8	中国社会科学院考古研究所2005、図201-2
35	IIa	大	河南鄭州洼劉村1号墓	14.6	22.0	鄭州市文物考古研究所2001、図26-1
36	IIa	大	泉屋博古館249	14.8	22.3	泉屋博古館2002、図版96
37	IIa	大	泉屋博古館59	15.2	23.7	泉屋博古館2002、図版97
38	IIb	小	山西天馬曲村6231号墓	8.2	16.0	北京大学考古学系商周組他2000、図608-4
39	IIb	小	山西天馬曲村6214号墓	8.3	15.9	北京大学考古学系商周組他2000、図588-1
40	IIb	小	山西天馬曲村6384号墓	9.2	17.1	北京大学考古学系商周組他2000、図701-1
41	IIb	小	陝西扶風劉家村西周墓	9.3	15.6	曹瑋主編2005、P1181
42	IIb	中	泉屋博古館64	9.5	18.9	泉屋博古館2002、図版102
43	IIb	中	山西天馬曲村6069号墓	9.7	16.6	北京大学考古学系商周組他2000、図522-1
44	IIb	中	陝西扶風雲塘13号墓	10.1	17.6	曹瑋主編2005、P1438
45	IIb	中	泉屋博古館65	10.2	17.4	泉屋博古館2002、図版101
46	IIb	中	泉屋博古館66	10.3	17.9	泉屋博古館2002、図版99
47	IIb	中	陝西扶風斉家4号墓	10.6	18.2	周原考古隊2010、図334-1
48	IIb	大	陝西扶風雲塘20号墓	11.5	20.4	曹瑋主編2005、P1475
49	IIb	大	陝西扶風劉家村西周墓	11.5	19.7	曹瑋主編2005、P1177
50	IIb	大	泉屋博古館62	11.9	21.3	泉屋博古館2002、図版100
51	IIb	大	和泉市立久保惣記念美術館蔵	11.4	19.9	和泉市久保惣記念美術館1990、図版45
52	IIb	大	山西天馬曲村6210号墓	12.8	21.4	北京大学考古学系商周組他2000、図541-1
53	III	小	陝西扶風斉家5号墓	7.8	15.3	曹瑋主編2005、P1891
54	III	小	山西天馬曲村6081号墓	7.8	16.7	北京大学考古学系商周組他2000、図510
55	III	大	泉屋博古館63	8.0	17.0	泉屋博古館2002、図版103
56	III	小	白鶴美術館蔵	8.3	15.2	白川静1978、図版7
57	III	小	河南平頂山84号墓	8.4	15.6	河南省文物考古研究所他2012、図271
58	III	大	陝西扶風荘白1号窖蔵	8.7	16.2	曹瑋主編2005、P615
59	III	小	陝西扶風召李村1号墓	8.8	14.9	曹瑋主編2005、P1325
60	III	大	泉屋博古館67	9.2	17.1	泉屋博古館2002、図版104

116 第Ⅰ部　中国編

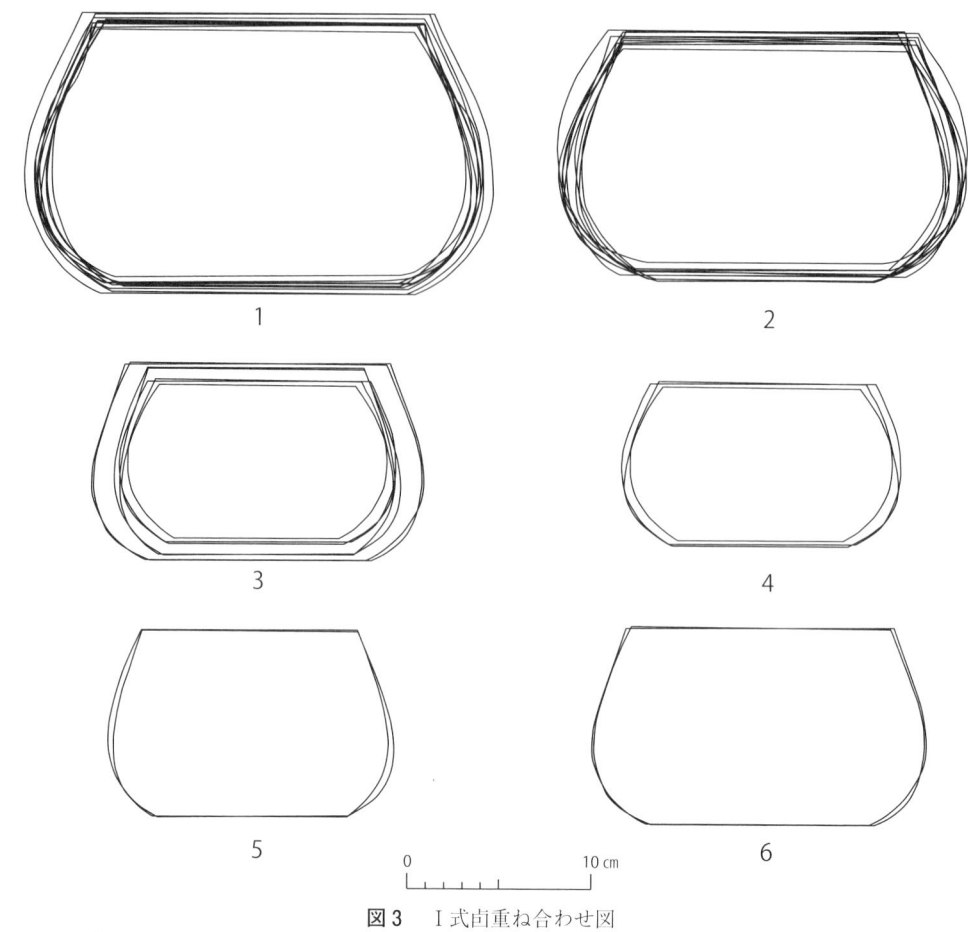

図 3　Ⅰ式卣重ね合わせ図
1．Ⅰ式大　2．Ⅰ式中　3．Ⅰ式小　4．Ⅰ式小：陝西宝鶏石鼓山１号墓出土卣・山東滕州前掌大38号墓出土卣・大司空村303号墓出土卣　5．Ⅰ式小：山西霊石旌介１号墓出土卣・陝西涇陽高家堡２号墓出土卣　6．Ⅰ式小：榕樹湾１号墓出土卣・前掌大11号墓出土卣

通った形状をしている例を確認することができる。図３-４は陝西宝鶏石鼓山１号墓出土卣（表１-２）、山東滕州前掌大38号墓出土卣（表１-３）、大司空村303号墓出土卣（表１-４）の３点を重ね合わせた図であるが、きわめて近い形状をしている。図３-５は先の３点よりもやや大きいサイズの山西霊石旌介１号墓出土卣（表１-５）と陝西涇陽高家堡２号墓出土卣（表１-６）の状況であるが、ほぼ側面形は重なり合っている。図３-６は残りの２点で榕樹湾１号墓出土卣（表１-１）と前掌大11号墓出土卣（表１-７）であるが、この２点もきわめて近い形状をしている。

　このように外形形状について、かなり似通った形状のグループを抽出できた。また大サイズと中サイズには、釣手が縄状で鰭状稜飾がないタイプと釣手両端犠首付きで鰭状稜飾をもつタイプが混在する。基本的にこのタイプの卣は殷墟三期から西周前期までの間で前者から後者への変化が想定されており、年代も比較的長期にわたっているが、胴部形状に関しては顕著な差異が認められない。とくに釣手形状の変化は鋳造技法の変化をあらわしており、卣を製作する上で大きな画期となっているが（廣川・三船 2013）、胴部についてはそのままの規格が受け継がれていったようである。

　またこのⅠ式には同形状の器を大小セットで製作した例がある。前掌大11号墓出土卣、同38号墓

出土卣、旌介 1 号墓出土卣、大司空村303号墓出土卣の 4 例である。大サイズと小サイズの組合せが多いが、大司空村303号墓では中サイズと小サイズの組合せとなっている。また外形寸法で比較すると、前掌大11号墓出土卣がおおよそ小：大 = 1：1.44、前掌大38号墓出土卣が小：大 = 1：1.57〜1.58、旌介 1 号墓出土卣が小：大 = 1：1.42〜1.46、大司空村303号墓出土卣が小：大 = 1：1.38〜1.49となり、外形寸法でおおよそ 1：1.4〜1.6の関係となっている。

(3) Ⅱ式の比較

Ⅱ式はⅡ a 式10点、Ⅱ b 式15点の計25点を検討した（表 1 -28〜52）。

Ⅱ a 式の外形寸法をみると、胴高15cm 前後・胴最大幅22cm 強のグループ、胴高12cm 前後・胴最大幅18cm 前後のグループ、胴高10cm 弱・胴最大幅15cm 弱のグループに分かれる。これを大・中・小タイプとして分けると、大サイズは表 1 -34〜37の 4 点、中サイズは表 1 -30〜33の 4 点、小サイズは表 1 -28・29の 2 点で、それぞれグループごとに重ね合わせると、図 4 - 1 〜 3 のようになる。このうち大サイズと小サイズはいずれも胴の張り具合にややばらつきがあるが、胴高はほぼ揃っている。胴幅のばらつきは大サイズで± 1 cm 弱、小サイズは0.5cm 以下である。それに対して中サイズはばらつきが目立つ。とくに泉屋博古館61は他の 3 点に比べ、胴高が大きい。胴幅のばらつきも± 2 cm 程度あり、現状では外形寸法の点であまり規格性を見出すことはできない。

この形式にも同形状の器を大小セットで製作した例がある。洼劉村 1 号墓出土卣である。胴部外形寸法で比較すると、小：大 = 1：1.34〜1.35で、Ⅰ式に比べやや大小のサイズ差が縮まっている。また陝西宝鶏竹園溝 7 号墓、同 8 号墓も大小のセットで卣が出土している。いずれも大器の実測図が示されておらず本稿では小器のみを検討の対象としなかったが、報告書（盧連成・胡智生 1988）に記載されている通蓋高で比較すると、 7 号墓卣は小（23.6cm）：大（29.7cm）= 1：1.26、 8 号墓卣は小（24.3cm）：大（29.6cm）= 1：1.22となり、洼劉村 1 号墓出土卣よりも大小サイズの差が小さい。

次にⅡ b 式15点は、外形規模によって、胴高11〜12cm・胴最大幅20〜21cm のグループ、胴高10cm 前後・胴最大幅17cm 前後のグループ、胴高 8 〜 9 cm・胴最大幅16〜17cm のグループに分けた。これを大・中・小タイプとして、大サイズが表 1 -48〜52の 5 点、中サイズが表 1 -42〜47の 6 点、小サイズが表 1 -38〜41の 4 点をそれぞれグループごとに重ね合わせると、図 4 - 4 〜 6 のようになる。このうち大サイズは胴高が約1.2cm の幅でバラついているが、全体の外形形状は一定している。中サイズは大サイズよりも胴高が揃っており、胴幅のバラつきも± 1 cm 強と、かなり似通っている。小サイズは胴幅のばらつきが±0.8cm 程度で、胴高は 2 種類に分かれその差は約0.8cm である。

この形式で大小セットの製作例は、劉家村西周墓出土卣である。胴部外形寸法で比較すると、小：大 = 1：1.23〜1.24で、Ⅱ a 式の洼劉村 1 号墓出土卣よりもさらに大小の差がなくなっている。

このようにⅡ式はⅡ a 式中サイズを除き、Ⅰ式と同じくらいのばらつきで、しかも外形形状が一定している。Ⅱ a 式のうち、ばらつきの目立つⅡ a 式中サイズは資料数の増加を待って細分類する必要があるかもしれない。

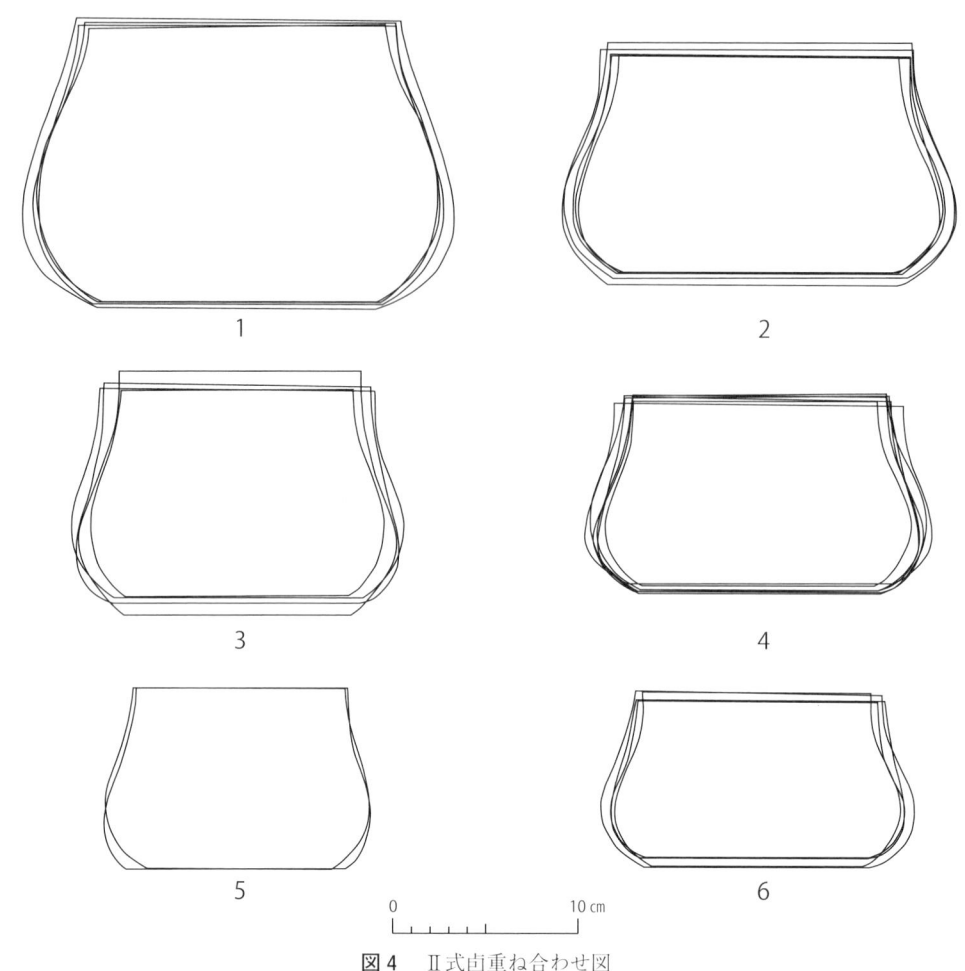

図4 Ⅱ式卣重ね合わせ図
1. Ⅱa式大 2. Ⅱa式中 3. Ⅱa式小 4. Ⅱb式大 5. Ⅱb式中 6. Ⅱb式小

(4) Ⅰ式とⅡ式の比較

　以上、Ⅰ式、Ⅱa式、Ⅱb式について各形式ごとに胴部外形寸法を簡単に検討した結果、それぞれ大・中・小のサイズが存在することがわかった。ここでは簡単に形式間のサイズを比較してみたい。　まずⅠ式大サイズとⅡa式大サイズを検討したい。図5-1は遼寧喀左山湾子窖蔵出土卣（Ⅰ式大）と河南鄭州洼劉村1号墓出土卣（Ⅱa式大）の胴部外形を重ね合わせた図である。Ⅱa式は胴上部がややくびれているため、とくに上半で外形線があわないが、胴高、胴最大幅など全体の規模はかなり似通っている。次にⅠ式中サイズ、Ⅱa式中サイズ、Ⅱb式大サイズの3種類を比較する。図5-2は奈良国立博物館卣07（Ⅰ式中）、陝西扶風荘李9号墓（Ⅱa式中）、和泉市立久保惣記念美術館蔵卣（Ⅱb式大）を重ね合わせた図であるが、Ⅰ式中サイズとⅡb式大サイズは胴上半を中心にややズレが認められるが、胴高・胴幅など全体の規模は似通っている。それに対してⅡa式は胴高はほぼ合致するものの幅が狭く、全体の規模ではやや小さい。さらに3形式の小サイズを比較すると、Ⅰ式小サイズの中でⅡa式小サイズと合致する例（図5-3）とⅡb式小サイズと合致する例（図5-4）を確認できた。

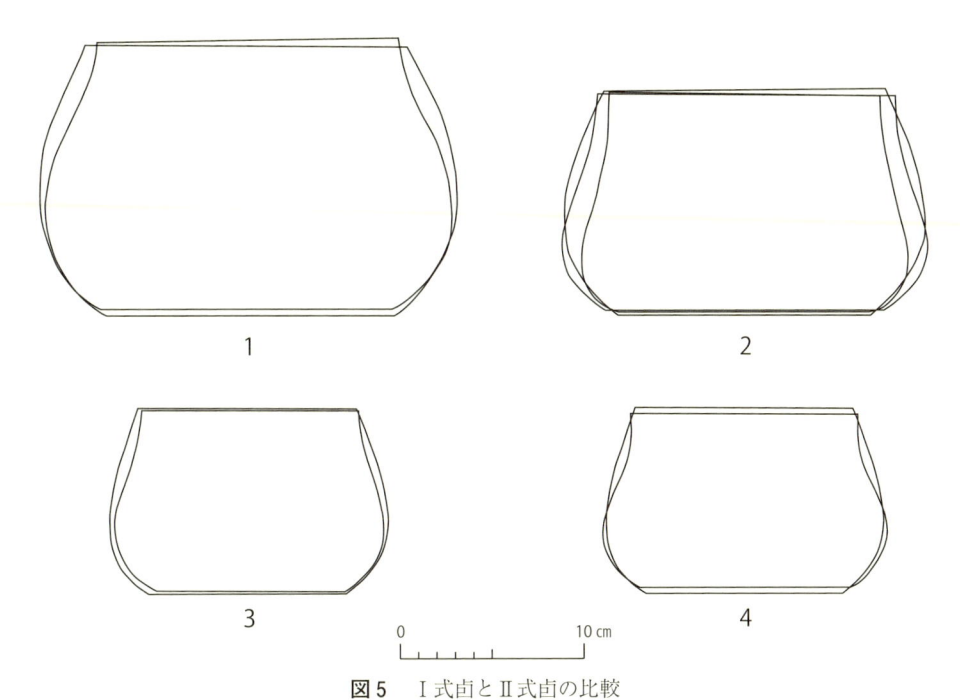

図 5　Ⅰ式卣とⅡ式卣の比較
1．Ⅰ式大とⅡa式大　2．Ⅰ式中・Ⅱa式中・Ⅱb式大　3．Ⅰ式小とⅡa式小　4．Ⅰ式小とⅡb式小

以上の検討はいずれも外形線が最も合致しそうな例を選んで比較したため、各形式のすべての例が合致するわけではない。ただほとんどの例が各形式内でのズレの範囲に収まっており、おおよそ［Ⅰ式大＝Ⅱa式大］＞［Ⅰ式中＝Ⅱa式中＝Ⅱb式大］＞［Ⅰ式小＝Ⅱa式小＝Ⅱb式小］という大まかな推測が成り立ちそうである。

(5)　Ⅲ式の比較

最後にⅢ式の比較を行う。総数 8 点（表 1-53～60）を重ね合わせると図 6-1 のようになる。胴高、胴幅ともにバラついた印象を受けるが、胴幅15cm 前後と、胴幅16～17cm の 2 種類に分けてみる。胴幅の大きいグループは、陝西扶風荘白 1 号窖蔵出土卣（表 1-58）、泉屋博古館蔵卣63（表 1-55）、67（表 1-60）の 3 点であるが、これらを重ねると、図 6-2 のように泉屋卣67と荘白卣の 2 点がほぼ重なり合うのに対して、泉屋卣67のみ胴高が0.8～1 cm ほど低い。胴幅が小さいグループは、河南平頂山84号墓出土卣、陝西扶風召李村 1 号墓出土卣、陝西扶風斉家 5 号墓出土卣、山西天馬曲村6081号墓出土卣、白鶴美術館蔵卣（表 1-53・54・56・57・59）の 5 点だけを重ねると、図 6-3 のようにやや胴高が揃っていないが、胴幅はほぼ同じである。資料数が少ないため、断定はできないが、Ⅲ式では胴幅で大小 2 種類のサイズがあり、さらにその中間くらいのサイズをもつ器が 1 点存在するようである。

以上、Ⅰ式からⅢ式に分類して胴部の外形規模を検討した。最も規模の大きいタイプがⅠ式大サイズとⅡa式大サイズで、それに次いでⅠ式中サイズ、Ⅱa式中サイズ、Ⅱb式大サイズが似通った中規模のタイプ、Ⅱb式中サイズがそれらよりやや小さく、さらに最も規模の小さいタイプと

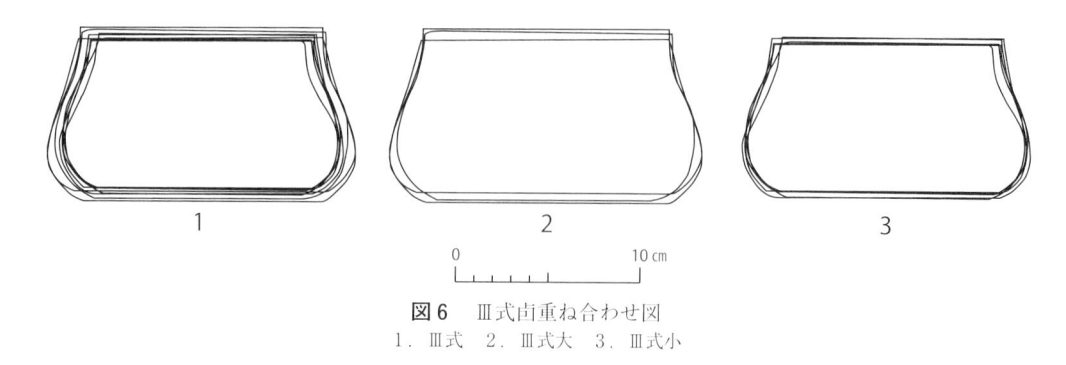

図6　Ⅲ式卣重ね合わせ図
1．Ⅲ式　2．Ⅲ式大　3．Ⅲ式小

してⅠ式小サイズ、Ⅱa式小サイズ、Ⅱb式小サイズ、Ⅲ式があった。各形式の最も大きいサイズを比較すると、Ⅰ式≒Ⅱa式＞Ⅱb式＞Ⅲ式となる。これを年代順に考えると、このタイプの卣が成立した殷墟後半期に、すでに大中小の異なるサイズが製作され（Ⅰ式）、西周期初期までその規模をある程度踏襲するが（Ⅱa式）、次第にサイズが小さくなり（Ⅱb式）、中期になると最も小さい規模に収斂していく（Ⅲ式）というサイズの変遷過程を想定することができる。

3．小　結

前章の通り、釣手が長軸側に付く卣について胴部の外形寸法を検討した結果、3類に分類した形式いずれにも、さまざまなサイズできわめて似通った規模の胴部をもつグループをいくつか抽出することができた。その様相は觚形尊ほど画一的ではなくヴァラエティーに富むが、胴部形状にある程度の規格が存在したことは明らかである。さらに異なる形式間で同じ規模の胴部をもつものが存在することから、形式変化の過程で胴部サイズが継承された可能性があることを指摘した。また全体的な傾向として、西周前期から中期にかけて時期が新しくなるにしたがって胴部サイズが小さいタイプに収斂していくことがわかった。

以上の検討結果はあくまでも長径側の胴部外形による検討にとどまっている。本稿で採りあげた卣は横断面が楕円形をしているため、長径側外形のサイズ比較がそのまま卣の容量に結びつくわけではない。本稿の検討を卣の法量に関する研究を進めていく際の足がかりにして、今後短径側の検討を交えながら容量計測を含む胴内部規模の検討を進めていきたい。

注
(1) 本稿で採りあげる卣は横断面が楕円形をしているため、外形規模を厳密に比較するためには、長径側の外形線の他、短径側の外形線も併せて検討する必要がある。ところが中国で刊行された報告書の実測図は長径側で断ち割った図しか掲載していない場合が大半で、短径側で断ち割った情報が非常に少ない。さらに断面が底部まであらわされていない図も多い。筆者作成実測図のみでは数量が足りず有効な比較ができないため、本稿では長径側実測図の胴部外形線のみで検討をおこない、おおまかな胴部規模の目安を確認する。

参考文献

安陽市文物考古研究所 2009「河南安陽市榕樹湾一号商墓」『考古』2009年第5期、26～35頁
和泉市久保惣記念美術館 1990『増訂 和泉市久保惣記念美術館蔵品選集』日本写真印刷株式会社
河南省文物考古研究所他 2000『鹿邑太清宮長子口墓』中州古籍出版社
河南省文物考古研究所他 2012『平頂山応国墓地』Ⅰ、大象出版社
湖北省文物考古研究所 2012「湖北随州市葉家山西周墓地」『考古』2012年第7期、31～52頁
山西省考古研究所 2006『霊石旌介商墓』科学出版社
周原考古隊 2008「陝西扶風県周原遺址庄李西周墓発掘簡報」『考古』2008年第12期、3～22頁
周原考古隊 2010『周原―2002年度斉家制玦作坊和礼村遺址考古発掘報告』科学出版社
白川 静 1978『白鶴美術館名品図録 白鶴英華』日本写真印刷株式会社
石鼓山考古隊 2013「陝西省宝鶏市石鼓山西周墓」『考古与文物』2013年第1期、3～24頁
泉屋博古館 2002『泉屋博古 中国古銅器編』便利堂
陝西省考古研究所 1995『高家堡戈国墓』三秦出版社
曹瑋主編 2005『周原出土青銅器』1～10、四川出版集団・巴蜀書社
中国社会科学院考古研究所 1998『安陽殷墟郭家庄商代墓葬』中国大百科全書出版社
中国社会科学院考古研究所 2005『滕州前掌大墓地』文物出版社
中国社会科学院考古研究所安陽工作隊 2008「殷墟大司空M303発掘報告」『考古学報』2008年第3期、353～394頁
中国社会科学院考古研究所安陽工作隊 2009「河南安陽市殷墟范家庄東北地的両座商墓」『考古』2009年第9期、41～53頁
鄭州市文物考古研究所 2001「鄭州市洼劉村西周早期墓葬（ZGW99M1）発掘簡報」『文物』2001年6期、28～45頁
奈良国立博物館 2005『奈良国立博物館蔵品図版目録 中国古代青銅器篇』天理時報社
廣川 守 1994「遼寧大凌河流域の殷周青銅器」『泉屋博古館紀要』第10巻、153～172頁
廣川 守 2001「觚形尊における胴内法量の規格化」『泉屋博古館紀要』第18巻、35～60頁
廣川 守 2008「青銅觚形尊の容量」『中国考古学』第8号、149～166頁
廣川 守・三船温尚 2013「X線CTスキャンと范線調査から検討する卣釣手鋳造技法の変遷―泉屋博古館所蔵青銅器について―」『FUSUS』Vol.6
北京市文物研究所 1995『琉璃河西周燕国墓地』文物出版社
北京大学考古学系商周組他 2000『天馬―曲村 1980-1989』科学出版社
扶風県博物館 2007「陝西扶風新発現一批商周青銅器」『考古与文物』2007年第3期、3～10頁
洛陽市文物工作隊 1999「洛陽林校車馬坑」『文物』1999年第3期、4～18頁
廬連成・胡智生 1988『宝鶏強国墓地』文物出版社

馬牲の境界

菊 地 大 樹

はじめに

　ウマを犠牲とする馬牲は、家畜馬が導入される殷王朝後期から顕在化し、王朝を維持する祭儀システムのなかで、重要な役割を担ってきた。他の五畜（牛、羊、豕、犬、鶏）にみられる供犠体系とは異なり、車馬坑や殉馬坑にみるように、王朝での馬牲は全身埋葬が原則である。一方、北方に広がる草原地帯では、春秋時代より北方系青銅器をともなう竪穴土坑墓や土洞墓が広く展開し、ウマ、ウシ、ヒツジ、イヌの頭骨や指骨を、墓口、墓底や墓道埋土中に副葬する（図1）。こうした異なるふたつの文化背景をもつ地域の馬牲が、春秋時代を境として南北で同時に展開するなか、両者が接触する境界地帯に、互いの要素を併せもった特徴的な馬牲が出現する。本稿では、そのような境界にみられる馬牲に注目し、その背景について考えてみたい。

1．境界にみられる馬牲

　殷周王朝では車馬埋葬制度がしだいに確立し、黄河中・下流域を中心に大規模な車馬坑や殉馬坑が出現する。このような車馬埋葬制度については、近年、呉暁筠（2009）や趙海洲（2011）が時間・空間的な整理をもとに、古典籍や出土文字資料の解釈を含めた検討をおこなっている。それは、殷代後期に車馬の導入とともにはじまった車馬埋葬が、西周王朝における礼制の確立とともに急速に各地で展開し、その規範が東周時代へと移りゆくなかで徐々に薄れて形骸化し、各国が独自に大型の車馬坑や殉馬坑を設けるなど、誇大化した車馬埋葬を出現させるというも

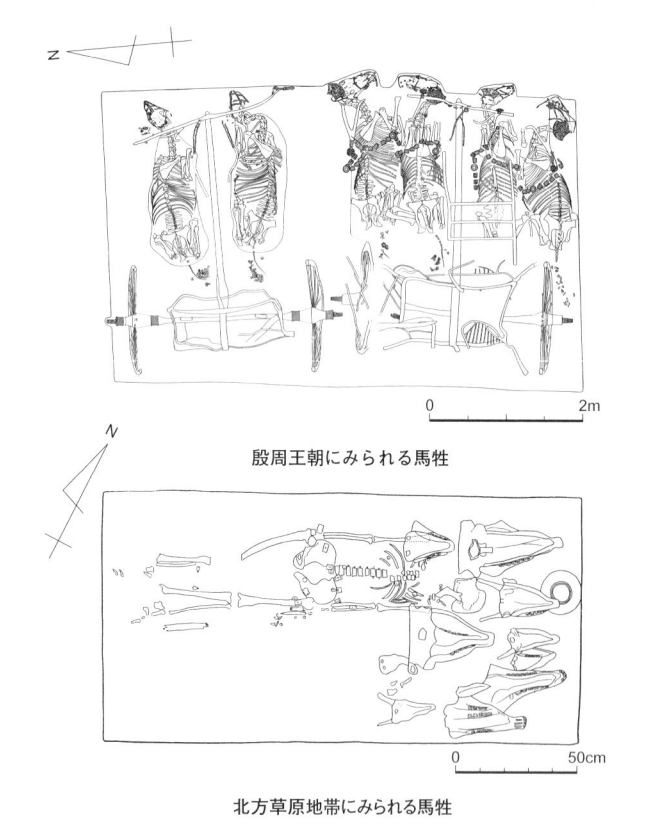

上段：張家坡2号車馬坑　下段：毛慶溝遺跡M75

図1　殷周王朝の車馬埋葬と北方草原の頭骨犠牲

馬牲の境界　123

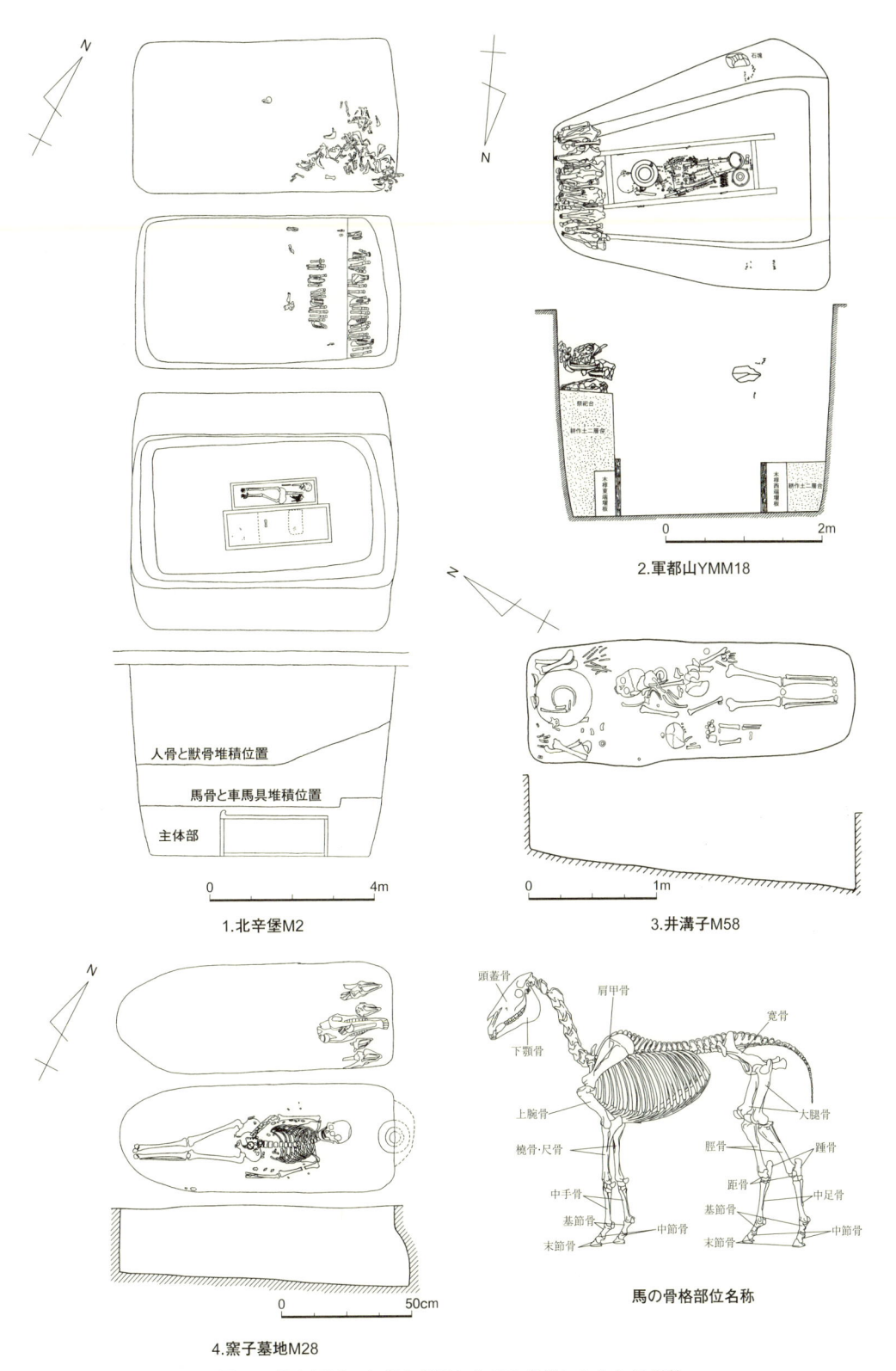

1. 北辛堡M2

2. 軍都山YMM18

人骨と獣骨堆積位置
馬骨と車馬具堆積位置
主体部

3. 井溝子M58

4. 窯子墓地M28

馬の骨格部位名称

頭蓋骨　肩甲骨　寛骨
下顎骨
上腕骨　　　　　　大腿骨
橈骨・尺骨　　　脛骨
　　　　　　　　　　踵骨
中手骨　　　　　距骨
　　　　　　　　中足骨
基節骨　　　　　基節骨
中節骨　　　　　中節骨
末節骨　　　　　末節骨

図2　燕山周辺、内蒙古東部および中南部にみられる馬牲

のである。一方、外縁の北方草原地帯では、春秋時代より、東は内蒙古東部から西は甘粛省東部にかけて、竪穴土坑墓や土坑墓底部壁面の一方面だけを掘り込んだ頭龕を設け、二層台をもつ土洞墓が北方系青銅器をともなって展開する。その墓底、墓口や墓道埋土中には、ウシ、ウマ、ヒツジ、イヌの頭骨とともに、四肢骨の先端部分である基節骨、中節骨、末節骨（蹄）といった指骨（図2）が副葬される。そこには殷周王朝の車馬埋葬制度に特有の馬車はともなわない。こうした草原地帯に特徴的な動物犠牲については、すでに小田木治太郎や岡村秀典による一連の研究（小田木1997・2009、岡村2005）があり、草原地帯の東西で、供犠となる動物組成に地域性がみられることが指摘されている。

このように、春秋時代を境として南北で異なる馬牲が展開するなか、殷周王朝が北方草原の遊牧民とたびたび接触していた、北京市北部の燕山周辺地域、内蒙古東部および甘粛省東部の馬牲に注目すると、殷周王朝の領域内と北方草原地帯にみられる馬牲の要素を併せもった、特徴的な馬牲が出現していることに気づく。まずは、それぞれの地域における馬牲についてみてみることにする。

(1) 燕山周辺

河北省張家口地区にある懐来県北辛堡遺跡は、1964年に河北省文物局文物工作隊によって戦国前期の墓葬2基が調査されている（河北省文化局文物工作隊 1966）。報告によると、大型木椁墓M1の埋土中からは、ウマ、ウシ、ヒツジの頭骨と指骨がそれぞれ10個体ほど出土しており、さらに墓主の椁室上部からも、およそ10～12個体分のウマの頭骨と指骨が出土している。また、M2の椁室上層東北部からも、ウマとウシの頭骨と指骨が出土しているという（図2-1）。この2基の墓の遺構図や写真をよくみると、指骨に連なる中手骨や中足骨も含めて埋葬されているのに気づく。こうした馬牲は、北辛堡遺跡の東北に位置する、北京市延慶県の軍都山玉皇廟墓地でも認められる。軍都山玉皇廟墓地では、計254基の殉牲墓が発見されており（北京市文物研究所 2007）、そのうちウマが出土している墓は17基となる。YMM18では、竪穴土坑墓の二層台上に、頭骨と中手骨と中足骨を含めた指骨が横一列に規則正しく並べられている（図2-2）。

北方草原地帯の動物犠牲はウシ、ウマ、ヒツジが中心であるが、燕山地域ではイヌの犠牲も主体的な役割を担っているのが特色である（小田木 2009）。そのなかで、北辛堡遺跡と軍都山玉皇廟墓地の動物犠牲は燕山地域の特徴をもつが、馬牲だけをみると、中手骨や中足骨を含めて埋葬している点が特異である。

(2) 内蒙古自治区東部

井溝子遺跡は内蒙古自治区赤峰市林西県に位置し、2002年と2003年に内蒙古自治区文物考古研究所と吉林大学辺疆考古研究センターによって計58基の墓が調査され、そこからウシ、ウマ（ロバ、ラバ）、ヒツジの動物犠牲がみつかっている（図2-3）。墓の年代について、報告者は墓葬が夏家店上層文化の灰坑に破壊されていること、放射性炭素年代測定の結果（2115±65BPと2485±45BP）や副葬土器の様式から、およそ春秋後期から戦国前期としている。これら墓葬に供された動物骨は、58基のうち50基について種同定、年齢、性別と出土部位が分析されており、ヒツジ21個

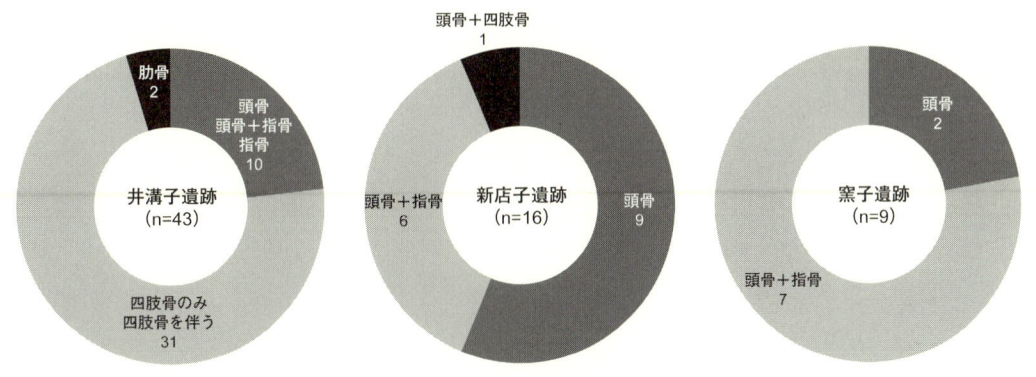

図3 内蒙古東部および中南部にみる馬牲の埋葬部位

体 (21.43％)、ウマ53個体 (54.08％)、ウシ22個体 (22.45％)、イヌ2個体 (2.04％) と、ウマが最も多く犠牲となっている (陳 2007)。出土部位に注目すると、頭蓋骨、下顎骨や指骨のほかに、第1〜3胸椎と肋骨、また上腕骨、尺骨、橈骨、中手骨、大腿骨、脛骨といった四肢骨が出土している。犠牲の年齢構成は4歳以下の幼獣を主体とし、成獣はほとんどいない。井溝子遺跡では、人骨のDNA分析もおこなわれており、当該墓地に埋葬された人々は鮮卑に大変近い遺伝関係にあり、東胡のグループに位置づけられるという (内蒙古自治区文物考古研究所 2010)。

北方草原の動物犠牲については、動物考古学的分析報告があまりないが、内蒙古中南部の2遺跡について、井溝子遺跡と同様の分析が報告されている。

新店子墓地は内蒙古自治区和林格爾県に位置し、1999年に内蒙古文物考古研究所によって発掘調査され、遺跡の東区から43基、西区から13基の計56基の墓葬が検出されている (内蒙古文物考古研究所 2009)。墓は竪穴土坑墓、偏洞室墓と正洞室墓の3種類があり、平面は長方形か隅丸長方形を呈する。報告者は当該墓地の年代を春秋後期から戦国前期とする。56基の墓葬のうち43基に動物犠牲が認められ、その動物種はウマ、ウシ、ヒツジに限られる (陳・曹 2009)。副葬される部位は頭骨と指骨であり、井溝子にみられるような四肢骨は出土していない。犠牲となった動物骨のほとんどは埋土あるいは二層台上から発見されるが、肩甲骨が単独で出土する墓については、頭の上か頭の傍らに置かれ、埋土中から出土することは稀だという。墓葬全体の個体数をみると、ヒツジ245個体 (67.12％)、ウシ102個体 (27.95％)、ウマ18個体 (4.93％) となり、ヒツジが犠牲の大半を占め、ウマは極端に少ない。また、ヒツジとウシは2カ月から4歳半とほぼ幼獣であるが、ウマはM37が幼獣である以外はすべて若齢であり、幼獣主体のウシやヒツジとは異なる。

内蒙古涼城県窯子墓地は、1983年と2003年に内蒙古文物考古研究所によって発掘調査され、二層台と頭龕をもつ小型竪穴土坑墓が中心となる (図2-4)。一次調査では25基 (内蒙古文物考古研究所 1989)、二次調査では67基を発見している (陳・曹 2007)。副葬品から、報告者は当該墓地の年代を春秋後期から戦国前期とする。二次調査で発掘された67基のなかで43基に動物犠牲が確認され、それらの動物骨について種同定、個体数、年齢、性別や出土部位が分析されている。最小個体数から、ヒツジ124個体 (70.86％)、ウシ33個体 (18.86％)、ウマ8個体 (4.57％)、ブタ7個体 (4％)、イヌ3個体 (1.71％) となり、ヒツジが全体の7割を超えて犠牲となっている。ヒツジ、ウシ、ブ

タ、イヌの年齢構成をみるとほとんどが幼獣であるのに対し、ウマだけはM51の1歳の幼獣をのぞき、その他は4.5歳から9歳の若齢馬が犠牲となっており、新店子墓地と同様、頭骨と蹄などの指骨のみが出土している。また、当該墓地では、農耕を象徴するブタが犠牲となっており、農耕、牧畜などを組み合わせた生業形態のなかで形成されていったことがわかる。

このように、内蒙古東部の井溝子遺跡と、内蒙古中南部の新店子墓地、窯子墓地から出土した馬骨の部位をみると、新店子墓地と窯子墓地が頭骨と指骨を主体として副葬するのに対し、井溝子遺跡では、前者2遺跡とは異なり四肢骨を主体としているのがわかる（図3）。

(3) 甘粛省東部

甘粛省天水市張家川自治県に位置する馬家塬墓地からは、戦国後期から秦初期にあたる墓葬59基が発見され、これまでに25基を発掘調査している（甘粛省文物考古研究所ほか 2008・2009、早期秦文化聯合考古隊ほか 2010・2012）。報告によると、戦国後期の竪穴偏洞室木槨墓が中心であり、M1、M13やM18の墓口や墓道の埋土より、ウマの頭骨や指骨が、馬車の衡を中心に4頭だての単位で出土している（図4-1・2）。M21では、墓道底部の東側から馬車とともに、ウマ、ウシ、ヒツジの頭骨、肩甲骨、肋骨、肢骨や指骨など、大量の動物犠牲が確認されている。頭骨からもとめる最小個体数は、ヒツジ5個体、ウマ8個体、ウシ8個体の計21個体であった。おなじく甘粛省秦安県王洼墓地においても、戦国後期の竪穴偏洞室墓が3基発掘されている（甘粛省文物考古研究所 2012）。M1の墓道東北部からは、馬車が1輛とウマの頭骨が6点、墓道西南隅からはウマの肢骨と肋骨が発見されているという。M2の墓道からも、馬車の轅や衡の周辺よりウマの頭骨がみつかっている（図4-3）。頭骨は6点確認でき、そのうち写真から1点は犬歯が認められることからオスであろう。M3の墓道には馬車2輛が副葬され、東壁から馬の頭骨が6点出土した。こうした馬牲は、戦国後期の木槨墓2基が発掘された甘粛省平涼県廟荘墓地でも確認される（魏 1982）。東向きの墓道をもつ2基の墓からは、墓道から4頭だての馬車が出土している。M6とM7では、内側の軛に繋がれる服馬は全身だが、外側の驂馬は頭骨だけである（図4-4）。さらに墓からは、ウシまたはヒツジの頭骨と指骨も出土しており、木槨墓の頭廂には肩甲骨、肋骨や動物骨が堆積していた。この馬車と動物犠牲のあり方について、岡村秀典は、埋葬に際して車・馬・苞・器が墓坑にもたらされる『儀礼』既夕礼の儀礼であると指摘する（岡村 2005）。

2．馬牲の種類とその広がり

殷周王朝の領域である黄河中・下流域を中心に展開した車馬埋葬と、北方草原文化の頭骨犠牲という異なる馬牲が接触する境界地帯において、両者の要素を併せもつ折衷型の馬牲が出現している現象をとらえた。それは、北京市北部の燕山地域では中手骨や中足骨、内蒙古東部では四肢骨や椎骨などを含めて供え、甘粛省東部では馬車とともに副葬するものである。その分布域は、農耕を基盤とした殷周王朝と、牧畜を生業とする遊牧民とが接触する地帯に位置している（図5）。そして、これらの馬牲が戦国時代を画期に出現しており、東から西へと時期差がみられる傾向も捉えること

馬牲の境界　127

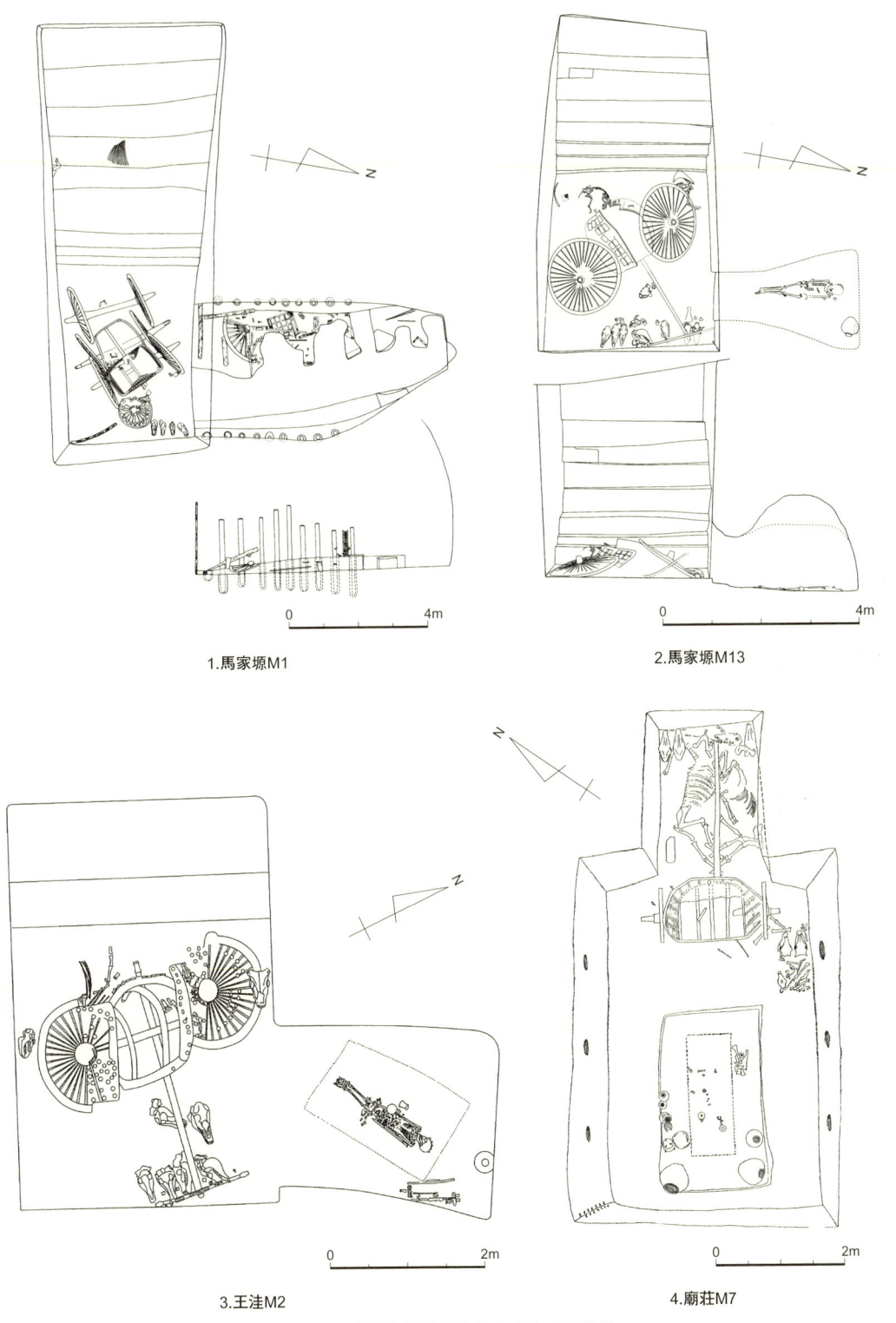

1. 馬家塬M1

2. 馬家塬M13

3. 王洼M2

4. 廟荘M7

図4　頭骨犠牲と馬車を組み合わせた馬牲

128 第Ⅰ部 中国編

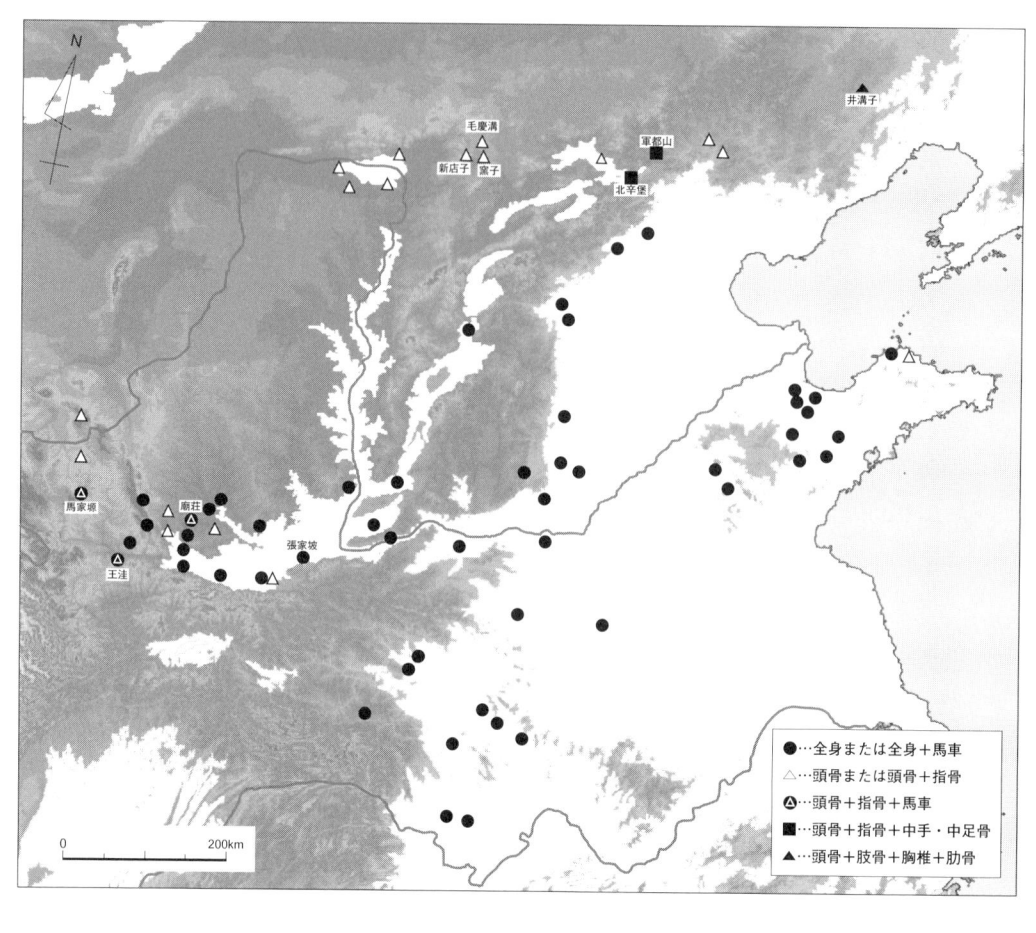

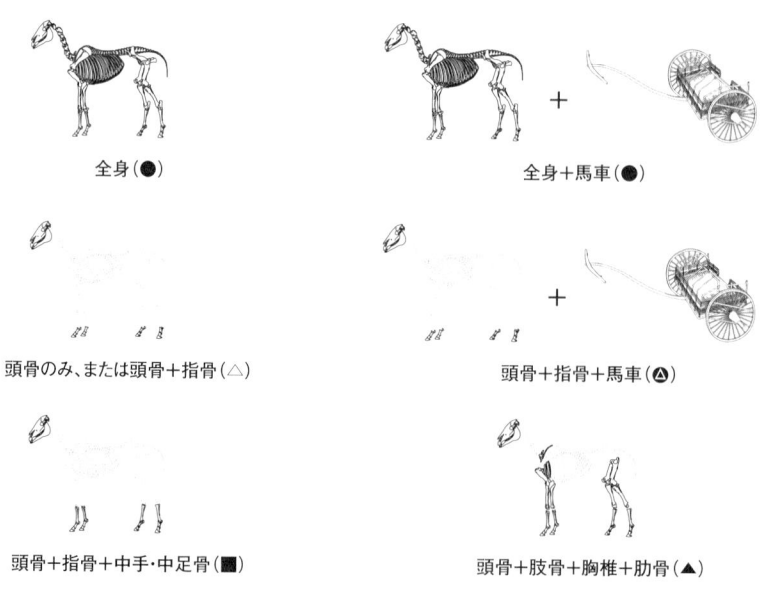

全身(●)

全身+馬車(●)

頭骨のみ、または頭骨+指骨(△)

頭骨+指骨+馬車(◬)

頭骨+指骨+中手・中足骨(■)

頭骨+肢骨+胸椎・肋骨(▲)

図5 馬牲の種類とその広がり

ができた。

　吉林大学辺疆考古研究センターがおこなった古代馬の mtDNA 分析（蔡ほか 2007・2008、Cai et al. 2009）によれば、春秋後期から戦国前期にかけて、北方草原地帯では各地域からさまざまな系統馬が流入しているという。春秋時代に入ると、車馬埋葬のなかには蒙古系統馬では自発的には達しない大型馬が出現していることから、ウマを介した遊牧民と北辺に位置する諸侯国との交流が活発であった可能性が想定される。こうした交流を繰りかえすなかで、互いの馬牲が接触する農牧接触地帯に、車馬埋葬制度と頭骨犠牲とが融合した折衷型の馬牲が出現する。廟荘墓地の馬牲は、戦国後期に秦国の勢力が活発となり、西戎との接触を繰り返すなかで頭骨犠牲の習俗を受容した典型例であろう。

おわりに

　頭骨と指骨を副葬する北方草原文化と、周王朝の車馬埋葬制度や動物祭祀を融合させた折衷型の馬牲が、戦国時代を境に農牧接触地帯で出現する現象を捉えた。そこには、春秋戦国時代に盛んとなる北方草原地帯の東西交流と、北辺に位置する諸侯国との活発な交流が窺える。

　ウマの頭骨を墓に供えることは、西周王朝の中心地と考えられている豊鎬遺跡群の普渡村（中国社会科学院考古研究所灃西発掘隊 1988）や甘粛省白草坡墓地（甘粛省博物館文物隊 1977）、また山東省の蓬莱県村（山東省烟台地区文管組 1980）などですでに確認されることから、その系譜を西周時代に求めることができる。そして春秋時代以降、頭骨犠牲が外縁の草原地帯で拡大していくなか、燕山地域ではそのはじまりを春秋時代にみるものの、甘粛省や寧夏回族自治区ではやや遅れて戦国時代を境に出現しており、東西に時期差がみられる（岡村 2005）。このような時期差が、農牧接触地帯に出現する折衷型馬牲の出現過程とも符合することは興味深く、戦国時代における北方草原との交流史をさぐるひとつの手がかりとなる。

　出土部位に注目すると、頭骨犠牲では、肉がついた部位が副葬されないことから、被葬者を埋葬する際に饗宴をおこなったのち、頭部と指骨を供えたと考えられる。甘粛省金昌市に位置する沙井文化の蛤蟆墩墓地では、春秋時代から戦国時代にかけての墓葬20基が発掘され、そのうち偏洞室墓12基からウシ、ヒツジとともにウマの頭骨と指骨が出土している（甘粛省文物考古研究所 1990）。M15からはウマの頭骨1点とヒツジの頭骨15点が墓口の端にまとめて供えられていた。頭骨には皮や毛の痕跡が認められることから、頭部を切り落としたのちに供えたことがわかる。一方、井溝子遺跡では、頭骨や指骨に加えて上腕骨や大腿骨といった肉付きの部位が供えられている。四肢骨を供える動物供儀は殷周王朝の動物祭祀にみられるが、それはウマを除く五畜でおこなわれるものである。井溝子の人々が東胡に属するとされることから、王朝領域内への侵入を繰り返すなかで、次第に王朝の礼制を採り入れながら、独自の供犠体系を確立させていったのであろう。

　井溝子遺跡ではまた、年齢構成にも特徴がみられる。それは、内蒙古中南部の新店子墓地と窯子墓地では、4歳以上の若齢馬が主体となっているのに対し、東部の井溝子墓地では、ほとんどが4歳以下の幼獣であった。こうした貴重な幼馬を惜しげもなく犠牲とできた背景には、安定した養馬

体制が確立していたからであろう。このような若齢馬や幼馬を犠牲とする現象は、春秋時代以降の王朝内でもみられる。春秋時代の鄭国では、祭祀坑から4歳前後の若齢馬が大量に犠牲となっており（袁 2006）、王都の洛陽でも、大型車馬坑ZK5から骨端が癒合していない3歳前後の幼馬が確認されている（羅 2009）。こうした幼馬犠牲は、戦国時代に入るとさらに顕著となる。晋都新田遺跡（山西省考古研究所侯馬工作站 1996）、天馬－曲村遺跡（山西省考古研究所ほか 2000）や西高祭祀遺跡（山西省考古研究所侯馬工作站 2003）では、1歳前後の幼馬を大量に犠牲とした祭祀坑が出現する。そこには、晋国において安定した養馬体制を基盤とした馬牲がおこなわれていたのである。

本稿では、王朝内の車馬埋葬と草原地帯の頭骨犠牲が展開する狭間に、特徴的な馬牲が出現する現象を捉えた。そこには、犠牲馬の副葬部位、年齢構成や車馬埋葬との組み合わせに特徴があり、戦国時代に出現の画期を見出した。報告のなかには、犠牲となった部位に解体の痕跡があることが記されるものもあり、今後、丁寧な観察を進めながら、体格、年齢、性差や使役痕といった分析を組み合わせていくことで、馬牲の実態をより詳細に復元することが可能となる。

参考文献

袁靖 2006「鄭国祭祀遺址馬骨研究報告」『新鄭鄭国祭祀遺址』大象出版社、1047-1152頁

岡村秀典 2005『中国古代王権と祭祀』学生社

小田木治太郎 1997「中国北方「青銅文化」の墓―戦国時代前後の内蒙古中南部および寧夏周辺―」『宗教と考古学』勉誠社、437-471頁

小田木治太郎 2009「中国北方青銅器文化墓の動物犠牲とその地域性」『天理参考館報』第22号、19-34頁

河北省文化局文物工作隊 1966「河北懐来北辛堡戦国墓」『考古』1966年第5期、231-242頁

甘粛省博物館文物隊 1977「甘粛霊台白草坡西周墓」『考古学報』1977年第2期、99-130頁

甘粛省文物考古研究所 2012「甘粛秦安王洼戦国墓地2009年発掘簡報」『文物』2012年第8期、27-37頁

甘粛省文物考古研究所・張家川回族自治県博物館 2008「2006年度甘粛省張家川回族自治県馬家塬戦国墓地発掘簡報」『文物』2008年第9期、4-28頁

甘粛省文物考古研究所・張家川回族自治県博物館 2009「張家川馬家塬戦国墓地2007～2008年発掘簡報」『文物』2009年第10期、25-51頁

魏懐珩 1982「甘粛平涼廟荘的両座戦国墓」『考古与文物』1982年第5期、21-33頁

呉暁筠 2009『商周時期車馬埋葬研究』科学出版社

蔡大偉・韓璐・謝承志・李勝男・周慧・朱泓 2007「内蒙古赤峰地区青銅時代古馬線粒体DNA分析」『自然科学進展』第17巻第3期、385-390頁

蔡大偉・曹建恩・陳全家・韓璐・周慧・朱泓 2008「内蒙古涼城県春秋時代古代馬線粒体DNA分析」『辺疆考古研究』第7輯、328-333頁

山西省考古研究所侯馬工作站 1996『晋都新田』山西人民出版社

山西省考古研究所侯馬工作站 2003「山西侯馬西高東周祭祀遺址」『文物』2003年第8期、18-36頁

山東省烟台地区文管組 1980「山東蓬莱県西周墓発掘簡報」『文物資料叢刊』第3輯、50-55頁

早期秦文化聯合考古隊・張家川回族自治県博物館 2010「張家川馬家塬戦国墓地2008-2009年発掘簡報」『文物』2010年第10期、4-26頁

早期秦文化聯合考古隊・張家川回族自治県博物館 2012「張家川馬家塬戦国墓地2010-2011年発掘簡報」『文物』2012年第8期、4-26頁

中国社会科学院考古研究所澧西発掘隊 1988「1984年長安普渡村西周墓葬発掘簡報」『考古』1988年第9期、769-777頁
陳全家 2007「内蒙古林西県井溝子遺址西区墓葬出土的動物遺存研究」『内蒙古文物考古』2007年第2期、107-118頁
陳全家・曹建恩 2007「内蒙古涼城県忻州窯子墓地殉牲研究」『辺疆考古研究』第5輯、344-355頁
陳全家・曹建恩 2009「内蒙古和林格爾新店子墓地殉牲研究」『内蒙古文物考古』2009年第2期、66-77頁
内蒙古文物考古研究所 1989「涼城﨟県窯子墓地」『考古学報』1989年第1期、57-81頁
内蒙古文物考古研究所 2009「内蒙古和林格爾県新店子墓地発掘簡報」『考古』2009年第3期、3-14頁
内蒙古自治区文物考古研究所・吉林大学辺疆考古研究中心 2010『林西井溝子』科学出版社
北京市文物研究所 2007『軍都山墓地　玉皇廟』文物出版社
羅運兵・袁靖・楊夢菲 2009「陪葬坑出土動物骨骼研究報告」『洛陽王城広場東周墓』文物出版社、453-464頁
Cai, D., et al. 2009. Ancient DNA provides new insights into the origin of the Chinese domestic horse. Jornal of Archaeological Science 36: 835-842.

図版出典

図1　　　　上段：中国科学院考古研究所1962『澧西発掘報告1955-1957年陝西長安県澧西郷考古発掘資料』中国田野考古報告集考古学専刊丁種第12号、文物出版社
　　　　　　下段：内蒙古文物工作隊1986「毛慶溝墓地」『鄂尔多斯式青銅器』文物出版社
図2-1　　河北省文化局文物工作隊1966「河北懐来北辛堡戦国墓」『考古』1966年第5期
図2-2　　北京市文物研究所2007『軍都山墓地　玉皇廟』文物出版社
図2-3　　内蒙古自治区文物考古研究所・吉林大学辺疆考古研究中心2010『林西井溝子』科学出版社
図2-4　　内蒙古文物考古研究所1989「涼城﨟県窯子墓地」『考古学報』1989年第1期
図2-5　　加藤嘉太郎1979『第二次増訂改版 家畜比較解剖図説（上巻）』養賢堂をもとに筆者作成
図3　　　　筆者作成
図4-1、2　甘粛省文物考古研究所・張家川回族自治県博物館2008「2006年度甘粛省張家川回族自治県馬家塬戦国墓地発掘簡報」『文物』2008年第9期
図4-3　　甘粛省文物考古研究所2012「甘粛秦安王洼戦国墓地2009年発掘簡報」『文物』2012年第8期
図4-4　　魏懐珩1982「甘粛平涼廟荘的両座戦国墓」『考古与文物』1982年第5期
図5　　　　筆者作成

宝鶏石鼓山西周墓の発見と高領袋足鬲

西 江 清 高

はじめに

　陝西省宝鶏市で2012年に発掘された石鼓山3号墓は、出土した多数の青銅器から西周前期前半頃の造営と考えられる大型の墓である(1)。周原地区より西の宝鶏市周辺で発見されたこの時期の墓としては、1974年から81年にかけて相次いで発掘されたいわゆる強国墓地以来の顕著な西周墓といえよう。同墓からは高領袋足鬲とよばれる陶鬲が1点出土した。高領袋足鬲は、殷代並行期すなわち先周期とよばれる時期の関中平原西部に展開した劉家文化を代表する土器の一器種である。筆者は以前、この高領袋足鬲(B類鬲)を主要な器種とする土器群の一系統を土器群Bとよび、その系統的あるいは編年的研究を進めたことがある(2)。高領袋足鬲をはじめとする先周期関中平原西部の土器は、墓からの出土例は多いが、青銅器を伴う場合が少なく、土器の型式変遷上の諸段階と、殷墟や豊鎬遺跡など殷・周王朝中心地の年代的枠組みとの対応関係について、明確な根拠をもって示すことがむずかしかった。

　石鼓山3号墓出土の高領袋足鬲は、同墓から出土した青銅器を根拠に、西周前期前半という年代を与えうる貴重な事例と考えられる。本稿では、発掘簡報を手がかりに石鼓山3号墓の年代をあらためて確認し、それを根拠とする高領袋足鬲の年代観をもとに、関中平原西部の土器群Bの一段階の年代的位置づけについて再検討する。それとともに、石鼓山3号墓の副装品や墓制からうかがわれる文化的背景を検討することで、西周王畿の西部地域を構成した宝鶏市周辺地域における、周王朝成立前後の歴史動向の一端について考えてみたい。

1. 石鼓山西周墓地

　石鼓山西周墓地は、陝西省関中平原(関中盆地)西端の宝鶏市東南部にある。宝鶏市街地は渭河の南北両岸に広がるが、墓地遺跡は渭河の南岸にある石嘴頭村南の石鼓山に所在する(図1)(3)。2012年の3月と4月、この地で相次いで青銅器が出土し、さらに6月には農民の土取作業で青銅器を伴う大型の墓が発見された。その結果これらの青銅器は一つの墓地から出土したと考えられ(1〜3号墓)、6月発見の大型墓は3号墓とされた。

　石鼓山3号墓は、南北方向に縦長の長方形竪穴土壙墓で、長さ4.3m、幅3.6mをはかる。墓壙の上部は土取で破壊されたが、元来の墓壙の深さは7〜8mあったと推測される。埋葬施設は、二槨一棺とその周囲の幅約1m前後もある熟土二層台からなる。二層台より上の墓壙壁面には、合

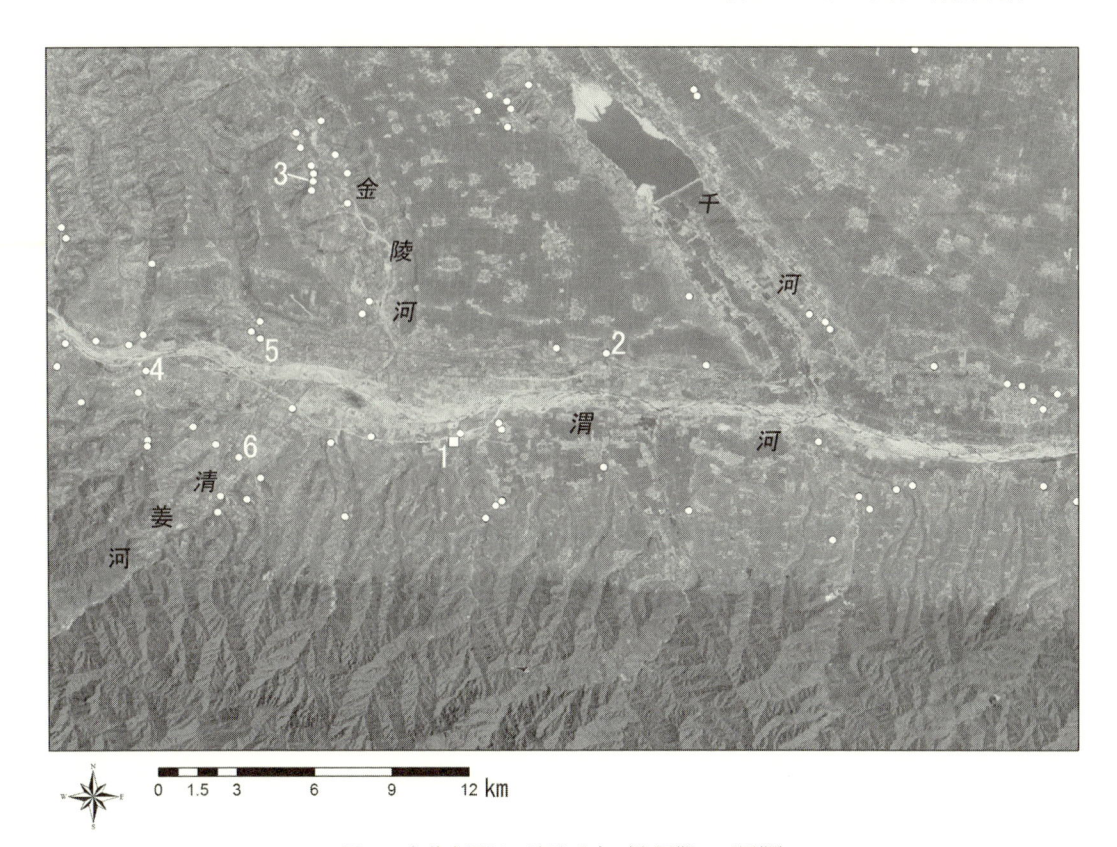

図1　宝鶏市周辺の遺跡分布（先周期・西周期）
1. 石鼓山墓地、2. 闘鶏台（戴家湾）、3. 蒋家廟、4. 高家村、5. 紙坊頭、6. 茹家荘

わせて六つの壁龕が掘削されていた（東壁K1・K2、北壁K3・K4、西壁K5・K6）。後述するように壁龕をつくることは西周墓としては珍しい例で、青銅彝器類はすべてその壁龕内に埋置されていた。壁龕からはほかに漆皮の類いも検出されている。このほか青銅武器・工具・車馬器等が二層台上から出土し、玉璧が棺内から出土した。注目すべきは墓壙上部の位置で木車の痕跡が検出されたことで、一つの墓壙内に棺槨を設置して、その上部に木車1輌を埋葬していたものと考えられている。[4]

2．石鼓山3号墓出土青銅器の性格と年代

石鼓山3号墓からは青銅彝器が14器種、31点出土した。器種としては、鼎6、簋6、禁2、卣6、彝1、尊1、壺1、瓿1、罍1、盉1、盤1、爵1、觶1、斗2があった。うち1点の鼎が出土時壁龕から二層台上に落下していたが、もともと青銅彝器はすべて壁龕内に埋置されていたと考えられる。銘文をもつものが少なくないが、多くは1～3文字で構成された文章をなさない銘で、いわゆる「族徽」（図象記号）や父甲のような十干をもつ「日名」であった。[5]「族徽」や「日名」をもつ青銅器銘文は、一般的には殷王朝後期を中心に盛行したもので、西周期においても前期から中期にかけて、おそらくは旧殷王朝系の族氏を中心に継続されたが、しだいに衰退したと考えられる。[6]後

述する青銅器の形態から推定される年代観とも矛盾しないようである。

　被葬者について、簡報1、簡報2および李学勤は、これまでほとんど知られていなかった「戸」氏家族の一人と推定する。多種が出土した青銅器の「族徽」や人名（「日名」）の中から、「戸」氏が被葬者に結びつくと判断される理由は、①3号墓出土青銅器の中でも「戸」銘をもつ戸彝（M3：24）・戸卣甲（M3：23）・戸卣乙（M3：20）の3点の青銅器は、六つある壁龕のなかでも最も大きく、また配置上中央の位置にあたる墓壙北壁の3号壁龕（K3）から出土している。②青銅彝と卣2点は、それらを載せた一種の大型器台である1号禁（M3：25）、2号禁（M3：21）とセットをなして出土した。3号墓出土のその他多くの青銅彝器が1個体単体で出土している状況とは異なっている。③「戸」器3点は、いずれも大型の青銅器で、特に青銅彝は既知の殷周時代の青銅彝のなかでも最も大型のものとされ、3号墓出土青銅器の中でも顕著な存在となっている。以上のようなことが指摘できる。

　簡報2や王顥らの研究ではさらに、鄒衡の先周文化研究を引用しながら、石鼓山西周墓地を含む宝鶏市周辺の考古学文化を、羌族の一支である姜戎の文化、あるいは姜炎文化であるとする見方を述べている。「姫周」と「姜戎」の2者の関係を論ずることは、先周期の土器研究において常に注目されるテーマではあるが、本稿ではこの「族属問題」については立ち入らない。

　青銅器の年代については、表1に、簡報1と簡報2が示す年代観と、林巳奈夫の編年研究（『林綜覧』）を参照した結果を併記して示した。簡報2種と『林綜覧』を参照した年代観を比較すると、『林綜覧』では同氏の西周ⅠAに相当するものが比較的多いのにたいして、簡報2種の年代観は「殷末周初」と位置づけるものが多いという傾向があるものの、大きな食い違いはない。確認しておきたいのは、2種の簡報の年代観では、出土青銅器中に周初ないし西周早期のものが多く含まれるが、それより遅いと判断される青銅器は含まれないこと。一方、『林綜覧』を参照した結果は、殷後期Ⅲ～西周ⅠA相当のものが多く含まれるが、同氏の西周ⅠB以降と指摘できる例は含まれないこと、である。個々の青銅器の年代観については今後さまざまな見解が出される可能性もあるが、現時点で筆者は表1から読み取れる青銅器の年代の下限、すなわち簡報のいう西周早期あるいは『林綜覧』の西周ⅠAが、当該墓の造営年代を示していると推定している。

　さらに簡報1および簡報2では、青銅器の検討の結果をうけて、墓の造営年代として「西周早期、ただし上限が殷末周初にさかのぼる可能性もある」と述べている。しかし筆者は、当該墓の年代が殷王朝の時期にさかのぼる可能性は低いと考えている。従来、殷王朝中心地で盛行した特徴をもつ青銅器が関中平原で出土した例は少なくないが、それらは、①二里岡上層期から殷墟三期頃の青銅器が、関中平原の東部から西部の周原地区にいたるまで、殷系文化の集団が拡張展開した一時期の遺構に伴う諸例、および②殷墟四期または筆者のいう西周Ⅰa期（殷末周初頃）の青銅器が、この時期関中平原で急速に拡散した土器系統（土器群A）の広がりとともに、関中平原の全域に出現した青銅器の諸例、以上様相の異なる2時期のいずれかのものであることが指摘できる。②の場合、出土した青銅器の比較的多くは、筆者が「関中型青銅器」とよんだ一群のもので、土器群A（のちに西周の王都を中心に成立する「西周式土器」を構成した主要な土器系統）を担った人びとによって、殷後期並行期の関中平原で製作された在地的な青銅器である。つまり、殷末から周初の頃

表1　石鼓山3号墓出土青銅器の年代観

青銅器名	簡報1(註1)	簡報2(註1)	研究(註4)	林綜覧(註6)	林綜覧参照器影	備考
鳥父甲鼎 M3:1	商代晩期	商代晩期	商代晩期	殷後期ⅢB	鼎125・127	
扉棱鼎 M3:2	商末周初	商末周初	商末周初	西周ⅠA	鼎159	
分襠鼎(正鼎)M3:5	商代晩期	—	商代晩期	西周ⅠA	鼎75	
分襠鼎(中臣鼎)M3:81	商代晩期	—	商代晩期	西周ⅠA	鼎75	ⓐ
方格乳釘紋鼎 M3:28	西周早期	—	西周早期	西周ⅠA	鼎147	
素面円鼎 M3:11	商代晩期	—	商代晩期	西周ⅠA	鼎152	
方格乳釘紋簋 M3:3、7、8、9	西周早期	—	西周早期	西周Ⅰ	小型盂47・55・61	ⓑ
双耳簋 M3:10	西周早期	—	西周早期	西周Ⅰ	小型盂62・卣101	
方座簋 M3:27	商末周初	商末周初	商末周初	殷後期Ⅲ-西周ⅠA	卣76・123	
禁 M3:25	商末周初	商末周初	商末周初			
禁 M3:21	商末周初	商末周初	商末周初			
戸卣甲 M3:23	商末周初	商末周初	商末周初	西周ⅠA	卣94・95・96	ⓒ
戸卣乙 M3:20	商末周初	商末周初	商末周初	西周ⅠA	卣94・95・96	
単父丁卣 M3:17	商末周初	—	商末周初	殷後期ⅢB	卣55	
冉父乙卣 M3:13	商代晩期	商代晩期	商代晩期	殷後期Ⅲ-西周ⅠA	卣32・36・39・80・89	
重父乙卣 M3:30	商代晩期	商代晩期	商代晩期	殷後期Ⅲ-西周ⅠA	卣32・36・39・80・89	
戸彝 M3:24	商末周初	商末周初	商末周初	殷後期Ⅲ-西周ⅠA	方彝30・37	
父癸尊 M3:14	商代晩期	商代晩期	商代晩期	殷後期Ⅲ	觚形尊26・29	
父甲壺 M3:16	商代晩期	商代晩期	商代晩期	殷後期Ⅲ-西周Ⅰ	卣29・66・92	
万甗 M3:6	商末周初	商末周初	商末周初	殷後期Ⅲ-西周Ⅰ	甗10・20・22・36	
亜羌父乙罍 M3:19	商代晩期	—	商代晩期	西周ⅠA	罍27	
冉盂 M3:26	商代晩期	—	商代晩期	西周ⅠA	盂34	
癸盤 M3:31	商代晩期	—	商代晩期	殷後期Ⅲ	盤22	
觶 M3:98	商末周初	商末周初	商末周初	殷後期Ⅲ-西周ⅠA	觶51・54・63	
父癸爵 M3:12	商代晩期	商代晩期	商代晩期	殷後期Ⅲ-西周ⅠA	爵172・199・208	

ⓐ李学勤 (註7)：成王頃。ⓑ西江 (註13)：西周Ⅰa期(殷末周初頃)。ⓒ戸卣甲と戸卣乙はおそらく同時鋳造のもので同型式。

の関中平原では、石鼓山3号墓のように、殷王朝中心地域で盛行した要素を多く含む青銅器が、多数まとまって出土したという例はほとんど知られていないのである。このような青銅器が多数一括出土した石鼓山3号墓の状況は、殷王朝が崩壊し西周王朝が成立したあとに、関中平原に多くの旧殷王朝系の集団が移り住む状況の中で、青銅器と青銅器製作技術が、西周王畿に移入されたと考えることで説明が容易になるはずである。関中平原に突然殷王朝の特徴をもつ、あるいはそれを直接継承した青銅器がまとまって出現する状況は、そのように説明できるのではないだろうか。

以上のことから筆者は、石鼓山3号墓の造営を、西周王朝成立後の比較的早い時期、西周前期前半のことと考えている。

3．石鼓山3号墓出土の高領袋足鬲

高領袋足鬲とは、主に先周期（殷代並行期）の関中平原西部を中心に見られた陶鬲の一種で、一般的には扶風県劉家遺跡の墓から出土した土器群にもとづいて、劉家文化の土器とされるものである。筆者はこのような陶鬲をB類鬲とよんで、これを主要な器種として各種の有耳罐等が伴う土器群Bという時空間のまとまりをもつ土器伝統の存在を指摘した。

高領袋足鬲は、型作りによる袋状の三足と、その上に接合された円筒状の口頸部からなる。三足

図2　石鼓山 M3：29　　　　　　　　　　図3　崇信于家湾 M6：1

は1本ずつ別に型作りされ、袋足部の上部を互いに接合し、接合した襠の外側には補強の粘土帯をかさねる。三足の先端には別作り、または袋足部からひねり出された足尖がつく。足尖の形状は、時期とともに、扁平なものからしだいに円錐状のものに変わり、また、外向きに開いていく傾向のものが多くなる。足尖の変化を、筆者は1～7段階に分けて、高領袋足鬲型式変遷の指標となる属性と考えた。

　口頸部は長短さまざまで、その器壁は垂直に近いものから、やや外傾するもの、外傾しつつ内湾するものなどがある。時間とともに口頸部が低くなる（短くなる）傾向があるが、一概にはいえない。また、口頸部から袋足部に跨がるように半環状の双耳をもつものと、耳をもたないものの2種がある。この2種の袋足部と口頸部の形態に特別な違いはない。

　口頸部、袋足部、足尖部の外面には縄紋が付せられるが、B類鬲の遅い時期には、その器面の縄紋のある部位を、擦り消したものが多くなるのが顕著な変化の一つである。口縁部外面、口縁端面、双耳の外面、襠部の貼りかさねた粘土帯などには、刺突紋、刻文などさまざまな紋様が施されることも多い。

　石鼓山3号墓からは土器が1点だけ出土していて、それがここで取り上げる高領袋足鬲（B類鬲）（M3：29）である（図2）。夾砂灰褐陶で、口頸部全体はやや外傾し、口縁部がわずかにくびれるように外反する特徴をもつ。器高12.8cm、口径が12cmで、比較的小型のB類鬲である。3本の袋足は、断面が円形に近い球状のもので、先端には円錐形で外に開いた足尖をもつ。無紋の双耳が付せられる。また口頸部直下の袋足上部にボタン状の小泥餅を貼り付けている[17]。

　この1点の袋足鬲の最も注目される特徴は、口縁外面と袋足部上部の縄紋が、かなり幅広く擦り消されることである。筆者はかつて、このような特徴は高領袋足鬲の型式変遷の中でも最も遅い時期に顕著な特徴であることを示したことがある。

　石鼓山3号墓陶鬲に類似点をもつ比較資料2例をあげておく。一つは甘粛崇信于家湾6号墓出土の高領袋足鬲（于家湾M6：1）である（図3）[18]。この高領袋足鬲は筆者が以前B類鬲のⅣ1段階と

して例示した資料の一つでもある。双耳をもたない
形式であるが、細部を見ると、わずかにくびれるよ
うに外反する口縁部の特徴、口縁外面に施紋されて
いた斜行縄紋が狭い範囲ながらも帯状に擦り消され
る特徴、袋足部と足尖の形状など、石鼓山 M3：29
との類似点が見られる。ただし、石鼓山 M3：29に
見られる口縁部の擦り消しはより幅広で、さらに袋
足部上部の縄紋を幅広く擦り消していること、また
足尖外反の度合いがより強まっていること、などの
違いがある。B類鬲の変遷から見て、石鼓山 M3：
29の特徴は于家湾 M6：1よりもやや遅れる時期の
特徴と考えられ、B類鬲のⅣ2段階と考えることが
できる。その一方で、石鼓山 M3：29は、Ⅳ1段階
の諸例とは器形全体の特徴などで近似するところも
多く、したがって型式変遷上比較的大きな幅がある
と想定されるB類鬲最終段階のⅣ2段階の中にあっ
て、その早い段階に位置づけられる資料と評価して
おきたい。

　比較資料をもう1点あげておく。宝鶏高家村9号
墓から出土したB類鬲1点（M9：1）である（図
4-7）。口縁部外面と袋足部上部の縄紋が幅広く擦り消される特徴、および円錐状の足尖が強く外
反する特徴は、石鼓山 M3：29に見られる顕著な特徴でもあり、B類鬲Ⅳ2段階の鬲と考えられる。
口頸部直下の袋足上部の前面と背面に一つずつ、類例の少ないボタン状小泥餅を飾っている点も石
鼓山 M3：29と共通している。高家村 M9：1の存在は、石鼓山 M3：29の形態上の特徴が、個体差
に由来する孤立した例ではないことを示す重要な資料である。
　これまで、B類鬲の型式変遷の段階を殷・周王朝中心地の青銅器・土器編年のどの時期に相当す
ると考えるのかは、その鍵となる青銅器の共伴例が少ないこともあり不確かなことが多かった。石
鼓山3号墓の高領袋足鬲は、B類鬲Ⅳ2段階（同時にそれは土器群BのⅣ2期）の早い時期の資
料であり、そしてこの段階が、ほぼ確実に西周前期の早い時期（青銅器でいえばほぼ『林綜覧』西
周ⅠA相当）のものと位置づけられたことになる。

4．西周王朝成立前後における宝鶏市周辺の文化史的動向

(1) 土器群Bの動向

　すでに触れたように、土器群Bとは筆者のいうB類鬲（高領袋足鬲）を器種構成の中心とした
土器の伝統であり、主として殷王朝並行期の関中平原西部に展開した。筆者はこの土器群Bにつ

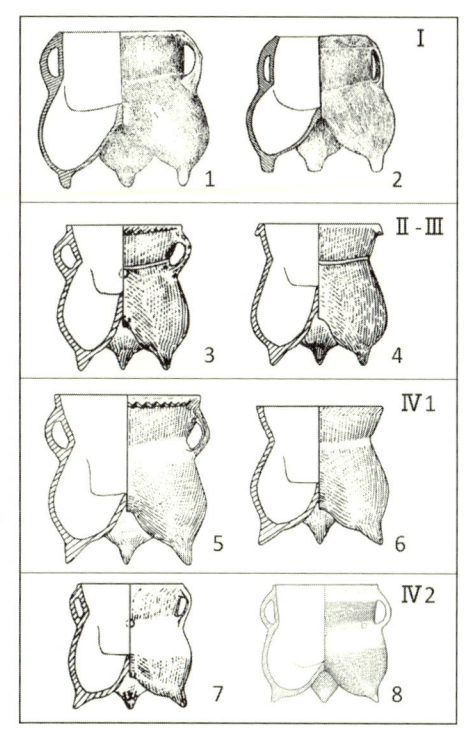

図4 宝鶏市周辺の高領袋足鬲（B類鬲）
1．金河、2．石嘴頭、3・4．高家村 M17、
5・6．高家村 M21、7．高家村 M9、8．石鼓山 M3
（1．は約1/12、その他は約1/8）

いて、以下のような地域色をもつグループに分けて検討したことがある。[23]

　①金河・晃峪グループ前期（金河遺跡に代表される早い段階）（宝鶏市周辺）

　②金河・晃峪グループ後期（晃峪遺跡に代表される遅い段階）（宝鶏市周辺）

　③劉家グループ（周原地区の劉家遺跡が代表）

　④碾子坡グループ（涇河中・上流域）

　⑤茹家荘グループ（宝鶏市南郊の茹家荘生活址が代表）

　⑥土器群 A・B 共存遺跡（宝鶏市を含む関中平原西部）

　⑦豊鎬地区の土器群 B

　⑧甘粛東部の土器群 B

　石鼓山西周墓はこのうち、②金河・晃峪グループ後期に位置づけられる新資料であり、ここでは、この新資料を手がかりに、宝鶏市周辺の土器群 B の動向をまとめておく。宝鶏市周辺の動向を考える上で直接的には、上記の①金河・晃峪グループ前期、②金河・晃峪グループ後期、③劉家グループ、⑤茹家荘グループ、⑥土器群 A・B 共存遺跡が関係する。

　宝鶏市周辺で土器群 B が最初に現れるのは、①金河・晃峪グループ前期である。これはまた、現在までに知られる土器群 B の最早期でもある。土器群 B 変遷の I 期に相当し、およそ二里岡期から殷墟一期、二期頃に並行すると推定される（図4の I 期）。宝鶏市街地に近い金河遺跡や石嘴頭遺跡に代表され、特に石嘴頭は、石鼓山西周墓地にきわめて近い位置関係にあり注意すべきである。

　その後、宝鶏市周辺では、紙坊頭 I（紙坊頭4B層）や、近年発掘報告が出された高家村遺跡に代表される時期がつづく。土器群 B の II 期、III 期に相当し、およそ殷墟三期、四期前半頃に並行すると推定される（図4の II - III 期）。②劉家グループを代表する扶風県劉家遺跡は、宝鶏市より東の周原地区に位置するが、同遺跡の墓地の中心となる時期はほぼこの時期に相当する。[24]

　つづいて宝鶏市周辺には、②金河・晃峪グループ後期、および⑥土器群 A・B 共存遺跡が出現する。土器群 B の IV 期（IV 1期、IV 2期）に相当する（図4の IV 1 と IV 2期）。土器群 A・B 共存遺跡である紙坊頭 II（紙坊頭4A層）の土器は、この時期とその前後の時期を分界する層位的根拠を提供している。

　この時期、土器群 A が宝鶏市東方の周原地区から西に拡散し、宝鶏市周辺を呑み込むようにしてさらに西北に向かって甘粛省東部にまで広がった。その過程で関中平原西部の広域に、多くの土器群 A・B 共存遺跡を形成したと考えられる。その一方で、宝鶏市西部の晃峪遺跡に代表される金河・晃峪グループ後期では土器群 A が共伴せず、宝鶏市周辺地域の土器伝統である土器群 B を、より単純な形で継続したと考えられる。

　なおこの時期以降、宝鶏市南郊、秦嶺北麓清姜河の谷間の傾斜地に、⑤茹家荘グループが出現する。弭国墓地として知られる茹家荘・竹園溝など西周前期の墓地遺跡に関連する可能性のある生活址の土器と推測される。在地伝統の終末期の土器群 B と、外来の四川系土器および寺窪系の土器を交えた土器の様相を呈する。[25] ただし、茹家荘生活址の性格と年代的位置づけについては、さらに関連資料の増加が必要である。

土器群Aとは、西周前期に成立する「西周式土器」を構成する主要な土器系統である。そのこ(26)とから先周期の周の勢力と密接な関係にあると判断される土器群である。したがって、土器群Aが関中平原西部からその西北方面（甘粛東部）へと拡散し、土器群A・B共存遺跡を形成した現象は、その時期の周勢力の拡張を反映していると考えられる（文献に見える文王期の動向と関連する可能性が高い）。宝鶏市東部の渭河北岸にあって、南岸の石鼓山にも近い著名な闘鶏台（戴家湾）遺跡などは、そのような土器組成をもつ代表的な墓地遺跡である。

　石鼓山3号墓からは土器がわずかに1点（B類鬲）しか出土していないため、宝鶏市周辺の土器群の動きの中で、上記した土器群A・B共存遺跡の仲間なのか、土器群Bの伝統をそのまま継続した金河・晁峪グループの仲間なのか、その判断はむずかしい。しかし、筆者はのちほど言及する石鼓山3号墓の墓制上の特徴が、土器群A拡散以前からつづく宝鶏市周辺地域の伝統を継承していると考えており、石鼓山遺跡は宝鶏市周辺の在地色の強い集団が残した墓地であって、その意味で金河・晁峪グループの担い手と近い関係にあるものと推測している。

　石鼓山3号墓の発見により、西周王朝成立後の西周前期に位置づけられる土器群Bの存在が確認されたことは重要である。これまで先周期の土器研究で一つの常識とされてきたのは、高領袋足鬲の出土をもって先周期の遺存とする年代観であった。しかし実際には高領袋足鬲が西周王朝成立(27)前に終了したとする正確な根拠は知られていなかった。筆者は土器群Bの中には、特に宝鶏市周辺においては、西周期以降に継続した一群の土器（主に土器群BのⅣ2期）が存在した可能性を指摘してきたが、石鼓山3号墓の発見は、それを証明する確かな資料であると考えられる。

(2)　方格乳釘紋簋について

　石鼓山3号墓出土青銅器のなかに、方格乳釘紋簋（簡報1、2の盆式簋）が4点含まれている。このタイプの青銅簋と周の動向を論じた武者章の示唆的な先行研究をうけて、筆者は方格乳釘紋簋(28)や方格乳釘紋鼎と土器についての研究を関連させて、次のように指摘したことがある。①方格乳釘紋簋の出土は関中平原と甘粛東部に限定される。②製品としての完成度が青銅器先進地の殷王朝中心地域の精品に及ばない。③方格乳釘紋という特徴は、土器群A（先周期の周勢力と関連した土器系統）の西周Ⅰa期（殷末周初頃）に広く見られた土器の印紋と共通する。④その分布が濃密なのは宝鶏市周辺を含む関中平原西部と甘粛東部で、先述した土器群Aの西方への拡散とかさなりあっている。以上のことから、方格乳釘紋簋は、殷王朝中心地域の青銅器に並行して周自身が製作した「関中型青銅器」の1器種と考えられ、先周期末から西周前期の早い時期に見られた周勢力の関中平原西部への拡張期に、同地方に在地の（あるいは同地方に移り住んだ）有力族氏に配付された青銅器と推測できる。(29)

　石鼓山3号墓の方格乳釘紋簋もまた、このような周勢力の関中平原西部への拡張の動きのなかに出現した青銅器と考えられる。それはまた、土器群Aの拡大によって宝鶏市周辺を含む関中平原西部で、土器群A・B共存遺跡が広汎に出現した動向ともかさなりあう動きである。石鼓山西周墓の被葬者たちは、こうした動向の中にあって、西周王朝の成立後に比較的重要な地位を得ていた在地の集団と思われ、一方で宝鶏市周辺の土器伝統である土器群Bを西周期に入っても継続した人

びとでもあった。

(3) 墓壙構造の系譜について

　石鼓山3号墓の墓制上の顕著な特徴の一つは、二層台より上の墓壙壁面（東壁、北壁、西壁）に合計六つの壁龕を穿ち、青銅彝器をそこに埋置していたことである[30]。

　宝鶏市周辺でこのような壁龕をもつ墓制の系譜に関して、最近発掘報告が出された高家村墓地が一つの手がかりを提供している。高家村の墓地遺跡は、宝鶏市街地西南部の渭河の南にあり、秦嶺山脈から北流して渭河に注ぐ塔梢河の西岸に位置する（図1）。発掘報告者の分類によれば、墓の構造は、①偏洞室墓、②頭龕（墓室と一体型）をもつ竪穴墓、③頭龕（二層台の上の壁面を掘削）をもつ竪穴墓、の3種に分けられる。墓地内の墓の配置等から推定される墓の早晩関係を勘案して、発掘報告は①→②→③の段階を踏んで変化したと考えている。

　高家村の①偏洞室墓に類似する墓制は、高家村遺跡の発掘報告が指摘するように、土器群BのⅡ期、Ⅲ期頃を代表する扶風県劉家遺跡墓地の大半の墓に見られる特徴でもある[31]。しかし、劉家遺跡の墓制は基本的に①偏洞室墓のみで、副葬品を入れる壁龕（頭龕）は見られない。劉家遺跡より遅い時期の土器群Bを含む高家村遺跡の墓地では、①偏洞室墓につづいて、まず②頭龕（墓室と一体型）が登場し、さらに③頭龕（二層台の上の壁面を掘削）へと変化したと推測される。

　石鼓山3号墓の壁龕は、おそらく高家村の③頭龕（二層台の上の壁面を掘削）の形態から、より多くの副葬品を埋置する目的で変化したものであろう。ただし、石鼓山3号墓の壁龕は、被葬者の頭位方向の壁面ではなく、被葬者の脚部の方位（北壁）とその左右の壁面に複数の龕を穿ったものとなっている。以上のように考えると、石鼓山3号墓は、副葬品として土器群Bの高領袋足鬲を出土しているだけでなく、墓制上から見ても、高家村墓地の墓制を継承した特徴をもつもので、いわゆる劉家文化の特徴ある墓制の遅い時期の一例と位置づけることができるであろう。

　その石鼓山3号墓の複数の壁龕を穿つ墓壙構造と、きわめてよく類似した構造の墓が、最近になって山西省の臨汾市翼城県の大河口墓地で発見された。報告されている大河口1号墓は、長方形竪穴土壙墓で、墓壙底部が東西4.6m、南北3.78mをはかる1槨1棺墓であった。注目すべきはその二層台の上の四壁に、合計11の壁龕を設けていることである[32]。大河口1号墓と石鼓山3号墓は、西周墓として他に例を見ない壁龕をもつ墓壙構造をもち、また全体の規模や規格も近似した例であることに注意したい。大河口1号墓の年代について、報告者は西周前期と中期の際とする。宝鶏市周辺の伝統の中から登場した石鼓山3号墓の系譜をひいて、晋南の地に出現した大型の西周墓と考えることができよう。

おわりに

　石鼓山3号墓の発見は、これまで先周期の土器の指標と見なされ、西周期には続かないとされてきた高領袋足鬲が、すくなくとも宝鶏市周辺において西周前期の頃まで継続していたことを明らかにした。同時に石鼓山墓地の集団は、周勢力の拡張とともに先周期末以降の関中平原西部で広汎に

土器群Ａ・Ｂ共存遺跡が形成される中にあって、土器群Ｂ（金河・晃峪グループ）の単純な形を西周前期まで継続した在地色の強い集団と考えられた。

　西周王朝が開始された関中平原では、王都の豊鎬地区や周原地区で「西周式土器」あるいは「西周式青銅器」が成立し、それらは遠隔地の諸侯国にまで波及した。その時期に、関中平原西部にはなお、先周期以来の土器群Ｂの伝統を保持する一部の集団が存続したことになる。関連して興味深いのは、周原地区ないしその近隣地域、すなわちかつての先周期の土器群Ａ中心地域においても、すべてが「西周式土器」に転換したのではなかったことである。西周期のこの一帯には、先周期以来の単純な土器群Ａの伝統を保持した一部の集団があったことが指摘できるのである(33)。そのように考えるならば、殷王朝の崩壊後、関中平原に遷った一部の旧殷王朝系の集団が、自らの文化伝統を色濃く継承したと考えられること(34)、あるいは、先にも触れた宝鶏市南郊に展開した四川系文化と関係の深い強国墓地の集団など(35)があらためて注目される。西周前期頃の西周王畿とは、そうした多様な文化的集団が共存しつつ構築された地域であったと考えられよう。

註

(1)　2種の発掘簡報が相次いで発表されている。石鼓山考古隊「陝西宝鶏石鼓山西周墓葬発掘簡報」（『文物』2013年2期、4-54頁）（以下、簡報1）、石鼓山考古隊「陝西省宝鶏市石鼓山西周墓」（『考古与文物』2013年1期、3-24頁）（以下、簡報2）。

(2)　西江清高「西周式土器成立の背景（上）」（『東洋文化研究所紀要』121冊、1993年、1-137頁）。

(3)　石鼓山の地名は、『続漢書』郡国志一・陳倉県下、劉昭注に引く『三秦記』の「秦武公都雍、陳倉城是也、有石鼓山」と見えるのが古い例とされる。唐代になって発見され、今日北京の故宮博物院に収蔵される著名な秦の石鼓は、もとはその石鼓山にあったもので、現在の同名の地点がそれに該当すると一般には考えられている。李仲操「石鼓山和石鼓文」（『文博』1999年1期、21・20頁）参照。

(4)　王顥・劉棟・辛怡華「石鼓山西周墓葬的初歩研究」（『文物』2013年2期、77-85頁）、77頁。

(5)　ここでは簡報1の解釈にしたがって、参考までに出土した青銅器に見られる「族徽」と人名（「日名」）を示すと、「族徽」としては、鳥、万、戸、冉、曲、単、亞羗、𪊨、𪐀、正、重の11種、人名（「日名」）としては、父甲、父乙、父丁、父癸、中臣、癸がある。

(6)　林巳奈夫は図象記号、祖先名あるいはそれらの組合せからなる、文章をなさない銘について時期別に事例数をまとめている。その結果として、図象記号や十干を使った父祖名が西周金文中にも少なくないことを示し、殷代青銅器の指標とする宋代以来の伝統的な考え方を再考すべきとした。この指摘は正確なものである。ただ、林の統計表を見ても明らかなように、この種の銘が、殷後期をピークとして、その後明らかに減少することも事実としてある。林巳奈夫『殷周時代青銅器の研究—殷周青銅器綜覧一—』（吉川弘文館、1984年）（以下『林綜覧』）。張懋鎔はその青銅器銘文の研究で、姫姓周人は「日名」と「族徽」を使用しなかったことを強調している。註4掲、王顥・劉棟・辛怡華論文（82頁）でもこの説を引用する。石鼓山発見の一括青銅器の年代や、青銅器の由来あるいは製作の背景を検討する上で、張懋鎔の説はあらためて注目されよう。張懋鎔「再論"周人不用日名説"」（『文博』2009年3期、27-29頁）、同「西周青銅器断代両系芻議」（『考古学報』2005年1期、1-25頁）、同「周人不用族徽説」（『考古』1995年9期、835-840頁）。

(7)　李学勤「石鼓山三号墓器銘選釈」（『文物』2013年4期、56-58頁）。李はこの論文で「戸」と解釈される銘をもつ青銅器として、過去の著録にある青銅卣2点、青銅戈2点（うち1点は伝西安出土）が知られることを指摘した上で、「戸」銘と西安近郊の戸県（かつての鄠県）との関連に注意している。なお管見では、

李の指摘の他、近隣の宝鶏紙坊頭で2003年に発掘された西周前期墓からも類似銘をもつ青銅方鼎1点（2003BZFM3：5）が出土している（宝鶏市考古研究所「陝西宝鶏紙坊頭西周早期墓葬清理簡報」『文物』2007年8期、28-47頁、図35-1）。宝鶏周辺の各所に墓地を形成した族氏集団間の何らかの関係を示すものであろう。

(8)　これに類する禁とよばれる青銅器は、1901年に宝鶏闘鶏台で農民が発見し端方が収蔵した1点（現在メトロポリタン美術館蔵）、および1925年から26年にかけて軍閥党玉琨が宝鶏一帯でおこなった盗掘で発見された1点（現在天津博物館蔵）が知られる。盧連成・胡智生『宝鶏𢐗国墓地』（文物出版社、1988年）、3頁参照。1901年発見の禁に伴うとされた青銅卣2点があり、それらはまた石鼓山3号墓の2点の「戸」卣と形態的に類似点の多いものである。梅原末治『柉禁の考古学的考察』（東方文化学院京都研究所、1933年）参照。宝鶏市東部の渭河北岸にある闘鶏台（戴家湾）遺跡と南岸の石鼓山遺跡で、類似点の多い希少な大型青銅器が出土したことは注意すべきである。

(9)　註4掲論文、83-84頁。

(10)　鄒衡「論先周文化」（『夏商周考古学論文集』文物出版社、1980年、297-355頁）、同「再論先周文化」（『夏商周考古学論文集（続集）』科学出版社、1998年、261-270頁）。

(11)　簡報1と簡報2は、ともに陝西省と宝鶏市の発掘担当者によるもので、基本的に提示された年代観は一致している。また、簡報1の年代観は、同時に発表された発掘担当者による石鼓山西周墓についての研究論文（註4掲論文）とも同じ結論になっている。なお、表1にある個々の青銅器の『林綜覧』との対照結果は筆者の見解である。

(12)　簡報1、53頁、および簡報2、23頁。

(13)　西江清高「西周式土器成立の背景（下）」（『東洋文化研究所紀要』123冊、1994年、1-112頁）、61-71頁、表9、10参照。

(14)　関連する議論は多く見られるが、たとえば最近では、雒有倉「商周家族墓地所見族徽文字与族氏関係」（『考古』2013年8期、58-70頁）、66・68頁において、石鼓村3号墓の青銅器にも見られた族徽「冉」の出土例などから、旧殷王朝系の集団の関中地方への移住に言及している。また、豊鎬地区への殷系集団の移住とその後について考古学資料から論じた張礼艶「灃西地区殷移民的社会地位及其変遷」（『考古与文物』2013年2期、41-52頁）は、本稿にとっても示唆的な研究である。

(15)　陝西周原考古隊「扶風劉家姜戎墓葬発掘簡報」（『文物』1984年7期、16-29頁）。

(16)　註2掲論文。筆者は同論文で、B類鬲と有耳罐の2器種の型式変遷を検討し、そのⅠ～Ⅳ段階をもって土器群Bとよぶ土器伝統全体のⅠ～Ⅳ段階に対応させる枠組みを設定した。

(17)　宝鶏青銅器博物館のご好意により実見したところ（2013年11月）、袋足上部の周囲6カ所に貼り付けられていた。

(18)　甘粛省文物考古研究所『崇信于家湾周墓』（文物出版社、2009年）。

(19)　註2掲論文、75頁、図8（2）-31。

(20)　筆者は註2掲論文（98-99頁）で、袋足の形状と足尖部の形態を、B類鬲（高領袋足鬲）変遷の重要な目安とした。B類鬲の足尖は、全般に扁平・直立→円錐状と変化し、また遅い時期には円錐状かつ外反の強まるものが増加する明確な傾向がある。その変化を、1～7（外反の強い6′・7′含む）段階に分けた。M3：29は6′または7′の足尖をもつ。于家湾M6：1は5または6′に相当する。

(21)　宝鶏市考古工作隊「陝西宝鶏高家村劉家文化墓地発掘報告」（『古代文明』第7巻、文物出版社、2008年、286-322頁）。発掘報告者は扶風劉家遺跡との比較などから、高家村の年代を殷墟三期、四期並行と推定する。ただ同遺跡では青銅器は出土しておらず、墓の年代観を提示するには考察の材料が不足している。高領袋足鬲M9：1を出土した9号墓は墓域の最南端近くに位置して、墓域の中でも遅い時期の墓である可能性を示唆する。

(22)　高家村墓地で、9号墓に近接する墓M21も、墓地内の位置や墓壙の構造などからやや遅い時期の墓と考

えられる。同墓出土の高領袋足鬲（M21：2）（図4-5）や有耳罐にも、一部縄紋を擦り消す手法がみられる。ただし、同墓のB類鬲は足尖や器形全体の特徴などM9：1より古い要素が多く、筆者のB類鬲のⅣ1相当と考えられる。注目すべきは、同墓から肩部に2本の平行沈線をめぐらせる円肩罐（M21：5）が出土していることである。これは筆者の土器群Aの西周Ⅰa期（殷末周初頃）の典型的な陶罐に共通する特徴である。そこで、B類鬲Ⅳ1-土器群BⅣ1期-西周Ⅰa期（土器群A）、という対応関係が成立するならば、それにつづく、B類鬲Ⅳ2-土器群BⅣ2期-西周Ⅰb期（土器群A）という対応関係もまた大きな矛盾なく肯定できるのではないかと考えられる。西周Ⅰa期は関連する青銅器も多く、殷末期と西周初葉期を含む時期として設定した。したがって、それに後続する西周Ⅰb期に対応する土器群BⅣ2期とは、筆者の年代観では確実に西周王朝成立後の一時期と考えられる。

(23) 註2掲論文、69-97頁。この旧稿では、本稿の①と②、金河・晁峪グループの新旧2段階を、一つのグループの2時期として記述した。現在もその考え方に変わりはない。
(24) 宝鶏市考古工作隊『陝西宝鶏高家村劉家文化墓地発掘報告』（『古代文明』7巻、文物出版社、2008年、286-322頁）。
(25) 註8掲、盧連成・胡智生報告書、6-16頁参照。
(26) 註13掲論文、74-94頁。
(27) 1例にすぎないが、註18掲報告書、125頁などで論じられている年代観。
(28) 武者章「先周青銅器試探」（『東洋文化研究所紀要』109冊、1989年、155-184頁）。
(29) 註13掲論文、69-71頁。
(30) 簡報1、図3〜図9。
(31) ただし、劉家遺跡最晩期の墓と考えられるM49だけは、高家村の頭龕をもつ墓壙に類似する。註15掲報告、25頁、図15。
(32) 中国社会科学院考古研究所文化遺産保護研究中心・山西省考古研究所翼城大河口考古隊「山西翼城県大河口西周墓地M1実験室考古簡報」（『考古』2013年8期、12-35頁）。正式な報告書ではないため同墓の詳細は不明。多数の青銅器のほか、壁龕から多数の木漆器が出土して注目されている。
(33) 扶風県の北呂遺跡などはその代表的な例である。宝鶏市周原博物館・羅西章『北呂周人墓地』（西北大学出版社、1995年）。註13掲論文、89-92頁参照。
(34) 註14掲雒有倉論文、張礼艶論文など参照。
(35) 西江清高「西周時代の関中平原における『強』集団の位置」（論集編集委員会『論集 中国古代の文字と文化』汲古書院、1999年、207-244頁）参照。

図表出典
図1：筆者編。ランドサット衛星画像使用。
図2：簡報1、裏表紙写真より。
図3：註18報告書、図版10-3より。
図4-1、4-2：劉宝愛「宝鶏発現辛店文化陶器」（『考古』1985年9期、851頁、図2）より。
図4-3、4-4：註21報告、308頁、図25より。
図4-5、4-6：註21報告、315頁、図31より。
図4-7：註21報告、298頁、図16より。
図4-8：簡報1、52頁、図73より。
表1：筆者編。

西周青銅器の生産、流通の分散化
——古代中国の社会構造——

近藤 はる香

　中国の田野考古はここ十年ほど急速な発展をみせている。これまで発掘調査が少なかった南方や西北地方などでも大規模、継続的な発掘調査が行われるようになり、さまざまな理論・方法、科学技術の手法を用いた発掘調査および研究が進んだことで、各地域、各時代とも詳細かつ多様な考古学情報が得られるようになった。

　殷周青銅器に関して言うならば、青銅器そのものもさることながら、殷、西周時代の鋳造遺跡が次々と発見されたことが特筆に値する。河南省殷墟孝民屯鋳造遺跡（安陽工作隊 2006）、陝西省周原遺跡李家村（周原考古隊 2004b）、周公廟遺跡（徐天進 2006ab）、孔頭溝遺跡（種・張・雷 2007）では大量の鋳造関係遺物が出土し、殷周青銅器の生産をめぐるさらなる問題解決に期待が高まった。青銅器の生産問題は、殷周社会構造を読み解く鍵として、中国内外の学者によって研究がなされ、重要な成果がおさめられてきたが（松丸 1977・1979、李 1995、林 1978、難波 1989・1990・1992、Li Feng 2002、張剣 2004、丹羽 2006・2008）、その主な研究材料は青銅器であった。鋳造遺跡・遺物の発見は青銅器生産の問題に直接の証拠を提供し、筆者もその基礎研究として陶範・陶模そのものに対する型式学的分析を提唱したが（近藤 2010）、鋳造遺跡・遺物のみを材料とする生産体制研究を行うには、数も保存状態も決して理想的とはいえず、従来の青銅器を材料とした検討および集落考古学の手法、成果を組み合わせることが今最も有効な方法と考えられる。

1．鋳造遺跡・遺物の分布から見る西周青銅器生産の分散化

　陝西省で見つかっている西周時代の鋳造遺跡・遺物を表1にまとめた。表中「範」は外範、内範両方を指し、「陶管」は「傘状陶管」、「円錐体中空器」を含む（雷 2008・2009）。[1]「銅渣」は「流渣」、「錬渣」、「炉渣」などと報告されているものを指し、これらは科技考古の分析を経ていないものがほとんどで、性質がはっきりしていないため、すべて「銅渣」とした。1971年荘白程家村（周 1972）と1981年召李村（羅 1985）で出土した「銅餅」は泡、盾牌飾である可能性も考えられなくはないが、「生紫銅」との説明があり、インゴットの一種であろうと思われるので、ここでは鋳造遺物とした。周原姚家村は2011年から2013年1月にかけて発掘された遺跡で、簡報はまだ出ていない。[2]

　地理的関係でみると、勧読、周公廟、孔頭溝、周原李家村は西から東へ各10km前後の間隔で分布する。周原遺跡内には他にもいくつかの鋳造遺物出土地点が確認されており、[3]ここではおおよそ2、3kmの間隔で鋳造遺跡が分布していたと推測される。周公廟、孔頭溝、周原李家村三遺跡で

表 1　関中地区出土西周時代鋳造遺跡・鋳造関係遺物

遺跡、発掘点		発掘年	年代	鋳造関係遺物・遺構			機種
1．勸読遺跡		2004年	殷代晩期		陶管	炉壁	
2．周公廟遺跡	祝家巷北	2004-2006年	殷代晩期-西周早期		範、模、陶管	炉壁、銅渣	容・武・工・車馬
	折樹棱墓地北	2004年	西周早期	建物跡、窯跡	範など		不明
	折樹棱墓地南区	2009年	西周早期-西周晩期		範、陶管		不明
	東区建築基壇下	2005年	殷代晩期		範		不明
3．孔頭溝遺跡		2006年	西周早期-西周晩期	窯	範、模、陶管	炉壁、銅渣	容・楽・武・工・車馬
4．周原遺跡	雲塘村制骨工房遺跡	1978年	西周中晩期		陶管		
	雲塘村建築基壇F10周辺	2002年	西周晩期		範	銅渣	不明
	斉鎮村	不明	不明		範、模	銅渣	不明
	斉鎮村	不明	西周時期	熔炉	範	炉壁、銅渣	不明
	斉家村北	1974年	不明		範、模	銅渣	不明
	斉家村北	2002年	殷末周初		範、陶管		不明
	李家村	2003-2004年	西周早期-西周晩期		範、模、陶管	炉壁、銅渣	容・楽・武・工・車馬・不明器
	荘白程家村	1971年	西周時期			「銅餅」(インゴット？)銅渣	
	荘李村	1980年	不明		範、模	銅渣	不明
	召李村	1981年	不明			「銅餅」(インゴット？)	
	姚家西区（住居跡）	2011-2013年	西周時期		範、陶管	銅渣	

は炉壁、銅渣、陶模、陶範などの西周早期から晩期までの鋳造遺物が大量に出土していて、範から知られる製品（青銅器）の器種構成は、容器、楽器、武器、工具、車馬具、その他不明器と、当時の青銅製品をほぼ網羅する。ここからわかるのは、この三遺跡それぞれが完成された、独立した青銅器生産拠点として、熔銅、製範、澆鋳の全工程を担い、青銅器全種の生産を行っていたことである。つまり、この密集した分布関係があらわすものは協業・分業により結ばれた生産ネットワークではなく、直径約10kmという非常に小さな範囲で、各青銅器供給源がそれぞれ生産を行っていた、全体としては、細分化、分散化された構造である。

2．紋様レベルから見る西周青銅器の流通範囲

周原遺跡内には少なくとも李家村（荘白区）、雲塘村、斉鎮村、斉家村、姚家村の五つの青銅器生産拠点があったと考えられる。ここでは、まだ正式な報告がない姚家村を除いたその他四地区から出土した墓葬青銅器、窖蔵青銅器の紋様の精粗を数値化して（表2）、その傾向をみることで、これらの鋳造遺跡で生産された青銅器がどのように流通していたのかをみていきたい。紋様レベル分析をもちいるのは、紋様は模、範に描かれ、絵画的センスのほか、製模、製範技術、さらには範の組み立ての精確さ、湯の状態から注ぎ方まで、ほぼ全工程における高度な技術と精確さが要求され、そのため紋様の仕上がりは青銅器全体の製作レベル、つまりその青銅器を作った工房、工人の技術レベルや傾向を代表すると考えるからである。各レベルの青銅器がどのように分布しているかをみれば、生産から流通、消費までの青銅器の大方の動きをたどることが可能と考える。

表2　紋様レベル数値化基準

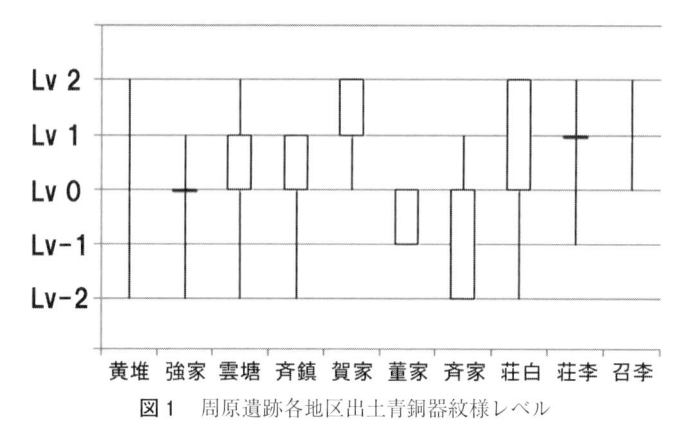

Lv 2	Lv 1	Lv 0	Lv −1	Lv −2
紋様の構造に問題なし			紋様の構造に問題あり	
紋様の要素構成、形に問題がなく、洗練された、なめらかな線によって描かれている。底紋の雲雷紋も適切な区画のもと細かく密になめらかな線で描かれる。	紋様の要素構成、形に問題はないが、線に硬さがみられ、底紋の雲雷紋も適切な区画のもと描かれながらも、線が「2」のものほど細かくなく、多少の乱れがある。	紋様の要素構成に間違いはないが、形に崩れ、線に硬さがみられ、稚拙さが目立つ。底紋の雲雷紋の区画、線にも乱れがある。	線に硬さがあり、稚拙である。紋様の構成要素が揃っていない、または間違いがあり、底紋は乱れ、時として、雲雷紋を形成しない。	紋様要素、形に間違いがみられ、線の硬さもひどく、非常に稚拙で、紋様を形成出来ていない。

図1　周原遺跡各地区出土青銅器紋様レベル

斉家地区出土の青銅器の紋様レベルが目立って低く、それとは対照的に荘白区の青銅器のレベルが非常に高く、斉鎮区、雲塘区、賀家区出土の青銅器紋様レベルはやや高めであることがみてとれる（図1）。特に地理的に連続する荘白区と斉家区で両極端の傾向が出ていることは注目される。荘白区の伯㦰墓と斉家村M19はともに西周中期に属し、まったく同じデザインではないが、両墓ともS字型顧首龍紋を飾った青銅器が出土している。それぞれの紋様レベルは前者が2、後者が−1から−2である。さまざまなレベルの青銅器が出土していること自体は、供給源のレベルのばらつきを示すだけだが、鋳造遺跡の分布に基づいて区分けした地区ごとにばらつきが現われていることは、それが一鋳造遺跡内部のレベルの不均等ではなく、鋳造遺跡単位でのレベルの差を示しており、かつその流通が鋳造遺跡の所在地区内にほぼ限られていたであろうことを示している。生産と流通の範囲の一致は生産だけでなく、青銅器の流通および消費も直径数kmから10kmの圏域に細分化されて展開し、このような小圏域が林立する細分化構造が当時の青銅器の生産・流通体制であったことを物語っている。

3．青銅器生産・流通から見る古代中国社会の構造──連合体構造と集団意識──

鋳造遺跡が分布する周公廟遺跡、孔頭溝遺跡、周原遺跡雲塘村、斉鎮村、斉家村、荘白村、姚家村には墓地（周公廟、孔頭溝、劉家［荘白］、姚家では墓道を持つ大型墓も発見されている）、居住址、大型建築址または大型建築材、青銅器窖蔵（周原遺跡）及びその他各種手工業工房遺跡または関係遺物（表3）が分布している（図2）。このことから推測するに、青銅器生産・流通・消費の細分化構造は青銅器だけにあてはまるのではなく、基本的な生活からその他各種生産、祭祀・儀式

表3　各遺跡・地点出土建築遺構・遺物と手工業工房遺跡

遺跡、発掘点		建築遺構・遺物		手工業工房遺跡		鋳造遺跡
				地点	手工業種	
周公廟遺跡		基壇	磚	馬尾溝東岸	土器製作工房遺跡	○
孔頭溝遺跡			磚、瓦	趙家台村西南	土器製作工房遺跡	○
周原遺跡	鳳雛村	基壇		趙家台村西北	磚製作工房遺跡	
	流龍嘴	基壇	瓦	流龍嘴村西南	土器製作工房遺跡	
	董家村	柱礎石、石敷面	瓦、版築層破片			
	強家村	石敷面、版築層	瓦			
	雲塘—斉鎮村	基壇		雲塘村西南	骨器製作工房遺跡	○
	斉家村	石敷基壇、版築柱礎		斉家村北	石器製作工房遺跡	○
				斉家村北	土器製作工房遺跡	
				斉家村東	骨器製作工房遺跡	
	召陳村	基壇	建築材			
	下樊村			下樊村西南	瓦製作工房遺跡	
	任家村			任家村北	骨器製作工房遺跡	
	荘白村	柱礎石、壁「皮」	瓦	荘白村西	玉器製作工房遺跡	○
	劉家村	柱礎石	瓦			
	召李村	基壇	瓦			○
	下務子村	石敷面				
	姚家村			姚家村西	角器製作工房遺跡	○

などの高度な社会活動までを含む、社会生活全般の機能の細分化——つまり、これらの小圏域は経済的、政治的に一定程度の独立性をもった完成された社会単位であって、この小圏域の集合体がさらに大きな地域圏域、最終的には西周社会を構成していたことを示すものと考えられる。このことは史学界では都市国家、邑制国家論として早くから主張されてきたが（中江 1925、松本 1952・1953、侯 1955、宇都宮 1955、松丸 1970、趙 1990など）、考古学の分野では、周原大型建築の性質を検討する際、のちに提唱されるような枠組みが示されており（丁 1982）、西周社会の構造として明確に主張されるようになったのは、集落考古学の理論と手法が発掘調査、研究に広く応用されるようになった近年のことである（徐 2004・2005・2006ab、雷 2010、雷・

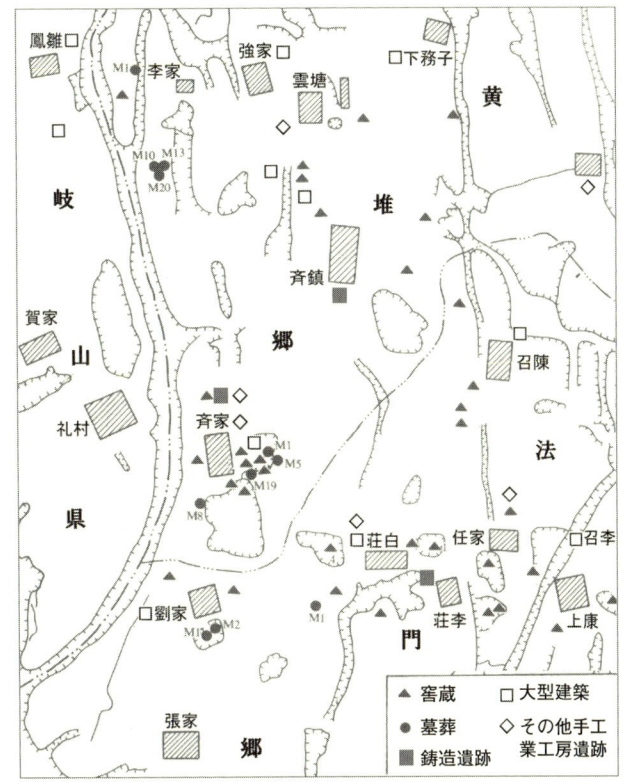

羅西章『扶風県文物志』図七（53頁）をもとに作成。大型建築、手工業工房遺跡の位置が明確でないものは地名（村）の横に記号を記してある。

図2　周原遺跡各種遺構・遺物の分布

種 2007・2011)。

　西周社会が、細分化された小さな独立した圏域――集落の連合体構造[7]であったことが確認できたところで、今一度青銅器生産の問題に戻ってみたい。周知のとおり、殷、西周時代の青銅器は非常に広い範囲で、高い統一性を保っており、黄河流域はもちろんのこと、長江流域に至る広大な地域で同型式(器形紋様)の青銅器が出土している。問題は、この広域にわたる高い統一性が、中央集中生産という生産実体の統一によって実現されたのではなく、独立した個々の生産体によって実現されていた点である。[8]すなわち、鋳造という作業実体レベルでは、それぞれの集落が独立性をもち、生産を行うが、器形紋様のデザイン――思想的な部分では集落毎の自由や独立性はなく、なんらかの統制を受けていた。各地の鋳造遺跡が横のつながりをもって一つの大きな生産ネットワークを形成していたと考えられなくもないが、鋳造遺跡と墓地や居住区址、大型建築などとの関係性からみて、鋳造遺跡は基本的に集落に属していたと考えられ、周原遺跡内で見られたレベルの差に立ち戻って考えてみても、鋳造遺跡間に横のつながりがあったとは考えにくい(もしくは横のつながりは非常に弱い)。西周時代に入ってからも、殷由来の工人たちが各地で青銅器生産を担い続けていたであろうが、関中地区の状況から推測して、全国では膨大な数の鋳造遺跡があったと推測され、これを殷由来の工人だけでまかなえたとは考えにくい。また、殷代後期には非殷系の鋳造遺跡、工人がすでに存在し、西周時代にはいってからも青銅器生産に携わり続けたとの研究があり(林 1978、雷 2008・2010)、由来・系統を異にする各鋳造個体が、思想面(デザイン)での統制をうけることで、西周青銅器の統一性が保たれていたと考えるほうがより自然かと思われる。この青銅器生産の実体における分化・独立と思想面での統一が組み合わされた構造は、西周王室が各集落の実体部分を掌握するのではなく、彼らに共通の集団意識を与えることで、その統治を実現、完成させていたであろうことを反映しているのではないか。分化・独立と統一が共存する連合体構造は、分封制の西周社会としては当然のことかもしれないが、従来の研究では王と諸侯貴族のつながりに重点がおかれ、一体性や統一性が強調されることも多く、特に青銅器を手掛かりに西周社会を論じるものにはその傾向が強い。西周青銅器が高い統一性を保っていることがその根拠としてあるわけだが、この青銅器の中に分化現象、独立傾向を確認できたことで、西周社会構造をさぐる新たな手掛かりがみえたのではないだろうか。

　大周原地区[9]の例がどの程度の普遍性を持つかどうかは確証を得ないが、最後に、独立した社会機能を持つ集落がこのような小規模で、細分化された形で展開していたことの社会的、歴史的意味を考えてみたい。

　集団としてのアイデンティティーは社会機能が完成した時点で形成され、大きな集団へと集団が昇級していくにしたがい、段階的な多層構造をもった集団意識が形成されていく。しかしながら、どの段階の集団意識にも明確なアイデンティティーが形成されるわけではなく、基礎となる集団アイデンティティーがどこに設定されるかで、最終的な大集団の意識形態及び性質も変わってくる。大周原地区では直径数kmから10kmという狭い範囲ですでに社会機能が完成し、社会集団としてのアイデンティティーの基礎がかなり早い段階、狭い範囲で形成されていたと考えられ、これらの

集団が連合してより大きな集団をつくっていくと、集団意識はより多層化されたものになり、自他の線引きの基準がいくつも用意されることになる。そのため、大集団を形成していく過程で風俗文化の異なる集団、他民族など由来の異なる集団が組み込まれても、排他意識を常に外部発生へと調整することができ、矛盾、衝突がやわらげられる。つまり、多層化した構造、集団意識をもつ社会は全体として、非常に包容性の高い社会になるわけである。反対に、基礎となる集団アイデンティティーが晩い段階、広い範囲で設定されると、一つの集団内にさまざまな異分子が共存してしまい、矛盾が停滞して、排他現象が内部発生し、集団の危機がうまれやすい。多種多様な文化、民族をかかえる中国では、社会機能を早い段階で完成、独立させて集団意識を多層化させることは、「統一」の必要条件かつ必然的現象であり、連合体構造は中国社会にとって最もふさわしい社会形態であったといえるのではないだろうか。

　国家としての「周」の集団意識は当然ながら西周王室を中心とする政治的まとまりに相対して形成されたものと思われる。しかしながら、青銅器に再び立ち戻って見てみると、その統一性は西周一時代、一王室にとどまるものではなく、夏、殷代、周と受け継がれてきたものである。言い換えれば、青銅器の器形紋様の背景には「殷」や「周」といった人間集団、現実的な権力を超越した存在、概念があるのである。時空、人間世界を超越した存在を統治権力の根拠とすることは世界中でみられる現象ではあるが、古代中国では青銅器を通して、それがより現実的、具体的に政治に取り込まれていたように思う。多民族多文化国家である中国では人間社会を超越した存在、抽象的な集団意識を作り上げることは必要不可欠であり、このことは現在の中国でも「国」を超えた「華」の意識が重要な意味を持っていることとも共通するように思われ、この「華」の原型は殷周時代に求められるのかもしれない。柔軟性に富んだ、具体性と抽象性を織り交ぜた集団意識が、さまざまな文化、民族をかかえ、幾度もの王朝交代を経ながらも、漢字を中心とする歴史文化を脈々と受け継いできた「中国」の骨組みを形成し、支えてきたのではないだろうか。

註

(1) 筆者は雷興山の分析、意見に賛同し、陶管を鋳造遺物として扱う。76雲塘T3：11（羅 1988）、76雲塘T15④：5（陝西周原考古隊 1980）は制骨工房遺跡から出土し、当初は「紡輪」に分類されていたが（陝西周原考古隊 1980、羅 1988）、2002年には大型建築基壇の発掘（陝西省考古研究所 2007）が行われ、その際、範と銅渣が見つかっている（雷・種 2011）。陶管は鋳造遺跡に由来したものと考えられる。

(2) 当地点の発掘成果は『中国文物信息網』http://www.ccrnews.com.cn や『中国考古』http://www.kaogu.net.cn で逐次報告されている。

(3) ここでいう周原遺跡は狭義の周原。狭義の周原は岐山の麓から扶風県劉家、荘白一帯の南北約5km、東は扶風県樊村、西は岐山県岐陽堡の約6kmの範囲をさす（史念海 1976）。

(4) 周公廟遺跡の祝家巷と折樹棱墓地は隣接、一つの遺跡とみなす（徐 2006ab）。

(5) 本文は筆者が2012年7月に北京大学に提出した博士論文の一部を、修正を加えて日本語に書き直したものである。博士論文では、墓葬青銅器と窖蔵青銅器を分けて分析したが、両者の傾向にはほとんど差がなく、時代による変化もどの地区でも均一に現われていることから、ここでは早期から晩期までの墓葬、窖蔵青銅器をまとめて統計し、図にしてある。

(6) これは全体的な傾向をいうもので、青銅器の生産、流通が閉鎖的に行われていたという意味ではない。

⑺　周原の例を考えれば、小圏域を集落とするのは適切でないが、ここでは論述の簡素化と明瞭化のために集落とよぶことにする。また、この集落が「邑」、「采邑」に相当するかどうかは、考古学的確証がないため、「邑」、「邑制国家」の語は、本稿では使用しない。

⑻　ここでいうのは西周時代の生産形式であって、殷代の青銅器生産体制は含まない。殷代においては中央集中生産、もしくはそれに近い形が行われていたと考える（近藤 2012）。

⑼　広義の周原をさす。鳳翔、岐山、扶風、武功の四県の大部分と旧宝鶏県、眉県、乾県の一部を含む（史念海 1976）。

引用・参考文献

（日本語文）

宇都宮清吉 1955『漢代社会経済史研究』弘文堂

貝塚茂樹 1952『中国の古代国家』弘文堂

田畑潤、近藤はる香 2010「西周時代強国における対外関係についての考察―葬制と青銅器生産系統の分析から―」『中国考古学』第十号、117-148頁

中江丑吉 1925『中国古代政治思想史』（『中国古代政治思想』岩波書店、1950年所収）

難波純子 1989「初現期の青銅葬器」『史林』72-2、76-112頁

難波純子 1990「殷墟前半期の青銅葬器の編年と流派の認識」『史林』73-6、1-43頁

難波純子 1992「婦好墓の青銅葬器群と流派」『泉屋博古館紀要』第8巻、82-100頁

丹羽崇史 2006「春秋戦国時代華中地域における青銅器生産体制復元のための基礎的検討―青銅鼎の製作技術の分析から―」『中国考古学』第六号、165-186頁

丹羽崇史 2008「製作技術からみた戦国時代江漢地域出土青銅鼎―包山2号墓・天星観2号墓・望山1、2号墓出土青銅鼎の検討―」『九州と東アジアの考古学―九州大学考古学研究室50周年記念論文集―』859-878頁

林巳奈夫 1978「殷西周間青銅容器の編年」『東方学報』50

林巳奈夫 1984『殷周時代青銅器の研究　殷周青銅器綜覧一』吉川弘文館

林巳奈夫 1986『殷周時代青銅器紋様の研究　殷周青銅器綜覧二』吉川弘文館

増淵龍夫 1960「先秦時代の封建と郡県」『中国古代の社会と国家』弘文堂

松丸道雄 1970「殷周国家の構造」『岩波講座　世界歴史4』岩波書店、49-100頁

松丸道雄 1977「西周青銅器製作の背景―周金文研究・序章―」『東洋文化研究所紀要』72

松丸道雄 1979「西周青銅器中の諸侯製作器について―周金文研究・序章その二―」『東洋文化』59

松本光雄 1952「中国古代の邑と民・人との関係」『山梨大学学芸学部研究報告』三号

松本光雄 1953「中国古代社会における分邑と宗と賦について」『山梨大学学芸学部研究報告』四号

宮崎市定 1950「中国上代は封建制か都市国家か」『史林』32-2

（中国語文）

曹瑋 2005『周原出土青銅器』巴蜀書社

種建栄、張敏、雷興山 2007「岐山孔頭溝遺跡商周時期聚落性質初探」『文博』2007年第5期、38-43頁

種建栄、雷興山 2008「岐山孔頭溝遺跡田野考古工作的理念与方法」『文博』2008年第5期、28-31頁

丁乙 1982「周原的建築遺存和銅器窖蔵」『考古』1982年第4期、398-401、424頁

侯外廬 1955『中国古代社会史論』（河北教育出版「二十世紀中国史学名著」シリーズ2000年）

近藤晴香　未刊「強国青銅器生産体系研究」『古代文明』（第九巻）　未刊

近藤晴香 2010「西周鋳銅業研究的思考」陳建立、劉煜主編『商周青銅器的陶範鋳造技術研究』文物出版社、183-191頁

近藤晴香 2012『関中地区西周青銅器生産体系研究』北京大学博士学位論文

羅西章 1985「従西周出土文物試論西周貨幣」『中国銭幣』1985年第2期、14-21頁
羅西章 1988「周原出土的西周陶制生産工具」『文博』1988年第5期、10-16頁
羅西章 1993『扶風県文物志』陝西省人民教育出版社
雷興山 2008「論新識的一種周系鋳造工具」『中原文物』2008年第12期、73-78頁
雷興山 2009「論周原遺跡西周時期手工業者的居与葬—兼談特殊器物在聚落結構研究中的作用」『華夏考古』2009年第12期
雷興山 2010『先周文化探索』科学出版社
雷興山、種建栄 2011「周原地区商周時期鋳銅業芻論」陳建立、劉煜主編『商周青銅器的陶範鋳造技術研究』文物出版社、173-182頁
李学勤 1995「西周時期的諸侯国銅器」『中国社会科学院研究生院学報』1985年第6期、46-51頁
陝西省考古所、陝西省文物管理委員会、陝西省博物館 1979-1984『陝西出土商周青銅器』(一)—(四)、文物出版社
陝西省考古研究所 2007「陝西扶風雲塘、斉鎮建築基跡2002年度発掘簡報」『考古与文物』2007年第3期、23-32頁
陝西周原考古隊 1979「陝西岐山鳳雛村西周建築基壇発掘簡報」『文物』1979年第10期、27-37頁
陝西周原考古隊 1980「扶風雲塘西周骨器製造作坊遺跡試掘簡報」『文物』1980年第4期、27-38頁
史念海 1976「周原的変遷」『陝西師範大学学報』(哲学社会科学版)1976年第3期(のち『黄土高原歴史地理研究』に所収、244-259頁)
孫周勇 2009a「西周製玦作坊生産遺存的分析与研究—周原遺跡斉家製玦作坊個案研究之一」『三代考古』(三)科学出版社 2009年 335-359頁
孫周勇 2009b「西周石玦的生産形態:関於原料、技術与生産組織的探討—周原遺跡斉家製玦作坊個案研究之二」『考古与文物』2009年第三期、49-63頁
魏興興、李亜龍 2007「陝西扶風斉鎮発現西周錬炉」『考古与文物』2007年第1期、22-23、61頁
謝維揚 2004『周代家庭形態』黒龍江人民出版社
徐良高 1998「文化因素定性分析与商代"青銅礼器文化圏"研究」中国社会科学院考古研究所編『中国商文化国際学術討論会論文集』中国大百科全書出版社
徐天進 2004「周原遺跡最近的発掘収穫及相関問題」『中国考古学』第四号、212-218頁
徐天進 2005「周原考古与周人早期都邑的尋找」『古代文明通訊』総第二十四期、17-25頁
徐天進 2006a「陝西岐山周公廟遺跡的考古収穫」『古代文明通訊』24-26頁
徐天進 2006b「周公廟遺跡的考古所穫及所思」『文物』2006年第8期、55-62頁
張剣 2004「西周諸侯国的青銅礼器」『西周文明論集』朝華出版社
張懋鎔 1993「周人不用日名説」『歴史研究』1993年第5期
張懋鎔 1995「周人不用族徽説」『考古』1995年第9期
趙伯雄 1990『周代国家形態研究』湖南教育出版社
中国社会科学院考古研究所安陽工作隊 2006「2000-2001年安陽孝民屯東南地殷代鋳銅遺跡発掘報告」『考古学報』2006年第3期、351-385頁
周文 1972『新出土的幾件西周青銅器』『文物』1972年第7期、9-12頁
周原考古隊 2003「2002年周原遺跡(斉家村)発掘簡報」『考古与文物』2003年第4期、3-9頁
周原考古隊 2004a「陝西周原遺跡発現西周墓葬与鋳銅遺跡」『考古』2004年第1期、3-6頁
周原考古隊 2004b「2003年秋周原遺跡(ⅣB2区与ⅣB3区)的発掘」『古代文明』(第3巻)文物出版社、436-490頁
周原考古隊 2011「周原荘李西周鋳銅遺跡2003与2004年春季発掘報告」『考古学報』2011年第2期、245-300頁

（英語文）

Li Feng 2002 Literacy Crossing Cultural Borders: Evidence from the Bronze Inscriptions of the Western Zhou Period, *THE MUSEUM of FAR EASTERN ANTIQUITIES Bulletin* No.74, 2002, pp.210-242

西周青銅戈毀兵行為に関する研究
―山西省天馬―曲村墓地の事例を中心に―

田 畑 　 潤

はじめに

　西周時代の青銅武器に毀兵行為という特徴的な葬制がみられる。毀兵行為とは、青銅戈を中心とした武器を意図的に弯曲もしくは分割した後に副葬したもので、当時の葬制の一種であると考えられている。現在のところ毀兵行為に関する研究は少なく、資料集成及び研究方法に課題がある。本稿では山西省天馬―曲村墓地の事例を取り上げ、研究方法及びその成果の一部を紹介したい。

1．毀兵行為研究史と問題点

　毀兵行為について最初に言及した郭宝鈞は、河南省濬県辛村衛国西周墓地出土の青銅戈の特殊副葬について『周禮』方相氏の駆鬼行為と関連するという説を提唱した（郭 1936）。
　1950年代の豊鎬遺跡の発掘をまとめた『澧西発掘報告』の中で、青銅戈の毀兵行為について以下のように述べている（中国科学院考古研究所 1962）。
　　副葬された青銅戈の大部分は援の中央部が鉤状に弯曲、あるいは二つに折れ、別々に置かれている。これらの現象は、同時に副葬されている土器が完形であり、青銅戈はみな床面に平らに置かれていることから、墓の埋土により圧力が加わった結果生じたものとは考えられない。つまり埋土の圧力では90度も弯曲することはない。推測するに青銅戈を意図的に弯曲もしくは分割した後に副葬したもので、当時の葬制の一種であろう。

これは他の副葬品の状況から青銅武器にみられる毀兵行為は自然発生的なものではなく人為的なものであることを端的に表した記述である。また『洛陽北窯西周墓』に報告されている青銅武器の出土状況について、「出土青銅武器の約95％のものに毀兵行為が認められる」とある（洛陽 1984・1999）。このような青銅武器の毀兵行為について、張明東と井中偉が体系的にまとめている（張 2005、井 2006）。両者ともに青銅武器に毀兵行為がみられる西周墓を集成、副葬状況や毀兵行為の程度についてまとめ、その起源や分布範囲を示し、周人特有の葬制と結論づけている。
　毀兵行為の意味について、張明東は各研究者の説を以下のようにまとめている。①『周禮』方相氏の駆鬼行為とする説（郭 1936・1964）。②「示民疑也」、「尊礼尚施」の観念を具体表現したものとする説（唐 1992）。③「禁暴、戢兵」、「偃五兵」の表現とする説（王 2003、井 2006）。④ある種の儀式と関係する行為とする説（中国社会科学院考古研究所他 1990）。⑤戦功または富有を示すものとする説（洛陽 1999）。

張はどの説も具体的に毀兵行為と一致する記述がないことから慎重な立場をとっている。上記の説は主に文献資料の記述を元に解釈したものであり、それぞれ問題が残る。

①の説は『周禮』夏官司馬下巻第三十一方相氏の記述に基づいている。

> 方相氏掌蒙熊皮。黄金四目。玄衣朱裳。執戈揚盾。帥百隸而時難。以索室毆疫。…大喪。先匶。<u>及墓。入壙。以戈擊四隅。毆方良。</u>

戈を持った方相氏が墓室内で行う追儺の儀式を毀兵行為と関連させて認識したものである。墓で行われる儀礼で戈を用いることからこの説を引用する報告がいくつかみられるが、戈を折ることや曲げるという記述はみられない。

②の説は『禮記』檀弓上第三と表記第三十二の記述を引用したものである。檀弓上第三に、

> 仲憲言於曾子曰。夏后氏用明器。示民無知也。殷人用祭器。示民有知也。<u>周人兼用之。示民疑也。</u>

とあり、表記第三十二に、

> 子曰。夏道尊命。事鬼敬神而遠之。…殷人尊神率民以事神。先鬼而後禮。…<u>周人尊禮尚施。</u>事鬼敬神而遠之。

という記述がある。「示民疑也」、「尊礼尚施」、つまり周人は明器と祭器の両者を兼用し、死者に知覚があるかないか民に思案することを示し、礼を尊び施を尚ぶのである、という部分を引用し、この理念を体現するものとして生者との区別のために用いられた「明器」を挙げ、武器を使用不可とすることと毀兵行為とを関連させている。ただし抽象化された周人の観念と毀兵行為との直接的な関連性を示す根拠は乏しく、文献上の明器の項目に武器の記述がみられないことには注意したい。[(1)]

③の説は『春秋左傳』宣公十二年の

> 夫文。止戈為武。武王克商。作頌曰。載戢干戈。載櫜弓矢。…夫武。<u>禁暴、戢兵</u>、保大、定功、安民、和衆、豐財、者也。

及び『荀子』儒效篇の

> 周公曰…遂乘殷人而誅紂。…反而定三革、<u>偃五兵</u>、合天下、立聲樂。

にみられる「禁暴、戢兵（暴力を禁じ武器をおさめる）」、「偃五兵（五種の武器をおさめる）」の記述から、武王克殷直後の様相と毀兵行為を関連づけて解釈したものである。しかし毀兵行為は克殷直後に限定されず西周時代に継続してみられ、武器をおさめることと毀兵行為との直接的な関連はない。また、『荀子』王制篇に武器を毀すことへの非難と厳重に管理することの美徳が記述されており、毀兵行為の真意を『荀子』から導き出すことはできないと考えられる。[(2)]

④、⑤の説については文献上に関連する項目はみられず、具体的な儀礼行為や毀兵行為との関連性についても述べられていないため、各研究者の主観的な解釈にとどまり定説とは成り得ない。上記のようにどの説にも決定的に信頼できるものはないのである。

毀兵行為の意味や方法について、日本における折り曲げ鉄器の研究を参考としたい。弥生時代から古墳時代の北部九州から西部瀬戸内地域にかけて、鉄製副葬品（武器・工具）に意識的に折り曲げたものがみられる。破砕土器や穿孔土器との関連性を示す説（佐々木 1988）、鏡の破砕副葬との関連で生じた行為であるとする説（北條 1994）、鏡の代替品という説（清家 2002）などがみられ、

毀兵行為の研究史と同様に意味・解釈において定説がない状況である。村上恭道は鉄器が折れ曲がるということは表面処理が施されていないか、あるいは地金自体が低炭素鋼で柔らかいかのいずれかの原因が想定されるとしており、はじめから折り曲げることを意図して製作された可能性を指摘している（村上 1998）。田中謙は折り曲げ方法の復元を行っており、そのほとんどが道具を使用せずに折り曲げたとし、軟質材の意図的な混入あるいは柔らかい鉄材の使用によるものであると述べ、鉄器製作及び鍛冶技術との関連を示唆している（田中 2003）。これらは鉄器についての分析であり、青銅武器に対して検討する場合には金属性質の差異に注意する必要があるが、はじめに折り曲げることが意図されたものが存在するならば、青銅戈の型式と毀兵行為に何らかの関連性が想定される。魚島純一は青銅武器の破砕実験を行っており、折って分割する方法と折り曲げる方法を復元している（魚島ほか 2006）。破砕実験には事前処理を行わない場合と加熱した後に叩く場合の異なる方法が用いられている。前者の場合、銅剣は叩くと容易に折れて分割されるのに対し、後者の場合、銅剣を赤熱後に焼き入れ処理をしたとき、叩いても曲がるだけで折れないことを証明した。このことから、青銅武器を曲げるためには事前処理を行い、金属組織を変化させた上で曲げる可能性が考えられ、ただ折る（破壊する）のとは違い、冶金技術に一定の知識を要することが想定される。

　毀兵行為の意味、解釈に関しては保留しておき、考古学的な分析から検討を行いたい。ただし、張、井両氏の比較分析の方法については以下の問題点が挙げられる。

　①折れた状態の戈と曲げられた状態の戈の違いに意味づけがなされていないこと。②武器の種類及び型式間の差異と毀兵の関係性に言及がみられないこと。③集成に重点が置かれ、被葬者の性格や階層差が意識されていないこと。④副葬状況について述べているものの毀兵行為がみられる墓に限定されており、同一墓における他型式の戈及び毀兵行為がみられない戈との比較、または毀兵行為のみられない青銅戈出土墓との比較が行われていないこと。

　①の点、つまり毀兵行為の内容については特に重要である。井は毀兵行為を、ⓘ折り曲げられたもの、ⓘⓘ局部が残存しているもの、ⓘⓘⓘ折られて二つ以上に分割されるもの、という状況がみられることに触れている。ⓘの折り曲げられたものについてはその度合も異なり、大きく曲げられたものについては意識的に行われた行為として確証的に捉えられる。一方でⓘⓘ、ⓘⓘⓘについては副葬に伴う意図的なものであるかについては検討の余地がある。

　本稿では上記の問題点を解消するべく、青銅戈の型式分類を行った上で、被葬者の性格や副葬配置に注目していく。青銅戈を副葬する墓を集成し、地域内、墓地内での位置付けを明確にした上で、型式、配置場所、毀兵行為の有無及び種類について分析を行なっていく。

2．青銅戈・毀兵行為の分類

(1) 青銅戈の型式分類（図1左）

　天馬—曲村墓地から出土した西周時代の青銅戈について型式分類を行なった。柄（柲）との装着部分である内の形態により、直内式・銎式の2種に大別し、胡の有無と長短、さらに援（鋒）の形状により細分する。[(3)]

直内A型：無胡のもの。

直内B型：短胡をもつもの。

直内C型：長胡をもつもの。

直内D型：援が三角形を呈するもの。

銎式戈についても無胡のA型、短胡のB型、長胡のC型、三角援のD型に分かれる。上記の戈について、援の形状により以下のaからeに細分する。

a型：援の幅が一定で、鋒先端に向けて緩やかに伸びるもの。直内A型戈の中に援本部にホームベース形（五角形）の凸帯をもつものがあり、これをa'型として区別する。

b型：援の幅が一定で、鋒先端が鋭い三角形を呈すもの。

c型：援先端（鋒）に向かって先細りするもの。

d型：援先下方が膨らみ、最大幅をもつもの。

e型：援の先端部が段をなし鋒に向かって細くなるもの。

(2) **毀兵副葬の分類**（図1右）

毀兵行為は折って分割したものと折り曲げたものに大別される。前者をA類、後者をB類として残存状況及び弯曲の程度から以下のように分類を行なった。

毀兵A類は折れた状態のもので、折って分割したものと破損したものも含む。部位によってa：鋒部、b：援部、c：内部、d：胡部に分け、残存状況により以下に細分する[(4)]。

Aa類：鋒部が欠損しているもの。Aa'類：鋒部が分割しているもの（鋒・援＋内ともに残存）。

Ab類：援部が欠損しているもの。Ab'類：援部が分割しているもの（鋒＋援・援＋内ともに残存）。

Ac類：内部が欠損しているもの。Ac'類：内部が分割しているもの（鋒＋援・内ともに残存）。

Ad類：胡部が欠損しているもの。Ad'類：胡部が分割しているもの（鋒＋援＋内・胡ともに残存）。

毀兵B類は折り曲げた状態のもので、上記同様、部位により細分し、弯曲の強弱について屈曲部の角度（水平に置いた時の屈曲部の外角が45度未満のものを弱とし、45度以上のものを強とす

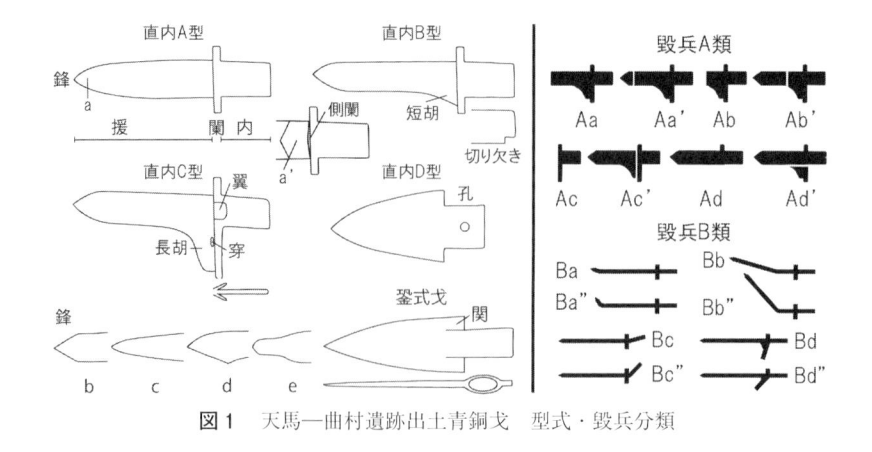

図1 天馬―曲村遺跡出土青銅戈　型式・毀兵分類

る）によって大きく二分する。

　Ba類：鋒を折り曲げたもので、弯曲が弱いもの。Ba"類：鋒の弯曲が強いもの。

　Bb類：援を折り曲げたもので、弯曲が弱いもの。Bb"類：援の弯曲が強いもの。

　Bc類：内を折り曲げたもので、弯曲が弱いもの。Bc"類：内の弯曲が強いもの。

　Bd類：胡を折り曲げたもので、弯曲が弱いもの。Bd"類：胡の弯曲が強いもの。

なお、分割（毀兵A類）と折り曲げ（毀兵B類）が同一個体にみられるものについては、毀兵AB類に属するものとして各部位ごとに上記の分類を行った上で示していく（図1）。

　A類のうち折って分割したものであるAa'、Ab'、Ac'、Ad'、折り曲げたものであるB類及び両方の要素をもつAB類については副葬行為と毀兵行為に同時性が想定され、意図的な行為として捉えることができる。一方欠損したものや局部が残存しているものについては、副葬行為との同時性が不明確で、その原因も実用時の破損の可能性も考えられることから毀兵行為と捉える際には注意が必要である。同一墓または同一墓地中における意図的な毀兵行為の有無や程度を参考に判断していくべきである。これら青銅戈の型式及び毀兵行為の分類を用い、副葬配置に注目しながら地域的・時代的変遷を明らかにしていくことが重要である。

3．天馬―曲村墓地における毀兵行為

　天馬―曲村墓地は山西省南部臨汾地区曲沃県東部と翼城県西部の天馬―曲村一帯を中心に位置する。1980年から1989年にわたって本格的な発掘調査が行われ、数多くの西周墓が発見されたことにより晋文化考古学研究に大きな発展がもたらされた。その正式報告書である『天馬―曲村1980-1989』は発掘整理されたすべての墓について詳細な記述があり、副葬品及び墓の図面も網羅されているため、西周墓を研究する上できわめて有用である。天馬―曲村墓地の被葬者集団の性格についてさまざまな見解が出され、筆者も青銅礼器の副葬配置の分析から検討を行なっている（田畑2008）。本論では西周時代における天馬―曲村墓地49基86点の青銅武器について、①青銅武器と毀兵行為の関係（青銅戈型式と毀兵の種類、割合）、②毀兵行為と墓の属性（頭位方向）、③青銅武器の副葬配置の点から分析を進めていく。

(1)　青銅武器（青銅戈型式）と毀兵行為の関係

　西周前期について、16基から31点（接合する3点を含む）の青銅武器が確認されている（表1）。型式が判明している青銅戈は直内Aa型1点、Ba型2点、Ca型9点、Cb型2点、Cc型3点、Cd型6点、Ce型2点、Da型1点であり、他に鋒の残存部2点、矛2点、短剣1点がみられる。青銅矛と短剣については毀兵行為がみられず、青銅戈については不明な3点を除き、わずか2点のみ完形の状態で検出されている。青銅戈と毀兵行為の関係について、図2の円グラフを用い青銅戈の型式を円の内側に、各型式にみられる毀兵行為を外側に示した。最も多い直内Ca型は折り曲げがみられる毀兵B類と毀兵AB類が大半を占めている。他のC型戈については毀兵A類とB類が比較的多くみられる他、直内Ba型戈2点は毀兵B類をとり、1点のみの直内Aa型戈は毀兵B類を、

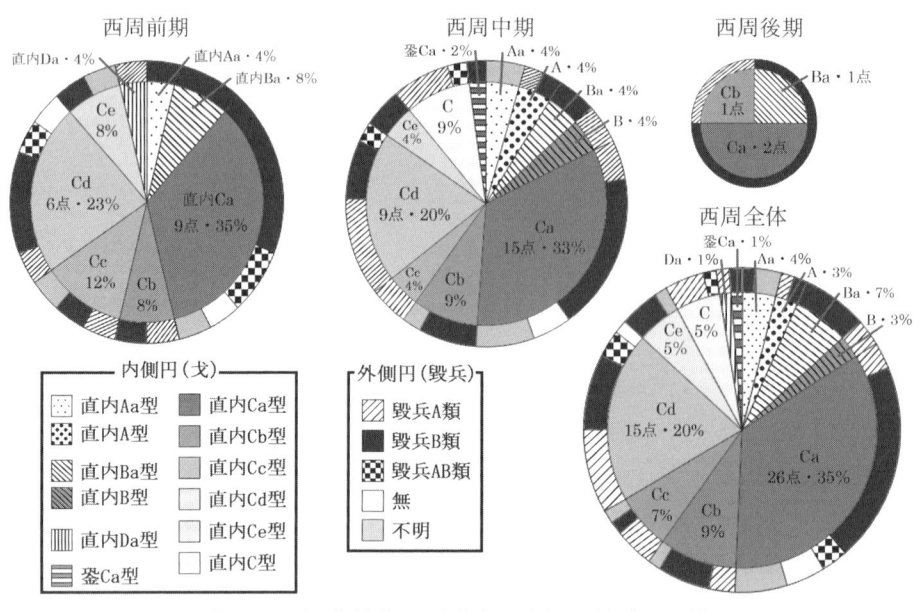

図2　天馬―曲村墓地　青銅戈型式と毀兵行為の関係

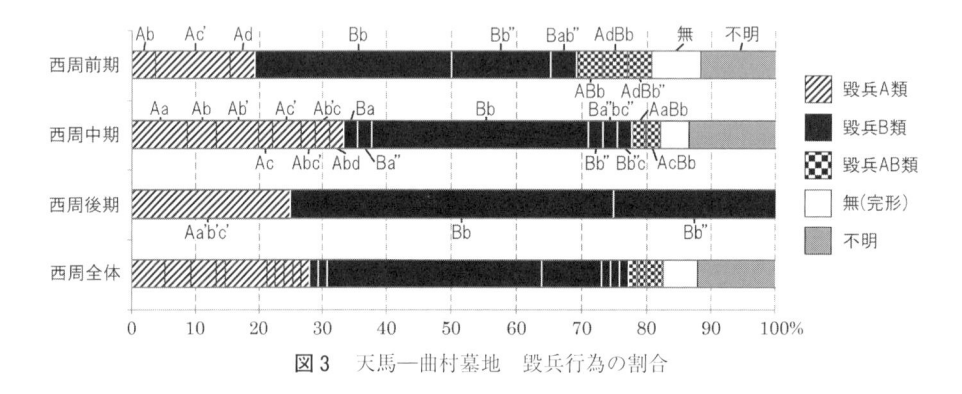

図3　天馬―曲村墓地　毀兵行為の割合

直内 Da 型戈は毀兵 A 類をとっている。西周前期の毀兵行為の割合は毀兵 B 類が最も高く、不明なものを除き、援を折り曲げる毀兵 Bb 類を含むものが約7割を占めている（図3）。

　西周中期は29基51点（接合する2点を含む）の青銅武器が副葬されている（表2）。青銅戈は45点を占め、直内 Aa 型戈2点、Aa' 型2点、Ba 型2点、B 型（鋒部の詳細不明）2点、Ca 型15点、Cb 型4点、Cc 型2点、Cd 型9点、Ce 型2点、C 型（鋒部の詳細不明）4点、銎 Ca 型1点と、援及び内が残存するもの1点であり、他に矛2点、鑿斧2点、短剣1点がみられる。完形の状態で副葬されているものは直内 Ca 型戈2点、Cb 型1点、矛1点と鑿斧2点と少数に限られ、青銅戈の大半に毀兵行為が確認できる。図2に示した青銅戈の型式と毀兵行為の関係について、最も多い直内 Ca 型戈は主に毀兵 B 類をとり、それに次ぐ Cd 型戈は毀兵 A 類をとるものが多いという差異がみられる。基本的に西周前期と同様の傾向をみせるが、矛や短剣にも毀兵行為がみられ、1点のみの銎 Ca 型戈は毀兵 B 類をとっている。毀兵行為の割合は、毀兵 A 類がやや増加するものの、不明なものを除き、援を折り曲げる毀兵 Bb 類を含むものは全体の約半数を占める（図3）。

西周後期は4基4点（接合する1点を含む）のみである（表2）。青銅戈の直内 Ba 型戈1点、Ca 型2点、Cb 型1点のすべてに毀兵行為が確認できる。鋒、援、内がそれぞれ分割された直内 Cb 型戈1点（毀兵 Aa'b'c' 類）を除く3点は援を折り曲げる毀兵 B 類である（図2）。

(2) 毀兵行為と墓の属性

被葬者の集団単位の指標となりうる頭位方向との関係について、西周前期16基中、東向きが11基、北向きが4基、北東向きが1基みられる。北東向きの墓に毀兵行為がみられないものの、東向きと北向きそれぞれに各種毀兵行為が確認されている（表1）。

西周中期では29基中、北向き18基、東向き8基、西向き1基、北東向き2基となり、頭位西向きの墓1基を除き、それぞれの頭位の墓に各種毀兵行為がみられる（表2）。注目すべきことは頭位西向きの M7185 は腰坑を備えていることである。腰坑は殷人の葬制の特徴であると考えられ、天馬—曲村墓地における頭位西向きで腰坑を持つ墓についても殷遺民の墓とする説もみられる（滕 2004、謝 2006・2008・2009）。殷代の青銅武器副葬は西周時代と異なり、曲内式の戈が流行し、大量副葬もみられる一方で、毀兵行為がほとんどみられないという特徴を持つ。以上のことから M7185 は殷遺民の墓もしくは殷の葬制の影響を強く受けたものであると考えられる。

西周後期の墓についても北向き3基、東向き1基とそれぞれに毀兵行為が確認される（表2）。天馬—曲村墓地の青銅武器副葬墓について、西周時代を通じて北向きと東向きの頭位に大きく分かれるが、両頭位の墓に毀兵行為の有無や種類に明確な区別は認められないことが判明し、異なる頭位をとる集団間においても毀兵行為が共通の葬制として展開していたことがわかる。

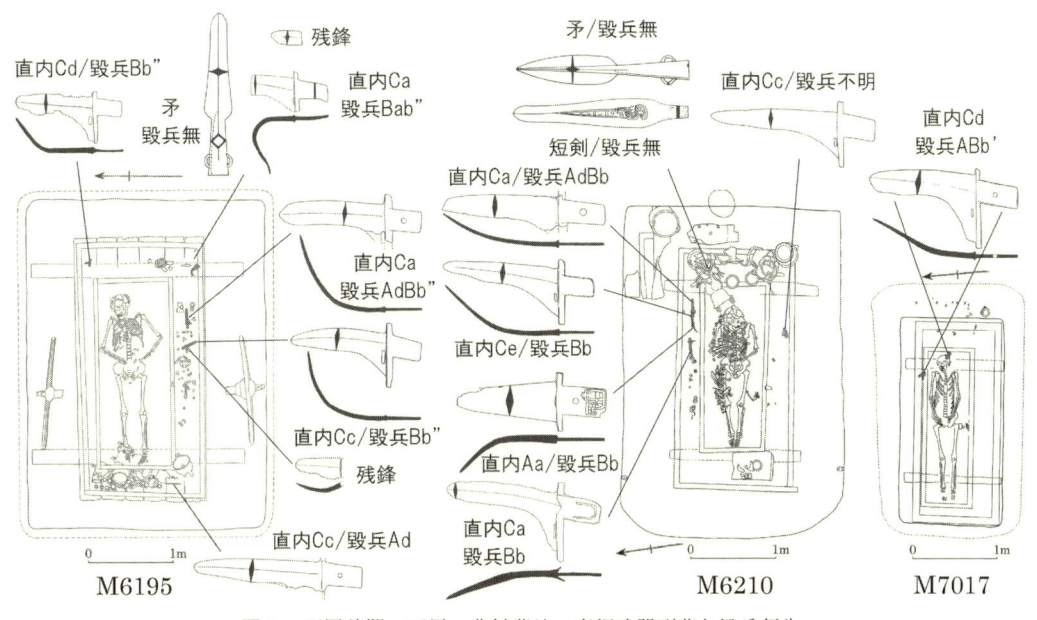

図4　西周前期　天馬—曲村墓地　青銅武器副葬と毀兵行為

表1　西周前期　天馬—曲村墓地　青銅武器副葬と毀兵行為

時期	墓号	頭位	墓室面積(㎡)	葬具	青銅武器（番号：戈型式）	副葬配置	毀兵	備考
西周前期	M6081	北	14.13	1棺1槨	51：直内 Cd	槨内被葬者右横	Bb"	青銅礼器
					61：直内 Ba	槨内被葬者左横	Bb	
					64：直内 Cb		Bb	
	M6195	東	12	1棺1槨	59：直内 Cd	槨内被葬者頭位左上	Bb"	青銅礼器
					96：残鋒		Aa◁	
					39：直内 Ca	槨内被葬者頭位右上	Bab"	
					40：矛		無	
					46：直内 Ca		Bb"	
					54：直内 Cc	槨内被葬者右横	AdBb"	
					85：残鋒		ABa◁	
					30：直内 Cc	槨内被葬者足下右下	Ad	
	M6210	東	9.76	1棺1槨	49：短剣	槨内被葬者頭位左上	無	青銅礼器
					50：矛		無	
					45：直内 Ca		AdBb	
					46：直内 Ce	槨内被葬者左横	Bb	
					65：直内 Aa		Bb	
					66：直内 Ca		Bb	
					40：直内 Cc	槨内被葬者右横	不明	
	79曲北 M12	東	6.72	1棺1槨	22：直内 Cb（援）	槨内被葬者頭位左上	Ac'	青銅礼器
					23：直内 Cb（内）	棺蓋上被葬者頭位		
	M7012	東	5.73	1棺1槨	3：直内 Ba	槨内被葬者右側	Bb"	錫礼器
	M6105	東	5.24	1棺1槨	2：直内 Cd	槨内被葬者頭部左横	Ab=	青銅礼器
	M7017	東	5.08	1棺1槨	65：直内 Cd（援）	棺蓋上被葬者頭部	ABb'	—
					65：直内 Cd（内）	槨内被葬者左側		
	M6204	東	5.03	1棺1槨	2：直内 Ca	棺内被葬者胸部	Bb	青銅礼器
	M6134	北	4.73	1棺1槨	3：直内 Cd	棺内被葬者頭部左側	無	—
	M6496	東	4.64	1棺	3：直内 Da（内）	棺内被葬者頭部左上	Ac'	青銅礼器
					4：直内 Da（援）			
	M7162	東	4.41	1棺1槨	8：直内 Ca	槨内被葬者頭位右上	Bb	—
	M6179	北	4.13	1棺1槨	7：直内 Cd	棺or槨頂被葬者頭部右横	Bb	青銅礼器
	M6189	北	4.1	1棺1槨	6：直内 Ca	棺内被葬者頭部右上	不明	—
	M6227	北東	2.8	1棺	2：直内 Ca	棺内被葬者右側	無	—
	M6078	東	1.87	1棺	6：直内 Ce	棺内被葬者右側（左腕）	不明	—
	M6176	東	1.66	1棺	3：直内 Ca	棺内被葬者右側（左腕）	Bb"	墓損壊

(3) 毀兵行為と副葬配置との関係

　副葬配置の傾向について、西周前期では墓室面積5㎡前後を境に、規模の大きい墓では槨内副葬がとられ、小規模の墓では棺蓋上及び棺内副葬がとられている（図4、表1）。これは棺内副葬をとる墓においても槨室が確認されることから、墓の規模により青銅武器の副葬段階が異なっていた可能性を示唆している。ただし毀兵行為の有無や種類について、槨内副葬と棺内副葬の両者に区別はみられない。具体的な位置について、槨内副葬の場合は被葬者の左右両側から頭位方向にかけて置かれるのに対し、棺内副葬では頭位方向に置かれる傾向がみられる。毀兵B類が槨内左右にそれぞれ分かれる傾向にあるが、各種毀兵行為及び完形での副葬が槨内、棺内副葬にみられ、特定の位置に配置されるとはいえない状況である。一つ注目すべきことは、分割された青銅戈の各部位が離れた位置から検出される事例が確認できることである。M7017では折れ曲がり分割された直内Cd戈の援が被葬者の頭位左上の槨内に、内が被葬者東部の棺内から検出されている（図4）。

　西周中期は墓室面積4.8㎡を境に、規模が大きい墓は槨内副葬、小さい墓は棺内副葬をとる傾向

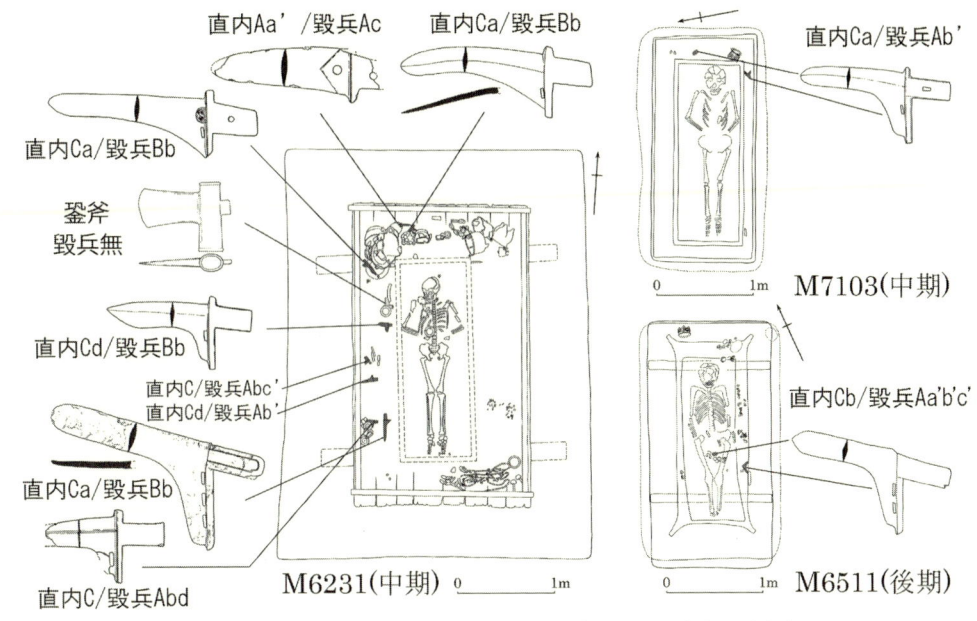

図5　西周中・後期　天馬—曲村墓地　青銅武器副葬と毀兵行為

にあり（図5）、二層台上に副葬する墓も少数例確認される（表2）。西周前期と同様に副葬場所と毀兵行為の有無や種類に区別はみられない。具体的な位置についても槨内副葬は被葬者の横方向から頭位方向にかけて配置され、棺内副葬では頭位方向に集中する。二層台上の副葬については頭位方向及び墓室の隅に置く事例がみられる。また、毀兵行為の分割副葬がM6130の矛、M6032の直内Cd型戈、M7103の直内Ca型戈に確認できる。

西周後期は全4基と少数ながら、頭位方向だけではなく、被葬者の横方向や脚部付近に置く事例が存在し、M6511には毀兵行為の分割副葬が確認できる（図5）。全体的に被葬者の脚部・足下方向に置く墓は少数に限られ、毀兵行為の有無及び種類と配置や場所に明確な相関関係はみられない。

4．まとめと展望

天馬—曲村墓地において、西周時代を通じて極めて高い割合で毀兵行為が展開していたことがわかり、特に折り曲げる毀兵B類が主流であるという特徴を捉えることができた（図3）。青銅戈の型式と毀兵行為に明確な相関関係を見出すことはむずかしいが、実用型式の戈すべてに毀兵行為がみられることから、はじめから毀兵行為を意図して製作された可能性は低いと考えられる。また、数少ない完形の状態で副葬される武器に矛や鎜斧など特定のものがみられる傾向には注意したい。

紙数の都合上、天馬—曲村墓地の様相を述べるにとどまるが、他地域との違いについて簡単に触れていきたい。西周王朝中心地である豊鎬・周原地域においても毀兵行為は数多く確認されている。張家坡墓地や北呂墓地などを分析したところ、各種毀兵行為がみられる中で毀兵A類が占める割合がやや高いという結果が出た。また、洛陽地域については多くの墓が盗掘されているという制約はあるが、検出された青銅武器の多くは毀兵A類に属している。毀兵行為自体の割合も含め、天

表2　西周中期・後期　天馬―曲村墓地　青銅武器副葬と毀兵行為

時期	墓号	頭位	墓室面積（㎡）	葬具	青銅武器（戈型式）	副葬配置	毀兵	備考
西周中期	M6231	北	13.4	1棺1槨	32：直内Ca	槨内被葬者頭位	Bb	青銅礼器
					33：直内Aa'		Ac	
					34：直内Ca	槨内被葬者頭位左上	Bb	
					47：鏟斧		無	
					79：直内Cd	槨内被葬者左横	Bb	
					78：直内C		Abc'	
					76：直内Cd	槨内被葬者脚部左横	Ab'	
					75：直内C		Abd	
					70：直内Ca		Bb	
	M6119	北	8.2	1棺1槨	5：直内Cd	棺内被葬者左側	AcBb	―
					7：直内C	棺内被葬者脚部左側	AaBb	
	M6130	北	7.41	1棺1槨	21：矛	槨内被葬者頭位左上	13矛	青銅礼器
					19：直内Cd		Bb	
					16：直内Aa'	槨内被葬者左横	Bb	
					13：矛		21矛	
					11：直内B		Aa	
	M6384	北	6.81	1棺1槨	47：直内Aa	槨内被葬者頭位右上	不明	青銅礼器
					48：直内Aa		不明	
					24：直内Ba		Ba"	
					23：矛		無	
	M7092	北	6.68	2棺1槨	2：直内Cb	槨内被葬者頭位左上	Bb	青銅礼器
					3：直内Cd	槨内被葬者頭位	Bb	
	M7185	西	5.8	1棺1槨	10：直内Ca	槨内被葬者頭部左側	無	礼器・腰坑
	M7164	北	4.95	1棺1槨	7：直内Cc	槨内被葬者右側（左腕）	Aa	青銅礼器
	M7176	北	4.83	1棺1槨	8：直内Cb	二層台上被葬者頭位	Bb	青銅礼器
	M6243	北	4.79	1棺	11：直内Cc	棺内被葬者脚部右側	Aa	青銅礼器
					9：直内Ca		無	
	M6071	東	4.48	1棺1槨	10：直内Ca	槨頂被葬者頭位左横	Bb	青銅礼器
					11：直内Cd		Ab'	
					17：短剣		Bb"	
	M7146	北	4.33	1棺1槨	6：残援・残内	槨内被葬者頭位右上	Ab=Ac□	青銅礼器
	M7133	東	4.11	1棺1槨	7：直内Ce	棺蓋上（詳細位置不明）	Bb	―
	M6285	北東	4.1	1棺1槨	6：鏟Ca	棺上被葬者頭部右上角	Bb	錫礼器
	M6222	北	3.85	1棺1槨	3：直内Ca	棺内被葬者頭位右上	不明	―
	M6128	東	3.83	1棺1槨	1：直内Cd	棺内被葬者頭部左側	Ab	―
					2：直内Ce	棺内被葬者頭部右側	Bb	
	M7165	北	3.78	1棺	10：直内Ca	二層台上被葬者頭位右上	不明	錫礼器
	M6161	北	3.47	1棺	5：直内Ca	棺内被葬者脚部左側	Bb"c	―
	M7167	北	3.36	1棺1槨	7：直内Ca	棺蓋上被葬者胸部	Ba	―
	M6322	北	3.31	1棺	1：直内Ba	棺内被葬者頭部	Ba"bc"	―
	M6220	北	3.19	1棺1槨	3：直内Ca	棺内被葬者頭部	Ac'	―
					4：直内Cd	棺内被葬者頭部右上	Ac'	
	M6032	東	2.99	1棺	3：直内Cd	棺内被葬者頭部右上棺外被葬者脚部左下	Ab'c'	屈葬
	M6092	東	2.86	1棺	2：直内Ca	二層台上被葬者頭部左側	Bb"c	―
	M7103	東	2.76	1棺1槨	4：直内Ca（内）	棺内被葬者頭部右上	Ab'	―
					5：直内Ca（援）	棺内被葬者頭部左上		
	M6123	北	2.46	1棺	11：直内B	棺内被葬者頭部	Aa	礼器・壁龕
					12：鏟斧		無	
	M6372	東	2.44	1棺1槨	2：直内Ca	棺内被葬者頭部左横	Bb	青銅礼器
	M6132	北	1.87	1棺	5：直内C	棺内被葬者右側（左腕）	Ab	―
	M7052	北	1.83	1棺1槨	4：直内Cb	槨内被葬者右横	Bb	青銅礼器
	M7174	東	3.25	1棺1槨	12：直内Cb	棺内被葬者右側	無	錫器・破壊
	M6206	北東	2.2	1棺	1：直内Ca	棺内被葬者頭部左上	不明	墓損壊
西周後期	M7070	北	4.91	1棺1槨	7：直内Ba	槨内被葬者頭位左上	Bb	青銅礼器
	M6511	北	4.81	1棺1槨	13：直内Cb（鋒）	棺上被葬者脚部中央	Aa'b'c'	錫礼器
					21：直内Cb（援・内）	棺内被葬者足下右側		
	M6477	北	4.21	1棺1槨	2：直内Ca	槨内被葬者頭部右上	Bb	錫礼器
	M6482	東	2.37	1棺1槨	1：直内Ca	棺内被葬者右側（左腕）	Bb"	錫礼器

馬—曲村墓地とは様相が異なるのである。各地の詳細な分析は稿を改めて発表するとともに、冶金技術の側面からの検討を加え、毀兵行為の全容を明らかにしていきたい。

　本稿は平成24年度日本学術振興会特別研究員奨励費による研究「殷周時代の葬制研究―副葬品配置の分析から―」の成果の一部である。

註

(1) 『禮記』檀弓上第三「孔子曰。之死而致死之。不仁而不可為也。之死而致生之。不知而不可為也。是故竹不成用。瓦不成味。木不成斲。琴瑟張而不平。竽笙備而不和。有鐘磬而無簨虡。其曰明器。神明之也。」実用の器を用いる生者に対し、死者は非実用の器である明器を用いることが述べられている。上文及び明器に関する記述について、武器は含まれていない。

(2) 『荀子』王制篇「兵革器械者、彼將日日暴露毀折之中原、我今將脩飾之拊循之掩蓋之於府庫。」

(3) 殷代に盛行した曲内戈は天馬―曲村遺跡にみられないため除外している。また、個体差を詳細に認識するべく、闌（関）、側闌、孔、穿、翼、内端の切り欠きの有無という項目を設けて分類を行うことも可能であるが、毀兵行為との関連において特徴だった傾向はみられないため、本稿では細分を行わない。

(4) 大部分が欠損し、一部残存しているものについては以下のように示している。Aa◁類：鋒部のみが残存しているもの。Ab=類：援部（鋒を含む）のみが残存しているもの。Ac□類：内部のみが残存しているもの。Ad\類：胡部のみが残存しているもの。

(5) 天馬―曲村墓地の年代について、報告によると西周墓を三期六段に区分しており、第一段を西周前期（成王から穆王期）、第二段を前期末から中期初頭（穆王から共王期）、第三段を中期前半（共王から厲王期）、第四段を中期後半（厲王期から宣王期）、第五段を後期前半（宣王期）、第六段を後期後半（幽王期）としている（北京大学考古学系商周組・山西省考古研究所 2000）。本稿も報告書を基にしているが、西周中期を昭王期以降に設定していることから、天馬―曲村墓地の第一段を西周前期、第二・三段を西周中期、第四・五・六段を西周後期としている（田畑 2008）。

(6) 青銅武器の副葬は確認されるが土器や青銅礼器などが副葬されないM6023、M6039、M6052、M6067、M6122、M7126、工作站M1については時期区分が適用されていないことから本分析には加えていない。ただし上記の墓にも毀兵行為はみられ、その傾向は本論の分析結果と同様である。

参考文献

（日文）

魚島純一・小泉武寛・難波洋三・植地岳彦 2006「復元青銅器の破砕実験」『日本文化財科学会第27回大会研究発表要旨集』日本文化財科学会

佐々木隆彦 1988「折り曲げた副葬鉄器」『九州歴史資料館研究論集』23号、九州歴史資料館

清家　章 2002「折り曲げ鉄器の副葬と意義」『待兼山論叢』36史学篇、大阪大学文学研究科

田中　謙 2003「弥生・古墳時代における「折り曲げ鉄器」について―鉄器制作技術と副葬行為に対する考察―」鉄器文化研究会・大手前大学史学研究所編『第9回鉄器文化研究集会　鉄器研究の方向性を探る　刀剣研究をケーススタディとして』鉄器文化研究会

田畑　潤 2008「西周時代前期における天馬―曲村墓地の被葬者集団について―青銅礼器副葬配置の分析から―」『中国考古学』第八号、日本中国考古学会

北條芳隆 1994「四国地域の前期古墳と鏡」『倭人と鏡　その2―3・4世紀の鏡と墳墓―』埋蔵文化財研究会

村上恭道 1998『倭人と鉄の考古学』青木書店

(中文)

宝鶏市周原博物館・羅西章 1995『北呂周人墓地』西北大学出版社、西安

北京大学考古学系商周組・山西省考古研究所 2000『天馬—曲村1980-1989』科学出版社、北京

北京大学歴史系考古専業山西実習組・山西省文物工作委員会 1992「翼城曲沃考古勘察記」『考古学研究（一）』北京大学考古系編、文物出版社、北京

北京市文物研究所編著 1995『琉璃河西周燕国墓地1973-1977』文物出版社、北京

郭宝鈞 1936「濬県辛村古残墓之清理」『田野考古報告』1936年第1冊

郭宝鈞・中国科学院考古研究所 1964『濬県辛村』科学出版社、北京

井中偉 2006「西周墓中"毀兵"葬俗的考古学観察」『考古与文物』2006年第4期

洛陽文物工作隊 1984「洛陽西周考古概述」『西周史研究』人文雑誌叢刊第二集、西安

洛陽市文物工作隊 1999『洛陽北窯西周墓』文物出版社、北京

唐嘉弘 1992「西周燕国墓「折兵」之解—考古札記之一」『中国文物報』1992年5月17日

滕銘予 2004「曲村J4区晋国墓地若干問題的討論」吉林大学辺疆考古中心編『慶祝張忠培先生七十歳論文集』科学出版社、北京

王恩田 2003「灃西発掘与武王克商」北京大学考古文博学院編『北京大学考古学叢書 考古学研究（五）慶祝鄒衡先生七十五寿辰暨従事考古研究五十年論文集』下冊、科学出版社、北京

謝堯亭 2006「「士葬禮」、「既夕禮」的考古学挙例」山西省考古学会・山西省考古研究所編『山西省考古学会論文集』山西人民出版社、太原

謝堯亭 2008「晋国早期上層社会等級的考察」『文物世界』2008年第1期

謝堯亭 2009「晋国早期人群来源和結構的考察」『新果集—慶祝林澐先生七十華誕論文集』科学出版社、北京

張明東 2005「略論商周墓葬的毀兵葬俗」『中国歴史文物』2005年第4期

中国科学院考古研究所編著 1962『灃西発掘報告1955-57年陝西長安灃西郷考古発掘資料』文物出版社、北京

中国社会科学院考古研究所編著 1999『張家坡西周墓地』中国大百科全書出版社、北京

中国社会科学院考古研究所・北京市文物工作隊・琉璃河考古隊 1990「北京琉璃河1193号大墓発掘簡報」『考古』1990年第1期

西周時代の青銅明器

角 道 亮 介

はじめに

　中国において、墓に副葬するために製作された器物は明器と総称される。東周時代には青銅製・土製の明器が多く墓に副葬されたことが知られるが、それに先行する西周時代においても各地で青銅製の明器が副葬品として用いられていたことが明らかとなっている。その一方で、西周時代の青銅明器がいつ出現し、どのように扱われてきたのかについてはこれまであまり検討されることがなかった。本論文では、西周時代の墓から出土した青銅彝器のうち明器と分類されるものについてその出土状況を整理し、出現の背景について考察を加えたい。

1. 青銅明器の定義

　西周時代の青銅明器について分析を加える前に、その対象を明確化する必要がある。西周時代の墓から出土した青銅彝器のうち発掘報告書の中で明器として報告される器は、一般的な器と比べて小型、あるいは粗製などの理由で非実用品と判断された遺物であるが、その判断は個々の報告者の観点に依っており、明瞭な定義が示されることは稀である。非実用品を明器とするならば、青銅彝器が何のために用いられたのかという根本に立ち返って基準を設定しなければならない。
　明器という名称は文献にみられる。『礼記』檀弓下には、「孔子謂う、明器を為る者は、喪の道を知れり。物を備うれども用う可からざるなり。……其の明器と曰うは、之を神明にするなり。」とあり、明器とは「神明の器」の意、鄭玄の注によれば死者のための器であるとされる。また、『礼記』檀弓上には、曾子が仲憲に述べた言葉として「夫れ明器は鬼器なり。祭器は人器なり。」と記されており、明器は祭器と対置される鬼器、すなわち死者の器だと説明される。祭器が生者によって祖先祭祀のために利用された各種の器を指すのとは対照的に、明器の本来的な意味とは、祖先祭祀の場では使われることのなかった、副葬専用の器物を指すということができるだろう。したがって、特定の器物が明器であるか否かについては祖先祭祀に用いられたかどうかを第一義に考えるべきである。
　祖先祭祀に用いられた器であるかどうかを判断する上で、最も重要な要素は銘文の有無である。西周の青銅器銘文には「父某」や「祖某」といった祖先名を記す例が少なくない。また文末の定型句として「子孫永寶用」（子孫、永く寶として用いよ）という一節を持つ器があり、これは墓に副葬することなく、宗廟の場で使い続けることが期待されていたものと解釈される（林1996）。祖先

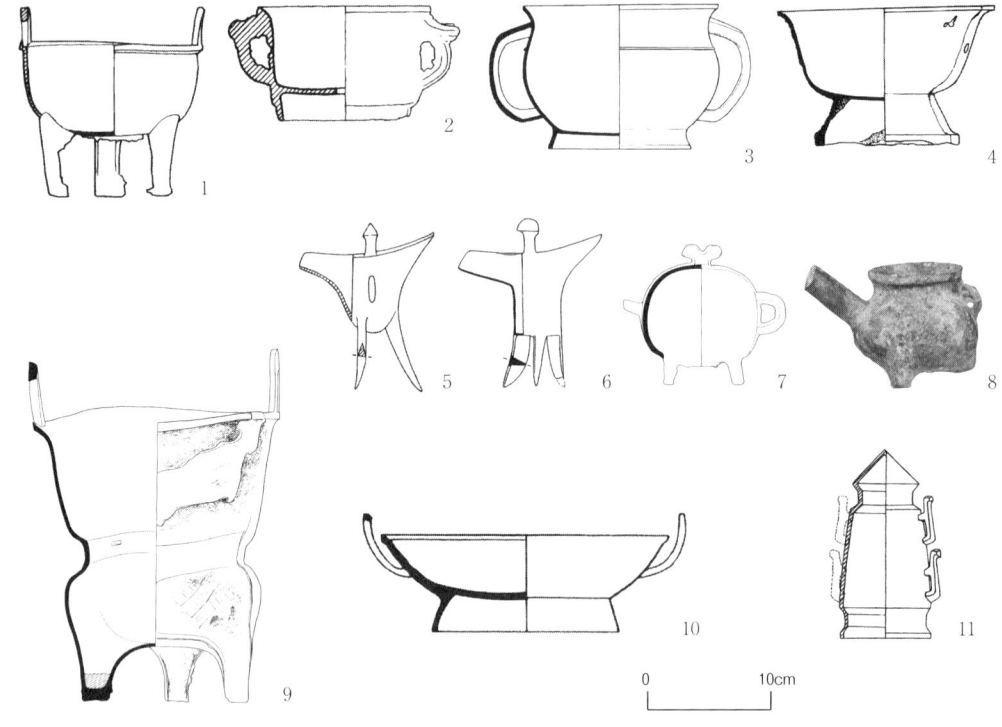

図1　西周時代の青銅明器
1．鼎（豊鎬、張家坡 M301:17）　2．簋（豊鎬、張家坡 M311:2）　3．簋（天馬曲村、曲村 M6197:10）
4．盂（平頂山、滍陽嶺 M85:2）　5．爵（三門峡、上村嶺 M2006:49）　6．爵（平頂山、滍陽嶺 M210:14）
7．盉（周原、老堡子 M55:23）　8．盉（辛村、辛村 M51:2）　9．甗（周原、強家村 M1:3）
10．盤（洛陽、北窯 M501:1）　11．方彝（三門峡、上村嶺 M2006:50）

祭祀のための器の他にも、銘文から作器者が自身のために製作したと考えられる器や、媵器と呼ばれる嫁入り道具として父が娘のために製作した器なども存在しており（陳 2006）、これらの器も当然ながら「死者のための器」ではない。銘文を有する器は総じて明器の対象から除外しても差し支えないと思われる。しかし、銘文の存在は明器ではないことの十分条件ではあっても必要条件ではない。墓から出土する西周青銅葬器のうち圧倒的多数は銘文を持たないが、銘文を持たない器であっても、その造形や紋様の複雑さは有銘器と変わるところがない例がほとんどである。当時の祭祀の場において、銘文を有する器と、同等に精巧でありながら銘文を持たなかった器がどのように使い分けられていたのかに関してはさらなる検討が必要であるが、両者はともに祭器としての実際的な役割を有していたものと考えられる。

　明器の定義に関して本稿で注目するのは、器の作りの粗さ、特に器としての本来の用途を失った造形である。西周期の青銅明器の一例を図1に示した。図1の7は1995年に陝西省周原遺跡内の扶風県黄堆村老堡子55号墓から出土した西周後期の盉であるが、上部につけられた蓋は身と一体化し、底部は抜けており、明らかに酒器の用を成さない粗製器である。図1の8は河南省の濬県辛村墓地51号墓から出土した西周中期の盉であるが、注口内部に内型が充塡されたままの状態で副葬されており、これも実際に用いられた祭器とは考え難い。また図1の2・4のように、鋳バリの磨き上げの放棄や湯回り不良による孔の存在などの特徴を持った器は各地で多見される。本稿では西周期の

青銅明器について、①無銘器であり、②作りの非常に粗い器、を指すものとし、器の大きさや紋様の有無は判断基準としては考慮しないこととする。

2．西周王朝中心地における明器の出現とその性格

　陝西省関中平原には西周時代の遺跡が多数存在しており、西周王朝の中心地域と考えられている（飯島 1998・2003・2013）。関中平原には周原遺跡と豊鎬遺跡という二つの中心が存在するが、この二地点では、西周中期後段における青銅彝器の大きな変化、および西周後期における窖蔵の出現(3)などが看取され、両者はともに西周王朝による青銅彝器利用と密接に結びついた重要な地であった（角道 2010）。また、西周期に新たに造営された東都の地だと考えられている河南省洛陽市の一帯では、青銅彝器の型式や組成、銘文内容の変化は周原・豊鎬と基本的に一致する（角道 2012）。洛陽では青銅器窖蔵が確認されないものの、墓における青銅彝器利用の基本的な方法は周原・豊鎬と同様であったものと考えられる。したがって本節では、周原・豊鎬・洛陽の各地点を西周王朝の中心地域とみなし、これらの地点における青銅明器の出土状況に検討を加える。筆者は以前、周原と豊鎬における青銅器窖蔵の性格の違いを検討した際に、両地点における明器の出現に関して簡単に触れた（角道 2013）。いま、洛陽における青銅明器の出土状況も含め、西周王朝中心地における明器出現の意味を再度考察したい。

　現在までの報告から知られる限り、周原・豊鎬・洛陽の三地点で出土した青銅彝器は合計25点ほどで（表１）、いずれも墓からの出土であり、窖蔵出土の例はない。1949年以降、周原では500点以上、豊鎬では300点以上、洛陽では150点以上の青銅彝器の出土が報告されているが、相対的な明器の数は非常に少ない。また明器が現れる時期にも特徴があり、三つの地域でいずれも西周中期後段〜後期に限られている。器種としては簋が６点、鼎が５点であり、盉４点・盤３点・觶と壺が２点、甗・爵・鐘が１点ずつと続く。これらの地域の墓では盗掘を受けている例が多く、当時副葬された彝器の組成に関する傾向は捉えにくいが、盗掘の被害を受けていないと考えられる1981年周原強家村１号墓や1953年洛陽白馬寺１・21号墓を例とすれば、明器は実用彝器と相補的に副葬される傾向があった可能性が高い。1981年強家村１号墓からは実用彝器として烹煮器の鼎と鬲が４点ずつ、盛食器の簋が４点、盛酒器の壺が２点、出土しているが、明器で用途が重複するものは簋１点のみである。当墓出土の明器には他に甗・盉・盤があるが、甗は烹煮器に含まれるものの上部の甑と下部の鬲が一体化した専用の蒸し器であり、鼎や鬲とはやや性格が異なる。盉は注酒器、盤は水器であり、同じ用途をもつ器は同墓からは検出されていない。洛陽白馬寺１・21号墓でも同様で、１号墓では実用彝器にない温酒器・飲酒器を明器である爵・觶が補完し、21号墓では盛食器・注酒器・盛酒器である簋・盉・壺が実用彝器の不足を補完する。おそらくこれらの地域では各種の用途の青銅彝器のセットを副葬することが重要であり、実用品としての青銅彝器の不足を補うために明器が製作されたのであろう。(4)総じて、西周王朝中心地における青銅明器は実用彝器と相補的な性格を持ち、西周後期以降に増加する列器(5)との関係性は希薄である。

　王朝中心地域で西周中期後段〜後期にかけて墓の副葬品に青銅明器が出現した背景について、筆

表1　王朝中心地域出土の青銅明器

地域	出土年	地点	遺構名	年代	出土した青銅明器	その他の青銅彝器	出典	備考
周原	1978	斉村	墓	中期後段？	簋1、盂1		周原出土青銅器 pp.1546-1551	
	1995	老堡子	95FHM55	中期後段	鼎1、簋1、盂1、盤1		周原出土青銅器 pp.1946-1979	盗掘
	1996	老堡子	96FHM71	中期後段	鼎1		周原出土青銅器 pp.1998-2001	盗掘
	1980-81	黄堆村	M3	後期	鐘1		周原出土青銅器 pp.1648-1663	盗掘
	1981	強家村	81扶強M1	後期前段	甗1、簋1、盂1、盤1	鼎4、鬲4、簋4、壺2	周原出土青銅器 pp.1730-1875	
豊鎬	1983-86	張家坡	M152	中期後段	鼎1	鼎1	張家坡西周墓地	盗掘
	1983-86	張家坡	M311	後期前段	簋1	鼎1	張家坡西周墓地	
	1984	太原村	M301	後期後段	鼎1	簋1	張家坡西周墓地	盗掘
	1983-86	張家坡	M355	後期後段	鼎1		張家坡西周墓地	
洛陽	1964-66	北窯村	M501	後期	盤1		洛陽北窯西周墓	盗掘
	1953	白馬寺	M1	後期後段	爵1、觶2	鼎1、甗1、簋2、盤1、匜1	文物1998.10 pp.33-37	
	1953	白馬寺	M21	後期後段	簋2、盂1、壺2	鼎1、盤1	文物1998.10 pp.33-37	

者はこの現象が西周後期におこった墓への青銅彝器副葬に対する規制と関連するものだと考えている（角道 2013）。西周後期の墓から検出される青銅彝器は少数で、そのほとんどが窖蔵から出土する。これは、西周後期にはそれまで青銅彝器が副葬されていた規模の墓であっても青銅彝器が副葬されなくなったことに起因する現象であり、本来的には祖先祭祀の場で利用され続けるべき青銅彝器が墓への副葬によって廃棄されることを防ぐための、王朝による規制の結果であったと考えられる。このような状況下で、副葬青銅器中にのみ明器が出現するという事実は、墓への青銅彝器副葬が厳しく制限されるようになって以降、明器が本来の副葬彝器の代替品として利用されたことを物語っている。少なくとも周原・豊鎬・洛陽においては、青銅彝器の副葬という要望を満たすために明器が活用されたことは確かである。

3．諸侯国における明器の出現とその性格

(1) 諸侯国墓地出土の青銅明器

諸侯国墓地からは青銅彝器が数多く出土しており、一部の諸侯製作器を除き、これらの青銅彝器は基本的には周王室の側で製作され、祖先祭祀を通じた君臣関係の維持のために各地の諸侯へ与えられたものだと考えられている（松丸 1980ab）。これらの諸侯国墓地からは青銅明器も出土し、その出土点数はむしろ王朝中心地域よりも多い。本節では諸侯国墓地出土の青銅明器に関して、その出土状況に検討を加える。対象として、河南省濬県辛村の衛国墓地、山西省曲沃県の晋国墓地、河南省三門峡市の虢国墓地、河南省平頂山市の応国墓地から出土した青銅明器を扱った。

現在までの資料に基づけば、衛国で4点、晋国で17点、虢国で68点、応国で37点の青銅明器が出土している（表2）。基本的にはいずれも墓からの出土であり、窖蔵は確認されていない。各墓地で検出された青銅彝器の総数は衛国で約30点、晋国で約400点、虢国で約340点、応国で約150点な

表2　諸侯国地域出土の青銅明器

地域	出土年	地点	遺構名	年代	出土した青銅明器	その他の青銅葬器	出典	備考
衛国	1931-33	辛村	M29	前期後段	簋2	鼎1、甗1	濬県辛村	
	1931-33	辛村	M60	前期後段	簋1	鼎1、甗1、爵1、尊1、卣1	濬県辛村	
	1931-33	辛村	M51	中期？	盉1		濬県辛村	
晋国	1980-89	曲村	M6190	中期前段	簋1	鼎1	天馬-曲村	
	1980-89	曲村	M6197	中期前段	簋1	鼎2、鬲2、簋1	天馬-曲村	
	1980-89	曲村	M7005	中期後段	鼎1、簋1		天馬-曲村	2器共に錫器
	1980-89	曲村	M5189	後期後段	簋2	鼎2、盤1、匜1	天馬-曲村	
	1980-89	曲村	M5150	後期後段	簋1、盉1、盤1	鼎1	天馬-曲村	
	1994	北趙	M93	後期後段	鼎1、簋1、爵1、尊1、方彝1、卣1、觶1、盤1	鼎5、甗1、簋6、壺2、盤1、匜1、鐘16	文物1995.7 pp.4-39	
虢国	1990-99	上村嶺	M2001	後期後段	鼎3、簋3、爵3、盉2、尊3・盤3	鼎7、鬲8、甗1、簋6、盨2、簠2、豆2、盉1、方彝3、壺4、觶1、盤1、鐘8、鏡1	三門峡虢国墓地	
	1990-99	上村嶺	M2011	後期後段	鼎2	鼎7、鬲8、甗1、簋8、豆1、壺4、盤1、匜1、鏡1、他1	三門峡虢国墓地	
	1990-99	上村嶺	M2012	後期後段	鼎6、簋6、爵4、盉5、方彝4、觚1、盤6	鼎5、鬲8、甗1、簋4、盨2、豆2、盉1、壺1、觶6、盤1、匜1、他3	三門峡虢国墓地	
	1990-99	上村嶺	M2008	後期後段	簋1、爵1、方彝2、盤1	鬲8、簋1、簠1、壺2、盤1、匜1	文物2009.2 pp.18-31	
	1990-99	上村嶺	M2006	後期後段	爵1、盉1、尊1、方彝1、觶1	鼎3、鬲4、甗1、盨2、簠1、壺2、盤1	文物1995.1 pp.4-31	
	1995	花園北街	M1	後期後段	簋1、盉1	鼎1、盤1	文物1999.11 pp.17-22	
	1990-99	上村嶺	M2016	後期後段	鼎1、簋1	鼎1、盤1	三門峡虢国墓地	
	1990-99	上村嶺	M2017	後期後段	鼎1、簋1	鼎1、簠1、盤1	三門峡虢国墓地	
	1990-99	上村嶺	M2118	後期後段	盉1	鼎1、鬲2、甗1、簋2（うち鬲1、簋1は破片）	三門峡虢国墓地	盗掘
応国	1988	滍陽嶺	M50	中期前段	卣1	鼎1、盉1	平頂山応国墓地	卣は錫器
	1993	滍陽嶺	M242	中期前段	鼎1、簋1、爵1、尊1、卣1、觶1	鼎1、簋1、觶1	平頂山応国墓地	攪乱
	1996	滍陽嶺	M85	中期後段	盉1、簋1、尊1、觶1、盤1	鼎3、簋4、盉1、盤1、他1	平頂山応国墓地	
	1992	滍陽嶺	M210	中期後段	簋1、爵1、尊1、卣1、觶1	鼎1	平頂山応国墓地	
	1993	滍陽嶺	M231	中期	觶1		平頂山応国墓地	盗掘 錫器
		滍陽嶺	PY採:00507	中期	簋1		平頂山応国墓地	採集遺物
	1986-92	滍陽嶺	M95	後期前段	鼎2、簋2、盨1、尊1、盤1、匜1	鼎3、鬲4、甗1、簋4、盨2、壺2、盤1、匜1、鐘7	華夏考古1992.3 pp.101-112	
	1989	滍陽嶺	M8	後期後段	鼎1、簋1、爵1、盉1、尊1、方彝1、盤1	鼎4、甗1、簋4、尊1、方彝1、壺2、盤1、匜1	華夏考古2007.1 pp.20-49	
	1986	滍陽嶺	M1	後期後段	甗1、盉1、方彝1	鼎5、簋6、壺2、盤1	華夏考古1988.1 pp.32-46	

ので（角道 2012）、それぞれ総数の13％、4％、20％、24％が明器である。晋国の割合がやや少ないものの、周原の2％、豊鎬の1％、洛陽の6％という値とは明確に異なっている。青銅葬器を有する墓が盗掘を受けた場合、見栄えのよい実用器が優先的に持ち去られた可能性が高いため被盗掘墓を含む場合の割合の算出には注意を有するが、やはり諸侯国においては青銅葬器中での明器の比重が高かったと読み取るべきであろう。また、諸侯国出土の青銅明器に関して特に注目すべき点は、その出現が王朝中心地域よりも早いという点である。たとえば、西周前期の辛村29号墓や60号墓では明器の簋が出土しており、西周中期前段の曲村6190号墓や6197号墓でもやはり明器の簋が出土した。青銅明器の副葬行為は、王朝の中心地域よりも諸侯国の方が早く、むしろ諸侯国側が独自の必要で始めた行為であった可能性が高い。

　諸侯国墓地で出土した明器の器種に関して、簋28点、鼎19点であり、以下、盉15点、盤15点、爵13点、尊10点、方彝10点、觶6点、卣4点、甗・盂・盨・簠・觚・匜が1点ずつと続く。簋・鼎・盉・盤が数多く製作されたという点では王朝中心地と同様であり興味深いが、より重要なのは実用葬器との組み合わせ方である。西周後期墓の応国95号墓や虢国2001号墓・2012号墓を例にとれば、鼎・簋・盉・盤などの主要な器は実用葬器と明器がともに副葬されている。さまざまな用途の実用葬器を保有した上にさらに明器のセットが追加されており、ここでは実用葬器と明器の間に相補的な関係はみられない。諸侯国墓地においては、西周後期の明器の増加は祭祀上必要な葬器の不足を補うためのものではなく、純粋に青銅葬器のセットの多寡に眼目が置かれているようである。

(2) 応国墓地における明器副葬状況

　河南省平頂山市の応国墓地では24基前後の西周墓、150点ほどの西周青銅葬器の存在が報告されている（表3）。墓は前期・中期・後期いずれの時代も存在するが、現状では中期墓の情報が豊富である。出土した青銅器に基づいてそれぞれの墓に年代を与えたうえで、被葬者の階層を墓口のサイズによって区分したところ、応国墓地では長4m×幅2.5mのあたりを境界として大きく二つのグループに分けることができた（図2）。2基の甲字形墓（232号墓、95号墓）を含む、墓口サイズの大きなグループを上位階層、他を下位階層とみなすことができ、上位階層の被葬者はおそらく侯クラスの人物であろう。西周前期には1基の上位墓（86号墓）が、西周中期には4基の上位墓（84・232・230・85号墓）が、西周後期には3期の上位墓（95・8・1号墓）が存在し、上位墓では盗掘を受けた墓を除いていずれも副葬青銅器は豊富である。

　青銅明器の出土状況に注目すると、応国墓地では中期前段と後段の間で変化が起こっている。中期前段までの段階では、明器を持つ墓は242号墓と50号墓であり、どちらも

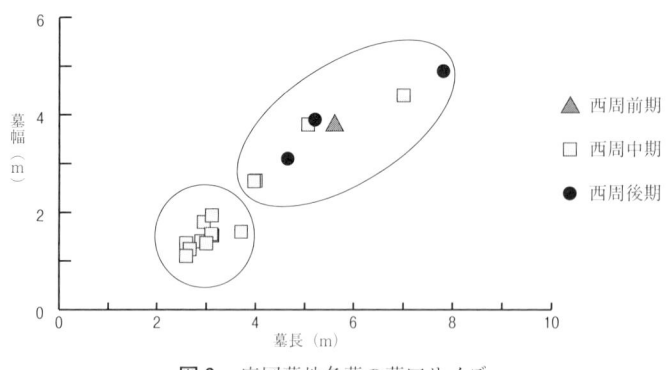

図2　応国墓地各墓の墓口サイズ

表3 応国墓地における階層と副葬青銅彝器（〈 〉内は明器）

墓号	平面形	墓長	墓幅	状態	階層	性別	年代	副葬青銅彝器	合計	出典	備考
M48	（竪穴墓）	不明	不明	撹乱			前期後段	鼎1 鬲鼎1 簋1 壺1	4	応国墓地	伯偉墓
M86	長方形竪穴墓	5.6	3.8	盗掘	上		前期後段～中期前段	鼎・簋・爵・卣の破片		応国墓地	応侯墓
M84	長方形竪穴墓	4	2.65		上	男	中期前段	鼎2 甗1 簋1 爵1 盂1 尊1 卣1 觶1 盤1	10	応国墓地	応侯爯墓
M242	長方形竪穴墓	2.95	1.8	撹乱	下	男	中期前段	鼎1 簋1 觶1 〈鼎1 簋1 爵1 尊1 卣1 盤1〉	9	応国墓地	旡墓
M229	長方形竪穴墓か	3.7	1.6		下		中期前段	鼎1 簋1 爵1 觶1	4	応国墓地	応事墓
M50	長方形竪穴墓	3.12	1.52		下		中期前段	鼎1 盂1 〈卣1〉	3	応国墓地	匍墓
M213	長方形竪穴墓	2.9	1.4		下	男？	中期前段	鼎1 鬲2 簋1 爵1 尊1 卣1 觶1	8	応国墓地	
M232	甲字形墓	7	4.4	盗掘	上		中期？			応国墓地	応公墓
M230	長方形竪穴墓	5.06	3.8	盗掘	上		不明（中期？）			応国墓地	応侯墓
M231	長方形竪穴墓	3.11	1.94	盗掘	下	女	中期？	〈觶1〉	1	応国墓地	応公夫人墓
M201	長方形竪穴墓	3.1	1.55	撹乱	下	男	中期？			応国墓地	錫器2点出土
M202	長方形竪穴墓	2.6	1.36	撹乱	下	女？	中期？			応国墓地	
M205	長方形竪穴墓	2.67	1.24		下		中期？			応国墓地	
M207	長方形竪穴墓	2.6	1.1		下		中期？			応国墓地	錫器3点出土
M53	長方形竪穴墓	残1.2	1	撹乱	下		中期？			応国墓地	
M83	（小型墓）	不明	不明	盗掘			中期？			応国墓地	
M49	（小型墓）	不明	不明	盗掘			中期？			応国墓地	
採集遺物							中期？	鼎2 簋1 〈簋1〉	4	応国墓地	
M85	長方形竪穴墓	3.96	2.64		上	女	中期後段	鼎3 簋4 盉1 盤1 その他1 〈盂1 尊1 觶1 盤1〉	15	応国墓地	応侯爯夫人墓
M210	長方形竪穴墓	3	1.36		下		中期後段	鼎1 〈簋1 爵1 尊1 卣1 觶1〉	6	応国墓地	聤墓
1979墓		不明	不明	撹乱			中期後段	簋1	1	考古1981.4	鄧侯簋出土墓
1980墓	（同一墓か）	不明	不明	撹乱			中期後段	簋1	1	考古与文物1983.1	鄧侯簋出土墓
1984墓		不明	不明	撹乱			中期後段	鼎1 簋2	3	考古1985.3	鄧侯簋出土墓
M95	甲字形墓か	5.2	3.9		上		後期前段	鼎3 甗4 簋1 盨2 壺2 盤1 匜1 鐘7 〈鼎2 簋2 甑1 尊1 盤1 匜1〉	33	華夏考古1992.3	
PY臨M1	墓？	不明	不明	盗掘			後期前段	鼎1 鬲2 簋3 盤1 匜1	8	考古2003.3	回収遺物
M8	凸字形墓	7.8	4.9		上		後期後段	鼎4 甗1 簋4 尊1 方彝1 壺2 盤1 匜1 〈鼎1 簋1 爵1 盂1 尊1 方彝1 盤1〉	22	華夏考古2007.1	
M1	長方形竪穴墓	4.65	3.1		上	男	後期後段	鼎5 簋6 壺2 盤1 〈甗1 盂1 方彝1〉	17	華夏考古1988.1	

下位墓である。上位墓である84号墓からは明器が出土せず、実用彝器のみが副葬される。青銅彝器の出土点数に限れば84号墓と242号墓では大差ないが、実際には242号墓の青銅彝器9点のうち6点は明器であり、実用彝器の点数だけで比較すれば上位墓と下位墓の間の差異は明白である。したがってこの時期の青銅明器は、王朝との関係が希薄であるが故に十分な青銅彝器を手にすることができなかった貴族層のために在地で製作された副葬品であった可能性が高い。一方の侯クラスの被葬者は、祭祀に必要とされる青銅彝器を王朝との関係の中で不足なく保有していたものと考えられる。西周中期後段から後期にかけての段階では、上位墓からも数多くの青銅明器が出土する。前述したような、実用彝器と明器とで同じ器種を複数副葬するようになるのはこの段階に顕著であり、そのような現象が侯クラスの墓でみられるということは、中期前段までとは異なった、青銅器祭祀の独自解釈を諸侯国側が行おうとしていたことを意味する。したがって諸侯国における青銅明器とは、西周前期から諸侯国の側で製作され必要に応じてその範囲内で利用されていたものであり、その経験の蓄積が西周中期後段～後期の諸侯国祭祀の独自化を導く要因のひとつとなったのであろう。

おわりに

　西周時代、青銅明器は各地から出土するが、その性格は王朝の中心地域と諸侯国地域とでやや異なる。青銅明器は西周前期の諸侯国地域で出現し、中級以下の貴族層にとって不足しがちな葬器を補うために在地で生産されたものと考えられる。王朝中心地域ではこのような葬器の不足がなかったためか、西周前期から中期にかけて基本的に明器は作られない。後期に入り王朝中心地域で青銅彝器の墓への副葬が制限されるようになってはじめて、当地では代替品としての明器が出現した。諸侯国地域では逆に、西周中期後段以降は墓に多数の青銅彝器が好んで副葬されるようになる。青銅明器はこのような複数の青銅彝器セットの副葬という目的に大きく貢献したと考えられる。西周中期後段から後期にかけての明器の性格の変化は、同時期に起こった王朝と諸侯国の青銅器祭祀の変化を物語るひとつの証左であろう。

註

(1) 中国古代の青銅器のうち、祖先祭祀のために用いられた一連の容器・楽器類は総称して彝器と呼ばれる。『春秋左氏伝』襄公十九年の杜注に「彝、常也。謂鐘鼎為宗廟之常器。」とある。宗廟に常に置かれた鐘や鼎の類の器物を彝器と称したことが知られる。

(2) 殷周時代の青銅彝器は祖先祭祀の他に、自然神の祭祀や賓客への饗宴にも用いられたと考えられている（林 1984）。しかし青銅器銘文から判断する限り、祖先への祭祀が最も一般的な用途であったことは林の指摘の通りである。

(3) 角道（2010）は西周中期頃に青銅彝器の型式と分布の面で大きな変化が起こったことを指摘したものであるが、青銅彝器の銘文内容や副葬状況の面においても同時期に大きな変化があったことが多くの研究者によって指摘されている（曹瑋 1998、ファルケンハウゼン 2006）。

(4) 小澤正人は、西周諸侯国墓地から出土した副葬青銅礼器の器種組成への検討から、西周後期には祭祀上の必要性から、各種の酒器が形骸化しつつも小型明器として製作されたことを指摘し、その背景として周王朝による祭祀の要請があったことを論じている（小澤 2010）。

(5) 列器とは同型式・同紋様の複数の器によって構成される一連の副葬品を指し、器種に準じて列鼎・列簋・列鬲・列壺などがある（林澐 1990）。また、西周期の列器については田畑の研究に詳しい（田畑 2012）。

(6) 晋侯の墓地とされる北趙墓地の正式報告書は現在未刊行である。本稿では実用器と明器の別を知ることができる93号墓のみを扱ったが、実際の明器の点数はこれよりも大きく増加すると思われる。

(7) ただし、西周後期には周原・豊鎬で墓に実用の青銅彝器が副葬されなくなるため、後期墓における明器の割合は相対的に高い。中期後段～後期の墓から出土した青銅彝器のうち、周原では約27％、豊鎬では7％が明器であるが、これは後期に墓から出土する青銅彝器の総量が大きく減少したためであり、周原・豊鎬において明器が数多く利用されたことを意味しない。

(8) その背景として、それまで埋葬儀礼に参加できなかった人々が新たに参加するようになったため、彝器のセットが必要になった可能性が考えられるであろう。このような変化が王朝の中心地ではなく諸侯国墓地で顕著である点は特徴的で、田畑が指摘するような西周後期における諸侯国側からの儀礼の変革と関連するのかもしれない（田畑 2012）。

(9) 2012年に出版された報告書は第１巻であり、ここでは西周前期墓と中期墓が報告される（河南省考古研

究所・平頂山市文物管理局編著 2012)。報告書中では西周の昭王～穆王期の年代が与えられる墓も西周前期墓に分類されるが、当該時期を筆者は西周中期として扱っている。

参考文献

飯島武次 1998『中国周文化考古学研究』同成社
飯島武次 2003『中国考古学概論』同成社
飯島武次 2013「渭河流域の先周文化土器と青銅器から見た西周の成立」飯島武次編『中国渭河流域の西周遺跡Ⅱ』同成社、1-40頁
小澤正人 2010「西周時代後期における青銅礼器の副葬についての一考察」菊池徹夫編『比較考古学の新地平』同成社、852-862頁
角道亮介 2010「西周時代関中平原における青銅葬器分布の変化」『中国考古学』第10号、85-116頁
角道亮介 2012「西周青銅器銘文の広がり」『中国考古学』第12号、35-59頁
角道亮介 2013「青銅器窖蔵からみた周原遺跡の性格」飯島武次編『中国渭河流域の西周遺跡Ⅱ』同成社、83-113頁
郭宝鈞 1964『濬縣辛村』科学出版社
河南省文物研究所・平頂山市文管会 1988「平頂山市北滍村両周墓地一号墓発掘簡報」『華夏考古』1988年第1期、30-44頁
河南省文物研究所・平頂山市文物管理委員会 1992「平頂山応国墓地九十五号墓的発掘」『華夏考古』1992年第3期、92-103頁
河南省文物考古研究所・三門峡市文物考古研究所 2009「河南三門峡虢国墓地 M2008発掘簡報」『文物』2009年第2期、18-31頁
河南省文物考古研究所・三門峡市文物工作隊 1995「上村嶺虢国墓地 M2006的清理」『文物』1995年第1期、4-31頁
河南省文物考古研究所・三門峡市文物工作隊 1999『三門峡虢国墓（第一巻）』文物出版社
河南省文物考古研究所・平頂山市文物管理局 2007「河南平頂山応国墓地八号墓発掘簡報」『華夏考古』2007年第1期、20-49頁
河南省文物考古研究所・平頂山市文物管理局編 2012『平頂山応国墓地1』大象出版社
三門峡市文物工作隊 1999「三門峡市花園北街発現一座西周墓葬」『文物』1999年第11期、17-22頁
曹瑋 1998「従青銅器的演化試論西周前後期之交的礼制変化」周秦文化研究編集委員会編『周秦文化研究』陝西人民出版社、443-456頁
曹瑋主編 2005『周原出土青銅器』巴蜀書社
田畑 潤 2006「西周時代における青銅器副葬配置についての検討—陝西省豊鎬・周原地域の事例を中心に—」『青山考古』第23号、77-98頁
田畑 潤 2012「黄河中流域における西周時代後期葬制の変化と拡散」『中国考古学』第12号、61-84頁
中国社会科学院考古研究所編著 1999『張家坡西周墓地』中国大百科全書出版社
張剣・蔡運章 1998「洛陽白馬寺三座西周晩期墓」『文物』1998年第10期、33-37頁
張肇武 1983「河南省平頂山市又出土一件鄧公簋」『考古与文物』1983年第1期、109頁
陳昭容 2006「両周婚姻関係中的「媵」與「媵器」—青銅器銘文中的性別、身分與角色研究之二」『中央研究院歴史語言研究所集刊』第77本第2分、193-278頁
林巳奈夫 1984『殷周時代青銅器の研究 殷周青銅器綜覧1』吉川弘文館
林巳奈夫 1996「殷周時代における死者の祭祀」『東洋史研究』第55巻第3号、1-26頁
ファルケンハウゼン，ロータール・フォン（吉本道雅解題・訳）2006『周代中国の社会考古学』京都大学学術出版会

平頂山市文管会 1981「河南平頂山市発現西周銅𣪘」『考古』1981年第4期、370頁
北京大学考古学系・山西省考古研究所 1995「天馬—曲村遺址北趙晋侯墓地第五次発掘」『文物』1995年第7期、4-39頁
北京大学考古学系商周組・山西省考古研究所編著 2000『天馬—曲村 1980-1989』科学出版社
松丸道雄 1980a「西周青銅器製作の背景―周金文研究・序章―」松丸道雄編『西周青銅器とその国家』東京大学出版会、11-136頁
松丸道雄 1980b「西周青銅器中の諸侯製作器について―周金文研究・序章その二―」松丸道雄編『西周青銅器とその国家』東京大学出版会、137-184頁
洛陽市文物工作隊 1999『洛陽北窰西周墓』 文物出版社
林澐 1990「周代用鼎制度商権」『史学集刊』1990年第3期、12-23頁
娄金山 2003「河南平頂山市出土的応国青銅器」『考古』2003年第3期、92-93頁

山東龍口帰城遺跡考

黄 川 田　修

1．序　言

　龍口市は山東省の省都済南から北東に約300kmの距離に所在する都市である（図1）。この都市は1980年代までは黄県と呼ばれていた。現在の龍口市の主要市街地は西の海岸寄りの開発区に位置し、黄県時代の旧市街地はその東側にひろがっている。後述のように、すでに清代末期には、この旧黄県の南側に広大な面積の城壁遺構が存在し、またさまざまな文物が出土することが広く知られていた。そしてこの城壁遺構は1960年代以降「帰城遺跡」と呼ばれるようになり、地元の研究機関を中心としてこれまで数次の調査が行われている。

　現在、帰城遺跡は周代の山東東部を代表する重要な遺跡として広く認識され、多くの研究書の中で言及されている[1]。しかし正式な発掘報告書が公刊されていないためもあり、いくつかの課題については未だに十分な検討が行われていない。数例を挙げれば、1980年代以降の調査により、帰城遺跡の周辺には西周時代のいくつかの墓地遺跡が存在することが判明している（本稿第二節）。帰城遺跡だけではなく、城壁を含めた遺跡群全体——本稿では「帰城遺跡群」と呼称する——の出現の意義について、歴史学の視点からの検討が必要である、と筆者は考える。また、すでに半世紀以上前に王献唐が、本遺跡の外城が当地の地形を有効に利用しつつ構築されている点を指摘している（王 1960）。しかし管見の限り、その後、明確な地形図などを用いて当問題の検討を行った例はなく、遺憾と言う他はない。帰城遺跡の年代や平面構造は、初期王朝時代の中国の都市の成立を考える上で重要な問題であり[2]、筆者は過去の諸議論を整理し、再検討する必要性があると考えている。

　上記の問題意識に依拠しつつ、筆者は2002年12月に帰城遺跡および周辺諸遺跡の現地踏査を行い、またこの十年間に関連資料の収集と分析を断続的に行ってきた。本稿ではこれらの情報の整理、検討を行った上で、帰城遺跡が龍口に出現した歴史的背景について考察を試みたい[3]。

2．帰城遺跡群の研究史

　1951年、黄県（現龍口市）南郊外の南埠村で、水路修復中に周代の墓が発見された。現在この地点を遺跡平面図と重ねて見ると、帰城遺跡の外城内側南部に位置する。幸い、出土した8点の有銘銅器はすべて現地の地方政府によって回収され、最終的に山東省博物館

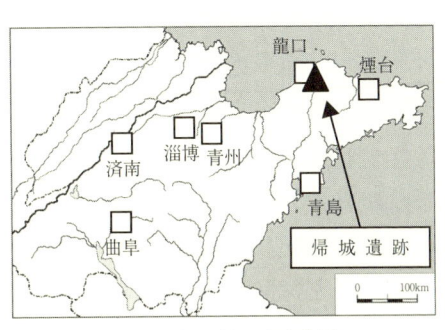

図1　龍口帰城遺跡位置

の所有に帰した。民国時代から1950年代にかけて山東省で活躍した著名な考古学者、王献唐（1896〜1960）はこの新出銅器に注目し、これらの銘文の考証を主体としつつ、一方で清代から1950年代初期にかけての帰城遺跡に関するさまざまな情報を整理し、一書にまとめあげた。王氏の最晩年、1960年にこの著作は『黄県彝器』として出版されている（王 1960）。帰城遺跡に対して、近代考古学の視点から調査研究を行った著作は、この『黄県彝器』を以て嚆矢とする。『黄県彝器』により、帰城遺跡について明らかとなった主要な事実は以下の三点である。

①『登州府志』など光緒年間編纂の文献によれば、清代の一部の学者は既に古代の城壁遺構が黄県南部に存在することに注目し始めていた。この城壁遺構は"灰城"と呼ばれていた。

②1930年代には地方志編纂時の資料として、黄県政府により周辺の地形も含めた"灰城"遺跡の測量が行われていた（図面は未公表）。城壁は内城と外城の二重になっており、外城は周辺の地形の高低を利用して築造されている。

③光緒年間、既に本遺跡は"周代"と認識されていた。近年の出土銅器の特徴から、"灰城"の年代は春秋時代と判定できる。

残念なことに、『黄県彝器』が帰城遺跡平面について掲載した図版資料は、まことに不正確な、スケッチと言うべき略図一枚のみであり（同書の図一参照）、今日では歴史的な価値しか持ち得ない。しかし1960年代以前の帰城遺跡の様相を知る上で、本書に記録された諸情報は非常に重要である。

文化大革命が終了した後、帰城遺跡および周辺諸遺跡に対する調査は再開され、1980年代から1990年代にかけて陸続と、多くの重要な発掘報告が公表された。以下、これらの文献を列挙する。

王錫平、唐緑庭「山東黄県荘頭西周墓清理簡報」『文物』1986年8期（以下「荘頭」）。

唐緑庭、姜国鈞「山東黄県東営周家村西周残墓清理簡報」『海岱考古』1、山東大学出版社、1989年（以下「東営」）。

李歩青、林仙庭「山東黄県帰城遺址的調査与発掘」『考古』1991年10期（以下「黄県帰城」）。

中美聯合帰城考古隊「山東龍口市帰城両周城址調査簡報」『考古』2011年3期（以下「龍口帰城」）。

これらの内、「荘頭」と「東営」は帰城遺跡周辺の周代の墓地の発掘報告である。ともに出土した墓の構造や土器、青銅器などの副葬品について詳細な報告が行われている。「黄県帰城」は煙台地区文物管理委員会が編成した調査隊が1973年と85年の二回にわたり、本遺跡の城壁および一部の周代墓に対して試掘を行った結果を公表したものであり、城壁の平面構造について具体的な推定復元を行っている（図2の（1）を参照）。「龍口帰城」は、米国コロンビア大学、中国社会科学院考古研究所、山東省文物考古研究所が2007年から2009年にかけて本遺跡に対して行った大規模な発掘調査の略報告である。後述するように、報告内容の一部に問題があるものの、帰城遺跡の大型建築址や城壁遺構の具体的な位置を、「黄県帰城」よりもさらに明確に示しており（図2の（2）を参照）、現時点で帰城遺跡に関する最も重要な文献と言える。なお、帰城遺跡の年代について「黄県帰城」は西周から春秋、「龍口帰城」は西周中期から春秋末あるいは戦国初期と推定している。

これらの研究をまとめると、以下のように言えよう。まず、帰城遺跡の平面構造、そして年代を議論するための具体的な資料が、中国内外の研究者によって提示された。加えて、きわめて数量が

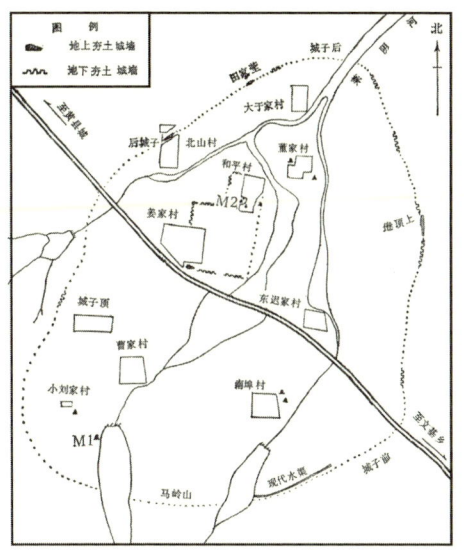

(1) 「黄県帰城」公表の城壁平面図
　　『考古』1991年10期より引用

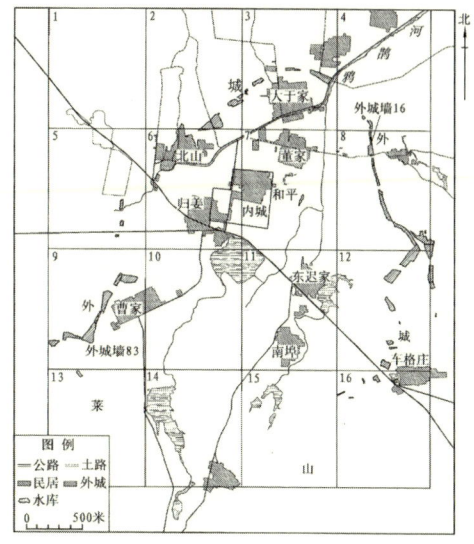

(2) 「龍口帰城」公表の城壁平面図
　　『考古』2011年3期より引用

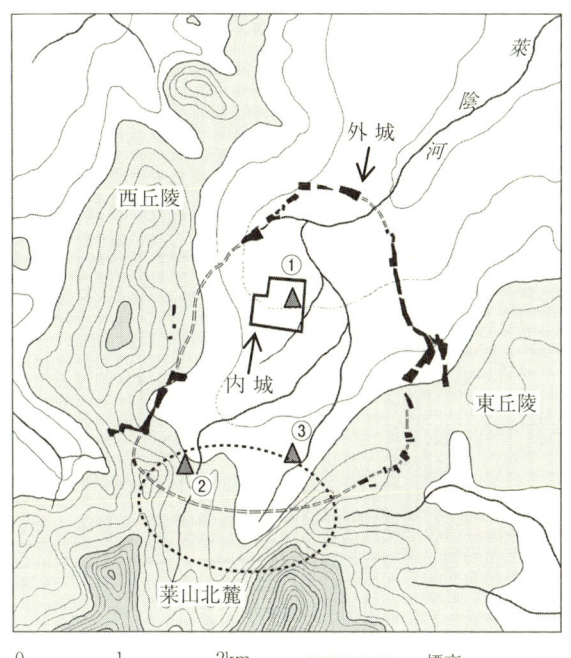

(3) 龍口帰城遺跡城壁遺構および周辺地形平面図
　　2013年筆者および山田花尾里作図

■　：城壁を示す。『考古』2011年3期公表平面図に依拠し作図。

＝＝＝：城壁を示す。『考古』1991年10期公表平面図に依拠し作図。

〇　：2007-09年の調査により城壁の存在が否定された範囲。

▲　：周代墓地

日本帝国陸軍参謀本部陸地測量部「民国図縮製 北支那十万分一図／威海衛」（昭和15年）、google map及び諸文献に基づき黄川田と山田が作成。各等高線は高度差20mを示す。

なお、上記「北支那十万分一図」では不鮮明な等高線については、周辺の河道、等高線の情報から黄川田が推定復元し、点線で表記した。

①1973年出土2号墓及び車馬坑　　②1965年出土1号墓　　③1951年出土銅器墓
　出典：『考古』1991-10　　　　　　出典：『考古』1991-10　　出典：『黄県彝器』

図2　帰城遺跡内城、外城平面図

少なくはあるが、帰城遺跡に付随すると思われる周代の遺跡が数箇所、周辺で確認できるようになった。これらの資料により、帰城遺跡群の特徴、そして歴史的背景について初歩的な考察ができる環境が整いつつある、と言えるのではなかろうか。

3．帰城遺跡の概要

　前節で述べたように、1990年代から今世紀にかけて、帰城遺跡の城壁に関し二幅の平面図が公表されている（図2の（1）（2）参照）。特に近年公表された「龍口帰城」の平面図は試掘成果とともに、1940年代の米空軍による航空撮影の地形写真を有効に活用しながら作成されており、「黄県帰城」公表の平面図に対していくつかの訂正を加えている。例を挙げれば、「龍口帰城」は内城の南西部に城門、南東部に"広場"が確認された事を報告している。また、外城の一部では城壁の幅がたいへんに広く、100mに達する例すらあり、城壁の上になんらかの建築物があったことが想定できるという。

　ただし、「黄県帰城」「龍口帰城」とも、本遺跡周囲の地形については文章の中で描写するのみで、等高線を伴う地形図をまったく公表していない。「龍口帰城」は、航空撮影の遺跡全景写真をＣＧ加工し、地形の凹凸の表現を試みた図を公表しているが（同報告・図版9の1）、5.7cm×10.1cmという極小画面に印刷されているため、地形の詳細はまったく読み取れない。このような問題を解決するため、筆者は東京大学総合研究博物館が所蔵する「民国図縮製北支那十万分一図　威海衛」（昭和15年製図・製版）を複写し、当地形図に記載された等高線および河川の情報を整理検討し、「黄県帰城」「龍口帰城」の城壁平面図と合成させて二枚の図を作成した。図2の（3）、そして図3がそれである。以下、本節では図2の（3）、図3を参照しながら帰城遺跡の平面構造について考察していきたい。

　図2の（3）、図3に示されたように、本遺跡の位置は、西と東を丘陵に挟まれている。暫時、本稿では遺跡東部の丘陵部を"東丘陵"、西部を"西丘陵"と呼ぶこととしたい。内城を起点とすると、東丘陵頂部までの高低差は60m以上、西丘陵頂部までは70m以上に達する。東西の丘陵以外にも、本遺跡の南側は莱山の北麓に接しており、内城はまさに大きな"すり鉢"の底のような位置にあたる。「龍口帰城」は本遺跡の地形を"盆地"と呼ぶが、適切な表現と言えるだろう。内城の東には、莱山北麓を水源とする莱陰河が南から北へと流れており、内城北部で同河の支流と合流している。「龍口帰城」によれば、内城西部の方形の突出部を、南北方向に水路が貫いている。おそらく、莱陰河の水流を城内に引き入れ、飲用水等に充てていたのだろう。

　外城の平面形状については、「黄県帰城」と「龍口帰城」の新旧報告文の間に、一部混乱が生じている。第一に、西丘陵の東側斜面に見られる、南北方向の城壁については、前者と後者の想定位置が大きくずれている（図2の（3）参照）。これは、どちらかの想定に誤りがあるのか、それとも西側城壁の一部が二重となっていた事の反映なのか、筆者には判断がつかない。したがって、暫定的に図2の（3）には両者の想定を共に表記した。第二に、「黄県帰城」は西丘陵、東丘陵の両者の南端の間に、東西方向に城壁遺構があったと想定した。しかし「龍口帰城」は外城の平面形に

旧黄県々城

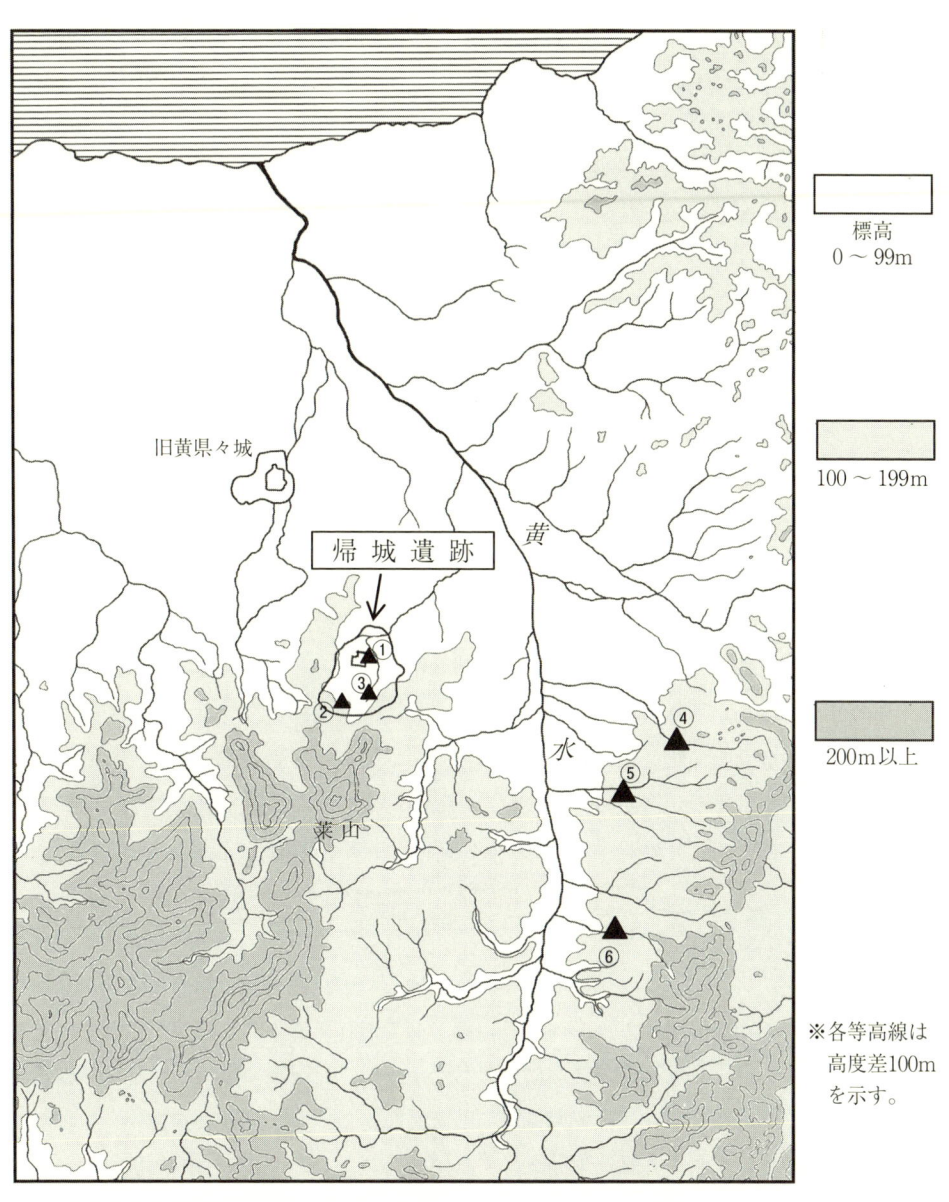

帰城遺跡

萊山

黄水

標高
0〜99m

100〜199m

200m以上

※各等高線は
高度差100m
を示す。

日本帝国陸軍参謀本部陸地測量部「民国図縮製 北支那十万分一図／威海衛」
（昭和15年）、google mapおよび諸報告に基づき、筆者と山田が作成。

0　　　　5km

①1973年出土2号墓及び車馬坑　　②1965年出土1号墓　　　　　③1951年出土銅器墓
　出典：『考古』1991-10　　　　　　出典：『考古』1991-10　　　　出典：『黄県曩器』
④荘頭西周墓　　　　　　　　　　⑤東営周家村1号墓・2号墓　　⑥魯家溝1896年銅器群出土地点
　出典：『文物』1986-8　　　　　　出典：『海岱考古』1　　　　　出典：『泉屋博古館紀要』1

図3　龍口帰城遺跡群分布状況

ついて、"南側は莱山（筆者補足：の北麓）の地形を利用しており、城壁を築造していない"と記している。この見解については、筆者は些か疑問を感じている。外城南部城壁の存在は、1930年代の調査に基づいて『黄県量器』が想定し、その後「黄県帰城」が当時の試掘調査の成果を踏まえた上で継承した観点である。一方で、2002年12月に筆者が現地を踏査した時の知見によれば、現在の本遺跡群の一帯は植生がきわめて貧困であり、樹木が疎らに見られる他、各種の灌木や一年草が生えているだけである。そのために表土の保持は困難であり、特に斜面や丘陵頂上部では流水による土壌の流出は深刻である。したがって、以前は莱山北麓に残存していた外城城壁基礎部が、1980年代以降の土壌流出により多くが消失した、という可能性を否定できない。よって、図2の（3）では、「龍口帰城」の主張を記しつつ、「黄県帰城」が想定した外城南部城壁の平面形をそのまま転写し、読者の参考に供することにした。

　図2の（3）を用いて外壁の分布状況、特に「龍口帰城」が報告した、版築による城壁部が明確に残存している箇所に注意すると、ある傾向に気づく。内城を起点として周囲を眺めると、この城を防衛する上で弱点が3カ所ある。第一、莱陰河の下流、北東の方向へと開く平野部。第二、東丘陵と莱山北麓部との間の鞍部。第三、西丘陵と莱山北麓部の間の鞍部。この3カ所の近辺では、いずれも城壁遺構が明確に検出されており、また基部の幅が数十メートルに達する城壁が発見される範囲は、この3カ所に限定されるようである。おそらく、帰城遺跡を築いた人々は上記の地形上の弱点を認識し、この3カ所に建材、労働力を多く投入し、他よりも高い城壁を構築したのだろう。また一方で、外城の東南角及び西南角は明らかに丘陵頂部を利用して造られており（図2の（3））、『黄県量器』「黄県帰城」「龍口帰城」それぞれの主張を裏付けている。

4．帰城遺跡群とその年代

　さて、前節で検討した帰城遺跡の東南部には、第二節でふれたようにいくつかの周代の遺跡が存在する。また、1980年代に貝塚茂樹が詳細に検討したように、1896年には魯家溝村にて銅器10点が出土し、その一部である甗は現在、泉屋博古館の所蔵となっている（貝塚 1984）。

　公刊された資料にはいずれも詳細な地図が付されていないため、これらの出土地点は、我々海外の研究者は明確に知ることはできない。幸い、筆者は2002年12月に帰城遺跡群を訪れる機会を得た。この時、龍口市博物館の館員各位は筆者を帯同し、これらの遺跡の現地を仔細に案内してくださった。当時の踏査により、公刊されている各種地図資料を参照することによって、これら黄水流域の各遺跡の具体的な所在地を明確にすることが可能である。図3は、前節でもたびたび触れた「民国図縮製北支那十万分一図」の関連範囲の等高線を整理した上で、これら荘頭西周墓、東営周家村西周墓、魯家溝村の位置を記入したものである。

　まず大きな視点から俯瞰するならば、帰城遺跡は黄水の西岸、他の遺跡は同東岸に位置しており、つまりすべてが同じ水系の流域に立地している。また、帰城遺跡を中心点として、当遺跡東南部に半径15kmの扇状の形を描くと、荘頭西周墓、東営周家村西周墓、魯家溝村の三遺跡はすべてこの範囲に入っている。近代以前、15ｋｍは一般人が半日で移動できる距離であり、おそらくこれら3

表1　龍口帰城遺跡群の年代

地図上の番号	遺跡名	出土年代	出土遺物	筆者の想定する年代	出典
①	帰城M2	1973年	土器、銅器	西周中期	『考古』91-10
	車馬坑	1973年	銅器	春秋	『考古』91-10
②	帰城M1	1965年	土器、銅器	西周中期	『考古』91-10
③	南埠村銅器墓	1951年	銅器	春秋前期	『黄県彝器』
④	荘頭西周墓	1980年	土器、銅器、玉	西周中期	『文物』86-8
⑤	東営周家村M1、M2	1985-86年	土器、銅器	西周中期	『海岱考古』1
⑥	魯家溝銅器群出土坑（墓？）	1896年	銅器	西周中期	『泉屋博古』1

カ所の遺跡は、帰城遺跡を中心として黄水流域に存在していた華夏系統国家の社会の一部を成すものであったのだろう。すでに公表された資料を見る限り、これら三遺跡以外に具体的事例を挙げ得ないが、おそらくは莱山東麓の黄水西岸および東岸一帯に、周代の遺跡が多数存在するのではなかろうか。今後の調査の進展に期待したい。

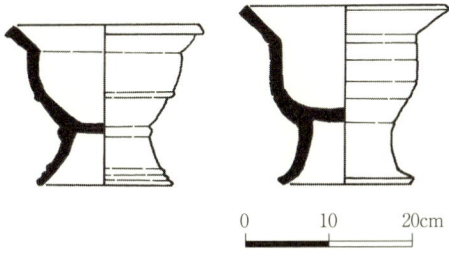

図4　東営周家村2号墓出土陶簋
（『海岱考古』1より転載）

なお紙幅の関係上、本稿では各遺跡の年代について詳細な考証はできないが、参考までに図2の（3）および図3でとりあげた各遺跡について、筆者の年代観を表にまとめ、表1に示しておく。

このように、本遺跡群で出土した主要な墓、器物坑の年代は、殷周時代の土器・青銅器に関する過去の編年研究を参照すれば（林1984、中国社会科学院考古研究所澧西発掘隊1980）、おおよその上限は東営周家村出土資料（図4）が示すように西周中期であり、下限は南埠村銅器墓の銅器（図5）が示すように春秋前期と推測できる。管見の限り、帰城遺跡群の年代はほぼこの枠に収

図5　1951年帰城南埠村出土銅簋
（『山東博物館』より転載）

まると考えられる。なお、筆者が帰城遺跡内城の数ヵ所の断面を観察した際、断面周辺に散布していた土器片は、筆者の判断ではすべてが西周末期から春秋前期に属するものであった。おそらく、城壁遺構の年代は西周中期に遡ることはないのではなかろうか。

5．小結——帰城遺跡出現の歴史的背景——

以上の考察により、以下の結果が得られた。

第一に、第二次大戦時の地形図と遺跡平面図を合成することにより、帰城遺跡のさまざまな特徴が明確に確認できた。本遺跡の内城は、西・南・東を丘陵または山に囲まれた、半ば"盆地"と言ってもよい地に建てられている（図2の（3）参照）。それぞれの方角の最高部は、内城部の海抜高度と比べると60m以上の差異が認められ、帰城遺跡の立地が軍事上の観点から慎重に選択され

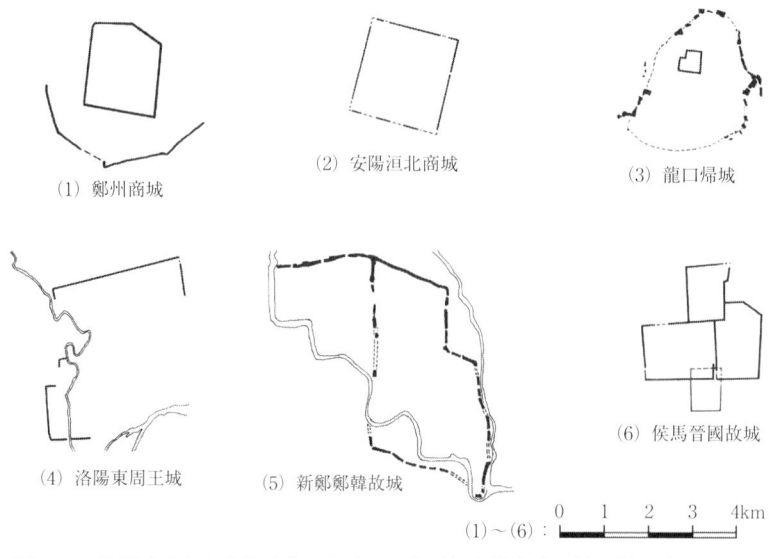

(1) 鄭州商城　　(2) 安陽洹北商城　　(3) 龍口帰城

(4) 洛陽東周王城　(5) 新鄭鄭韓故城　(6) 侯馬晋國故城

(1)～(6)：0 1 2 3 4km

図6　二里岡時代から春秋時代にかけての主要な城壁遺構と龍口帰城遺跡の比較

ていることが推定できる。同時に、この盆地状の地は、北東方向に向かって大きく開いている。また東部と西部の丘陵部南端には鞍部が認められ、これらは帰城遺跡を防衛する上での弱点となっている。今日まで確認されている保存状態の良好な外城遺構が、主にこの北東部、そして東西丘陵のそれぞれ鞍部近辺に集中して分布するのは、おそらく偶然ではないだろう。防衛線の弱点を補うために、この三つの箇所に対して重点的に城壁を構築した結果だと推定できる。

　第二に、おおよそ西周中期を年代上限とする墓地遺跡が、帰城遺跡を起点としておおよそ半径15kmの範囲に、南東方向に3カ所分布しているのが確認できる（図3参照）。地形図を通してこれら諸遺跡を大きな視点から見れば、帰城遺跡は黄水西岸、他の遺跡は同東岸に位置している。これらは、殷周時代の黄水流域に存在した華夏系統国家が形成した遺跡群の一部と想定できよう。

　最後に、帰城遺跡群出現の歴史的背景について私見を述べ、本稿のまとめとしたい。

　上記のように帰城遺跡群の出現年代は西周中期、おおよそ紀元前10世紀後半と考えられるが、これは周代の華夏文明圏の拡大を考える上できわめて重要な情報である。すでに拙稿で論じたように（黄川田 2004）、殷末から西周前期にかけての山東における華夏系統国家群の分布は、おそらく現在の淄博、青州周辺を東限としていたと思われる。つまり、両都市よりも東は当時の周王朝にとってはまったくの異民族の世界であった。その"非中国世界"と言える地に、突如として前10世紀後半に出現したのが帰城遺跡群である。おそらく、帰城遺跡群の周囲だけが華夏系統国家の支配する領域であり、その外側の空間のほとんどが、周王室の直接支配がおよばない異民族の居住地域であっただろう。

　さらに述べれば、前8世紀初頭前後（西周後期頃）の城壁遺構の出現はさらに大きな政治的意味を持つ。図6に示したように、帰城遺跡の規模は殷周期の黄河中流域の主要都市遺跡と比較しても決して遜色がない。内城の規模こそ小さいものの、外城の面積は侯馬晋国故城とほぼ等しく、洛陽東周王城よりもやや小さい程度の規模と言える。これほどの規模の城郭を、しかも周囲一帯に異民族が多く居住する地域で築造するためには、労働力や建築資材を確保する上で非常な困難を克服する必要があっただろう。逆に言えば、当時の山東半島の華夏系統国家群の社会にとっては、それほど大きな困難を克服してでも帰城遺跡を建造しなくてはいけない、切実な時代的背景があったと考

えられる。

　筆者は最近、ある会議の席上で報告した論文の中で、臨淄斉国故城の成立の背景について私見を述べたことがあるが(7)、その結論の一部を要約すれば以下のようになる。"西周中期以降、周王室が黄河中下流域の支配権を徐々に喪失し、各国が自立性を強めると、山東の封建諸侯の国家群は黄河中流域から労働力・鉱山資源などを入手することが困難となっていった。そのためこの時代、これらの国家にとって遼河流域の資源を入手する上で、遼東半島から龍口、臨淄を経て泰山北麓に至る交通路がより重要性を増していった。" むろん、さらなる考証が必要な仮説ではあるが、もしも上記の仮説が成立し得るのであれば、帰城遺跡の出現は、前10世紀後半から8世紀にかけての、山東西部と遼東半島を結ぶ交通路の発展という歴史的背景のもとで理解する必要があるのかもしれない。

補記

本稿執筆にあたり、松丸道雄先生（東京大学名誉教授）ご所蔵の『黄県巳城』初版本を閲覧させて頂いた。記して感謝申し上げる。

註

(1) 近年の例を挙げれば、（山東省文物考古研究所 2005、李峰 2007）は共に本遺跡に対し詳細に言及している。

(2) 筆者の「初期王朝」（中文：早期王朝）に対する定義については（黄川田 2009）を参照。

(3) なお（山東省文物考古研究所 2005）によれば、帰城遺跡群でこれまで出土した青銅器の総点数はおおよそ400点以上になるという。これらの内、主な有銘青銅器だけでも20点以上にのぼる。本来はこれら金文資料も同時に使用しながら考察を行うべきなのであるが、紙幅に限りがあるため本稿では割愛する。出土青銅器に関連する問題については、この一、両年以内に稿を改めて検討することとしたい。読者のご寛恕を乞う次第である。

(4) しかしその一方で、上記のように王氏は1930年代に地元の研究者が測量、製図した詳細な同遺跡平面図に言及している。当然ながら、本書の執筆当時この図面を手元に置いていたはずである。筆者は、文化大革命前夜の中国国内の微妙な政治的空気を晩年の王氏が考慮し、敢えて不正確な平面図を使用したのでは、と推測する。

(5) ただし、今回作成した図、特に図2の（3）についてはさまざまな未解決の課題がある。まず、「民国図縮製北支那十万分一図」と中国側作成の城壁平面図を合成させるにあたっては、村落の位置をもっとも重要な基準としたが、この80年間に一部の村落の位置が変わっている。また、「黄県帰城」「龍口帰城」両者の城壁平面図の縮尺を完全に一致させても、一部の村落、城壁、河川の位置に誤差が生じる。このため、これらの位置の誤差の調整にあたっては、筆者の推定に頼らざるを得なかった。したがって読者各位には、図2の（3）については、将来中国現地の研究者が詳細な平面図を発表するまでの暫定的な参考資料と考えていただきたい。

　幸い、「龍口帰城」によれば、中米合同調査隊は近い将来、2007年—09年の調査に関する正式報告書を公刊する計画であるという。将来の正式報告書の刊行を待ち、稿を改めてさらに正確な平面図を作成することとする。

(6) この河川を、「龍口帰城」は"鴉鵲河"と称している。本稿では暫定的に、『黄県巳器』や「黄県帰城」で用いられている"莱陰河"を採った。

(7) 2012年9月、河南省安陽市安陽師範学院で開催された〈東亜古代青銅冶鋳業国際論壇〉で口頭報告を

行った。次いで同年11月、台湾大学歴史学研究所にて、上古秦漢史読書会と古代史読書会の合同定例報告会の席上でも発表している。当該論考は今後一年以内に中国にて公刊する予定であるが、詳細は未定である。

引用文献

王献唐 1960『黄県𠳽器』山東人民出版社

王錫平、唐緑庭 1986「山東黄県荘頭西周墓清理簡報」『文物』1986年8期、68-72頁

貝塚茂樹 1984「古代における東北経略」『泉屋博古館紀要』1、7-18頁

黄川田修 2004「斉国始封地考―中国山東省蘇埠屯遺跡の性格―」『東洋学報』86巻1号、1-36頁

黄川田修 2009「華夏系統国家群之誕生―討論所謂「夏商周」時代之社會結構―」『三代考古』3、科学出版社、81-112頁

唐緑庭、姜国鈞 1989「山東黄県東営周家村西周残墓清理簡報」『海岱考古』1、山東大学出版社、314-320頁

山東省文物考古研究所 2005『山東20世紀的考古発現和研究』科学出版社

《山東博物館》編輯委員会 2012『山東博物館』倫敦出版（香港）有限公司

中国社会科学院考古研究所灃西発掘隊 1980「1967年長安張家坡西周墓葬的発掘」『考古学報』1980年4期、457-502頁

中美聯合帰城考古隊 2011「山東龍口市帰城両周城址調査簡報」『考古』2011年3期、222-239頁

林巳奈夫 1984『殷周時代青銅器の研究―殷周青銅器綜覧―』吉川弘文館

李峰（著）、徐峰（訳）、湯恵生（校）2007『西周的滅亡―中国早期国家的地理和政治危機―』上海古籍出版社

李歩青、林仙庭 1991「山東黄県帰城遺址的調査与発掘」『考古』1991年10期、910-919頁

周式銅剣から見た巴蜀式青銅器の出現過程

宮本一夫

はじめに

　中国青銅器文化の成立にあって、ユーラシア草原地帯を介した北方青銅器文化と中原の新石器時代後期における高度に進化した首長制社会との接触が重要であり、この文化接触によって中原青銅器文化が成立した。この中原青銅器文化とは、複合范による祭礼具の鋳造を可能にするものであり、鋳造技術の発信源であった北方青銅器文化とは異なった新たな青銅器文化が確立したのである（宮本・白雲翔編 2009）。中原青銅器文化は陶寺文化に始まり、二里頭文化において中国の伝統的な規範である「礼楽」の基礎となる銅鈴や青銅彝器が確立したのである（宮本 2005）。そして、この青銅器文化の発展型の中に、商王朝や周王朝の青銅器文化が存在している。しかしながら、商王朝においては、有銎斧や有銎戈のような本来北方青銅器文化に存在する武器が、戦争を含めた文化接触の中で商の青銅器文化の中にもたらされている（宮本 2000）。中原青銅器文化と北方青銅器文化は、二つの異なった社会体系として並存し、一方では相互に接触して新たな技術的な転換を果たしているということができるであろう。その意味で、周文化には、西周前期の柳刃短茎銅剣と呼ばれているような銅剣が存在している。銅剣は中原地域では春秋時期から出現し、定形化した中国式銅剣が出現するのが春秋後期である（林 1975）。周文化に見られる銅剣は、基本的には商などの中原に存在しないものであり、私はこれを周式銅剣と呼ぶことにしたい。周文化という中原の周縁域で生まれた青銅器文化が、北方青銅器文化との接触の中で周式銅剣が生み出されたという考え方（鐘少異 1992）を前提に議論を進めたい。

　さて、北方青銅器文化は中原青銅器文化を生み出したが、一方では遼寧式銅剣文化や細形銅剣文化などの東北アジアの青銅器文化の起源となっている（宮本 2000）。さらに北方青銅器文化が、中国西南部の青銅器文化の成立においてもその起源地となっていると考えることができる。少なくとも、東チベットである川西高原の石棺墓文化の青銅器は、北方青銅器文化との文化接触で生まれたことを明らかにした（宮本・高大倫編 2013）。これは、東南アジアの青銅器文化が中原青銅器文化との関係で生まれたとする見方に対し、ユーラシア草原地帯の初期青銅器文化（セイマートルヴィノ文化）との関係によって生まれたとする近年の欧米研究者の見方（White & Hamilton 2009）にとって、重要な証拠を提供したことになる。

　川西高原の石棺墓青銅器文化が北方青銅器文化と文化接触したという証拠としては、まずその年代が少なくとも商代平行期に遡る事実が明らかとなった（宮本・高大倫編 2013）ことが挙げられる。たとえば四川省甘孜チベット自治州炉霍県卡莎湖石棺墓では、有銎戈が出土しており、その年

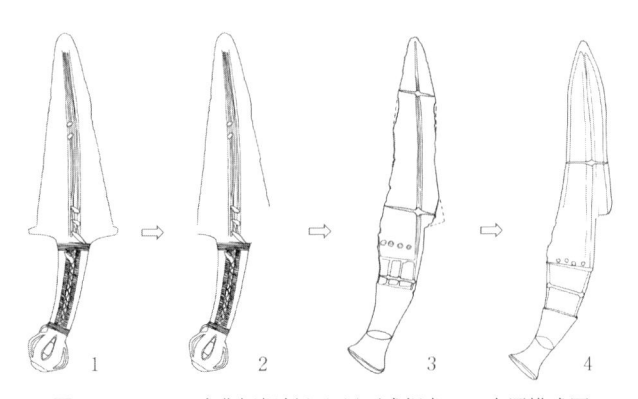

図1 カラスク式曲柄銅剣から川西式銅戈への変遷模式図
1・2東博蔵、3漆木林組、4卡莎湖M219

代が商代に遡ること（宮本 2013b）もこの根拠の一つとなっている。また、雅礱江から大渡河流域には川西高原式銅戈とも呼ぶことができるカラスク式銅剣に類似した曲柄の銅戈が分布している（宮本 2013a）。図1に模式化したように、北方青銅器に典型的な曲柄銅剣であるカラスク式銅剣（図1-1）は商代後期に少なくとも年代的な平行期の一点が存在する（宮本 2000、宮本編 2008）ように、曲柄式のカラスク式銅剣を基に銅戈に変化させたものであることは明確であろう（宮本 2013a）。すなわち、カラスク式銅剣（図1-1）の関の一方部分を切り取ること（同2）により、図1-3のような川西高原式銅戈の最も古い形態に繋がるのである。この場合、カラスク式銅剣の形態を基に戈に転換させるため、剣身と柄の境の格部分も退化してなくなっている。しかしながら、図1-3は剣身の脊部分はそのまま残っているとともに、カラスク式銅剣と同様に剣身部分は脊を中心に左右が対称に近い。しかしながら、図1-4のようにさらに変化すると、関の切り取られた部分がより幅狭になっており、脊も退化していく。カラスク式銅剣から川西高原式銅戈の一連の変化方向が理解され、北方青銅器文化のカラスク式銅剣を基に、川西高原において銅戈に転換させたことが理解できるのである。これが文化受容の実態であり、北方青銅器文化を地域の好みの中に変容させ、さらにイノベーションしていくのである。この川西高原式銅戈が、前13〜11世紀の炉霍県宴爾龍墓地では、明器化して関の切り取られた段部分が痕跡器官として形骸化して行く変化を示している（宮本 2013a）。明器化するように、決して武器としての機能変化を示すのではなく、何らかの社会における標識的な意味として青銅器が用いられていた。また、これらの青銅器墓地は母系社会であるのに対し（田中 2013）、それらの銅戈は男性のみの副葬品であるところから、青銅器が男性の婚入に際して何らかの集団帰属標識となっているのではないかと推測し、青銅器生産がこのような社会のニーズの中に広がっていったものと推測している（宮本 2013b）。

　この川西高原では、青銅器とともに石棺墓という墓葬構造を含め、北方青銅器文化の文化接触の中に石棺墓青銅器文化が始まり展開していくのであるが、一方では商代後期併行に関中の城固を介して周文化との接触を示している。それが炉霍県宴爾龍8号石棺墓の中原式銅戈や銅鏃に認められる特徴である（宮本・高大倫編 2013）。さらに前9〜8世紀には炉霍県呷拉宗15号墓の北方系の鏡の鏡背文様に認められるように、鏡の形態は北方青銅器文化の系譜を引くものの、文様は鳥文であり、明らかに西周すなわち周文化の影響を受けている（宮本 2013a）。

　このように東チベット地域は、北方青銅器文化との接触の中に本地域の青銅器文化の成立があるものの、商代後期以降は次第に周文化の影響を受けるようなさまざまな青銅器文化のチャンネルを持っていることを示している。その点からも、成都平原から川西高原に認められる巴蜀文化の成立を考える必用があろう。先に北方系青銅器文化との関係性の中から生まれたであろうとした周式銅

剣は、これに類似したものが成都平原から川西高原に認められる。それらは巴蜀式銅剣（町田 2006）や巴蜀柳葉形剣（江章華 1996）と呼ばれるものである。この周式銅剣と巴蜀式銅剣の出自関係やその系譜関係を、この新しい地域関係の視点の中から、再考してみたいのが本稿の目的である。と同時に、巴蜀式銅器の典型の一つが巴蜀式銅戈であるが、これもまた近年川西高原の雅江県脚泥堡1号墓から出土しており、その年代が前8〜7世紀に遡ることが明らかになっている（宮本 2013a）。こうした新たな研究成果を踏まえ、周文化と巴蜀文化の関係性や後者の出現過程について再考してみたいのである。

1．周式銅剣

　中国式銅剣は最も古いものでも西周後期から春秋前期にあり、定形化した中国式銅剣（桃氏剣）が出現するのは春秋後期の前6世紀代からである（林 1975）。また、西周後期には銅剣が中原世界でも定着するものの、江南でより発達するのは地形環境の制約から白兵戦が発達することに拠るもので、江南で先行して発達した銅剣が後に中原世界にも刺激を与え、定型的な中国式銅剣を生み出すことになる（町田 2006）。しかしながら、こうした中国式銅剣ではなく、中原地域に剣が認められるのが西周時代の周の領域に分布する周式銅剣である。大きく二つの種類に分かれ、一つがいわゆる「柳葉形短剣」と呼ばれるものであり、もう一つが基部に人面が施される「人面文短剣」からなる。周式銅剣を分類した張天恩によれば柳葉形短剣がA型、人面文短剣がC型に分類されている（張天恩 2001）。この他、B型とD・E型が分類されているが、この内D・E型は西周後期のものであり、D型剣は秦式短剣とも呼ばれ（張天恩 1995）、E型はその関連資料である。それらは明らかに北方青銅器文化との文化接触によって生まれた青銅短剣であり（八木 2012）、ここでは議論から除外したい。また、張天恩のいうBa型はA型に含めて考えるべきと判断し、さらにBb型に関しては銅戈の変種と考えるべきと判断し、これらは分類単位としない。

　まず柳葉形短剣に関しては、町田章がこれを「柳刃短茎銅剣」と呼んでおり（町田 2006）、本稿でも柳刃短茎銅剣と呼びたい。これらは西周前期を中心にかつ周の中心地域に分布している。同時期の同じ分布圏を示す人面文短剣を加えて、ここで再度型式分類を試みてみたい。

　柳刃短茎銅剣は大きく3類に分類することができる（図2、表1）。最も古いと考えられる銅剣が白草坡2号墓の短剣であり、剣身と茎の区別が明瞭で、茎には目釘孔や側面に固定用の歯が認められないものである。剣身と茎の境が鋭角をなしており、周式銅剣I式と呼ぶ。I式銅剣の分布は、表1に示すように周の領域の西北部に位置している。一方、II式以降の型式は漢中を中心に周の領域に広く分布している。II式は剣身と茎の区別がしだいに曖昧となりながら、茎に柄との装着を堅牢にするための歯状突起が付くものである。歯状突起が2対のものをIIa式、1対のものをIIb式と細分する。IIb式の中には目釘孔を一つ持つものがあり、次に述べるIII式も茎に目釘孔を持つものから、IIa式からIIb式への変化を想定したい。剣身と茎との境が不明瞭であり、柄との装着を強化するため茎に目釘孔を持つものをIII式とする。茎の目釘孔が一つのものをIIIa式、目釘孔が二つあるものをIIIb式と細分する。IIb式の茎に1目釘孔があるものがあるとともに、目釘

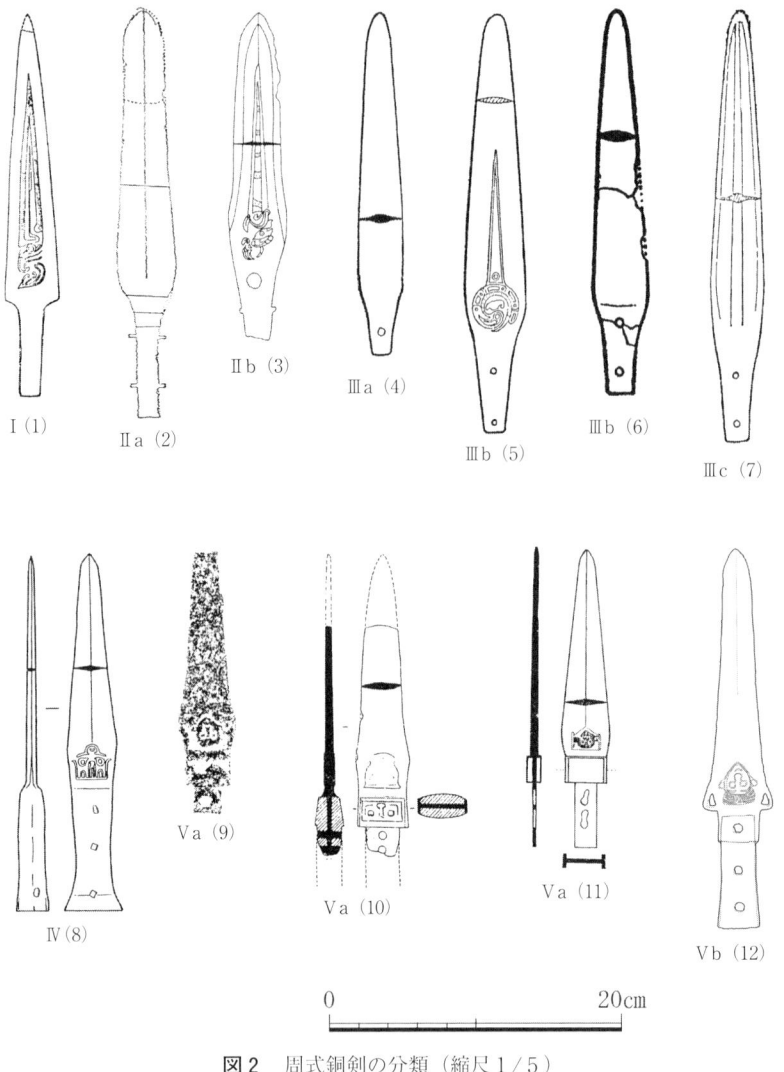

図2　周式銅剣の分類（縮尺1/5）
1 白草坡M2、2 琉璃河M53、3 北窰M215、4 竹園溝M19、5 竹園溝M20、6 竹園溝M21、7 竹園溝M7、8 小陵原M280、9 斉鎮墓、10 曲村M33、11 金井、12 出土地不明

孔が1目釘孔から2目釘孔へと増えることによる装着の強化の変化方向を想定し、Ⅲa式からⅢb式への変化を考える。さらに剣身に脊が通るものがⅢc式であり、Ⅲb式から機能的に変化したものであろう。そして、これらの年代は副葬された墓葬の年代から判断すると、西周初期など西周前期に納まっており、表1に示すように西周中期以降はこうした銅剣の副葬がほとんど認められなくなる。その中で最も新しいと考えたⅢc式が西周中期まで存在している。

周式銅剣には、柳刃短茎銅剣以外に、人面文が特徴的な人面文扁茎銅短剣と呼ばれる（鐘少異 1994）銅剣がある。この種の銅剣は一般的に扁茎と呼ばれるように、短い扁平な茎で目釘孔を持つものであり、柄が幾分差し込み状に挿入される部分を持つものである。最近、剣身基部に人面文を持ちながらも、扁茎ではなく有鋬の柄部をなす特殊な銅剣が陝西省長安市少陵原280号墓から出土している（図2-8）。これをⅣ式として、一般的な人面文扁茎銅短剣と区別したい。そして一般的な人面文扁茎銅短剣をⅤ式とする。

Ⅳ式の柄が中空の有鋬をなす銅剣は、銅矛との関係から生まれた可能性を述べる考え方があるが（陝西省考古研究院 2009）、このような有鋬からなる柄部を持つ銅剣はいわゆるカラスク式銅剣の特徴であり（宮本 2007）、北方青銅器の系譜にある銅剣と考えるべきであろう。また、Ⅳ式はⅤ式の人面文とは異なり、人というよりは獣面を呈しており、文様においても差異が認められる。

人面文扁茎銅短剣のⅤ式は、人面文が大きく二つの意匠を為す。一つは目と鼻や横長の耳からな

周式銅剣から見た巴蜀式青銅器の出現過程　189

表1　周式銅剣集成表

出土地点	所在地	型式	長さ(cm)	幅(cm)	茎長(cm)	剣身文様	茎の特徴	時代	備考	出典
白草坡2号墓	甘粛省霊台県	I	24.3	3.6	6.3	夔文、斜角雷文	無孔	西周前期	剣鞘、他に3点銅剣	考古学報1977-2
板橋溝	陝西省臨潼県	I	不明	不明	不明	不明	無孔		銘文「豊伯」	張天恩2001
北窑215号墓	河南省洛陽市北窑	Ⅱa	24.5	3.6	5.5	獣形文	2対小歯	西周前期		洛陽市文物工作隊1999
琉璃河53号墓	北京市	Ⅱa	27	3.9	7	無文	2対小歯	西周前期		北京市文物研究所1995
北窑215号墓	河南省洛陽市北窑	Ⅱb	残21.2	3.9	残	獣形文	1対小歯、1穿孔	西周前期		洛陽市文物工作隊1999
賀家村西815	陝西省岐山県	Ⅲ	残20	不明	不明	無文	孔あり	西周前期	他に1点銅剣	考古1976-1
札村付近周墓	陝西省岐山県	Ⅲ	残18	2.9	残	無文	不明	西周		文物資料叢刊2
林校草馬遺址	河南省洛陽市林業学校	Ⅲ	23.6	4	残	夔首文	1孔	西周前期	剣鞘(残欠)	文物1999-3
竹園溝1号墓	陝西省宝鶏市	Ⅲa	23.5	3	5.5	無文	1孔	西周前期		盧連成・胡智生1988
竹園溝8号墓	陝西省宝鶏市	Ⅲa	22.8	3.2	4.7	無文	1孔	西周前期	剣鞘	盧連成・胡智生1988
竹園溝19号墓	陝西省宝鶏市	Ⅲa	21.2	3.1	3.9	無文	1孔	西周前期		盧連成・胡智生1988
振家坡西183号墓	陝西省西安市振家坡	Ⅲa	残15	3	4.9	無文	1孔	西周前期	剣鞘(21.5cm)	中国社会科学院考古研究所1999
琉璃河253号墓	北京市	Ⅲa	残22.5	3.3	3.6	葉形蟬文	1孔	西周前期		北京市文物研究所1995
寨家山1号墓	湖北省随州市	Ⅲa	25.5	3.6	7.1	獣頭文	2孔	西周前期		文物2011-11
竹園溝4号墓	陝西省宝鶏市	Ⅲb	28.1	4.2	6.3	無文	2孔	西周前期		盧連成・胡智生1988
竹園溝11号墓	陝西省宝鶏市	Ⅲb	26.8	3.6	6.2	無文	2孔	西周前期		盧連成・胡智生1988
竹園溝13号墓	陝西省宝鶏市	Ⅲb	25.4	4.2	4.4	沈線	2孔	西周前期		盧連成・胡智生1988
竹園溝18号墓	陝西省宝鶏市	Ⅲb	27.8	2.9	5.2	蛇文	2孔	西周前期		盧連成・胡智生1988
竹園溝20号墓	陝西省宝鶏市	Ⅲb	25.4	4.2	6	無文	2孔	西周前期		盧連成・胡智生1988
竹園溝21号墓	陝西省宝鶏市	Ⅲb	26.8	3.6	4.7	無文	2孔	西周中期	剣鞘	盧連成・胡智生1988
寨家荘1号墓	湖北省随州市	Ⅲb	27	3	6.4	無文	2孔	西周前期		文物2011-11
振家坡206号墓	陝西省西安市振家坡	Ⅲb	25	3.4	5.7	無文	2孔	西周前期		中国社会科学院考古研究所1962
琉璃河52号墓	北京市	Ⅲb	28.4	2.8	2.4	無文	2孔	西周前期	剣鞘(19cm)	北京市文物研究所1995
竹園溝7号墓	陝西省宝鶏市	Ⅲc	29	3.6	6.4	無文	2孔	西周前期	脊あり、剣鞘	盧連成・胡智生1988
竹園溝14号墓	陝西省宝鶏市	Ⅲc	30	3.2	4.7	無文	2孔	西周中期	脊あり、把頭あり	盧連成・胡智生1988
寨家荘1号墓	湖北省随州市	Ⅲc	不明	不明	不明	無文	孔あり	西周前期	脊あり	盧連成・胡智生1988
寨家山1号墓	湖北省随州市	Ⅲc	残18.9	3.2	6.5	無文	2孔	西周前期		文物2011-11
少陵原280号墓	陝西省西安市長安区	Ⅳ	23.8	3.9	8.2	獣面文	空首	西周中期		陝西省考古研究院2009
少陵原452号墓	陝西省西安市長安区	Ⅴa	残9.4	3.2	不明	人面文A	2孔	西周中期	不規則な3穿孔	陝西省考古研究院2009
斉鎮墓	陝西省扶風	Ⅴa	残17	不明	不明	人面文A	1孔	西周中期		鐘少異1994
曲村33号墓	山西省天馬-曲村	Ⅴa	残15.2	3.3	残	人面文A	2孔	西周中期		文物1995-7
傅清県新村出土	河南省濬県	Ⅴa	21.7	3.8	4	人面文A	2孔	不明		Loehr1956
破山口	江蘇省儀徴	Ⅴa	残欠	不明	不明	人面文A	不明	西周中・後期	剣身に獣文	雛厚本1983
金井	湖南省長沙県	Ⅴb	20	3.2	6.1	人面文B	2孔	春秋前期	剣あり、剣鞘	湖南考古輯刊第2集
出土地不明		Ⅴb	25.2	3.6	7.5	人面文B	3孔	不明	格に2耳	Loehr1956
上博物館蔵		Ⅴb	25.3	3.7	7.5	人面文B	3孔	不明	格に2耳	馬承源1982
長子口墓	河南省鹿邑県太清宮	不明	残20	5	不明	不明	不明	西周初期	木質鞘	河南省文物考古研究所ほか2000
平頂山応国232号墓	河南省平頂山市	不明	残17	5.5	不明	不明	不明	西周前期		河南省文物考古研究所ほか2012

る人面文で、さらに口が加わる場合がある（図2-9・11）。もう一つはこうした人面に、さらに頭髪表現や円形の耳が加わるものである（同12）。前者を人面文Ａ式、後者を人面文Ｂ式とする。人面文Ａ式の場合、扁茎に2目釘孔ないし1目釘孔が認められるが、人面文Ｂ式は扁茎に3目釘孔が柄の装着用に穿たれている。そして人面文Ｂ式の場合、格の横に耳が取り付いている。このように人面文Ａ式と人面文Ｂ式は明瞭に区別でき、前者をⅤａ式、後者をⅤｂ式とする。曲村33号墓の人面文扁茎銅短剣（図2-10）は人面文が明確に図化されておらず（北京大学考古学系・山西省考古研究所 1995）、人面文の型式を判断できないが、扁茎の2目釘孔の特徴などからはⅤａ式に属すると判断される。曲村33号墓のⅤａ式は、柄が装着される格付近がソケット状を為し、これらはⅤａ式の特徴となっているが、この部分に骨製の人面文が挿入されている。格付近の骨製人面文は表現がⅤａ式に近いものの、Ⅴａ式とは若干異なっている。こうした骨製人面装飾がⅤ式の格付近のソケット部分に装着されていた可能性がある。

　Ⅳ式とⅤ式は表1に示すようにともに西周中期から出現しており、Ⅰ～Ⅲ式が西周初期や西周前期にあったものから、遅れて出現している。出土地も西安や扶風など西周の中心地域に多く、周で生成した青銅短剣であり、こうしたものの一部が西周の領域の広がりとともに江南や南方に遅れて広がっている。

　このようなⅠ式～Ⅴ式への周式銅剣の型式変化は、図3のように示すことができる。Ⅰ式～Ⅴ式は、周において生まれた銅剣であり、前段階の商代には銅剣が存在しないことからも、周の独自性を示す武器と言えよう。また、その副葬された墓葬が比較的大型墓であり、王や諸侯級には達しないものの貴族層などの一定の高い階層すなわち軍隊組織の長などが持てる職掌上のシンボルであった可能性もあるであろう。一方で、表1に示すように西周前期の諸侯級の墓である河南省鹿邑県長子口墓（河南省文物考古研究所ほか 2000）や河南省平頂山応国232号墓（河南省文物考古研究所ほか 2012）でも銅剣が副葬されているが、Ⅰ～Ⅴ式に比べ比較的幅広であり、これらとは別の形態の銅剣である可能性がある。欠損しているため型式は不明であるが、諸侯級の別型式の銅剣が存在していた可能性があろう。そして、このような銅剣が西周後期には秦式銅剣（張天恩 1995）などに変化して、同様な貴族層の職掌を示すような社会的な意味合いを継続させていたものと考えられる。西周後期～春秋初期の虢国墓の鉄剣なども、西周以来の銅剣と同じ意味をなす。さらに春秋後期に定型的な中国式銅剣が出現する段階において、歩兵が携帯する一般的な武器となったのである。なお、周王朝における柳刃短茎銅剣が巴蜀を含めた氐羌の一部族が傭兵として軍隊に加わったものとする考え（町田 2006）は、以上のような周式銅剣を西周王朝における軍隊などの職掌を示す貴族層の持ち物と考えることからも、否定せざるを得ない。

　さて、周で出現した銅剣は、Ⅰ～Ⅲ式の柳刃短茎銅剣やⅤ式の人面扁茎銅短剣のように、基本的には剣身と茎からなるものであり、剣身から柄部までが一鋳式の北方青銅短剣とは異なっている。しかしながら、銅剣という武器は商代の中原には存在しないことから、北方青銅器文化との何らかの接触の中で生まれたものと考えるべきであろう。柄部分離型の銅剣は、もともとユーラシア冶金圏のなかのアンドロノヴォー文化には存在し、これが最も古い銅剣であり、北方青銅器文化の古段階の銅剣の系統であるということができる。また、鍔部をもつⅣ式銅剣はカラスク式銅剣の特徴を

模倣したものであり、北方青銅器文化との文化接触によって生まれたと考えられる。銎部をもつ短剣に関しては、銅矛との関係から生まれたことを推定する意見（李剛 2002、町田 2006）も見られるが、これは間違っている。銎部を持つ銅剣はカラスク式銅剣の特徴であり（宮本 2007）、この系譜の中に遼西のいわゆる矛式銅剣が成立するからである（宮本 2000）。

このような北方青銅器文化の系統から周式銅剣が生まれたという考え方に対して、特にⅠ～Ⅲ式の柳刃短茎銅剣が中国西南地区に出自があると考える意見がある（高西省 1998、趙天恩 2001）。これは、周代の銅剣が中国国内に起源するという説（林寿晋 1963）に基づき、四川省成都市十二橋遺跡などに見られる有茎銅剣をその出自とするものである。かつてそれらは殷代後期平行期と考えられていたが（江章華 1996）、十二橋遺跡出土の有茎銅剣は第12層出土であり、殷墟4期に相当する段階と考えられ（四川省文物考古研究院・成都市文物考古研究所 2009）、殷末に属している。周初期を最古とする周式銅剣よりも若干古いものであるが、成都盆

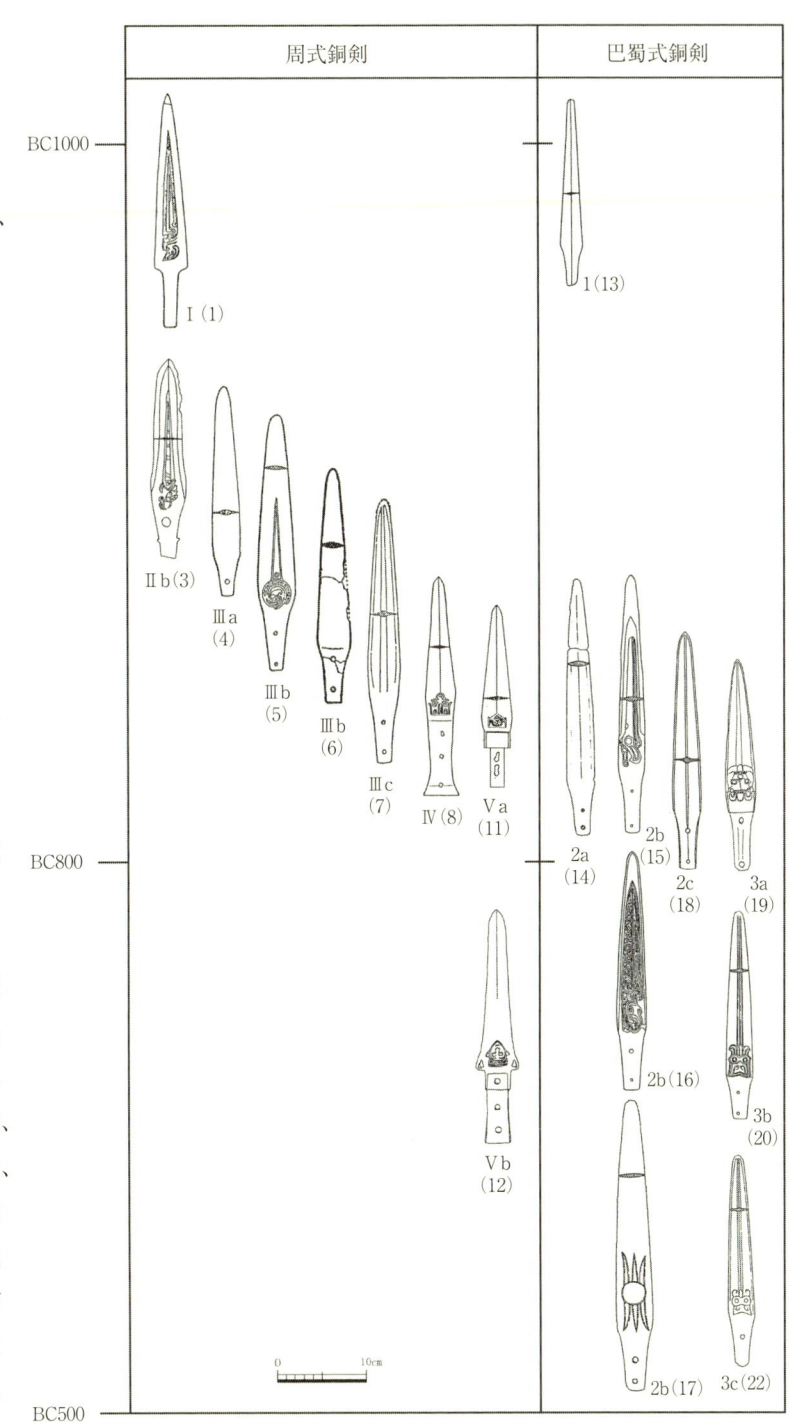

図3　周式銅剣と巴蜀式銅剣の変遷（縮尺1/8）

地における中原との平行年代は必ずしも明確なものではなく、この時期差も明確な時期差とすることはできず、むしろ両地域の銅剣の出現年代には余り時期差がないということになるであろう。このような中国西南地区には、柳刃短茎銅剣に類似した巴蜀式銅剣が認められる地域である。そこで、周式銅剣の出自の検討という意味でも、巴蜀式銅剣についても検討を加えたい。

2．巴蜀式銅剣の出現位置

　巴蜀式銅剣の分類は、童恩正（1977）、趙殿増（1994）、江華章（1996）などの分類が知られるが、これらの分類をまとめた形で、町田章が新たな分類と編年を行っている（町田 2006）。町田は、周の柳刃短茎銅剣と何らかの関係を想定しながら、最も古い形態としたのがⅠ・Ⅱ類である。Ⅰ・Ⅱ類は、剣身側面に見られる変換点から剣身と茎の区別が不明瞭なものであり、かつ茎の中心軸に沿って上下2カ所の目釘孔を開けるものである。新しい段階のⅢ～Ⅵ類は、剣身と茎の境が明瞭になり、茎の二つの目釘孔が直線上に並ばないなどの特徴を持ち、分類基準が明確である。近年、典型的な巴蜀式銅剣のⅢ～Ⅵ類とは異なったⅠ・Ⅱ類の出土例が増えているところからも、ここでは周式銅剣との関係を考える意味で最も古い段階とされるⅠ類について再考してみたい。

　町田は、このⅠ類を剣身の文様からⅠa類～Ⅰd類の4類に分類している。ここでは、文様に関してというよりは、むしろ周式銅剣のⅢ類で見られたと同じ属性単位で分類を試み、周式銅剣との関係性を眺めることとしたい。その属性とは、剣身の脊の有無、茎の目釘孔の有無や数、剣身の文様の有無などからである。図4や表2に示すように、町田のⅠ類を大きく3類に分けることができる。1式は剣身と茎の区別が明瞭であり、周式銅剣Ⅰ式のように、茎には目釘孔が認められないものである（図4-13）。2・3式は周式の柳刃短茎銅剣のように茎と剣身の境が不明瞭なものである。この内、3式は特徴的な獣面文を剣身下端部に配置するものとして抽出する。2式が巴蜀地域

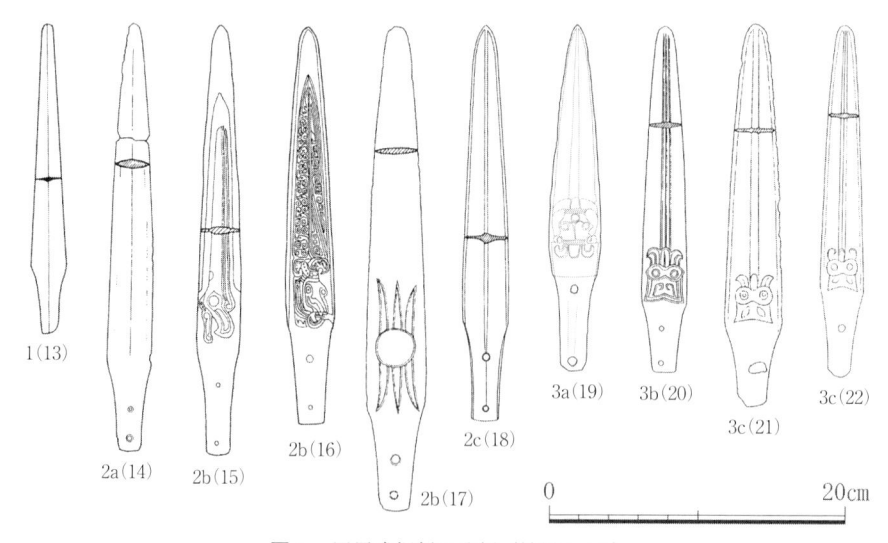

図4　巴蜀式銅剣の分類（縮尺1/5）

13十二橋12層、14金沙M270、15牟托M1、16牟托K2、17金沙M2725、18金沙M916、19冬笋壩、20金沙M2712、21金沙M2725、22金沙M2722

表2 巴蜀式銅剣集成表

出土地点	所在地	型式	長さ(cm)	幅(cm)	茎長(cm)	剣身文様	茎の特徴	時代	備考	出典
十二橋12層	四川省成都市	1式	20.2	2.4	4.4	無文	無孔	殷墟4期		四川省文物考古研究院ほか2009
十二橋新一村	四川省成都市	1式	20.9	不明	不明	無文	2孔	西周		江章華1996
成都黄忠村2号墓	四川省成都市	2a式	23.7	2.9	4	無文	2孔	西周晚期〜春秋		成都市文物考古研究所2001
金沙村人防地点270号墓	四川省成都市金牛区	2a式	28	3.2	5.9	無文	2孔	春秋後期		成都市文物考古研究所2005
三洞橋青羊小区	四川省成都市	2a式	28.4	不明	不明	無文	2孔	春秋後期		文物1989-5
三洞橋青羊小区	四川省成都市	2a式	27.8	不明	不明	無文	2孔			文物1989-5
廬山帯鞘銅剣1 一短剣II	四川省廬山県	2a式	28.4	2.8	6.1	無文	2孔		銅鞘	考古1991-10
金沙星河路西延線地点2725号墓	四川省成都市	2b式	24.3	3.3	4.5	蝉文	2孔	春秋末期		成都市文物考古研究所2010
京川飯店	四川省成都市百花潭	2b式	24.2	2.8	6	巻雲文	2孔	戦国前期		文物1989-2
成都中医学院	四川省成都市	2b式	残19.9	2.9	5.3	巻雲文	2孔	春秋後期		文物1992-1
牟托1号石棺墓	四川省茂県	2b式	27.9	2.9	6	饕餮文	2孔	戦国後期	銅鞘	茂県羌族博物館ほか2012
什邡城49号墓	四川省什邡市	2b式	25	3.7	3.1	饕餮図案	2孔		銅鞘	考古1991-10
廬山帯鞘銅剣1 一短剣I	四川省廬山県	2b式	28	2.8	6	巴蜀図案	2孔		銅鞘	考古1991-10
廬山帯鞘銅剣2 一短剣II	四川省廬山県	2b式	26.9	3	6.3	双髄文	2孔			考古1991-10
牟托1号器物坑	四川省茂県	2b式	28	3.3	6	動物文	2孔	春秋後期		茂県羌族博物館ほか2012
牟托1号器物坑	四川省茂県	2b式	28.4	2.6	6	動物文	2孔	春秋後期		茂県羌族博物館ほか2012
牟托1号器物坑	四川省茂県	2b式	25.4	2.2	6.4	動物文	2孔	春秋後期		茂県羌族博物館ほか2012
牟托2号器物坑	四川省茂県	2b式	25.8	3.2	6	饕餮文	2孔	春秋後期		成都市文物考古研究所2005
金沙村人防地点271号墓	四川省成都市	2c式	残29	3.4	6.2	無文	2孔	西周晚期〜春秋	脊あり	成都市文物考古研究所2005
金沙村人防地点280号墓	四川省成都市	2c式	残28.8	3.2	不明	無文	2孔	西周晚期〜春秋	脊あり	成都市文物考古研究所2005
金沙星河国際花園916号墓	四川省成都市	2c式	25.6	3	6	無文	2孔	春秋後期	脊あり	成都市文物考古研究所2006
金沙星河国際花園940号墓	四川省成都市	2c式	26.8	3.3	7	無文	2孔	春秋後期	脊あり	成都市文物考古研究所2006
金沙星河国際花園943号墓	四川省成都市	2c式	25.5	3.2	6.5	無文	2孔	春秋後期	脊あり	成都市文物考古研究所2006
金沙星河国際花園943号墓	四川省成都市	2c式	21	2.75	4.7	無文	2孔	春秋後期	脊あり、銅鞘	成都市文物考古研究所2006
金沙星河路西延線地点2725号墓	四川省成都市	2c式	24.5	3.2	4.2	巻雲文	2孔	春秋末期	脊あり	成都市文物考古研究所2010
成都無縫電機械工業学校	四川省成都市	2c式	25	2.6	5.6	無文	2孔		脊あり	文物1982-1
冬笋壩	四川省巴県	2c式	50	4.7	10.6	饕餮文	2孔	春秋後期	脊あり	段渝ほか1983-2
山埕2号墓	湖北省襄陽市	2c式	29.1	3	7.5	饕餮文	2孔			江漢考1994
牟托1号器物坑	四川省茂県	2c式	23.6	3	6.1	無文	2孔	春秋後期		茂県羌族博物館ほか2012
冬笋壩	四川省巴県	3a式	22.7	3.5	6.3	獣面文a	2孔	春秋末期〜戦国前期	脊あり	段渝ほか1983-2
金沙星河路西延線地点2711号墓	四川省成都市	3b式	22.6	3.1	5	獣面文b	2孔	春秋末期〜戦国前期	脊あり、他に1点	成都市文物考古研究所2010
金沙星河路西延線地点2712号墓	四川省成都市	3b式	22.8	3	4.5	獣面文b	2孔	春秋末期〜戦国前期	脊あり	成都市文物考古研究所2010
金沙星河路西延線地点2722号墓	四川省成都市	3b式	23.1	2.9	5.8	獣面文c	1孔	春秋末期〜戦国前期	脊あり	成都市文物考古研究所2010
金沙星河路西延線地点2722号墓	四川省成都市	3b式	23.2	3	6	獣面文c	2孔	春秋末期	脊あり、他に3点	成都市文物考古研究所2010
金沙星河路西延線地点2725号墓	四川省成都市	3b式	19.2	3	3.5	獣面文c	1孔	春秋末期	脊あり、他に11点	成都市文物考古研究所2010
金沙星河路西延線地点2725号墓	四川省成都市	3c式	18.1	2.8	2.5	獣面文c	1孔	春秋末期	脊あり	成都市文物考古研究所2010
金沙村人防地点280号墓	四川省成都市	不明	残15	不明	不明	無文	不明	西周晚期〜春秋		成都市文物考古研究所2005
牟托1号石棺墓	四川省茂県	不明	26.7	3	不明	無文	不明	春秋後期		茂県羌族博物館ほか2012
金沙村人防地点268号墓	四川省成都市	明器	19.9	2.5	2.9	無文	無孔	西周晚期〜春秋	明器	成都市文物考古研究所2005

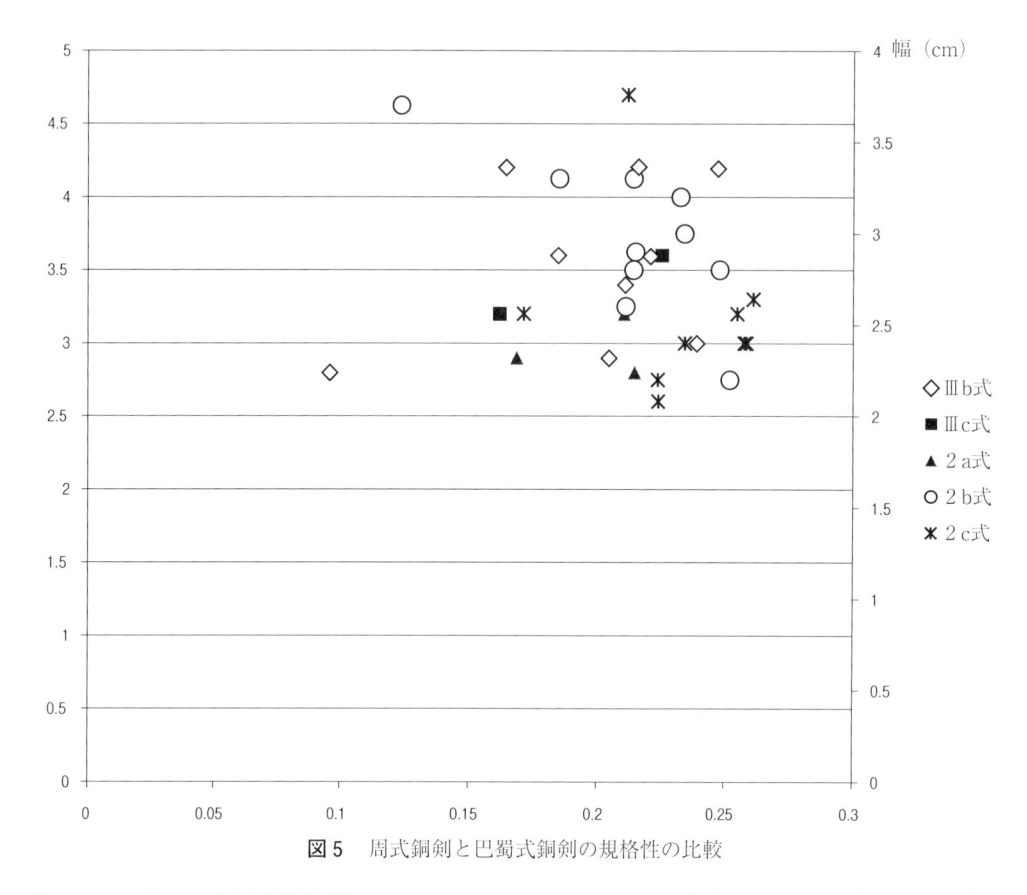

図5 周式銅剣と巴蜀式銅剣の規格性の比較

に見られる一般的な柳刃短茎銅剣である。これらは二つの目釘穴を茎の中心軸に沿うように持つものであり、町田章のⅠ式に相当する。これをさらに剣身の脊の有無や剣身の文様の有無で細別したい。2a式は無文で剣身に脊を持たず、茎の二つの目釘穴が施されるものである（図4-14）。2b式は剣身に文様を持つが脊を持たないもので、茎には二つの目釘穴をもつ（同15〜17）。2a式と2b式は、周式銅剣のⅢb式に相当している。2c式は剣身に脊を持つものであり、茎に目釘穴を二つ持つ（同18）。2c式は周式銅剣のⅢc式に相当する。3式の獣面文は、銅剣に施されるものとして周式の柳刃短茎銅剣には認められないが、強いてその意匠に類似したものとしては陝西省西安市少陵原280号墓のⅣ式銅剣（図2-8）の獣面文に近いものである。3式は3種類に区分することができ、茎の目釘穴が二つのものが3a・3b式（図4-19・20）で、目釘穴が一つのものが3c式（同21・22）である。巴蜀式銅剣において一つしか目釘穴を持たないものは珍しく、一般的ではない。また、3a式の獣面文（同19）は具象的な獣面をなし、舌出し表現が明瞭である。3b式（同20）は3a式の獣面文が文様化し、二重線で表現され、舌出し部分も文様化して従来の意味が失われている。さらに3c式の獣面文（同21・22）は、全体に単線化して文様が簡略化したものとみなすことができる。したがって目釘穴の数の現象も退化の方向にあるものとすることができ、3a式から3b式へ、さらに3c式への変化が存在するとすることができる。

　町田章も述べるよう（町田 2006）に、巴蜀式銅剣が西周の柳刃短茎銅剣の系譜にあることが想定できる。これを銅剣の規格の上から眺めてみることにしたい。茎と全長の比率と最大幅の相関か

ら銅剣の規格を考えると、図5にみられるように周式Ⅲb式とⅢc式は比較的まとまった散布図を示し、規格的に近い位置にある。巴蜀式2a式も、これらの散布図の領域の一部にあるように、比較的規格が近いところに分布をしていると言うことができるであろう。これに対し、巴蜀式銅剣2b式や2c式は、Ⅲb・Ⅲc・2a式の分布範囲を覆うように広範囲に分布しており、形態変化の方向が周式銅剣とは大きく異なることを意味している。したがって、銅剣の特徴から見た相似した型式は、図3にあるように周式のⅢb式と巴蜀式の2a式、Ⅲb式と2b式、Ⅲc式と3a式があるものの、銅剣の規格や法量という点では、巴蜀式の2a式段階には、周式銅剣を模倣するように同じ規格を求めたのに対し、その後の変化において可視的属性は周式銅剣を模倣しつつも、規格に関しては巴蜀式銅剣の独自な変化を示していると考えられる。その点で、巴蜀での周式銅剣の導入や巴蜀式銅剣の製作が西周前期の周式銅剣Ⅲb式やⅢc式段階に遡る可能性が考えられるものの、実体的には西周後半期に始まり、本格的なの墓への副葬は西周晩期から春秋期以降ということになる。町田は銅剣の副葬習俗が春秋後期まで希薄であったと提起する（町田 2006）が、表2に示されたように最近の金沙遺跡を中心とする資料からは、銅剣の副葬習俗は西周後期から春秋期まで遡るということができよう。

　図3に示すように、周式銅剣と巴蜀式銅剣はそれぞれの銅剣の型式変化において、きわめて類似した属性の変化とそれらの共有を示している。そうした変化が時間軸において同時に起こったということは論証できないが、すでに指摘したように巴蜀式の2a式が周式のⅢb・Ⅲc式の製作時期に近い段階にそれらの製作規範の影響を受けて、巴蜀の地での製作が始まった可能性がある。すなわち西周前期から中期の間である。さらに周式銅剣のⅣ・Ⅴ式に見られる獣面文・人面文は、巴蜀式銅剣3式の獣面文へ影響を与えた可能性がある。周式銅剣Ⅳ・Ⅴ式は西周中期〜春秋前期に存在しており、巴蜀式銅剣3a・3b式も同段階に以降に巴蜀の地で製作されたものであろう。いわゆる巴蜀式銅剣はここで言う巴蜀式銅剣2b式が発達していくものであり、それが町田章の言うⅢ〜Ⅵ類である。巴蜀式2b式が出土した墓で実年代の基準となる墓葬として、牟托1号墓は共伴する青銅彝器の年代から、京川飯店は共伴する青銅鏡の年代から、それぞれ春秋後期と戦国前期の墓と考える。したがって、巴蜀式銅剣の2式と3式の大まかな製作期間が西周中期〜春秋後期と言うことになり、典型的な蜀式銅剣である町田のⅢ〜Ⅵ類は戦国期平行期ということになるであろう。しかし、この牟托1号墓や京川飯店の墓葬の実年代観も戦国後半期とする考え方があるように、研究者によって幅広く実年代観の差違が見られることも、本地域の青銅器文化を考える際の障壁となっている。

　また、巴蜀式銅剣が周式銅剣の系譜にあることは、銅剣を納める銅鞘（図6）の存在においても示すことができるであろう。ただし、周式銅剣の銅鞘と巴蜀式銅剣の銅鞘では構造を異にしている。前者が装飾を示す銅板が前面のみであり、白草坡2号墓（図6-1）や琉璃河253号墓（同2）・52号墓のように、背面は皮によって覆われていたと想像される。これに対して後者の巴蜀式の銅鞘は、成都市金沙星河路2725号墓（同4）や成都市三洞橋青羊宮（同5）のように、前面と背面がともに銅板からなり組み合わさっているところに違いが見られる。さらに周式の場合、前面板の夔文が透かし彫り風に絡み合い両側で対をなす人や鳥あるいは牛などの文様と組み合わさって両翼文様が構

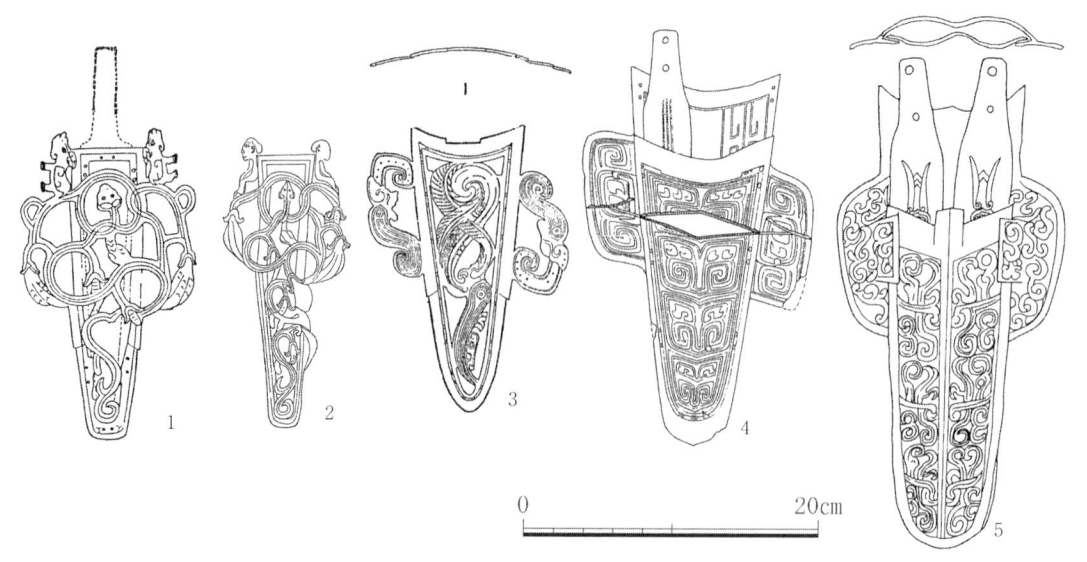

図6 周式銅剣と巴蜀式銅剣の銅鞘（縮尺1/5）
1 白草坡 M2、2 琉璃河 M253、3 竹園溝 M19、4 金沙 M2725、5 青羊宮

成されるが、この両翼文様が独立したものは強国墓地の竹園溝14号墓・19号墓（同3）や如家荘1号墓に認められる。巴蜀式は両翼部分が背面板に備え付けられ、一つの独立した文様部となっている。明らかに周式のものから竹園溝14・19号墓を介して、巴蜀式へと変化したものと考えられるのである。さらに、金沙星河路2725号墓の窃曲文が、青羊宮の銅鞘の退化した文様へと変化していくと考えられる。周式銅剣と銅鞘が組み合う形で、巴蜀式銅剣や銅鞘の原型をなし、それが巴蜀において変容していったことが銅鞘においても理解できるのである。さらに、その伝播ルートにおいて宝鶏の強国墓地が重要な通過点であることが興味深いのである。

3．巴蜀青銅器の出現過程

巴蜀式銅剣1式は、その形態からすれば周式銅剣Ⅰ式に類似し、その特徴を共有している。前者が殷末期に遡る可能性があるのに対し、後者は西周前期に納まるものである。しかしながらこうした銅剣が巴蜀に生まれたとするには、その祖形が見出しがたい。すでに述べてきたように、剣そのものはカラスク文化など北方青銅器から生まれており、こうした銅剣も北方青銅器文化との接触の中に生まれたとすることができるであろう。また、川西高原の石棺墓文化においても、商代後期には周との文化接触の存在を考えたことがあるが（宮本 2013b）、この時期の巴蜀の1式銅剣の出現は周の周式銅剣Ⅰ式などの接触によって生まれたと想定される。さらに周式銅剣Ⅰ式は北方青銅器文化との接触の中に生まれたのである。その点で、川西高原石棺墓文化の古段階の銅剣であるプロト山字形格銅剣（宮本 2011）である四川省甘孜チベット自治州雅江県脚泥堡1号墓の銅剣（宮本・高大倫編 2013）も短茎の銅剣であり、同じ系統の中に生まれた青銅短剣であるということができるであろう。

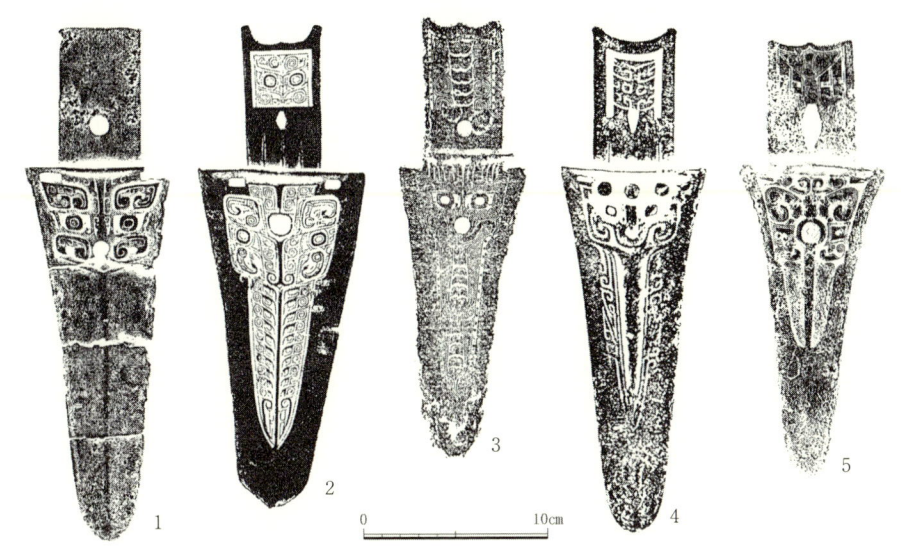

図7　周式銅戈と巴蜀式銅戈（縮尺1/4）
1石鼓山M3、2北窰M155、3竹園溝M7、4彭県窖蔵、5脚泥堡M1

　また、巴蜀式銅剣の2a・2b式から2c式への変化は、周式銅剣のⅢa式→Ⅲb式→Ⅲc式とやや時間差を置きながら平行して変化していくものとすることができるであろう。この点で、周式銅剣と巴蜀式銅剣の中間地域である陝西省城固において、周式銅剣Ⅲa・Ⅲb式が存在すること（趙叢蒼 2006）も、そうした銅剣の伝播における中継地点の役割を果たしていたのであろう。

　さて、同じく脚泥堡1号墓からは巴蜀式銅戈（図7-5）も出土している（宮本・高大倫編 2013）。川村佳男の巴蜀式銅戈の分類によれば、獣面文Ⅰ類でありCa1式銅戈として最も古い西周～春秋段階のものに相当する（川村 2001）。その年代がやはり銅剣の場合と同じ比較的幅広いミッシングリンクの段階にあたっている。同じような獣面文を持つ銅戈は成都盆地を中心とする巴蜀の地域から出土し、四川省彭県窖蔵出土（四川省博物館・彭県文化館 1981）の銅戈（同4）などもその1例である。ところでこうした獣面文Ⅰ類のようないわゆる饕餮文を銅戈に施すものは、巴蜀式銅戈以外では比較的少なく、それが存在するのはやはり西周前期墓にある。たとえば陝西宝鶏石鼓山3号墓（石鼓山考古隊 2013）の銅戈（同1）、洛陽市北窰155号墓（洛陽市文物工作隊 1999）の銅戈（同2）や陝西宝鶏竹園溝7号墓（盧連成・胡智生 1988）の銅戈（同3）などである。脚泥堡1号墓の西周前期の北窰155号墓の銅戈に最も類似し、それが原型になって崩れて行ったものと想定できよう。また、彭県窖蔵出土の獣面文はむしろ石鼓山3号墓のものに類似し、この系統で変化して成都盆地で生産されたものと想定できる。このように、巴蜀式銅戈も西周前期の周の特殊な銅戈が原型となって在地的に生産されていったものである。脚泥堡1号墓の実年代を前8～7世紀と考える（宮本 2013a・b）が、前11～10世紀の北窰155号墓からの型式変化とすれば、妥当な年代と言うことができよう。

　さらに、四川省彭県窖蔵出土の殷末周初を上限とする西周前期系青銅彝器（四川省博物館・彭県文化館 1981）も、銅戈と同じような時期に周の青銅器文化の影響を受けながら、西周前期平行期に成都盆地で生産されたものであろう。

以上のように、商代後期から西周前期には周の青銅器文化が一時的に宝鶏や城固などを経由して成都盆地や川西高原へ影響を与え、周系の青銅器の生産が始まった。これが巴蜀青銅器文化の起源ということができるであろう。そしてそれは西周中期以降に在地的に活発化し、それが巴蜀式青銅器と捉えることができるのである。

まとめ

川西高原青銅器文化は、その初現期にはアンドロノヴォ文化やカラスク文化などの北方青銅器文化との接触の中に、青銅器文化を受容・発展させていった。その後、商代後期から西周にかけて一時的に周文化の影響も受けていたことが判明していた（宮本 2013a・2013b）。今回、周式銅剣と巴蜀式銅剣、さらには巴蜀式銅戈などの検討から、商末から西周前期にかけて、周の青銅器文化が成都盆地を中心とする西南中国へ強い影響を与えていたことが知られる。これは、彊国墓地の分析において宝鶏竹園溝墓地段階の西周前期には中国西南地域との関係が強かったという分析結果（田畑・近藤 2010）と、一致した見解となっている。周の統治組織において西周前期にどれほど氐羌族が編入・動員されていたかは不明であるし、この時期の周と成都盆地との交易の実態は不明である。しかしながら、同時期の中国西南部への周の青銅器文化の影響は、成都盆地における巴蜀式銅剣・銅戈あるいは西周系青銅葬器を生み出したのであり、さらには川西高原石棺墓文化における北方系青銅器文化の中に周系の青銅器文化の影響を見出すことができる要因となっている。

参考文献

河南省文物考古研究所・周口市文化局 2000『鹿邑太清宮長子口墓』中州古籍出版社
河南省文物考古研究所・平頂山市文物管理局編 2012『平頂山応国墓地』大象出版社
川村佳男 2001「四川盆地における銅戈の変遷」『東南アジア考古学』21号、160-188頁
甘粛省文物考古研究所 2009『崇信於家湾周墓』文物出版社
甘粛省博物館文物隊 1977「甘粛霊台白草坡西周墓」『考古学報』1977年第2期、99-129頁
江西省 1998「試論西周時期的扁茎柳葉形短剣」『遠望集―陝西省考古研究所華誕四十周年紀年文集』陝西人民出版社、378-388頁
江章華 1996「巴蜀柳葉形剣研究」『考古』1996年第9期、74-80頁
湖北省文物考古研究所・随州市博物館 2011「湖北随州葉家山西周墓地発掘簡報」『文物』2011年第11期、4-60頁
四川省博物館・彭県文化館 1981「四川彭県両周窖蔵銅器」『考古』1981年第6期、496-499・555頁
四川省文物考古研究院・成都市文物考古研究所 2009『成都十二橋』文物出版社
鐘少異 1994「略論人面文扁茎銅短剣」『考古与文物』1994年第1期、61-63頁
石鼓山考古隊 2013「陝西宝鶏石鼓山西周墓葬発掘簡報」『文物』2013年第2期、4-54頁
陝西省考古研究院 2009『少陵原西周墓地』（陝西省考古研究院田野考古報告第55号）科学出版社
陝西省博物館・陝西省文物管理委員会 1976「陝西岐山賀家村西周墓葬」『考古』1976年第1期、31-38頁
陝西省博物館・文管会岐山工作隊 1978「陝西岐山礼村附近周遺址的調査和試掘」『文物資料叢刊』第2集、38-65頁
雛厚本 1983「寧鎮区出土周代青銅容器的初歩認識」『中国考古学会第四次年会論文集』文物出版社、pp123-

戴応新 1994『高家堡戈国墓』三秦出版社
田中良之 2013「川西高原先史社会の親族関係」『東チベットの先史社会 四川省チベット自治州における日中共同発掘調査の記録』、中国書店、187-194頁
田畑潤・近藤はる香 2010「西周時代彊国墓地における対外関係についての考察」『中国考古学』第10号、117-148頁
中国社会科学院考古研究所 1962『澧西発掘報告』（中国田野考古報告集考古学専刊丁種第12号）
中国社会科学院考古研究所 1999『張家坡西周墓地』（中国田野考古報告集考古学専刊丁種第57号）
趙叢蒼 2006『城洋青銅器』科学出版社
張天恩 1995「再論秦式短剣」『考古』1995年第9期、841-853頁
張天恩 2001「中原地区西周青銅短剣簡論」『文物』2001年第4期
趙殿増 1994「巴蜀青銅器概論」『中国青銅器全集18 巴蜀』文物出版社、1-31頁
童恩生 1977「我国西南地区青銅剣的研究」『考古学報』1977年第2期、35-56頁
林巳奈夫 1975『中国殷周時代の武器』京都大学人文科学研究所
町田 章 2006『中国古代の銅剣』（研究論集ⅩⅤ 奈良文化財研究所学報 第75冊）
宮本一夫 2000『中国古代北疆史の考古学的研究』中国書店
宮本一夫 2005『中国の歴史01 神話から歴史へ』講談社
宮本一夫 2007「エルミタージュ美術館所蔵ミヌシンスク地方の青銅器」『東アジアと日本—交流と変容—』第4号、1-10頁
宮本一夫 2011「中国川西高原・洱海系青銅器の変遷」『史淵』第147輯、1-28頁
宮本一夫 2013a「川西高原石棺墓文化と北方青銅器」『東チベットの先史社会 四川省チベット自治州における日中共同発掘調査の記録』、中国書店、147-162頁
宮本一夫 2013b「まとめ—東チベット青銅器文化とチベット社会—」『東チベットの先史社会 四川省チベット自治州における日中共同発掘調査の記録』、中国書店、315-338頁
宮本一夫編 2008『長城地帯青銅器文化の研究』（シルクロード学研究29）
宮本一夫・高大倫編 2013『東チベットの先史社会 四川省チベット自治州における日中共同発掘調査の記録』中国書店
宮本一夫・白雲翔編 2009『中国初期青銅器文化の研究』九州大学出版会
八木聡 2012「春秋時代における獣面型短剣の編年研究」『金沢大学考古学紀要』33、55-62頁
陝西省考古研究院 2009『少陵原西周墓地』（陝西省考古研究院田野考古報告第55号）
北京市文物研究所 1995『琉璃河西周燕国墓地1973-1977』文物出版社
北京大学考古学系・山西省考古研究所 1995「天馬—曲村遺址北趙晋侯墓地第五次発掘」『文物』1995年第7期、5-38頁
洛陽市文物工作隊 1999a『洛陽北窰西周墓』文物出版社
洛陽市文物工作隊 1999b「洛陽林校西周車馬坑」『文物』1999年第3期、4-18頁
李剛 2002「中国東北地方の筒型銅利器について」『中国考古学』第2号、64-86頁
林寿晋 1963「論周代銅剣的淵源」『文物』1963年第11期、50-55頁
盧連成・胡智生 1988『宝鶏彊国墓地』文物出版社
Loehr, Max 1956 Chinese Bronze Age Weapons. The University of Michigan Press: Ann Arber.
White, C. Joyce & Hamilton G. Elizabeth 2009 The Transmission of Early Bronze Technology to Thailand: New Perspectives. *Journal of World Prehistory* 22: 357-397

東周から漢時代にかけての黒陶着色技法

川村 佳男

はじめに

　中国で黒陶が先史時代だけでなく、歴史時代、とりわけ戦国時代にも存在していたことは、1940年代に日本の考古学者が早くも注目するところとなった。黒陶の年代、性質や製作技法などが総合的に検討された結果、戦国時代の黒陶は先史時代のそれと同系統に属する可能性が論じられた。
　しかし、東周（春秋・戦国）時代から漢時代にかけての黒陶を筆者が観察した結果、これまで認識されてきた製作技法だけでは、決して説明しきれない痕跡も残されていることがわかった。そこで、以下では広義の中原地域における同時代の黒陶の製作技法、とくに着色技法について初歩的な考察を試みようと思う。

1．先行研究にみる黒陶の定義と着色技法

　中国の黒陶研究は、まず先史時代のものから始まった。山東省の城子崖遺跡の発掘を嚆矢として、1930年代から40年代にかけて山東省、河南省、山西省、遼寧省、浙江省などで先史時代の黒陶が次々に出土した（梁・董 1934、梁 1935、施 1937、関野 1949他）。呉金鼎は、それらを表面だけでなく胎土まで黒いものと、表面は黒いが胎土は灰色か褐色を呈する「仮黒陶」（pseudo-black ware）とに分けた（Wu 1938）。また、土器の黒色化については、黒陶も仮黒陶も長期間の使用による油脂の付着によるものと考えた。
　松本信廣は呉の説明をあまりに簡単すぎると批判し（松本 1941）、1938年に実見した良渚遺跡出土の黒陶が胎土まで黒くなかったことと、フランシェットの黒陶製作に関する研究成果を踏まえて（Franchet 1911）、少なくとも良渚遺跡の黒陶は窯内で還元炎焼成後、松葉か柴を低温で燻すことで土器表面に炭素を吸着させて黒色化させたものと推定した。
　おもに華北地域出土の黒陶を研究対象とした関野雄も、土器の黒色化の方法については、ほぼ同様の説明をしている（関野 1949）。しかし、関野が黒陶でより重視したのは、黒さよりも、精製された胎土やきわめて薄い作りからうかがえる質の高さであった。なかでも、表面をあえて磨研（ミガキ）により光沢をもたせていることは、祭祀儀礼具といった特別な性質を示唆する黒陶の重要な特徴として位置づけている。たとえ表面の一部が黒くても、磨研されていなければ、それは黒陶ではなく、日常用の紅陶が偶然部分的に黒くなっただけであるとさえ断じている。ようするに、関野にとって黒陶はただの黒色土器ではなく、良質な黒色磨研土器のことにほかならない。

中国の黒陶研究は先史時代の事例から始まったが、1940年代に入ると、戦国時代の黒陶も注目を集めるようになった。1942年頃から、黒いだけでなく、磨研による光沢をあわせもつ戦国時代の陶俑や土器が北京の古美術市場を賑わすようになった（水野 1943・1944、梅原 1944）。土器は俑とともに河南省輝県の戦国墓から出土したという伝聞をもとに、実用のものではなく、墓に副葬するための明器であると考えられた。関野は、黒色磨研の様態および非日用的な性質において、伝輝県出土の土器が先史時代の黒陶と共通していることを重視し、両者が系統的につながっている可能性を積極的に論じた（関野 1951）。戦国墓から出土した明器で黒色磨研のものを関野があえて「黒陶明器」と呼んだのは、むろん、先史時代の黒陶を意識してのことである。楽浪など漢時代の遺跡から出土する黒色磨研土器についても、やはり先史時代の黒陶とのつながりを想定して「黒陶系」という名称を採用した（関野 1955）。土器を黒色化させる技法についても、黒陶明器と黒陶系のいずれも、先史時代の黒陶と同様の説明がなされた。すなわち、還元炎焼成の最後に低温で柴や松葉を燻すことによって黒色化させる技法（以下「燻し着色技法」）である。

　ところで、関野が例示した漢時代（今日からみれば実際は戦国時代）の黒色磨研土器のなかには、本稿が次章で扱う図2の土器とよく似たものも含まれている。「ある部分を磨研して光沢を出し、地色と区別することによって文様をあらわしたもの」で、「器の表面を幾重にも輪状に磨いたり、また同心円、渦文、三角文、鋸歯文などを磨き出したりしている」（関野 1955：210頁）。この種の文様（以下「暗文」）をもつ黒色磨研土器（以下「暗文黒陶」）は、1920年代初頭から古美術市場に出現していたが、当初は正確な年代がわからず、後漢から六朝にかけてのものと広く考えられていた（梅原 1944・1955）。河南省輝県の戦国墓を皮きりに、発掘例が中国で増えると、実際は戦国時代の墓葬から出土することがわかった（中国科学院考古研究所 1956他）。なかでも、とりわけ精美な暗文黒陶の一群を出土したのが、1974年発掘の河北省平山県にある中山国国王䴰の墓であった（河北省文物研究所 1995）。

　䴰墓の暗文黒陶は多くの論文や書籍で取りあげられたが、とくに暗文が緻密に飾られているため、どのように施文したのかを紹介する内容に触れたものが多い（李 1979、雷 1981、河北省文物研究所 1995、飯島 2000他）。これらの論著は、暗文の技法について、先の丸い細い棒状の道具の先端で半乾燥状態の土器の表面に圧力を加えながら文様を押し描いたものとする記述内容でほぼ一致している。黒色化の技法について論及しているものは多くないが、李知宴によると胎土は灰色であり、煙で燻すことで表面を漆黒にさせ、ミガキによって光沢をもたせたという（李 1979）。

　以上の内容をまとめると、関野らの一連の研究によって、黒陶とはミガキによる光沢をもつ黒色磨研土器のことであり、黒色は還元炎焼成の最後に土器表面に付着させた煙によるものと理解された。この見解は、中国の黒陶が先史時代から戦国・漢時代までつづいた可能性を踏まえたもので、もともと先史時代の土器に使われた黒陶という名称は、燻し着色技法の想定とともに、戦国時代以降の黒色磨研土器に対しても積極的に採用された。李知宴はこのような黒陶研究の経緯をどこまで意識していたのか不明であるが、䴰墓で出土した黒陶の色についても、同様の説を採っている。

　そこで次に、戦国時代の黒陶の表面を実際に観察し、着色技法に関する従来の説を検証する。

2．黒陶の表面観察

　東京国立博物館（以下「東博」）には、戦国時代の黒陶が2点収蔵されている。そのうちの1点（TJ-3040-3）は完形品ではなく、破片である（図1）。鋪首をもつこと、および断面は縦横ともに内湾していることから、もともと壺の胴部であった可能性が高い。計測値は縦8.0、横9.0、厚1.0cmである。鋪首の下方は游環が表現されていたはずであるが、欠失している。これに似た形状の鋪首をもつ例として、河北省易県の燕下都遺跡T20②M5から出土した黒陶刻文壺を挙げることができる（河北省文物研究所1996：図300-3）。類例は戦国時代中期の作と報告されており、本資料もその頃のものとみられる。

　内面、破断面は灰色を呈する。外面は鋪首の大部分とその上方が灰色で、鋪首の左右両側は光沢のある黒色である。鋪首上方は黒く着色されていた表面が擦れて灰色の胎土が露出したものなのか、あるいは本来着色されていなかったのかは判じがたい。鋪首の左右両側の黒色化がいかなる技法によってもたらされたのかも特定できる痕跡は見当らない。

　鋪首の周辺には先端の丸い道具で半乾燥状態のときに表面を磨いたと思われる筋状の痕跡（ミガキ痕）が縦横に走っている。ミガキ痕のない鋪首とミガキ痕のある鋪首周辺では、光沢がまるで異なっている。つまり、本資料の黒色化の技法は不明ながら、光沢はミガキに由来するものであることが首肯される。

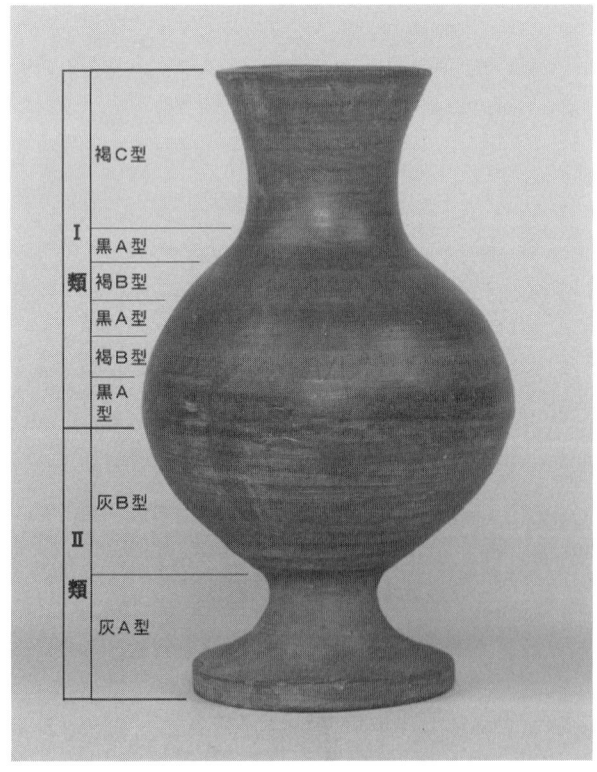

　東博所蔵のもう1点の黒陶（TJ-2501）は、高17.6、口径6.1cmの小型の壺で、端部が大きく広がる高台、丸く膨らんだ胴部と少しずつ広がる細長

図1　黒陶鋪首残片

図2　暗文黒陶小壺にみる表面様態の類型

い頸部に特徴がある（図2）。出土地は河北省易県と伝えられている。器形と文様から、戦国時代の作とみて間違いない。

表面にはさまざまな製作の痕跡が残されている。各種の製作痕を抽出し、それをもとに製作技法、とくに着色技法を明らかにするために、まず表面の様態を合計8つの類型に分類しながら観察する。分類の基準は光沢の有無、色の種別、そして文様の有無および種別とする。

図2をみると、最大径のある胴部中位以上は光沢があり、腹部以下は光沢がない。この違いは、撮影用ライトの反射の仕方をみても明らかである。そこで、土器の上半分に当たる光沢のある表面の様態をⅠ類、土器の下半分に相当する光沢のない様態をⅡ類とする。

Ⅰ類は2色あり、黒褐色を主体とする帯状範囲と、黒色を主体とする帯状範囲が、互層状に連続している。Ⅱ類はすべて灰色を主体としている。

各色の表面は、文様の有無およびその種別によって細分することが可能である。まず、無文のものをA型とする。文様は暗文によるものと、そうではないもの（詳細

図3 黒褐色帯をめぐるジグザグ線状の暗文

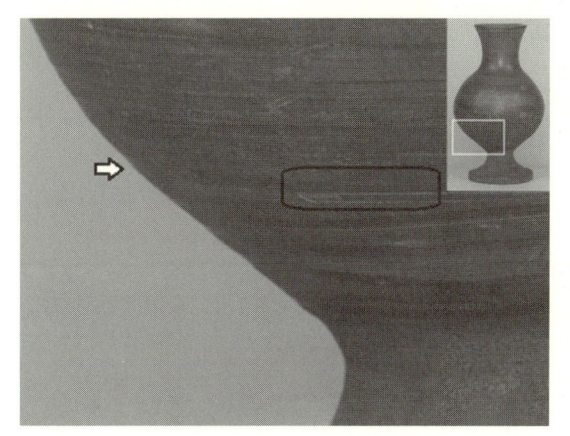

図4 灰色帯をめぐる縞状の暗文

は後述）があり、ここでは前者をB型、後者をC型とする。これを色の種別と組み合わせると、表面様態の類型は次のようになる。

黒色帯はすべて無文のA型であるため、黒A型とする。

黒褐色帯はすべて有文で、なかでも胴部に上下2段ある黒褐色帯にはジグザグ線状の文様がめぐる。この文様は触ると周囲の表面より凹んでいて、線内部の胎土がいっそう密になっていることから、暗文であることがわかる（図3）。よって、ジグザグ線状の暗文をともなう胴部の黒褐色帯を褐B型とする。黒褐色帯は頸部にもあるが、そこには黒線が6本めぐっている。しかし、黒線はジグザグ線のように凹んでいるわけではない。どのような方法で黒線を引いたのかは後述することとして、ここでは少なくとも暗文ではないことにだけ注意し、褐C型とする。

Ⅱ類の灰色帯は高台部が無文のため、灰A型となる。ここには横方向のナデ調整痕が認められるほか、とくに製作痕はない。腹部に相当する灰色帯は、黒みの強い（しかし、黒色帯ほど黒くな

い）縞模様が横方向にめぐる。図4でこれを拡大してみると、縞模様の部分が黒みの強いだけでなく、よりキメ細かく整えられてわずかに光沢を帯びていることがわかる。さらに、土器の輪郭をみると、→で示したように縞模様部分が周囲の表面より少し凹んでいることがわかる。加えて、黒の□で囲んだ箇所では、工具が強く圧しこまれ過ぎて表面の一部が削られている。この痕跡の幅が、ほかの縞模様の線とほぼ同じであることから、同じヘラ状の工具を圧し当てて縞状暗文を施したものと推定される。よって、腹部に位置する灰色帯の表面様態は暗文をともなう灰B型となる。

ところで、胴部のほぼ中位をよくみると、そこには黒色帯と黒褐色帯が剥落したか擦れた箇所があり、灰色が覗いている（図5）。この灰色の部分を触ってみると、黒色や黒褐色の周囲よりもわずかに凹んでいる。しかも、この灰色は口縁部からうかがえる内面の色、さらに本資料の腹部以下を占める表面Ⅱ類の灰色帯とほぼ同一色であるため、泥などの付着物ではない。つまり、この土器は外面の腹部以下で灰色の胎土を露出させ、胴部以上で黒色と黒褐色の膜を塗っていることになる。

Ⅰ類の黒色帯と黒褐色帯が塗膜であることを示す、さらに有力な製作痕がある。図6は表面Ⅰ類とⅡ類の境界部分を拡大した写真である。表面Ⅱ類には、縞状にめぐる暗文が下方にあるほか、全体に横方向のナデ（あるいはケズリ）の調整痕が顕著である。Ⅰ類の表面にも横方向のナデかケズリで調整が施されているものと考えられるが、そのうえに細かい線がハケ目状に走っているため、よくみえない。このハケ目状の痕跡は横方向だけでなく、とくに表面Ⅰ類とⅡ類の境界付近では右下斜め方向にも走っている。これこそ本資料の外面上半分に膜を

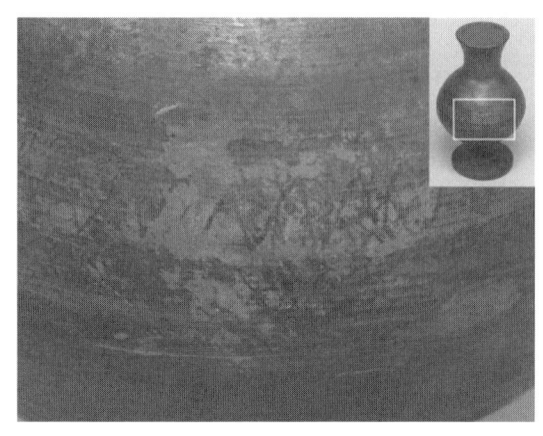

図5　塗膜剥落箇所から露出した灰色の胎土

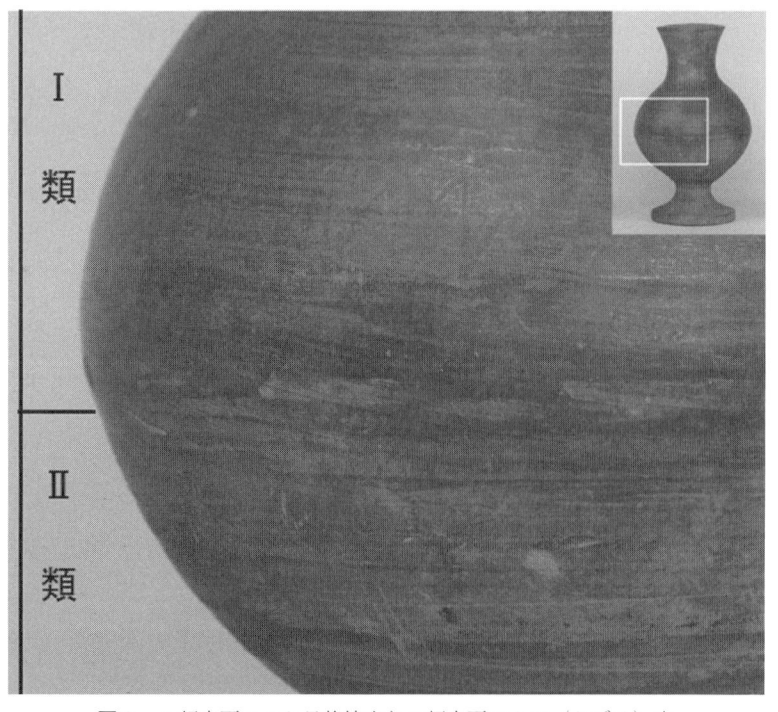

図6　Ⅰ類表面のハケ目状擦痕とⅡ類表面のナデ（ケズリ）痕

塗った工具の痕跡であり、表面Ⅱ類にはまったくみられないものである。ここにおいて、当初Ⅰ類とⅡ類を分けた光沢の有無が、実は塗膜の有無に由来していたことがよりはっきりとした。

前章でみたとおり、これまでの先行研究では、土器表面を光沢のある黒色に変える技法として、燻し着色技法とミガキの併用が想定されてきた。しかし、本資料の表面を観察する限り、黒陶鋪首残片の外面にみられるようなミガキ痕は皆無であり、光沢はミガキではなく塗膜によるものであるといえる。また、黒色化は松葉や柴の黒煙で燻した結果とは考えがたい。本資料の表面Ⅰ類にみるような黒色帯と黒褐色帯の互層は、窯のなかで降下する黒煙によって自然に形成されたものではないだろう。むしろ、黒色と黒褐色の塗り分けという人為によって成しえたと考えるほうが自然である。図2の頸部表面の様態、つまりⅠ類褐C型にめぐる黒線も、黒褐色帯のうえにおそらく黒色塗料でつけたものだろう。また、図3の表面Ⅰ類の黒褐色帯のなかには、黒色帯と同じ色の細かなハケ目が混じっている。黒いハケ目は、表面だけでなく、ジグザグ線状暗文のなかにもついている。黒色帯を塗ったとき、黒褐色帯の範囲にまではみ出してきたものであろうか。いずれにせよ、これもまた、本資料の黒色化が窯のなかで降り注ぐ黒煙によるものではなく、焼成後に高速で土器を回転させながらハケかヘラで塗りつけた黒色塗料によることを示す傍証であるといえよう。

以上の製作痕をもとに、本資料の製作工程を復元すると、次のような流れになる。①成形。②半乾燥状態のとき、土器全体に横方向のナデ（あるいはケズリ）調整、および一部に暗文を施す。③還元炎で灰色に焼きあげる。④高速回転させながら、土器の外面上半分を黒色・黒褐色に塗る。

なお、塗膜はミクロ単位の驚異的な薄さでできている。そのうえ、塗るだけで表面に光沢を与え、かつハケやヘラなどで塗布するものといえば、褐色の生漆や黒色のスグロメ漆が候補になるだろう。炭素粒をとかした油性塗料の可能性もある。とはいえ、科学分析や実験を経ていない現段階では、あくまで憶測の域を出るものではない。

3．黒陶の着色技法に関する検証

これまで東博が所蔵する戦国時代の黒陶2点を対象にして、表面の様態および製作時の痕跡を詳細に観察してきた。その結果、製作技法、とくに土器表面を光沢のある黒色に変化させる技法について、おもに次のような所見を得ることができた。

①黒色化は、焼成後、土器の表面に塗料を塗る技法（以下「塗り着色技法」）でおこなったものもある（暗文黒陶小壺）。
②土器表面の着色部における剝落の有無、色の違いによる分布範囲の区別、およびハケ目のような塗りに特有の製作痕の有無は、塗り着色技法の認定に有効な基準となる（暗文黒陶小壺）。
③光沢はミガキ調整によるものもあるが（黒陶鋪首残片）、もともと光沢をもつ塗料に由来しているものもある（暗文黒陶小壺）。

つまり、黒光りする土器のすべてが必ずしも燻し着色技法とミガキによる黒色磨研土器であるとは限らないことがわかった。

上記の所見は、これまでほとんど本格的に議論されたことがなかった。まして、1950年代に米国

で発表された戦国時代の土器に関する科学分析には、燻し技法によって着色された黒陶を真とし、漆の塗布により着色された黒陶を偽であるとする内容が含まれていた（Young 1954）。

　しかし、近年中国で刊行された発掘報告に目を通すと、春秋時代以降の黒色土器に対して「黒陶」のほかに「黒衣陶」「漆衣陶」「黒皮陶」といった用語がしばしば使われている。用語の詳細な意味はさておき、こうした用語の定着から、春秋時代以降の黒色土器にスリップ（陶衣）、漆、顔料などのいずれかを塗って黒色化させたものが存在していることは、中国で自明のこととして認識されていることがうかがえるのである。[9]

　とはいえ、「黒衣陶」「漆衣陶」「黒皮陶」といった用語は、定義や根拠が明確に示されないまま、観察者の経験に任せて恣意的に使用されてきたきらいがある。よって、本稿では春秋時代から漢時代の黒色土器に対して、「黒衣陶」「漆衣陶」「黒皮陶」と細分化されているが、認定基準が曖昧な用語の使用は避け、引き続き黒陶と呼ぶことにする。ただし、ここでいう黒陶とは黒色磨研土器に限らず、塗り着色技法によるものを含めた黒色土器全般を意味する。

　ここで、戦国時代の黒陶を代表する中山国王嚳墓の黒陶に再び目を向けることにする。先行研究で、その光沢のある黒色が燻し着色技法とミガキによるものとされてきたことは先述した。この着色技法が本当に正しいものなのか、東博所蔵の黒陶観察で得た知見を踏まえつつ、検証してみたい。

　図7の資料は嚳墓出土の黒陶鼎のひとつで、通高41.1、最大径38.5cmである。2章の暗文黒陶小壺の分類方法に準じて、色の種別と文様の有無との組合せにより、表面様態を三つの類型に分けた。なお、本資料の表面ほぼ全体に光沢があるため、光沢の有無による分類はしなかった。

　黒色帯は、蓋を3段に分けたうちの上段と下段、身の口縁部と腹部（器体中位の突帯以下）にめぐる。いずれも無文であるため、この表面様態を黒A型とする。灰色帯は黒色帯と互層になるように蓋の中段、身の胴部と底部をめぐっている。灰色帯のうち底部は無文のため、灰A型となる。

図7　暗文黒陶鼎にみる表面様態の類型と塗膜の剥落箇所

蓋の中段と胴部の灰色帯は、鋸歯文と動物文を主体とする暗文を飾っているため、表面様態は灰B型である。このほか、図7には示さなかったが、耳、足、および蓋の鈕の表面もすべて黒A型である。

　黒A型の表面をよくみると、所々で灰色が覗いている。図7では、黒A型の表面にみえる灰色の箇所を○で囲った。これらはみな底部や胴部の灰色帯と同じ色である。つまり、黒色帯は灰色の表面上に載っていて、所々で灰色が覗いているのは、黒色の塗膜が剥落したことを意味している。製作手順については、一度、還元炎で全体を灰色に焼き上げた後、黒A型の範囲を黒く塗ったのだろう。黒色は光沢を帯びている。これがミガキによるものなのか、塗料自体に由来するものなのか、写真をみる限りわからない。

　響墓から出土した黒陶は計29点ある。これらの黒陶の表面様態は、写真をみる限り（東京国立博物館等 1981、河北省文物研究所 1995他）、いまみた暗文黒陶鼎とおおむね同じである。

　同じ中山国君主でも成公の墓で出土した暗文黒陶は、響墓出土の黒陶ほど光沢がなく、黒色部の表面も均質ではない（河北省文物研究所 2005）。ミガキ痕の有無は未確認であるが、黒色部にはハケ目状の痕跡が著しく、剥落して灰色胎土がのぞいている箇所もある。成公墓の黒陶は明らかに塗りによって黒色化されており、ハケ目状の痕跡が目立つ表面様態は響墓の例よりも2章でみた東博所蔵の暗文黒陶小壺のそれにより近い。同様の表面様態は、河北省易県、山西省万栄県、河南省輝県・安陽市などで出土した春秋・戦国時代の黒陶にもそなわっている（河北省文物研究所 1995、山西省文物工作委員会 1980、中国科学院考古研究所 1956、中国社会科学院考古研究所黄張発掘隊等 2009）。

4．結　び

　これまでの研究史のなかで、戦国時代と漢時代の黒陶は先史時代のそれと同じく燻し着色技法とミガキによって黒光りするように作られ、両者は時代の隔絶を超えて同じ系統に帰一する可能性が論じられたこともあった。しかし、黒陶の実物および発掘報告や図録などの写真を観察した結果、春秋・戦国時代には塗りによって表面を黒くさせた例があり、なかには、ミガキによってではなく、もともと光沢のある塗料を表面に塗ることで光沢を与えたと考えられるものも含まれていることがわかった。文中では黒陶表面の様態や製作痕の写真を可能な限り多く示すことで、塗り着色技法が決して単一的なものではなく、むしろ塗りに用いた工具の痕跡があったり、なかったりと、多彩なバリエーションを内包している可能性を示唆した。どのような塗料や工具を使用したのか特定には至らなかったが、掲載した製作痕の写真は従来のように執筆者の判断結果だけでなく、判断の根拠も同時に示すことを強く意図したものである。今後の議論の発展に資するところがあれば幸いである。

　本稿で漢時代の黒陶を例示する余裕はなかったが、春秋・戦国時代の黒陶との関係についての見通しを最後に述べておきたい。筆者の知る限り、漢墓から出土する黒陶のほとんどに塗膜の剥落痕がみられる。仮にこれが塗り着色技法による膜であるならば、先史時代の黒陶との関係はさておき、

漢時代の黒陶は春秋・戦国時代の塗り着色技法による黒陶から発展したものと考えられる。しかも、漢時代の黒陶は春秋・戦国時代に山東省、河南省中部、長江中・下流域で流行した黒陶の影響をより強く受けていると考えているが、詳細は別の機会に述べることとする。

註
(1) ここでいう中原地域とは、「中国」的文化領域のうち、典型的な東周式銅剣のみの出土を指標とする「第1地域」（華北・楚地）のことを指す（西江 1987）。春秋・戦国時代から漢時代にかけての中国西南部などにも、黒陶がみられるが、地方文化の黒陶は中原のそれと比べると、形態の面で大きな隔たりがあるため、ここでは取り扱わない。
(2) 呉金鼎のいう仮黒陶であり、今日の中国人研究者は黒皮陶と呼ぶことが一般的である。
(3) 長江下流域の黒陶には、黒色スリップを掛けたものも今日では知られている（大貫 2013他）。
(4) 漢時代の遺跡から黒陶が出土することは、1900年代からすでに知られていた（鳥居 1909、濱田 1926他）。当初、黒陶は青みがかった黒を意味する黝色土器と呼ばれていた。戦国時代以降の黒陶がより注目されるようになるのは、本文に記したとおり1940年代からのことである。
(5) 梅原末治も、戦国時代以降の黒陶と先史時代の黒陶との関連を説いている（梅原 1944）。
(6) ハケ目の形状から推定して、塗りこみ用工具は硬めのハケか、先端に非常に細かな凹凸のあるヘラを用いたものと思われる。
(7) 油を塗って黒色化させた説は、三上次男の論文で取りあげられているが、誰がどこで発表した説であるのかは明記されていない（三上 1952）。
(8) 李文傑は天馬─曲村遺跡から出土した春秋時代の黒陶に、スリップを掛けたものがあるとしている。これは春秋時代以降の黒陶の表面に塗りを施した例があることを指摘した数少ない研究であるが、黒色化は燻し着色技法によるものとしている点では、従来の説と変わらない（李 1996）。
(9) 関野雄は楽浪遺跡の王光墓出土の黒漆塗り土器の存在に注意しているが、これと先史時代からつづく黒色磨研土器との技術的関係についてはとくに論及していない（関野 1955）。
(10) モノクロ写真ではわかりづらいが、黒A型の表面には褐色の箇所もある。これは表面に土が付着しているだけなので、図7では示していない。
(11) 中野徹も響墓出土の黒陶を「黒い部分に剥離痕があって、下から灰色らしい陶胎がのぞいている」ため、「黒い細泥を塗布した『黒衣陶』」と推定している（中野 2008）。
(12) 河南省洛陽市の戦国墓出土の黒陶は、灰色帯と黒色帯が互層をなしている点で東博の暗文黒陶小壺に似ている。しかし、写真をよくみると、黒色帯は色が東博例ほど濃くないうえ、剥落箇所がない。東博例の灰B型と同じ表面様態であり、塗り着色技法によるものではなく、発掘報告の記載のとおりミガキによるものと思われる（王 1954、飯島 2000、洛陽市文物工作隊 2009他）。

参考文献
飯島武次 2000「春秋戦国時代の土器・陶器」『世界美術大全集　東洋篇』第1巻、小学館、269-276頁
梅原末治 1944「戦国時代の明器陶俑」『東洋史研究』新第1巻第2号、67-85頁
梅原末治 1955「漢　黒陶磨光文壺」座右宝刊行会編『世界陶磁全集』第8巻、河出書房、302頁
王仲殊 1954「洛陽焼溝付近的戦国墓葬」『考古学報』第8冊、127-162頁
大貫静夫 2013「黒陶」尾崎雄二郎他編『中国文化史大事典』大修館書店、396-397頁
河北省文物研究所 1995『響墓―戦国中山国国王之墓―』文物出版社
河北省文物研究所 1996『燕下都』文物出版社
河北省文物研究所 2005『戦国中山国霊寿城―1975～1993年考古発掘報告―』文物出版社

山西省文物工作委員会編 1980『山西出土文物』山西省文物工作委員会出版
施昕更 1937「杭県第二区遠古文化遺址試掘簡録」呉越史地研究会編『呉越文化論叢』江蘇研究社
関野　雄 1949「華北先史土器の一考察―特に灰陶と黒陶について―」『史学雑誌』第58巻第5号、51-75頁
関野　雄 1951「黒陶と黒陶明器について」『三彩』56号、1-19頁
関野　雄 1955「秦漢南北朝の無釉陶」『世界陶磁全集』第8巻、河出書房、204-212頁
中国科学院考古研究所 1956『輝県発掘報告』科学出版社
中国社会科学院考古研究所黄張発掘隊等 2009「河南安陽市黄張遺址両周時期文化遺存発掘簡報」『考古』2009年第4期、16-29頁
東京国立博物館等 1981『中国戦国時代の雄　中山王国文物展』日本経済新聞社
鳥居龍蔵 1909『南満洲調査報告』東京帝国大学
中野徹 2008「観古雑記（8）　龍山文化の黒陶（上）」『陶説』第668号、64-70頁
西江清高 1987「春秋戦国時代の湖南、嶺南地方：湘江・嶺南系青銅器とその銅剣をめぐって」『紀尾井史学』7号、10-36頁
濱田耕作 1926「漢式の黝色土器」濱田耕作先生著作集刊行委員会『濱田耕作著作集』第三巻、1989年、28-37頁（初出『民族』第1巻第6号）
松本信廣 1941『江南踏査』三田史学会
三上次男 1952「彩陶と黒陶明器」『日本美術工芸』162号、12-15頁
水野清一 1943「秦式瓦俑について」『考古学雑誌』第33巻第8号、414-416頁
水野清一 1944「輝県秦式瓦俑」『考古学雑誌』第34巻第3号、157-161頁
雷従雲 1981「巨大な宝庫　希代の逸品」東京国立博物館他 1981『中国戦国時代の雄　中山王国文物展』日本経済新聞社、21-35頁
洛陽市文物工作隊 2009『洛陽王城広場東周墓』文物出版社
李知宴 1979「中山王墓出土的陶器」『故宮博物院院刊』1979年第2期、93-94頁
李文傑 1996「山西天馬―曲村周代居址、墓葬製陶工芸研究」『中国古代製陶工芸研究』科学出版社、183-300頁
梁思永 1935「小屯龍山与仰韶」『慶祝蔡元培先生六十五歳論文集　下冊』国立中央研究院、555-567頁
梁思永・董作賓編 1934『城子崖』中央研究院歴史語言研究所
Franchet, L. 1911 *Céramique primitive*: introduction a l'étude de la technologie: leçons professeés a l'école d'anthropologie en 1911
Wu, G.D.（呉金鼎）1938　*Prehistoric pottery in China*. University of London.
Young, W.J. and Whitmore, F.E. 1954 *Technical examination of a group of mortuary objects of the Warring States Period*. Far Eastern ceramic bulletin, vol. 6, no. 1, pp. 8-15.

図版出典

図1～6　東京国立博物館提供の画像を一部改変。
図7　東京国立博物館等 1981：no.77を引用。

建国期における秦文化の一考察

髙野晶文

はじめに

　1990年代の秦公銘の青銅器などを中心とした盗掘という不幸な事件は、皮肉にも秦文化の研究を一気に進展させる契機となった。本稿ではまず、秦文化の起源に関わる基本的な研究史を整理した後、近年、中国で言われているいわゆる早期秦文化の研究を整理して考察を試みたい。早期秦文化の用語については、使用する研究者やその立場によって若干の差がある。早期秦文化の用語の範囲では甘粛省東部における西周期の秦文化とするものから徳公が雍城に遷都して陝西省西部での安定的な運営が行なわれる以前（早期秦文化考古聯合課題組 2007）とするものまでさまざまであり、年代でも西周期の秦文化をさすものから、紀元前677年の雍城進出以前を対象とするものがある。早期秦文化の用語については、あまり日本語になじまないので、今回は建国期の秦文化を中心として論を進めたい。その中で、早期秦文化聯合考古隊の調査の成果が著しい甘粛省東部における秦文化について概観してみたい。

1. 西周期における秦文化の研究史

　秦文化の起源に関わる議論については、いくつかの画期に分けて考えることができる。戦国の動乱を経て中国を統一した秦の出自はどこかという関心からこうした議論は民国時代から存在しており、たとえば黄文弼は史記などの文献に出てくる神話を基に東方からの西遷を想定している（黄文弼 1945）。その後、1970年代の兵馬俑の発見や雍城における秦公墓の調査の進展から秦文化の起源に関する議論も高まり、考古学者の間でも、屈葬、洞室墓等を根拠として西戎との関係性から兪偉超などが主張する西来説（兪偉超 1983）と、それとは若干距離をおく韓偉の説と東来西来両方の見解がある（韓偉 1981・1986）。北京大学考古系と甘粛文物工作隊による毛家坪遺跡の発掘成果が認知された後は、毛家坪遺跡の評価が大きなテーマとして西周期の秦文化の内容に関する議論は大いに高まっていく。その状況については梁雲によって簡潔にまとめられており、1980~90年代には陝西省を中心に春秋戦国時代の秦文化に関わる調査例が増え、その内容についての研究が飛躍的に進展したことが指摘されている（梁雲 2000・2001）。考古学的な議論については、紙面の関係から省略するが、主要な文献を収録した論文集の出版もあり（礼県博物館ほか 2005）秦の起源や甘粛省東部での秦文化についての研究は一定の蓄積がある。

　その後、陝西省を中心に秦墓の墓群全体の発掘報告が相次いでなされており、東周期の年代観に

ついては一定の共通理解が得られている。甘粛省東部でも大堡子山遺跡での秦公（子）青銅器の発見や圓頂山遺跡での青銅器の発見を契機に、中小型墓の成果から秦文化の起源を何処に求めるかという議論から大堡子山の被葬者はだれかという王侯墓の議論、西周期の甘粛省東部における秦の活動はどのようなものであったかといった個別具

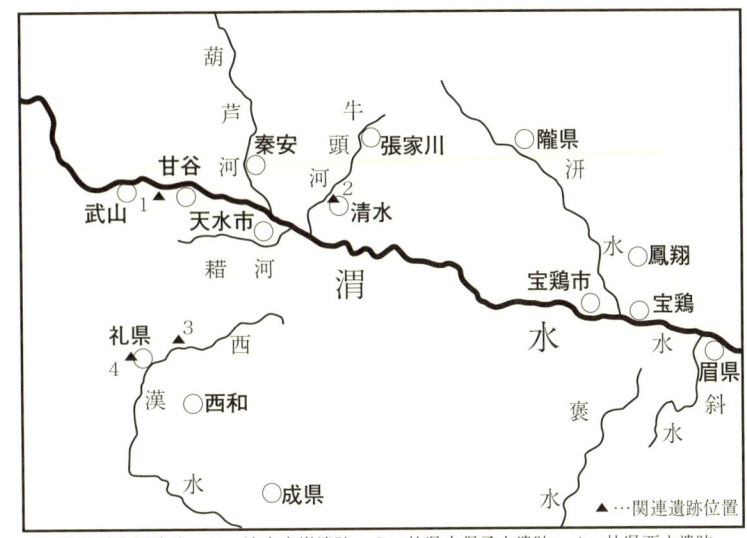

1、甘谷毛家坪遺跡　2、清水李崖遺跡　3、礼県大堡子山遺跡　4、礼県西山遺跡

図1　建国期における秦文化関連地域図

体的な議論へと大堡子山発見以前と以後で論点が大きく変化し、多様化している（徐衛民 2006、雍際春 2009）。秦墓については上位階層の墓が比較的伸展葬が多く見られる一方で、中小型墓では屈葬が多く、全体の傾向としては西頭位をとる墓が多いが、必ずしも一律でない。今後、早期秦文化聯合考古隊の成果が落着けば秦文化の起源といったテーマに関する議論も出てくるだろうが、大堡子山の被葬者が誰かという基本的な問題すら結論が出ていない状況を考えると、甘粛省東部の秦文化について評価を行なうことが目前の大きな課題であると言える。

2．西周期における甘粛省東部の遺跡

西漢水流域における遺跡分布調査は、1947年に裴文中によって行なわれ、礼県城西西山が、縄文をもつ土器片、三足の鬲などが発見されているとの報告がなされており、西山遺跡はすでに認知されていることが分かる（裴文中 1987）。遺跡の分布について検討する資料として早期秦文化聯合考古隊による西漢水上流（甘粛省文物考古研究所ほか 2008）および牛頭河流域の遺跡分布調査の主要な成果（早期秦文化聯合考古隊 2010）を概観する。

2004年に西漢水及びその支流である漾水河、紅河、燕子河、永坪河などについて遺跡の分布調査が行なわれている。分布調査の結果から劉家文化、寺洼文化、および周秦文化の土器が採集されており、大堡子山遺跡から趙坪遺跡、礼県県城の西山（雷神廟）遺跡から石溝坪遺跡、それと若干上流に位置する紅河流域の六八図遺跡から費家荘の三つの分布の中心があり、こうした遺跡を中心に活動していたことがうかがえる（王輝 2008）。このうち六八図から費家荘については、紅河郷六八図村の西北の台地上の紅河東北岸に遺跡があり、西周前期から戦国秦漢期までの遺物が表採されていることのみ明らかになっている。西山遺跡はまだ断片的な小報告だけで、西山城のみ概要報告されていて内容を知ることができる（早期秦文化聯合考古隊 2008）。そのうちM2003は西周後期の

図 2　西山遺跡（左：北西側の鸞亭山から）と大堡子山遺跡（右：南東から秦公墓方向を望む）

墓とされており、秦人が残した墓であるとすると西周秦文化の青銅器をもつ墓上位階層の墓として重要な検討材料となる可能性がある（趙叢蒼ほか 2008）。西周から戦国期まで甘粛省東部で継続的に営まれた墓地報告はまだないので、西山遺跡の報告はこうした問題を解明する手がかりとなる。

　一方で大堡子山遺跡についてはいくつかの遺構の報告がなされており、様相が明らかになってきている。大堡子山城は曹大志による報告で、大堡子山を取り囲む城壁プランが提示されている（図4）。北側壁のプランは外側に墓地群があることから城壁というよりは、陵園等の境界の可能性も考えられる。西漢水を挟んで南側にある山坪にも城壁が築かれており、河川が大きく南流し平野部が極端に狭くなっている状況や西側で永坪河と合流することからも防御的な性格が強いと考えられ、秦公（子）の墓を造営する場所としては若干の違和感を感じる。城跡報告では西山遺跡を犬丘と推定し、大堡子山遺跡を西垂ではなく、犬丘を離れた後の文献上に現れない城としている点は、大堡子山遺跡の規模からも疑問が残る。

　大堡子山遺跡からは分布調査に際して西周期に遡る可能性のある土器が報告されているが（甘粛省文物考古研究所ほか 2008）、現在までに報告されている遺構の調査報告からは春秋期以降が中心となり、秦公（子）墓が西周末から春秋初頭に比定されている他は西周期に遡る明確な痕跡は乏しい。今後の調査研究が進展する中で、春秋期以前の遺構がみつかり、西周期の大堡子山周辺の様相が明らかになることが望まれる。しかし、分布調査で発見されている西周期の土器片等についてはすでに梁雲が指摘しているが、いずれも破片資料であり時期について正確に反映していない可能性を考慮すべきである（梁雲 2008）。豆については緻密な胎土で、口縁部が外傾する周系のタイプとやや雑な印象で口縁が直線的に立ち上がる秦系のタイプに分けられる。甘粛省東部における編年は今後検討される余地があり、前者は西周代の根拠とされている点は今後の研究の進展を待って再検討されるべきであろう。また、大堡子山21号建築基遺構からは版築土中より西周系の土器とされる三足甕が発見されており（図3）、報告では器形から西周期の土器としている。分布調査の段階では、こうした大括りの作業も必要であるが、今後、甘粛省東部一帯での鬲を中心とした土器編年を見直す中で、豆の詳細な編年や春秋期に下る三足甕の存在の可能性などを探るべきであろう。大堡子山遺跡の遺構中からは編年の指標となりうる鬲などについて西周期に遡る土器は発見されておらず、西周の末から春秋期にかけての遺構であり秦公墓の年代と大きな矛盾はない。西周期の遺構が

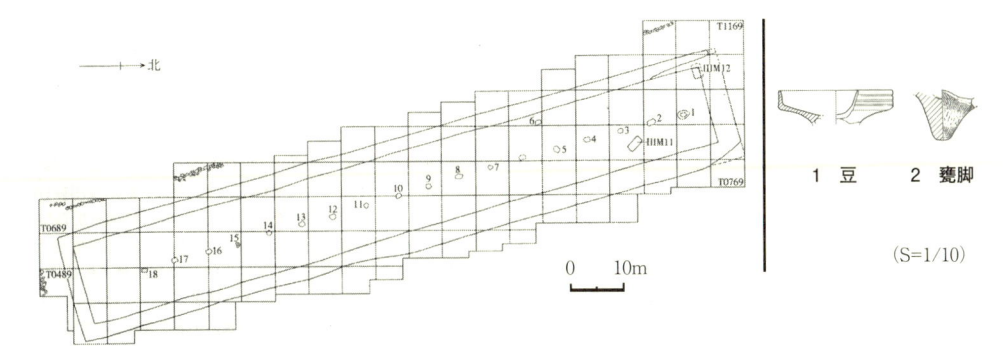

図3　21号建築遺構と版築土内出土西周期土器

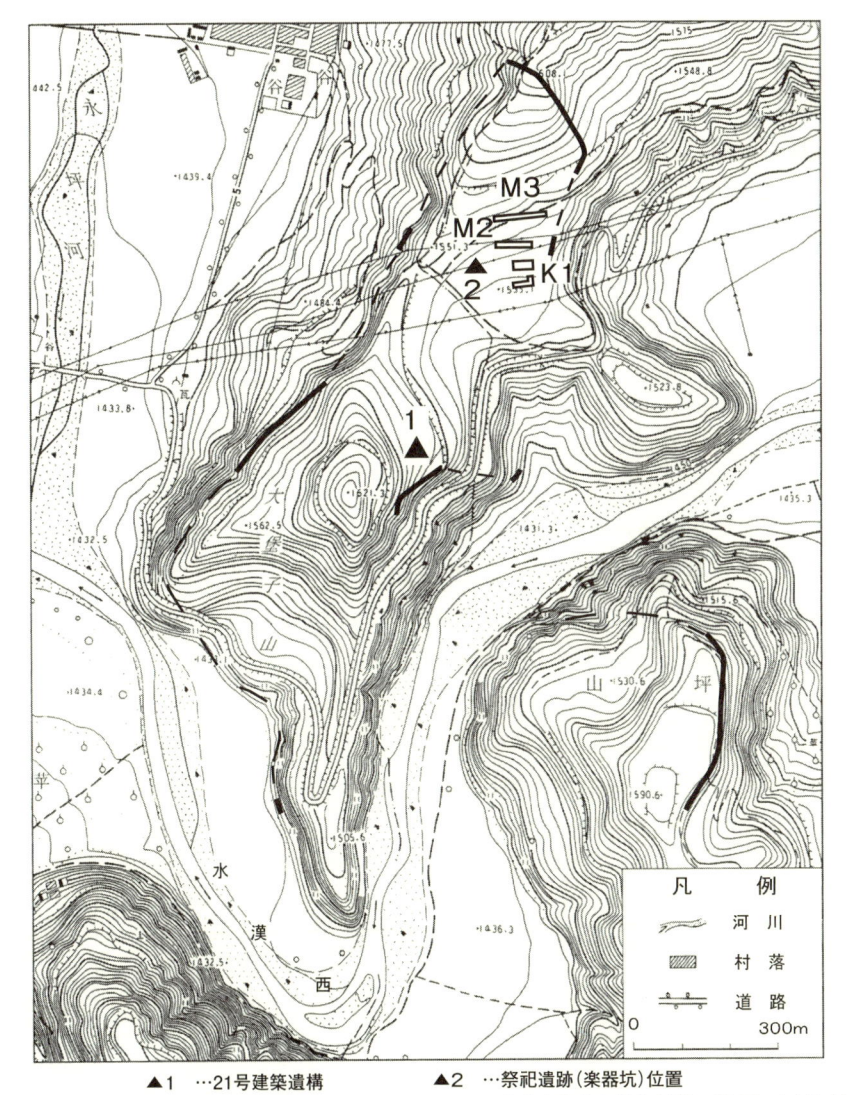

1　豆　　2　甕脚
(S=1/10)

▲1…21号建築遺構　　▲2…祭祀遺跡（楽器坑）位置
（▲地点は、早期秦文化聯合課題組2007「甘粛礼県大堡子山早期秦文化遺跡」『考古』第7期、図2から作成）

図4　大堡子山遺跡と山坪遺跡

存在するとすれば、秦公の陵園が当地に造営された契機とも深く関わると考えられ、遺構の性格を明らかにする中で当地に秦公の陵園が造営された理由が明らかになるであろう。

3．毛家坪遺跡の検討

　毛家坪遺跡は甘粛省における建国期秦の活動を語る上で中心的な遺跡として取り上げられることが多い（甘粛文物工作隊ほか 1987）。代表的な見解だけ見ても、発掘に直接関わっている趙化成をはじめ（趙化成 1989）、梁雲（梁雲 2001）や滕銘予（滕銘予 2002）の研究がある。毛家坪遺跡が西周期のどの時期から営まれた遺跡かという問題については差があるが、いずれの見解も秦文化の枠組みの中でとらえることに異論はない。理由として東周期に関して渭水流域の他の秦文化の編年と矛盾なく、西周期まで年代を遡ることができ、秦的な要素を除くと墓は周墓との共通点も多いという点で秦文化の範疇でとらえられると考えられる（趙化成 1987）。

　毛家坪遺跡では西周期に遡る秦文化の遺跡という点以外はあまり注目されないが、墓がほとんどである秦文化に関わる報告の中で、生活址と考えられる地点の報告がなされており、秦人の生活活動を知る上でも貴重な資料である。時期は報告書（甘粛文物工作隊ほか 1987）では遺跡の年代について西周期からを想定しているが、滕銘予女史は先周期に遡る可能性を指摘している（滕 2002）。甘粛省東部における殷系土器の様相については判然としない部分もあり、今後、年代観が殷墟などとの対比からより明確になった段階で、再度検討したい。

　毛家坪遺跡の生活区の平面図で切合関係を見ると西周期に遡るA組遺存は戦国期になって顕在化するB組遺存によって破壊されている（図5）。A組とB組の関係は西周期を通じて存在するA組遺存が先行して存在して、報告者である趙化成は第3期とされる春秋前期にはB組遺存と並存する状況を想定している。梁雲は層位的検討から春秋期と戦国期を画する明確な違いとして鏟形足根鬲は春秋期に遡らないことを指摘している（梁雲 2012）。また、毛家坪遺跡は鏟形足根である鬲を遺構から出土した数少ない遺跡であり、他にはわずかに馬家塬戦国墓地で青銅製の鏟形足根をもつ鬲が（早期秦文化聯合考古隊 2012）、秦安王洼戦国墓地ではB型遺存と共通性の高い装飾を持つ鬲が報告されている（甘粛省文物考古研究所 2012）。B組遺存に細かい年代を与える作業はこれからになるが、今後類例が増える中で戦国期の甘粛省東部における戦国期について明らかになっていくであろう。戦国期のこうした資料のあり方は、秦の支配が中国全土への支配確立する中で、すでに自らの支配領域であることが支配する側、される側双方にとって当然であった中国西北系の在地勢力に支配を任せている状況を反映している可能性がある。また、寺洼文化の年代については今のところほぼ西周期並行と考えられているが、その年代の下限および分布との関連についても検討する必要がある。また、B組遺存が紀元前350年の雍城から咸陽への遷都とどう連動しているかについても興味深い。少なくとも寺洼遺跡の後の時代における在地系の青銅器文化について整理され、秦との関わりの中でその様相が解明されよう。

　また、近年の成果では李崖遺跡からは斉家文化に関わる遺物が発見されている（侯紅偉 2012）。李崖遺跡の発掘の一番の契機は表採資料の中に毛家坪遺跡よりも古い殷代まで遡ると考えられる中

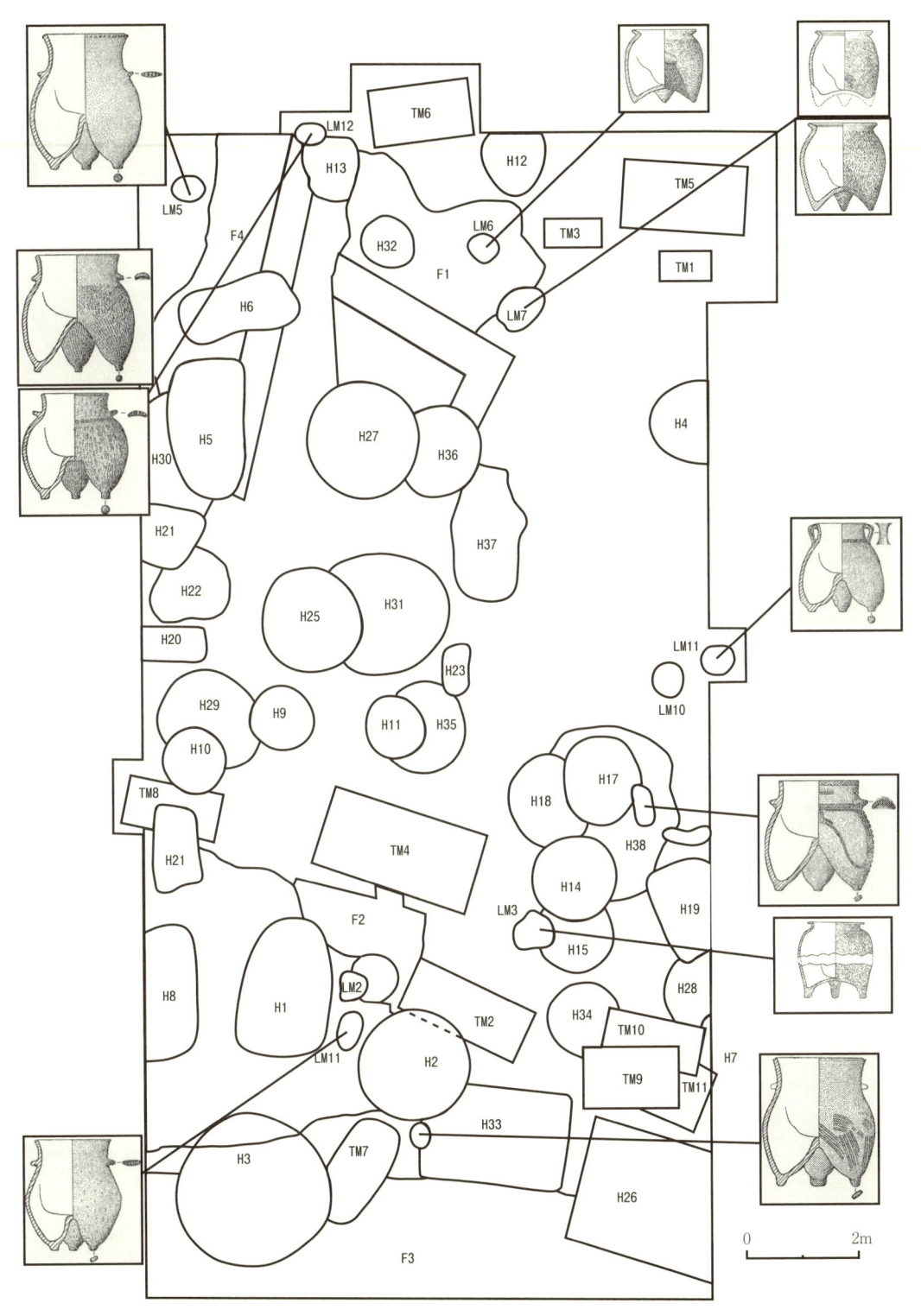

建国期における秦文化の一考察　215

図5　毛家坪遺跡生活域の遺構分布と鬲の出土状況

原系統の土器が発見されていたことが大きい（梁雲ほか 2006、早期秦文化聯合考古隊 2010）。秦をはじめとする中原諸国の中国西北部への進出と展開についての解明は緒についたばかりである。

おわりに——在地青銅器文化と秦の関係——

　寺洼文化は斉家文化の後の在地青銅器文化であり、寺洼系土器の特徴として、焼成温度が低く赤褐色を呈し、大きな粒子の砂礫を含む夾砂陶系の土器が多く、器表の文様は無紋または沈線、縄文を施される場合があり、無紋の土器は丁寧にミガキをかけている場合がある。器形は鬲、豆、罐、壷などがあり、馬鞍口罐など特徴的な耳を持っている。寺洼文化の年代を『中国考古学・両周巻』では宝鶏竹園溝との並行関係から西周前期に一つの定点を置いているが、上限と下限の年代については具体的な言及がない（牛世山ほか 2004）。下限の年代が判明してくると秦と在地青銅器文化の関係を論じる場合に、果たして寺洼文化の括りでの検討が適当であるか判断できるであろう。

　明らかに秦人の影響下にあったと考えられる礼県一体の遺跡において、西山遺跡など周や秦系の遺跡中にも寺洼系とされる土器の出土が一定量発見されている。生活域では還元焔焼成で焼かれた明らかに秦系とされる灰陶ばかりでなく、煮炊きに使われた夾砂陶系土器があって然るべきであり、それが即寺洼系の土器と認定できるかについては注意を要する。西周期に遡る秦系の土器には生活域の調査が進んでくると、胎土が夾砂陶系の低火度で焼成された土器が含まれている可能性があり、こうした土器の評価を正しく行なう必要がある。単に焼成や胎土だけではなく、寺洼系の土器を認定するには器形を基準にして、煮炊き用と考えられる秦系土器の系譜を明らかにして、それを峻別していく必要があろう。断片的な情報からではあるが、在地土器製作技法の傾向は春秋中期以降に秦文化が確立していく中で秦的な要素に収斂していく可能性がある。しかし、春秋中期以降については墓の報告が中心であり、生活址やより総合的な検討ができていない可能性があり、この考えにも注意を要する。甘粛省東部の地域では関中の影響を受けた結果導入された礼制を上位階層の人々と在地の技法を取り込みながら春秋秦の源流となる土器を利用していた一般階層までも含めた西周秦文化の様相が明らかになりつつある。秦は甘粛省東部の在地文化をベースに、当時中央であった東方の文化を受け入れながら礼県一帯の西垂や清水県付近と考えられる秦（邑）を中心に西周期を通じて徐々に勢力を増し関中進出の足がかりとしている。今後、建国期甘粛省における秦文化の要素がより一層妥当性の高い脈絡で評価されることを願いひとまず擱筆したい。

参考文献
飯島武次 1998「秦の起源とその文化」『中国周文化考古学研究』同成社、396-420頁
王輝 2008「尋找秦人之前的秦人」『中国文化遺産』第2期、75-82頁
韓偉 1981「関於"秦文化是西戎文化"的疑義」『青海考古学会会刊』2、1-8頁（韓偉2001『磨硯書稿』再録）
韓偉 1986「関於秦人族属及文化淵源管見」『文物』第4期（韓偉2001『磨硯書稿』1再録）
甘粛省文物考古研究所 2012「甘粛秦安王洼戦国墓地2009年発掘簡報」『文物』8期、27-37頁
甘粛省文物考古研究所ほか 2008『西漢水上流考古調査報告』文物出版社

甘粛文物工作隊、北京大学考古系 1987「甘粛甘谷毛家坪遺跡発掘報告」『考古学報』 3期、145-176頁

牛世山、鳥恩、施勁 2004「両周時期周辺地区的考古学文化」『中国考古学・両周巻』中国社会科学出版社、500-563頁

侯紅偉 2012「甘粛清水李崖遺跡」『2011中国重要考古発現』文物出版社

黄文弼 1945「嬴秦為東方民族考」『史学雑誌』創刊号（礼県博物館ほか2005『秦西垂文化論集』文物出版社、23-27頁　収録）

国家文物局主編 2011『中国文物地図集　甘粛分冊』（上）、（下）測絵出版社

徐衛民 2006「早期秦文化研究綜述」『早期秦文化研究』163-171頁、三秦出版社

早期秦文化考古聯合課題組 2007「甘粛礼県大堡子山早期秦文化遺跡」『考古』第7期、38-46頁

早期秦文化聯合考古隊 2008「甘粛礼県三座周代城跡調査報告」『古代文明』第7巻、文物出版社323-362頁

早期秦文化聯合考古隊 2010「牛頭河流域考古調査」『中国歴史文物』第3期、4-23頁

早期秦文化聯合考古隊、張家川回族自治県博物館 2012「張家川馬家塬戦国墓地2010～2011年発掘簡報」『文物』8期、4-26頁

趙化成 1987「尋找秦文化淵源的新線索」『文博』1-7、17頁

趙化成 1989「甘粛東部秦和羌戎文化的考古学探索」『考古類型額的理論与実践』359-395頁

滕銘予 2002「秦文化的起源与形成階段」『秦文化』学苑出版社、47-78頁

裴文中 1987「甘粛史前考古報告」『裴文中史前考古学論文集』文物出版社

梁雲 2000「秦文化的発現研究和半思」『中国歴史博物館館刊』2期、65-71頁

梁雲 2001「甘谷毛家坪秦文化遺跡的発現和意義」『秦文化』文物出版社、126-131頁

梁雲ほか 2006「甘粛清水県的商周時期文物」『中国歴史文物』第5期、38-45頁

梁雲 2008「対西漢水上遊考古学文化及相関問題探討」『西漢水上流考古調査報告』文物出版社、259-291頁

梁雲 2010「非子封邑的考古学探索」『中国歴史文物』第3期、24-31頁

梁雲 2012「戎狄之旅　鏟足鬲与東周時期西戎文化」『考古与文物』1期、102-103頁

礼県博物館ほか 2005『秦西垂文化論集』文物出版社

兪偉超 1983「古代"西戎"和"姜"・"胡"考古学文化帰属問題的探討」『青海考古学会会刊』1（兪偉超1985『先秦両漢考古学論集』文物出版社、180-192頁再録）

雍際春 2009「近百年来秦早期歴史研究述評」『社会科学評論』第4期、117-124頁

挿図出典

図1　祝中熹「秦西垂陵区」『秦西垂陵区』文物出版社をもとに筆者加筆

図2　筆者撮影

図3　早期秦文化聯合考古隊2008「2006年甘粛礼県大堡子山21号建築基址発掘簡報」『文物』第11期、10・12頁より

図4　甘粛省文物考古研究所ほか2008『西漢水上流考古調査報告』文物出版社69頁、図59を下図にして、早期秦文化聯合考古隊2008「甘粛礼県三座周代城跡調査報告」『古代文明』第7巻、340頁、図11を筆者部分加筆

図5　甘粛文物工作隊、北京大学考古系1987「甘粛甘谷毛家坪遺跡発掘報告」『考古学報』3期をもとに筆者作成

江漢地域における秦墓の成立

小澤正人

はじめに

　中国古代史において秦が統一を果たしたことは時代を画する出来事であった。秦の統一は政治・社会・文化の多方面に大きな変化を与えたが、その過程で各地の墓葬がどのように変化したかは、主に資料上の制約から1980年代以前には十分に論じられてこなかった。しかし1990年代後半から秦の本拠地である関中地域での調査が増えると共に、その他の地域でも報告が見られるようになり、2010年に出版された『中国考古学・秦漢巻』では秦墓の分布と各地の傾向がまとめられるに到っている（中国社会科学院考古研究所 2010）。

　本論文は近年その様相が明らかになりつつある秦墓について、湖北省西南部の江漢地域を対象として、その成立について論じることを目的にしたものである。具体的には副葬品の中心を成す飲食器に注目する[(1)]。

　江漢地域では1970年代後半に法律文書などの竹簡が大量に出土した睡虎地秦墓の発掘などがあり、秦墓の調査研究は比較的早くから行われてきた。その成果は、1980年代に陳平（陳 1983）、郭徳維（郭 1986）、陳振裕（陳 1986・1991）らによりまとめられている。同時期に岡村秀典は秦文化を論じる中で湖北の秦墓に言及している（岡村 1985）。また近年では墓葬から秦代の社会のあり方を論じた陳洪の論考が注目される（陳 2005）。これらの論考では、江漢地域では秦の占領に先立つ戦国時代楚墓では青銅礼器とその模倣陶器が副葬飲食器の中心であったが、秦墓では日用陶器を主体として、そこに青銅器が加わるといった組み合わせに変化していたことが指摘されている。本論文はこの先学の成果を変更するものではなく、これを継承し、さらに近年増加した資料を加え検討することで、秦墓成立の歴史的な意義を論じることを目的とするものである。

　なお戦国時代の区分とその実年代については、研究者・地域により異なっている状況がある。本稿では基本的には劉彬徽の年代観に依ることとする（劉 1995）。すなわち、戦国時代の始まりを紀元前450年前後とし、その終わりは秦による統一が完成する紀元前221年とする。そしてこれをほぼ80年で三等分し、戦国時代前期を紀元前450〜380年頃、中期を紀元前380〜300年頃、後期を紀元前300〜220年頃とする。このうち後期については、紀元前278年に秦の白起により都の郢を占領され、楚が遷都を余儀なくされたことが江漢地域では大きな意味を持つことから、紀元前278年を境に前半と後半に分けることにする。ただし以下の文中では記述を簡明にするために、戦国時代後期のうち秦が郢を占領する以前を「戦国後期」と表記し、それ以後の統一秦時代を含めて「秦」と表記することとする。

以下、まず戦国時代楚墓の検討から始めることとしたい。

1. 楚墓の副葬飲食器

戦国時代楚墓に副葬された飲食器を検討するにあたり、対象とする地域を江漢地域西部の江陵地区とする。江陵地区はほぼ現在の荊州市にあたるが、楚の都城であった郢とされる紀南城遺跡の所在地として知られ、墓葬の調査数も多いことから、副葬飲食器の変化を概観する上で最適であると判断した。また対象とする時代についても秦に近い戦国時代中期から戦国後期に限定した。[2]

(1) 戦国時代中期（図1）

戦国時代中期は楚墓の調査数が最も多い時期であり、大型墓から小型墓まで階層的にも幅広い墓葬が報告されている。本稿では小型墓からの出土品を中心に、適宜中型墓・大型墓の出土品を参照することとする。また取り上げる資料は戦国時代中期でもその後半期の出土品を中心とした。

戦国時代中期に副葬される飲食器は、煮沸器・供膳器・貯蔵器・盥器といった機能を持つ器種で構成される。系譜としては青銅礼器とその模倣陶器、さらに日用陶器があるが、それぞれは排他的な関係ではなく、上記の機能セットを構成する上で、重複・補完の関係にある。

煮沸器のうち青銅礼器と模倣陶器には鼎（1・15）、鐎壺（2・16）、小口鼎（3・17）、甗（4・18）がある。日用陶器には鬲（30・31）と甗（32）がある。供膳器のうち青銅礼器と模倣陶器には簠（5・19）、敦（6・20）、舟（8）がある。盒（7・21・29）は中期から小型墓で副葬されるようになる器種で、青銅器、漆器、模倣陶器がある。日用陶器では盂（33）と豆（34）が副葬されている。貯蔵器のうち青銅器とその模倣陶器には缶（9・22）、壺（10・23）、鈁（24）、罍（11・25）などがある。日用陶器には罐（35）と高頸罐（36・37）がある。[3] 盥器には匜（12・26）、盤（13・27）、鑑（14・28）があり、それぞれ青銅礼器と模倣陶器がある。

中期では多様な青銅礼器が注目されるが、このなかで小型墓での出土数が多く、主要な組み合わせとなっているのは煮沸器：鼎―供膳器：簠・敦―貯蔵器：缶・壺―盥器：匜・盤である（荊州地区博物館 1984）。

(2) 戦国後期（図2）

戦国後期の副葬飲食器は、基本的には中期の様相を引き継いでいる。

煮沸器のうち青銅器と模倣陶器には鼎（1・7）、小口鼎（8）、鐎壺（9）がある。日用陶器では鬲（20・21）が出土している。供膳器では青銅器と模倣陶器に簠（10）、敦（4・11）、舟（5）、盒（2・3・12・19）がある。青銅の盒には中期にも見られた上下同型で扁平なタイプ（2）の他に、圏足をもち胴部に蓋がつくタイプ（3）が新たに現れ、後者の盒の副葬が目立つようになる。日用陶器では盂（22）、豆（23）が出土している。貯蔵器のうち、青銅器と模倣陶器では壺（6・14）、缶（13）、鈁（15）、罍（16）がある。日用陶器には罐（24）と高頸罐（25・26）がある。盥器には匜（17）、盤（18）がある。

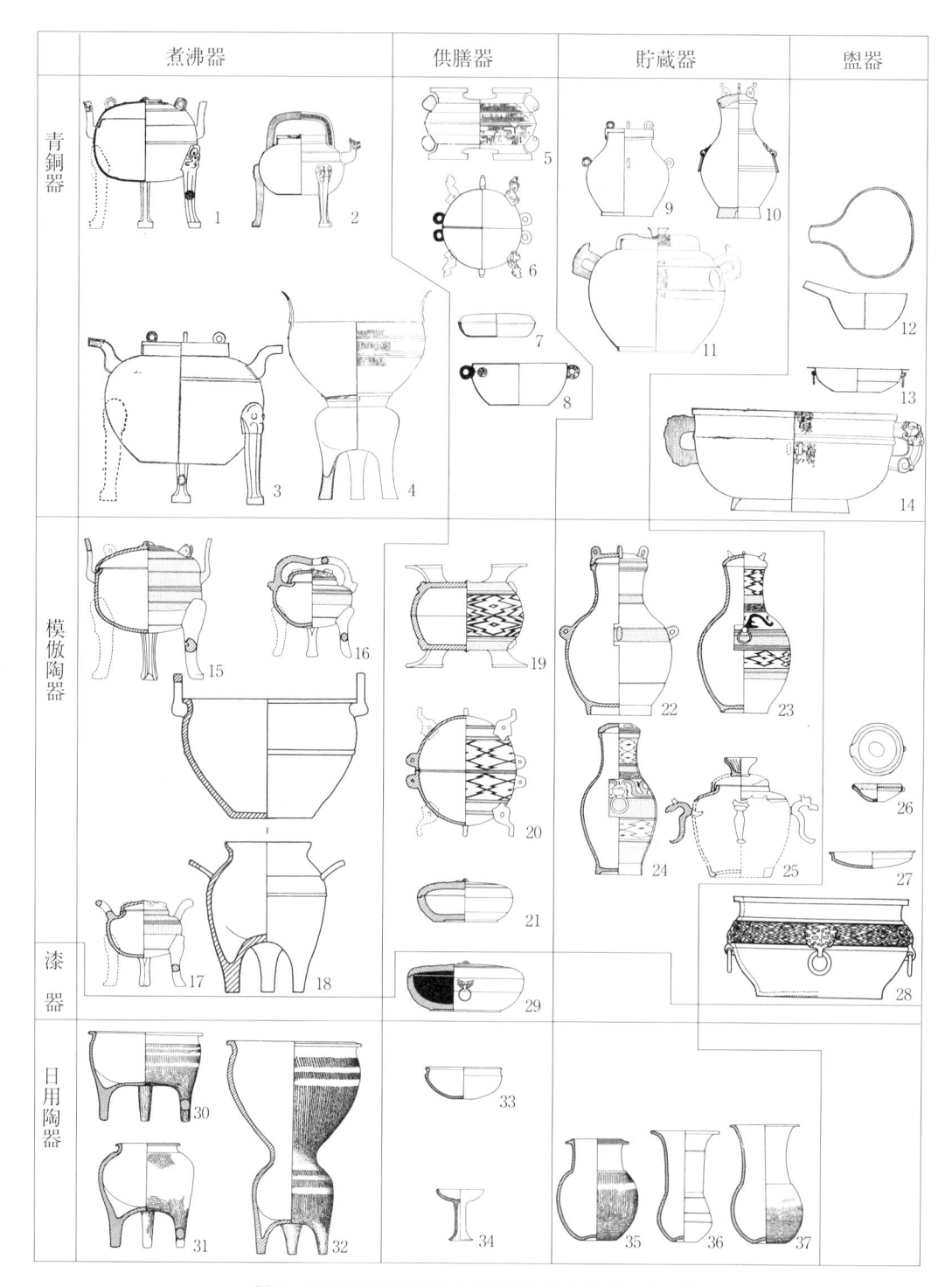

図1　江陵地区戦国時代中期墓出土飲食器（S＝1/16）

雨台山203号墓：13、354号墓：1・12、490：34　九店19号墓：8、27号墓：30・31、167号墓：21、231号墓：15〜17・19・20・22・23・25〜27、473号墓：37、485号墓：6・10、603号墓：24、722号墓：36、735号墓：33・35　望山1号墓：18・28・32　包山2号墓：2〜5・7・9・11・14

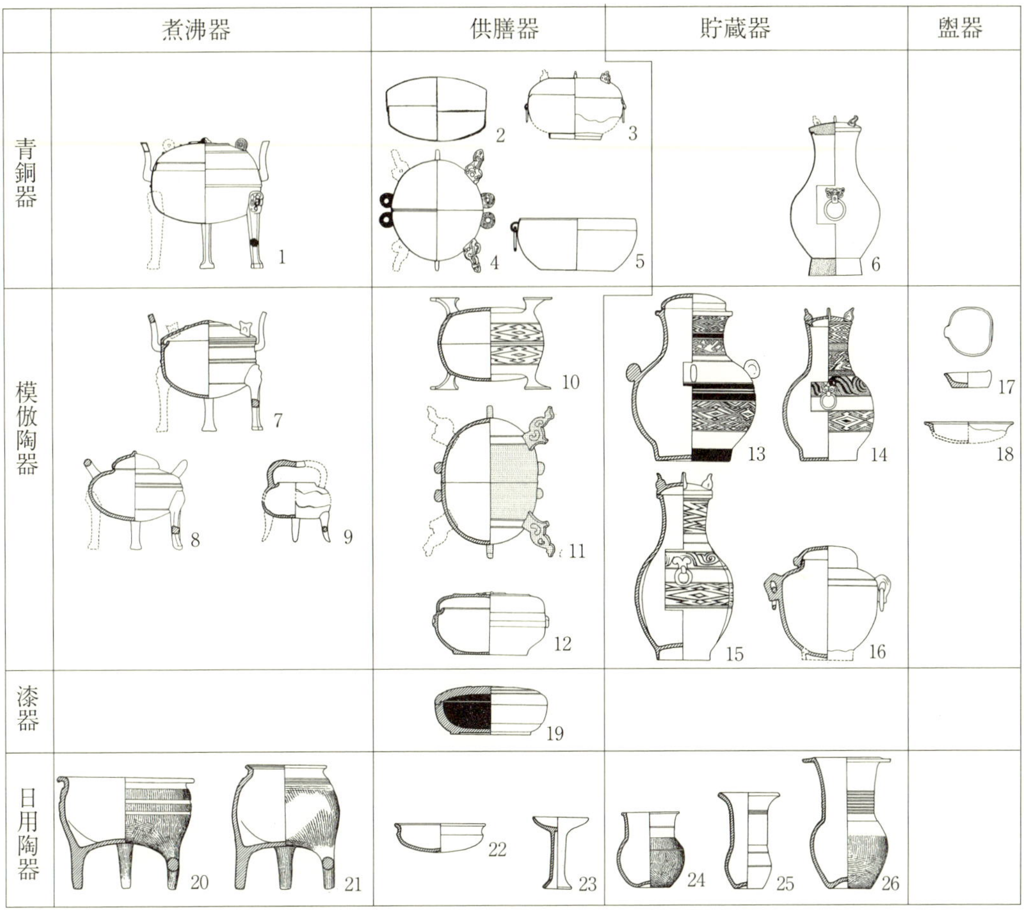

	煮沸器	供膳器	貯蔵器	盥器
青銅器	1	2, 3, 4, 5	6	
模倣陶器	7, 8, 9	10, 11, 12	13, 14, 15, 16	17, 18
漆器		19		
日用陶器	20, 21	22, 23	24, 25, 26	

図2 江陵地区戦国時代後期墓出土飲食器（S=1/16）

九店17号墓：17・18、33号墓：1・6、52号墓：20・22・23・26、77号墓：7・14・19、150号墓：21、159号墓：11・12、250号墓：3～5・9・10・15・16、402号墓：25、410号墓：8・13、460号墓：24　雨台山480号墓：2

　以上、戦国中期から後期の楚墓の副葬飲食器を概観してきたが、これから楚墓の副葬飲食器が青銅礼器とその模倣陶器、そして日用陶器により構成されていたことがわかる。ただしその比率には違いがあり、小型墓を中心に総数597基が調査された荊州市九店墓地を例に取ると、青銅礼器・模倣陶器を副葬した墓葬は中期では250基のうち172基で68.8％、後期では154基のうち106基で68.9％といずれも70％弱となっており、青銅礼器とその模倣陶器の副葬が小型墓では中心となっていたことが分かる。これが中型墓・大型墓になると、青銅礼器の比重が高まり、模倣陶器が少なくなる傾向が認められる。つまり戦国時代の楚墓では青銅礼器を頂点として、それを模倣陶器で補完し、さらにその下位に日用飲食器が位置するような副葬飲食器の体系が構成されていたのである。[4]

　次に秦墓の副葬飲食器を概観してみたい。

2．秦墓の副葬飲食器

　江漢地域の秦墓については、江陵県と雲夢県でまとまった調査が行われており、本稿でもこれら

2地区の資料を使い検討する。資料とした秦墓は表1の通りである。それぞれの地区で出土した飲食器は図3と図4に示した。なおこれら秦墓については時期を区分することも可能ではあるが、個別の墓葬について資料が十分に提示されていないこと、また本稿は秦墓の様相を検討の対象としていることなどから、ここでは無理に時期を細分せず、秦墓として一括して取り扱うこととする。

表1や図3・4から明らかなように、江陵地区・雲夢地区における秦墓の副葬飲食器には大きな違いは見られず、機能から見ると煮沸器・供膳器・貯蔵器といった組み合わせを持っていることがわかる。以下この機能分類ごとに副葬飲食器の様相について見てみたい。

(1) 煮沸器

煮沸器の器種は、その系譜から青銅礼器、模倣陶器、日用金属器、日用陶器に分けられる。

青銅礼器では鼎と甗が出土している。煮沸器の模倣陶器はこの青銅礼器を模倣したものである。青銅礼器では鼎の出土が多い（図3-1・9・10、図4-1～4）。このうち胴部断面が楕円形で、脚部が長いもの（図3-9、図4-1～3）は戦国時代楚で流行したいわゆる「楚式鼎」である。図4-2の鼎は底部に利用された煤が付着し、内部には破損を補修したあとがあり、附耳も鉄で補修され、さらに木製の蓋が後補されているなど、長期間にわたり利用された痕跡が顕著である。楚式鼎に対して胴部の断面はやはり楕円形であるが、脚部が短いもの（図3-1・10、図4-4）は秦や中原にその系譜を求められる型式であり、秦の占領により楚に流入している。鼎以外では甗（図3-2）と鐎壺（図4-5）が出土している。鐎壺は楚のように持ち手ではなく、柄が付くようになっており、形態が大きく変化している。

日用金属器には青銅器と鉄器があり、器種としては鍪（図3-3、図4-6・7）、釜（図3-4）、盆（図3-5、図4-8）、銅（図3-6）がある。このうち鍪と釜は江漢地域では楚時期には見られなかった器種であり、秦の占領以降に流行する器種である。盆は楚の盥器であった盤と同型であるが、高台墓地では煤が付着し補修された例が報告され、林巳奈夫も盆が漢代には煮沸器として利用されていたことを指摘しており、ここでは煮沸器とした。銅の系譜は不明だが、楚では見られなかった器種である。これを煮沸器としたのも林の見解による（林 1976）。

日用陶器では、鍪（図3-14、図4-21）、釜（図3-15、図4-22）、甗（図3-16、図4-23）がある。このうち甗は供膳器の盂の底部に孔を穿った形状をしている。鍪・釜については楚では出土しておらず、秦占領以後の金属製鍪・釜の流入の影響を考える考え方もある。ただし形状が多様であることから、ここでは模倣陶器としては扱わなかった。

表1で示した54基の秦墓のうち、煮沸器を出土した墓葬は49基にのぼる。このうち模倣陶器を含めた青銅礼器と金属器・陶器をあわせた日用器を出土した墓葬数を比べてみると、青銅礼器と模倣器を出土した墓葬が10基で煮沸器を出土した墓葬の18.5%にとどまるのに対して、日用器はすべての墓葬から出土している。これから江漢地区の秦墓に副葬された煮沸器では日用器が一般的であったことがわかる。

表1　江漢地域秦墓

地域	遺跡名	番号	葬具	煮沸器			供膳器		貯蔵器		
				青銅器・礼器系	鉄器・日用器	模倣陶器	日用陶器	盒	その他	青銅器	模倣陶器	日用陶器
江陵	岳山	23	木槨				甑1		盂2			小口甕1・罐3
	岳山	27	木槨				釜1・鍪1・甑1		盂2			大口甕2・罐2
	岳山	30	木槨				釜1・甑1		盂1			大口甕1
	岳山	35	木槨		鉄釜1・鍪1		甑1		盂2			大口甕1・罐4
	岳山	36	木槨				甑1	漆盒1	盂2			大口甕1・罐1
	岳山	38	木槨				釜1・鍪1・甑1		盂1			大口甕1・罐2
	岳山	39	木槨				釜1・鍪1・甑1		盂2・豆1			小口甕1・罐1
	岳山	41	木槨				釜1・鍪1・甑1		盂2			罐2
	岳山	15	木槨			鼎2	釜1・甑1	漆盒2・盒2	盂1		陶壺2	
	岳山	19	木槨				甑1		盂2		陶壺1	罐3
	擂鼓台	1	木槨				釜1・鍪1・甑1	漆盒1	盂1		陶壺1	罐1
	擂鼓台	2	木槨				釜2・鍪1	漆盒1	盂2			
	楊家山	135	木槨		銅盆1		鼎1・鬲1	漆盒2	盂1	鈁1・蒜頭壺1		罐3
	王家台	15	木棺				釜1		盂1			罐1
	高台	1	木槨		銅盆1	鼎6		盒3	盂3・豆5	壺1	陶壺3	高頸環底罐1
	肖家山	1	木槨							蒜頭壺2		大口罐1
雲夢	睡虎地	3	木槨		銅盆1		釜1・甑1	銅盒5・漆盒1	盂1	壺1		小口甕5・罐1
	睡虎地	4	木槨	鼎1			釜1・鍪1・甑1		盂1			小口甕2
	睡虎地	5	木槨		鉄釜1・銅盆1		釜1・甑1		盂1・銅匜1			小口甕1・罐2
	睡虎地	6	木槨				釜1・甑1	漆盒1				小口甕3
	睡虎地	7	木槨		鉄鍪1		釜1・鍪1・甑1	漆盒1	盂1		陶壺1	小口甕3・罐3
	睡虎地	8	木槨				釜1・甑1	漆盒1				小口甕4
	睡虎地	9	木槨	鉄鼎1	鍪1		釜1・甑1	漆盒2	銅舟1・銅匜1	蒜頭壺1		小口甕2・繭型壺1
	睡虎地	10	木槨		鍪1							小口甕2・罐1
	睡虎地	11	木槨	鼎2	鉄釜1・鍪1		甑1	漆盒1	銅匜1	鈁2		小口甕3・罐2
	睡虎地	12	木槨				釜1・甑1	漆盒1	盂1			小口甕3・罐1
	睡虎地	13	木槨		鍪1		釜1・甑1	漆盒1				小口甕1
	睡虎地	14	木槨				釜1・鍪1・甑1	盒1	盂1		陶壺1	小口甕3・罐1
	睡虎地	15	木棺									小口甕1
	睡虎地	16	木棺				鍪2・甑1					
	睡虎地	17	木棺						盂1			大口甕1
	睡虎地	18	木棺						盂1			小口甕・罐1
	睡虎地	19	木棺				鍪1・甑1					小口甕1・高頸環底罐1
	睡虎地	20	木棺				鍪1					大口甕1・罐1
	睡虎地	21	木棺				鍪1					罐1
	睡虎地	22	木槨				釜1・鍪1・甑1	漆盒1	盂1			小口甕2
	睡虎地	23	木槨		鍪1		甑1		盂1			小口甕1
	睡虎地	24	木棺				鍪1					高頸環底罐1
	睡虎地	25	木槨	鼎1			釜1・鍪1	漆盒1	銅匜1	壺1		小口甕2・高頸環底罐1
	睡虎地	26	木棺				釜1・甑1		盂1			小口甕1・罐1
	睡虎地	27	木槨		鉄鍪1		甑1		盂1・銅舟1			小口甕2・罐1
	睡虎地	28	木棺				釜1・鍪1・甑1		盂1			小口甕1・大口甕1・罐1
	睡虎地	43	木槨	鼎1	鍪1			漆盒2		蒜頭壺1		小口甕3
	睡虎地	44	木棺				釜1・甑1		盂1			小口甕1・罐1
	睡虎地	45	木槨	鼎1	鍪1		釜1・甑1	銅盒1・漆盒1	盂1	蒜頭偏壺1		小口甕3・大口甕1・罐1
	睡虎地	46	木槨	鼎1	鍪1		錐壺1・甑1	漆盒1	盂1	蒜頭壺1		小口甕3
	睡虎地	48	木棺				釜1・甑1					小口甕1
	睡虎地	49	木槨				釜1		盂1			小口甕1・大口甕・高頸環底罐1
	睡虎地	50	木槨				釜1		盂2			大口甕1・罐1
	睡虎地	51	木槨				釜2・甑1					小口甕2・罐1
	睡虎地	52	木槨				釜1		盂1			小口甕1
	睡虎地	53	木棺									小口甕1・罐1
	木匠墳	1	木槨				鍪1・釜2	漆盒1				小口甕3
	木匠墳	2	木槨			鼎1	釜1	漆盒1・盒1	盂1		陶壺1	小口甕3・罐2

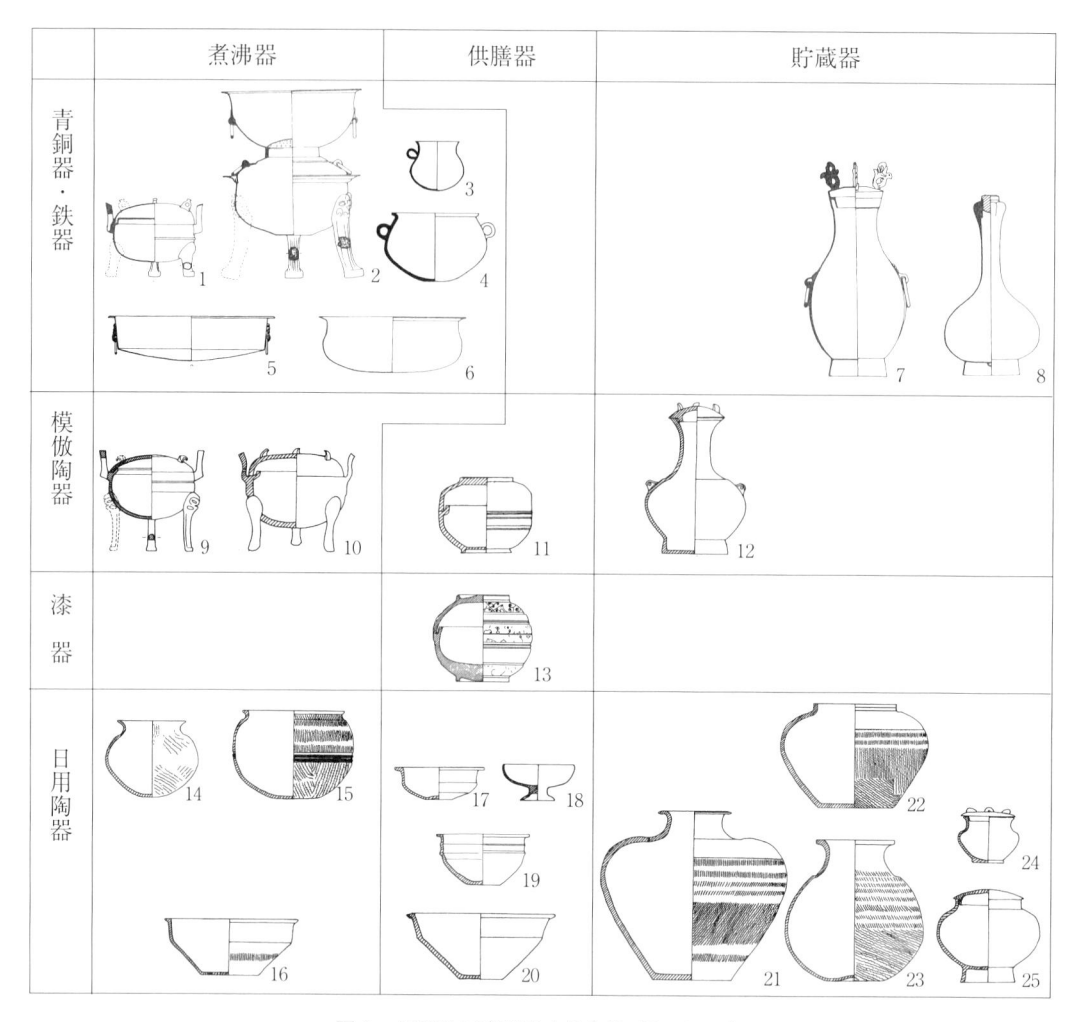

	煮沸器	供膳器	貯蔵器
青銅器・鉄器	1, 2, 5, 6	3, 4	7, 8
模倣陶器	9, 10	11	12
漆器		13	
日用陶器	14, 15, 16	17, 18, 19, 20	21, 22, 23, 24, 25

図3　江陵地区秦墓出土飲食器（S=1/16）

岳山11号墓：17、15号墓：10～13、23号墓：2127号墓：15・20、35号墓：3、36号墓：4・23・24、38号墓：22・25、39号墓：14・18　高台1号墓：5・9　楊家山15号墓：1・2・6～8・19

(2) 供膳器

供膳器では盒の出土数が多いことから、以下盒とその他の日用器に分けて概観する。

盒には青銅器・漆器・模倣陶器がある（図3-11・13、図4-10・11・18・20）。青銅器には蓋と身が同形で形状は浅く扁平なもの（図4-10）と蓋と深い胴部から成るもの（図4-11）があり、いずれも楚の系譜を引いている。漆器の盒は蓋と身が椀状のほぼ同型で、いずれも圏足をつけている。戦国中期・後期の漆盒から大きな変化を遂げており、名称こそ青銅器と同じだが両者の間に関係は想定できない。青銅器がなく漆器のみであることを考慮するならば、日用器として扱うべきであろう。模倣陶器はこの漆器の盒を模倣したものと考えられる。

この他の器種としては青銅器では舟（図4-9）と匜（図4-12・13）が出土している。舟は楚以来の器種である。匜のうち図4-12の型式は戦国楚でも出土していたが、流が長い図4-13の型式は秦代に現れ、漢に続くものである。林巳奈夫は匜について、漢代では酒を注ぐ器種として使われた

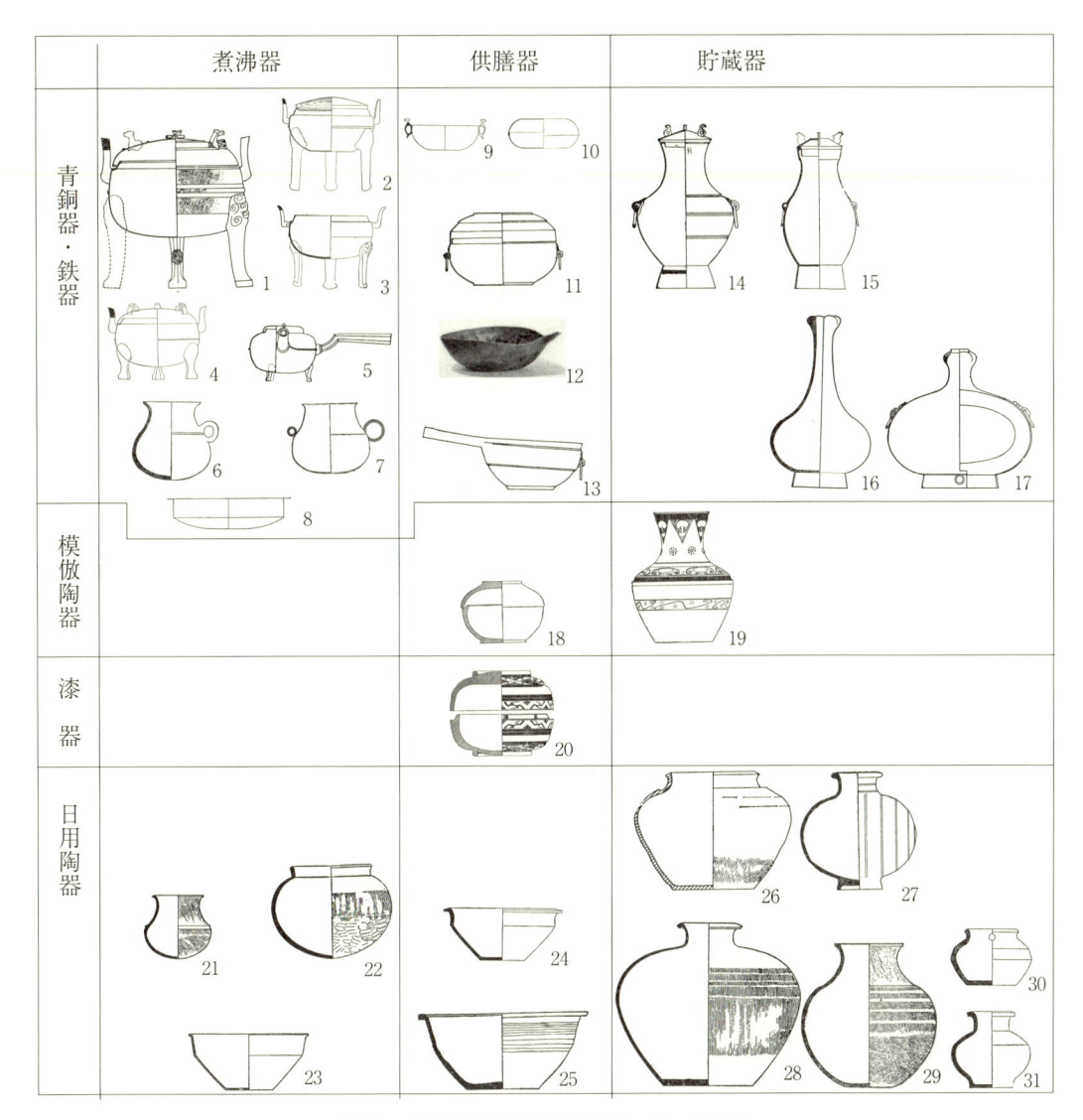

図4 雲夢地区秦墓出土飲食器（S=1/16）

睡虎地3号墓：2・8・10・22・28、7号墓：6・19・21・25、9号墓：3・9・12・16・20・23・27、10号墓：29、11号墓：4・7・15、12号墓：24・31、14号墓：18・30、25号墓：1・10・13・14、27号墓：26、45号墓：11・17、46号墓：5

としており、ここではこれに従う（林 1976）。日用器には盂（図3-17・19・20、図4-24・25）と豆（図3-18）がある。盂は直径15cm程度のものから、40cm程度のものまで多様であるが、大きさの変化は漸移的であり、機能的にはいずれも供膳器であることから、本稿では盂としてまとめた。[8]

(3) 貯蔵器

貯蔵器には青銅器・模倣陶器・日用陶器がある。

青銅器には楚墓でも出土していた壺（図4-14）、鈁（図3-7、図4-15）、秦に系譜が求められる蒜頭壺（図3-8、図4-16）、蒜頭偏壺（図4-17）がある。壺には模倣陶器（図3-12、図4-19）がある。

日用陶器には大型の小口甕（図3-21、図4-28）、広口甕（図3-22、図4-26）、高頸環底罐（図3-23、図4-29）と小型罐（図3-24・25、図4-30・31）がある。このうち小型罐には多様な器種があり、ここには代表的なものを挙げている。また繭型罐（図4-27）は秦系の器種である。

貯蔵器を出土した墓葬は54基の墓葬のうち52基にのぼるが、このうち青銅器やその模倣器を出土した墓葬が16基（30.8％）なのに対して、日用陶器はすべての墓葬から出土しており、煮沸器同様に貯蔵器でも日用器の副葬が一般的であったことがわかる。

ここまで秦墓に副葬されていた飲食器を概観してきたが、以下その様相をまとめてみたい。

すでに述べたように、秦墓の副葬飲食器は機能からみると、煮沸器・供膳器・貯蔵器といった組み合わせを持っているが、各機能ごとの主な器種を見ると、

　　　煮沸器：鍪・釜（陶器・金属器）━━　供膳器：盆（漆器・陶器）・盂━━　貯蔵器：小口甕・罐

となっている。これらの器種はいずれも日用器であり、礼器のように祭祀・儀礼に特化した器種ではない。この日用器の組み合わせを基本として、少数の墓葬では青銅器やその模倣陶器が加えられる。青銅器には楚系と秦系が混在しており、かなり複雑な様相を示している。ただし楚系の青銅礼器は、戦国中期・後期までとは異なりセットにはなっておらず、個別に副葬されていることは注目される。

以上、楚墓と秦墓の副葬飲食器について検討してきたが、これを基に、次に戦国楚墓から秦墓への移行の意義を考えてみたい。

3．楚墓から秦墓へ

前節までの検討で、楚墓では青銅礼器とその模倣陶器が副葬飲食器の中心であったが、秦墓では日用器が中心になっていることが確認された。青銅礼器の個別の器種を見ると、楚墓で主要な器種であった供膳器の簠や敦が出土せず、盥器の匜や盤も供膳器・煮沸器へと性格を変えていった。さらに煮沸器の小口鼎や貯蔵器の罍といった器種も出土しなくなっている。このように楚墓から秦墓に移行する中で青銅礼器の器種は激しく変化している。つまり楚墓の特徴であった青銅礼器を中心とする副葬飲食器の体系は、秦墓では日用器を中心とする体系へと明確に取って代わられているのである。

もっとも秦墓へと繋がる副葬飲食器の変化は、戦国時代中期から後期にかけての時期にすでに見られる。たとえば戦国中期から後期になると楚墓では盆の副葬が目立つようになり、やがて秦墓へと引き継がれている。ただしこの時期に盆の副葬が流行するのは楚墓だけではなく、関中盆地の秦墓など広い範囲でも確認されている[9]。もっとも秦墓の盆は漆器の盆を模倣したものであり、その形状は大きく異なり、両者が同一の系譜とは考えられない[10]。つまり戦国後期には副葬飲食器に盆を含めることが流行するようになるが、秦と楚では異なった型式の盆が使われたと考えられる[11]。

しかし、楚墓から秦墓への副葬飲食器の変化は、このような器種の変化の延長線上にあるものではない。楚墓で副葬飲食器の中心となっていた青銅礼器とは、西周時代以来それを所持し儀礼・祭

祀を行う者の権威を象徴的に表現する威信材であり、儀礼・祭祀を行う上で必要な煮沸器・供膳器・貯蔵器（酒器）・盥器のセットを保っており、墓葬に副葬される場合でもこのセットは維持されてきた。しかし楚墓から秦墓へ移行する中で盥器が脱落してそれまでのセットが崩れ、煮沸器・供膳器・貯蔵器のセットは維持されるが、個々の器種は青銅礼器とその模倣陶器から日用陶器へと変化したのである。このことは、死者を埋葬するにあたり、その社会的身分の表現を副葬する青銅礼器に求める必要がなくなった、言い換えれば青銅礼器が持っていた威信材としての意義が消滅した結果と考えることができる。死者に副葬するのは煮沸器・供膳器・貯蔵器の組み合わせの「容器」で十分なのであり、わざわざ特殊な青銅礼器のセットを副葬する必要はなくなったのである。つまり、秦墓には楚墓のように副葬飲食器で被葬者の身分を表現する機能はないのであり、出土する器物に連続性があったとしても、両者の社会的な意味づけはまったく異なっていると考えられる。

このような江漢地域における秦墓の成立年代だが、睡虎地7号墓が一つの指標となる。7号墓は出土竹簡から秦昭襄王51（紀元前256）年頃の築造とされ、このころまでに秦墓が定着していたと考えられる。楚の都の郢が秦の将軍白起に攻め落とされるのは紀元前278年であることを考えると、わずか20年程度で江漢地区の墓葬は大きく変化したことになる。ではなぜ江漢地区の墓葬は急速に変化したのであろうか。

先に述べたように西周時代以来青銅礼器は社会的な身分を表す威信材としての役割を果たしてきた。その担い手は各国の諸侯であり、それに連なる貴族たちであった。しかし楚では白起に都を占領されることにより、楚王および貴族たちは遷都を余儀なくされた。このことは青銅礼器により自らの社会的な地位を表現していた階層が、秦の占領により短期間で江漢地域から消滅したことを意味している。短期間のうちに副葬飲食器が変化したのは、まさにこの点に求めることができる。

青銅礼器に威信材としての意味を込め、それを墓葬に副葬した階層が去った後、江漢地域では副葬飲食器には煮沸器・供膳器・貯蔵器のセットのみが求められたのであり、それは日用器で十分であった。青銅礼器や模倣陶器が副葬されることもあるが、これらの器物は日用器とは異なるという意味で礼器としての性格を維持したとしても、戦国時代までの礼器が持つ威信材としての性格は失われており、「高級な容器」に過ぎなかったのである。

おわりに

秦の占領は紀南城を中心に形成された楚文化に終焉をもたらし、楚文化の産物である楚墓も終わりを迎え、青銅礼器やその模倣陶器の副葬を必要としない秦墓へと移行したのである。

ところで戦国時代後期以降の関中地区秦墓の副葬飲食器は陶製の鼎・盒・壺の組み合わせを基本としているが、この副葬品のセットは湖北省北部の襄樊地区の秦墓で多く確認されている（湖北省文物考古研究所他 2005）。したがって襄樊地区の秦墓はこれまで見てきた江陵地区・雲夢地区とはかなり異なった様相を示すことになる。このような地域差の存在は、秦による統治と在地社会の関係が全国一律ではなかったことを示唆する。今後資料が増加し、各地での戦国墓から秦墓への変化が明らかになることで、秦の統治の実態が明らかにされると考えられる。本稿はそのような秦墓研

究の一つの試みである。

　付記：本稿は2011年度科学研究費補助金（基盤研究（C））「秦漢墓の成立からみた秦漢帝国の支配体制の研
　　　究」（研究代表者小澤正人）による研究成果の一部である。

註
⑴　本稿で取り上げるのは金属器・陶器を中心とする。この他の副葬飲食器としては漆器があるが、保存状態が一定しないことから、ここでは出土量が多い盆以外は取り上げないこととしたい。
⑵　江陵地区楚墓の編年については、江陵雨台山墓地（荊州地区博物館 1984）、江陵九店墓地（湖北省文物考古研究所 1995）による。
⑶　青銅器の鈁は出土していないが、同時期の青銅鈁については河北省中山王墓での出土例がある（河北省文物研究所 1996）。
⑷　楚墓の副葬飲食器にみられる階層性については小澤（2007）参照。
⑸　なお図1-3は鉄製の鼎である。
⑹　林巳奈夫の指摘については林（1976：229頁）参照。なお睡虎地5号墓では盆と楚系の匜が共伴しており、この場合は楚以来の盥器として意識されていた可能性がある。ただし全体として、盤は煮沸器としての盆へ、匜も供酒器へと転換していったと考えられる。
⑺　甑については濾過器の可能性もある。ただし出土した甑の底径は釜の口径よりも小さく、釜に無理なく入ることから、ここでは煮沸器の一部した。
⑻　盂に多様な大きさのものがあったことについては、林巳奈夫が『漢代の文物』（1976）の234頁で指摘している。
⑼　たとえば塔児坡墓地（咸陽市文物考古研究所 1998）のⅠ段、任家咀墓地の5期などがあたる。
⑽　この指摘は岡村による（岡村 1985）。
⑾　春秋戦国時代は分裂の時代であったわけだが、青銅器については政治的な境界を越えて変化が共有されるとともに、地域性が生まれることがある。たとえば春秋時代中期の蓋鼎の出現、春秋時代後期から戦国時代前期にかけての戦国型壺の普及などがそれにあたる。詳細は小澤（2005）を参照。
⑿　工藤元男は楚において法制があまり発達せず、人的な統治が強固であったことを指摘している（工藤 2013）。楚が青銅礼器に固執したのは、社会的な身分が法により表現されず、人的な祭祀や儀礼での表現が重視されたことに求められるかもしれない。
⒀　岡村秀典は戦国後期の秦の青銅器の体系について「新たに成立した青銅容器には、以前のような伝統的な儀礼的要素が少なく、より日常的、実用的な性格が強まったように思われる」としており、この時期の青銅器の変化を的確に指摘している。岡村（1985）参照。

参考文献
雲夢睡虎地秦墓編写組　1981『雲夢睡虎地秦墓』文物出版社
雲夢県博物館　1987「湖北雲夢木匠墳秦墓発掘簡報」『江漢考古』第4期、37-41頁
岡村秀典　1985「秦文化の編年」『古史春秋』第2号、53-74頁
小澤正人　2005「東周時代青銅礼器の地域性とその背景」『中国考古学』第5号、209-236頁
小澤正人　2007「楚墓から見た楚文化の地域性に関する一試論」早稲田大学『長江流域文化研究所年報』第五号、9-21頁
郭德維　1986「試論江漢地区楚墓、秦墓、西漢前期墓的発展與演変」『考古與文物』第2期、23-34頁

河北省文物研究所 1996『墓―戦国中山国国王之墓』文物出版社
咸陽市文物考古研究所 1998『塔児坡秦墓』三秦出版社
咸陽市文物考古研究所 2005『任家咀秦墓』科学出版社
工藤元男 2013『占いと中国古代の社会』東方書店
荊州市荊州区博物館 2003「荊州雷鼓台秦墓発掘簡報」『江漢考古』第2期、16-22頁
荊州地区博物館 1984『江陵雨台山楚墓』文物出版社
荊州地区博物館 1993「江陵楊家山135号秦墓発掘簡報」第8期、1-13頁
荊州地区博物館 1995「江陵王家台15号秦墓」『文物』第1期、37-43頁
荊州地区博物館 2000『荊州高台秦漢墓』科学出版社
荊州博物館 2005「湖北荊州市沙市区肖家山一号秦墓」『考古』第9期、16-19頁
湖北省江陵県文化局 2000「岳山楚墓」『考古学報』第4期、537-563頁
湖北省博物館 1986「1978年雲夢秦漢墓発掘報告」『考古学報』第4期、479-525頁
湖北省文物考古研究所 1995『江陵九店東周墓』科学出版社
湖北省文物考古研究所他 2005『襄陽王坡東周秦漢墓』科学出版社
陳振裕 1986「略論湖北秦墓」『文博』第4期、17-24頁
陳振裕 1991「試論湖北地区秦墓的年代分期」『江漢考古』第2期、69-81頁
陳洪 2005「墓葬からみた秦の社会様相―睡虎地墓地を中心として」『中国考古学』第5号、1-30頁
陳平 1983「浅談江漢地区戦国秦漢墓的分期秦墓的識別問題」『江漢考古』第3期、51-62頁
中国社会科学院考古研究所 2010『中国考古学・秦漢巻』中国社会科学出版社
林巳奈夫 1976『漢代の文物』京都大学人文科学研究所
劉彬徽 1995『楚系青銅器研究』湖北教育出版社

咸陽厳家溝陵園における考古学的発見と探索

焦 南 峰（訳　安食多嘉子）

　陝西省咸陽市渭城区厳家溝村の東北に2基の大型墳墓が現存している。北陵は截頭方錐形で比較的高く、その南側に二つに割れた石碑が倒れており、碑の文字は「周恭王陵」、「賜進士及第兵部侍郎陝西巡撫兼督察御使加五級畢沅謹書」、「大清乾隆歳次丙申孟秋」、「咸陽県知事孫景燧立石」とある。南陵は盛り上がった方形土台状を呈し、やや低く、地元の人々は「塌陵（倒壊した陵）」と呼んでいる。その東北隅には現代の石製文物保護碑が置かれ、そこに横組みの楷書体で4行、「班婕妤墓」、「時代漢」、「咸陽市渭城区人民政府」、「一九九三年六月立」とある。

　これら2基の墓の確実な年代と被葬者の身分同定に関して、学界では相次いで多くの専門家によって推測と研究がおこなわれているにも関わらず、歴史文献の乏しさや、考古学的調査・ボーリング調査・発掘作業が長い間進められていないといった理由のために、今に至るまで多種の意見が並存し、定説には至っていない。

　近年、前漢帝陵の大型遺跡に対し発掘調査が大規模におこなわれており、その中で陝西省考古研究院は咸陽市考古研究所と合同で、上述した2基の墓を含む漢成帝延陵陵区およびその近辺に対して、全面的な分布調査とボーリング調査をおこなった。結果、その規模・構造と共通性がほぼ把握され、その年代と性質に関する認識を深めることができた。

1．研究史と視点

(1) 周の恭王説

　前述のように、清代の陝西巡撫畢源が、乾隆年間に石に銘文を刻み碑を立てたことによって、地元からこの説が広まり、世間に広く知られるようになった。

(2) 漢代説

　論拠としては、以下の3点がある。
　① 『重修咸陽県志』巻一に、「班倢伃墓在延陵北一里許。」とある。
　② 1980年代、劉慶柱・李毓芳は

図1　厳家溝の2陵（東南から西北方向を望む）

当時の調査結果を根拠に歴史文献と民間伝承とを関連づけ、厳家溝における2基の墓を、初歩段階の判断として「漢成帝と合葬された后妃陵墓」とした。それは以下の考えによる。「延陵の東北652m地点には覆斗形の墳墓が1基ある。封土の底部と頂部の平面はいずれも方形で、底部の一辺は80m、頂部の一辺は30m、封土の高さは14mである。この墓は周の恭王陵としてつたわり、墓冢の南には畢沅が書写した『周恭王陵』の碑石がたっている。だが前述したように、『周陵』は咸陽原上にはなく、この墓も周の恭王陵ではなかろう。現地の人々はこの墓を『丑女子墳』、あるいは『丑娘娘墳』といいつたえている。『娘娘』はいうまでもなく『女子』の意味であり、群衆の『皇后』（あるいは后妃）に対する俗称である。『丑』は『愁』の音通であるとすれば、『丑娘娘墳』は『愁娘娘墳』となる。孝成班倢伃は趙氏姉妹の迫害にあい、先んじて『東宮に退處し、賦を作りて自ら傷悼し』、成帝の死後はまた『園陵を奉ずるに充』たっている。このように、彼女は『憂愁』のうちに人生をおえる。班倢伃の死後、人々はその墓を『愁娘娘墳』として語りつたえ、今は誤って『丑娘娘墳』とつたえられているのであろう。延陵付近の墓の分布状況からみても、『愁娘娘墳』（つまり班倢伃墓）は成帝に合葬された后妃の陵墓である可能性が高い」。「延陵の東550mには1基の墓があり、封土は削平され、高さは2〜5mばかりであるが、封土の底部は東西110m、南北120mの規模をもっている。その位置からみて、おそらくは成帝の后妃の墳墓であろう[1]」。

③　2000年代初め、王建新は前漢后陵4陵比定の研究に伴って、周恭王墓と目される墓について「この墓の付近で比較的多量の前漢雲紋瓦当および磚瓦片が出土しており、これを前漢墓と断定できる[2]」と述べている。

(3)　戦国秦説

この説の論拠としては、以下の2点がある。

①　2004年6〜7月にかけて、咸陽市文物考古研究所の岳起・劉衛鵬は、厳家溝におけるこれら2基の墳墓に対して踏査とボーリング調査をおこない、墓の周囲をめぐる周溝と、周溝内の「亜」字形墓2基と建築遺構3基を発見した。この調査結果によって彼らは「延陵の東北にあるⅠ号陵は秦の惠文王およびその夫人の『公陵』で、南側のものが王陵、北側が皇后陵である[3]」と考えた。

②　『文博』2012年第4期に掲載された王学理の新しい論稿「咸陽原秦陵定位」では、厳家溝陵園の被葬者は秦孝文王の長子「子傒」だとされている[4]。

2．最新の考古調査とボーリング調査による資料

2011年7月〜2012年1月、前漢帝陵連合考古隊は、厳家溝陵墓の年代と前漢延陵との関係を徹底して明確にするために、分布調査および踏査をおこなった。この時の調査区域は4km²で、表採面積は100万m²近くにおよび、0.7km²についてはより詳細な探査をおこなった。厳家溝陵墓2基の形・構造・規模がおおよそ把握されると共に、さらにこれらと関連があると思われる建築遺構3基、陪葬坑12基および多数の中小型墓・道路などが発見され、規制をもった配置で保存状態のよい、完全な陵園であることが確認された（図2）[5]。

厳家溝陵園は内外二重の陵園を持っている。

外陵園は囲壁と周溝の二つからなる。囲壁は南北1039.5m、東西520.5m、厚さ約3〜3.5mで、現存する壁体の版築は地表面から深さ0.4〜1.1mまでで、残存厚は0.4〜1mである。壁体は版築を用いて築かれ、土質はきわめて堅く、版築層は明確で、版築層一単位の厚さは0.08mほどである。周溝は南北1158m、東西約638m、周溝幅は約8〜15mで最も広いところでは20mに達し、深さは5〜7.5mである。

内陵園は囲壁と、囲壁中央の門からなる。囲壁は南北520.5m、東西236.5mである。2陵の墓道と向かい合う箇所の囲壁に、それぞれ門を設けている。南陵園は、南北2陵を囲壁で取り囲み、2陵は1本の南北軸線上に並んでいる。南陵封土は撹乱が著しく、残存高約4m、底辺長は東西約123m、南北90mである。墓の平面形は「亜」字形である。北陵は南陵から175m隔てて存在し、封土形状は截頭方錐形、

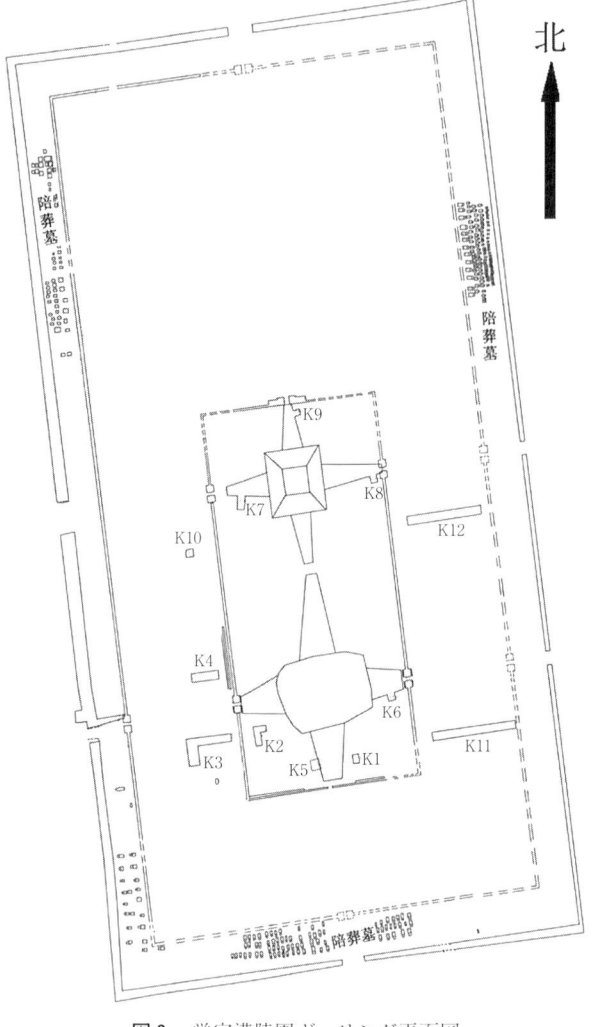

図2　厳家溝陵園ボーリング平面図

残存高は14.3mである。底辺長約80m、頂部辺長約33mである。墓の平面形はこれも「亜」字形をなしている。

厳家溝陵園と共に発見された陪葬坑12基（図2のＫ1〜12）は、そのうち7基が内陵園、5基が外陵園で見つかっている。平面形は長方形、曲尺形などで、一辺の長さは8〜110mとばらつきがあり、幅は約8〜12.0m、深さは約4.5〜8mである。

建築遺構は3カ所を調査した。1号遺構は内陵園の外、外陵園内の西北部に位置し、東西方向にやや長い長方形の中庭を持つ構造で、東西約175.5m、南北150.6m、中庭部囲壁幅は約2〜2.3mである。2号遺構は1号遺構南側に隣接しており、平面形は正方形で、東西約70m、南北約67m、囲壁幅は約2mである。3号遺構は陵園西北隅の溝と外囲壁の間に位置し、平面形はやや東西に延びた正方形を呈しており、東西10m、南北9mである。版築基礎部分周辺では大量の瓦片の堆積が見つかっており、ボーリング時に採取された瓦片は麻点紋のついた丸瓦片であった。

この時の調査では各種形式計635基の墓が見つかった。陵園及び主陵とおおよそ年代が近く、か

つ従属関係があると確認できるのはそのうち611基で、大部分は陵園内と外周溝と外囲壁の間の2カ所に分布する。陵園内の墓は計128基で、すべて外陵園北部に位置し、うち中字形墓が1基、甲字形墓が3基、「刀」形墓が2基、竪穴方形土坑墓が24基で、その他はすべて竪穴洞室墓である。主軸方向は多くが北向きで、西向きもある。中字形墓と甲字形墓には陪葬坑が付随していた。外周溝と外陵園の間の環状空間には483基の墓が見つかり、その西南部、西北部、南部と東北部に分布している。いくつかの竪穴方形土坑墓を除く大部分は、竪穴墓道直線洞室墓である。竪穴方形土坑墓は通常長方形を呈し、長さ6～8m、幅約4～6m、深さ6～8mである。洞室墓の墓道は通常長方形をしており、長さ約2.5～6m、幅約1.5～4m、深さ2.5～6mである。陵園南部の墓の墓道は北向きで、墓室は南にあり、主軸方向は南北である。西部の墓の墓道は東西方向に長い長方形で、墓道は東、墓室は西にあり、主軸方向は東西である。また北部の墓の墓道は南向きで、墓室は北にあり、主軸方向は南北である。東北部の墓の墓道は西向きで、墓室は東にあり、主軸方向は東西である。

3. 検 討

(1) 等 級

墓の「亜」字形平面形態と、二重陵園という配置構造、多数の陪葬坑・建築遺構、厖大な数の陪葬墓が新たに発見されたことによって、以下の点が確認できた。厳家溝のこの2基の墓は帝王級の陵墓に当たるとみて問題はないこと、そしてこの2基の陵墓は一つの陵園内にある一対の陵墓であり、大きな時期差はなく、あるとしても僅かな差にすぎない、ということの2点である。

(2) 年 代

厳家溝陵園の層位 ボーリング調査によって厳家溝陵園遺構は前漢成帝延陵陵園に重なり合った下層にあり、両者の間には層位的前後関係があることがわかった（図3）。厳家溝陵園北側の外周溝西区・外囲壁西区、西側の外周溝・外囲壁、南側の外周溝の大部分・外囲壁の大部分はすべて漢成帝延陵陵園の範囲まで伸びている。つまり、厳家溝陵園は前漢成帝延陵よりも古いということである。

陵 園 厳家溝陵園は内外2周の囲壁および一重の外周溝からなり、W-8°-N方向に軸を持つ南北向き長方形の二重陵園であるが、その平面形は宝鶏市鳳翔県雍城春秋秦公一号墓陵園に非常に近く、また西安市長安区神禾原戦国秦陵園（図4）、西安市臨潼区秦始皇帝陵園（図5）に比較的似ており、近年新たに戦国後期の秦陵と確認された咸陽市渭城区周陵鎮の「周王陵」（図6）と平面形・構造・規模・内容などすべてが符合する。これは、前漢前期の長陵・安陵の正方形に近い一重陵園、前漢中期の陽陵（図8）・茂陵（図9）の東西に長い二重陵園や、前漢後期の渭陵（図7）・義陵・康陵の正方形に近い二重陵園とは大きな相違がある。秦漢帝陵の陵園形態変遷の法則性から分析すると、「周王陵」の年代は雍城春秋秦公一号陵園よりも新しく、前漢諸陵よりも古く、また長安神禾原戦国秦陵園・臨潼秦始皇帝陵園に近く、咸陽周陵鎮戦国秦陵におおよそ相当する、

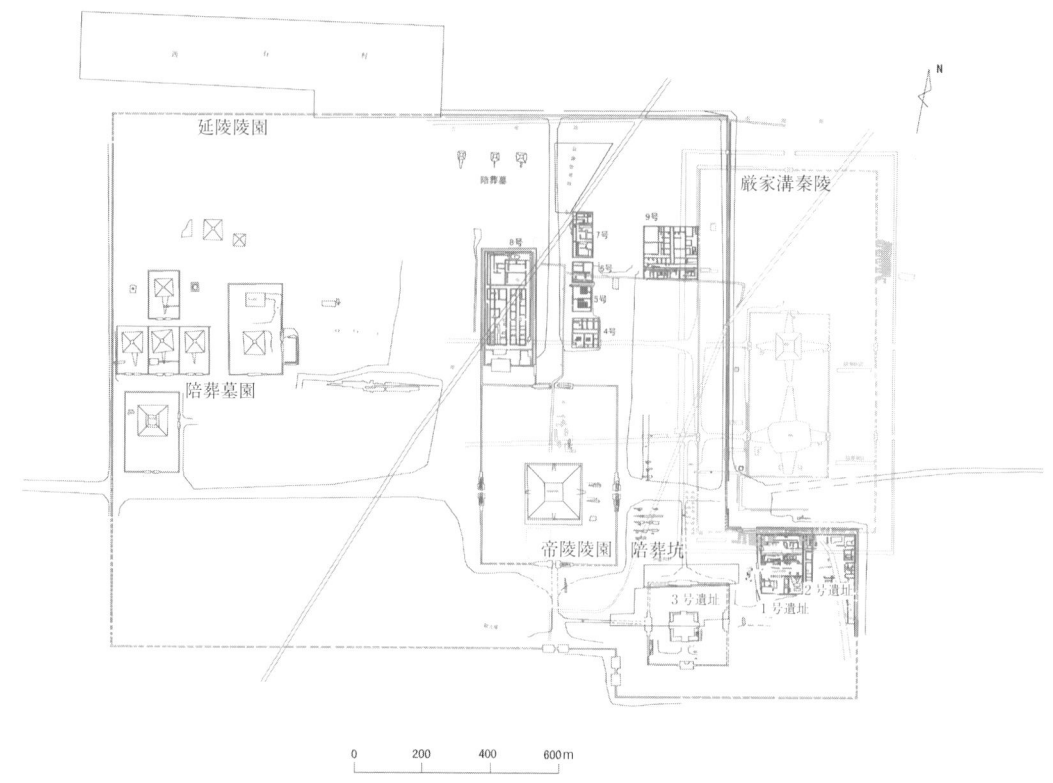

図 3　厳家溝陵園・漢成帝延陵位置関係図

すなわち戦国後期ということになる。

封　土　厳家溝陵園内には二つの封土が現存するが、南陵封土は著しい削平を受け、高さ4mの平坦な土台を残しているに過ぎず、その底部は東西約123m、南北90mである。北陵封土の外形は截頭方錐形をなし、現存高14.3mである。底部辺約80m、頂部辺は約33mである。

周陵は「不封不樹」といって、封土をもたないことはすでに多くの考古資料から実証されており、一般に共通認識として知られていることである。

これに対して秦では、『雲夢睡虎地秦簡』の「何為甸人、守孝公、献公冢者也」といった記載がみられ、献公・孝公の時代に封土をもつ墓が造られ始めたことがうかがえる。また惠文王、悼武王の時代になると、秦人はそれを「陵」と呼び始めており、封土規模の拡大を含めた秦の陵墓制度における若干の変化が見て取れる。西安市臨潼区芷陽秦東陵1号墓・2号墓という2基の亜字形大墓上部には版築封土が残存し、それは「残存高2〜4mで、表面は魚背状の様相」であった。始皇帝陵の現在の封土は截頭方錐形で、頂部がやや平たく、中腹部に二つのゆるやかな傾斜の段をもち、3層の段築を形成している。底部は南北350m、東西345m、封土高は52.5mである。元々の封土底部長は南北515m、東西485mで、高さは不明である。戦国後期から統一秦に至るまでに、秦陵墓の封土はまさに一連の模索・変化・定型化の過程をたどっていることが考古資料と歴史資料によって証明されている。

前漢帝陵の封土について、劉慶柱・李毓芳は「前漢帝陵の封土は一般に『堂』の形をしており、

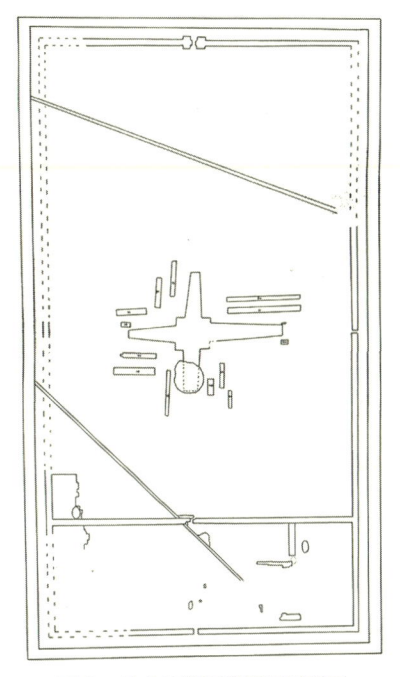

咸陽厳家溝陵園における考古学的発見と探索　235

図4　神禾原戦国秦陵園平面図

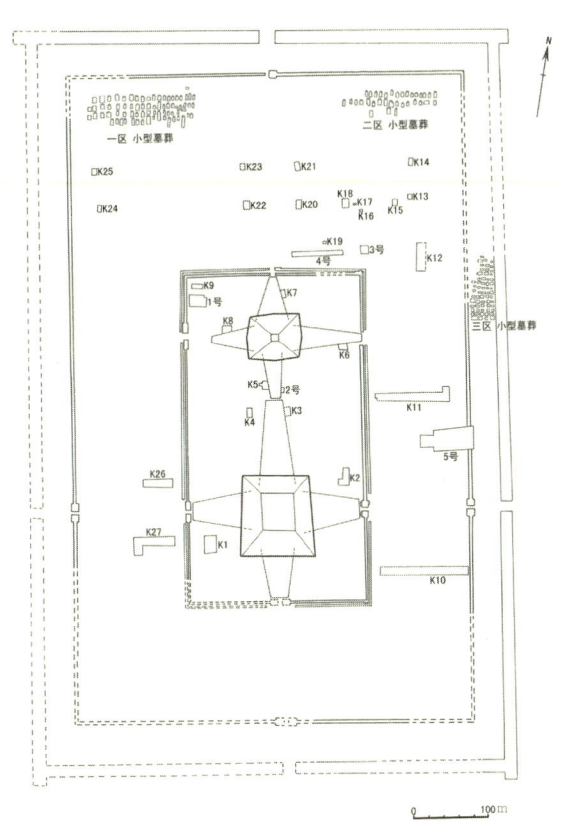

図6　咸陽周陵鎮秦陵園平面図

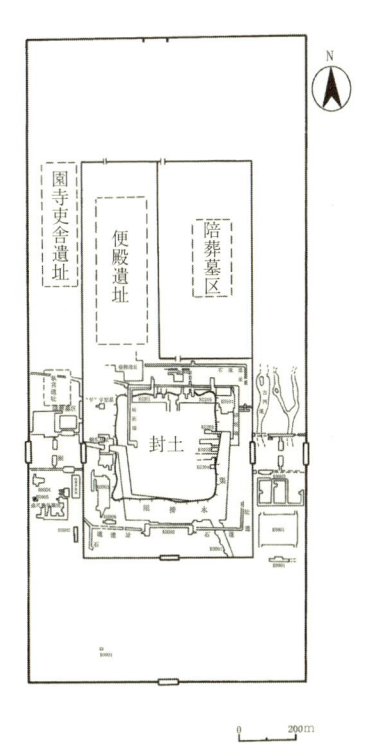

図5　秦始皇帝陵陵園平面図

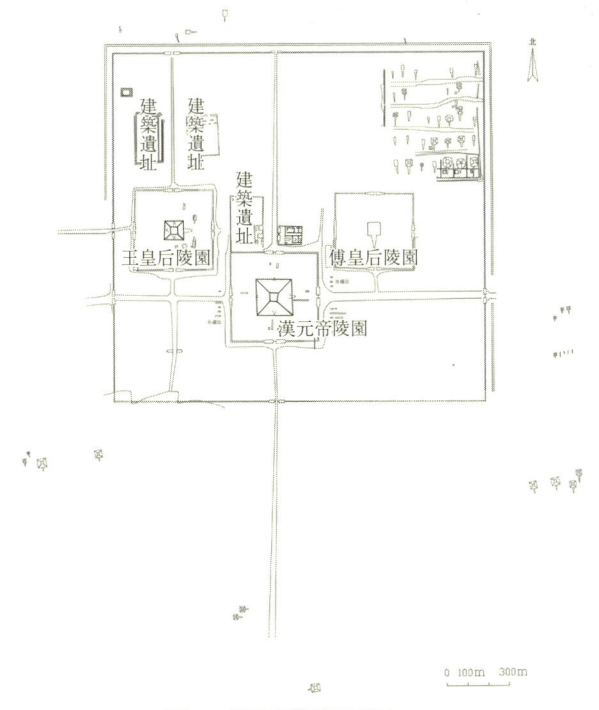

図7　漢元帝渭陵平面図

236　第Ⅰ部　中国編

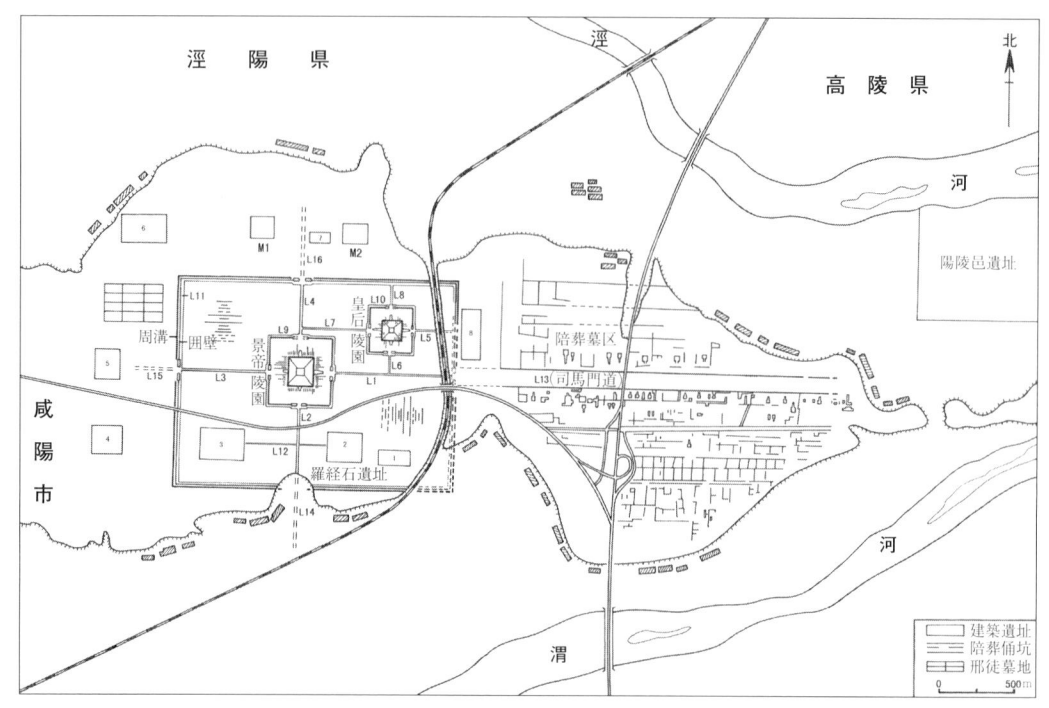

図8　漢景帝陽陵平面図

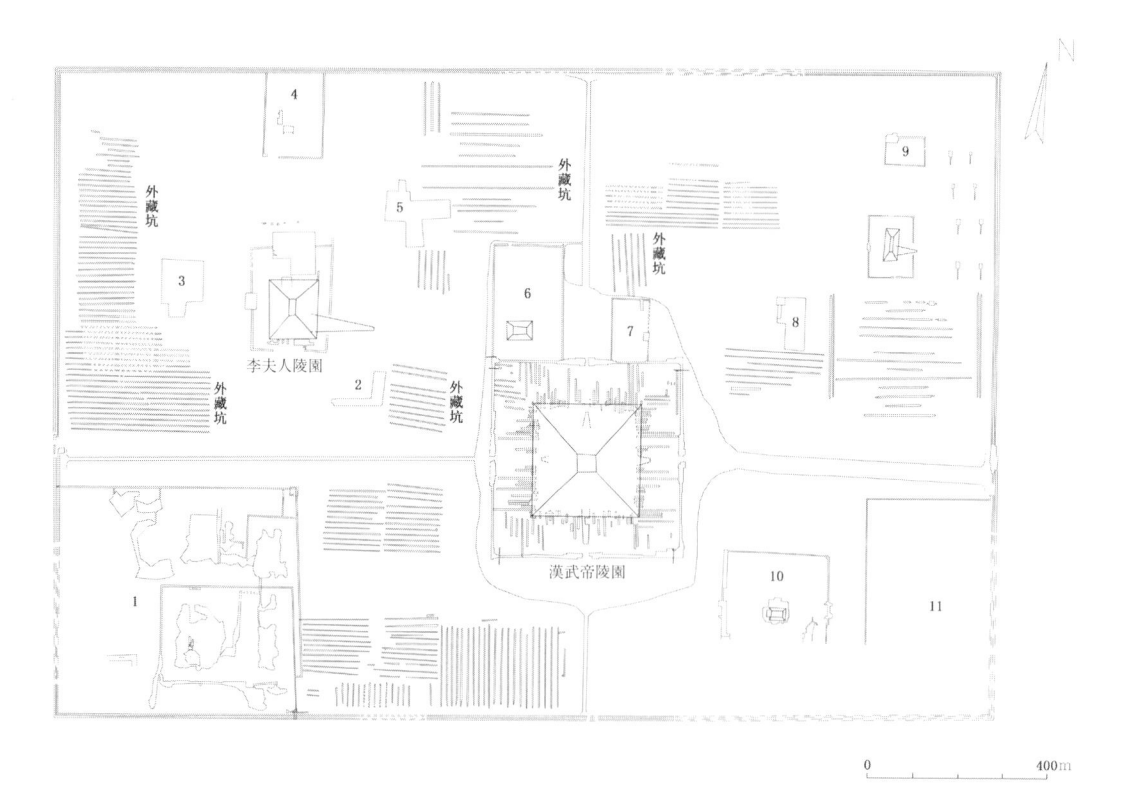

図9　漢武帝茂陵陵園平面図

封土の底部と頂部の平面は方形に近く、底部の一辺は170m、頂部の一辺は50m、封土の高さは30m前後である。封土はすべて版築で築かれている。帝陵の封土の規模が常制を超えているものがあり、たとえば武帝茂陵の封土などは、底部が一辺230m、封土の高さは46mにも達している。ただし、封土の外観はなおも『堂』の形をしている」とし、さらに、「前漢皇后陵の封土の規模は一定しておらず、その変化はおよそ三つの時期にわかれる」として、以下のごとく分類した[13]。

　　第1期　前漢初年の高祖・呂后時期。皇帝陵と皇后陵の封土の規模が基本的に等しく、これは
　　　　　呂后の特殊な政治的地位と、彼女が長年にわたって朝政を掌握していた為かもしれない。
　　第2期　前漢中期の、景帝・昭帝・宣帝の皇后陵など。封土は一般に高さが24～25m、底部の
　　　　　一辺が150m、頂部の一辺が45m前後。規模は皇帝陵の封土よりも小さい。
　　第3期　前漢後期。元帝から平帝までの后妃の陵墓がこの時期に含まれる。封土の規模は明ら
　　　　　かに小さくなっている。

　前漢の帝陵、皇后陵の配置は、いずれも「帝陵居中（帝陵が中央にある）」で、陵園の東西軸線上に位置し、皇后陵の多くはその東北、あるいは東南に置かれる[14]。

　厳家溝陵園2基の陵墓は西周墓と比べて高大な封土を有し、明らかに周制には則していない。前漢帝陵と比較してみると、封土の体積が小さ過ぎ、高さも不足しており、また通例の配置とは異なることから、それらとも一致しない。厳家溝陵墓の2基が南北軸線上に位置している状況は、芷陽秦東陵1号陵園の「亜」字形墓2基が「南北に並び、隔たること40m」であることと、「周王陵」の「南、北陵が内囲壁内の南北軸線上に存在」し、「2基の封土の中心間の距離が221.5mで、辺縁間の距離が146.0mである」[15]配置構造と符合する。その亜字形墓坑と封土規模は周陵鎮秦陵園に非常に似通っており、つまりは一連の模索・変化・定型化の発展過程中にある、戦国秦の王陵であると推測できるのである。[16]

　このほか、厳家溝陵園内の南陵封土は面積が大きい割には低く、北陵は体積が小さい割にはやや高い。このような状況は他の秦漢陵墓の通例とは異なる。この点も周陵鎮秦陵園に類似しており、いずれも長い歳月の間に幾度もの盗掘と修復を受けた結果だと推測される。

　陪葬坑　厳家溝陵園で発見された陪葬坑は計12基で、うち内陵園で7基、外陵園で5基が見つかっている。陪葬坑の構造は長方形竪穴坑道で、その他に曲尺形と正方形を呈すものもある。

　秦漢帝王陵の陪葬坑は次のように5段階の変遷をたどる。春秋中期～戦国中期には数が少なく、分布は規則的で、構造もそれぞれ共通する。戦国後期には数が増え、分布は規則性を欠き、構造が一律ではなくなる。統一秦～前漢前期には数は多く、分布は規則性を欠き、構造は一様ではない。前漢中期には数は多く、分布は規則的で、構造が一様になる傾向が出てくる。前漢後期になると急激に数が減少し、分布および構造の規則性が弱まっていく[17]。厳家溝陵園の陪葬坑の数は多くはなく、分布は不規則で、平面形も一様ではない。この特徴からみると、春秋中期～戦国中期の鳳翔雍城秦公諸陵よりも新しく、統一秦～前漢前期の秦始皇帝陵・漢高祖長陵・恵帝安陵よりも古く、戦国後期の神禾原戦国秦陵園とおおよそ近く、周陵鎮秦陵園と最も近い[18]。

　陪葬墓　厳家溝陵園には、陵園及び主陵と年代がほぼ同じで、かつ従属関係を有していたと確認できる墓が611基あり、一部の中字形墓、甲字形墓、少数の方形竪穴土坑墓を除く95％が竪穴洞室

墓である。

　この状況は、前漢諸陵に関する以下のような特徴とは完全に異なっている。「陪葬墓は一般に二つの地区に分かれ、多くは陵の東司馬道北側と南側にあり、東西に並び、南北に列をなし、その間は溝で区画される。ごく一部の特殊な身分の者が帝陵の北側と南側に埋葬される。陪葬墓は等級あるいはその他の要因によって、封土が截頭方錐形、饅頭形、山形に分けられている。饅頭形が比較的多く、その次は截頭方錐形で、最も少ないのが山形である。陪葬墓周囲に溝がめぐるものもあり、墓園の平面形は正方形が多く、長方形を呈すものも少数あり、その中には園邑や祠室のような各種建築遺構があり、大型陪葬墓の周囲にはさらにいくつかの附葬墓と陪葬坑がある[19]」。厳家溝陵園の陪葬墓は、その大半が外囲溝と外囲壁の間に分布しており、外陵園の外側の西部、南部に位置するものが一部ある。規模はいずれも非常に小さく、独立した墓園も墓園建築もなく、いずれも封土をもたない。つまり、厳家溝陵園の陪葬墓は明らかに前漢帝陵の陪葬墓ではなく、また大型漢墓の陪葬墓でもない。

　厳家溝陵園の陪葬墓の構造や規模と比較的似通っているのは、咸陽市渭城区の塔児坡戦国秦墓地である。塔児坡の墓は軸を南北方向にとるものと、東西方向のものがある。「構造の相違によって、381基の墓は竪穴墓と洞室墓の2種に分けられる。竪穴墓は100基で、墓全体の26.25％、洞室墓が281基で、全体の73.75％を占める[20]」。

　芷陽秦東陵2号陵園の陪葬墓区は、多くの点で厳家溝陵園の陪葬墓と似ている。「陪葬墓区BM4区は3号墓の北70mの地点にあり、4基の竪穴墓から罐、壺などが出土している。陪葬墓区BM3区は3号墓のW-10°-N、350mの地点に位置し、東西52m、南北40mの範囲内に31基の陪葬墓が探知されている。その内、目字形墓11基、平面形がやや梯形の墓が2基、また平面がやや平行四辺形をなすものが1基、墓壁と耳室が陥没しているために曲尺形を呈すものが7基あった」。「31基のうち、民家の庭で見つかった8基はすべて竪穴土洞墓で、その他の23基中8基が竪穴土洞墓、15基が竪穴墓あるいは竪穴壁龕墓であった[21]」。

　厳家溝陵園の陪葬墓の分布・規模・形と構造に最も近い墓地は、咸陽周陵鎮戦国秦陵園の陪葬墓である。その数は合計168基で、分布の相違によって3地区に分けられる。Ⅰ区は外陵園内の西北角で、計73基ある。東西に並び、南北に計4列をなしている。Ⅱ区は外陵園内の東北角で、Ⅰ区と東西対称に分布し、墓群の東側と南側は煉瓦製造所によって破壊されていた。計34基が見つかっている。東西に並び、南北に3列をなす。Ⅲ区は東側外囲壁と外溝の間の中央部北寄りに位置し、墓群の西側、北側がこれも煉瓦製造所によって壊されている。計61基が見つかり、南北に並び、東西に5列をなす。これらの小型墓の主軸方向は南北方向も、東西方向もある。168基のうち主軸方向が南北のものは107基で、63.6％を占める。また東西のものは61基で、36.3％を占めている。竪穴土坑墓と洞室墓の2種類の形態があり、竪穴土坑墓はすべて開口部が広く底部が狭く、洞室墓はみな直線洞室墓で、墓道と墓室の長軸方向は直交する。そのうちの120基に対しては詳細なボーリング調査をおこない、洞室墓が100基で83.3％を占め、竪穴土坑墓は20基で、16.7％を占めていた。

　つまり、厳家溝陵園陪葬墓の形態・配置・規模を比較してみると、前漢帝陵陪葬墓とは大きな差異があり、咸陽塔児坡秦墓地・芷陽秦東陵2号陵園の陪葬墓地区と類似し、周陵鎮戦国後期秦陵墓

とほぼ同様であるため、その年代は間違いなく戦国後期である。

遺物 厳家溝陵園は未だ発掘調査がおこなわれておらず、現場で採集された建築材料としては以下のものがある。外面に粗縄蓆紋を施し、内面が麻点紋あるいは無紋の平瓦・丸瓦が大量に、外面が粗縄蓆紋で内面に布目を施した平瓦・丸瓦が少量、また無紋、葵紋、雲紋瓦当片がごく少量あり、その中の数多くが戦国時代の特徴をそなえており、前漢前期の様相を有すものも少数みられた。

厳家溝陵園が漢成帝延陵と互いに重なり合い、ゆえに延陵の影響と破壊を受けたこと、付近に漢平帝康陵や元帝渭陵など多くの漢代陵墓が分布していること、加えて咸陽原において秦漢帝陵が幾度もの盗掘・修築を繰り返されてきた歴史を考慮した上でなお、筆者は厳家溝陵園内の遺物の主体年代が戦国時代後期に相当すると考える。

4．結 論

① 「亜」字形墓のボーリング調査結果を根拠に、厳家溝の2基の墓が帝王級の陵墓に相当することに問題はないことが確認された。
② ボーリング調査により検出された二重陵園・一重周溝および陵園・周溝によって囲まれた2基の陵墓と陪葬坑・建築遺構などの構造の特徴、ひいては全体構造に対する分析結果を照合すると、厳家溝の墓2基は同時期で同一の性質を有する一つの完全な陵園であるといえる。
③ 歴史文献と雍城秦公陵園・秦東陵・始皇帝陵・「周王陵」の発掘成果、とりわけ「不封不樹」といった西周墓の特徴を参考にすると、厳家溝の北側の1基が「周恭王」陵であるという意見は否定できる。また歴史文献と前漢帝陵の考古学研究の成果を参考にすると、厳家溝の南側の1基が「班婕伃」墓であるという論点もまた訂正すべきであることがわかる。
④ 前述した厳家溝陵園と前漢成帝延陵陵園との間の層位関係と、秦漢陵園における配置・墓の特徴・陪葬坑の特徴と数・陪葬墓の特徴と分布などに対する比較検討の結果は、厳家溝陵園の主体年代が戦国時代後期であり、上限は決して西周に上らず、下限もまた前漢まで下ることはない、ということを裏づけている。つまりは、「戦国秦説」こそが歴史学上正確な認識に符合するのである。[22]

註

(1) 劉慶柱・李毓芳 1987『西漢十一陵』陝西人民出版社
(2) 王建新 2003「西漢后四陵名位考」『古代文明』第2巻、文物出版社
(3) 劉衛鵬・岳起 2008「咸陽原上"秦陵"的発現和確認」『文物』2008年第4期
　　劉衛鵬 2008「咸陽秦"公陵"和"永陵"的建制」『秦文化論叢』第15輯、三秦出版社
　　劉衛鵬・岳起 2009「西漢成帝延陵調査記」『華夏考古』2009年第1期
(4) 王学理 2012「咸陽原秦陵的定位」『文博』2012年第4期
(5) 陝西省考古研究院・咸陽市文物考古研究所「咸陽厳家溝陵園考古調査勘探簡報」『考古与文物』(刊行予定)
(6) これらの墓はすべて未発掘であるため、ボーリング調査による資料のみを根拠とした分析をおこない、

墓のおおよその年代および 2 基の主陵との関係を推定した。
(7)　同(5)
(8)　ここで当然提議すべきことは、1990年代初めに発見された戦国後期秦東陵区の陵園 3 基は、当時発表された資料によると、いずれも一重周溝から構成され、東西向き長方形陵園であり、この種の陵園配置と上述した陵園形態変遷の法則性との関係に矛盾があることである。それ故、筆者と専門を同じくする信立祥・趙化成・藤銘予・李政らは秦東陵に対して実地踏査をおこない、結果彼らは、考古学調査を再度実行し、また陵園配置上の重要地点に対して丁寧なボーリング調査を進めるべきである、との共通見解を持つに至った。
(9)　焦南峰　2012「秦漢帝王陵封土研究的新認識」『文物』2012年第12期
　　咸陽原の秦漢帝陵は歴史上幾度もの盗掘、幾度もの修復を受けているため、本来の姿とは異なるところを有する可能性がある。現代の測量データを利用したそれらの分布・規模の研究は一定の価値があるが、最終的な問題解決には精細な考古発掘を経ることが必須である。
(10)　雲夢秦簡
(11)　陝西省考古研究所・臨潼県文管会　1987「秦東陵第一号陵園勘査記」『考古与文物』1987年第 4 期
(12)　袁仲一　1990『秦始皇帝陵兵馬俑研究』文物出版社（1990年12月第 1 版）
(13)　同(1)
(14)　焦南峰　2006「西漢帝陵考古発掘研究的歴史及収穫」『西部考古』第 1 輯
(15)　同(11)
(16)　陝西省考古研究院・咸陽市文物考古研究所　2011「咸陽"周王陵"調査鈷探簡報」『考古与文物』2011年第 1 期
(17)　焦南峰・楊武站・曹龍・王東　2011「咸陽"周王陵"為戦国陵園補正」『考古与文物』2011年第 1 期
(18)　同(17)
(19)　同(14)
(20)　咸陽市文物考古研究所　1998「第二章　墓葬形制」『塔児坡秦墓』三秦出版社
(21)　陝西省考古研究所・臨潼県文物管理委員会　1990「秦東陵第二号陵園調査鈷探簡報」『考古与文物』1990年第 4 期
(22)　厳家溝陵園の被葬者問題は、周陵鎮陵園など多くの秦漢陵墓の同定に関連する問題であるため、別稿にて詳述する予定である。

訳者補註

　原註(1)および(13)の『西漢十一陵』（劉慶柱・李毓芳、陝西人民出版社、1987年）引用部分については、同書訳本『前漢皇帝陵の研究』（来村多加史訳、学生社、1991年）の該当部分を参考にし、ところによって引用した（来村1991：186～7頁、237頁、240頁）。また同引用文中の歴史文献は『漢書』外戚伝第六十七下・孝成班倢伃である。

中国鏡の出現
──出現期銅鏡の再検討──

岸 本 泰 緒 子

はじめに

　中国における最古の銅鏡は、新石器時代後期の西北地方で発見されている。殷周時期の鏡は、殷墟において6面以上、また関中平原でも十数面の西周時期の鏡が確認されている。中国語では、初期の、出現期の銅鏡という意味で「早期銅鏡」という語が用いられるが、本稿では「早期銅鏡」の日本語訳として「出現期銅鏡」という語を使用する。「出現期銅鏡」の語が指し示す範囲を鏡の初現から春秋式鏡の成立以前とすれば、その主な出土地域は、おおよそ西北（甘粛・青海・新疆）、中原（関中・河南）、東北（内蒙古・遼寧・吉林）、西南[(1)]（チベット・四川・雲南）である。

　後に銅鏡様式の中核をなすことになる中原地域において、殷周時期の出現期銅鏡段階ではまだその系統はひとつではなく、さまざまな系統の集合体である（樋口 1979等）。その後、春秋式鏡[(2)]を経て、戦国期には戦国式鏡が成立する。その過程でいわゆる中国鏡、中国スタイルの鏡というものが確立していく。そして前漢武帝期における漢鏡様式の成立によって、中国鏡様式はひとつの頂点に達する。したがって出現期銅鏡とは、「中国鏡」という巨大なる様式成立の前段階にあり、以後明清時代まで連綿と使用され続ける、銅鏡という器物の位置づけの模索期であるといえる。

　本稿では上記の観点から、中国鏡成立前夜ともいうべき春秋以前の銅鏡資料を集成し、その分布と鏡式について分析をおこなう。さらにその用途の観点から検討を加えることで、「中国鏡」様式確立の過程を明らかにし、その根源的な性格について考察する。

1. 「鏡」の性質と定義

(1) 鏡の実用的意味

　西北地方の新石器時代末、すなわち中原の二里頭～殷併行期に、鏡はすでに存在していた。西周に入ると関中平原で無紋鏡が散見されるようにはなるが、まだ決して多くはなく、道具として広く使用されていたとは言い難い状況である。つまり「すでに発明されているけれども広く使用はされない」段階であった。銅鏡は外来品として中原に入ってきてはいても、すぐには広まらず、顔かたちを映すという行為においては、人々は相変わらず水に顔を映していたと考えられる（宋 1997）。金属鏡はむしろ、顔を映す以外の用途によって、細く長く存在した期間があるのである。

　その後の春秋という民族移動、社会変革の時期を経て、鏡は次第に中原の人々の日常の用具となっていった（宋 1997）。実際の考古資料においても、戦国中期以降、面径が10数cmに大きくな

り、質も向上し、青銅器上で流行した紋様が採用されるようになる。また蟠螭紋鏡に見られるような同笵製作技法の登場は、鏡の生活用具としての需要が高まり、それに対応するための量産化の進行を示している。鏡は戦国期になって、ようやく主要な日用品となったのである。またそれには、この時期の利器の鉄器化も関係していよう。

(2) 鏡の呪術的意味

　鏡がその性質の中に、魔性や呪術性を備えていることは、疑いようのない事実である。シベリアや中国東北部における北東アジアのシャマンが鏡を使用してきたことについては、民族例が多数報告され、広く知られるところである（大林 1978、枡本 2000等）。「シャマンは、銅鏡を次の五つの目的で使う。①シャマン自身にとって身を守る武器、②触れあう音で守護霊を招請し、トランスを促す、③精霊を招き入れる依り代、④依頼内容への回答を映し出す鏡、⑤他者を治癒する神具である」（サランゴワ 2009：7頁）というように、鏡はシャマンにとって、神秘的な霊性をもつものであり、ものの真の姿を映し出したり、邪を避けたりする機能をもつのである。中国東北部を含む北東アジアでは、少なくとも中国戦国時代から近現代まで、鏡はシャマンの持ち物であり続ける。鏡のこのような側面は、他の青銅礼器との根本的な性質の違いや、文脈の違いの根源のひとつである。同時期に存在していたはずの青銅礼器とは、製作技術を共有することはあっても、変遷の仕方や扱われ方において、決して融合することはないからである。

(3) ものとしての「鏡」の境界と認識

　金属板に顔を映すという行為自体は、鏡という道具が確立する以前からあったはずである。たとえば銅泡や銅釦などの装身具でも、顔を映すことはできる。それらの中で「姿見としての機能を特化させ、より便利にする」ことを目指して製作を開始した段階が、鏡の成立であるといえる。したがってその成立した瞬間を説明するならば、鏡という器物が発明された時、というよりは、光を反射する丸い金属加工物の中から、姿見の用途に特化したものが分化した段階、という方が正しい表現であろう。つまり出現期段階の鏡が出土したとき、それがものとして「円い金属板」であっても、よほど特徴的な出土状況ででも現れない限り、用途（機能）を限定し、鏡かそうでないかを決定することは困難である。ましてや報告されているものを個々に鏡か否かを判断するのは不可能である。したがって本稿では基本的に、円形の金属板であり、また報告者が鏡としているものを対象に集成し、分析をおこなうことにする。

2．出現期銅鏡の出土資料

(1) 漢以前の鏡に関する認識の変遷

　20世紀初頭まで、漢鏡より古い鏡については、はっきりとした認識がされていなかった。1920年代始めになって、中原各地方、淮河流域寿県一帯、洛陽金村古墓などにおいて、漢以前の鏡の発見が相次ぎ、戦国期にはすでに銅鏡鋳造が盛んであったことが明らかになった。また1935年に河南・

安陽殷墟侯家荘1005号墓から鏡が出土し（図1-4）、梁思永、高去尋らの研究により、殷代の鏡であることが認識された（高 1958）。その後中原での西周無紋鏡の発見が相次ぎ、殷後期から西周、春秋戦国期の各時期における鏡の存在と鏡式の変化が、認識されるようになっていった。

(2) 中原における出現期銅鏡

1956～7年、黄河ダム建設に伴う河南・三門峡市上村嶺虢国墓地の発掘調査において、西周末から春秋初期とされる鏡4面が出土した（中国科学院考古研究所 1959）。1650号墓から無紋鏡2面（図2-5・11）、1612号墓から粗い線彫による動物鏡1面（図3-2）、1052号墓から凹面の平彫蟠螭紋鏡1面（図3-1）が見つかった。梅原末治が虢国墓地出土鏡のうち紋様のある2面を比較し、その来源について考察をおこなっている。1612号墓鏡の粗線獣紋鏡は北方系、1052号墓の平彫蟠螭紋凹面鏡はその反りから陽燧であり、由来は多鈕鏡系に連なるとしている（梅原 1959）。1976年、河南・安陽殷墟婦好墓（小屯5号墓）において4面の鏡が出土した（中国社会科学院考古研究所 1980）。武丁王妃婦好（前13世紀末～12世紀初）の墓から出土したこれら4面の鏡は、面径7.1～12.5cmと出現期銅鏡の中では大型の部類であり、また整った幾何学紋様により構成されている優品である（図1-2・3・6・10）。

(3) 西北地域における出現期銅鏡

70年代には西北地域の甘粛・青海で鏡が発見された。1975年に甘粛・斉家坪遺跡、1977年には青海・尕馬台25号墓から銅鏡が見つかっており、いずれも新石器時代後期の斉家文化に属する遺跡からの出土である（安志敏 1981）。斉家文化の実年代については未だ議論があるが、『中国考古学・夏商巻』（中国社会科学院考古研究所編 2003）では、^{14}C炭素年代測定法の結果を根拠に紀元前2183～1680年とし、また李水城は紀元前2200～1800としており（李水城 2005）、その下限はおおよそ、二里頭から殷前期に近い時期に併行するとされている（游 1982など）。この発見によって出現期銅鏡の初現年代は大きく遡ることとなり、殷墟など中原での出現に先んじて、西北地域において銅鏡が現れていたことがわかった。また斉家文化の鏡は、もう2面が知られている。甘粛省斉家坪遺跡出土鏡は径6cmの無紋鏡とのことだが、図は未発表である。もう1面は斉家文化後期に相当する時期の甘粛・玉門火焼溝遺跡出土鏡で、これも図は未発表だが報告では「鏡形物」とされている（宋 1997等）。

(4) 天山北路墓地出土鏡の年代

新疆・ハミ市天山北路墓地出土鏡が、斉家文化鏡より古く、したがって最古の鏡だとする意見がある（劉 2008）（図1-5）。天山北路墓地では多数の銅鏡が出土しているとされているが、未だ報告が発表されていない。調査の一部に参加した劉学堂の述べるところによれば、以下のような状況である。700基以上の墓が検出され、副葬青銅器は牌飾・耳環・鈕・管飾・珠・針・簪・錐・刀・鏃・鎌など500点以上、銅牌飾が150点あり、そのうち円形牌飾がもっとも多くて100点以上ある。直径4～6cmのものが多く、発掘担当者は径が小さめのものを銅牌飾、大きめのものを銅鏡ある

表1　出現期銅鏡出土地名表

	遺跡	分類	種別	面径(cm)	出土遺構の時期（報告者による）	文献
西北地域	青海・貴南尕馬台墓地25号墓	A1	幾何紋鏡（平行線紋鏡）	9	斉家文化後期	安志敏「中国早期銅器の幾個問題」『考古学報』1981-3；『文物考古工作三十年』文物出版社1979年、文物編集委員会
	甘粛・平涼県	A2	幾何紋鏡（櫛歯紋鏡）	6.8	出土遺構不明	高阿申「甘粛平涼発現一件商代銅鏡」『文物』1991-5
	青海・湟中共和郷前営村	A2	幾何紋鏡（櫛歯紋鏡）	5.5	卡約文化	李漢才「青海湟中県発現古代斧馬銅鈴和銅鏡」『文物』1992-2
	新疆・ハミ天山北路墓地	A2	幾何紋鏡（櫛歯紋鏡）	8.8	前1000年紀前半か	劉学堂2008「中国早期起源研究―中国早期銅鏡起源于西域説」『新疆石器時代与青銅時代』；祁小山・王博2008『絲綢之路・新疆古代文化』新疆ウイグル自治区対外文化交流協会、新疆鑫鑫芸工芸品商店編、新疆人民出版社
	青海・湟中共和郷前営村	A3	幾何紋鏡（重圏紋鏡）	6	卡約文化	李漢才「青海湟中県発現古代斧馬銅鈴和銅鏡」『文物』1992-2
	甘粛・玉門火焼溝遺跡	B？	不明（報告「鏡形物」）	不明	火焼溝類型文化（斉家文化後期）	「甘粛文物考古工作三十年」『文物考古工作三十年』文物出版社、1979年
	新疆・巴里坤南湾墓地81HBKNM3	B	無紋鏡（図なし）	8	不明	羊毅勇「新疆的銅石併用文化」『新疆文物』1985-1；賀新「新疆巴里坤南湾M95号墓」『考古与文物』1987-5
	新疆・トルファン艾丁湖墓80TADM0：15	B	無紋鏡（図なし）	7.0	不明	新疆博物館・吐魯番文管所「新疆吐魯番艾丁湖古墓」『考古』1982-4
	甘粛・広河斉家坪墓地	B1	無紋鏡（図未発表）	6	斉家文化後期	安志敏「中国早期銅器的幾個問題」『考古学報』1981-3
	青海・湟源大華中荘墓地101号墓	B1	無紋鏡	10.5	卡約文化	青海省湟源県博物館等「青海湟源大華中荘卡約文化墓地発掘簡報」『考古与文物』1985-5
	青海・湟源大華中荘墓地90号墓	B1	無紋鏡	9	卡約文化	青海省湟源県博物館等「青海湟源大華中荘卡約文化墓地発掘簡報」『考古与文物』1985-5
	新疆・ハミ天山北路墓地	B1	無紋鏡		前1000年紀前半か	劉学堂2008「中国早期起源研究―中国早期銅鏡起源于西域説」『新疆石器時代与青銅時代』；祁小山・王博2008『絲綢之路・新疆古代文化』新疆ウイグル自治区対外文化交流協会、新疆鑫鑫芸工芸品商店編、新疆人民出版社
	新疆・トルファン艾丁湖墓80TADM0：16	B1	無紋鏡	破片	不明	新疆博物館・吐魯番文管所「新疆吐魯番艾丁湖古墓」『考古』1982-4
	新疆・和静察吾乎文化2号墓地218号墓	B1	無紋鏡（無鈕）	6.8	察吾乎文化	新疆文物考古研究所・和静県文化館「和静県察吾乎溝二号墓地」『新疆文物』1989-4
	新疆・ハミ焉不拉克墓地64号墓	B1	無紋鏡	6.7	焉不拉克文化（西周中期相当）	新疆文化庁文物処・新疆大学歴史系文博幹部専修班「新疆哈密焉不拉克墓地」『考古学報』1989-3
	新疆・ハミ焉不拉克墓地45号墓	B1	無紋鏡	4.5	焉不拉克文化（西周後期〜春秋前期相当）	新疆文化庁文物処・新疆大学歴史系文博幹部専修班「新疆哈密焉不拉克墓地」『考古学報』1989-3
	新疆・輪台群巴墓地1号墓	B2	無紋鏡（外縁有）	15	察吾乎溝文化（西周中期〜春秋前期相当）	中国社会科学院考古所新疆隊・巴音郭楞蒙古自治州文管所「新疆輪台群巴克墓葬第一次発掘簡報」『考古』1987-11
	甘粛・漳県	C1b	線彫動物紋鏡（蟠蛇紋鏡）	6.5	出土遺構不明	陳俊峰「甘粛漳県発現的蟠蛇紋鏡」『文物』1994-11
	新疆・和静察吾乎文化4号墓地114号墓	C1b	線彫動物紋鏡	9.6	察吾乎文化	新疆文物考古研究所等「和静察吾乎溝四号墓地1987年度発掘簡報」『新疆文物』1988-4
中原地域	河南・安陽侯家荘西北岡1005号墓	A1	幾何紋鏡（平行線紋鏡）	6.7	殷後期	高去尋1958「殷代的一面銅鏡及其相関的問題」『歴史言語研究所集刊』第二十九本
	河南・安陽殷墟婦好墓75	A1	幾何紋鏡（平行線紋鏡）	11.7	殷後期	中国社会科学院考古研究所1980『殷墟婦好墓』文物出版社
	河南・安陽殷墟婦好墓41	A1	幾何紋鏡（平行線紋鏡）	7.1	殷後期	中国社会科学院考古研究所1980『殷墟婦好墓』文物出版社
	河南・安陽殷墟婦好墓786	A1	幾何紋鏡（平行線紋鏡）	12.5	殷後期	中国社会科学院考古研究所1980『殷墟婦好墓』文物出版社
	陝西・淳化趙家荘1号墓	A2	幾何紋鏡（櫛歯紋鏡）	5.5	殷中期〜周初	淳化県文化館姚生民「陝西淳化県出土的商周青銅器」『考古与文物』1986-5
	河南・安陽殷墟婦好墓45	A2	幾何紋鏡（櫛歯紋鏡）	11.8	殷後期	中国社会科学院考古研究所1980『殷墟婦好墓』文物出版社
	河南・安陽殷墟大司空村南地25号墓	A3	幾何紋鏡（重圏紋鏡）	7.5	殷後期	中国社会科学院考古研究所安陽工作隊「1986年安陽大司空村南地的両座殷墓」『考古』1989-07
	陝西・岐山王家嘴	B1	無紋鏡	8.7	（西周前期）	『陝西出土商周青銅器』（一）、No.一四四、文物出版社、1979年
	陝西・扶風白龍村	B1	無紋鏡	8.5-8.8	西周前期	高西省「扶風出土的幾組商周青銅兵器」『考古与文物』1993-3
	陝西・鳳翔南指揮西村39号墓	B1	無紋鏡	7.2	先周後期	雍城考古隊韓偉・呉鎮烽「鳳翔南指揮西村周墓的発掘」『考古与文物』1982-4
	陝西・鳳翔南指揮西村62号墓	B1	無紋鏡（図なし）	不明	先周後期	雍城考古隊韓偉・呉鎮烽「鳳翔南指揮西村周墓的発掘」『考古与文物』1982-4
	陝西・鳳翔彪角南郷新荘村	B1	無紋鏡	7.2	殷末周初	宝鶏市博物館王光永・鳳翔県文化館曹明檀「宝鶏市郊区和鳳翔発現西周早期銅鏡等文物」『文物』1979-12
	陝西・宝鶏市郊区古墓	B1	無紋鏡	6.5	西周前期	宝鶏市博物館王光永・鳳翔県文化館曹明檀「宝鶏市郊区和鳳翔発現西周早期銅鏡等文物」『文物』1979-12
	陝西・澧西張家坡西周墓地178号墓	B1	無紋鏡	10.5	西周初年（成王・康王）	中国科学院考古研究所1962『澧西発掘報告』文物出版社
	河南・辛村衛国墓地42号墓	B1	無紋鏡	10	西周	羅西章1995『北呂周人墓地』西北大学出版社
	河南・三門峡虢国墓地1650号墓	B1	無紋鏡	5.9	春秋初期	中国科学院考古研究所1959『上村嶺虢国墓地』科学出版社
	河南・三門峡虢国墓地1650号墓	B2	無紋鏡（外縁有）	6.4	春秋初期	中国科学院考古研究所1959『上村嶺虢国墓地』科学出版社
	河南・三門峡虢国墓地1052号墓	C1a	平彫動物紋鏡	7.5	春秋初期	中国科学院考古研究所1959『上村嶺虢国墓地』科学出版社
	河南・三門峡虢国墓地1612号墓	C1b	線彫動物紋鏡	6.7	春秋初期	中国科学院考古研究所1959『上村嶺虢国墓地』科学出版社
	陝西・扶風劉家村（七二・451）	C2	重環紋鏡	8	西周中後期	羅西章「扶風出土的商周青銅器」『考古与文物』1980-4
	陝西・鳳翔南指揮西村46号墓	C3	その他紋様鏡（記号）	7.1	西周	雍城考古隊韓偉・呉鎮烽「鳳翔南指揮西村周墓的発掘」『考古与文物』1982-4
東北地域	遼寧・カラチン左翼道虎溝	A2	幾何紋鏡（櫛歯紋鏡）	6.1	殷末周初	郭大順1987「試論魏営子類型」『考古学文化論集』（一）文物出版社
	北京・昌平白浮3号墓	B1	無紋鏡	9.9	西周前期	北京市文物管理処「北京地区的又一重要考古収穫―昌平白浮西周木槨墓的新啓示」『考古』1976-4
	内蒙古・寧城南山根102号石槨墓	B2	無紋鏡（外縁有）	7.8	夏家店上層文化	中国社会科学院考古研究所東北工作隊「内蒙古寧城県南山根102号石槨墓」『考古』1981-4

いは鏡形飾としている。

　天山北路墓地では現状^{14}C 年代測定をおこなっておらず、周辺文化である焉不拉克文化との比較による相対年代が推測されている$^{(3)}$。焉不拉克文化の年代は、前1300〜700年頃とされる（李 2005）。劉は、両墓地の内容の差異は時期差からくるものだとし、天山北路墓地の上限年代を焉不拉克墓地より古く、つまり中原における夏の紀年開始年代より遡り、下限は焉不拉克墓地と併行する時期に当たると結論づけている（劉 2008：233頁）。李水城は、土器類型から天山北路墓地の年代は四壩文化と同時期、すなわち紀元前2000〜1500年としており（李 2005：249〜250頁）、その年代幅のどこに位置づけられるにせよ、殷墟出土鏡よりは古いことになる。また同墓地からは重圏の櫛歯紋を持つ鏡が出土しており$^{(4)}$、殷墟婦好墓45鏡との紋様の共通が指摘されている（李 2005）。

(5) 時間的併行関係

　以上のように西北地方、殷墟、関中平原など各地での出土資料が揃い、時期差と地域差、内容の多様さが明らかになってくると、起源問題が俎上に上るようになった。金属鏡は果たして、どこで現れたのか、あるいはどこから入ってきたものなのか。この問題は中国における銅器の起源問題とも関わり（安志敏 1981）、斉家文化、夏家店上層文化などの地方文化と中原王朝文化との併行関係の確認や、実年代比定の必要性が高まった。

　斉家文化期の鏡は、現段階では確実に最古級である。天山北路墓地は詳細未発表のため、劉学堂の見解を検証することはできないが、その年代次第では斉家文化より上る可能性があることを考慮に入れておきたい。天山北路墓地の年代が斉家文化より上るかあるいは併行するとしても、いずれにせよ尕馬台25号墓鏡と同系統で、また殷墟婦好墓45鏡とほぼ同じ紋様構成をとる幾何紋鏡が新疆ハミで出土しているという事実によって、その淵源が西北地域にあることは動かしがたく、またより西方から来たものである可能性を示す材料であるといえるだろう。

3．分　類

(1) 型式の設定

　上記の状況を分析するために型式分類をおこない、地域ごとに整理したい。出現期銅鏡は数量が少なく、また紋様も個別的であるので、その呼称はあまり一定していない。形態はいずれも円形だが不整円形を呈すものも多い。ほとんどは鏡背中央に鈕を有し、その形態は橋状や把手状である。宋新潮は中原出土鏡を「素面鏡」「幾何紋鏡」「其他紋飾鏡」に大別し、整理している（宋 1997）。ここでは中原以外の地域の出土鏡も含め、おおよそ宋の3分類に該当する以下の3型式に大別し、場合によってはさらに細分をおこなう$^{(5)}$。

(2) A類　幾何紋鏡類（図1）

　櫛歯紋や平行線を組み合わせた幾何学紋様を主紋とするものをA類とする。綾杉紋や重圏櫛歯紋鏡などもここに含める。平行線紋鏡、櫛歯紋鏡、重圏紋鏡の3類に細分する。

A1類：平行線紋鏡　平行線を組み合わせた紋様構成をとるものをA1類とする。主紋区をいくつかの区画に分け、その中を平行線でうめる。区画は、十字に区切って4区画とするものが複数見られる。

　青海・尕馬台25号墓鏡（図1-1）は、七星紋鏡とも呼ばれるように、鈕周囲をめぐる圏線から外縁に向かって七つの角を持つ星形に分割する線が走り、星形の外側に平行線を充填している。周縁部に並列する2孔があり、垂下しての使用が想定される。俯せの被葬者の胸部下から出土しており、胸佩としての用途が推定されている。中央の鈕は脚部のみが残存し、鈕頭が欠損していると報告されている（安志敏 1981）。表面は厚い錆に覆われており、肉眼観察のみでは確認不可能だが、鋳造時の湯回り不良によって当初より鈕頭が存在していなかった可能性もある。また周縁にうがたれた2孔の間は著しく摩滅しており、かなりの長期間にわたって懸垂され続けた結果と考えられる。また本鏡は10%の錫を含む青銅である。尕馬台遺跡出土の他の銅器は純銅（紅銅）製品がほとんどであり、斉家文化の銅製品は基本的には純銅であったと考えられており、鏡のみが青銅質であり、また紋様をもっているという特徴がある（安 1981）。

　河南・安陽殷墟婦好墓075鏡（図1-2）は、主紋区を4等分する十字帯の間を、葉脈あるいは綾杉紋のように斜行する2単位の放射線で充填している。圏線で区切られた外縁部には、突出した珠紋がめぐる。橋状の鈕を持つ。なおこの鈕の形状は4面の婦好墓鏡に共通している。径11.7cmと、出現期銅鏡の中では比較的大型である。婦好墓786鏡（図1-3）も、婦好墓075鏡とほぼ同様の紋様構成をもつ。違いは主紋区の綾杉紋が4単位になる点と、外縁部珠紋の間隔が狭い点である。径12.5cmとこれも婦好墓075鏡に近い。中国国家博物館展示室において実物を観察したところ、鏡体は出現期銅鏡にしては厚く、目測で3mm程もある。また外縁部の珠紋は半球状にかなり突出しており、その高さも3mm程ある。

　河南・安陽殷墟西北岡侯家荘1005号墓出土鏡（図1-4）は、殷墟内小型墓からの出土鏡で、同じ殷墟の婦好墓786鏡と比較すると径は半分程度であり、婦好墓鏡の突出した大きさがわかる。紋様は内区を4等分し、各区を平行線で埋めている。外区には放射状に配置された波状線が巡る。鈕は径の半分近くの長さを持つ把手状で、鏡面はかなりの反りをもつ。[6]

A2類：櫛歯紋鏡　河南・殷墟婦好墓45鏡（図1-6）は、6重の櫛歯紋で隙間なく鏡背を埋めている。新疆・ハミ天山北路墓地出土鏡（図1-5）も同様の紋様構成で、ただしこちらの櫛歯紋は4重で、径もひと回り小さい。写真から観察する限り、鈕の形状が橋状で、紋様、鈕形ともに婦好墓45鏡ときわめて似ている。甘粛・平涼県出土鏡（図1-7）は、最外周を櫛歯紋がめぐり、無紋帯を挟んで内側にもう一周の櫛歯紋が施されている。また鈕の周囲にもう一重の圏線がめぐる。陝西・淳化趙家荘1号墓出土鏡（図1-8）は、一重の粗い櫛歯紋に、四つの乳が付加される。この4分割の思想は、他の櫛歯紋鏡には見られず、A1類平行線紋鏡の内区構成に通じるところがある。遼寧・カラチン左翼県道虎溝出土鏡（図1-9）は、最外周に一重の櫛歯紋をもち、その内側は無紋である。青海・湟中前営村出土鏡（図1-11）は紋様が模糊としているが、二重の櫛歯紋をもつと報告されている。また婦好墓41鏡（図1-10）は、圏線の内外に綾杉紋を巡らせた紋様を主紋とするもので、あるいはA1類に含めるべきかもしれないが、他のA1類鏡はいずれも内区を放射

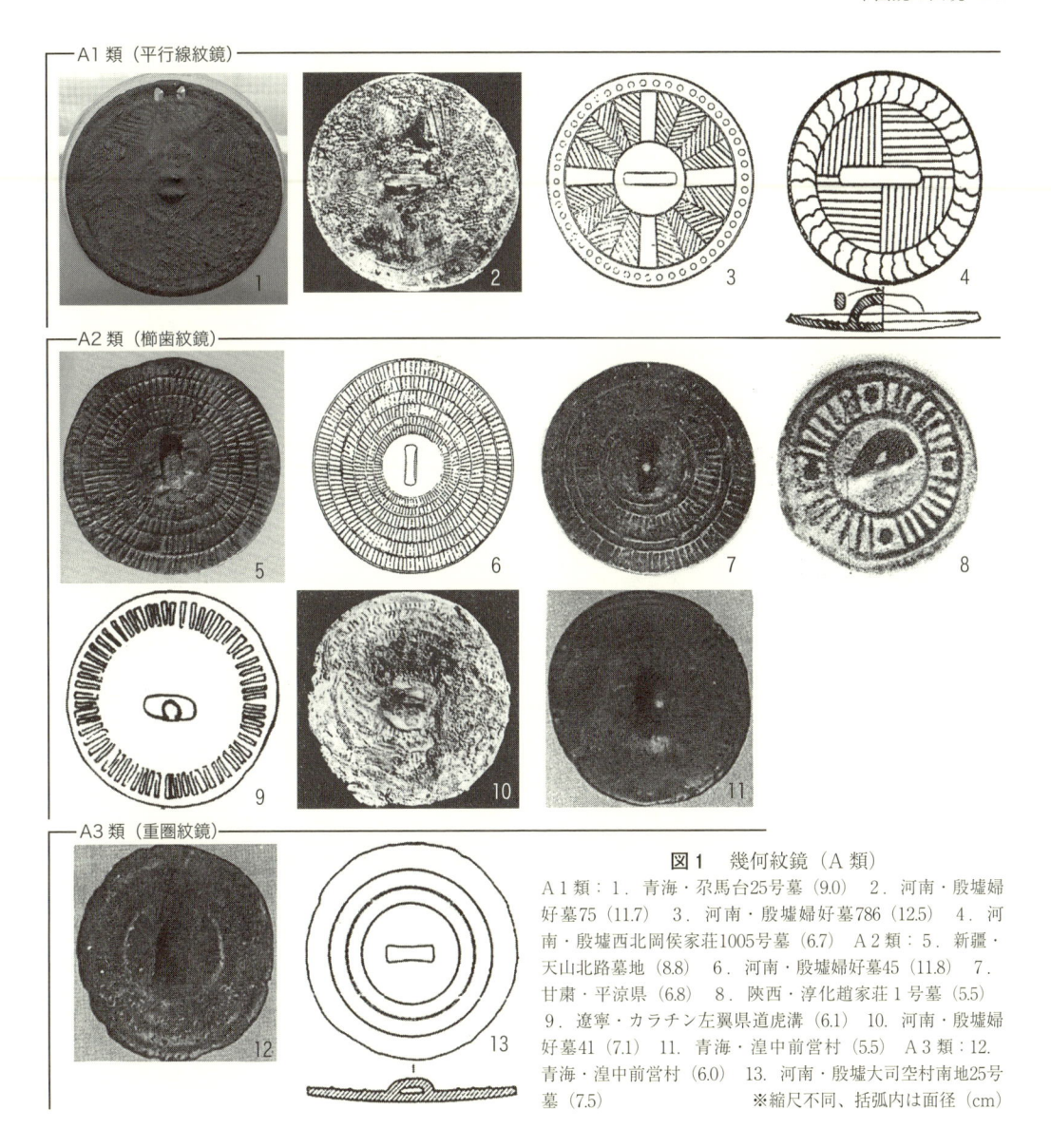

図1 幾何紋鏡(A類)
A1類:1. 青海・尕馬台25号墓(9.0) 2. 河南・殷墟婦好墓75(11.7) 3. 河南・殷墟婦好墓786(12.5) 4. 河南・殷墟西北岡侯家荘1005号墓(6.7) A2類:5. 新疆・天山北路墓地(8.8) 6. 河南・殷墟婦好墓45(11.8) 7. 甘粛・平涼県(6.8) 8. 陝西・淳化趙家荘1号墓(5.5) 9. 遼寧・カラチン左翼県道虎溝(6.1) 10. 河南・殷墟婦好墓41(7.1) 11. 青海・湟中前営村(5.5) A3類:12. 青海・湟中前営村(6.0) 13. 河南・殷墟大司空村南地25号墓(7.5) ※縮尺不同、括弧内は面径(cm)

状に区画していることから、本鏡とは基本的な紋様分割の思想が異なるものと見做し、A2類に含めておく。婦好墓出土鏡のうち3面は面径10cmを超えており、この時期としては大型である。またこれら3面は、6重もの櫛歯紋や、珠紋と綾杉紋の組合せなどの複雑な紋様構成をもち、また紋様の細かさ、複雑さ、鋳上がりの良さも際立っており、青銅礼器のレベルには及ばないものの、当時の鏡としては卓越した優品であるといえる。

A3類:重圏紋鏡 単純な圏線をめぐらせたもの。青海・湟中前営村出土鏡(径6.0cm)、河南・安陽殷墟大司空村南地25号墓は、いずれも三重の圏線をもつ(図1-12・13)。

(3) **B類 無紋鏡**[7](図2)

鏡背に紋様をもたないもの。縁がそのまま平らで終わるものをB1類、縁が立ち上がるものを

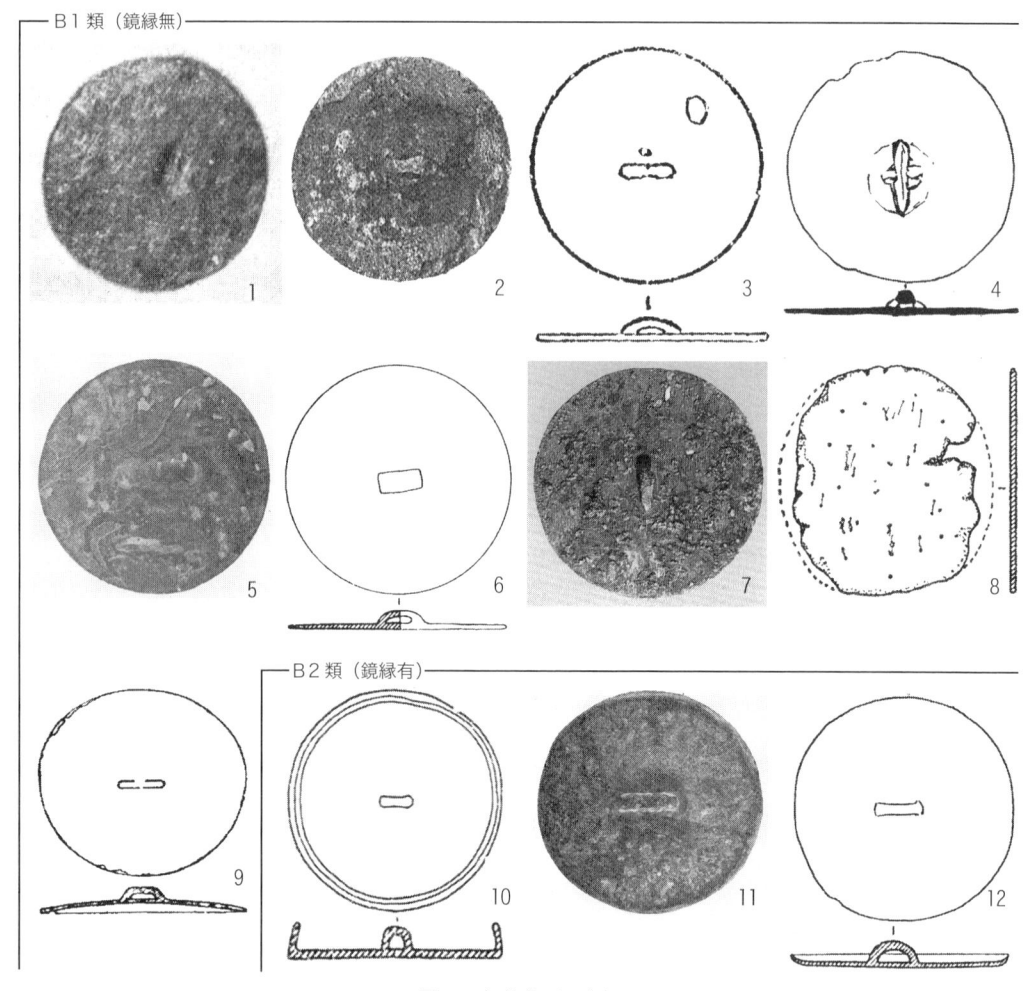

図2　無紋鏡（B類）

B1類：1．陝西・鳳翔新荘河村（7.2）　2．陝西・灃西張家坡178号墓（10.5）　3．陝西・鳳翔南指揮西村39号墓（7.2）　4．河南・浚県辛村衛国墓地42号墓（10.0）　5．河南・三門峡上村嶺虢国墓地1650号墓（5.9）　6．青海・湟源大華中荘90号墓（9.0）　7．新疆・天山北路墓地（8.3）　8．新疆・和静察吾乎文化二号墓地218号墓（6.8）　9．北京・昌平白浮3号墓（9.9）　B2類：10．新疆・輪台群巴墓地1号墓（15.0）　11．河南・三門峡上村嶺虢国墓地1650号墓（6.4）　16：内蒙古・南山根102号石槨墓（7.8）　　　　　　　　　　　　　　　　　　※縮尺不同、括弧内は面径（cm）

B2類とする。無紋鏡は特に不整円形を呈すものが多く、それは鏡体が薄く作りが粗雑なものが多いことと関係があろう。[8]

B1類：鏡縁のない無紋鏡　基本的に鏡体はごく薄く、橄欖型あるいは橋状の鈕がつく。新疆・和静察吾乎文化二号墓地218号墓出土鏡（図2-8）は鈕をもたない。北京・昌平白浮3号墓出土鏡（図2-9）は凹面鏡だが、白浮では北方系青銅器の剣や斧が出土しており、この鏡もあるいは中原の無紋鏡とは異なる系譜の製品かもしれない。

B2類：鏡縁が立ち上がる無紋鏡　新疆・輪台群巴墓地1号墓出土鏡（図2-10）、河南・三門峡上村嶺虢国墓地1650号墓（図2-11）、内蒙古・南山根102号石槨墓（図2-12）があるが、立ち上がり方の形状はそれぞれである。また西北、中原、東北各地で出土していることがわかる。

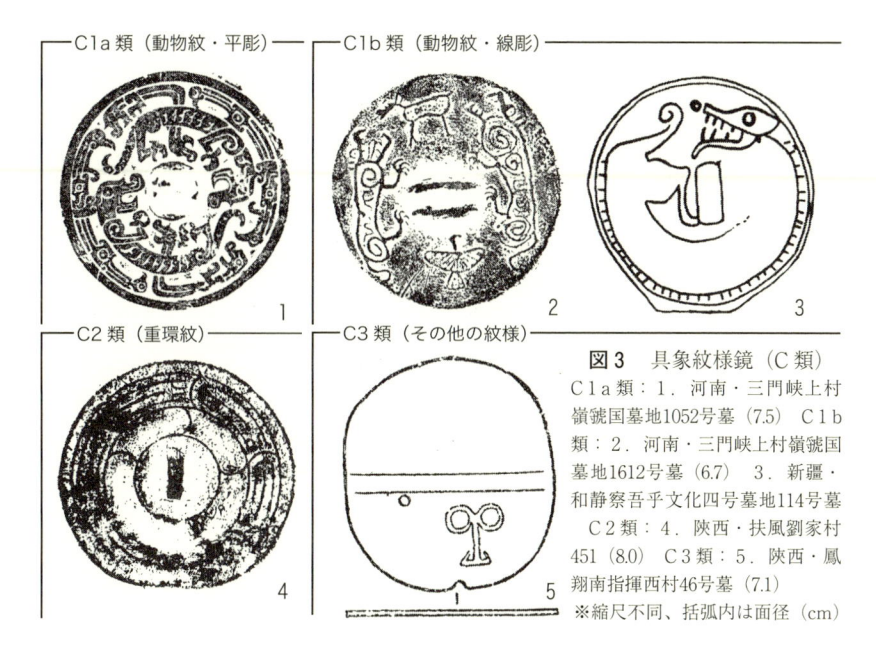

図3　具象紋様鏡（C類）
C1a類：1．河南・三門峡上村嶺虢国墓地1052号墓（7.5）　C1b類：2．河南・三門峡上村嶺虢国墓地1612号墓（6.7）　3．新疆・和静察吾乎文化四号墓地114号墓　C2類：4．陝西・扶風劉家村451（8.0）　C3類：5．陝西・鳳翔南指揮西村46号墓（7.1）
※縮尺不同、括弧内は面径（cm）

(4)　C類　具象紋様鏡（図3）

A類幾何紋鏡とは異なり、具象的な動物紋などを主紋とするもの。

C1a類　動物紋をもつものをC1類とし、さらにその紋様の彫り方によって細分する。青銅礼器のような平彫のものをC1aとする。河南・三門峡上村嶺虢国墓地1052号墓出土鏡（図3-1）には、鈕の周りを繞る2匹の龍が描かれている。

C1b類　動物紋をもつもののうち、粗い線彫によるものをC1bとする。河南・三門峡上村嶺虢国墓地1612号墓出土鏡（図3-2）の動物紋が、北方系青銅器と類似する点があることは早くから指摘されている。この線彫動物紋は夏家店上層文化の青銅短剣柄部にみられる動物紋と類似しており（宋 1997）、シベリアあるいは内蒙古地域との関連が推定されている（樋口 1979）。新疆・和静察吾乎文化四号墓地114号墓出土鏡（図3-3）は、狼とされる動物が一匹、鈕の周りにぐるりと体躯を丸めて描かれている。また首から背中にかけて櫛歯紋のような平行線を施している。

C2類　重環紋を主紋とするもの。陝西・扶風劉家村451鏡（図3-4）は、西周中後期とされる西周窖蔵から甬鐘などと一緒に発見された。重環紋は同時期の青銅器に見られる紋様である。

C3類　その他の不明紋様鏡。陝西・鳳翔南指揮西村46号墓出土鏡（図3-5）は、一条の帯紋と、記号のような不明紋様が施されている。これはC1・C2類の紋様とはやや性質が異なり、あるいは紋様というより、無紋鏡に記号を刻んだものと考え、B類に含めた方がよいかもしれない。出土墓の年代は西周初期とされている。

南指揮西村46号墓出土鏡を無紋鏡に記号を付加したものと考えて除外すると、具象的な紋様を銅鏡上に描き始める時期は、西周後半から春秋初期ということになる。また虢国墓地1052号墓鏡や扶風劉家村451鏡は、青銅礼器の紋様を移植したものの最初である。春秋式鏡の段階になると、鏡の紋様は青銅礼器の紋様と共通するようになるため、C1・C2類鏡は春秋式鏡の先駆けであるといえる。

4．分布と地域間の併行関係

今回対象とした出現期銅鏡の出土範囲は、おおよそ(1)西北、(2)中原、(3)東北の3地域に分けられる。各地域の出土状況を、おおよそ併行すると考えられる時期ごとに並べたのが図4である。

(1) 西北地域

中国内最古とされる青海・尕馬台25号墓鏡をはじめ、斉家文化、卡約文化遺跡で幾何紋鏡が出土している。無紋鏡は、殷後期と併行する斉家文化後期、卡約文化、周代と併行する焉不拉克文化、察吾乎文化いずれにも見られる。新疆・和静察吾乎文化四号墓地114号墓出土の線刻動物紋鏡は、西周から春秋期併行と報告されている。最古の中国銅鏡とされる尕馬台25号墓鏡だが、紋様や形状がかなり完成されている点、また鏡縁に穿たれた孔の使用痕からかなり長期間の使用が推測される点によって、外来品である可能性が考えられる。この地域では調査されている遺跡が少なく、また多くの範囲では土壌が砂礫砂漠であるために堆積状況によって年代を判別することができず、詳細な年代を得ることが困難である。各文化の相対年代についてもまだ多くの議論があり、将来の調査によって状況が変わる可能性は大いにある。

(2) 中原地域

この地域で最も早く鏡が現われるのは殷墟である。特に婦好墓出土の4面の紋様は優品で、西北地域の天山北路墓地鏡や尕馬台25号墓鏡などの幾何紋鏡と同系譜の、平行線を複雑に組み合わせたものである。西北地域で特別に誂え製作されたものか、あるいは西北の鏡の影響を受けて中原の技術を持って製作されたか、いずれかであろう。殷末から西周初期になると、周の勢力範囲である関中で鏡が出土するようになる。殷中期から西周初期とされる陝西・淳化趙家荘1号墓から櫛歯紋鏡が1面出ているのを除けば、西周前中期の鏡はほとんどが無紋鏡である。陝西・扶風劉家村青銅器窖蔵出土の重環紋鏡は、青銅器的な紋様を鏡に施紋した初期の例である。西周末から春秋初期とされる河南・上村嶺虢国墓地1612号墓出土の線刻動物紋、1052号墓出土の平彫動物紋鏡によって、鏡背に動物紋という具象的紋様を施すという行為が開始される。

(3) 東北地域

全時期通して、出土数は少ない。しかし西周末に幾何紋鏡があり、その後は無紋鏡になるという状況は、中原の状況とリンクしている。東北地域ではこの後春秋時期に多鈕鏡があらわれ、独自の多鈕鏡製作が発展していくことになる。

5．結　論——中国鏡の起源と初期段階における鏡の位置づけ——

円形で鏡背中央に鈕を持つタイプの出現期銅鏡は、いずれの時期も黄河流域以北のみで出土して

中国鏡の出現　251

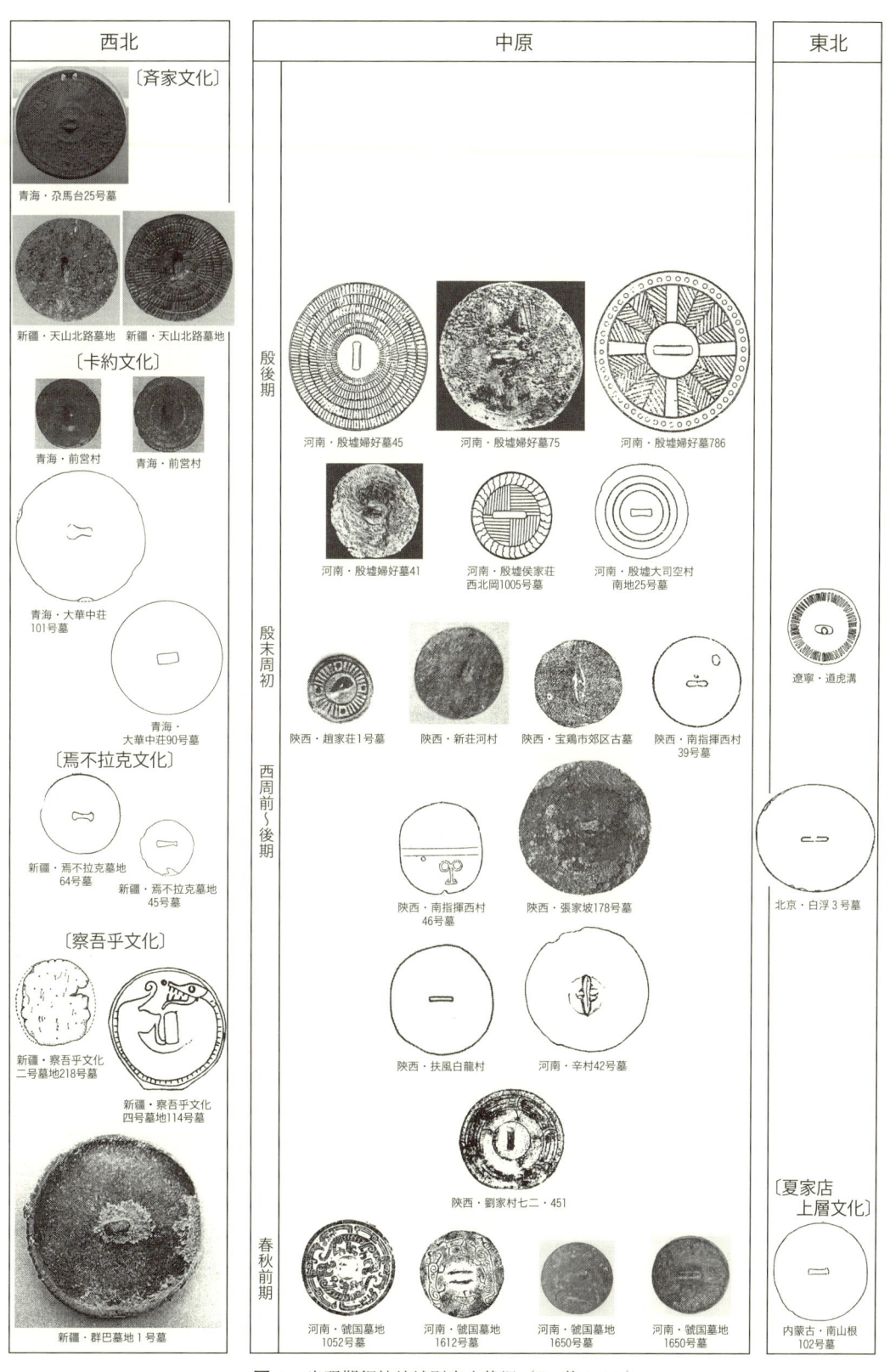

西北	中原		東北
〔斉家文化〕 青海・尕馬台25号墓	殷後期	河南・殷墟婦好墓45 / 河南・殷墟婦好墓75 / 河南・殷墟婦好墓786	
新疆・天山北路墓地 / 新疆・天山北路墓地		河南・殷墟婦好墓41 / 河南・殷墟侯家荘西北岡1005号墓 / 河南・殷墟大司空村南地25号墓	
〔卡約文化〕 青海・前営村 / 青海・前営村	殷末周初	陝西・趙家荘1号墓 / 陝西・新荘河村 / 陝西・宝鶏市郊区古墓 / 陝西・南指揮西村39号墓	遼寧・道虎溝
青海・大華中荘101号墓			
青海・大華中荘90号墓	西周前〜後期	陝西・南指揮西村46号墓 / 陝西・張家坡178号墓	北京・白浮3号墓
〔焉不拉克文化〕 新疆・焉不拉克墓地64号墓 / 新疆・焉不拉克墓地45号墓		陝西・扶風白龍村 / 河南・辛村42号墓	
〔察吾乎文化〕 新疆・察吾乎文化二号墓地218号墓 / 新疆・察吾乎文化四号墓地114号墓		陝西・劉家村七二・451	
新疆・群巴墓地1号墓	春秋前期	河南・虢国墓地1052号墓 / 河南・虢国墓地1612号墓 / 河南・虢国墓地1650号墓 / 河南・虢国墓地1650号墓	〔夏家店上層文化〕 内蒙古・南山根102号墓

図4　出現期銅鏡地域別出土状況（S=約1/5）

おり、その出土範囲は、基本的に北方草原地帯との境界と遠くない場所であるということができる。殷墟以前の時期においては、主な出土地は新疆や青海といった西北地域である。天山北路墓地の年代は今後次第だが、最古の鏡が青海・新疆・甘粛にあることは間違いない。中原で最初に鏡が現われるのは殷墟で、そこでは櫛歯紋およびそれに類する幾何紋鏡が多数を占め、西北地域出土鏡と共通した紋様様式の鏡が出土している。この時期にはまだ関中地域での出土はなく、関中を経由せずに、西北から直接殷墟に伝わったと考えられる。西周時期になると、それまで鏡がなかった関中地域で多数の鏡が確認されるようになり、そのほとんどは無紋鏡である。西周末あるいは春秋初期になると原始的な動物意匠が採用され始めるが、これは西北・関中地域に共通して現れる変化である。また青銅器の紋様を鏡に施紋する行為が開始される。

　以上が、出現から春秋式鏡誕生前夜までの、出現期銅鏡のおおまかな変遷である。登場してからの1000年あまり、鏡は、存在はしていたけれども広く普及することはなかった。その間の用途を推測すると、やはりより原始的な、呪術的なものであろう。出土数や紋様からみて、それまでの鏡はまだ日用品としての位置を獲得していない、外来の非日常的なものであった。それが青銅器紋様を鏡に取り入れることを開始する春秋時期になってようやく、一般化し普及していく。青銅器の紋様を載せることで、鏡は中原の人々に近づき、取り入れられていく契機となったのではないだろうか。ここではじめて中国の鏡は、「中国鏡」になっていくのである。鏡は、決して青銅礼器と融合はしなかったが、その後も独自の様式を発展させ、やがて周辺地域をも巻き込んだ巨大な中国鏡様式ともいうべき、東アジアに拡がる中国系銅鏡の世界を作りだすことになるのである。

　なお、本稿は日本中国考古学会2012年度大会で発表した内容に検討を加え、再構成したものである。また、JSPS特別研究員奨励費の助成を受けて作成した。

註
(1) そのうち西南地域の鏡については、柄部を有するなど西南アジア系の異なる系譜をもち、また本稿で主題とする鏡背中央に鈕を持ついわゆる「中国鏡」成立への道程を論ずる上で必ずしも主要でない系統であるため、今回は対象外とし、稿を改めて分析をおこなう予定である。
(2) 「春秋鏡」ではなく「春秋式鏡」、「戦国鏡」ではなく「戦国式鏡」とすることで、たんに製作時期を表すのではなく、春秋様式の鏡、戦国様式の鏡、と、属する様式を意味する（樋口 1979）。それは「例えば戦国鏡として、共通した特徴をもつ鏡が行われた時期が、必ずしも歴史的時代区分である戦国時代と一致しないからである」（樋口 1979：25頁）。同様に「漢式鏡」という語もあるが、これについては研究者によってその指す意味がことなり、漢鏡を模倣して作られた倣製鏡やそれに連なる踏み返し鏡も含む場合もある。
(3) 焉不拉克墓地との比較では、副葬品に示される発展段階から、焉不拉克墓地は天山北路墓地より遅れるとされる。両墓地とも土器と銅器を主体とするが、焉不拉克墓地では76基中3基の墓で7点の鉄器が出土している。焉不拉克墓地の鉄器は国内最古級で、31号墓出土鉄器の^{14}C年代測定結果は紀元前1290年を示している。天山北路墓地では鉄器は出土していない。また天山北路墓地では合葬墓はきわめて少なく、焉不拉克墓地では人骨が遺存する77基のうち22基が合葬墓である。これらのことから劉学堂は両墓地の差異は時期差からくるものだとし、天山北路墓地の上限年代を焉不拉克墓地より古く、したがって中原の夏の紀年開始年代より遡り、下限は焉不拉克墓地と併行する時期としている（劉 2008：233頁）。

(4) 出土墓号は不明だが、李水城論文（李 2005：図7）に実測図が掲載されている。また図録『絲綢之路・新疆古代文化』（祁小山・王博、2008年、新疆人民出版社）に天山北路墓地出土鏡とされる鏡の写真が2面掲載されており、うち1面は重圏の櫛歯紋鏡で、李（2005）の実測図と紋様構成が一致し、また劉の述べる放射状紋様を持つ鏡という記述と合致する。これらの図像資料が同一個体であるかは不明だが、おそらくこの類の鏡が出土しているものと推測される。

(5) また、これらのほかに、鏡縁の1カ所に柄（あるいは懸垂のための把手）を持つ柄鏡（懸鏡）が、新疆・チベット・四川・雲南等の地域で見られるが、それらについては稿を改めて分析をおこなう予定である。

(6) http://www.ihp.sinica.edu.tw/~museum/tw/doc_detail.php?doc_id=46（台湾中央研究院歴史語言研究所歴史文物陳列館）

(7) 中国語の「素紋」は無紋の意味であり、日本語でもそのまま「素紋鏡」と称する場合もあるが、本稿では「素紋鏡」の日本語訳として「無紋鏡」という名称を使用する。

(8) 無紋鏡は後の時代においても常に作られ続けるため、無紋という属性をもって通常の一鏡式として分類するのは本来的ではない。分類した型式によって時期や地域を特定するという意義を持たないからである。しかし西周期の関中平原における、鏡体がごく薄く、径6～10cm程度の無紋鏡については、おそらく1つの群をなしている。またその形状や鏡体の薄さから、銅泡や棺飾などとの区別が困難であり、果たして本当に「鏡」であったのかが疑わしいという意味でも、この鏡群は特徴的である。1点1点を実見する機会を持たないため形態的属性による抽出はできていないが、今後改めて検討をおこないたい。

参考文献　※個別の報告書・簡報は表1参照

安志敏　1981「中国早期銅器的幾個問題」『考古学報』1981年3期
安志敏　1993「試論中国的早期銅器」『考古』1993年12期
梅原末治　1935『漢以前の古鏡の研究』彙文堂
梅原末治　1959「中国殷周の古鏡」『史林』第42巻4号
梅原末治　1968「周代の鏡」『東方学』35号、東方学会
大林太良　1978「東アジア・北アジアの鏡と宗教」『日本古代文化の探求　鏡』森浩一編、社会思想社
何堂坤　1988「銅鏡起源初探」『考古』1988年2期
孔祥星・劉一曼　1984『中国古代銅鏡』文物出版社（訳本：高倉洋彰・渡辺芳郎・田崎博之訳『図説　中国古代銅鏡史』海鳥社、1991年）
高去尋　1958「殷代的一面銅鏡及其相関之問題」『慶祝趙元任先生六十五歳論文集』下冊：『歴史語言研究所集刊』第二十九本
高西省　2001「論早期銅鏡」『中原文物』2001年3期
サランゴワ　2009「内モンゴル・ホルチン地方におけるシャーマンの銅鏡に関する考察」『千葉大学人文社会科学研究』18、千葉大学大学院人文社会科学研究科
宋新潮　1997「中国早期銅鏡及其相関問題」『考古学報』1997年2期
中国社会科学院考古研究所編　2003『中国考古学・夏商巻』（考古学専刊甲種第二十九号）、中国社会科学出版社
樋口隆康　1979『古鏡』新潮社
樋口隆康　2011「出現期の銅鏡」『泉屋博古館紀要』第二七巻、泉屋博古館
北京鋼鉄学院冶金史組　1981「中国早期銅器的初歩研究」『考古学報』1981年3期
枡本哲　2000「シベリアのシャーマン鏡についての覚書」『考古学論究』7、立正大学考古学会編
李水城　2005「西北与中原早期冶銅業的区域特徴及交互作用」『考古学報』2005年3期
劉学堂　1993「新疆地区早期銅鏡及相関問題」『新疆文物』1993年1期

劉学堂 2008「中国早期銅鏡起源研究—中国早期銅鏡源于西域説」『新彊石器時代与青銅時代』中国辺疆民族考古文庫、中国社会科学院辺疆考古研究中心編、文物出版社
游学華 1982「中国早期銅鏡資料」『考古与文物』1982年3期

図版出典
図1-1：筆者撮影　その他はすべて各報告書による（表1参照）

名工孟氏伝
――後漢鏡の転換期に生きる――

岡 村 秀 典

1.「孟氏」とその時代

　後漢時代には、自我にめざめた鏡工たちが、芸術家として作鏡活動をはじめた。ここでは後漢の章帝（在位75-88）から和帝（在位88-105）のころに活躍した鏡工のひとり「孟氏」をとりあげる。

　孟氏は『史記』魯周公世家に「（魯桓公の子）慶父の後に孟氏となる」とあり、『急就篇』巻2「孟伯徐」の顔師古注には「魯桓公の子慶父の後、孟孫氏と号し、其の後に孟氏と称するなり」という。また、『史記』孔子世家の「以季孟之間待之」の『集解』には孔安国の説を引いて「魯の三卿は、季氏を上卿と為し、最も貴し。孟氏を下卿と為し、事を用いず」と記し、もともと孟氏は魯の公族で卿の身分にあった。『説文解字』巻6下には「郰、魯の孟氏の邑」とあり、いまの山東省曲阜市の西北、寧陽県に食邑があった。ちなみに戦国時代の思想家であった孟子は、名は孟軻、魯の騶（鄒）の人であり（『史記』孟子荀卿列伝）、いま曲阜市の南の鄒城市に孟廟がある。

　ここでとりあげる鏡工の「孟氏」が、春秋戦国時代の孟氏と系譜がつながるのか否かはわからない。しかし、山東省から江蘇・浙江省にかけての東沿海岸地帯は、むかしから人びとの往来が頻繁にあり、漢代に斉魯の地域から南下した人びとが江南の開拓に大きく寄与したことは史書の伝えるところである。とりわけ後漢時代に画像鏡を制作した呉派の鏡工には「騶氏」・「成氏」・「田氏」など斉魯の出自をうかがわせる名が少なくない。斉魯の鏡工がいたことは、すでに馮雲鵬・馮雲鵷『金石索』巻6（1821年）が「騶氏」盤龍鏡を解説するなかで『史記』孟子伝の「斉に三騶子あり」を引いて論じている。鏡工の「孟氏」も同じように斉魯に出自する可能性が高い。

　鏡工の「孟氏」が活動した時代は、漢鏡5期から漢鏡6期への過渡期にあたる。明帝（在位57-75）のときに官営工房の「尚方」から「青蓋」らが自立して独特の図像と銘文をもつ獣帯鏡や盤龍鏡を創作する。章帝のときに弱体化した「尚方」は改革を試み、元和三年（86）浮彫式獣帯鏡の銘文に「尚方造竟、在於民間（尚方 鏡を造り、民間に在り）」とあるように、「尚方」もまた民間の市場に販路を拡大していった。その担い手となった鏡工が「杜氏」である。かれは盤龍鏡の図像と銘文において独創性を発揮し、みずから「尚方名工」を称する。やがて自尊心の高まりを抑えられなくなった「杜氏」は「尚方」から独立し、独創的な作品を矢継ぎ早に発表していった（岡村2013）。本稿でとりあげる淮派の「孟氏」は、その「杜氏」と同時代に生きた鏡工であった。

2．「孟氏」の盤龍鏡

　管見におよんだ「孟氏」鏡は、わずか4面しかない。いずれも「孟」字の「子」の下半部を「木」につくる特徴があり、同一鏡工の作と考えられる。そのうち盤龍鏡は2面あり、図1にはその2面と図像紋様の類似する「杜氏」鏡と「石氏」鏡を並列して比較した。

　図1-1は上海の漢雅堂が所蔵する「孟師」盤龍鏡で、黄洪彬氏のご厚意により2011年に調査した。内区の主紋は鈕に胴部を隠した一対の龍形が口を開けて対峙している。その銘文から、その2頭は「辟邪」と「天禄」に同定できる。その表現は躍動的で、浮彫表現は鋭い。向かって右の龍形は角を前に、左の龍は角を後ろにのばしている。角の先端は両者とも曲がり、前者の角は根元に細かい線紋、後者の角は根元に3枚の羽根をもつ。右の龍頭は側視形、左の龍頭は斜め上からみた形で、鼻先は丸い。どちらも口を半開きにし、歯のあいだから先の曲がった舌を出している。首から下は足4本と尻尾1本だけである。足には3本の鋭い爪があり、後ろに肉球が付いている。肉球を表現するのは、図示した「杜氏」や「石氏」など淮派の一部の鏡工だけである。足元に仙人が2人いるのはめずらしい。おそらく王子喬と赤松子であろう。向かって左の仙人は跪いて搗き、右の仙人は後ろを向き、左手を挙げて踊っている。外区は鋸歯紋＋複線波紋＋鋸歯紋である。銘文は時計盤で3時前の位置に「：」記号があり、そこから時計回りに展開する。

　　　孟師作鏡眞大工。　　孟師　鏡を作るに、真に大いに巧みなり。
　　　巧工刻之成章。　　　巧みなる工は之れを刻み、（文）章を成す。
　　　上有辟邪與天祿、　　上に辟邪と天禄と有り。
　　　湅治銀錫大清明。　　銀錫を錬冶するに、大いに清明なり。
　　　四方服之宜矦王。　　四方　之れを服さば、侯王に宜し。
　　　子孫備具居中英。　　子孫　備具し、中央に居らん。
　　　長保二親樂未英。　　長く二親を保ち、楽しみ未だ央きず。

第2句に「文」字を脱し、第3句は韻を踏みはずしているが、そのほかは整った七言句である。起句において「師」を自称することは、呉派に多いが、淮派では少ない。「鏡」を金偏につくるのは「杜氏」鏡と共通する。第3句は内区の図像に「辟邪」と「天禄」をあらわしたことをいう。「辟邪・天禄」は章帝のとき西域都護の班超がシルクロードをふたたび開拓したことによって新たに知られるようになった珍獣である（岡村 2010）。『漢書』西域伝に「烏弋の地は……桃抜・師子・犀牛有り」とあり、顔師古注に「孟康曰く、桃抜　一の名は符抜。鹿に似て長尾、一角の者を或るひとは天禄と為し、両角の者を或るひとは辟邪と為す」という。その図像を盤龍鏡に採用したのが「杜氏」であり、そこには「辟耶天祿」（集釈528）や「辟耶配天祿」（集釈529）という類句がある。第4句は「湅治銀錫清而明」がふつう。第5句は「四方」の蛮夷が本鏡を保有すれば、王侯に冊封されるという意味。図2-1・図2-3「孟氏」鏡に「四夷服之」という類句があるが、めずらしい語句である。漢鏡5期における「服之」の用例には「杜氏」浮彫式獣帯鏡の「吏人服之曾官秩。白衣服之金財足」（集釈530）がある。第6・第7句の「英」は「央」の繁字、第7句の「長保二親」

図1　盤龍鏡

1：上海漢雅堂蔵「孟師」盤龍鏡（岡村撮影）、2：浙江省紹興県漓渚出土「杜氏」盤龍鏡（森下章司氏撮影）、3：浙江省博物館蔵「孟氏」盤龍鏡（王士倫 2006：図版92）、4：浙江省上虞県出土「石氏」盤龍鏡（森下章司氏撮影）

は漢鏡4期に出現し、韻字が陽部であれば、後続の語句は「樂富昌」が多く、「樂未央」とつづくのは漢鏡5期の「張氏」・「陳氏」・「池氏」浮彫式獣帯鏡や「銅槃」盤龍鏡などがある。ただし、本鏡の「親」字は旁を「見」ではなく「竟」に誤っている。銘文は端ばしにめずらしい語句をちりばめているが、全体として「杜氏」鏡の二番煎じの感は否めない。

図1-2は浙江省紹興県漓渚出土の「杜氏」盤龍鏡（王士倫 2006：彩版54）で、いま紹興県文物

保護所に所蔵する。2011年に調査した。内区には図1-1「孟師」鏡と同じように一対の龍形が対峙する「辟邪」「天禄」をあらわし、角や頭、足の爪や肉球など細部の表現まで「孟師」鏡とよく似ている。しかし、舌の表現がなく、向かって左の龍形の胴部に斜格子をいれている。そこから横向きに足がのび、股間に男性生殖器を表現し、その下に跪いて竪笛を吹く仙人を配している。それらが「孟師」鏡とちがう特徴である。外区は「杜氏」を特徴づける獣紋で、これも「孟師」鏡とはちがっている。銘文は起句の前に「∴」記号があり、整った七言句である（集釈531）。

  杜氏作鏡善毋傷。 杜氏 鏡を作るに、善く傷毋し。
  和以銀錫清且明。 和するに銀錫を以てし、清にして且つ明なり。
  名工所造成文章。 名工の造る所にして、文章を成す。
  辟耶天禄居中央。 辟邪と天禄は中央に居る。
  十男五女樂富昌。 十男五女ありて、楽しみ富昌ならん。
  居無憂兮如矦王。 無憂に居り、侯王の如し。

この第3句で「杜氏」は「名工」を自称しているが、句意は「孟師」鏡の「巧工刻之成（文）章」とほぼ同じ。第4句は内区に「辟邪・天禄」をあらわしたことをいう。「杜氏」は七言句にはじまり、四言句から雑言句をへて、晩年に七言句の陳腐な銘文に回帰した。したがって、これは「尚方」から自立した「杜氏」が画像鏡を制作する直前の段階、およそ西暦80年代末に位置づけられる（岡村 2013）。図1-1「孟師」鏡もこれとほぼ同時期であろう。

 図1-3は浙江省博物館に所蔵する「孟氏」盤龍鏡（王士倫 2006：図版92）で、2011年に調査した。図1-1「孟師」鏡と異なる図像の特徴は、龍と虎が対峙する形になっていることである。それは銘文から「蒼龍」と「白虎」に同定できる。左の龍形は「孟師」鏡のそれよりやや簡略化している。つまり「蒼龍」と「辟邪・天禄」はすべて龍形にあらわされ、表現上の差異はほとんどなかった。三国魏の孟康が記しているように、世間では「辟邪・天禄」について話題になっていたものの、実際にみた人はほとんどなく、想像上の「蒼龍」もふくめ、その形については、さまざまな憶説が飛び交っていたのである。一方の「白虎」はひしゃげた丸い目をもち、口を開けて「蒼龍」と対峙している。そのあいだには芝草紋がある。足は計3本となり、爪も2本に減っている。肉球は痕跡を残すのみである。仙人も省略されている。外区には二重の鋸歯紋だけがあり、あいだの複線波紋が省略されている。全体として図1-1「孟師」鏡より後出することは明らかである。銘文は時計盤で2時ごろの位置に「・」記号があり、時計回りに展開する。

  孟氏作竟世少有。 孟氏 鏡を作るに、世に有ること少し。
  倉龍在左、白虎。 蒼龍は左に在り、白虎（は右に居る）。

第2句は余白がなくなったために「居右」の2字が省略されているが、内区に「蒼龍」と「白虎」をあらわしたことをいう。

 これと類似する図像紋様や銘文をもつのが浙江省上虞県出土の図1-4「石氏」鏡（王士倫 2006：彩版56）であり、2011年に調査した。内区の図像は「蒼龍」と「白虎」が対峙する形で、図1-3「孟氏」鏡より精緻な表現をもつ。足は計4本、爪は各3本あり、肉球が明瞭で、跪いて竪笛を吹く仙人を配している。内区の龍形が「白虎」に置き換わっていることをのぞけば、図1-2

「杜氏」鏡の図像表現に近い。銘文は時計盤で6時すぎの位置に「・」記号があり、時計回りに展開する（集釈521）。

　　　石氏作竟世少有。　　　石氏　鏡を作るに、世に有ること少し。
　　　倉龍在左、白虎居右。　　蒼龍は左に在り、白虎は右に居る。
　　　仙人子僑、以象於後。　　仙人の（王）子喬あり、像は後ろに似る。
　　　為吏高升賈萬倍。　　　　吏と為れば高升し、賈は萬倍ならん。
　　　辟去不詳利孫子。　　　　不祥を辟去し、孫子に利し。
　　　千秋萬歳生長久。　　　　千秋万歳も生は長久ならん。

七言句を基本とする銘文に図像説明の四言句が挿入された形であるが、正しく毎句押韻している。図1-3「孟氏」鏡の銘文が、この起句記号から第2句までを踏襲していることは明らかであろう。第3句によって竪笛を吹く仙人が「仙人（王）子喬」に同定できる。この銘文に近似するのが「尚方」盤龍鏡の集釈522で、作鏡者の「石氏」は「尚方」に近い鏡工であったことがわかる。また、「石氏」はこの直後に類似の銘文（集釈605）をもつ永元三年（91）画像鏡を制作しており（岡村2012）、本鏡の年代はおよそ図1-2「杜氏」鏡と同じ西暦80年代末と考えられる。それが認められるならば、図1-3「孟氏」鏡は90年代に下る可能性が高い。

　図1-1鏡の「孟師」と図1-3鏡の「孟氏」とは、異体字の「孟」字が共通することから、同一工人とみてよいだろう。しかし、図像にせよ、銘文にせよ、図1-1鏡と図1-3鏡との距離よりも、図1-4「石氏」鏡と図1-3「孟氏」鏡との距離の方が近いようにみえる。とりわけ左側の龍足をみると、図1-1鏡は龍首の根元から下向きにのびているのにたいして、図1-3鏡は胴が鈕に隠れる部分から外向きにのびており、図1-1鏡から図1-3鏡への変化は考えがたい。図1-3「孟氏」鏡は図1-4「石氏」鏡に代表される鏡の模倣によるものであろう。

　漢鏡5期の盤龍鏡は、主要な形式に3種類ある。第1類は明帝のころに「青蓋」が辟邪のはたらきをもつ四神の「青龍」と「白虎」を取りだして創作したもの。岡村（1993）分類のⅠA式である。「青蓋」細線式獣帯鏡の鈕座紋様としても用いられた。第2類は章帝のとき西域から「奇獣」の「辟邪・天禄」が後漢王朝にもたらされ、「尚方名工」の「杜氏」がそれを一対の龍形として表現したもの。その延長線上にあるのが図1-2「杜氏」鏡であり、それにならったのが図1-1「孟師」鏡である。岡村（1993）分類のⅠB式である。第3類は同じころ「尚方」や「石氏」らが第2類の図像表現を採りいれつつ、伝統的な「蒼龍」と「白虎」をあらわしたもの。それが図1-4「石氏」鏡であり、それにならったのが図1-3「孟氏」鏡である。上野祥史（2003）は図像表現をもとに第2類と第3類とを同じ型式ⅠBにふくめているが、「辟邪・天禄」と「蒼龍・白虎」のちがいは明白である。このようにみると、淮派の「孟氏」は、最初は「杜氏」鏡に、のちには「石氏」鏡にならって、時代の流行を敏感に嗅ぎとりながら盤龍鏡を制作していたことがわかる。しかし、そのありさまは「石氏」とて同じである。第3類の「石氏」盤龍鏡はまもなく第1類の「青蓋」鏡に近い図像表現に転換していったからである（岡村2012）。かれらは考古学者が想像するほど自己の様式に固執せず、むしろ他者の様式をも受容する柔軟性をもっていたのである。

3.「孟氏」の浮彫式獣帯鏡

　浮彫表現の盤龍鏡が流行する章帝期に、淮派では細線式獣帯鏡から浮彫式獣帯鏡を生みだした。そのころの浮彫表現は、図像の輪郭線を残し、その内側を低く隆起させる手法であった。また、7乳で分けた内区に四神を主とする瑞獣を配置した細線式獣帯鏡は、そのまま元和三年（86）「尚方」浮彫式獣帯鏡などに継承されたが、方格規矩四神鏡において四神の一部が欠落し、やがて主紋がすべて鳥紋や渦紋に変化するのに歩調を合わせ、章帝期には6乳や5乳に簡略化した細線式獣帯鏡や浮彫式獣帯鏡がつくられるようになった（岡村 1993）。

　図2-1は管見におよんだ唯一の「孟氏」浮彫式獣帯鏡で、東京の浦上蒼穹堂において2012年に調査した。内区は円圏をもつ円座乳で5区画に分け、四神と仙人を配置している。その浮彫表現は輪郭線をもち、四神はすべてそろっている。仙人は方座をもつ香炉の前に跪いている。その仙人と香炉の表現は、呉派の画像鏡に由来するのであろう。鈕座には有節重弧紋が、外区には鋸歯紋と複線波紋がめぐっている。銘文は朱雀の位置に「・」記号があり、時計回りに展開する。

　　孟氏作竟、　　　　　孟氏 鏡を作るに、
　　四夷服之富貴昌。　　四夷 之れを服さば、富貴昌んならん。
　　子孫備俱侍中英。　　子孫備具し、中央に侍さん。
　　長保二親樂未英。　　長く二親を保ち、樂しみ未だ央きず。
　　壽萬年。　　　　　　寿は万年ならん。

第1句は下3字が省略され、末句は3字で切れている。第2句はめずらしいが、類句に図1-1「孟師」鏡の「四方服之宜疾王」があり、第3・第4句も「孟師」鏡に類句がある。したがって、本鏡の年代は、仙人の図像表現に画像鏡の影響が認められることからみても、図1-1「孟師」鏡よりわずかに後出する西暦90年代に位置づけられよう。

　図2-2には同じく浦上蒼穹堂が所蔵する「尚方」浮彫式獣帯鏡を例示した。内区は円座乳で5区画に分け、仙人と瑞獣を配している。瑞獣は四神の玄武のかわりに一角獣が加わっている。仙人は芝草を手に跪き、背後に魚をかかえたような姿態である。鈕座には円圏が、外区には鋸歯紋と複線波紋がめぐっている。銘文は青龍の位置から時計回りに展開する。

　　尚方作竟佳且好。　　尚方 鏡を作るに、佳にして且つ好し。
　　光而日月世少保。　　光は日月の如く、世に保つこと少なし。
　　上有山人不知老兮。　上には仙人有りて、老いを知らず。

これは樋口（1953）分類の銘文Qbに相当し、「尚方」に多い型式だが、第2句は「明而日月」がふつうである。第3句は漢鏡5期の「尚方」方格規矩四神鏡に多い樋口（1953）分類の銘文Kに由来する。図2-1「孟氏」鏡と同じころの作品であろう。

4．「孟氏」の画像鏡

　80年代に盤龍鏡を制作していた淮派の鏡工たちは、90年代に呉派の画像鏡を受容する。画像鏡を分類した上野祥史（2001）は神像表現をもとに写実式とデフォルメ式とに二分したが、淮派の「杜氏」や「龍氏」の鏡がデフォルメ式、「石氏」や「呂氏」の鏡が写実式に対応している。しかし、なぜ淮派にその2形式が並存しているのか。かれらの制作した画像鏡には、作鏡者それぞれの個性が色濃く反映されており、実際は図像表現で二分できるほど単純ではない。

　図2-3は杭州の孔震氏が所蔵する「孟氏」画像鏡で、2011年に調査した。内区は連珠をめぐらした円座乳で4区画に分け、西王母・東王公と龍と車馬を配置している。乳は呉派の型式である。西王母には「王母」、東王公には「王公」の榜題があり、それも呉派の創案にかかる。その図像表現は、上野分類の写実式にあたる。西王母の前には玉女が侍従し、そのあいだに図2-1「孟氏」鏡にみたような香炉がある。西王母の後ろには華蓋をもつ仙人が立っている。東王公は通天冠をかぶり、後ろに玉女が侍従し、前後には仙人が曲芸をしている。龍は2本の角をもち、背中に仙人が騎乗している。仙人騎乗の図像は、淮派の「杜氏」獣帯鏡や「杜氏」画像鏡に例がある。馬車は4頭立てで、輿には2人が乗っている。輿に人物をあらわすのはめずらしい。外区は鋸歯紋＋複線波紋＋鋸歯紋である。銘文は東王公と青龍のあいだに「・」記号があり、時計回りに展開する。

　　孟氏作竟眞大巧、　　孟氏　鏡を作るに、真に大いに巧みなり。
　　湅治五金清而明。　　五金を錬治するに、清にして明なり。
　　四夷服之富貴昌。　　四夷これを服さば、富貴昌んならん。
　　長保二親治中英。　　長く二親を保ち、中央を治めん。
　　世服者壽萬年。　　　世よ服する者は、寿は万年ならん。

第1・第2句の類句に図1-1鏡の「孟師作鏡眞大工。湅治銀錫大清明」がある。第2句の「五金」は五行に配される金・銀・銅・錫（または鉛）・鉄という5種類の金属（笠野 1983）。本来は鏡の原料となる「銅錫」や「銀錫」であるが、「劉氏」神獣鏡の集釈738に「大師得同。合湅五金成」という用例がある。第3句は図2-1「孟氏」鏡に同一句があった。第4句は図1-1「孟師」鏡のように本来「長保二親樂未英」とあるべきところを、図2-1鏡の「子孫備具治中英」の下3字を誤って挿入したもの。第5句の「壽萬年」は図2-1鏡にもあった。図像紋様は同じ「孟氏」の手になる図1-1鏡や図2-1鏡とほとんど共通していないが、銘文は希有な同一語句を共有している。その制作はおよそ西暦90年代に位置づけられよう。

　これに近い図像表現をもつ画像鏡は例が少ない。図2-4はニューヨーク山中商会旧蔵の「呂氏」画像鏡（梅原1939：図版15）で、青龍のかわりに白虎が配置されている。乳は図2-3「孟氏」鏡と同じ連珠をめぐらした円座乳。西王母と東王公の左右には玉女と仙人が伺候し、その表現は図2-3鏡に近似するが、西王母と東王公が左肩から気を発していることは呉派の「周氏」や淮派の「石氏」画像鏡に近い特徴である（岡村 2012）。馬車は図2-3鏡と同じ4頭立てで、輿の後ろに1人が身を乗りだしているのはめずらしい。白虎の背中には仙人が騎乗している。白虎の顔面は図1

図2　浮彫式獣帯鏡と画像鏡
1：浦上蒼穹堂蔵「孟氏」浮彫式獣帯鏡（森下章司氏撮影）、2：浦上蒼穹堂蔵「尚方」浮彫式獣帯鏡（森下章司氏撮影）、
3：孔震氏蔵「孟氏」画像鏡（森下章司氏撮影）、4：山中商会旧蔵「呂氏」画像鏡（人文研考古資料）

-3「孟氏」鏡や図1-4「石氏」鏡に似ている。外区には尻尾が唐草状になった獣紋がめぐっている。銘文は東王公の位置から時計回りに展開している。

　　　呂氏作竟四夷服。　　呂氏 鏡を作るに、四夷服す。
　　　多賀國家人民息。　　多く国家を賀し、人民息ふ。
　　　胡虜殄滅天復。　　　胡虜殄滅して、天（下）復す。

| 風雨時節五穀孰。 | 風雨は時節あり、五穀熟す。 |
| 長保二。 | 長く二（親）を保たん。 |

これは樋口（1953）分類の銘文 N で、呉派の画像鏡や盤龍鏡に多くみる。作鏡者の「呂氏」は漢鏡 5 期後半の淮派を代表する鏡工のひとりで、80 年代に浮彫式獣帯鏡や盤龍鏡を制作し、漢鏡 6 期の 90 年代に画像鏡の制作をはじめた。その盤龍鏡は「杜氏」鏡と同じ「辟邪・天禄」をあらわした第 2 類である。つづいて制作した画像鏡も、外区は漢鏡 5 期の獣紋を継承しつつ、銘文にも独特の個性を発揮し（岡村 2010）、呉派の「周氏」や淮派の「石氏」に近い図像表現をもっていた。本鏡はその図像表現を継承しているものの、銘文や外区紋様は定型化しており、1 段階下るものであろう。ちなみに「石氏」も新しい盤龍鏡では銘文 N を用いており（岡村 2012）、漢鏡 6 期における淮派の定型化はひろく蔓延していたのである。

5．論讃にかえて

淮派の「孟氏」は 80 年代から 90 年代にかけて盤龍鏡・浮彫式獣帯鏡・画像鏡を制作した。管見におよんだのは、わずか 4 面のみ、すべて出土地不明である。この 4 面は、盤龍鏡の 2 面もふくめて、図像紋様にほとんど脈絡がない。考古学でおなじみの型式分類という方法では、「孟氏」の芸術を語ることはできなかったであろう。

「孟氏」が作鏡活動をはじめた 80 年代は、淮派の絶頂期であった。それをリードしたのが「尚方」から自立した「名工杜氏」である。かれは独特の図像と銘文をもつ盤龍鏡を矢継ぎ早に創作していた。とりわけ銘文は、七言句からはじめて四言句、雑言句、七言句へと、詩形をめまぐるしく変化させた。独立したばかりのときの雑言句には、高ぶる気持ちがよくあらわれている。「孟氏」が最初に制作した盤龍鏡も、銘文に「孟師」を自称し、図像には「杜氏」鏡の「辟邪・天禄」を取りいれた。その鋭い彫刻手法には「杜氏」にならう意気込みが感じられる。

同じころ、江南の呉派は、西王母に東王公を配偶した画像鏡を創作した。その情報はまもなく淮派に伝わり、かれらはその革新的な鏡に圧倒された。淮派の「石氏」は永元三年（91）に画像鏡の制作に着手した。それが漢鏡 5 期から漢鏡 6 期への転機になった。「杜氏」や「孟氏」は手はじめに浮彫式獣帯鏡をつくり、つづいて画像鏡を制作した。「孟氏」は盤龍鏡の制作も継続した。しかし、このとき「孟氏」のつくった画像鏡と盤龍鏡は、「杜氏」の図像ではなく、「石氏」のそれに近いものであった。淮派の鏡工たちは、それぞれ自立しており、考古学者が想定するような「地域性」という縛りはなかった。やがて「石氏」は呉派とみまがうような作品も世に送りだした。

「孟氏」は 90 年代のうちに工房を閉じたようである。その活動期間は 10 年ほどであろうか。しかし、漢鏡 5 期から漢鏡 6 期への転換期において、その才能を盤龍鏡・浮彫式獣帯鏡・画像鏡として結実させた。また、かれはその銘文に「四夷服之」と記した。そのとおり、かれの作品が日本列島から出土するかもしれないし、その日が来ることをひそかに心待ちにしている。

参考文献

上野祥史 2001「画象鏡の系列と製作年代」『考古学雑誌』第86巻第2号
上野祥史 2003「盤龍鏡の諸系列」『国立歴史民俗博物館研究報告』第100集
梅原末治 1939『紹興古鏡聚英』桑名文星堂
王士倫（王牧修訂）2006『浙江出土銅鏡』修訂本、文物出版社
岡村秀典 1993「後漢鏡の編年」『国立歴史民俗博物館研究報告』第55集
岡村秀典 2010「漢鏡5期における淮派の成立」『東方学報』京都第85冊
岡村秀典 2012「後漢鏡における淮派と呉派」『東方学報』京都第87冊
岡村秀典 2013「名工杜氏伝―後漢鏡を変えた匠」岡内三眞編『技術と交流の考古学』同成社
笠野毅 1983「清明なる鏡と天―中国古鏡が規範を内包する根拠」『考古学の新視角』雄山閣出版
「中国古鏡の研究」班 2011「後漢鏡銘集釈」『東方学報』京都第86冊
樋口隆康 1953「中国古鏡銘文の類別研究」『東方学』第7号

漢代墓葬出土銭の研究
——洛陽・西安周辺の事例から——

佐藤　大樹

はじめに

漢代における銭貨流通の状況は文献史学を中心に復元され、居延木簡などの出土文字資料は部分的にではあるが銭貨使用の実態を補完してきた。しかし、歴史書や出土文字資料が語る貨幣史は時代的にも地域的にも限定的なものであり、漢代の貨幣史を知る最良の資料は時期・地域を網羅し存在する出土銭貨であろう。特に、すでに2万基以上の発掘調査がなされたとされる漢墓からの出土銭貨の整理・研究はきわめて重要である。

一般に出土銭貨(1)と言った場合、窖蔵銭と墓葬出土銭、その他生活遺構から出土するものに大別できる。ただし、中国における出土銭貨に関する限り生活遺構から出土する事例の報告はきわめて少ないため、基本的には窖蔵銭と墓葬出土銭という分類でよい。窖蔵銭は日本では一括出土銭などとも呼ばれ、何らかの意図をもって人為的に埋められた銭貨を指す。漢代の窖蔵銭を見ると新代貨幣を最新銭とするものが多く、前漢末から後漢初の政治的混乱期に緊急避難的に埋められたものと見られ(2)、時期・地域をある程度限定して出現すると言える。一方、墓葬出土銭については中原に関する限り、漢代を通じて常に確認することができる。

近年、中国における発掘成果はめざましく、特に洛陽・西安周辺の漢墓とそこから出土する銭貨については多くの成果が蓄積されてきている(3)。本稿では、この洛陽・西安周辺における漢代墓葬出土銭について時期ごとの集成と分析を行い、漢代墓葬出土銭の基本モデルを示したいと思う。この両地域は漢代の政治的な中心地でもあり、今後中国全域における墓葬出土銭の集成と分析を行うための起点として最適と考えている。

1. 春秋戦国時代の墓葬出土銭——漢代墓葬出土銭研究の前提として——

さて、漢代墓葬出土銭の研究と銘打ってみたが、まずは中国において墓葬出土銭が発生した春秋戦国時代の状況をまとめるところから始める。墓葬出土銭の初見としては、春秋〜戦国時代に洛陽周辺の墓葬から空首布が出土する事例があり、その他の地域では戦国晩期に確認することができる。ここでは、(1)空首布を出土する洛陽周辺、(2)洛陽を除く中原地域、(3)秦の勢力拡大と共に拡張する半両銭を出土する地域、(4)銅製貝貨を出土する楚地域に分け、見ていくこととする。

(1) 洛陽周辺

洛陽周辺における空首布の出土状況は、趙振華・余扶危「洛陽発現随葬空首布的東周墓葬」(『考古』1987-8)、趙振華「河南洛陽新発現随葬銭幣的東周墓葬」(『考古』1991-6) に13基が紹介されており、これに2基を加えた15基からの出土を確認している。

出土点数はみな9点以下、1、2点のものが主である。空首布の出土位置は春秋晩期においては墓室内棺外であり、戦国期にはいると1例を除いては棺内から出土する。棺内の出土位置では被葬者頭部、腕部、腰部、脚部などさまざまである。

(2) 中原地区（洛陽以外）

中原東北地域にあたる趙や燕の地であった河北省・山西省、斉の地であった山東省などで確認されるが、事例数は多くない。当時の活発な貨幣流通を示す窖蔵の出土件数と比較するとその発見数は少なく、当地域において墓葬への貨幣の埋納は活発ではなかったと想定しうる。

各墓からの出土点数は、1～10点のもの、11～100点のものがほぼ同割合であり、100点を超えるものもある。

出土位置が明らかな事例は少ないが、易県武陽台燕下都戦国墓では戦死者とみられる22体の遺体と1,300点以上の貨幣が出土し、多くの貨幣は遺体の腰部に佩びた状態であり、これは当時の兵士が戦争に出る際の所持スタイルであったとみられる。[4]

山西省の翼城上呉村戦国墓、河南省の三門峡上村嶺戦国晩期墓からは三晋地域の貨幣と共に半両銭や蟻鼻銭が出土し、秦や楚の影響を受けた可能性も勘案しうる。

(3) 半両銭出土地域

(1)(2)と比較して、半両銭の出土事例はきわめて多い。ただし、戦国・秦の地であった甘粛省や陝西省からの出土事例は少なく、四川省や楚地であった湖北・湖南省からの出土が多い。この点から銭貨の埋納は元々秦の習俗であったと断言することはむずかしく、むしろ金属原料が豊富であった四川省や楚地を秦が占領していく過程で生まれた習俗と考えることもできる。

出土点数は1～10点が多く、その他もおよそ11点～30点程度の間に収まる。例外として、中原地域でも取り上げた山西省翼城上呉村戦国墓では327点の出土があるが大半が布幣であり、半両銭の出土は1点のみである。出土状況としては、多くは墓室内棺内から出土する。出土位置は被葬者頭部付近が多く、棺内に置かれた容器内から出土することも多い。また、被葬者の状態が不明なものでも共伴遺物として銅剣、銅削、帯鉤などと近い位置から出土しているものが多いことから腰部に佩びた、もしくは手に近い位置に置かれたと推測できるものも多い。

(4) 楚地域

楚の貨幣の出土は湖北・湖南・河南・安徽・山東・江蘇省、一部陝西や内蒙古からの出土も確認できる。墓葬からの出土事例は湖北・湖南・河南・山東・江蘇省で確認できるが、出土状況を知ることができる事例は少ない。

楚墓から出土する貨幣は銅製の蟻鼻銭や金貨幣である郢爯金、その他に陶製でこれらを模したものなどがある。楚墓からの出土状況をまとめると、出土点数は10点以下が主、10点を超える事例はわずかであるが湖南省に限り100点台のものが多く確認される。出土状況については報告事例がほとんどなく不明であるが、江蘇宝応楚墓出土の郢爯金については墓室に置かれた陶罐内から出土している。

(5) まとめ

戦国時代の墓葬出土銭を見ると、洛陽地域の空首布を除けば戦国晩期から広がることで一致するが、漢代と比較するとその事例数は少ない。春秋晩期の空首布は墓室内棺外から出土するが、戦国以降の空首布及びその他の墓葬出土銭も基本的には棺内から出土する。棺内からの出土位置はさまざまであるが、被葬者頭部、脚部の他、腰部や手などに身に着けた状態で出土するものもある。点数としては、およそ1～30点の間に入ることで一致するが、中原地域や楚地域の一部では100点を超える事例も見られる。

以上が漢代に先立つ春秋戦国時代の墓葬出土銭の状況である。これを踏まえ、次章の漢代墓葬出土銭の状況を見ていくことにする。

2．洛陽・西安周辺における漢代墓葬出土銭の状況

春秋戦国時代においては地域を限定的した分布であった墓葬出土銭は、前漢早期になると各地に広がりを見せる。ただし、墓葬の中から銭貨が出土する割合は前漢早期ではまだ低く、墓葬出土銭の本格的な広がりは前漢中期以降と見られる。地域的な墓葬出土銭の分布では、陝西省、四川省、河南省、河北省、山東省、山西省、遼寧省、江蘇省、湖北省、湖南省、浙江省などの地域では漢代全般に渡り墓葬出土銭が出土し、甘粛省、安徽省、青海省、雲南省、貴州省、寧夏自治区、江西省、広西省、広東省などの周辺地域では新代を境に広がっていく。

多少話が逸れたが、本稿の目的とするところは漢代の墓葬出土銭の一般的なモデルを示すことである。まずは漢代の政治の中心地であった洛陽に所在し、漢墓・漢代出土銭貨研究の緒となった洛陽焼溝漢墓の墓葬出土銭を見ていきたいと思う。

(1) 洛陽焼溝漢墓の墓葬出土銭

洛陽焼溝漢墓は、解放後間もなく200基を超える漢墓の調査が行われ、漢墓の形制、副葬品の器種・組み合わせについて時期別の変遷が示され、その後の漢墓研究に年代判断の基準を与えた。この中で、銭貨、特に五銖銭に対する分類と分期はその後の銭貨研究、さらには漢墓の年代判断における根拠となった。

洛陽焼溝漢墓は1～6期に分期され、前漢中期から後漢晩期までの墓葬が確認される。その区分は以下の通り、第1・2期—前漢中期及びその後、第3期前半—前漢晩期、第3期後半—王莽及びその後、第4期—後漢早期、第5期—後漢中期、第6期—後漢晩期である。

表1　焼溝漢墓五銖銭分類　※拓影はⅤ型のみ背面

五銖銭拓影	分類	五銖銭の特徴	銭径ほか
	Ⅰ型	五字の交差線は直線、あるいはやや湾曲。銖字の金字の頭は有翼の鏃型、または三角形をなす。朱字の上下は方折。銅色は紫紅色、銭范の刻製はやや劣り、銭肉の表面はあまり平整ではない。筆跡はやや太い。大部分の銖字ははっきりしない。	銭径：2.5cm 穿径：0.9cm 厚さ：0.15(0.1)cm 重さ：3.5g
	Ⅱ型	五字の交差線は湾曲。金字の頭は三角を呈し鋭く尖り、金字の4点は小円。朱字は方折。銅色は紫紅色、銭肉の表面は平滑。郭の広さと厚みは一定。筆跡は細く、鋳造技術はⅠ型よりもよく、筆跡ははっきりとしている。	銭径：2.5～2.6cm 穿径：0.9cm 厚さ：0.15(0.1)cm 重さ：3.5g
	Ⅲ型	銅色は紅色を帯び、重量はⅡ型より軽く、銭肉は高低不平の現象はなく、銭文ははっきりし、筆跡はやや細い。五字は幅広で大きく、金字の頭は三角形、Ⅱ型の金字より大きい。金字の4点はやや長く、朱字の頭は圓折、あるものは朱字の頭は金字より高い。	銭径：2.6cm 穿径：0.9cm 厚さ：0.1cm 重さ：3～4g
	Ⅳ型	銭の大きさ、形制はⅢ型と同様。銅色は黄色、銭文は基本的にはⅢ型と同様だが朱字の上部が外側に広がる。鋳造の部分では、筆跡は太く、筆画は浅い。重量はⅢ型より軽いものが多い。	銭径：2.6cm 穿径：0.9cm 厚さ：0.1cm 重さ：2.1～2.4g
	Ⅴ型	銭の大きさ、形制はⅢ型と同様。背面の穿郭の4角には4条の直文あり。銅色は白を帯びた黄色、現在の黄銅と想定。書体はⅢ型と同様。銅質は悪く、銭の表面には大小の砂眼あり。	銭径：2.55cm 穿径：0.8cm 厚さ：0.1cm 重さ：3.6g

①点数（表4-1参照）

　200基の墓葬のうち162基から、銅銭11,265点、鉄銭、鉛銭各1点が出土した。各墓の状況をみていくと1,000点以上を出土する墓葬は、金谷園1号墓1,491点、1035号墓1,137点の2基のみ、1～10点が52基、11～50点が69基、51～100点が17基、101～500点が23基、501～1000点が1基となっている。

　時期ごとにみると、1～2期はほぼ50点以下に収まり、わずかに2期に50点を超える事例がみえる。3期以降は50点以上の墓葬が一定数みられるが、割合としては、1～10、11～50点が主である。6期のみ1～10点がなく、11～50点、51～100、101～500点がおよそ同割合で存在する。

②時期ごとの出土銭貨の構成

　洛陽焼溝漢墓からは、前漢・後漢五銖銭と新代貨幣、私鋳半両銭と鉄銭、鉛銭が出土している。五銖銭は五型式に分類され型式の違いは鋳造時期に起因するとされる。五銖銭の型式分類と墓葬からの出土状況は表1、2のようにまとめられている。出土銭貨のうち、半両銭については私鋳銭とされ、出土時期も6期に集中し、半両銭が流通する前漢早期とは大きく隔たりがある。

③出土状況

　出土状況は③-1墓葬内の出土位置、③-2墓室内の出土位置、③-3被葬者に対する出土位置に分けて表示する（表3参照）。

③-1 ほぼ墓室内から出土。3期以前では前室、4期以降では後室からの出土が多くなる。5期以降では、側室・耳室からの出土もあるが室内に置かれた棺内から出土する事例である。

③-2 全期を通じてほぼ棺内から出土。

③-3 2期の3基では、すべて被葬者周辺から出土する点で一致するが、出土位置は被葬者の頭部付近、胸上、胴部右側とそれぞれ異なる。3期の6基では、撲満、陶倉内から出土する2基を除いては、被葬者周辺から出土する。出土位置は、被葬者の頭部から脚部にかけてさまざまある。4期の1基は墓室内からその他副葬品と共に出土。5期の3基は被葬者周辺から出土。出土位置はこれも被葬者の頭部から脚部までさまざまである。6期の3基では被葬者周辺から出土するものと墓室内に置かれるものがある。

表2 焼溝漢墓時期ごとの出土銭構成

時期	出土銭貨の種類
0期	なし
1期	Ⅰ型五銖銭の単独出土が主、一部の墓葬ではⅡ型も含む。
2期	Ⅰ・Ⅱ型五銖銭を共伴する墓葬が主。Ⅰ・Ⅱ型を単独出土する墓葬、また磨郭五銖銭を含む墓葬もわずかにある。
3期前半	Ⅰ・Ⅱ型五銖銭を共伴する墓葬が主。磨郭五銖銭を含む墓葬の割合は、2期に比べて高い。
3期後半	Ⅱ型五銖銭、新代貨幣の割合が高い。Ⅰ型、磨郭五銖銭の割合はあまり高くない。
4期	Ⅲ型五銖銭が主。その他ではⅡ型を含む事例が多く、Ⅰ型、磨郭五銖銭、新代貨幣を少数含む。
5期	Ⅲ型五銖銭が主。Ⅱ型と新代貨幣を少数含む。Ⅰ型を含む例は1例のみ。
6期	Ⅲ型五銖銭を含む墓葬が多いが各墓からの出土点数は少ない。Ⅳ型、剪輪銭、新代貨幣のほかⅢ型半両銭を多く出土する。Ⅰ、Ⅱ、Ⅴ型五銖銭、環輪銭も少数含む。

以上が洛陽焼溝漢墓の状況である。時期による増減はあるが点数としては1～50点ほど、ほぼ墓室内棺内から出土する。棺内の出土位置としては被葬者頭部、胸部、腕部、腰部、脚部とさまざまであるが、3期以降になると被葬者周辺に撒いたように置かれる事例が多くなる。時期ごとの出土銭貨の構成についてはその他の地域との比較の際にあらためて触れることとする。

さて、この焼溝漢墓の墓葬出土銭の状況を漢代の典型例としてよいのであろうか。そもそも、洛陽焼溝漢墓には前漢早期（以下0期とする）の墓葬が欠落している。また、焼溝漢墓は洛陽に所在する一つの中小型墓群であり、洛陽の状況を知るためにはもう少し範囲を広げる必要がある。次に、焼溝漢墓以外の洛陽周辺の墓葬出土銭の状況を見ていくこととする。

(2) その他洛陽周辺の墓葬出土銭

①点数（表4-2参照）

全期を通じて、1～10点のものは少ない。11～50点のもの、101～500が主であり、1～2期までは前者が多く、3期を境に後者が主となる。1,000点以上の出土例は5、6期に各1例ある。

②時期ごとの出土銭貨の構成

（ⅰ）0期 八銖、四銖半両銭が出土。澗西西柴油机厂出土の窖蔵銭では各種半両銭のほか三銖銭、五銖銭が共伴するが、墓葬出土銭では半両銭と五銖銭の共伴事例はない。

（ⅱ）1～2期 火車站墓、「卜千秋」壁画墓、地区食品購銷站前漢墓、周山路石椁墓からはⅠ・Ⅱ型五銖銭が出土。半両銭との混合はない。また、Ⅰ・Ⅱ型はどちらかの単独出土である。金谷園小学IM1254前漢墓では、Ⅱ型五銖銭と空首布が共伴するが、五銖銭が南棺内から出土するのに対

表3　焼溝漢墓出土状況

墓葬NO	時期	③-1	③-2	③-3	出土状況詳細
M2	2期	前室	棺内	腕/腰部	男女2棺のうち2棺から出土。どちらも被葬者左側、腕部から腰部付近で出土。陶器類などは耳室から出土。
M184	2期	前室	棺内	頭部	被葬者頭部右側に五銖銭3点。その他副葬品は耳室から出土。
M312	2期	前室	棺内	胸部	2棺のうち1棺から出土。被葬者胸上から出土。もう1棺からは鉄刀が出土。その他副葬品は耳室。
M74	3期	前室	棺内	散在	夫婦合葬墓のうち女棺とみられる被葬者の頭部から脚部までの範囲に散在。
M82	3期	前室	棺内	散在	2棺のうち2棺から出土。左棺痕被葬者周辺にその他副葬品と共に散在。右棺痕被葬者周辺に散在。
M403	3期	前室	棺内	胸部	胸上左手に銅銭8点。銅鏡、漆器以外は耳室から出土。
M632	3期	前室	棺内	散在	棺内から出土。3体の被葬者のうち中央被葬者では左肩から左手にかけて、東側被葬者では胸から脚部にかけて散在。
M84	3期前	前室	棺内	容器内	撲満内から出土（五銖銭25点）。
M52	3期後			容器内	陶倉内（五銖銭3点、大泉五十52点が出土と報告されるが一覧にはなし）。
M102	3～4期	前室	棺内	頭部	2棺のうち1棺から出土。被葬者頭部付近から出土。同棺内からは剣飾のみ出土。
M28A	4期	後室		散在	墓室内にその他副葬品と共に散在。
M114	5期	後室	棺内	散在	後室中央、被葬者の頭から脚部までに散在。
M1029	5期	耳室/側室	棺内	脚部/散在	2棺のうち2棺から出土。耳室前棺内では被葬者両手部分から大量に出土。一部脚の間からも出土。側室棺内は被葬者骨架と共に散在。
M1030	5期	前室	棺内		前室棺灰中から出土。図面からは後室棺灰中からも4点出土があるように見えるが、一覧表には載っていない。
M1027	5～6期	前室	棺内	脚部	棺内被葬者腰部付近から出土。
M143	6期	前室	棺内	頭～肩部	被葬者左肩付近より出土。
M1035	6期	後室/耳室			半両銭は西耳室、後室などから出土。五銖銭等の出土状況は不明。
M1037	6期	前室/後室			前室2カ所、東後室から出土。

し、空首布は墓道から出土する。

　(iii)　3期前半　老城前漢晩期墓、張就前漢墓からはⅡ型五銖銭が単独出土。北邙飛行場903号漢墓、春都花園小区前漢墓では前漢五銖銭と磨郭五銖銭が共伴する。老城外前漢墓ではⅠ・Ⅱ型に八銖半両銭1点が共伴する。前漢末～新とされる浅井頭前漢墓、高新技術開発区前漢墓ではⅡ型と磨郭銭が共伴する。

　(iv)　3期後半　大泉五十、貨泉が主。大布黄千、貨布、五銖銭が少量含まれる。

　(v)　4期　焼溝後漢墓、偃師城関鎮後漢墓、辛店後漢墓はⅢ型五銖銭のみが単独で出土する。

　(vi)　5期　後漢早中期とされる王城公園後漢墓は磨郭五銖銭、貨泉が共伴する。吉利区後漢墓は後漢五銖銭、貨泉が共伴する。貨泉は小型・剪輪銭が主、また無文と平背ある。洛陽東北郊後漢墓は前漢、後漢五銖銭が共伴する。

　(vi)　6期　後漢五銖銭が主であるが、その他銭貨が混在する。七里河後漢晩期墓では貨泉、洛陽西郊後漢墓では半両銭、拖拉厂後漢墓では四銖半両銭、大泉五十、貨泉が共伴、第3850号後漢墓、洛陽後漢孝女黄晨墓、黄芍合葬墓、汽車工厂Ｃ５Ｍ348、偃師杏園後漢晩期墓は剪輪銭を含む。

③出土状況
(ⅰ) 0期　出土状況が明らかな事例なし。
(ⅱ) 1～2期　ほぼ墓室内棺内から出土する。貴族墓とみられる火車站M1779では墓室内から鉄刀、銅帯鉤などと共に出土。「卜千秋」壁画前漢墓では墓室内2棺のうち1棺の被葬者脚元から出土。周山路CM1766石槨墓では槨室内からその他副葬品と共に出土。地区食品購銷站前漢墓では墓室内東側の被葬者腰部付近から出土。金谷園小学IM1254では五銖銭は南棺から鉄剣、鉄刀と共に出土するが、墓道から空首布3点が出土する。
(ⅲ) 3期前半　みな墓室内被葬者周辺から出土。出土位置が確認できる老城前漢晩期墓の東棺、西棺ではどちらも被葬者腰部付近から出土。
(ⅳ) 3期後半　墓室内棺内から出土する。1墓あたりの出土点数は多く、串状で出土するものが多い。また、高新技術開発区GM646前漢墓では、銭貨は被葬者周辺に撒かれた状況で出土する。尹屯新莽壁画墓では中室、後室、西耳室から出土。
(ⅴ) 4期　みな墓室内棺内被葬者周辺から出土。出土位置はさまざま。
(ⅵ) 5期　墓室内棺内被葬者周辺から出土。出土位置はさまざま。吉利区後漢墓M445では耳室から出土。
(ⅶ) 6期　みな墓室内棺内被葬者周辺から出土するが、出土位置はさまざま。

(3) 洛陽周辺の墓葬出土銭まとめ

①点数
全体を通して、1～10点、11～50点が主。50点を超える出土点数の墓葬は洛陽では2期以降見られるようになる。500点を超える墓葬は、全期を通じて少数である。

②出土銭貨
0期では前漢半両銭が出土し、秦半両銭や三銖銭、五銖銭とは基本的には共伴しない。1～2期では焼溝漢墓ではⅠ・Ⅱ型が混在する墓葬が多く、その他の洛陽周辺ではⅠ型・Ⅱ型の共伴は少なくそれぞれの単独出土が多い。その他の洛湯周辺でも3期前半になるとⅠ・Ⅱ型が共伴し、磨郭銭、剪輪銭を含むようになる。4・5期ではⅢ型が主であるが、Ⅰ・Ⅱ型、新代貨幣を少数含む。6期ではⅢ型、Ⅳ型にⅠ・Ⅱ型、新代貨幣が混在する点では4・5期と同様であるが、私鋳半両銭、剪輪銭などを含む点で異なる。

③出土状況
銭貨の出土状況は、各期を通じて墓室内棺内被葬者周辺から出土する事例が多い。3期後半以降、耳室からの出土も見られるようになる。被葬者周辺からの出土位置は頭部・胸部・腰部・脚部などさまざまであるが、基本的には被葬者が身に着けていた、もしくは被葬者に持たせたものという理解でよいだろう。3期以降では被葬者周辺に銭貨が撒かれた状態で出土する事例が見えるようになる。

(4) 長安周辺

次に、前漢の都であった長安周辺の墓葬出土銭の状況をまとめる。当地域は、『西安龍首原漢墓』『白鹿原漢墓』『長安漢墓』『長安東漢墓』[9]が発刊され、前漢早期から後漢末に至る漢墓の状況を網羅的に知ることができる。西安龍首原漢墓64基、白鹿原漢墓20基、長安漢墓70基、長安東漢墓83基の墓葬出土銭の状況を以下にまとめる。

①点数（表4－4参照）

長安周辺の銭貨出土点数は、0期においては1～10が主で11～50点が次ぐ。51～100、101～500点も一定割合でみられる。2期においては11～50点が主であり1～10点が次ぐ。51～100、101～500点も一定割合でみられる。3期以降は、11～50点が主、1～10点が次ぐ状況は2期と同様であるが、501～1000点のものが見られるようになる。5期のみ1～10点、11～50点と同程度51～100、101～500点が存在する。

長安以外の陝西省における出土点数も長安周辺と同様の傾向を示すが、5期における出土点数の増加が見られない点が西安周辺と異なる。

②時期ごとの墓葬出土銭の構成

（ⅰ）0期　『西安龍首原漢墓』所収の42基の前漢早期墓のうち19基から銭貨が出土。このうち、楡莢半両銭の単独出土が2基、八銖半両銭が1基、四銖半両銭が10基ある。残りは、楡莢銭、八銖、四銖の共伴が2基、楡莢銭と八銖の共伴が1基、楡莢銭と四銖の共伴が3基ある。また、『白鹿原漢墓』所収の国棉五廠M95、焼城高速公路M16からは100点以上の四銖銭と秦～前漢初の半両銭各数点が共伴する。

（ⅱ）1～2期　1期の墓葬からはⅠ型が単独出土、2期から3期前半にかけてはⅠ・Ⅱ型が共伴する。Ⅱ型の単独出土は少ない。焼城高速公路M36では五銖銭と四銖半両銭が共伴するが、半両銭と五銖銭が共伴する事例は少ない。

（ⅲ）3期前半　Ⅰ・Ⅱ型の共伴が主。この他に前漢末五銖銭、小五銖銭、磨郭五銖銭などが含まれる。電信局第二長途通信大楼漢墓群M14ではⅠ型27点、Ⅱ型24点に対し、小五銖銭540点、磨郭154点、同M28ではⅠ型40点、Ⅱ型50点、前漢末35点に対し、小五銖銭544点、同M110ではⅠ型35点、Ⅱ型20点、前漢末12点に対し、小五銖銭465点、磨郭1と多くの小五銖銭、磨郭を含む事例もある。

（ⅳ）3期後半　五銖銭と大泉五十、貨泉が共伴するものが主。小泉直一を含む事例が次ぎ、その他新代貨幣を含む事例も少数ある。単独出土のものは大泉五十・貨泉がある。3期前半のように小五銖銭や磨郭銭を含む事例は少ない。

（ⅴ）4期　Ⅰ・Ⅱ・Ⅲ型の共伴が主であり、これに新代貨幣・鉄銭などが少数含まれる。西北有色金属研究院考古工地M13では504点の出土銭貨のうち350点の小五銖銭を含む。

（ⅵ）5期　『白鹿原漢墓』所収の国棉四廠墓、焼城高速公路漢墓ではⅢ・Ⅳ型五銖銭が共伴する事例が主。貨泉、大泉五十、半両銭を少数含む事例がある。『西安東漢墓』所収の各墓では、貨泉、大泉五十、半両銭の他に小五銖銭、貨布・布泉、磨郭・剪輪銭・無字銭を含む事例がある。

（ⅶ）6期　基本的には5期に近いが、異なる点は程度の著しい剪輪銭、環輪銭が含まれることで

表4　墓葬1座あたりの出土点数

点数＼時期	1～10	11～50	51～100	101～500	501～1000	1001～	計
0期							
1期	2	4					6
1～2期		1					1
2期	11	5	1	1			18
2～3期							
3期	5	6	3	4			18
3期前	10	18	3	4		1	36
3期後	7	12	2	2			23
3～4期	5	4		1			10
4期	3	6		2			11
4～5期		3	2	1			14
5期	3	3		2	1		12
5～6期	1			1			2
6期		4	3	5		1	13
計	52	69	17	23	1	2	164

1　洛陽焼溝漢墓出土点数

点数＼時期	1～10	11～50	51～100	101～500	501～1000	1001～	計
0期	2	1					3
1期							0
1～2期		1					1
2期			1				1
2～3期		2					2
3期							0
3期前		2	1	2			5
3期後		3		4			7
3～4期							0
4期				1			1
4～5期	1	1					2
5期		1			1		2
5～6期							0
6期	1	1		4	1		7
計	4	12	2	11	2	0	31

2　洛陽周辺出土点数

点数＼時期	1～10	11～50	51～100	101～500	501～1000	1001～	計
0期	5	3	1				9
1期							0
1～2期	6	4	2				12
2期	2						2
2～3期	6	1					7
3期				1			1
3期前	10	3		1			14
3期後	3	10	3	1			17
3～4期	6	5	3	1	1		16
4期	4	3	1	4	1		13
4～5期							0
5期	5	4	3	1		2	15
5～6期	1	1					2
6期	8	16	8	12	3		47
計	56	50	21	21	5	2	155

3　河南省出土点数

点数＼時期	1～10	11～50	51～100	101～500	501～1000	1001～	計
0期	11	4	3	3			21
1期							0
1～2期							0
2期	14	21	3	1			39
2～3期	3	10	2	1			16
3期							0
3期前	6	21	8	4	3		42
3期後	6	15	4	3			28
3～4期							0
4期	2	1	1		1		5
4～5期							0
5期	17	31	11	12	1		72
5～6期							0
6期	8	19	2	5			34
計	67	122	34	29	5	0	241

4　西安周辺出土点数

ある。五銖銭以外の銭貨の出土点数は数点含まれる程度であり、Ⅰ・Ⅱ・Ⅲ・Ⅳ型の他、剪輪銭・環輪銭に至るまでさまざまな五銖銭の出土が見られる。

③出土状況

③-1　基本的には墓室内から出土。4～5期にかけて後室からの出土及び耳室・側室などからの出土例が増加する。

③-2　基本的には棺内から出土する。5期以降、墓室内棺外からの出土例が増加する。

③-3　0～2期にかけては頭部付近、腰部付近が主。3期前半以降になるとその他の位置からの出土事例が増え、出土位置の特徴は見られなくなる。被葬者周辺に散在する事例は3期前半から見られ、特に4期以降は高い割合で出現するようになる。

(5)　漢代の墓葬出土銭

本章では漢代墓葬出土銭の一般的なモデルを示すことを目的に、洛陽焼溝漢墓からはじめ、洛陽・西安周辺の墓葬出土銭の状況を見てきた。ここでは各地域の事例を比較し、分析を行うことと

する。また、本文中では触れることができなかった洛陽以外の河南省についても集計・分析を行っており、比較対象として一覧に掲示している。西安以外の陝西省については西安と状況が近似するため、西安周辺≒陝西省として重ねての表示は避ける。

①点数（表4－1～4参照）

洛陽・西安周辺共に全期を通じて、1～10、11～50点が主となる。地域的な差異をみると50点を超える墓葬は西安では0期から見られるのに対し、洛陽周辺では3期以降に増加する。この50点を目安に洛陽と西安周辺を比較すると、4期以降の洛陽では50点以上の割合が高く、西安では50点以下の割合が高くなり前漢時期とは逆転する。やや地域を拡大してこの傾向を比較した場合、洛陽の所在する河南省では洛陽と同様の傾向を示し、西安の所在する陝西省では西安と同様の傾向を示す。

②時期ごとの出土銭貨の構成（表5参照）

（ⅰ）0期　楡莢銭・八銖半両銭・四銖半両銭が出土し、それぞれの単独出土が多い。また、四銖半両銭を含む墓葬が多く、銭貨の埋納が盛んになる時期は四銖半両銭が鋳造される文帝期以降と考えることができる。

（ⅱ）1～2期　Ⅰ・Ⅱ型五銖銭が主であるが、洛陽焼溝漢墓と西安周辺ではⅠ・Ⅱ型が共伴するのに対し、焼溝漢墓以外の洛陽周辺や河南省ではⅠ・Ⅱ型が共伴する事例は少ない。陝西省・河南省以外の地域の状況を付け加えると、1～2期の墓葬ではⅠ・Ⅱ型の共伴する事例は少なく、洛陽焼溝漢墓と西安周辺固有の現象といえる。

（ⅲ）3期前半　3期前半になると洛陽焼溝漢墓や西安周辺以外でもⅠ・Ⅱ型の共伴が一般的となり、洛陽ではⅠ・Ⅱ型の他に磨郭銭、磨輪銭を含み、西安では小五銖銭、磨郭銭が含まれるようになる。

（ⅳ）3期後半　洛陽周辺、その他河南省では大泉五十、貨泉が主でその他新代貨幣、五銖銭が少数含まれる。洛陽焼溝漢墓と西安周辺では大泉五十、貨泉、五銖銭を含む墓葬が主、その他新代貨幣を少数含む。

（ⅴ）4期　Ⅲ型五銖銭に少数のⅠ・Ⅱ型、新代貨幣を含む。焼溝漢墓を除く洛陽周辺のみⅢ型五銖銭の単独出土が多い。この他に焼溝漢墓では磨郭銭、西安周辺では鉄銭、小五銖銭を含む墓葬もある。

（ⅵ）5期　洛陽周辺を含む河南省内ではⅢ型五銖銭が主で前漢五銖銭、新代貨幣などを少数含む。一方、西安周辺ではⅢ・Ⅳ型五銖銭が共伴する事例が主となり、貨泉、大泉五十、半両銭、小五銖銭、貨布・布泉、磨郭・剪輪銭・無字銭を少数含む事例がある。

（ⅶ）6期　洛陽焼溝漢墓を含む河南省では、Ⅲ・Ⅳ型五銖銭にⅠ・Ⅱ・Ⅴ型五銖銭、剪輪銭、環輪銭の他、新代貨幣、私鋳半両銭を少量含む。西安周辺ではⅠ・Ⅱ・Ⅲ・Ⅳ型の他、剪輪銭・環輪銭が出土するが、わずかに新代貨幣や私鋳半両銭の出土も見られる。

③出土位置

③－1　基本的には全期を通じて墓室内から出土する。前漢では多くは前室から出土するが、後漢になると後室からの出土事例が増加する。5期以降には耳室・側室からの出土事例も見られるが、これは耳室・側室内に被葬者がある場合もあり、基本的には被葬者周辺から出土する。

表5　各地の墓葬出土銭の構成

時期区分1	時期区分2	洛陽焼溝漢墓	その他洛陽周辺	その他河南省	西安周辺
0期	前漢早期	なし	八銖・四銖半両銭が出土。共伴関係は不明。	四銖半両銭の単独出土が主。秦半両銭の出土もある。	楡莢銭・八銖半両銭・四銖半両銭が出土し、それぞれの単独出土が多い。
1期	前漢中期（武帝）	I型五銖銭が主、II型も含む。			I型五銖銭の単独出土。
2期	前漢中期（昭帝～宣帝前期）	I、II型五銖銭を共伴する墓葬が主。I型、II型を単独出土する墓葬、また磨郭五銖銭を含む墓葬もわずかにある。	I・II型五銖銭の単独出土が主。	I・II型五銖銭の単独出土が主。	I・II型五銖銭が共伴する。
3期前半	前漢晩期（宣帝後期～前漢末）	I、II型五銖銭を共伴する墓葬が主。磨郭五銖銭を含む墓葬の割合は、2期に比べて高い。	I、II型五銖銭を共伴する墓葬が主。磨郭銭、半両銭を少数含む事例がある。	I・II型五銖銭が共伴する。磨郭銭、剪輪銭を含む。	I・II型の共伴が主。この他に小五銖、磨郭五銖銭が含まれる事例もある。
3期後半	新	II型五銖銭、新銭の割合が高い。I型、磨郭五銖銭の割合はあまり高くない。	大泉五十、貨泉が主。大布黄千、貨布、五銖銭が少量含まれる。	大泉五十、貨泉が主。大布黄千、貨布、小泉直一、五銖銭が少量含まれる。	五銖銭と大泉五十、貨泉が共伴するものが主。小泉直一を含む事例が次ぎ、その他新王莽銭を含む事例も少数ある。単独出土のものは大泉五十・貨泉がある。
4期	後漢早期	III型五銖銭が主。その他ではII型を含む事例が多く、I型、磨郭五銖銭、新銭を少数含む。	III型五銖銭の単独出土が主。	III型五銖銭が主であるが、I・II型、新王莽銭を少数含む。	I・II／III型の共伴が主であり、これに新王莽銭・鉄銭などが少数含まれる。小五銖が出土する事例もあり。
5期	後漢中期	III型五銖銭が主。II型と新銭を少数含む。Iを含む例は1例のみ。	後漢五銖銭に貨泉、磨郭銭、前漢五銖銭が混在する		III・IV型五銖銭が共伴する事例が主。貨泉、大泉五十、半両銭、小五銖、貨布・布泉、磨郭・剪輪銭・無字銭を少数含む事例がある。
6期	後漢晩期	III型五銖銭を含む墓葬は多いが点数は少ない。IV型、剪輪銭、新銭のほか半両銭を多く出土する。I、II、V型、環輪銭も少数含む。	後漢五銖銭が主であるが、半両銭、貨泉、大泉五十を含む。	III・IV型五銖銭にI・II型、新王莽銭が混在する点では4・5期と同様であるが、半両銭、剪輪銭などを含む。	I・II・III・IV型五銖銭の他、剪輪・環輪銭が出土する。わずかに貨泉、大泉五十、小泉直一などの新王莽銭や半両銭が含まれる。

③-2　全期を通じて棺内からの出土が多い。0期では棺外からの出土、墓室外からの出土も多い。また、5期以降棺外からの出土事例の割合が高くなる。

③-3　被葬者周辺からの出土位置についてはあまり傾向を見出せない。試みに長安周辺における③-1～3の集計を表6-1～3に示しておく。傾向としては頭部、胸部、腰部が多く、銭貨を埋納する際には被葬者の頭部付近に置く、身上に置く、腰部に佩びさせるという状況を想定できる。前漢では胸部・腰部からの出土が多く、後漢になると頭部、脚部、散在などが多くなり、徐々に被葬者の身に着ける、持たせるという意識は薄くなっていくと考えている。

まとめ

以上のように、漢代における洛陽・西安周辺の墓葬出土銭について見てきた。漢代を通した墓葬出土銭の一般的なモデルとしては、銭貨は墓室内棺内に置かれ、被葬者の身に着ける、手に持たせる、身上に置くなど被葬者周辺から出土する。この時、銭貨の出土点数は50点以下が多い。このモデルの典型例は前漢中期（1～2期）の墓葬出土銭である。この洛陽・西安周辺における前漢中期の墓葬出土銭を起点とし、これを平面的には同時期におけるその他地域へと広げていき、また地域

においては時期ごとの集成を行うことにより、地域と時期から漢代墓葬出土銭を把握していくことが可能となる。本稿ではこの起点となる一般的なモデルを示すことで目的を達したため、これを結論としてもよいのであるが、いくつかの問題を把握することができたためそれに触れて本稿のまとめとする。

本稿では、地域を洛陽焼溝漢墓・洛陽周辺・河南省・西安周辺と設定し、1基あたりの出土点数、出土銭貨の構成、銭貨の出土位置の3項目に着目し、比較を試みた。出土点数について見れば、焼溝漢墓・洛陽・河南省は前漢では50点を超える墓葬は少ないが3期以降はその割合が増加する一方、西安周辺では前漢早期から50点を超える墓葬が見られる反面、3期以降その割合は減少していく。次に、出土銭貨の構成について、2期におけるⅠ・Ⅱ型五銖銭の共伴関係を見ると、焼溝漢墓と西安周辺はⅠ・Ⅱ型の共伴関係があり、洛陽周辺・河南省ではⅠ・Ⅱ型ははっきりと分かれて出土する傾向がある。出土点数については洛陽あるいは河南省と西安周辺との地域における経済活動の中での銭貨の購買力や供給量などが関係していると想定できる。一方、出土銭貨の構成についてはそれぞれの地域や遺跡ごとの新しい銭貨が供給される速度というものが関係してくると想定される。たとえば前漢における西安周辺は当時全国唯一の鋳銭地であった上林三官と地理的に近い距離に位置し、いち早くⅡ型五銖銭が流通した可能性がある。そのため、Ⅰ型が流通している段階でⅡ型の流通も開始され、共伴関係が生じたと想定できる。その他の地域ではやや遅れてⅡ型の鋳造量が十分整った段階で流通が開始したため、共伴関係を生じないと想定している。また、地理的な距離以外にも中央との政治的な距離というものもある。たとえば前漢において上林三官で鋳造された銭貨は、自然と西安周辺から陝西省内、各地方へ

表6　西安周辺における銭貨の出土位置

③-1

	墓道	前室	後室	耳室	側室	辺箱	小龕	計
0期	1	15				2	1	19
1期		2						2
0～1期								0
1～2期		14						14
2期		4						4
2～3期		16			1			17
0～3期								0
3期								0
3期前		42						42
3期後		28						28
3～4期								0
4期		4			1			5
4～5期		1	1					2
5期		34	17	2	9	3		65
5～6期								0
6期		29	10		1	2		42
4～6期								0
計	1	189	28	2	12	7	1	240

③-2

	棺内	棺周辺棺外	墓室内	墓室外	計
0期	10	6	2	5	23
1期	3				3
0～1期					0
1～2期	13	1			14
2期	4	1	2		7
2～3期	15		1		16
0～3期					0
3期					0
3期前	32	1	5		38
3期後	24		3		27
3～4期					0
4期	4		1		5
4～5期	1		1		2
5期	32	5	21	2	60
5～6期					0
6期	18	3	13		34
4～6期					0
計	156	17	49	7	229

③-3

	頭部	胸部	腕部	腰部	脚部	散在	容器内	計
0期	1	1		3				5
1期		1			1			2
0～1期								0
1～2期		3		9				12
2期		3		1				4
2～3期								0
0～3期								0
3期								0
3期前	8	9	4	16	3	1		41
3期後	4	2	5	13	3			27
3～4期								0
4期	1	1		1		1		4
4～5期								0
5期	6	4	1	7	2	6	2	28
5～6期								0
6期	3	1		4	4	2		14
4～6期								0
計	23	25	10	54	13	10	2	137

と流通していったとは考えがたく、中央から各地方の政治・権力の中枢へと送られ、さらにそこから再分配されたと想定できる。この点を論じるためには今回取り上げなかった大型墓における墓葬出土銭の分析を行い、今回対象とした中小型墓へと段階を分けた集成と分析が必要となってくる。

　長々と話が逸れたが、結論として各地の墓葬出土銭を集成していく過程において、単に時期・地域という基準のみで現象を把握することは十分ではなく、墓葬の規模を根拠とした階層という視座を加えることが必要となろう。各遺跡・各墓葬の規模・被葬者の階層を正確に捉えた上で、今回取り上げた洛陽・西安周辺以外の地域へと研究対象を広げていく必要があると考え、これを今後の課題とする。

註
(1) 銭貨という名称の定義として、筆者は金属貨幣のうち円形で中央に四角い穴が開いたもの（円形方孔銭）に限定して使用している。春秋戦国時代や新王莽の貨幣について個別に表現する際には貨幣という名称を用いるが、一般的な発掘調査によって得られる貨幣全般については出土銭貨の名称で統一し、墓葬出土銭も同様の扱いとする。
(2) 三宅俊彦 2005『中国の埋められた銭貨』（同成社）は、窖蔵銭が埋められた要因として戦乱と銭貨使用の禁止令を挙げる。これは宋～明代を念頭に置いた指摘であるが、新代の窖蔵銭についても戦乱が一つの要因と考える。
(3) 漢代出土銭貨の動向は『中国銭幣大辞典』編集委員会編 1993『中国銭幣大辞典・秦漢編』（中華書局）や鄭州師専中原文化研究所編 2005『銭幣考古文献叙禄』（中州古籍出版社）等の出版や中国学術文献のオンラインサービスの普及により広く知ることができるようになった。ただし、日々増え続ける出土銭貨をどのように研究の俎上に乗せていくかが課題となっている。近年洛陽銭幣学会編 2008『洛陽銭幣与河洛文明』（科学出版社）など地域を設定した貨幣史研究も行われてきている。
(4) 「河北易県燕下都44号墓発掘報告」『考古』1975-4
(5) 楚の貨幣としては、宝貝を貨幣とするか否かという問題がある。近年の日本では近藤喬一 1999「西周時代宝貝の研究」『アジアの歴史と文化』（山口大学アジア歴史・文化研究会）・柿沼陽平 2011「殷周宝貝文化とその「記憶」」『中国貨幣経済史研究』（汲古書院）・江村治樹 2011『春秋戦国時代青銅貨幣の生成と展開』（汲古書院）などの研究があり、筆者も宝貝は元来車馬の装飾具であったという立場をとるため貨幣には含んでいない。
(6) 新代以降、周辺地域に墓葬出土銭が広がる現象は、前漢では西安周辺の上林三官のみを全国唯一の鋳銭地としたものを、新代には各地に役人を派遣し銭貨の鋳造を行う政策へと転換した。このことが契機となり、周辺地域での墓葬出土銭が発生したと考える。
(7) 中国科学院考古研究所編集 1959『洛陽焼溝漢墓』（科学出版社）
(8) 五銖銭の型式分類については、蒋若是による分類がある。蒋は前漢五銖銭をⅠ-1式（武帝）、Ⅰ-2式（昭帝～宣帝前期）、Ⅱ型（宣帝後期）、Ⅲ型（元帝～前漢末）、後漢五銖銭を早・中・晩期に細分化している。ただし、過去の多くの報告書が洛陽焼溝漢墓の5型式の分類を基準とし報告を行っているため、本稿ではそれに従った。
(9) 西安市文物保護考古所編著 1999『西安龍首原漢墓』（西北大学出版社）、陝西考古研究所編著 2003『白鹿原漢墓』（三秦出版社）、西安市文物保護考古所編著 2004『長安漢墓』（陝西人民出版社）、西安市文物保護考古所編著 2009『西安東漢墓』（文物出版社）

清代の銭貨流通

三 宅 俊 彦

はじめに

　本論考では、清代の中国で流通していた銭貨に焦点をあて、いくつかの問題点を検討してみたい。まず清代の銭貨流通の状況について概観したのち、考古資料である一括出土銭の状況を明らかにし、その特徴を抽出する。次に外国銭貨の流入に注目し、その背景について考察を加える。また、近年の筆者の調査を基に、清朝銭の海外での流通状況を示し、その流出ルートに関して検討を加えてみたい。[1]

1．清代の銭貨流通の概要

(1) 貨幣政策

　清代の中国では、貨幣は主に銀と銅銭により担われていた。両者はその使われ方が異なっており、総じて銀が地域間の決済通貨として機能していたのに対し、銅銭は現地通貨として機能していた。黒田明伸によれば、乾隆年間における銭貨の大量な鋳造により、銭遣いへと地域経済が誘導され、秤量銀を現地通貨から退場させ、地域間決済のみを主として担うこととなったという（黒田 1994）。

　その銅銭の鋳造は、京師の戸部寶泉局、工部寶源局だけでなく、地方の鋳造局でも必要に応じて行われていた。上田裕之によると銭貨の供給は、寶泉局が鋳造した制銭は戸部に納入され、北京城内に居住する禁旅八旗の兵餉（兵士の給与）にあてられ、寶源局が鋳造した制銭は工部に納められ、各種土木事業において傭工に支払う賃金に用いられたという。また、各省で鋳造された制銭もその地方の兵餉に当てられたと言い、主に兵士の給与と土木事業費として使用されたことがわかる（上田 2009）。

　まとめると、清朝の銭貨は京師および各省で鋳造されたが、それらは主に兵士の給与と土木事業の工賃として用いられ、さらにその流通は現地通貨としての性格が強く、地域を越えた決済には銀が用いられていたと言えよう。

　このように、清代の銭貨は主に現地通貨として用いられ、各省で鋳造されたものは基本的にその地域での流通を目的としていた。このことは、地域間での銭貨流通の流動性を抑制する方向に作用すると考えられる。つまり、清代において各地で流通していた銭貨は、それぞれの地域で鋳造された銭貨が中心となっていたと予想される。

　清代の銭貨は背面に鋳造局を記すものが大半である。そのため一括出土銭の銭種も、その鋳造地

を観察することで、上記の予想の当否を検証することが可能となる。残念ながら中国の一括出土銭では、そこまで詳細な情報を記載する報告はないが、将来の調査の進展を待って検討したい。

次に、考古資料である一括出土銭の概要を見てみたい。

(2) 一括出土銭
①事　例

筆者は清朝の一括出土銭について集成を行ったことがある（三宅 2005）。ここでは、その集成をもとに、近年管見に触れた事例を追加して、一括出土銭の様相を概観したい（表1）。非常に簡単な記述のものが多く、正確な情報を得にくいが、大まかな状況を把握しておきたい。現在、管見に触れた事例は25例である。黒竜江省1例、吉林省2例、山東省2例、河南省15例、陝西省1例、安徽省2例、江西省1例、広西チワン族自治区1例、新疆ウイグル自治区1例で、ほぼ全国から発見されている。

中でも河南省が突出して多いが、これは近年『河南出土銭幣叢書』のシリーズが刊行され、一括出土銭の集成が行われたためである。このシリーズでは非常に多くの一括出土銭の事例を報告しているが、そのほとんどが1～2行程度のきわめて簡単なものであり、詳細を知ることができない。そのため、表1では銭貨の種類など、ある程度構成が把握できるもののみを選んで載せている。

最新銭の報告されているものでは、光緒通寶（1875年初鋳）6例、道光通寶（1821年初鋳）2例、咸豊通寶（1851年初鋳）2例、宣統通寶（1909年初鋳）1例であり、19世紀の事例が多い。銭種組成は不明な点が多いが、清の銭貨が中心となっているものと、宋銭と清銭で構成されているものの2種類が看取される。また吉林省の2例は、どちらも李氏朝鮮の常平通寶（1678年初鋳）が主体となっている。最新銭が光緒通寶であり、中国の銭貨は他に康熙通寶、乾隆通寶、道光通寶、咸豊通寶が含まれる。少数ながら中国銭が混在しており、朝鮮との国境付近の特殊な状況を反映したものであろう。なお、この事例では寛永通寶も含まれていた（呼 1989）。

②外国銭貨の存在

上記、常平通寶を主体とする事例は、特殊なものと考えられるが、中国の中心部から出土する一括出土銭にも、外国の銭貨が含まれている事例は多い。

特に日本の寛永通寶は一括出土銭25例中16例で、その存在が確認されている（表1「寛永」の項目参照）。なかでも河南省の鄢陵県張橋郷閻段村では数千枚が発見され（宋 2005）、さらに陝西省の西原公大隊では489kgの銭貨の中から726枚（王 1986）、安陽市の事例でも200kgの銭貨に200枚以上の寛永通寶が含まれていた（孔・謝 2003）。このような事例から、寛永通寶が中国国内で貨幣として流通していたことが読み取れ、清銭の流通の流れに乗って、遠くは新疆ウイグル自治区の一括出土銭からも発見されている（胡 1995）。

日本銭では他に長崎貿易銭が河南省の禹県城関鎮の一括出土銭で発見されている（宋 2005）。記述を読むと、どうやら北宋の元豊通寶をまねた長崎貿易銭のようである。

またベトナムの銭貨も25例中11例で発見されており、数量は寛永通寶ほどではないが中国国内で一定量流通していたことが読み取れる（表1「ベトナム」の項目参照）。たとえば、鄢陵県張橋郷

280　第Ⅰ部　中国編

表1　清の一括出土銭

No.	省名	遺跡名	数量	最古銭	最新銭	容器	寛永	ベトナム	備考	参照文献
1	黒竜江	二地村	9446枚	開元通寶	清	不明			寛永通寶が286枚出土	王1994
2	吉林	解放路中段	12kg	常平通寶	光緒通寶	なし	○		3,700枚中3,100枚が常平通寶	呼1989
3	吉林	北大有機合成廠	3kg	常平通寶	光緒通寶		○		上記と一緒に報告	呼1989
4	山東	斉家村	約15,000枚	前漢・四銖半両	光緒通寶	磁罐	○		北宋銭が中心	賈・王1993
5	山東	費県百貨公司	約1,500kg	開元通寶	光緒通寶	不明		○	宋銭と清銭が中心	潘・王1989
6	河南	安陽市区	約200kg	崇禎通寶	宣統通寶	不明		○	寛永通寶200枚以上、ベトナム銭10数枚	孔・蘭2003
7	河南	睢県	71kg	祥符通寶	道光通寶	不明			乾隆・道光・嘉慶で95％以上。	寿2003
8	河南	駱集郷	32.5kg	宋銭	咸豊通寶	甕			乾隆10％、道光30％、未詳少量20％。未詳少量（平銭）あり	寿2003
9	河南	鄢陵県	不明	不明	清	麻袋	○		清銭が中心、寛永通寶・光中通寶・景興通寶少量あり	宋2005
10	河南	禹県坡関鎮	約200kg	不明	清銭	不明	○		30種類以上の寛永通寶と長崎貿易銭あり	宋2005
11	河南	禹県坡関鎮	約20kg	順治通寶	順治通寶	不明	○		順治通寶のみ	宋2005
12	河南	閭段村	不明	清?	同治通寶?	不明	○	○	寛永通寶数千枚、泰徳通寶・延寧通寶・明命通寶・光中通寶・景興銭あり	宋2005
13	河南	柏茗村	200kg	康熙通寶	光緒通寶	不明		○	乾隆通寶60kg、咸豊重寶・光緒通寶18kg、同治通寶400枚、康熙通寶・嘉慶通寶少量	宋2005
14	河南	高橋営村	150kg	順治通寶	咸豊通寶	不明	○	○	乾隆通寶が中心、ベトナム銭多種、寛永通寶約180枚（背：元20枚、文4枚、足3枚、小2枚、長2枚）	宋2005
15	河南	安庄村	約17kg	明	順治通寶	不明	○		明銭は少量、その他は順治通寶	宋2005
16	河南	襄城県	約1kg	不明	不明	不明	○	○	日本銭、ベトナム銭を含む	宋2005
17	河南	順店郷	約8kg	順治通寶	順治通寶	なし			順治通寶のみ	宋2005
18	河南	桂村郷	約30kg	不明	清	不明			30kg中清銭が5kg、他は不明	宋2005
19	河南	牛歩河大隊	315kg	唐	清	陶壜				孟津県文化館1981
20	陝西	西原公大隊	489枚	不明	不明	なし	○	○	寛永通寶が26枚出土	王1986
21	安徽	西陶窪	2599枚	開元通寶	光緒通寶	なし		○		汪1989
22	安徽	嶺前郷	270kg	開元通寶	清	不明	○		清銭が79％	汪1989
23	江西	供坊郷	約10,000枚	漢・五銖	光緒通寶	不明			宋銭3,068枚、清銭2,014枚	黄・羅1987
24	広西	青山駐屯地	3,667枚	康熙通寶	道光通寶	罐			康熙～道光までの5種のみ	葉1987
25	新疆	二道橋商店	約70,000枚	漢・五銖	咸豊通寶	壜・木箱		○	乾隆銭が80％	胡1995

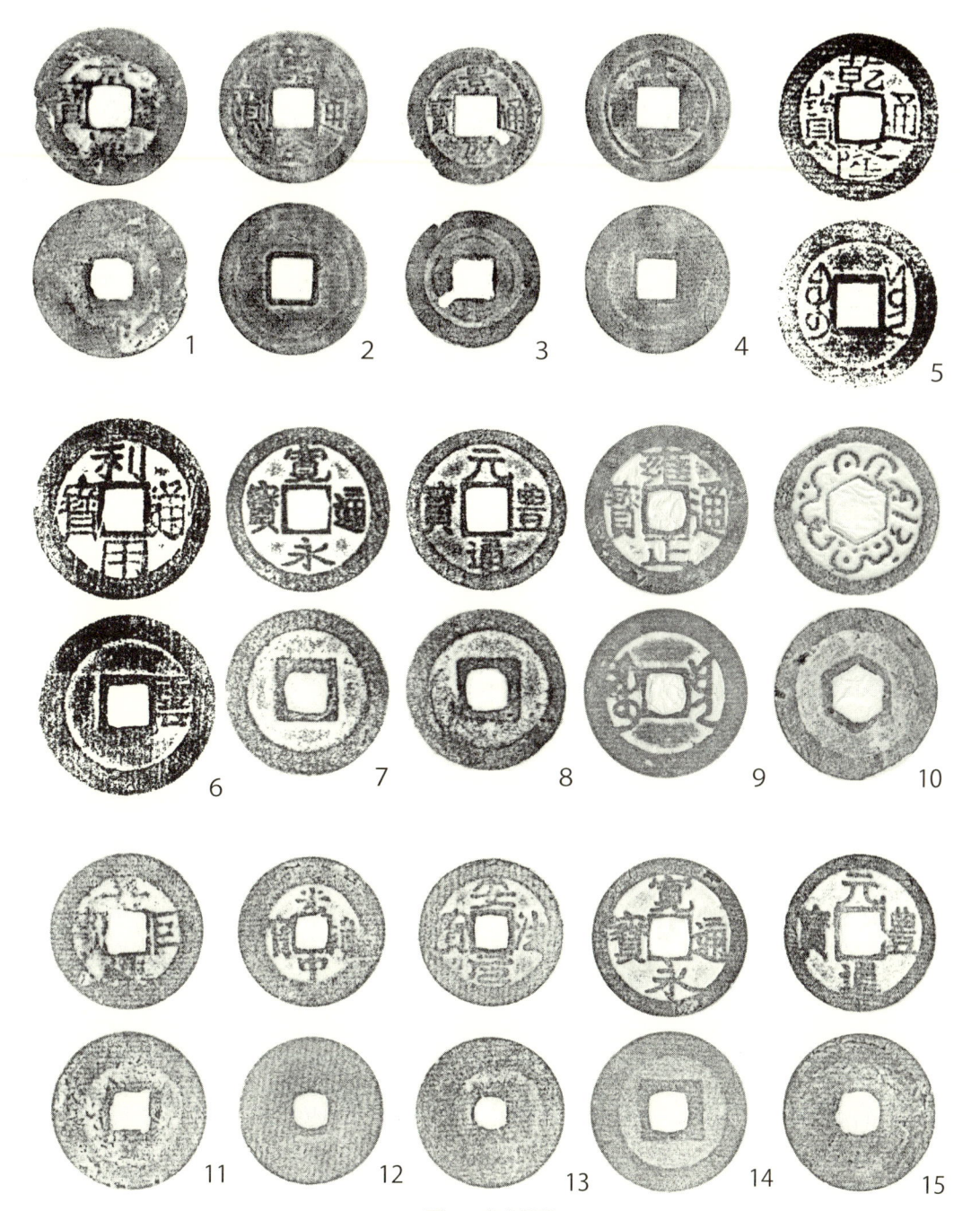

図1　出土銭貨

1：景興通寶、2：嘉隆通寶、3、4：景盛通寶（以上、オルドス博物館所蔵）、5：乾隆通寶（寶雲）、6：利用通寶（雲）、7：寛永通寶、8：元豊通寶（長崎貿易銭）（以上、ベトナム北部出土）、9：雍正通寶（寶雲）、10：バンテン銭（以上、バンテン遺跡群出土）、11：景興巨寶、12：光中通寶、13：安法元寶、14：寛永通寶、15：元豊通寶（長崎貿易銭）（以上、バリ島寺院出土）

閻段村の事例で黎・延寧通寳（1454年初鋳）、景興銭（1740年初鋳）、西山・泰徳通寳（1788年初鋳）、阮・明命通寳（1820年初鋳）が確認されており、なかでも景興年間（1740～1786年）に鋳造された銭貨が多くを占めていた（宋 2005）。

　上記は一括出土銭に含まれる外国銭貨の事例であったが、一般の出土銭や収集された資料にも、日本やベトナムの銭貨が多数報告されている。寛永通寳については筆者も集成を試みたことがあり（三宅 2005）、高橋学而は東北地方を中心として事例を集成されている（高橋 2006）。この他、河南省の『河南出土銭幣叢書』シリーズにも多くの事例が報告されており（龐・王・楊 2001、鶴壁市銭幣学会ほか 2003、孔・謝 2003、宋 2005、趙・陳 2006）、杭州（杭州市文物考古研究所 2007）、煙台（侯 2006）、あるいは台湾の板頭村遺跡（何・劉・陳 2000）などでも発見例が報告されている。このように、中国国内から出土する寛永通寳の事例は枚挙に暇がない。

　同様にベトナムの銭貨の出土例や収集された資料も多数あり、先にあげた『河南出土銭幣叢書』シリーズにも多くの事例が紹介され（龐・王・楊 2001、鶴壁市銭幣学会ほか 2003、李・唐・邵 2003、寿 2003、宋 2005、趙・陳 2006）、煙台（侯 2006）、台湾の板頭村遺跡（何・劉・陳 2000）などでもその出土が知られている。このことから、ベトナムの銭貨も寛永通寳と同じく中国国内で貨幣として広く流通していたことは明らかである。

　さらに筆者は内蒙古自治区オルドス市博物館で収蔵銭貨の調査をしたことがあるが、その際にも日本の寛永通寳とベトナムの景興通寳（図1-1）、嘉隆通寳（図1-2）、景盛通寳（図1-3）などの銭貨の存在を確認しており、内蒙古中南部でも外国の銭貨が流通していたことが確かめられている（三宅 2008）。

　これら外国の銭貨が中国国内で発見される事例から、銭貨流通はある程度地域を越えて流通していたものと考えられる。文献史学の研究では、先に見たように銭貨は現地通貨として利用され、地域間通貨は銀によって担われていたと考えられているが、近接地域などでは異なる地域で鋳造された銭貨が混ざり合うことが頻繁に起こり、そうした交換の中で日本やベトナムの銭貨も、内陸へと運ばれて行ったものと推測される。

2．国外からの銭貨の流入

(1) 日本からの銭貨の流入

　ここまで、寛永通寳や長崎貿易銭が中国で広く流通していた様子を見てきた。このことは、日本から中国へ銭貨が流入していたことを物語っている。ここでは、日本からの銭貨流入について検討する。

　まず、中国における明の一括出土銭の事例を見てみたい。表2は、筆者が集成した明代の一括出土銭の事例で、銭貨の種類がある程度把握できるものである（三宅 2005を改変）。これによれば、明初の事例（表2の1-11）と明末の事例（表2の12-20）に大きく分けられる。また明初の事例では、銭貨の種類は宋銭や洪武通寳（1368年初鋳）が主体となっているが、永楽通寳（1408年初鋳）を最新銭とする事例を最後に200年以上銭貨が埋められることはなくなる。そして、明末の崇禎通

表2 明の一括出土銭

No.	省名	遺跡名	最新銭	未銭中心	洪武中心	崇禎中心	永昌中心	大順中心	備考	参考文献
1	浙江	中心広場	洪武通寶	○						周2002
2	浙江	古廟遺址	洪武通寶	○						厲1988
3	浙江	豊恵鎮	洪武通寶	○						王1990
4	江西	生米郷	洪武通寶	○						許1988
5	福建	託児所	洪武通寶	○					南宋銭が多くを占める。	陳・盧1984b
6	福建	文星電站	洪武通寶	○						滓訓前1998
7	広東	大村	洪武通寶	○						曲江県文物志編纂委員会1988
8	浙江	劉家村	洪武通寶		○				未銭もあり。	王1965
9	福建	中築工地	洪武通寶		○				洪武通寶が4割を占める。	黄1990
10	広西	羅錦郷	洪武通寶		○				僅かに未銭などあり。	周1999
11	福建	木材検査站	永楽通寶	○						王1987a.b.1990、陳1987
12	北京	南郎中大隊	崇禎通寶			○			萬暦通寶20%、泰昌通寶5%、天啓通寶20%、崇禎通寶55%。	高1986
13	河南	東関	崇禎通寶			○			未銭60枚、天啓通寶13枚、崇禎通寶192枚。	王・劉1998
14	河南	古城路	崇禎通寶			○			98%が崇禎通寶。	王・劉1998
15	安徽	長江路西段	崇禎通寶			○			2枚の萬暦通寶以外は、すべて崇禎通寶。	合肥市文化館1976
16	福建	通用廠	崇禎通寶			○			数枚の隆武通寶・萬暦通寶・天啓通寶以外はすべて崇禎通寶。	陳・盧1984a
17	貴州	坡関区営業所	永昌通寶			○			興朝通寶・永暦通寶が合まれる。	鄭1989
18	河南	南陽市内	永昌通寶			○			絶対多数は崇禎通寶、少数の永昌通寶が混じる。	王・劉1998
19	陝西	迎春巷	永昌通寶				○		永昌通寶のみ。	王1988
20	四川	太平五隊	大順通寶					○	大順通寶のみ。	成都市文物管理処1977

寶を最新銭とする事例が現れると、その銭貨の種類は崇禎通寶が主体であり、一部地方政権や軍閥の鋳造した銭貨が見られるようになる。つまり、明初に存在した宋銭や洪武通寶という銭貨は、200年間の間に姿を消し、明末には新たに鋳造した銭貨ばかりが流通していたことになる。

　明代の銭貨流通は、明初には銅銭が基準通貨であり、洪武通寶などが一定量鋳造され流通していたが、洪武27（1394）年以降に銅銭の使用と所持が禁止され、紙幣（大明寶鈔）が基準通貨となった。そのころ流通していた銭貨は宋銭と洪武通寶であったと推測されるが、それらは明末までに姿を消している。明ではその後貨幣政策の混乱が続き、紙幣の価値の下落と私鋳銭の横行、銀の導入などがあり、明末の万暦年間（1573～1619年）以降、再び銭貨が発行されるようになる。明末の一括出土銭には宋銭がほとんど含まれず、多くは崇禎通寶など明末に鋳造された銭貨で占められる。

　では、明初期まで国内にあった宋銭は、どこへいったのであろうか。考えられる可能性の一つは、国外への流出である。中国では元・明を通じて紙幣を基準通貨とし、一時期を除いて銅銭の流通を禁じている。そしてちょうどその頃、日本では渡来銭が貨幣経済の根幹を担い、中国の銭貨を主体とした一括出土銭が作られるようになっている。日本で発見されている一括出土銭は、鈴木公雄の集成によれば、1999年6月の時点で275カ所、約353万枚であり、そのほとんどは中国の銭貨である（鈴木 1999）。また元治3（1323）年に中国の慶元から日本へ向かう途中、韓国の新安沖で沈没した元代の交易船には、約28t（推定800万枚）の銭貨が積まれており、当時いかに多くの銭貨が中国から日本へ運ばれたかを、うかがうことができる（文化広報部文化財管理局 1984）。

　また足利幕府の明への朝貢による遣明船の貿易でも、日本が盛んに銭貨を求める様子が見て取れ、日本における銭貨の需要の高さを示している（曽我部 1953）。このような状況を勘案すると、明初まで存在していた宋銭および、洪武年間に鋳造された洪武通寶は、日本における銭貨需要の高まりによって、日本へと流出したと考えられる(2)。

　中国ではそののち清代に入ると、再び一括出土銭の中に宋銭が含まれるようになる。表1の備考に記載された銭貨の種類に、清銭に混じって北宋銭が含まれる事例が複数存在する。特に表1-4斉家村では出土した15,000枚あまりは北宋銭が中心であり、表1-5費県百貨公司の1.5tあまりの銭貨も宋銭と清銭が中心と記載され、表1-23供坊郷でも宋銭3,068枚、清銭2,041枚となっており、宋銭が相当量流通していたことを物語っている。

　先述のように明末の一括出土銭には宋銭はないため、清代に入って再び宋銭が出現することを、どのように説明するべきであろうか。可能性の一つとして、日本から再び宋銭が中国へと還流していったことが考えられる。以下に検討してみたい。

　日本では江戸時代には金・銀・銅のいわゆる「三貨制」が整備され、銅銭は寛永13（1636）年に鋳造が開始される。寛永通寶である。この寛永通寶は発行されると急速に普及したと考えられており、鈴木公雄の六道銭による分析では、渡来銭から寛永通寶への変化が急激であることを明らかにしている（鈴木 1999）。このように広く流通した寛永通寶は、江戸時代を通じて少額貨幣として機能し、国内で広く使用される国内貨幣であった。

　その一方、それまで銭貨流通の根幹を担っていた中国からの渡来銭は鐚銭となり、寛文10（1670）年までの併用が認められたがそれ以後は流通が禁じられた。こうした状況から、日本から需要の高

まっていた中国あるいはベトナムをはじめとする東南アジア方面へ、宋銭を中心とする歴代の中国の銭貨が流出することとなったのである。

江戸幕府は寛永16（1639）年に、ポルトガル船の日本渡航を禁止し、いわゆる鎖国の状態に入った。しかし、中国やベトナムへの銭貨の流出は、中国人やオランダ人の手により、この時期盛んに行われた。特にオランダ東インド会社はベトナム（安南）への銅銭輸出を、寛永10（1633）年から４年間行ったが、これは寛永通寶の発行以前のことであり、渡来銭を輸出したものと考えられている（東野 1997）。

上記の事例はベトナムへの輸出であるが、中国へも唐船により日本から銭貨が運ばれていた。当時の清では日本から大量の銅を輸入しており、それにより銅銭を鋳造していた。それらには、公式のルートを経ない密貿易も含まれており、多くの銭貨が中国へと還流していったようである（東野 1997）。

そのような状況を背景として、本来は国内通貨として発行された日本の寛永通寶が、宋銭還流の流れに乗って清へ流入することは、自然な成り行きであったと考えられる。曾煥棋の研究によれば、中国の文献に日本の銅銭が中国国内で貨幣として流通していたことが記録されているという。これらは中国の貿易商人が日本から持ち帰ったものが、中国国内で流通するようになったものだと考えられている（曾 2003）。

たとえば『大清高宗純（乾隆）皇帝実録』の乾隆17年の記事には、濱海地方で相当な量の寛永通寶が流通していることが報告されており、淮河以南の塩と銀の市場は銀１両を銭に換えるとその半ばは「寛永銭」であったという。記事では、こうした寛永通寶は「東洋倭地」にて鋳造されたものを「内地商船」が持ち帰って使用しているもので、江蘇の上海、浙江の寧波・乍浦などの海港で多いと記す。そのため商船が私に寛永通寶を持ち込むことを厳禁し、流通しているものは官が買い集め、鋳銭に充てることとした。

このように寛永通寶が中国で大量に流通していた状況は、先に検討した通り一括出土銭の多くに寛永通寶が含まれていくことからも確認できよう。

一方、寛永通寶の流出は国内通貨として発行した日本でも問題となっており、これを防ぐ目的で対外貿易の窓口となっている長崎において、別に輸出用に銭貨を鋳造することとなった。長崎貿易銭と呼ばれるその銭貨は、万治２（1659）年に長崎の町年寄が鋳造を申請、翌年から鋳造が開始される。そして貞享２（1685）年に需要がなくなったとして廃止されるまで、長崎にて鋳造された。

注意したいのは、その銭銘に祥符元寶、天聖元寶、嘉祐通寶、熙寧元寶、元豊通寶、紹聖元寶の６種類の北宋の銭貨銘が採用されている点である。これは海外での銭貨需要が北宋銭にあったことを示しており、北宋銭の中でも鋳造量が多く目につきやすい銭貨銘を採用することで、受け入れられやすくなることを期待していると考えられる。つまり、中国やベトナムへ還流した銭貨は北宋銭が中心であったことになり、清代の一括出土銭に宋銭が再び見られるようになる理由の一つとして、日本からの還流があったことを指摘できよう。

(2) ベトナムからの銭貨の流入

ベトナムの銭貨も前述の通り、一括出土銭の多くに含まれており、また出土銭や収集された事例も多数報告されている。出土銭からだけでなく文献からも、ベトナムに近い中国南部を中心に、相当量が中国国内で流通していたことが確認できる。

西川和孝の研究によれば、清朝におけるベトナム銭の流通地域は、交易の玄関口であった広東省や福建省の他、安徽省や山東省、直隷省・天津などで流通していたことが確認できる。特に『清宣宗実録』の道光8（1828）年の記事によれば、広東省・潮州では流通する銭貨の6割から7割がベトナム銭で占められていたとあり、相当量が流通していたことが報告されている（西川 2013）。

それら中国で流通していた銭貨の種類は、景興年間に鋳造された黎朝の景興銭（景興通寶・景興巨寶・景興大寶など）、西山朝の光中通寶・景盛通寶、阮朝の嘉隆通寶などであった。それらは「夷銭」と呼ばれ、中国国内でベトナム銭を模して私鋳されたものも存在したようである（多賀 2011、西川 2013）。多賀良寛によれば、ベトナムでは阮朝の禁令により光中・景盛などの西山朝の銭貨が使用できなくなり、中国へ販売されるようになったこと、さらに清朝国内の鋳銭費用の高騰などにより銭貨の鋳造量が落ち込んだことなどが原因となって、ベトナム銭が中国で流通するようになったと言う（多賀 2011）。このように、ベトナムの銭貨が清朝へと流入する条件が整っていたことにより、大量の銭貨が海外交易の海港を中心に、中国南部へともたらされたことがわかる。

以上、中国への国外からの銭貨流入の状況について検討した。清朝では鋳銭のための銅の需要から、日本から「洋銅」が輸入され、その需要の高まりから日本にあった北宋銭を主体とする「鐚銭」も中国へ還流し、その流れに乗って寛永通寶も中国へともたらされたのである。また日本では長崎貿易銭を鋳造して、寛永通寶の流出を防ごうとした。一方ベトナムでは、阮朝の貨幣政策により西山朝の銭貨が流通禁止となったこと、清朝の鋳銭費用の高騰などを原因として、中国南部を中心に大量のベトナム銭が流入することになったのである。

ここで注意しておきたいことは、海外から銭貨が大量に流入したとはいえ、清朝において流通していた銭貨は清銭が主体であったということである。それは一括出土銭の検討などから明らかである。それらは前述のように地域通貨として主に利用されたが、近接地域では銭貨が交換され、そうした相互に交換される銭貨の中で、海港で流通していた日本銭やベトナム銭が中国内陸へと運ばれたと考えられるのである。

3．清朝銭の国外流出

(1) ベトナム

ここまで清朝の中国国内で外国銭貨が流通していたことを見てきた。次に、清朝銭の国外での出土状況を検討してみたい。ベトナムでは一括出土銭の中に清の銭貨が含まれており、流通銭貨として使用されていたことがわかる。またインドネシアでも、われわれの調査した寺院の賽銭に大量の清朝銭が使われており、また近世の遺跡からの出土も確認されている。さらにサハリンでも一定量の出土が報告されており、合わせて検討してみたい。

まず、ベトナムの事例であるが、われわれが調査したベトナム北部出土と推測されている一括出土銭資料（1号資料）を見てみよう。1号資料は阮朝初期の嘉隆通寶（1804年初鋳）を最新銭とするもので、総枚数29,018枚を調査した。その中で主体となっていたのはベトナムの銭貨であり25,179枚、86.77％を占めていた。中でも景興年間（1740～1786年）に鋳造された景興通寶、景興永寶、景興泉寶などの「景興銭」が23,038枚と多く、全体の79.39％を占めていた。このことから、近世のベトナム北部では自国通貨が流通銭貨の主体であったことが読み取れる。

しかしその一方で、外国銭貨も一定量含まれており、外国銭が排除されていない状況も看取される。特に中国銭は3,291枚（11.34％）が発見されており、唐銭56枚、五代十国の銭貨4枚、北宋銭1,028枚、清朝銭1,852枚の他、雲南を中心に大規模反乱を行った呉三桂ら「三藩の乱」の銭貨も309枚含まれる。総じて、三藩の乱のものも含め、清朝期の銭貨が中心であると言えよう（図1-5・6）。このことは、地域を接する中国から銭貨がベトナムへ流出していたことを物語る。上記の通り、中国南部ではベトナム銭が大量に流通していたことがわかっており、両者は相互に浸透していた様子が認められる。

なお、この一括出土銭資料には、日本の寛永通寶7枚と長崎貿易銭の元豊通寶236枚も含まれていた（図1-7・8）。

(2) インドネシア

筆者は近年インドネシアのジャワ島およびバリ島にて出土銭の調査を行う機会を得た。これらの地域ではインドやイスラム圏の貨幣など、さまざまな銭貨が流通していたが（坂井 1994）、中世以降は中国銭が流通銭貨の中心となる。そして近世に入ると清銭が流入し、合わせて日本の銭貨やベトナムの銭貨も見られるようになる。以下、インドネシア近世の出土銭を概観する。

まず、バリ島の寺院から出土した賽銭の状況から見ていきたい。バリ島のバトゥール山の外輪山に位置するクブ・サルヤ村の寺院からは改修工事の際に、1万3千枚以上の銭貨が回収された（坂井 2012）。これらは祭祀活動の際に使用されたものであり、数カ所からまとまって出土したものを合計したようである。この寺院では現在でも銭貨を使った祭祀が行われており、出土した銭貨も儀式に再利用されたため、2012年2月に筆者らが調査を行った際には約5千枚が残されるのみであった。

調査した銭貨は合計4,965枚であり、中国銭が主体を占めていた。内訳は唐・開元通寶14枚、北宋銭118枚、南宋銭1枚、明銭20枚、三藩の乱の銭貨6枚、清銭4,464枚であった。清銭が全体の89.91％を占め、近世のバリでは清銭が貨幣の主体をなしていたことがわかる。

このほかベトナム銭も確認されており、黎朝・景興銭16枚（図1-11）、西山朝・光中通寶1枚（図1-12）、阮朝・明命通寶1枚などの制銭だけでなく、ベトナム中南部で私鋳されたと考えられる、安法元寶（図1-13）をはじめとする私鋳銭の一群が152枚とまとまって発見されている。ベトナム中南部とインドネシアの間で銭貨の流れが認められる点で注目される。また日本の銭貨も寛永通寶63枚（図1-14）と長崎貿易銭の元豊通寶5枚（図1-15）が含まれ、日本からの銭貨の流入も確認できる。

またバリ島の国立考古学研究センター、デンパサール分室では、当分室が調査した近世の遺跡から出土した銭貨を見学することができた。9 カ所の遺跡から合計260枚の銭貨が出土しており、内訳は唐銭 4 枚、北宋銭60枚、明銭11枚、三藩の乱の銭貨 2 枚、清銭94枚であった。このほかベトナム銭61枚、日本銭14枚も出土している。さらに文化財管理局バリ・ブドゥルー事務所でも収蔵資料の銭貨を見学し、北宋銭 1 枚、明銭 1 枚、清銭124枚のほか、ベトナム銭25枚、日本銭18枚を確認した。上記のことから、近世のバリ島では、清銭が銭貨の主体であったことがわかる。

　これらの銭貨は、貨幣としてのみならず、祭祀具としても銭貨が不可欠の要素として組み込まれており、銭貨需要が増大する要因の一つとなったと考えられ、そのため中国銭が大量に流入し、同時に日本やベトナムの銭貨もその潮流に乗って流入したものと推測される。われわれの調査成果のほか、岩生成一や新聞記事により、日本統治時代にバリ島に大量の寛永通寶が存在したことが記されており、寛永通寶など日本の銭貨も相当量が、バリ島にもたらされたものと考えられる（岩生 1966、「大陸新報」1942年 4 月11日記事）。なお、このような銭貨を使用する祭祀は現在まで続いており、バリ島内には祭祀用の銭貨を鋳造する工場が複数存在している。

　なお近世の銭貨は、ジャワ島のバンテン遺跡群から出土した銭貨も見学できた。バンテン遺跡群は、16〜18世紀に栄えたイスラム港市国家の遺跡である。バンテン・ラマ遺跡博物館で見学した収蔵銭貨20枚はすべて中国銭であり、明銭 4 枚、清銭16枚であった（図 1-9）。また文化財管理局セラン事務所では、現地で鋳造された中央の孔が六角形で、周囲にアラビア文字で王の名を記した「バンテン銭」も見学できた（図 1-10）。ここでも、清銭が中心であることが確認できた。

　また今回の調査では見学できなかったが、バンテン遺跡群からも寛永通寶が出土しており（坂井 1994、アムバリィ・坂井 1994）、ジャワ島でも寛永通寶が流通していたことがわかっている。

(3) サハリン

　筆者はサハリンにおいて出土銭貨の集成を試みている（三宅 2013）。以下に清銭を中心に概要を見ていきたい。サハリンから出土・収集された清朝の銭貨は合計で190枚ある。その大多数はサハリン北部のオハ地区とノグリキ地区から発見されており、160枚、84.2％を占める。そのほかに、唐銭 1 枚、南唐銭 1 枚、北宋銭24枚、金銭 5 枚、明銭 4 枚、日本の寛永通寶15枚、天保通寶 1 枚が出土・収集されている。このことから、サハリンにおいて発見される銭貨は、清銭が圧倒的に多く、さらにその分布は北部に偏っていることが読み取れる。

　清朝期のサハリンは雍正11（1733）年に辺民制度に編入され、アムール川下流域に設けられた満洲仮府へ朝貢が行われるようになる。「仮府」は清朝に対する「周辺民族の朝貢の場」であると同時に、清朝役人と諸民族および諸民族間の私的で自由な交易の場として機能していたとも言い（榎森 1999）、こうした状況の中でさまざまな交易品に混じり、清銭もサハリンの諸民族にもたらされたと考えられる。おそらくは北部のニヴフを中心とする諸民族が、アムール川河口を通って朝貢を行い、清朝の銭貨を持ち帰ったのであろう。

　これら清朝の銭貨には、190枚中137枚（72.1％）に穿孔が見られ、衣服などに縫い付けられたと考えられる。そのため、サハリンにおいて銭貨は貨幣ではなく、装飾品として使用されていたと結

論づけられる。
(4)

(4) 流出経路の検討

　ここまで、中国から清朝の銭貨が国外へ流出ている状況を概観した。ベトナムとインドネシアでは貨幣として流通しており、バリ島ではさらに祭祀の重要な道具として用いられていた。またサハリンへは朝貢貿易を通じてもたらされ、貨幣ではなく装飾品として使用されていることが明らかとなった。

　ここではこれら清朝の銭貨が、流出するルートを検討してみたい。おそらくはベトナムは近接する中国南西部から流入し、インドネシアは海港のある浙江・福建あるいは広東から、サハリンへは満洲仮府の役人が携えていた銭貨がもたらされたと予想される。前述のように、清銭がみな地域通貨として機能していたと考えると、流通している銭貨の種類は、現地で鋳造されたものがその地域で多くを占め、全国的に均一にならずに、地域的偏りがあると見られる。

　清朝の銭貨は基本的に、鋳造局が背面に記されているため、どこで鋳造されたものかを知ることができる。そのため、背面の観察から鋳造局を抽出し、流入ルートを想定することが可能となる。ここでは鋳造量、発見量とも多い、乾隆通寶を抜き出して分析してみたい。上田裕之は、文献史料の検討から、乾隆元年～40年までの鋳造総額に占める、京師・各省の割合を明らかにした（上田2009）。このデータを基礎資料として参照しながら（図2-1）、ベトナム北部の一括出土銭、インドネシアのバリ島の賽銭、サハリンの出土銭から乾隆通寶を抜き出して、鋳造局の比率を比べてみたい。なお、バリ島の事例は乾隆通寶を500枚任意に抜き出したものを使用している。また、煩雑を避けるため、ここでは京師（北京）で鋳造された戸部寶泉局、工部寶源局、雲南寶雲局、その他、不明に分けて表示している。

　図2を分析すると、それぞれの地域への流入ルートがある程度読み取れる。まずベトナム北部の事例であるが（図2-2）、乾隆通寶に占める雲南製造の銭貨の割合が70.63％であり、約7割が雲南からもたらされていることが明らかとなった。清では康熙年間末年以降、それまで鋳銭の原料として主体をなしていた日本からの「洋銅」が滞り、乾隆年間以降に雲南の銅鉱を増産して「滇銅」へと切り替わり、雲南でも銭貨の鋳造が大量に行われ、中国南部に広く供給されることとなった（上田 2009・2012）。また京師で鋳造された銭貨が戸部・工部合わせても6.62％しかなく、ほとんど含まれていない点から、これらの銭貨は直接雲南から流入したものと推測される。

　インドネシアのバリ島の事例では戸部寶泉局が47.2％、工部寶源局が19.6％で、全体の3分の2を占めている（図2-3）。これは乾隆年間の鋳造量の推測（46％）よりも多く、京師の流通銭貨が強い地域が想定される。また雲南寶雲局の銭貨も18.4％あり、全体の鋳造量の16％に近く、雲南の制銭も相当量流通していた地域であったことがわかる。残念ながら中国国内では、一括出土銭の銭種組成が明らかな事例がないため、このような割合がどの地域の様相を反映しているのかは不明である。おそらくは、京師の銭貨と雲南の銭貨が多くを占める地域、すなわち長江下流域から華南にある海港から流入したものと推測される。

　サハリンの事例では戸部寶泉局が44.44％、工部寶源局が35.35％で、約80％が京師で作られたも

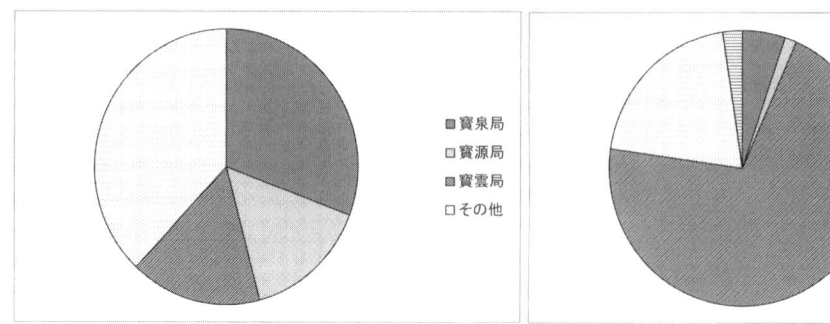

図2　乾隆通寳における鋳造局の比率

1.中国の乾隆通寳の鋳造量
2.ベトナム北部の一括出土銭の乾隆通寳 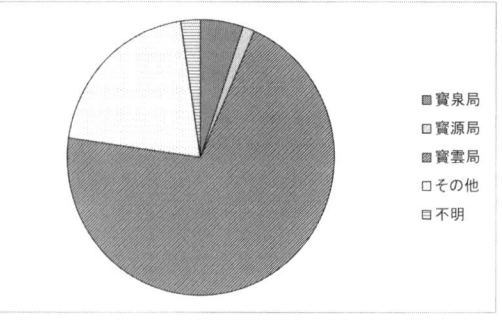
3.バリ島の寺院の乾隆通寳
4.サハリンの出土銭の乾隆通寳

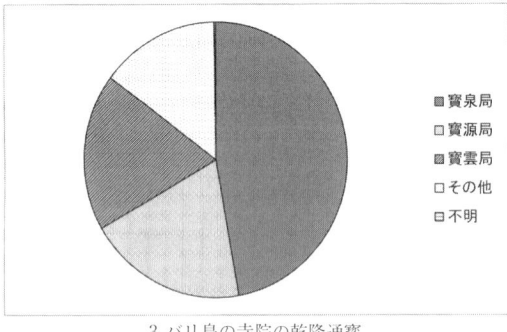

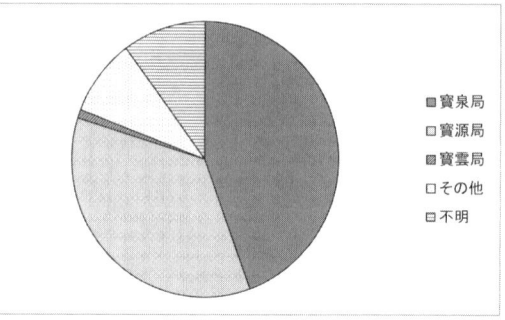

（1は上田2009を参照し、筆者改変。2は『ベトナム北部の一括出土銭の調査研究』昭和女子大学国際文化研究所紀要 Vol.12、2008を参照し、筆者作成。3は筆者作成。4は三宅2013を参照し、筆者作成）

のであった。また雲南寳雲局のものは1枚しかなく、そのほかの地域で鋳造されたものも多くない（図2-4）。このことから、サハリンの出土銭は京師（北京）の銭貨流通の状況を反映していると考えられる。おそらくは満洲仮府へ役人が訪れる際に携えてきたものを、ニヴフをはじめとするサハリンの諸民族が交易を通じて手に入れ、サハリンへ持ち帰ったものであろう。前述の通り、彼らはそれを貨幣として使用したのではなく、装飾品として孔をあけて使用したのである。

このように、国外へ流出した清銭の鋳造局を分析することで、それぞれの流入ルートを想定することが可能となる。今後は中国国内の一括出土銭の事例を詳細に調査し、比較のための資料を蓄積することで、より精度が高まると期待される。

おわりに

本論考では、清朝の銭貨流通について検討を加えた。

まず清朝の一括出土銭の状況を概観し、その中に外国の銭貨が含まれており、清朝の銭貨とともに貨幣として流通していたことを明らかにした。それを受け、外国銭貨の流入の背景を探った。寛永通寳や長崎貿易銭は、日本からの北宋銭の還流の流れに乗って、中国へもたらされた。またベトナム銭は、ベトナムでの西山銭の使用禁止令、清国内の鋳銭費用の高騰などが原因と考えられる。さらに清銭の国外流出の事例も検討した。ベトナム北部の一括出土銭の事例では、雲南で鋳造され

た清銭が主体となっており、雲南から直接流入したものと考えた。インドネシアの寺院の賽銭の事例では、京師（戸部・工部）の銭貨と雲南寶雲局の銭貨が多く、中国の華南の海港からもたらされた可能性を考えた。さらにサハリンの事例では、諸民族が辺民制度に編入されたことにより、満洲仮府へ朝貢が行われるようになり、その際に行われた自由交易によってサハリンへ清銭が持ち帰られ、装飾品として使用されたと考えた。

　清朝並行期の東アジアは、中国では清朝銭が発行され、日本では寛永通寶が、ベトナムでは景興銭が自国通貨として主体的に流通していた。また本論考では触れなかったが、朝鮮でも常平通寶が鋳造され、やはり自国通貨を発行するようになっている。こうした状況の中、基本的には各国とも自国通貨が貨幣経済の根幹を担っていたものの、それぞれ他国の銭貨が流入し、一定量が貨幣として使用されていたことが明らかとなった。またインドネシアのバリ島では、清銭が中心に流通していたが、日本の銭貨やベトナムの銭貨も相当量流通し、さらに銭貨は寺院の祭祀において重要な役割を果たしていた。

　今後は中国国内の一括出土銭の情報を、さらに精度を高めていくことが求められよう。それにより、周辺諸国から出土する清銭との比較が可能となり、多くの情報を抽出できると期待される。今後の課題としたい。

註

(1) 本研究は JSPS 科研費19520659, 21520774, 24520861, 21411023, 23320131, 22242024の助成を受けて行われた。

(2) 日本に輸入された明の銭貨で最も多いものは永楽通寶であり、鈴木 1999の集成でも211,151枚で6位の出土量を誇る。そしてその後に鋳造された宣徳通寶・弘治通寶なども確認されている。しかし、中国の一括出土銭には永楽通寶が含まれる事例は福建・木材検査站の1例のみであり、それを最後に銭貨が埋められることは明末まで見られない。そのため、日本に大量に存在する永楽通寶については、中国との考古資料による比較が行えず、また中国を主に検討する本論の論旨とは外れるため、ここでは取り上げていない。

(3) 筆者らの調査により、長崎貿易銭の元豊通寶がベトナムの一括出土銭やインドネシアの出土銭に含まれていることが確認されている（三宅 2009・2012）。しかし、現在のところそれ以外の銭貨は検出できていない。永井久美男によれば、日本国内に現存している長崎貿易銭も圧倒的に元豊通寶が多いと言い（永井 1998）、実際に鋳造された銭貨銘は元豊通寶が主体であったと思われる。

(4) サハリンの出土銭に関する詳細は、拙稿（三宅 2013）を参照されたい。

引用・参考文献

（日本）

アムバリィ, ハッサン M. 坂井隆 1994『アジア文化叢書9　肥前陶磁の港バンテン』穂高書店

岩生成一 1966『世界の歴史14　鎖国』中央公論社

上田裕之 2009『清朝支配と貨幣政策』汲古書院

上田裕之 2012「洋銅から滇銅へ」『東洋史研究』第70巻第4号、31-60頁

榎森　進 1999「松花江流域出土の「寛永通宝」、その歴史的背景」『東北学院大学東北文化研究所紀要』第31号、15-47頁

黒田明伸 1994『中華帝国の構造と世界経済』名古屋大学出版会

坂井　隆 1994「東南アジア出土の銭貨」『出土銭貨』第2号、11-14頁

坂井　隆　2012「インドネシアの出土中国系銭」『考古学ジャーナル』No.626、8 -10頁
鈴木公雄　1999『出土銭貨の研究』東京大学出版会
曾煥棋　2003「日本「寛永通宝」の中国流入をめぐって」『千里山文學論集』第69号、33-38頁
曽我部静雄　1953「明銭の渡来」『社会経済史学』第19巻第1号、50-62頁
高橋学而　2006「中国東北地方で確認された寛永通寶銭についての検討」『出土銭貨』第24号、93-104頁
多賀良寛　2011「19世紀における阮朝の通貨統合政策とベトナム銭の広域的流通」『南方文化』第38輯、43-60頁
東野治之　1997『貨幣の日本史』朝日選書574、朝日新聞社
永井久美男　1998『近世の出土銭Ⅱ』兵庫埋蔵銭調査会
西川和孝　2013「19世紀の清朝領域内におけるベトナム銭の流通状況について」『ベトナム北部の一括出土銭の調査研究2』昭和女子大学国際文化研究所紀要 Vol.16、139-142頁
三宅俊彦　2005『中国の埋められた銭貨』同成社
三宅俊彦　2008「東アジア銭貨流通におけるベトナム出土銭の位置づけ」『ベトナム北部の一括出土銭の調査研究』昭和女子大学国際文化研究所紀要 Vol.12、178-186頁
三宅俊彦　2009「ベトナムからみた中近世東アジアの銭貨流通」『物質文化史学論聚』北海道出版企画センター、299-314頁
三宅俊彦　2012「出土銭貨研究の現在」『考古学ジャーナル』No.626、3 - 4 頁
三宅俊彦　2013「サハリン出土の銭貨」『北海道大学総合博物館研究報告』第 6 号、66-85頁
(中国)
陳本穎　1987「福建尤渓県発現一批窖蔵銭幣」『考古』1987年第 2 期、188-189頁
陳浦如・盧保康　1984a「南平市三元坊倉庫職工揀選古銭交国家」『福建文物』1984年第 2 期、122頁
陳浦如・盧保康　1984b「南平市二建工人発現窖蔵古銅銭」『福建文物』1984年第 2 期、122頁
成都市文物管理処　1977「成都市郊発現"大順通寶"」『考古』1977年第 5 期、360頁
高桂雲　1986「北京郊区発現明代窖蔵銅銭」『中国銭幣』1986年第 2 期、75頁
杭州市文物考古研究所　2007『南宋太廟遺址』文物出版社
鶴壁市銭幣学会・鶴壁市文化局　2003「鶴壁銭幣発現与研究　第五章　農民起義軍銭、厭勝銭及外国銭幣」『安陽鶴壁銭幣発現与研究』中華書局、423-428頁
何傳坤・劉克竑・陳浩維　2000『嘉義縣新港郷板頭村遺址考古試掘報告』財團法人新港文教基金會
合肥市文化館　1976「越鋳越小的「崇禎通寶」」『文物』1976年第 9 期、90-91頁
侯建業　2006「煙台地区出土的古銭幣」煙台市博物館・編『考古煙台』齋魯書社、216-231頁
呼国柱　1989「略述延吉市発現的朝鮮古銅銭」『博物館研究』1989年第 2 期、83-85頁
胡曉光（烏魯木斉市文管所）1995「試論烏魯木斉二道橋出土銭幣的窖蔵年代和時代背景」『新疆文物』1995年第 1 期、19-21頁
黄愛宗・羅春生　1987「楽安出土一批古銅銭」『江西歴史文物』1987年第 1 期、15-18頁
黄天琪　1990「南平太平郷中寨工地出土古銭幣」『福建文物』1990年第 1 期、95頁
買効孔・王増銀　1993「山東寿光県発現窖蔵銅銭幣」『考古与文物』1993年第 4 期、112頁
蒋訓前　1998「福建漳平市発現明初窖蔵」『中国銭幣』1998年第 1 期、45頁
孔徳銘・謝世平　2003「安陽銭幣発現与研究　第七章　元明清民国銭幣」『安陽鶴壁銭幣発現与研究』中華書局、208-229頁
李惠良・唐冬冬・邵宝昇　2003「開封銭幣発現与研究　第六章　出土与収蔵」『開封商丘銭幣発現与研究』中華書局、216-391
孟津県文化館　1981「古銅幣交給国家受奨」『中原文物』1981年第 3 期、61頁
潘振華・王岐　1989「費県百貨公司工地発現窖蔵銅銭」『考古与文物』1989年第 2 期、109頁

龐保民・王益璞・楊森湘 2001「駐馬店銭幣発現与研究　第六章　外国銭幣、花銭」『信陽駐馬店銭幣発現与研究』中華書局、497-517頁
曲江県文物志編纂委員会 1988『曲江県文物志』広東人民出版社、31頁
寿新民 2003「商丘銭幣発現与研究　第三章　隋―清銭幣」『開封商丘銭幣発現与研究』中華書局、512-580頁
宋許生 2005「許昌銭幣発現与研究　第六章　元明清銭幣、第九章　外国銭幣」『許昌漯河銭幣発現与研究』中華書局、389-408頁
屠燕冶 1988「談洪武年間的銅銭窖蔵」『中国銭幣』1988年第1期、29-31頁
汪本初 1989「建国以来安徽出土古銭幣述略」『文物研究』総第5輯、274-288頁
王恵娟 1990「浙江上虞出土一批窖蔵古銭幣」『江西文物』1990年第3期、53-63頁
王九剛 1988「西安城西南角出土李自成"永昌通寶"銭」『考古与文物』1988年第5・6期、265頁
王寿芝 1986「陝西城固出土一批外国銅幣」『文博』1986年第6期、84-86頁
王祥堆 1987a「福建尤渓県出土一批古銅銭」『考古与文物』1987年第1期、111頁
王祥堆 1987b「尤渓県出土一批古銅銭」『福建文物』1987年第1期、31頁
王祥堆 1990「福建尤渓出土一批古銭幣」『東南文化』1990年第3期、97頁
王岩 1994「克什克騰旗清代窖蔵銭幣」『内蒙古文物考古』1994年1期、103-105頁
王用鈞（杭州市文物管理委員会）1965「余杭三墩出土大批古銭」『文物』1965年第1期、62頁
王正旭・劉紹明 1998『南陽歴史貨幣』科学出版社
許桂英（新建県博物館）1988「江西新建古銭窖蔵」『文物』1988年第4期、95頁
葉濃新（南寧市文物管理委員会）1987「広西南寧市郊出土窖蔵銭幣」『考古』1987年第6期、567-571頁
趙成玉・陳兵 2006「三門峡銭幣発現与研究　第六章　清代及民国銭幣」『三門峡焦作銭幣発現与研究』中華書局、216-287頁
鄭剣琴 1989「貴州省普定県出土古銅銭」『考古』1989年第9期、855頁
周建忠 2002「徳清新市出土的窖蔵古銭」『中国文物報』2002年9月11日、6頁
周慶忠 1999「桂林発現洪武通寶背"酉"銭」『中国銭幣』1999年第3期、38頁
（韓国）
文化財広報部文化財管理局 1984『新安海底遺物』

第Ⅱ部　周辺地域編

日韓の𤭯と有孔広口壺

酒 井 清 治

はじめに

　列島の須恵器出現は加耶地域の陶質土器の系譜を引いているという研究成果がある。しかし、持ノ木古墳には𤭯が伴わないものの、続く大庭寺窯跡、山隈窯跡、宇治市街遺跡など、出現期の加耶系須恵器に𤭯が伴う。これについて朝鮮半島で同時期の加耶に𤭯が存在しないと考えられることから、栄山江流域との関連があろう。

　筆者は前稿で𤭯（本稿では朝鮮半島で製作された器形は有孔広口小壺とする）について、列島と栄山江流域の出土例について検討してみたが、いくつかの共通点、相違点が明らかになった（酒井2013）。しかし、両地域の編年の並行関係が明確でないため、出現時の様相比較から見た出現の経緯などは明確にすることができなかった。また、樽形𤭯について、木下亘が列島から栄山江流域へ伝播した可能性を説いており（木下 2003）、筆者も栄山江流域の有孔広口小壺がさまざまな様相があること、現時点で倭よりも後出することから倭の影響を受けて出現した可能性を考えた（酒井2004）。

　𤭯の研究としては、小池寛の研究が、数量的分析を中心に検討するなど最もまとまりがある（小池 1999）。本稿では氏の見解を参照しつつ、再度日韓の𤭯、有孔広口小壺について、出現期の様相の一端を明らかにしてみたい。

1．韓国の有孔広口小壺編年

　2001年に開かれたシンポジウムで徐賢珠と朴亨烈・金秦瑩は、有孔広口小壺についての編年を詳細に行っているので、本章で取り上げる。

(1)　徐賢珠の編年

　徐賢珠は栄山江流域の有孔広口小壺について、胴部発達と口縁部発達に大きく分け、口縁部形態、底部形態、突線有無で形式を分けた。

　口縁高／全体高と、口径／胴体最大径の割合から、口径／胴体最大径の割合が1.1以下をA形、以上をB形とした。B形の方が口頸部が長く新しい形態である。胴体部の発達したA形には口縁部分類 a・b・c 形があり、形式を Aa 形、Ab 形、Ac 形の三つに分類した。また、口縁部が発達したB形にはおおよそ口縁分類 d 形で、底部の形態が平底でやや丸みがあるものを a 形とし Ba 形

式、平底をｂ形としBb１形式・Bb２形式、丸底をｃ形としBc形式とした。Ａ形のほうがより古く、氏の１、２期にはAa形とAb形が出現するという（徐 2006）。

徐賢珠は2011年のシンポジウムで新たに分類した（図１）。口縁部の形態が、ａ形は全体的に口縁部が短いのに、上・下部の区分がむずかしい。ｂ形は上部がかなり長く広がっているもの。ｃ形は上部と下部の長さがほとんど同じもの。ｄ形は上部が下部に比べてかなり短いものとした。さらにｃ形は口縁部屈曲の明瞭なものをｃ１形、不明瞭なものをｃ２形とし、ｄ形は上部が半球形に近いものをｄ１形、口縁部が長くて突線部から屈曲が明瞭でないものをｄ２形、明瞭なものをｄ３形、全体的に丸く処理されたものをｄ４形とした（徐 2011）。

徐賢珠の分類の特徴は、栄山江下流地域、中流地域、上流地域、高敞地域に分けて地域編年したことである。また、編年表に年代を付与している。有孔広口小壺は400年過ぎに栄山江下流域を中心に出現し、中流・上流に伝わり、550年頃まで続くとする。

(2) 朴亨烈・金秦瑩の編年

朴亨烈・金秦瑩は、属性検討と形式設定を行った。口頸部の形態が短いものから長くなるものへ、また口縁部と頸部の段などの形態から、Ⅰ形からⅦ形に分類した。また胴部と底部の形態分類を行い、ａ～ｅに分類した。胴部ａは扁球形で、平底である。胴部ｂは扁球形で胴体最大径は孔の下位に位置する。胴部ｃは扁球形で胴体最大径は孔の中位に位置し、底部は隅丸平底である。胴部ｄは胴体最大径が狭くなりながら五角形の形態で、底部は直径が小さい平底と丸底がある。胴部ｅは肩部が水平に近い逆台形で、胴体最大径は孔の上位に位置するなどとした。

氏らは口縁部と胴部両者の形の属性間相関関係から、Ⅰａ式→Ⅰｂ式、（Ⅱａ式）→Ⅱｂ式→Ⅲｂ式→Ⅲｃ式、Ⅳｂ１→Ⅳｃ式→Ⅳｄ式→Ⅴｄ式→Ⅵｄ式→Ⅵｅ式、Ⅶｄ式→Ⅶｅ式に変化するとした。そして、変化段階を１から11段階まで設定し、１、２段階をⅠ分期、３～５段階をⅡ分期、６、７段階をⅢ分期、８、９段階をⅣ分期、10、11段階をⅤ分期に区分した。Ⅰ分期は400年から425年、Ⅱ分期は425年から450年、Ⅲ分期は450年から475年、Ⅳ分期は475年から500年、Ⅴ分期は500年から525年と詳細な年代設定を行った（図２）。有孔広口小壺は栄山江中・上流域で出現して下流域に伝播したとして、徐賢珠と逆の動きを考えた（朴・金 2011）。

２．韓国有孔広口小壺の編年検討

徐賢珠は、有孔広口小壺の出現を400年以降とし、400年から450年の間にAa形、Ab形が出土するのは栄山江下流地域と高敞地域で、上流・中流域は450年以降の出現とする。

朴亨烈・金秦瑩は、光州河南洞100号住居址（図２-４）と光州東林洞82号溝（図２-６）の軟質土器有孔広口小壺をⅠ分期１段階の400年頃においており（図２）、この軟質土器有孔広口小壺を初現と考えているようである。ちなみに徐賢珠は東林洞82号溝の軟質土器有孔広口小壺を450年頃においている（図１-36）。

徐賢珠と朴亨烈・金秦瑩の編年を比較すると、両者とも有孔広口小壺の出現が400年以降とする

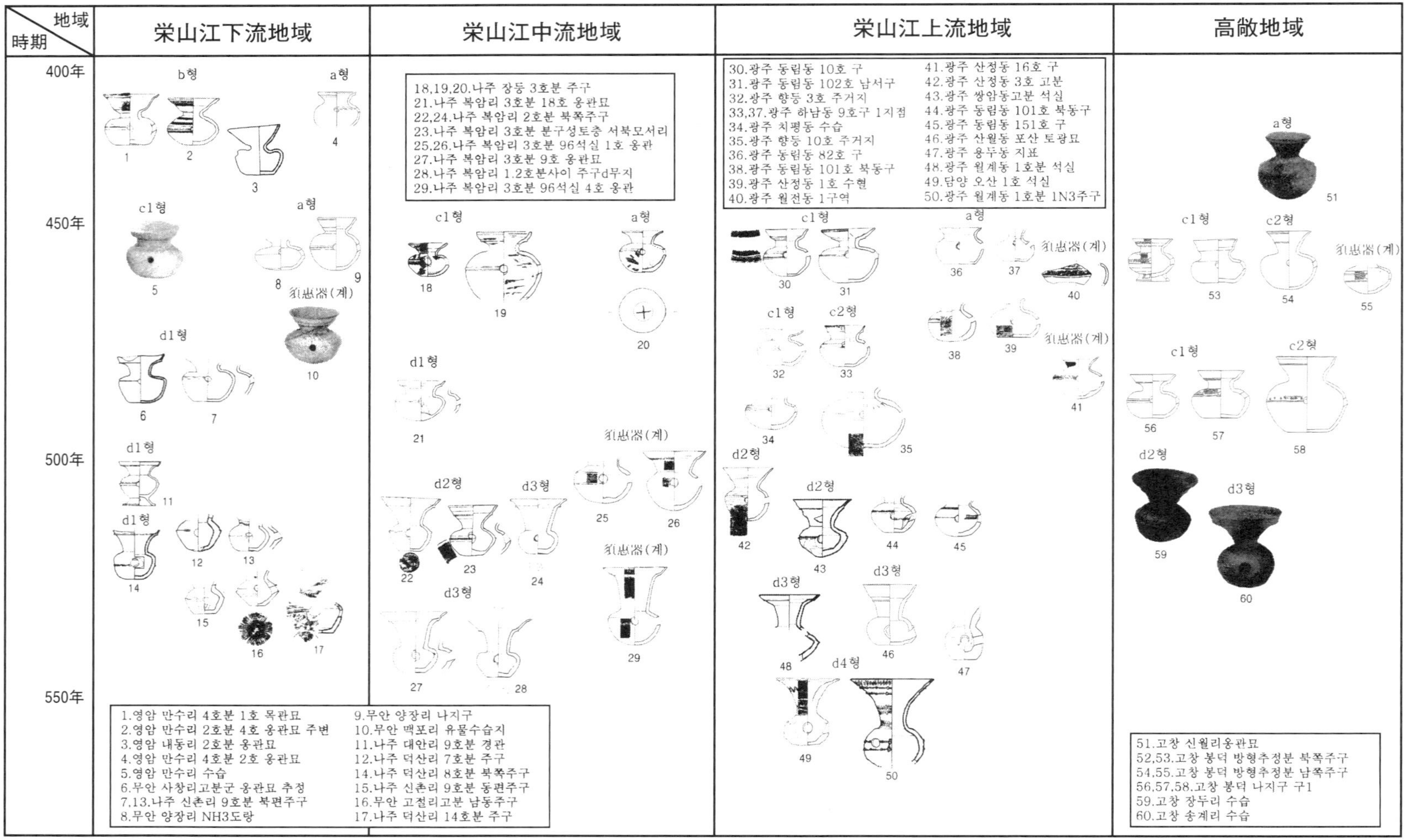

298　第Ⅱ部　周辺地域編

地域　時期	栄山江下流地域	栄山江中流地域	栄山江上流地域	高敞地域

400年

450年

500年

550年

栄山江下流地域:
1. 영암 만수리 4호분 1호 목관묘
2. 영암 만수리 2호분 4호 옹관묘
3. 영암 내동리 2호분 옹관묘
4. 영암 만수리 4호분 2호 옹관묘
5. 영암 만수리 수습
6. 무안 사창리고분군 옹관묘 주변
7. 무안 신산리고분 북편구
8. 무안 양장리 NH3호옹
9. 무안 양장리 유물수습지
10. 무안 맥포리 9호분 수습
11. 나주 복암리 9호분 경부
12. 나주 다시리 7호분 주구
13. 나주 다시리 8호분 북편주구
14. 나주 다시리 9호분 동편주구
15. 나주 신촌리 9호분 남편분구
16. 무안 고전리고분 남동주구
17. 나주 다시리 14호분 주구

栄山江中流地域:
18,19,20. 나주 장등 3호분 주구
21. 나주 복암리 3호분 18호 북족주구
22,24. 나주 북암리 2호분 북족주구
23. 나주 시평동 3호분 구 서북모서리
25,26. 나주 복암리 3호분 96석실 1호 옹관
27. 나주 복암리 3호분 9호 옹관묘
28. 나주 복암리 1,2호분사이 주구d부구
29. 나주 복암리 3호분 96석실 4호 옹관

栄山江上流地域:
30. 광주 동림동 10호 구
31. 광주 동림동 102호 남자구
32. 광주 향등 3호 주거지
33,37. 광주 하남동 9호구 주거지 1지점
34. 광주 시평동 수습
35. 광주 향등 10호 주거지
36. 광주 동림동 82호
38. 광주 동림동 101호 옹관묘
39. 담양 오산 1호 석실
40. 광주 월계동 1호분 1구역
41. 광주 산정동 16호 구
42. 광주 산정동 3호 고분
43. 광주 쌍암동 고분 북족구
44. 광주 동림동 101호 북족구
45. 광주 동림동 151호 주구
46. 광주 동림동 신방리 토광묘
47. 광주 동림동 보산지구
48. 광주 월계동 1호분 석실
49. 담양 오산 1호 석실
50. 광주 월계동 1호분 1N3주구

高敞地域:
51. 고창 신월리옹관묘
52,53. 고창 봉덕 방형추정분 북족주구
54,55. 고창 봉덕 방형추정분 남족구 구1
56,57,58. 고창 장두리 나지구 수습
59. 고창 장두리 수습
60. 고창 중계리 수습

図1　栄山江流域間有孔広口小壺の変遷様相（徐 2011を一部改変）

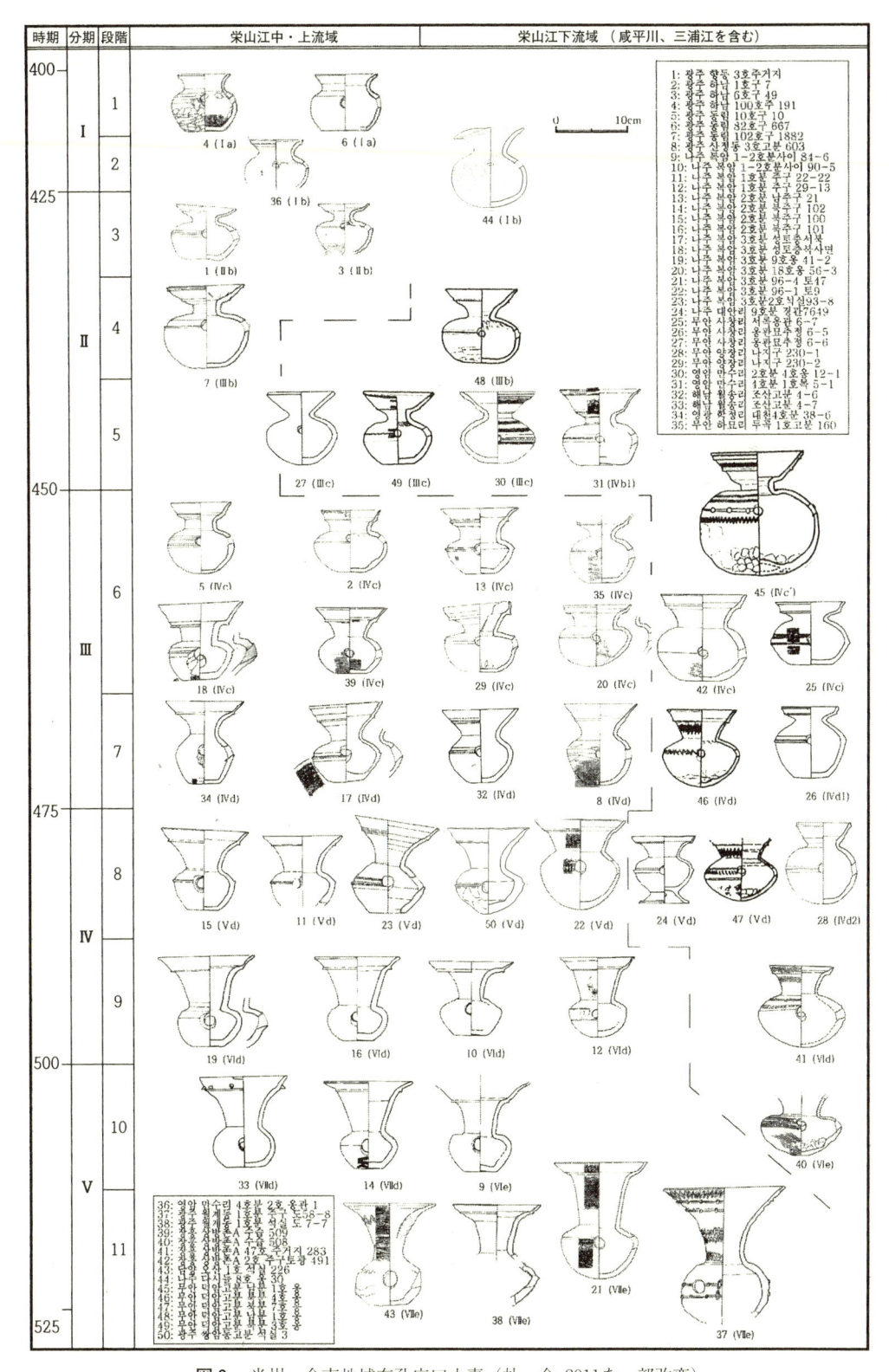

図2　光州・全南地域有孔広口小壺（朴・金 2011を一部改変）

ものの、後者の方が同一資料でも年代を約20〜30年ほど古くする傾向がある。ただ万樹里4号墳1号木棺墓（図1-1）、同2号墳4号甕棺墓周辺例（図1-2）だけは、徐賢珠は400年近くに、朴亨烈・金泰瑩はⅡ分期5段階の450年近くにおいている。

栄山江流域出土の須恵器についても徐賢珠の年代観はそれほど問題ないが、朴亨烈・金泰瑩は、羅州伏岩里1号墳周溝（図2-12）のMT15型式新式甕を、Ⅳ分期9段階の500年前に遡らせ、伏岩里3号墳'96石室1号甕棺甕（図2-22）MT15型式を、Ⅳ分期8段階の475年あとにおき、同段階に務安徳巌1号墳7号甕棺（図2-47）の甕TK47型式を並行しておいており、やや古くしている点で問題がある。また、朴亨烈・金泰瑩は、甕と有孔広口小壺を同じ基準で形式区分していることも問題である。

この二つの有孔広口小壺編年を考慮に入れ、高敞を除いて栄山江流域の変遷を考えてみたい。

(1) 甕と有孔広口小壺の出現について

小池寛は越州窯製褐色着彩鶏頭壺を例に出し、甕には鶏頭様を成す注ぎ口と把手はないが、口縁部の形態が全羅南道内洞里5号墳出土の有孔広口小壺（図4-42）に近似していると指摘した（小池 1999）。徐賢珠も有孔広口小壺と有孔チャングン（樽形甕）の出現は、中国の茶器で鶏首壺、チャングン等百済で使用されていた器物と関連することから推定できると、同様な考え方をした（徐 2011）。

筆者は、栄山江流域の土器編年を作成した際、栄山江流域の有孔広口小壺の出現時期が5世紀前半であり、初頭まで遡るか疑問であること、栄山江流域の有孔広口小壺の形態変化が大きく、列島と比較して特定な形態として定まっていないことから、列島の甕が栄山江流域へ伝わり有孔広口小壺になったと考えた（酒井 2004）。

中久保辰夫は九州の甕を検討する中で、焼成前に穿孔した小型丸底土器（土師器）は口縁部が体部に比して小さく、口径は胴部最大径を下回る。この器形は陶邑TG232号窯にも見られ、出現期の甕は器形の上で小型丸底土器と共通点が多いとした。須恵器甕は、中期前葉以降二重口縁を有するが、二重口縁の小型丸底土器は中期前葉に減少し、中葉以降消滅することから、両者が交代するとした。そして、甕と有孔広口小壺が有孔土器の創出を共有しながらも、その初期段階のものには、在来の技術体系が根強く反映されていたとした（中久保 2012）。

朴亨烈・金泰瑩は、光州河南洞100号住居址（図2-4）、東林洞82号溝（図2-6）の軟質土器有孔広口小壺をⅠ分期1段階におき、2段階に万樹里4号墳2号甕棺墓例（図2-36）をあげ、頸部径が広い形態が出現期の形態とした（朴・金 2011）。底部は大きな平底であるが、頸部径の変遷が広いものから狭くなり、再び広くなる変遷が可能か問題がある。やはり、軟質土器有孔広口小壺は、底部が広いものの頸部が太く、陶質土器の有孔広口小壺につながるとするには無理がある。

(2) 出現期の有孔広口小壺について

出現期の有孔広口小壺の形態について検討してみると、多くの研究者が古式だと考えているのは霊岩万樹里4号墳1号木槨墓（図4-2）、同2号墳4号甕棺墓周辺出土資料（図4-9）である。

その特徴は底部が平底で、特に前者は広く、胴部の横断面が扁平な隅丸長方形である。頸部は細く、垂直に立ち、口縁部は大きく段を経て広がる漏斗状の口縁といえよう。筆者は底径の広い前者が有孔広口小壺出現期の形態だと考えており、後者は底径が小さいことから後出すると考えている。出現期の類例として、務安徳巌2号墳1号甕棺大形（図4-7）と小形（図4-4）有孔広口小壺、東林洞102号南西溝（図4-5）、羅州化丁里馬山3号墳1号甕棺などがあげられる。この中には口唇部下に突線を巡らす務安徳巌2号墳1号甕棺大形有孔広口小壺、羅州化丁里馬山3号墳1号甕棺、霊岩万樹里4号墳1号木槨墓、同2号墳4号甕棺墓周辺出土例（図4-9）がある。また、胴部に粒状の貼付文を持つ務安徳巌2号墳1号甕棺例と口縁部に持つ羅州化丁里馬山3号墳1号甕棺例があり、光州河南洞5号溝の有孔チャングン（図3-4）も口縁部に貼付文を持つことで古式の特徴と考えられる。務安毎谷里の大形有孔広口小壺（図4-8）は頸部が直立しないが、底部が広いことからこの時期におく。

　出現期の中で、図4の2・5・7・9・11と羅州化丁里馬山3号墳1号甕棺の有孔広口小壺は同一系譜と考えられ、その分布が霊岩、務安、羅州、光州と栄山江下流域から上流域まで広がることから、栄山江流域で共通する系譜が分布するといえよう。

(3) 有孔チャングンについて

　列島の樽形𤭯と同形態であるが小形で、列島よりも出土数が少ない。出現期と考える有孔広口小壺の漏斗状口縁と類似した例が、霊岩万樹里2号墳1号甕棺墓（図3-1）にある。口縁が内彎気味に大きく開き、頸部がわずかに直立することから、初現期の形態だと考えられる。また、ソウル風納土城慶堂地区206号井戸遺構出土の有孔チャングンも頸部が細く、口縁部が内彎気味に広がり漏斗状になる。地域は全羅北道高敞になるが、鳳徳遺跡カ地区溝1の有孔チャングン（図3-2）は、口縁部は欠損するが頸部が直立する。これら3点の有孔チャングンは、いずれも胴部が樽形に膨らむ特徴を持つことから、古式の特徴と考えられる。光州河南洞5号溝例（図3-4）は、胴部の膨らみは少ないものの、細い頸部から逆八の字状に広がり、口縁部に粒状貼付文が見られることから、有孔広口小壺の貼付文と同様古式の様相を残しているようである。

　有孔チャングンは、頸部が細く、漏斗状に広がる口縁形態は古式だと想定でき、列島のON231号窯樽形𤭯と胴部形態が類似することから、時期的に近いと想定できる（酒井 1999）。

(4) 有孔広口小壺の変遷について

　出現期の有孔広口小壺は上述したが、それを1期とする。続く2期は1期と同様頸部が細く、口縁部が漏斗状になるものの、胴部が丸味を帯びて底径が小さくなり、段を持つものと持たないものがある。務安社倉里甕棺（図4-13）は口縁がくの字状に図化されているが、外面の一部と内面は頸部が直立する系譜であり、口縁部も内彎気味に立ち上がることからこの時期においた。霊岩万樹里2号墳4号甕棺墓周辺（図4-9）、務安徳巌1号墳3号甕棺（図4-11）、務安荷苗里頭谷1号古墳（図4-12）や大形の霊岩沃野里6号墳封土（図4-16）が代表する。

　3期は、時期的に前後に分かれる可能性があるものの、十分検討ができなかった。この時期は頸

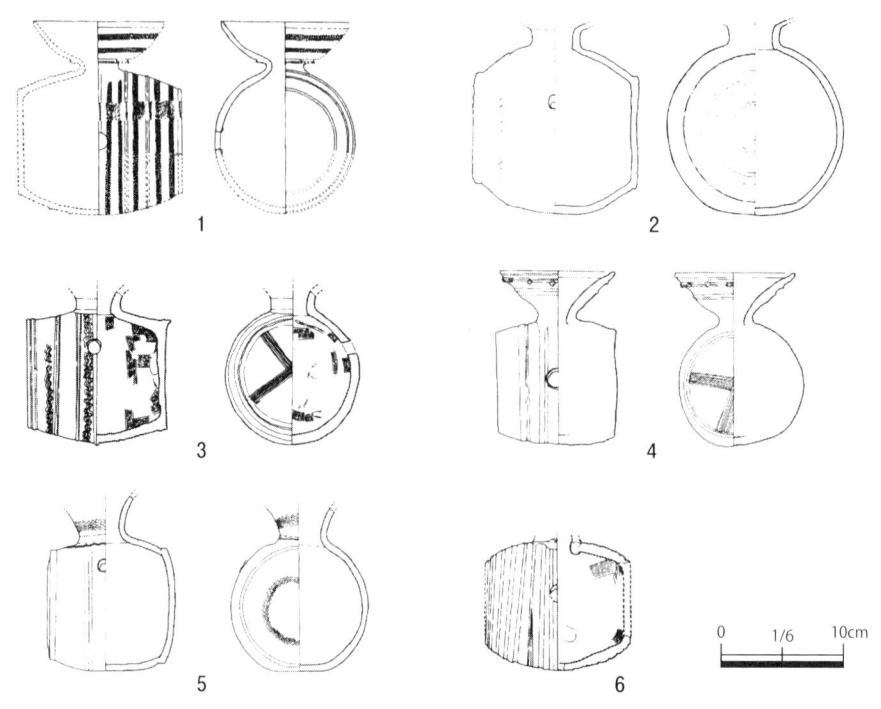

図3　韓国出土の有孔チャングン
1：霊岩万樹里2号墳1号甕棺　2：高敞鳳徳カ地区溝1　3：羅州長燈8号竪穴　4：光州河南洞5号溝
5：光州山亭洞9号方形建物址　6：光州東林洞141号溝

部が太くなることから新しい様相といえる。口縁部に段を持たないものも多くなり、丸底も多く、形態も多様である。光州東林洞10号溝（図4-23）は頸部が直立する古式の様相を持つものの、頸部が太く丸底である。一般に栄山江流域の有孔広口小壺の孔部は胴部の一本の突線と接するが、23は2本の突線の間に孔部が開けられ、須恵器と共通する。半島では底部円板作りで製作するため内面底部はナデを行うが、長興上芳村A周辺収拾品（図4-29）は、須恵器と同様棒状工具で口縁側から内面底部を突いている特徴を持つ。この頃蓋坏にも須恵器の影響が見られ、栄山江流域で須恵器系土器が生産されていることと同様、有孔広口小壺にも須恵器が影響を与えたと考えられる。

　4期は、さらに頸部が太くなり、胴部径と口縁部径が近くなる。新しい傾向は肩部の屈曲が強くなり、胴部下位が直線的になりはじめることである。5期になると須恵器の影響を受けて頸部が長くなるが、その萌芽が4期にあり、長くなりはじめる。

3．有孔広口小壺の年代について

　栄山江流域の有孔広口小壺の年代を考える十分な材料を持ち合わせていないため、須恵器との共伴関係から考えてみたい。
　羅州長燈遺跡3号墳周溝内から3期においた有孔広口小壺4点（図4-20～22・26）が、回転ヘラケズリを施すTK23型式の須恵器坏蓋2点と共伴する（湖南文化財研究院・韓国道路公社 2007）。同様に3期においた光州河南洞9号溝10地点の小形有孔広口小壺（図4-24）と、11地点大形有孔

日韓の甑と有孔広口壺 303

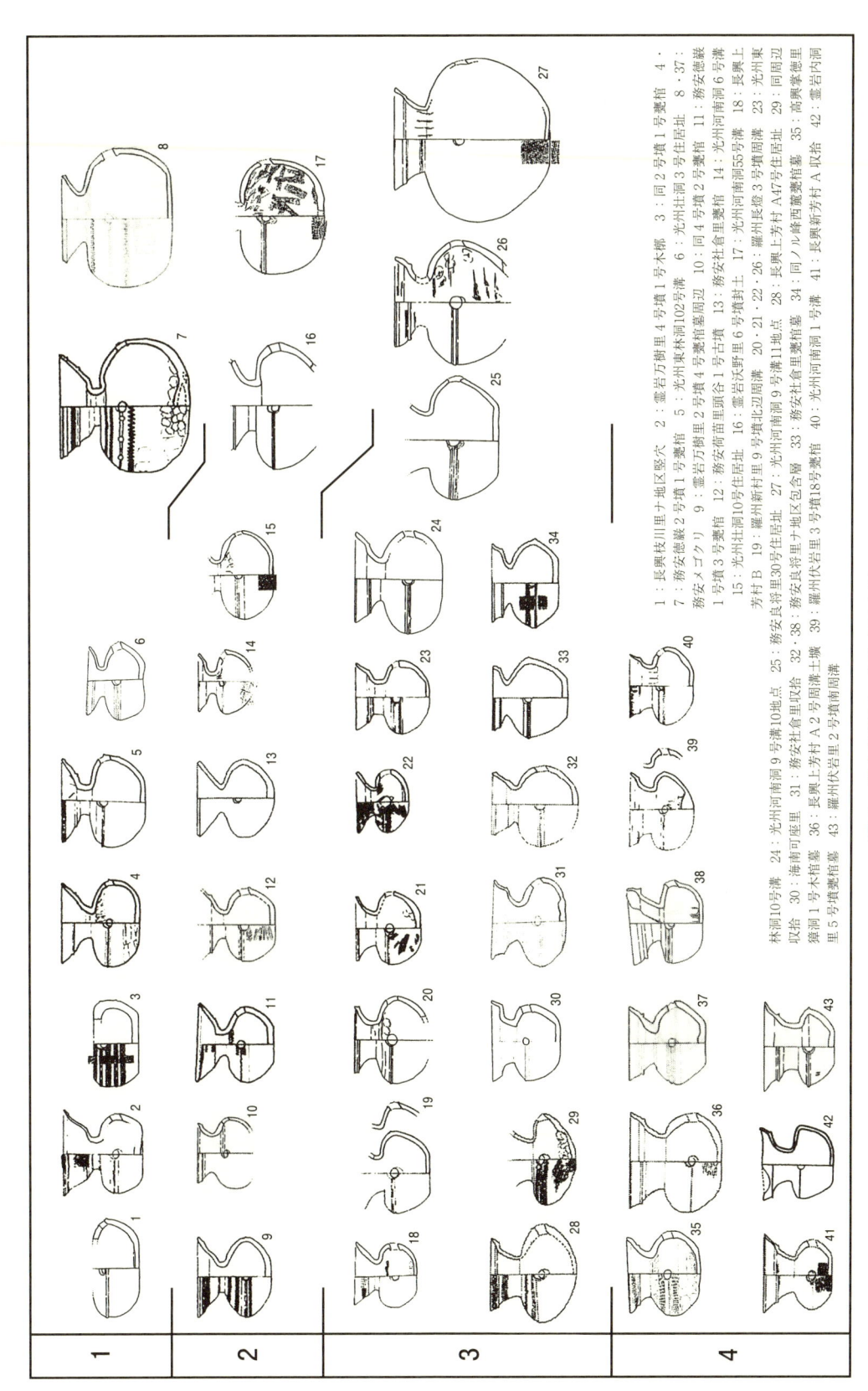

1：長興枝川里ト地区堅穴　2：霊岩万樹里4号墳1号木槨　3：同2号墳1号住居址　4：同2号墳1号甕棺　5：光州壮洞102号溝　6：光州東林洞3号住居址　7：務安徳巖　8・37：務安ㇰゴㇰリ　9：霊岩万樹里2号墳4号甕棺頭骨周辺　10：同4号墳2号甕棺　11：務安徳巖1号墳3号甕棺　12：務安荷苗里頭谷1号古墳　13：務安社倉里甕棺　14：光州河南洞6号溝　15：光州壮洞10号住居址　16：霊岩沃野里6号墳封土　17：光州河南洞55号溝　18：長興上芳村A47号住居址　23：光州東芳村B　19：羅州新村里9号墳北辺周溝　20・21・22・26：長興上芳村里30号住居址　24：光州河南洞9号溝10地点　25：務安良将里又拾　27：光州河南洞9号溝11地点　28：長興上芳村里30号住居址　29：同周辺　30：海南可座里　31：務安社倉里甕拾　32・38：務安良将里又拾　33：務安社倉里甕棺　34：同ノル峰西麓甕棺墓　35：高興掌徳里　36：霊岩1号墳木棺墓　39：羅州伏岩里3号墳18号甕棺土壙　40：光州河南洞1号溝　41：長興新芳村A2号周溝土壙　42：霊岩内洞里5号墳甕棺墓　43：羅州伏岩里2号墳南周溝

図4　栄山江流域の有孔広口小壺

広口小壺（図4-27）は、10地点の須恵器4点と共伴する（湖南文化財研究院・光州広域市都市公社 2008）。須恵器は3点（坏蓋1点、坏身2点）がTK208型式で、1点（坏身）はTK23型式である。特に24の小形有孔広口小壺は、扁平な胴部であることからやや古式と考えられ、TK208型式並行期で降ってもTK23型式並行と想定する。

1期においた務安徳巖2号墳1号甕棺出土の小形有孔広口小壺（図4-4）と大形有孔広口小壺（図4-7）は、胴部に1本の沈線を巡らし、その上下に竹管によるコンパス文を並列させた有蓋短頸壺を伴う（大韓文化財研究院 2012）。この短頸壺は務安良将里30号住居址から叩き文も含め酷似した資料が出土する。この住居址から有孔広口小壺（図4-25）と平底の蓋坏が出土しており、前稿では出現期の羅州系土器と考え、筆者の編年3期においた。しかし、酷似した短頸壺が両遺構から出土したことは、時期の再検討が必要である。ちなみに徳巖古墳の報告書では2号墳1号甕棺は報告書の1期で、TK23型式の𤭯を出土する1号墳4号甕棺を3期としており、土器から見ても2号墳1号甕棺はTK23型式よりも遡るようである。

光州山亭洞遺跡9号方形建物址から有孔チャングン（図3-5）が、須恵器坏蓋2点と有蓋高坏1点と共伴し、須恵器はTK208型式である（湖南文化財研究院・光州広域市都市公社 2008）。この有孔チャングンは胴部の幅や膨らみが少なく、霊岩万樹里2号墳1号甕棺墓の有孔チャングンのほうが古式であることから、TK208型式よりも遡るであろう。

万樹里2号墳4号甕棺墓出土の有孔広口小壺（図4-9）は、底径の広い大形の杯を伴う。筆者はこの大形平底坏を瓦質系土器として、前稿では2期の5世紀第2四半期においた。

このような須恵器との共伴関係から、有孔広口小壺の時期について1期は5世紀第1四半期、2期は第2四半期、3期は須恵器TK208～TK23型式で5世紀中葉から第3四半期、4期は5世紀第4四半期としておく。このことから、𤭯と有孔広口小壺は同じ頃出現したようである。

最近、栄山江流域の甕棺集成で時期区分を行い、発展期に務安社倉里古墳と霊岩万樹里4号墳を載せ、前者にノル峰西麓発見甕棺墓の有孔広口小壺（図4-34）と、後者に万樹里4号墳2号甕棺有孔広口小壺（図4-10）を載せており、時期を4世紀頃とする。今後甕棺墓の編年との擦り合わせが必要であろう（国立羅州文化財研究所 2010）。

4．有孔広口小壺と𤭯の使用方法

列島の𤭯の性格について小池は、宝器的な扱いから、定型化以後実容器でもあるが、宗教的儀礼、供献土器に使用され、Ⅱ期になると実容器の機能は消失し、宗教的儀礼の象徴として機能したという（小池 1999）。木下は、埴輪が持つ𤭯から、飲食儀礼、食物を献じる供献儀礼で使用されたと考えている。また、子持ち𤭯などから葬送に伴う器の存在も想定された（木下 2011）。

半島出土の須恵器𤭯について筆者は、出土数17点のうち15点が墓から、住居跡と祭祀遺構から各1点が出土するとした。半島へ搬入された須恵器は被葬者や埋葬に関わり、須恵器を集積した結果、墓へ須恵器を副葬するシステムが存在したと考えた（酒井 2008）。

有孔広口小壺は5世紀には甕棺に副葬される例や、古墳の周溝、溝、住居からの出土もある。6

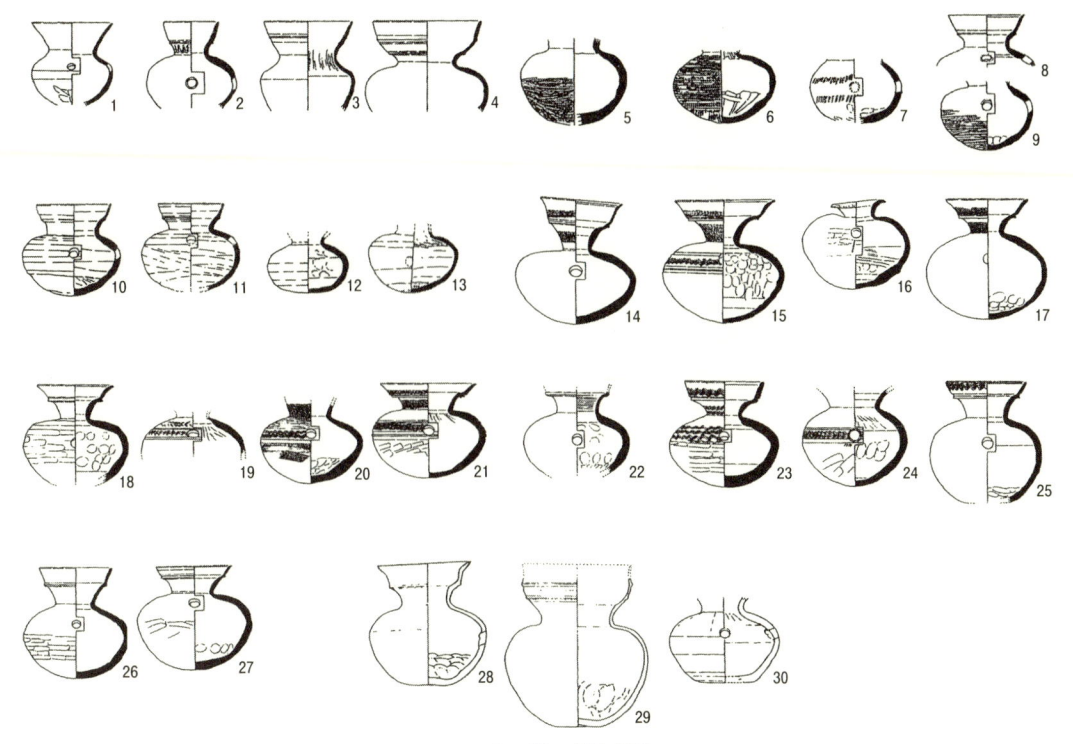

図5　出現期の須恵器甑
1～7：大阪府堺市大庭寺窯跡陶邑TG232号窯　8・9：同TG231号窯　10～13：京都府宇治市街遺跡　14～27：堺市ON231号窯　28・29：福岡県朝倉市池の上6号墳　30：同山隈窯跡

世紀には甕棺や石室からの出土もあるが、古墳の周溝が増えてくる。半島出土の須恵器と同様、墓からの出土が多いが、周溝、溝からの出土も多いことが注目される。周溝、溝からの出土は竈焚口枠板や甑が伴うことから、廃棄の可能性も考えられるが、祭祀や儀礼的な行為も考えられる。

光州河南洞遺跡のL字状の9号溝から、大形有孔広口小壺（図4-27）と小形有孔広口小壺（図4-24）が、須恵器蓋杯、および多くの円筒形土器や多量の土器とともに出土する。大形有孔広口小壺は底部穿孔されたと考えられ、複数の壺（報告書土器No.184・194・245・246・285・335・356・357）も底部や腹部が穿孔されている。また、多くの土器が破砕され、破片が積み重なっている（湖南文化財研究院・光州広域市都市公社 2008）。大形有孔広口小壺は内側から穿孔されており、円形に抜けた部分に破片が1点接合する。このことから、溝付近で穿孔を行ったことが想定され、他の穿孔土器や破砕土器、円筒形土器と関連し、祭祀や儀礼的な行為で有孔広口小壺が使用されたと考えられる。同遺跡の6号溝出土有孔広口小壺（図4-14）も内側から円形に穿孔している。

有孔広口小壺は、列島と比較して、祭祀的な行為が推定できる遺跡や住居跡からの出土は少なく、多くは墓からの出土が多いようである。

おわりに

筆者は日本の須恵器の生産開始は、2a期には加耶系が主体で、2b期になり順次栄山江流域系

になっていくとした。大庭寺窯跡（TG231・232号窯）はほとんどが加耶系で一部に新羅的様相、栄山江流域的様相が見られるのであり、製作技法の主体は加耶系である。大庭寺窯跡の栄山江流域系譜を持つ平底杯は、栄山江流域の土器製作技法である底部円板作りで製作されているが、栄山江流域と関わる𤭯が平底でなく丸底になるのは、加耶系あるいは土師器との器形や製作技法との関連が想定される。𤭯の口縁部は、栄山江流域の漏斗状（図5-4・29）や段を持つ例も見られ、関連が想定されるが、頸部を見ると大庭寺窯跡、宇治市街遺跡に広い形態があり（図5-3・10・11）、5世紀初頭の栄山江流域に少ない形態である。また逆八の字状に大きく開く口縁部（図5-1・3）もあり、土師器との関連もあろう（小池 1999）。

　栄山江流域には1期の出現期から大小の有孔広口小壺が見られるが、列島では大形𤭯の出現は陶邑TK216型式、Ⅰ-2段階と出現期にない。しかし、栄山江流域、列島で孔を胴部に開けた大小の器形が、墓や祭祀などに使われることは共通した理解があったといえる。また、有孔チャングン、樽形𤭯が両地域でやや遅れて出現することも、海を挟んで情報が共有されて生産、使用されたのであろう。それは6世紀以降も同様な変遷をしていることも、この器形の特色といえよう。𤭯、有孔広口小壺は、海を挟んで日韓両地域で祭祀、儀礼、葬送、容器として共通した理解のもと、情報が共有されたのであろう。各部位にはそれぞれの地域の特徴があり、それぞれの地域の土器生産技術体系の中で作り出された器形だとする考え方は首肯できる（中久保 2012）。

　𤭯、有孔広口壺の出現様相の解明は不明確のままである。未検討資料も加え今後再考したい。

引用文献

木下　亘　2003「韓半島出土須恵器（系）土器について」『百済研究』37、忠南大学校百済研究所

木下　亘　2011「日本列島出土須恵器𤭯の変遷とその特徴」『有孔小壺』国立光州博物館・大韓文化遺産研究センター

小池　寛　1999「𤭯考」『瓦衣千年』（森郁夫先生還暦記念論文集刊行会）

国立羅州文化財研究所　2010『甕棺』（栄山江流域の古墳Ⅰ）

湖南文化財研究院・韓国道路公社　2007『羅州長燈遺跡』

湖南文化財研究院・光州広域市都市公社　2008『光州河南洞遺跡Ⅰ』

湖南文化財研究院・光州広域市都市公社　2008『光州山亭洞遺跡』

酒井清治　1999「陶邑TK87号窯出土の樽形土器の再検討」『人類史研究』11、人類史研究会

酒井清治　2004「5・6世紀の土器から見た羅州勢力」『百済研究』39、忠南大学校百済研究所

酒井清治　2008「韓国出土の須恵器」『生産の考古学Ⅱ』（倉田芳郎先生追悼論文集）同成社

酒井清治　2013『土器から見た古墳時代の日韓交流』同成社

徐賢珠　2006『栄山江流域古墳土器研究』学研文化社

徐賢珠　2011「百済の有孔広口小壺とチャングン」『"有孔広口小壺"にひそむ意味と地域色論議』国立光州博物館・大韓文化遺産研究センター

大韓文化財研究院　2012『務安徳巌古墳群』

中久保辰夫　2012「古墳時代前期～中期の九州出土朝鮮半島系土器と対外交渉」『沖ノ島祭祀と九州諸勢力の対外交渉』（第15回九州前方後円墳研究会北九州大会発表要旨・資料集）

朴亨烈・金秦瑩　2011「光州・全南地域の有孔広口小壺」『"有孔広口小壺"にひそむ意味と地域色論議』国立光州博物館・大韓文化遺産研究センター

銅斧と銅剣の鋳型
―― 遼東青銅器文化考・3 ――

千 葉 基 次

はじめに

　2003年、春成秀爾、今村峯雄らは、AMS^{14}C 測定年代から、北九州弥生時代開始時期が紀元前一千年紀初頭頃まで遡ると発表した。この弥生開始年代が論議されている時に、中国遼西地域の遼寧式銅剣の年代観が鍵と説かれていた。しかし、遼寧式銅剣を元にして細形銅剣が製作される年代は、直接的に弥生開始期を推定できない。細形銅剣が朝鮮・韓半島地域で形を整えて製作を始めた時に、ただちに北九州地域へ伝えられていないのであるから。あわせて遼寧式銅剣の起源地、つまりどこで最初の製作が行われたかが論議された。この起源論は、遼西地域か遼東地域かとの問いであるが、現在でも双方に説得力ある根拠・資料が発見されている由ではない。遼西先行説は、遼寧式銅剣の年代が西周末以降であるとの考えを基にして、"商周の交" と年代を示す青銅彝器の出土する周辺状況からも、遼西地域での製作時期が早いとの考えの残影がある。
　一方、遼東先行説を取り、当時異例に古く、遅くとも紀元前11〜10世紀であると徐光輝は示したが、拠り所は^{14}C 測定年代値にある（徐 1996）。また、春成は AMS^{14}C 測定年代に信をおくので、遼寧式銅剣成立年代が紀元前10世紀を遡ると説くのは、当然の帰結であろう（春成 2006）。私の遼東先行説にしても、次善の策として墓から出土する土器との組み合わせ資料を基本に、朝陽十二台営子１号墓と瀋陽鄭家窪子6512墓の剣把頭が同形を念頭に置く程度である（千葉 1997）。しかし、遼東地域の砣頭積石墓では、双房型土器期を遡る可能性のある青銅器が出土し、遼東地域は充分に独自の青銅器鋳造技術の開始を考えられ、その可否を詰める時がきている。
　現在、遼寧式銅剣製作開始年代を西周の紀元前９世紀頃まで遡ると説く研究者も増しているが、実態として、青銅器製作開始時期は遼寧式銅剣製作開始時期ではないと考えてよい。両地域は、生業も根本的に異なる地域考古文化で、使用土器もむろん異なる。遼西地域の土器は遼東地域に出土せず、その反対の資料報告もなく、対比して相互並行関係を論じることは現状不可能である。
　諸青銅器と、ことに遼寧式銅剣の製作開始年代は、遼西地域が早く遼東地域が伝来とその模写製作であれば、遼西から遼東地域への鋳造技術移転がある。鋳造技術がないならば、剣と斧は伝来、技術は自前とはならず、両者に共通技術系譜を見るはずで、この視点から論述はされていない。
　2011年、小林青樹らは、遼東地域における青銅器・鉄器の現地調査成果を発表された。その中に、宮本一夫による遼陽市甜水郷塔湾村出土の遼寧式銅剣鋳型の発表がある。また、同時発表する春成の一文は、この銅剣鋳型に銅斧鋳型も共伴すると記している(1)（小林ほか 2011）。遼東地域に待望の銅剣鋳型資料にたいし、共同研究者である宮里修より、資料はすでに中国側で公開されている旨の

ご教示をいただき、同時にその複写資料を快く提供していただく幸いを得た。

　遼西・遼東地域では、すでにわずかながら銅剣・銅斧の鋳型報告がある。塔湾村資料は、遼西から遼東地域への伝播説・鋳造技術移転にたいして、唯一例としても検証の扉を開いた。

1. 銅斧の鋳型

(1) 遼西地域の資料（図1）

①内蒙古自治区赤峰市紅山後『赤峰紅山後』東亜考古学会　1938　片范1
②内蒙古自治区赤峰市購入品『赤峰紅山後』東亜考古学会　1938　合范
③内蒙古自治区赤峰市夏家店遺跡『考古学報』1974-1　片范1
④内蒙古自治区敖漢旗李家営子『考古』1983-11　合范
⑤遼寧省凌源県三官甸大隊墓『考古』1985-2　片范2
⑥内蒙古自治区寧城県双井『夏家店上層文化の青銅器』中韓共同学術調査報告2　2006　片范1
⑦内蒙古自治区寧城県小黒石溝『小黒石溝』内蒙古自治区文物考古研究所他　2009　両面范1と合范1

　資料は、赤峰市で現地購入例を含め、墓の副葬品、包含層出土品、採集品など9例ある。鋳型には、共通点が二つある。一つは、鋳型に彫り込まれた斧の外形が湯口・「大溝」から下へ隆帯の本数に関わりなく、隆帯を経て身部に及ぶまで、"直線"的に図案化されていること。いま一つは、

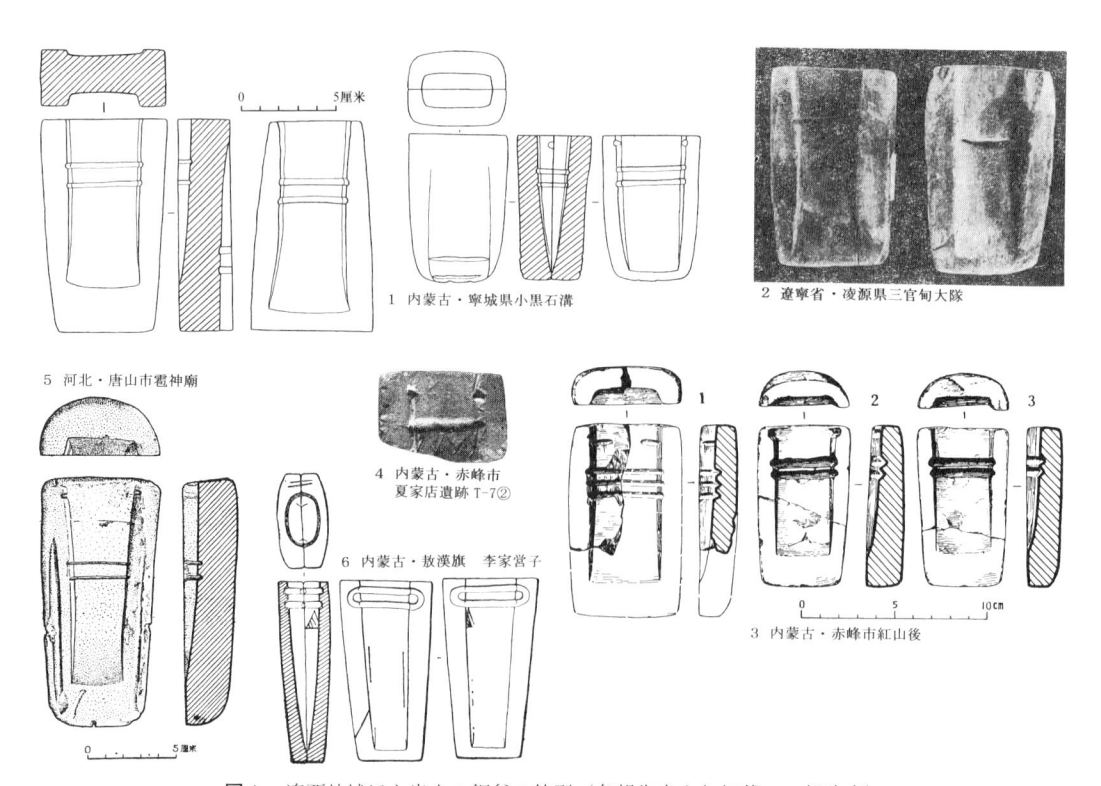

図1　遼西地域ほか出土の銅斧の鋳型（各報告書より転載、一部改変）

大溝中の左右に、円形・長方形に刻まれた「窪み」を設けることである。中子側は、鋳型側の窪みに対応した位置へ同形の突起を設けて、中子の位置決めをより確実にさせ、下にずれるのを防ぐ技法を想定させる。大溝は中子で塞がれて、実際の湯道は、中子側に溝を作るのであろう。窪みのない小黒石溝遺跡例などは、対の片范にあると見てよい。李家営子例は、例外となる。

李家営子例（図版1-6）は、管銎斧等の鋳型と共に採集された。異なる中子を保持する造作で、遼西地域では中子を保持する造作が二形態あることになる。今回は、二形態あることを知ることで充分であろう。本例は、斧長が18.5cmと長く・大きい特徴もある。同形例の実物は、熱河省大名城付近（現赤峰市寧城県）で、遼寧式銅剣、もう1点の銅斧、銅鏃数点と共に出土報告例がある（島田 1938）。長さは4寸5分・約15cmと少し短いが、形状は李家営子例とよく似る。環状把手は、実用に不都合な付帯物と思え、環は飾り等を結び付ける用途で、言わば儀礼用の斧であろう。もう1点の銅斧は、斜行線文を鋳出すると記し、銅剣は、十二台営子2号墓の剣と同形である。

そして、製品の斧から、「目釘穴」のある斧と、ない斧がある。目釘穴は、円形・方形・三角形・不定形、そして位置の不定、大きさの大小とさまざまである。三官甸墓の2例中2例、小黒石溝M8501の26点中に9点、南山根M101の6点中に1点とある。また、実測図等から必ず両面にあるとは確認できず、片面のみの例もある数量出土している可能性がある。三官甸墓、南山根M101、内蒙古自治区敖漢旗牛古吐郷千斤営子村例（邵 1993）は、両面に確認できる。

各鋳型の時期を推定すると、夏家店遺跡の鋳型（図1-4）は、共伴した鬲型土器足袋部で時期推定は困難だが、同地点T-1の第二層から把手付「く」字形素口縁の鬲形土器が出土している。夏家店遺跡の層位は、帯状二重口縁の把手付鬲形土器や鉢形土器が古いと示す。南山根M101は、二重口縁把手付鬲形土器の時期と言えるので、鋳型はこの墓よりも新しい時期と考える。

三官甸墓例（図1-2）は、遼寧式銅剣を含む中原地域の銅戈・銅鼎青銅器類と鋳型との共伴関係は確認されていない。報告者の馬雲鴻は、戦国時代早期を遡ることはなく中期頃、つまり戦国時代前半期を想定する。三官甸墓例の東約30km、同じ遼寧省管内でほぼ同形の銅戈を出土した喀喇沁左翼旗蒙古族自治県（喀左県）南洞溝石槨墓は、中原地域の車軸頭・銅篙から、春秋時代晩期から戦国時代早期と報告する。2例の墓（図4）は、紀元前5世紀代中頃以降と考えられている。

小黒石溝例（図1-1）は、刀子、鑿などの鋳型と共に遺跡内採集品である。4層の堆積が確認され、住居跡や灰坑から出土した「く」字形口縁把手付鬲形土器、短脚で裾広がりの高杯形土器、長い円筒形脚部で裾広がりの高杯形土器、直刃弧背の石刀などは、夏家店上層文化を特徴づける資料である。しかし、二重口縁把手付鬲形土器はなく、二重口縁鉢形土器も少ない。出土の高杯形土器は、南山根M101や小黒石溝M8501の青銅製高杯に似、この時期か少し後の時期であろう。

紅山後例（図1-3）は、遺跡内第Ⅰ住地採集品で、第Ⅰ住地出土土器類には、帯状二重口縁土器がとても少ない。高杯形土器は、小黒石溝遺跡と同様の二種類があり、「く」字形口縁部の土器は鬲形土器も含むのであろう。第Ⅰ住地出土土器類は、夏家店上層文化でも新しい時期であろう。

鋳型の年代は、古い例が南山根M101等と同時期の紀元前8世紀前半を含む時期以降、新しい三官甸墓例が紀元前5世紀代中頃以降で、夏家店遺跡例・紅山後例も同じ時期であろうか。李家営子例は外見形状が異なっても、管銎斧例は南山根M101、小黒石溝85NDXAⅠM2にあり、時期不

明でも夏家店上層文化の資料と判断できる。

(2) 遼東地域の資料（図2）

①遼寧省大連市鉄山区牧羊城『牧羊城』東方考古学叢刊甲種第2冊　1931　片范2
②遼寧省旅大市甘井子区後牧城駅崗上墓 M16　片范3
　㋑『中国東北地方の遺跡発掘報告』1963-1966　朝・中合同考古学発掘隊　社会科学院出版社　1966　平壌
　㋺『崗上・楼上墓』1963-1966　中国東北地方遺跡発掘報告　朝・中合同考古学発掘隊著／東北アジア考古学研究会訳　六興出版　1986
　㋩『双砣子と崗上』中国社会科学院考古研究所　1996　科学出版社
③遼寧省旅大市金県董家溝人民公社臥龍泉墓区画 B3　片范1　＊崗上墓に同じ
④遼寧省旅大市旅順口区尹家村第五区画　片范1　＊崗上墓に同じ
⑤遼寧省遼陽市河欄公社二道河子1号石棺墓『考古』1977-5　両面范1
⑥遼寧省大連市新金県双房六号石蓋石棺墓　『文物資料叢刊』7　1983、『考古』1983-4　合范1
⑦遼寧省大連市碧流河 M21大石蓋墓『考古』1984-8　片范1
⑧遼寧省西豊県振興沙河『遼海文物学刊』1994-2　片范1、両面范1
⑨遼寧省西豊県振興鎮誠信村石棺墓『考古』1995-2　片范1
⑩遼寧省遼陽市甜水郷塔湾村『遼陽博物館館蔵精品図集』2009　遼寧大学出版社　合范1

　鋳型は、採集品を含め14例あり、半数ほどが墓の副葬品として土器や銅剣と共伴して、その相対時期を特定可能な資料が含まれる。

　鋳型には、二つの共通点がある。一つは、彫り込まれた斧の外形が、大溝から下へ隆帯の本数、有無に関わりなく、直角に肩を作る例が大多数で、大溝よりも斧の身幅が広く図案化されていること。臥龍泉墓例（図2-4）の左肩と振興沙河例網目状文様 A面は、わずかだがこの範疇であろう。いま一つは、大溝の中央にさらに細い溝「小溝」を彫り込み設けることである。振興沙河例 A面は不明瞭で、振興沙河例無文様 B面の斧は断面図から小溝がなく例外となる。中子は、中子片側に鋳型側の小溝に対応させた同形の突起を設けて嵌合し、大溝に加え小溝でさらに安定させると想定する。その目的は、遼西地域と同じであろう。

　双房六号墓例（図2-1）は、合范例として扱われているが、鋳型に刻まれた沈線の本数に違いがある。挿入図版左（考古・図版左）は、上から7・5・1本の沈線、挿入図版右（考古・図版右）は、上から8・6・1本の沈線が刻まれる。そして、鋳型上面左右に型合の合印を残すが、右側刻線は一致しない。湯口部分の加工形状、大溝の深さの寸法、小溝形状など仔細な違いが見られる。非常によく似ているが、本来は別々の鋳型である可能性を考えてもよいのではないかと思う。

　碧流河 M21例（図2-6）は、両面共に小溝が傾斜せず、この面が実際の湯口側であれば、問題はないと思える。二道河子1号墓例（図2-5）は、小溝が断面直角三角形状に傾斜をもたせて彫り込まれている。牧羊城例（図2-8）は、発掘資料の再整理時（大貫ほか2007）に検討対象とはされていない。「2銅鈇鋳范残欠」と報告する資料は、銅斧鋳型との岡内三眞（1990）、田尻義了

(2007) の判断に合わせ、天地を入れ替えてある。塔湾村例（図2-9）は、他の鋳型例と同形状に彫り込まれているが、新たな造作として片側鋳型大溝中、小溝を挟さんだ左右に円錐形状の「丸穴」が設けられている。左右の丸穴は、対面する中子側に突起を作り出し、位置決めをより確実に行う目的があるのであろう。この場合は、実際の湯口側であっても、問題はないと思える。また、身部には、写真判断だが、鄭家窪子6512墓の多紐銅鏡と似た雷文状の文様が刻まれている。

そして、目釘穴を持つ斧は、管見では時代が下がる五道嶺溝門の短冊形状銅斧一例のみである。

各鋳型の時期を推定すると、遼寧式銅剣双房類型・早期型に伴う例は、双房六号墓のほかに誠信村墓（図2-2）がある。次に古い二道河子類型・前期型の例は、二道河子1号墓である。碧流河M21の大石蓋墓は、双房型土器を副葬する例がある。また、築造期間も短期間で広範囲に普及しない可能性があり、双房類型・早期型から二道河子類型・前期型の時期の可能性がある。

崗上墓M16例（図版2-3）は、墓廣出土土器類と銅剣を参考にすれば、二道河子類型・前期型から鄭家窪子類型・中期型のどこかの時期であろう。臥龍泉墓は、墳丘出土土器に双房型と推定可能な広口壺（報文　区画1：1またはT1：1など）もある。しかし、銅剣は刺部形状が名残程度、関部も直線状に作る新しい形態で、銅柄も盤部が垂れ下がるより新しい形状である。臥龍泉墓例は、二道河子類型・前期型でも新しい時期から上馬石類型・後期型の時期の資料と考えられる。

牧羊城例は、牧羊城第1類土器（双砣子第3期）まで遡ることはないと考えるが、第2類土器も尹家村下層第2期に後続との判断であり（大貫ほか 2007）、時期を絞り込むことは困難である。尹

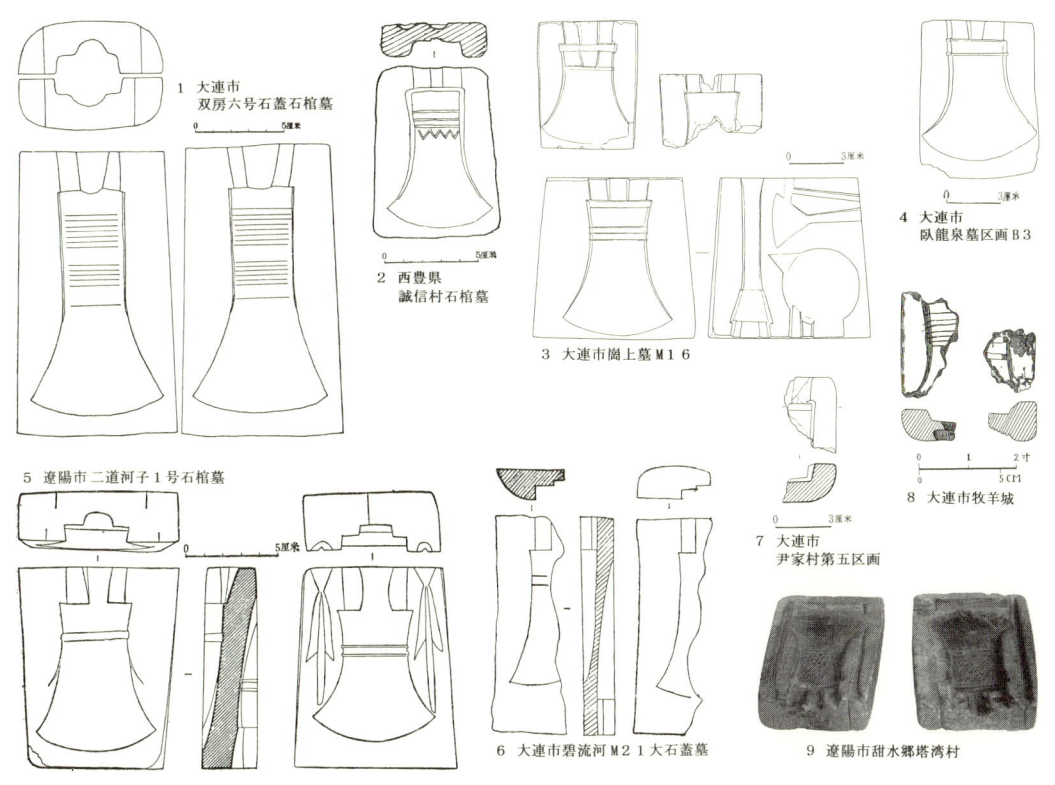

1　大連市双房六号石蓋石棺墓
2　西豊県誠信村石棺墓
3　大連市崗上墓M16
4　大連市臥龍泉墓区画B3
5　遼陽市二道河子1号石棺墓
6　大連市碧流河M21大石蓋墓
7　大連市尹家村第五区画
8　大連市牧羊城
9　遼陽市甜水郷塔湾村

図2　遼東地域出土の銅斧の鋳型（各報告書より転載、一部改変）

家村例（図2-7）は、尹家村下層第1期（双砣子第3期）とは考えにくく、下層第2期であれば、遼東青銅器文化最終期の尹家村類型・晩期型となる。塔湾村例の時期は、銅剣鋳型の項で記す。

振興沙河例は、挿入図版のみの資料で詳細が不明である。両面范例は、網目状文様A面と無文様例B面の異なった形態の斧を刻むが、B面の隆帯が大きく突起する形状は実物の出土例もないように思う。片范例は、刃部が大きく湾曲する形態と網目状文様から、吉林省小都嶺村例、朝鮮国咸鏡南道永興郡永興邑（現金野郡金野邑、2例あり）と同形で、遡る時期は不明でも上馬石類型・後期型の時期頃か以降の、この地域に広がる別の地域考古文化の資料であろう。

遼東地域の年代は、遼寧式銅剣双房類型・早期型のおおむね紀元前9世紀以降の資料で、尹家村例が下層第2期であれば、遼東青銅器文化最終期の尹家村類型・晩期型の時期で、紀元前4世紀代であろう。資料は、確実な鄭家窪子類型・中期型期と尹家村類型・晩期型の例を欠いているが、遼寧式銅剣製作期間内をほぼ通観可能な状況にある。

両地域出土の銅斧鋳型の特徴を対比すると、

①彫り込まれた図案形状は、遼西の直線状に対し、肩が直角に張る遼東、

②湯口は大溝のみの遼西に対し、大溝と小溝からなる遼東、

③中子の保持・安定化は大溝と窪みによる形と李家営子の形の遼西に対し、大溝と小溝、さらに丸穴を加えて行う遼東、そして

④目釘穴を持つ斧が一定数量ある遼西に対し、1例のみの遼東、

と、各々に特徴が示せる。④を除きこれらの造作は、通時的にみても双方にまたがって見ることがない。この明瞭な違いは、鋳造技術の移転の有無、技術系譜、技術伝播経路と範囲、そして出土地域の見分の目安となる、重要要素と言えるであろう。

遼西地域と同じ①図案を刻む例は、河北省の東・海側の唐山市黿神廟例と、同じ河北省の北西・山側の豊寧満族自治県土城鎮東窑村東溝道下例がある。東溝道下例は、小白陽文化（中国・山戎文化）の墓であると白光は記す。両者共に、③大溝中の左右に窪みがある。遼西地域は、河北省地域を含む同じ一つの技術系譜にあると言える。

遼東地域と同じ①図案を刻む例は、吉林省通化県英戈（額？）布郷小都嶺村、永興邑、韓国全羅南道霊岩郡とある。韓国忠清南道扶餘郡草村面松菊里例も、湯口部分の大半を欠くが同形である。塔湾村例にみる、丸穴を設ける例は霊岩郡例にあり、銅矛の鋳型にも小溝と共に見る。小都嶺鋳型は紐鈕で蒲鉾縁の多紐粗文鏡の時期までも存続を示し、永興邑例は広がりを示す。鋳型に小溝の存在は、周辺地域に遼東青銅器文化の鋳造技術の拡散と継続を示し、まさしく伝統技術と言える。

④の目釘穴は、前述のほか寧城県孫家溝にもあり、銅剣葉部が丸い形から逆の形状に変化する時期の資料に相当し、遼西地域ではある時期以降に現れる技法と思える。時期の検討は残るが、南西側に接する河北省玉皇廟墓地群では斧ではなく錛（手斧？）の大多数に目釘穴がある。小白陽文化の土器作りに共通性を見る紅山後石棺墓、三官甸M7401、南洞溝墓の副葬土器、内蒙古克什克騰龍頭山遺跡試掘溝ⅡT0203・0402では夏家店上層文化に特有の鬲形土器等と共伴し、凌原県には五道河子墓もある。目釘穴は、この文化からある時期に移植した鋳造技法の可能性がある。

遼東地域では一例で、造作が希薄である。加えて、朝鮮・韓半島地域で目釘穴例は管見で3点確

認にするが、発掘資料としては全羅北道如意洞石棺墓(3)にある。やはり存在が希薄と言える。

目釘穴は、実態が中子に付けられた突起で、鋳型に密接して中子を安定させ、身の肉厚を的確に得るのが本来の目的で、形状と位置が一定しない理由である。銅矛の目釘穴も同様で、片側例の存在も可能性がある。両者共に、転用による目釘穴の考えを否定する必要はない。

遼西地域は、湯口上端から隆帯上部までの深さ・長さを結構な幅に設ける、言わば懐を深くして刻んでいる。遼東地域例は、大溝・小溝の長さがこれに対応する。出土銅斧の実態は、隆帯上部を鏊部、またはわずかな幅・長さで鏊部とする例が多く、鋳型の湯道に長さが反映している。双井例は浅く例外となるが、窪みは設けてある。岡内三眞は、赤峰購入例の湯道が窪み側では、と記すので（岡内 1990）、湯道はどちらの側にも作れるため、限定されていない可能性もある。

一方、遼東地域では出土銅斧数が少なく、鋳型との突き合わせで考えることはむずかしいが、刻まれた斧の形状は、隆帯上部を鏊部、またはある程度の幅・長さで鏊部とする例が多い。中子に設ける湯道と小溝は、同じ長さ・深さであろう。塔湾村例は、片側小溝の両側面が煤け（図録左側鋳型）、片側小溝は全体が煤けた（同右側鋳型）様相に見える。この様相は、中子片側に小溝と嵌合する突起を設けて安定させ、反対側に抉りを設け小溝を含めて湯道を作ると想定できる。遼寧省清原県門臉石棺墓、内蒙古自治区敖漢旗熱水湯村土壙竪穴墓の銅斧片側鏊部中央に残る舌状小突起は、玉皇廟墓地群の鋳にもあり、湯道の形状と位置を示すと考える。鋳型大溝に中子を密着させることは両地域に共通し、中子を安定させ鏊部を作る方法は、斧に限らず重要な技術であると思える。

斧の鋳型で、両地域に共通する造作・系譜を確認することが不可能であれば、一方地域からの伝播・技術移転による生産化は、ないと判断できる。つまり、遼西から遼東への技術移転はない。

2．銅剣の鋳型

(1) **遼西地域の資料**（図3）
①遼寧省朝陽県勝利郷西溝村黄花溝『考古学報』1983-1、『文物』1988-11　片范1
②内蒙古自治区敖漢旗山湾子墓地『北方文物』1993-1、『敖漢文物精華』館蔵文物編　片范1、両面范1

(2) **遼東地域の資料**（図3）
①遼寧省遼陽市甜水郷塔湾村『遼陽博物館館蔵精品図集』2009　合范1　内両面范1

遼西地域の2例は、茎を幾分長く彫り込むが、茎の長い実例もあり、特段の特徴を示さない。茎の太さは通常1.7cm前後を測るので、直接湯を注ぐには小さく思える。黄花溝例は、茎面に半円形の煤けがあると記すので、山湾子墓地例を含め、別途幅木を設けるのであろう。

遼西地域の遼寧式銅剣は、刺状突起の退縮化もあるが、関部の葉部が膨らむ形から細身になり、内側への逆反りや、逆「ハ」の字状の直線状の形に変化して行く傾向がある（靳 1982）。十二台営子2号墓と1号墓銅剣は、その変遷兆候過程を示す好例で、南洞溝墓例は逆反り例の典型である。この変遷を参照すると、山湾子墓地例（図3-2）は古い姿を示し、黄花溝例（図3-1）はそれほ

ど刺状突起の退縮化が見られないものの、葉部の膨らみが減少し、直線化への形に変化を見せている。出土地は隔たるが、この違いを山湾子墓地例は古く、黄花溝例は新しい時期と見ておく。

　山湾子墓地からは今一つの例、一面は柄部、一面は鋒と記す両面鋳型破片を報告する。実態は、一面が銅剣、一面が曲刃銅矛（曲刃鏨柄式銅剣）である。曲刃銅矛は、全長30cm前後で片側に刺状突起二つを持つ遼寧省建平県二十家子例や同建平県石砬山例が本来の形で、古い時期の例でもある。矛例は、上が切っ先方向、下が湯口方向で、その鋒部下から第一刺部に続く直前の部位であろう。両面鋳型は、通常鋳造品を天地逆に彫り込む。挿図が一般的な"回転"と考えれば、反対面の銅剣は上が茎方向・湯口となる。銅剣の脊柱は、切っ先方向に細くなるのが普通で、葉部が窄まり始める部位の鋳型片となるが、脊柱が茎方向に細くなる難点がある。しかし、すでに"天地逆転"済みであれば、刺状突起下で絞られた身部が膨らみ始める部位からの破片となる。いずれに見ても、推測できる形状は、今一つの鋳型と同形で、葉部が膨らむ形ではない。

　小黒石溝M8501の銅矛2例は、すでに刃部が直線状となる。南山根M101は、直線状と曲刃形状を残す二形態の銅矛を伴うので細かな事柄からすればやや古く、銅剣形状と合わせ山湾子墓地の鋳型2例は、この頃か少し後の製品であろう。

　塔湾村例（図3-4）は合范で、加えて片方の鋳型には別の銅剣を彫り込む両面鋳型である。明確に指摘記述はないが、一方の銅剣は身幅が比較的広く、一方の銅剣は身幅がやや狭いと記す。

　宮本の記述は、一組例の説明と思われる。銅剣は"突起位置が鋒部側に片寄る"、"関が鋭角的に折れ曲がる"、"鋒から突起部分までの脊の稜線が彫り込まれている"、"樋が明瞭に形作られている"と記す。銅剣は自身分類のⅠb式時期の例で、鄭家窪子6512墓例を例示する。

　鋳型は、湯口部分を「剝り貫形」とでも言える、円筒状に一段下げた造作である。老鉄山麓郭家屯付近・老鉄山西山麓（現大連市郭家村）から15本がまとまって発見された中の一例（森 1937：第4図の10、島田 1938：第三図左から三本目）に、多少形状を崩した鋳上がり実態を示す資料がある。この銅剣（図3-3）は、脊柱に突起があり関部は直線状で長く、樋も明瞭に作り、上馬石M3とほぼ同形である。また、脊柱には2本の並行沈線が突起部分まで鋳込まれ、少々手の込んだ

1　朝陽県黄花溝　　2　内蒙古・敖漢旗山湾子墓地
3　大連市郭家村
4　遼陽市甜水郷塔湾村
5　朝鮮・大同郡将泉里

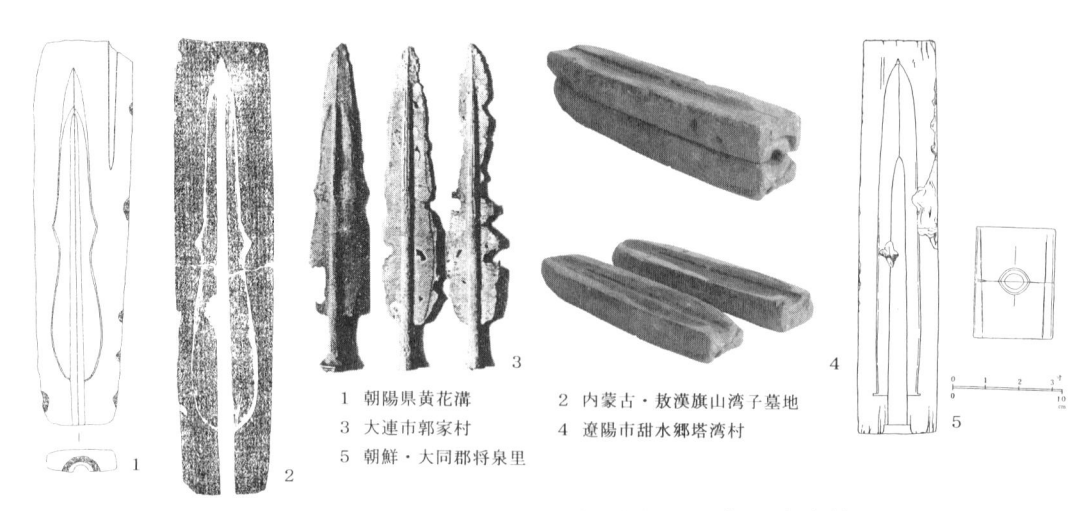

図3　各地出土の銅剣の鋳型など（各報告書より転載、一部改変）

造作の鋳型で作る。脊柱に並行沈線がある銅剣は、写真から12本を確認できる。15例中の茎は、銅剣に一般的な「棒状形」と、関部に対して茎先端が太くなる「末広がり形」に作る例もある。

図録写真の一組例鋳型（図録下段）を観察すると、銅剣は刺状突起が中央付近に、関部の直線部分が鄭家窪子6512墓例よりもさらに長く、むしろ上馬石Ｍ３に近いのではと見える。観察が当を得ていれば、老鉄山西山麓例と同形になる。そして、湯口を割り貫形に作る実例は、朝鮮国平安南道大同郡将泉里出土の三形態ある鋳型の内の合范例で報告される例である（図３−５）。

時間的に見て、遼西地域の完全形２例は同地域では比較的古い位置に、遼東地域例は同地域では新しい位置にある。両者の鋳型の造作は、時間並行関係で比較することはできない。遼西地域の鋳型は、何の変哲もない普通の形状に対し、遼東地域の鋳型は、鋳放しの実例から、ある時期には茎に三形態の形状を認める。多鈕粗文鏡＝朝鮮・韓半島はすでに過去であり、将泉里例が細形銅剣ではなく、遼寧式銅剣の形状から尹家村類型・晩期型の鋳型である可能性の検討を必要とする。

宮本は、編年基準を銅剣分類に置き、双房・大甲邦と門臉・二道河子の分離を認めない（宮本2008）。当然共伴土器も同時期となり、双房型土器は古くないと判断する。銅剣を基準とする編年の限界であろうか。秋山進午と共に双房等の銅剣は宝器・祭器と見分け（秋山 1995）、武器としての遼東地域遼寧式銅剣は、遼寧式銅剣Ⅱ式段階・鄭家窪子以降と説く（宮本 1996・2000）。正しく塔湾村例だが、先行する銅剣が宝器・祭器でも鋳型は作り、その造作が起源論を解く鍵となる。

まとめ

銅剣と剣把頭の組み合わせから、十二台営子２号墓は現況でより古い時期に位置し、十二台営子１号墓と鄭家窪子6512墓は、より新しい時期の並行関係にある。十二台営子２号墓と二道河子墓が略並行関係を示している。この時代の遼西と遼東と朝鮮・韓半島地域の横位置関係を考える時、南道溝墓と三官甸墓、鄭家窪子6512墓と韓国忠清南道東西里石槨墓の関係は、大きく動かすことはできないと考える。それは、遼寧式銅剣と前者に伴う春秋末戦国時代前半期紀元前５世紀代中頃以降と考えられる青銅彝器や銅戈に考える年代であり、後者の類似するラッパ形銅器の存在である。加えて、同形剣把頭を持つ十二台営子１号墓と鄭家窪子6512墓も同様である。

小黒石溝Ｍ8501は、銅斧多数を副葬するが、同地点発見鋳型に彫られる三形態の銅斧をその中に見ない。どこかが異なる酷似で、銅斧と同形鋳型発見例はなく、また鋳型と同形銅斧も発見例はなく、実に多数の斧が作られていることを示している。老鉄山西山麓の脊柱に並行沈線を彫る銅剣を含め、状況は銅剣、銅鑿も同様で、現在の資料は、わずかな例であることを念頭に置いて考える必要がある。それでもなお、わずかな銅斧鋳型の資料を通じても、中子の保持方法の違いを含め、両地域は各々が通時特有形状を保持し続けていたことを示し、造作混在状況を示していない。

朝鮮・韓半島地域の青銅器鋳造技術は、遼東地域からの技術移転で始まると考えるが、小溝左右に丸穴を持つ鋳型は、朝鮮・韓半島内での付加技術と推測されていた（後藤 2006）。塔湾村例は、細形銅剣の出現期と考えられる鄭家窪子類型・中期型から上馬石類型・後期型の時期に相当し、遼東地域からの技術移転の可能性も示す。さらに、銅剣の鋳型は、湯口部分を割り貫形に作る共通点

を加える。朝鮮・韓半島内遼寧式銅剣鋳造説は、具体的に論議可能環境が整い始めている。

　塔湾村例は、鄭家窪子類型・中期型から上馬石類型・後期型の時期の鋳型で、明らかに黄花溝、山湾子例より後出の形態で、遼西地域にはない造作である。しかし、通常の棒状形と共に末広がり形の茎を持つ例も存在し、切断または研磨と手間を要する造作であるが、単に簡素化で説明可能と言えるとも思えない。早期型まで遡れる造作は今後の資料によるが、鋳放としても製品と突き合わせで確認できることは、遼陽と大連と距離のある異地点出土を含め意義がある。

　遼西・遼東地域共に剣と斧は一組の関係にあり、剣と斧の鋳造技術が時を違えて移転・受容されたと考えるのはむずかしい。銅剣も、遼西から遼東地域への伝播・技術移転の認定は困難となる資料の出現と状況であり、斧と同様であると想定させる。銅剣が遼東から遼西地域への伝播と考えるのであれば、遼西地域から同じ造作例が発見されないのはなぜかとの疑問がでる。遼西地域は、すでに青銅器を鋳造できる技術があり、在来の技術も合わせ用いたと考えればよいと言える。

　有文の銅斧例は、意外に少ない。網目文様は、河北と遼西と遼東地域に類例があり、収集資料として朝鮮・韓半島にも３点あり、広範囲に類例のある稀な例である。遼西地域の敖漢旗東井墓と欒家営子901墓と炮手営子881墓は当地域では少し新しい形の銅剣・剣把頭が伴う。また、大拉穿溝851墓と炮手営子881墓は、多鈕銅鏡を副葬する。そして、大名城例も同文様か。遼東地域では、鄭

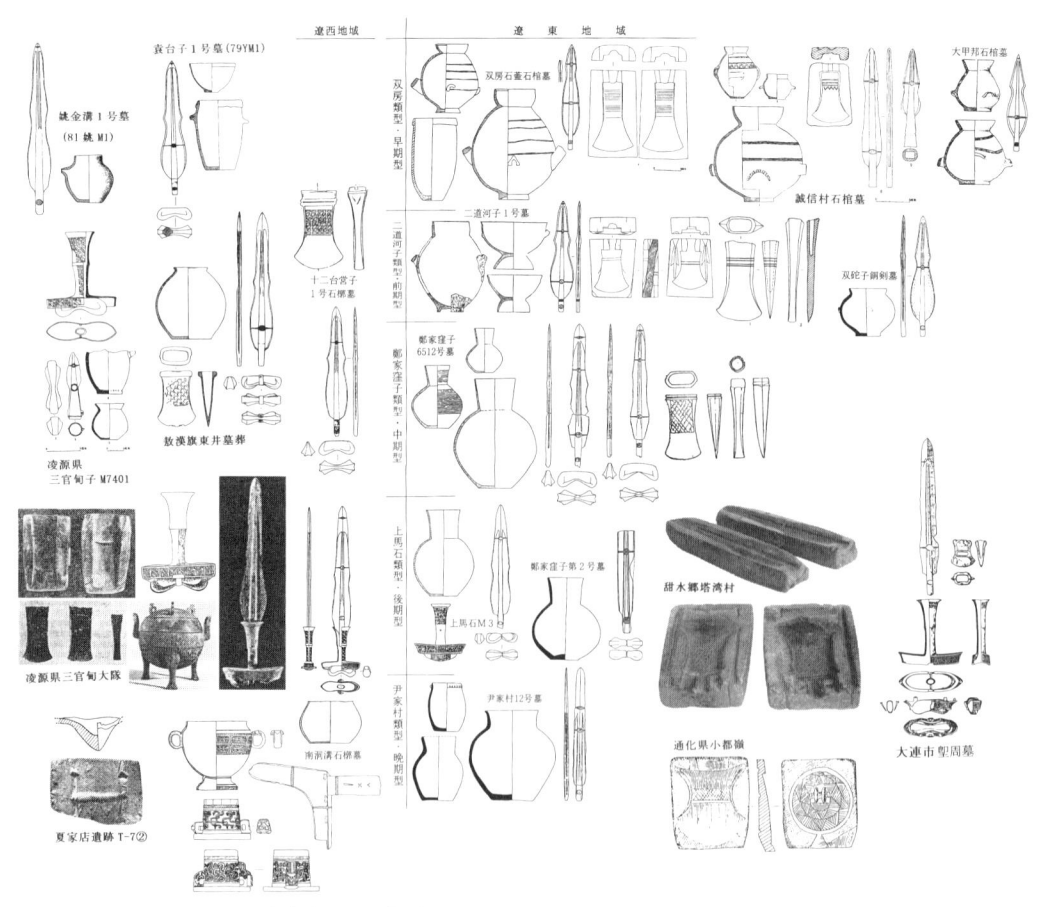

図4　遼寧式銅剣と各種共伴遺物ほか（各報告書より転載、一部改変）

家窪子6512墓、瀋陽市肇公街墓（鄭家窪子第一地点）にある。肇公街墓の葉部下半に膨らみを残す銅剣に伴う剣柄は、盤部に幾分上反りを残す形である。加えれば、遼西地域の十二台営子3号墓と遼東地域の梁家村M1に多鈕銅鏡があり、炮手営子881墓と大拉穿溝851墓の銅剣と剣把頭は似た形で、十二台営子3号墓と梁家村M1の多鈕銅鏡も似た形である。また、十二台営子1・2号墓の方格斜線文の銅斧と似た例が、朝鮮・韓半島に収集資料だが1点ある。すべて、目釘穴はない。わずかな資料でも、諸例は近接した時期の資料であり、この時期に遼西と遼東地域、遼東と朝鮮・韓半島地域に密な相互交渉があった可能性の証左と考えられ、そこに遼東から朝鮮・韓半島地域への青銅器伝播と後の鋳造技術移転による細形銅剣等製作環境も含むと考える。そして、河北省小白陽墓M30例は、目釘穴を持つ。

近年、遼西と遼東地域に、複数地域考古文化設定の試みが示されている（呉／庄田訳 2008）。この広大な地域を各々一つの地域考古文化で括れるとも思えず、以前に指摘したことでもあり、方向性は妥当と考える。しかし、宮本は、遼西の遼寧式銅剣が遼東を越えて朝鮮・韓半島地域にも出土すると説明するのであり（宮本 2008）、銅剣の形状、地勢での分離には感心できず、墓の副葬土器は次善の策と思え、何を区分の基準に設定するか、分類基準の斉一性が重要であろう。双方の地域に考古文化を複数設定することは、遼寧式銅剣の起源と伝播経路の説明と表裏の関係にある。

夏家店上層文化は、元は紅山後遺跡の集落（当時は住地）出土土器で、夏家店遺跡調査を経て帯状二重口縁の把手付鬲形土器や鉢形土器を含む一連の生活用品を基準にする。三足土器を含む土器類は、同時代性を確認し、組み合う青銅器が遼寧式銅剣、曲刃銅矛、銅盔（兜）等であった。

朝陽県袁台子1号墓は、遼西地域では古式の銅剣に、帯状二重口縁把手付深鉢形土器（中国・罐）を伴い、姚金溝1号墓のやや新しい銅剣と伴う注口付壺形土器（中国・盉）は、共にこれまで類例を見ない（遼寧省 2010）（図4）。この土器と組み合う土器類の縦軸（期間）と横軸（広がり）は、平底深鉢形土器の由来と三足土器の有無を合わせて今後注意を要する資料であろう。

遼東地域の上馬石貝塚A区上・下層出土土器類は、時間的位置づけに議論がある（中村 2006、大貫 2007、宮本 2008）。高杯形土器は、上・下層で共通類似し、尹家村第12号墓、同H11、牧羊城1号石墓と同形で、鄭家窪子遺跡にも類例がある。また、上・下層出土の把手資料も尹家村等と対応する。しかし、Z字形文など有文土器は、尹家村等に出土報告がない。たんに欠くとの説明でも中国側調査資料と整合しない。要は、双房型土器と組み合う土器は何かである。上馬石貝塚は、より新しい土器類を分離し、判断すれば上記遺構例に同時期とでき、この共通性が縦軸（期間）と横軸（広がり）でどの程度確認できるかであろう。また、誠信村墓は、双房型土器でも地文様に特徴があり、この地域前代からの文様を受け継ぐ可能性がある。今後の資料で、分離はありえる。本文は、とりあえず、遼西地域は夏家店上層文化、遼東地域は遼東青銅器文化の括りで記してある。

林澐は指摘する。"土器は、考古学的な文化を区分する重要な根拠である。これによって…最後は土器によらなければならない"と（近藤訳 1981）。この指摘は、色褪せることはない。

註

(1) この科学研究費による成果報告は、心当たりを捜したが未見である。出版済みかは不明。

(2) 鋳型の各部位の名称は、後藤直に倣っておく。後藤（2006）を参。
(3) 国立中央博物館・国立光州博物館（1992）特別展『韓国の青銅器展』の写真37・47・164を参。
(4) 宮本の遼西古式銅剣は小黒石溝、下旬子、十二台営子2号墓、同墓と南山根等と、時に変動する。
(5)・(6) 国立中央博物館・国立光州博物館（1992）特別展『韓国の青銅器展』の写真37を参。

参考文献

秋山進牛 1995「遼寧省東部地域の青銅器再論」『東北アジアの考古学研究』同朋舎出版
大貫静夫 2007「3-4 上馬石上層文化の土器編年」『遼寧を中心とする東北アジア古代史の再構成』平成16年度～平成18年度科学研究費補助金（基盤研究（B））研究成果報告書
岡内三眞 1990『古代東アジアの青銅器製作技術の研究』平成元年度科学研究費補助金一般研究（C）
靳　楓毅 1982「論中国東北地区含曲刃青銅短剣的文化遺存」（上）『考古学報』1982年第4期
国立中央博物館・国立光州博物館 1992　特別展『韓国の青銅器展』
小林青樹他 2011「遼東における青銅器・鉄器研究の新知見と再検討」『日本考古学協会第77回総会研究発表要旨』日本考古学協会
呉　江原／庄田慎矢訳 2008「遼寧地域の青銅器文化と地域間交渉関係」『古代文化』第60巻第1号
後藤　直 2006「霊岩出土の鋳型の位置」『朝鮮半島初期農耕社会の研究』同成社
島田貞彦 1938「満州新出の古銀銅面及二三の青銅遺物」『考古学雑誌』第28巻第2号
島田貞彦 1938「南満州老鉄山山麓郭家屯附近発見の銅剣に就いて」『考古学雑誌』第28巻第11号
白　光他 1999「豊寧土城東溝道下山戎墓」『文物』1999-11
邵　国田 1993「内蒙古敖漢旗発現の青銅器及有関遺物」『北方文物』1993年第1期
徐　光輝 1996「遼寧式銅剣の起源について」『史観』第135冊
曹　建恩他 1991「内蒙古克什克騰旗龍頭山遺址第一・二次発掘簡報」『考古』1991年第8期
田尻義了 2007「中国東北地方における青銅器製作技術の変遷と展開—鋳型資料とＴ字形剣柄の検討—」『中国考古学』第7号
千葉基次 1989「赤峰紅山後遺跡第二次文化考」『青山考古』第7号
千葉基次 1997「古式の遼寧式銅剣—遼東青銅器文化考・2—」倉田芳郎先生古希記念『生産の考古学』
中村大介 2006「遼寧式銅剣の成立と展開」『日本中国考古学会2006年度大会発表資料集』
春成秀爾 2006「弥生時代の年代問題」『弥生時代の新年代』新弥生時代のはじまり　第1巻
満　承志 1987「通化県小都嶺出土大批石范」『博物館研究』3
宮本一夫 1996「東北アジアの青銅器文化」『福岡からアジアへ—弥生文化の二つの道—』4
宮本一夫 2000『中国古代北疆史の考古学的研究』中国書店
宮本一夫 2008「遼東の遼寧式銅剣から弥生の年代を考える」『史淵』第145輯
宮本一夫 2011「東北アジアの相対編年を目指して」『AMS年代と考古学』学生社
森　脩 1937「南満州発見の漢代青銅器遺物」『考古学』第8巻第7号
李　殿福他 1991「建平孤山子・楡樹林子青銅時代墓葬」『遼海文物学刊』1991年第2期
遼寧省文物考古研究所他 2010『朝陽袁台子』戦国西漢遺址和西周至十六国時期墓葬
林　澐 1980「中国東北系銅剣初論」『考古学報』1980年第2期（近藤喬一訳「中国東北系銅剣初論」『古文化談叢』第8集　1981）

高句麗東山洞壁画古墳出土の青磁獅子形燭台

早乙女　雅　博

はじめに

　古墳は行政区域でみると平壌市楽浪区域東山洞にあり、その地名を取って東山洞壁画古墳と名付けられた。住宅建設のため上水タンクを解体している作業中に墓室の天井が崩れ、天井石が露出したことにより古墳が発見された。発掘調査の結果、タンクは墳丘上に設置されていて、露出した天井石は後室の天井に使われたことがわかった。朝鮮民主主義人民共和国社会科学院考古学研究所は2009年10月から12月にかけて発掘調査を実施し、墓道、羨道、前室（左右に龕室）、中間通路、後室の構造を明らかにするとともに墓室内に残る遺物も調査し出土位置を図面に記した。壁画は羨道、前室、中間通路、後室に描かれる。また、墳丘の調査も行い、赤褐色土、石灰、木炭が交互に版築で突き固められていた。墳丘はわずかに残っていたが、それをもとに復元すると直径35m、高さ10mと推定される。その後、日本側と協議して2010年5月30日から6月2日まで日朝共同学術調査を行った。その内容は、壁画のクリーニング、精密写真撮影・赤外線撮影、出土遺物の調査などである。調査の結果、次の5点が東山洞壁画古墳の特徴としてあげられた（早乙女・青木 2011）。

　　1、平壌中心部の古墳としては最大規模で、単独に存在する。
　　2、二室墓で、龕室に三角持送天井を持つ構造は平壌地域で初めてである。
　　3、墓道構造が明らかとなり、高句麗古墳では最大規模のものである。
　　4、墳丘の版築構造と床の構造を知ることができた。
　　5、平壌地域の高句麗古墳では、西晋の青磁獅子形器は初めての出土である。

　本稿では5の墓室内から破片で出土した青磁獅子形器（燭台）について、さらに詳しい検討を試みる。

1．東山洞壁画古墳

　壁画は羨道に人物と馬や甲冑で武装した騎馬人物、幘を被り馬に乗る人物が描かれ、比較的よく残っていた。後室には柱と梁の建築図、墨による絵画の輪郭線が見られたが、この墨線が何を描いたかはわからない。前室にも壁画の痕跡があるが、後室や中間通路も含めて漆喰が壁画の上を被っていて、それを剥がさないとわからない。慎重にクリーニングを試みたが、用意した器材では漆喰を剥がして壁画を出すのはほとんど不可能であった（早乙女監修 2012）。後室の建築図から判断すると、四神が主体となる壁画ではなく人物風俗が主体の壁画と見られる。

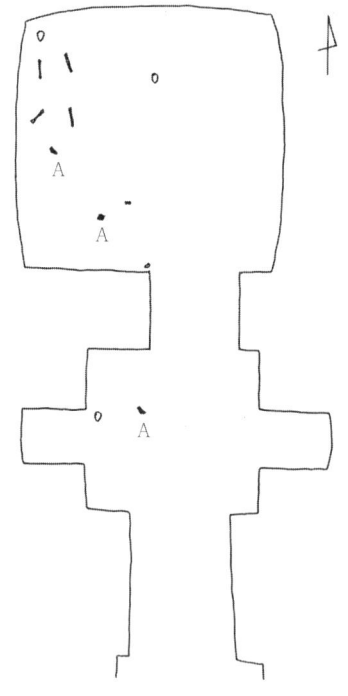

図1 石室内青磁獅子形燭台（A）及び人骨（無印）出土位置

　この古墳は、楽浪古墳が東西に密集する古墳群の東端に張り出した舌状台地上に営まれた。西から東へ石厳洞、貞栢洞、東山洞（旧孫哥洞）と続く楽浪古墳の密集地帯の東端に1基のみ独立して築かれた高句麗壁画古墳で、周辺には他に高句麗古墳はみつかっていない。(1)その東は平地となり、壁画古墳からは北、東、南と見晴らしがよい。

　墓室の構造は、主軸を南北とし南に開口する横穴式二室墳である。中間通路が東に偏り、前室と後室の天井は穹窿天井の頂部に3段の三角持送（後室は壊されて頂部は不明）を持ち、竈室も2段の三角持送天井を持つ。このような墓室構造は、薬水里壁画古墳(2)、徳興里壁画古墳(3)とよく似ており、この2基の古墳も人物風俗を主体とする壁画内容をもち、東山洞壁画古墳と同じ時期と考えられる。徳興里壁画古墳には、永楽十八年（408）に鎮が没したことが書かれた墓誌があるので、古墳の年代を5世紀初に求めることができる。高句麗横穴式石室の起源には複数の系譜が考えられるが、その内の一つとして楽浪の側室付二室塼室の系譜があげられる。平壌では楽浪の南寺里29号塼室墳の系譜上にある平壌駅前二室石室墳が塼室墓から石室墓へ移行する段階で（王培新 2005）、それに続いて竈室塚や薬水里壁画古墳があり、竈室が付属しない徳興里壁画古墳も前室・中間通路・後室の平面形や天井構造が薬水里壁画古墳に類似するので、それと近い時期と考えられる。墓誌の年代観とも矛盾しない。

　石室内には人骨が3体分あり複数回の埋葬が推定され、後室北壁と西壁の上部に盗掘孔があったので、遺物は原位置を留めていないと考えられる。青磁獅子形燭台は、後室西南部と前室西半部から破片となって出土した（図1）。後室と前室から出土した破片は一個体として接合された。人骨は後室と前室より出土し、原位置をとどめていないが、頭骨の数と腕や肢の骨から男性1体と女性2体が確認された。燭台はどの遺骸に伴うかは不明であるが、出土位置からすると後室の埋葬に伴うようだ。

　東山洞壁画古墳から出土した青磁獅子形燭台は、顔と胸の全体、そして腹の右半を欠き背中の円筒形も欠けて痕跡のみ残るが（図3、4）、左半身よりその形態と文様を知ることができる。前肢の付け根、腹、後肢、背、臀部、頸、耳、頭が残り（図2）、残存長さ15.5cm、円筒形孔の内径1.6cmである。内面には指で押さえて成形した痕と合せた痕跡が残っていることから、左右別々の型にはめ込んで形と文様を作り、合わせ型で成形したことがわかる（図5）。外面は合せ目を隠すように一条の隆線を頭から首、背、尻尾に貼りつける（図4）。そして、背中の中央に別作りの円筒形を挿し込み、釉薬をかけて焼成した。胎土は灰白色、色調は灰色がかった灰青色を呈する。頭から首にのびる鬣・背毛と腹毛は一条の線で区画され、その線は左半身でみると後肢の付け根で時計周りに巻き込まれる渦巻文となる。腹毛は横線文の中央に刺突文が入る羽翼文となる。尻尾は左

右対称に3対の房毛が残るが、他の例からすると4ないし5対あったと推定される。

2. 青磁獅子形燭台の検討

東山洞壁画古墳から出土した青磁獅子形燭台の類品は、中国の呉から東晋時代の塼室墓から出土している。この時期の動物形をした青磁容器には、羊形器、虎子、獅子形燭台の3種があり、獅子形燭台は長筒騎獅子形、長筒獅子形、短筒獅子形の3種に細分できるが、数は少ないが短筒羊形、短筒騎羊形もある。長筒騎獅子形は獅子の背中に人物が騎乗し、人物の頭に帽子のように長筒がつくものである。長筒獅子形は獅子の背中に長い筒がつくが、筒に節がつき竹のように見えるものもある。短筒獅子形は獅子形燭台のうちで最も数多くあり、高さ2〜3cmの短い筒が背中につく。東山洞壁画古墳から出土したものは、短筒獅子形に属する。ここでは短筒獅子形を単に青磁獅子形燭台とよび、表1にその集成をのせたが、名称は青瓷闢邪形燭台、青瓷獸形挿器、青瓷獅形挿座、獅形闢邪水注、青瓷獅注、青磁獅子形容器のように報告された文献に書かれた名称をそのままのせた。動物名については、獅子、闢邪、獣の表現の違いがあるが、いずれもこの世に存在しない動物である。容器名には、燭台、水注、挿座、挿器があり、前二者は蝋燭を挿し込んで立てる燭台の孔や水を注ぐための孔といった用途、後二者は何かを挿す孔という形態からつけられている。背中

表1 青磁獅子形燭台一覧

図番号	省	墓名	名称	長さcm	類	時代
6、7	南京	将軍山12号墓	青瓷闢邪形燭台	13.2	I	286年
8	湖北	顎州市西山	青釉獅形挿器	11.5	I	西晋
9	湖北	石山1号墓	青瓷獅形挿座	12.2	I	西晋
10	安徽	朱家崗墓	青釉刻花獅形挿器	11	II	西晋
11	江蘇	谷里1号墓（17）	青瓷闢邪形燭台	13.8	II	西晋
12	浙江	余桃墓	青瓷獅形燭台	12	II	287年
13	江蘇	三茅墓	青瓷獅子形燭台	12	II	西晋
14	江西	国棉四廠墓	獅形闢邪水注	11.4	III	西晋
15	浙江	紹興309号墓	青瓷燭台	10.5	III	西晋
16、17	江蘇	谷里1号墓（15）	青瓷闢邪形燭台	13.8	IV	西晋晩〜東晋早
18、19	江蘇	谷里1号墓（16）	青瓷闢邪形燭台	14	IV	西晋晩〜東晋早
20、21	江蘇	張家山墓	青瓷獅形挿座		IV	297年
22	山東	劉宝墓	青瓷獅子形燭台	13.8	IV	301年
23	江蘇	東華門出土	青瓷獅子形燭台	17	V	西晋
24	平壌	東山洞壁画古墳	獅子形青磁片	15.5	V	高句麗
25、26	江蘇	上湖2号墓	青瓷闢邪形燭台	11.6	VI	西晋
27		不明（洛陽博物館）	青瓷獅注		VII	西晋
28	江蘇	石獅墓	青磁獅子形器	12.8	VII	294年
29		不明	青磁獅子	18.7	VIII	西晋〜東晋
30	江蘇	石闡湖墓	青瓷獸形挿器	19	VIII	302年
31		不明	青磁獅子	18.2	VIII	西晋〜東晋
32	江蘇	不明（上海博物館）	青釉闢邪	19.9	IX	西晋
33		不明	青磁獅子形容器	17.6	X	西晋
34	浙江	余杭大陸出土	青瓷獅形燭台	16	X	西晋
35	江蘇	谷里1号墓（14）	青瓷闢邪形燭台	17	X	西晋晩〜東晋早

の中央に付く低い中空の円筒形の付属物が特徴であるが、現在はまだ容器の名称が確定していないようである。しかし、南京市江寧区江寧鎮の上湖2号墓を発掘した時に青磁獅子形燭台の背につく短筒の孔の中に白蝋がなお残っており、気化して褐黒色を呈していたというから（南京市博物館・南京市江寧区博物館 2007）、用途は燭台とみてよく、この容器の名称も燭台とする。

　李廷仁はこれを青磁獣形挿器と呼び、腹部につく文様から羽翼文と巻雲文の2種類あることを指摘した（李廷仁 2011）。この指摘に導かれ、腹部の毛文様から巻毛と羽翼の二つに大きく分けたのち、首の鬣、背の毛の文様表現と前後肢の付け根の毛文様の表現をもとに10種類に細分類できる。

Ⅰ類　腹部は2～3本の巻毛。前後肢付け根は左側でみると反時計まわりに巻き込む渦巻文の先に後ろ方向に2～3本の巻毛のびる。鬣は後頭部から首にかけて生え毛先は前方にのびるが、腹部の巻毛の延長線で止まる。背毛は後方にのびる。顎鬚は芭蕉の葉のようにのび、髯は左右に短く生える。南京市将軍山12号墓では、塼の長手面に「太康七年歳在丙午七月辛亥朔廿六日周家作甓」の銘文があり、塼は286年の製作であることから墓もその頃に築造された（南京市博物館・南京市江寧区博物館 2008a）。

Ⅱ類　腹部は2～3本の巻毛があるが、最上段の巻毛は長くのびて後肢付け根で背に巻上がる。前後肢付け根は左側でみると反時計まわりに巻き込む渦巻文の先に後ろ方向に2～3本の巻毛がのびる。浙江省余桃市梁輝鎮九頂山の余桃墓からは、塼に「太康八年八月己亥朔工張士所作」の銘文があり、塼は287年の製作であることがわかる（王蓮瑛 1995）。

Ⅲ類　腹部は2～3本の巻毛があるが、最上段の毛は一条に数個の巻毛がつく。前後肢付け根は左側でみると反時計まわりに巻き込む渦巻文の先に後ろ方向に2～3本の巻毛のびる。江西省九江市黄土嶺の国棉四廠墓の青磁獅子形燭台は、石山1号墓に類似し西晋時代のものとみているが、青磁大洗は南京の郭家山3号墓や南昌の東晋墓、虎子はその特徴が東晋のものと類似することから、墓の年代を東晋中期とみている（九江市博物館 1986）。

Ⅳ類　腹部は3本の巻毛があるが、最上段の毛は鬣から後肢付け根にのびて、その先は渦巻文と一体化して腹部の巻毛とは言えなくなっている。そのため左側でみると後肢付け根の渦巻文は時計周りに巻き込んで入る。一方、前肢付け根の渦巻文は腹部の巻毛に影響されないので、反時計周りに巻き込んで入る。鬣にも3本の巻毛が出る。江蘇省江寧県の張家山墓では「元康七年八月陳氏作」の銘文塼がみられるので、塼は297年の製作であることがわかる（南京博物院 1985）。山東省顎城市の劉宝墓からは西耳室入口の南側に石碑形の墓誌があり、「高平劉公之銘表公諱寶字道真」「永康二年正月……二十九日……」などの文字が読み取れ、被葬者は劉宝で301年に没した（山東顎城市文物局 2005）。

Ⅴ類　腹部は羽翼文であるが、前後の平行横線の間に刺突文が入る形で完全な羽翼文とはなっていない。Ⅳ類と同じく腹部の巻毛最上段が後肢付け根の渦巻文につながり、すでに腹部の巻毛は消滅している。前肢の渦巻文はなくなり円文のみとなり、鬣の巻毛も消滅している。東山洞壁画古墳の青磁獅子形燭台は、この類に属する。

Ⅵ類　背と腹を区画する一条の線が後肢までのびるが、付け根の渦巻文とは連結せず、渦巻文は左

側でみると反時計回りに巻き込む。腹部は羽翼で前部の平行横線は消滅し、刺突文の前に羽翼を区画する線が引かれ、完全な羽翼文となる。

Ⅶ類　背と腹を区画する一条の線が刻線で表現され、前肢の後で腹部の羽翼文の区画線とつながる、あるいは背と腹を区画する線が消滅し、羽翼文の区画線で背と区画していると見ることもできる。洛陽博物館のものは、左側でみると後肢の渦巻文が反時計回りに巻き込んでいてⅥ類の姿を残す。石獅墓は騎獅子形燭台であるが、腹部の羽翼文がⅥ類と共通するのでここに入れる。また、後肢付け根にも羽翼文が刻まれる。

Ⅷ類　腹部の羽翼文は、刺突文があるものと刺突が横平行線に変化したものがある。前肢と後肢の渦巻文は消滅し、円形の刻線が一条回る。鬣は背毛と同じ方向にのび、その境は一条の刻線であらわされる。南京市板橋鎮の石閘湖墓では前室の祭台の上に置かれた鉛地券に「永寧二年二月辛亥朔廿日庚子……」の銘がみえ、302年であることがわかる（南京市文物保管委員会1965）。

Ⅸ類　一例しかないが、腹部の羽翼文が背に上がっている。前肢には二条の刻線による円文、後肢は同じく円文があるが、その内側に点斑文がめぐる。

Ⅹ類　腹部の羽翼文が腹部に収まるものと背に上がるものがある。背の毛文様が間隔をあけた線で表現されるのが特徴である。南京市江寧区の谷里１号墓では、単室の塼室の前半部に祭台があり、その周囲から４点の青磁獅子形燭台が出土した。

　Ⅰ類からⅣ類までが腹部に巻毛文があり、前肢付け根にも渦巻文がある。Ⅴ類からⅩ類までが腹部に羽翼文があり、前肢付け根の渦巻文は消えている。そしてⅧ類からⅩ類では後肢の渦巻文が消えている。また、大きさでみるとⅠ類からⅦ類までは16cm以下の長さであるのに対して、Ⅷ類からⅩ類になると16cmを超えて18、19cmと大きくなる（表１）。ただし、東山洞壁画古墳の燭台は顔の一部が欠けているので、やや長くなるが18cmまではいかないだろう。

　腹部の巻毛文と羽翼文の２種の文様の違いは青磁虎子にもみられ（図36、37）、虎子も燭台と同じような変化が考えられる。腹部の羽翼文は東晋の青磁羊形器にも多く見られることから、文様からみると羽翼文が遅くまで残ったと言えよう。東山洞壁画古墳の青磁獅子形燭台の羽翼文は、まだ完全に羽翼となってないので、その出現段階と見られる。

　年代がわかる墓と青磁獅子形燭台の種類との関係をみると、最も古い年代を示すのがⅠ類の286年で、最も新しい年代を示すのがⅧ類の302年で、その差はわずか16年でいずれも西晋時代である。謝明良は獅子形燭台の出土する古墳は呉から東晋にみられるが、西晋時代に最も多く出土していると述べている（謝明良　1990）。明らかに東晋時代である青磁獅子形燭台はまだ報告されていないが、東晋時代の獅子形燭台は完全な羽翼文であろう。東山洞壁画古墳出土の青磁獅子形燭台は東晋時代には下らず、300年を前後する西晋時代の江蘇省あたりでの製作と判断される。

　墓室内での出土位置は、祭台の上あるいは祭台の上から落ちたところという報告があるので、燭台は墓室内祭祀とかかわって副葬された。東山洞壁画古墳では原位置を留めていないが、後室の人骨の傍から出土したと推定されるので、西晋とは異なる用途であったと考えられる。

図2　青磁獅子形燭台左半身

図3　青磁獅子形燭台右半身

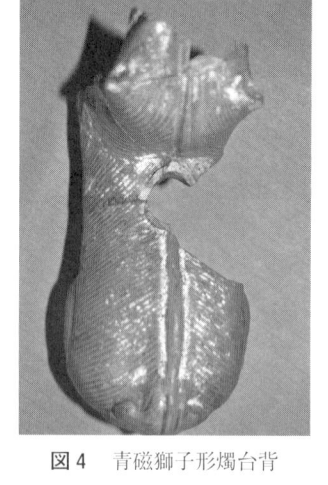

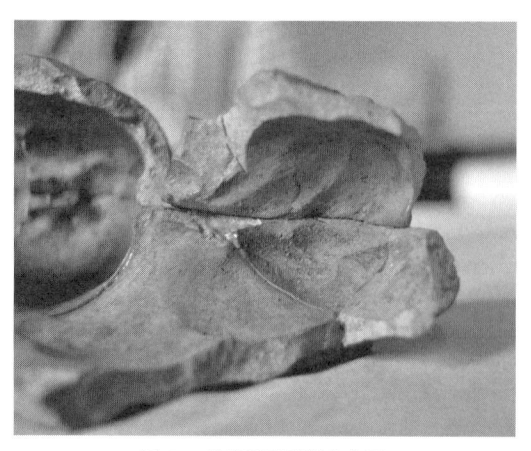

図4　青磁獅子形燭台背

図5　青磁獅子形燭台内面

図6　将軍山12号墓出土品

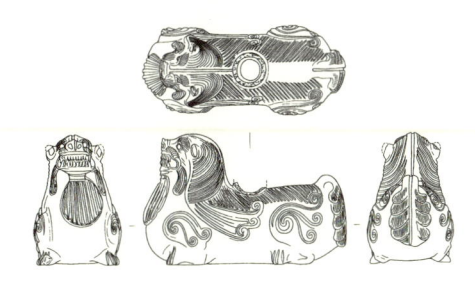

図7　将軍山12号墓出土品実測図

図8　顎州市西山出土品

図9　石山1号墓出土品

図10　朱家崗墓出土品

図11　谷里1号墓（17）出土品

図12　余桃墓出土品

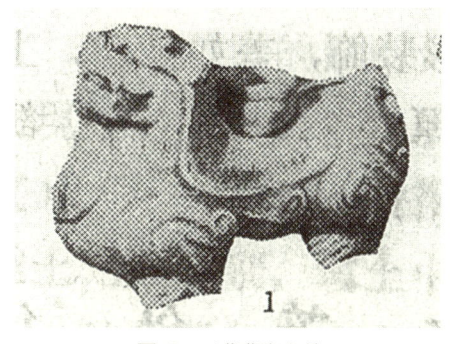

図13　三茅墓出土品

図14　国棉四廠墓出土品

図15　紹興309号墓出土品

図16　谷里1号墓（15）出土品

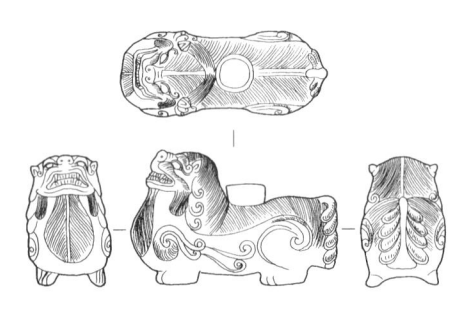

図17　谷里1号墓（15）出土品実測図

図18　谷里1号墓（16）出土品

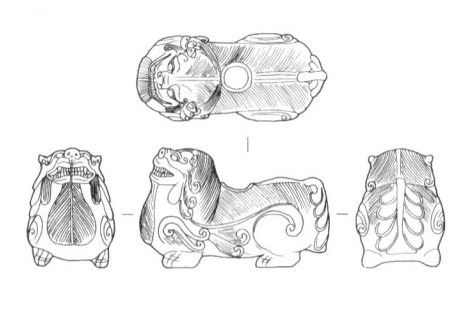

図19　谷里1号墓（16）出土品実測図

図20　張家山墓出土品

図21　張家山墓出土品実測図

図22　劉宝墓出土品

図23　東華門出土

図24　東山洞壁画古墳出土品

図25　上湖2号墓出土品

図26　上湖2号墓出土品

図27　不明（洛陽博物館）

図28　石獅墓出土品

図29　不明

図30　石閘湖墓出土品

図31　不明

図32　不明（上海博物館）

図33　不明

図34　余杭大陸出土品

図35　谷里1号墓（14）出土品

図36　青磁虎子・劉宝墓

図37　青磁虎子・丹徒県出土

3. 結　語

　東山洞壁画古墳の年代は、東西に龕室をもつ前室、中間通路が前室と後室の東に偏って付く石室平面形からと穹窿天井の頂部に三角持送をのせる天井構造から、薬水里壁画古墳、龕神塚や徳興里壁画古墳と比較して5世紀初と推定される。しかし、徳興里壁画古墳には龕室がないことから、東山洞壁画古墳はそれより先行する年代の4世紀末とみることもできる。

　出土した青磁獅子形燭台は、江蘇省あたりの越州窯で製作されたもので、その年代は西晋時代であり東晋時代には下らない。300年前後の平壌の東山洞は楽浪郡朝鮮県に属し、楽浪塼室墳が多く築造された地域で、土城里にある楽浪郡治址とも近い。楽浪郡は前漢の武帝が紀元前108年に設置したが、その後、後漢・公孫氏・魏・晋の支配下に入り、313年に高句麗により滅ぼされた。東山洞壁画古墳は、塼室ではなく石室であること、三角持送の天井や石室構造、壁画内容からみて明らかに高句麗の古墳である。青磁獅子形燭台の製作と古墳の築造年代には約100年の差があるが、これをどのように解釈するかは今後の課題である。

註
(1)　楽浪区域勝利洞で片袖式石室が2基平行に並ぶ古墳が発掘されている（著者不明 2006）。楽浪区域の勝利洞は1945年以前の地図にはないが、学友書房 1999『最新朝鮮地図』（原文ハングル）10、11頁の平壌市中心部によれば、土城里や石厳里あたりになり、東山洞壁画古墳とは離れている。この石室は天井が壊れていて詳しいことはわからないが壁画はない。
(2)　中間通路が東に偏った二室墳であるが、龕室が前室床より高い位置にあり天井は平天井であることが、東山洞壁画古墳とは異なる。前室に風俗人物、後室に人物、建築と四神が描かれる（朱栄憲 1963）。
(3)　中間通路が東に偏った二室墳であるが、龕室はなく前室、後室の天井は穹窿天井の頂部に平行持送天井を持つことが、東山洞壁画古墳とは異なる。前室に人物や行列、建築、後室に人物、馬射戯、建築などが描かれ、前室北天井に墓誌が墨書される。四神は描かれていない（朝鮮民主主義人民共和国・朝鮮画報社編 1986）。

引用文献
（日本語文）
朝鮮民主主義人民共和国・朝鮮画報社編 1986『徳興里高句麗壁画古墳』講談社
東京国立博物館 1994『特別展中国の陶磁』
今井　敦 1997『青磁』中国の陶磁4、平凡社
野村恵子 2000「三国・南北朝時代の陶磁」『世界美術大全集東洋編3 三国・南北朝』小学館
早乙女雅博・青木繁夫 2011「高句麗東山洞壁画古墳の調査」『日本考古学協会大会発表要旨』（国学院大学、2011.5.29）
早乙女雅博監修 2012『高句麗壁画古墳報道写真展』共同通信社
（ハングル）
朱栄憲 1963「薬水里壁画古墳発掘報告」『考古学資料集』第3輯、科学院考古学及民俗学研究所
筆者不明 2006「楽浪一帯で初めて発掘された高句麗双室墳」『朝鮮考古研究』2006年第4号

金英媛・具一会・金英美監修 2011『中国六朝の陶磁』百済文化国外調査報告書Ⅶ、国立公州博物館
李廷仁 2011「魏晋時代青瓷羊形器研究」『中国六朝の陶磁』百済文化国外調査報告書Ⅶ、国立公州博物館（中国語文）
屠思華・李鑑昭 1956「南京梅家山六朝墓清理記略」『文物参考資料』1956年第4期
南京博物院（龍振尭）1965「江蘇儀征三茅晋墓」『考古』1965年第4期
南京市文物保管委員会 1965「南京板橋鎮石閘湖晋墓清理簡報」『文物』1965年第6期
福建省文物管理委員会・黄漢杰 1965「福建閩侯関口橋頭山発現古墓」『考古』1965年第8期
南波 1976「南京西崗西晋墓」『文物』1976年第3期
洛陽博物館編 1981『洛陽博物館』文物出版社
湖北省博物館 1984「鄂城両座晋墓的発掘」『江漢考古』1984年第3期
南京博物院 1985「江蘇江寧県張家山西晋墓」『考古』1985年第10期
九江市博物館 1986「江西九江黄土嶺両座東晋墓」『考古』1986年第8期
紹興市文物管理処考古組 1987「浙江紹興県西晋墓」『文物』1987年第4期
楊可揚主編 1988『中国美術全集　工芸美術編1陶瓷（上）』中国美術全集編集委員会編、上海人民美術出版社
謝明良 1990「江蘇六朝出土陶瓷組合特徴及其有関問題（上篇）」『故宮学術季刊』第8巻第1期
王蓮瑛 1995「余姚西晋太康八年墓出土文物」『文物』1995年第6期
朱伯謙主編 2000『中国陶瓷全集4三国両晋南北朝』中国陶瓷全集編輯委員会編、上海人民美術出版社
山東顎城市文物局 2005「山東顎城西晋劉宝墓」『文物』2005年第1期
王培新 2005「高句麗封土石室墓文化淵源之楽浪因素初探」『辺疆考古研究』第3輯
南京市博物館・南京市江寧区博物館 2007「南京江寧上湖孫呉、西晋墓」『文物』2007年第1期
南京市博物館・南京市江寧区博物館 2008a「南京将軍山西晋墓発掘簡報」『文物』2008年第3期
南京市博物館・南京市江寧区博物館 2008b「南京江寧谷里晋墓発掘簡報」『文物』2008年第3期
李健毛主編 2008『中国出土瓷器全集13湖北湖南』科学出版社
楊立新主編 2008『中国出土瓷器全集8安徽』科学出版社

図出典

1　社会科学院考古学研究所から提供された図面をもとに筆者作成
2～5　筆者撮影
6　南京市博物館・南京市江寧区博物館 2008a、22頁図13　将軍山12号墓
7　南京市博物館・南京市江寧区博物館 2008a、22頁図14　将軍山12号墓図面
8　李健毛主編 2008、41　西山出土
9　湖北省博物館 1984、図四-5　石山1号墓
10　楊立新主編 2008、28　朱家崗墓
11　南京市博物館・南京市江寧区博物館 2008b年、27頁図8
12　王蓮瑛 1995年、41頁図6
13　南京博物院（龍振尭）1965年、210頁図2-1
14　九江市博物館 1986年、733頁図5-2
15　紹興市文物管理処考古組 1987年、47頁図11
16　南京市博物館・南京市江寧区博物館 2008年b、27頁図6
17　南京市博物館・南京市江寧区博物館 2008年b、26頁図4-8
18　南京市博物館・南京市江寧区博物館 2008年b、27頁図7
19　南京市博物館・南京市江寧区博物館 2008年b、26頁図4-9

20　南京博物院 1985年、図版 6 - 1
21　南京博物院 1985年、911頁図 5
22　山東顎城市文物局 2005年、表紙
23　金英媛・具一会・金英美監修 2011年、31頁28
24　筆者撮影
25　南京市博物館・南京市江寧区博物館 2007年、41頁図12
26　南京市博物館・南京市江寧区博物館 2007、42頁図14- 8
27　洛陽博物館編 1981『洛陽博物館』23頁上
28　野村恵子 2000年、176頁113
29　東京国立博物館 1994年、47頁59左
30　南京市文物保管委員会 1965年、46頁図版 4 - 2
31　東京国立博物館 1994年、47頁58
32　楊可揚主編 1988年、155頁192
33　今井敦編著 1997年、90頁10
34　朱伯謙主編 2000年、94頁73
35　南京市博物館・南京市江寧区博物館 2008年 b、表紙
36　朱伯謙主編 2000年、255頁75
37　山東顎城市文物局 2005年、12頁図19

弥生時代研究と侵略戦争
——弥生式土器文化起源論における石器研究の役割——

寺前　直人

はじめに

　今日の教科書や概説書で紹介される弥生時代像を確立していく過程で、われわれはどのような資料と対峙して、一般化していったのか。このような関心をもつきっかけとなったのは、2012年4月に岡山で行われた考古学研究会総会における大塚達朗による弥生土器様式論に関する発表に接したときからであった（大塚 2012）。

　大塚の論旨は明瞭である。それは次のような要旨であった。まず、森本六爾、小林行雄の弥生土器研究は科学的認識ではなかった。なぜならば、彼らの様式は「編年の単位ではなく、弥生文化の伝来・東漸という過去の物語に託して現実（国策遂行）を正当化する叙述トゥールであった」からである（大塚 2012：52頁）。その根拠として大塚は、1933年11月に実施された座談会において、森本が弥生土器の南満州（満州国）起源を論じたこと（大場ほか 1934）を引き合いに出す。その座談会にて「森本は、南満州国に弥生文化の原郷土をみいだし、それによって南満州と日本内地をつなぐ論拠を提供して満州国を文化史的に正当化したと、いえる」とし、「満州国支持のために、南満州を弥生文化の原郷土とみなした」とする（大塚 2012：46頁）。

　氏の発表は、示唆に富む大変興味深いものであったが、石器を中心に弥生時代社会を学んでいる私にとっては、違和感のある内容でもあった。土器研究史における山内清男と小林行雄の関連する学史理解にも異なる印象をもったが、筆者の学史理解と大きく異なっていたのは、森本が「南満州」と弥生文化の関係を積極的に結びつけた要因に対する大塚の理解である。筆者は、森本が満州国支持という政治的動機ではなく、直接的には当時すでに共通認識となっていた石器の類似性や分布を念頭としたからこそ、前述のような発言があったのではないかと理解していたからだ。すでに石川日出志は、弥生時代の石器研究の進捗を総括するなかで、「1920年代までに弥生時代特有の石器として磨製石斧第Ⅲ類（現太型蛤刃石斧）・抉入鑿形石斧・扁平片刃石斧等の石斧類、石庖丁、磨製石剣、磨製石鏃が抽出され、その類例が朝鮮半島・旧満州方面にあって、弥生式土器使用者が大陸からの移住者である証拠とされた。大陸起源説は、初め土器の類似性が根拠とされたが、弥生式土器と大陸の土器との類似性に対して八木が疑問を表明した（八木 1927）こともあってか、力点が次第に石器へ移っていく」と述べている（石川 1996：83頁）。

　そこで本稿では、日本列島外の石器研究が1900年代～1940年代における弥生時代像の形成に与えた影響について、先学の整理（種定 1991、石川 1996）をふまえながら論じたい。

1. 弥生式土器に伴う石器群の整理

　弥生式土器という認識は、1884（明治17）年の文京区弥生町における発見と、蒔田鎗次郎による自宅敷地内からの土器の報告に基づく（蒔田 1896）。ただし、この段階では弥生式土器にどのような石器が伴うかは明瞭ではなかった。愛知県名古屋市高蔵貝塚における出土状況から、磨製石斧や石鑿、石鏃などが弥生式土器に伴うことが、鍵谷徳三郎により主張された（鍵谷 1908）。これらの指摘をとおして、弥生式土器に石器が伴う実例が明らかにされていったのである。

2. 中国大陸と朝鮮半島における調査の進展と弥生式土器文化

　中国大陸や朝鮮半島の石器と日本列島の弥生式土器に伴うそれとの類似性は、まず鳥居龍蔵によって指摘された（鳥居 1908）。鳥居は旅順の台子山における1905（明治38）年8月26日・27日の二日間の調査成果を中心に、石斧、石槍、石庖丁、そして石槌と考えられる丸石、そして土器を報告している。器種は壺、皿が主であること、壺は有紋と無紋があり、把手を有するものや赤彩があり、形状は北海道や奥羽などで出土する壺と同一形状であるという認識を示す一方で、弥生式土器と同じ特徴も見出している。このとき穀物種子の存在も指摘している。これらをふまえ、「この遺物は以て我国のものと比するに、我が本土の石器時代（主として土器に就て云ふ）の其れでは稍や異にして、強てこれを求めんせば北海道のもの、若しくば弥生式の其れと大いに似たるところがあって、殊に後者に最もよく類似して居る」と総括している（鳥居 1908：129頁）。また、朝鮮半島の事例との比較においても「石斧、其他の石器類は圖と明確なる形状論なきを以て未だ云ふ能はざれども土器の形状よりすれば最も類似点を有して居る」とした（同：130頁）。この段階において、鳥居は石器に関心を払いつつも、満州、そして朝鮮半島と日本列島の関係については土器の類似性をもっとも重視する姿勢がみてとれること、土器の類似性から北海道や東北地方にも関心を払っていたことを確認しておきたい。

　続いて、八木奘三郎は1900年と1901年の朝鮮半島の調査をふまえて、次のように議論を進めた（八木 1914～1915）。まず、朝鮮半島の磨製石斧類は日本や中国同様に多様であるという点を指摘したうえで、片刃で中央に窪みを有する石斧（抉入柱状片刃石斧）は朝鮮半島に特有の石器であり、斧とすべきかは課題とする。磨製石鏃についても、旅順の貝塚出土例をあげつつ、日本列島にも類例のあることを指摘している。さらに石庖丁は「内地」の中国から九州地方に分布していると述べた。なお、日本列島との関係でもっとも詳細に言及したのは、磨製石剣についてであった。

　朝鮮半島における調査成果の報告に先行して、八木が弥生式土器が出土する遺構を論じるなかで「猶此土石器の外には焼米有り、又籾を印せし品あれば石器時代と見る事無論誤謬たるを知る可し」と述べている点（八木 1902：18頁）、あるいは九州を踏査するなかで甕棺から出土する青銅器の存在に注目していた点は（八木 1900）、後に紹介する鳥居の弥生式土器文化に対する認識との差異として注意されよう。

3．日本列島の弥生式土器とともに出土する石器の系譜

鳥居龍蔵は、畿内地域の遺跡を踏査した成果を報告するなかで弥生式土器の使用者を「固有日本人」と定義し、土器や石器の類似性を根拠として、彼らが東北アジアから移住してきて、現在の日本人の祖先となったと主張した（鳥居 1917）。本報告のなかで、鳥居は畿内の石器時代にみられる土器や磨製石剣、石庖丁、抉入片刃石斧などの石器類と、朝鮮半島や満州で出土するそれらとの共通性を指摘している。さらに鳥居は「畿内の固有日本人の遺跡遺物は東北方亜細亜大陸と深い関係が存在して居る事と考えます、這は単に土器の類似のみならず、石器の其れに於ても又同一の事実を示して居ります、私は日本の周囲の大陸や島嶼の石器時代遺物に注意し調査して居りますが、未だこの東北方亜細亜大陸の物ほどよく似たのを他で知ることは出来ません」としたうえで、「固有日本人の遺跡はただに畿内ばかりでは無く中国にも関東にも広く存在して居りますから、是等の遺跡は先史考古学や人種学上から申せば、日本本島から壱岐、対馬、朝鮮の多島海の諸島嶼を経過し大陸に連絡して居ると申してよろしい、私は彼等はもと大陸から移住して来たものであらうと考て居ります」（鳥居 1917：21頁）。この段階で鳥居が弥生式土器の分布範囲から東北を除外している点、そして「其必要に応じて作られ」るので「石器の類は自然各々の民族が一致する所がある」のに対して、土器の方が民族的特徴が発現しやすいとしている点には注意が必要である（鳥居 1917：12頁）。

なお、鳥居は東北アジアから移住してきた弥生式土器を使用した人々は、金属器をもっておらず、農業も実施していないという点を強調した。一方で銅鐸を残して、農業を日本列島に導入した「民族」は、中国南方の苗族系統の人々であったと指摘している（鳥居 1918：113～122頁・213～215頁）。また、仮説として「我等祖先は出雲伯耆因幡を基点として、中央日本の各地に進入してアイヌの居住地を立ち切ったので」はないだろうかと推測している（鳥居 1918：56頁）。

鳥居の指摘を受けて、梅原末治は鳥取県下の石器を取り上げるなかで「抉入石鑿形石斧（抉入柱状片刃石斧）、石包丁、磨石剣」（括弧内筆者補）をあげて、分布や様相を分析した（梅原 1922：69頁）。まず、抉入柱状片刃石斧について「内地にありては九州、山陰、畿内を主とし、一方朝鮮似ては慶州付近を中心として広く黄海、江原、平安の諸道に」分布することを指摘した（梅原 1922：54頁）。次に石庖丁は、機能として従来の理解と同じく食物調理等に用いられた包丁と解釈したうえで、「内地と朝鮮との外、北鮮、満州各地の石器時代遺跡発見品にも」類例があり、殷墟出土品にも類例があることを指摘している。さらに朝鮮の石庖丁には片刃が多いのに対して、日本列島と満州や中国大陸の事例は両刃が多いという地域差にも言及している（梅原 1922：71頁）。石剣については、南鮮と内地にては畿内以西にその類例が多いことを指摘したうえで、銅剣との類似性や製作に金属器使用の痕跡が確認できると述べ、弥生式土器の段階を金石併用時代とする中山平次郎の説への支持を表明している。

このような動向、とくに鳥居が『有史以前の日本』にて土器や石器の類似性から満蒙日鮮古民族の一致を唱えたことに対しては、八木奘三郎は次のような反論を展開した（八木 1927）。まず、満

鮮地方の石器類のほとんどが磨製品であり、打製品が乏しいのに対して、日本の弥生式土器と共にみつかる石器はむしろ打製品が多く磨製品は稀であること、さらに相互に類似するとされる石剣はまったく一致しないこと、また土器も似て非なるものであると批判した（八木 1927：226～228頁）。これらの批判の結果、満州と日本列島との共通性として残ったのは、石庖丁や石斧類のみとなったといえる。

　一方、浜田耕作は自らの韓国金海貝塚などの調査成果（濱田・梅原 1923）をふまえて、「南鮮各地方から発見せられる石器が之を証するのでありますが、此の石器のうちに抉りのある鑿形石斧と、石庖丁があり、是は西日本からも出ますが、平安南道からも発見せられて居り、又た石鏃は主として磨製のもので、遼東半島から西北朝鮮にも通じて行はれているものと同系統でありますが、日本には甚だ稀であります。此等の事実から考へますと、石器時代には大体満州迄と朝鮮半島とには、人種的成分は聊か違って居つても、矢張り同一系統の文化が広く行はれて居つたらしく思はれます」と述べている（濱田 1930：67頁）。なお、弥生式土器の文化が「特に九州から西日本に著しく跡付けられている事実や、朝鮮に於ける考古学上の所見」から、弥生式土器の担い手が朝鮮半島から移動してきたと類推する一方で、弥生式土器に縄文土器との共通性を見出せることから、新来の集団と在来の民族とコンタクトし、「人種上にも文化上にも混融するに至つたと」述べている点は興味深い（濱田 1930：95～97頁）。鳥居の原日本人混合説が当時広く流布していたことを考えれば、土器の混交をみいだすこのような視点もまた、当然、想定されるべき発想であろう。弥生式土器文化の多系譜性に対する理解がどのように形成されていったのかを考えるうえでは、後に述べる磨製石器の系譜に関する議論とあわせて検証されるべき視点である。

　また、東日本の環状石斧類を整理するなかで、八幡一郎はこれらに有孔で着柄する機能がみられること、その機能のありかたがその他の石斧と著しく相違しており、「満蒙の地」に類例がみられることに注意を促している（八幡 1930：74～75頁）。さらに弥生式土器に伴うことが多い鉋形石斧（柱状片刃石斧）、磨製石斧第Ⅲ類（太型蛤刃石斧）、有角石斧、鉄剣形石剣などの一部にも閃緑岩が用いられていることを指摘した。さらに水野清一は、満蒙地域と呼ばれた中国東北部の石器文化を紹介するなかで、当地域の石器文化を華北と親縁関係をもつ農耕文化としたうえで、閃緑岩や斑糲岩などの緑色の石材を用いる特徴をもつ「緑石文化」と概念化している（水野 1934）。

　しかしながら、この段階の石器研究が「大陸」石器文化との類似性のみを強調していたわけではない。たとえば、八幡一郎は乳棒状石斧に外的な刺激が加わり、第Ⅲ類石斧（太型蛤刃石斧）が形成されたと指摘している（八幡 1928：44頁）。また中谷治宇二郎は定角式石斧と乳棒状石斧の中間形態として、太型蛤刃石斧を認識している（中谷 1929：289頁）。さらに藤森栄一は、石笵や「石爪」あるいは、それに類似する刃部形態をもつ磨製石斧の広がりを北海道から東北地方の西海岸、そしてアムール川流域地域に求め、「片刃石斧を必ずしも西方弥生式文化の特有に考えるのは早計に過ぎる」と指摘し、「東日本系の石器文化圏」の展開を論じた（藤森 1935）。

　このように日本列島内における磨製石器の系譜を東日本と沿海州地方の関係に求める視点も模索されていたとはいえ、1930年代までの研究において中国東北部から朝鮮半島を介して西日本へと連なる文化伝播ルートが、弥生式土器の文化形成のもっとも有力な系譜として認識されるようになっ

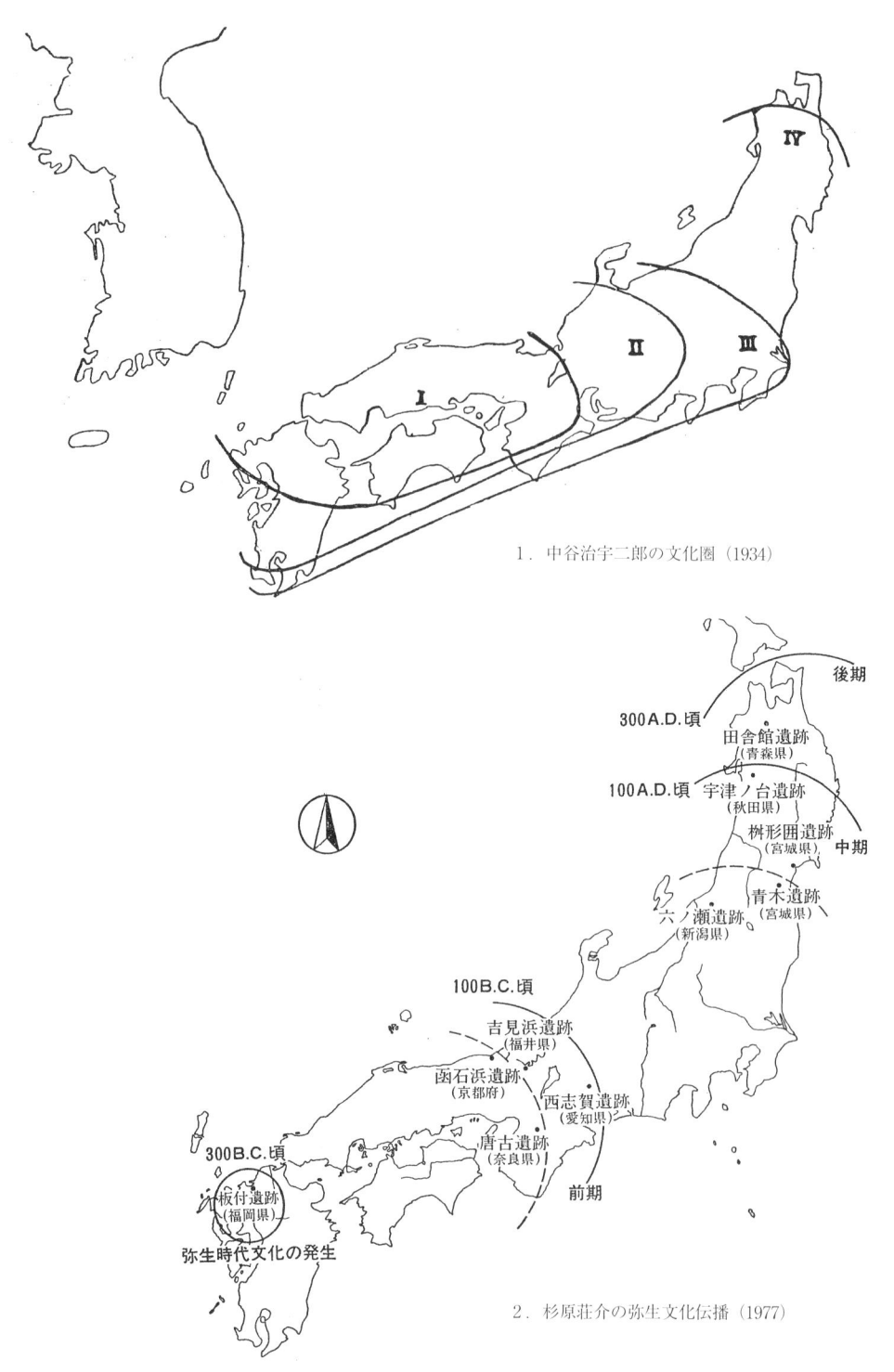

1. 中谷治宇二郎の文化圏 (1934)

2. 杉原荘介の弥生文化伝播 (1977)

図1　日本列島弥生文化の区分と段階

たのである。結果として、磨製石剣、石庖丁、抉入柱状片刃石斧、そして青銅器が豊富な西日本と、それらに欠く、あるいは少数の東日本という対比が文化の高低あるいは文明との遠近という対比に置換されていき、土器「型式」の併行関係や影響関係とは別次元で、日本列島の弥生式土器が使用されていた社会を理解する「一般理論」として普及していったといえよう。

　つまり、「光は西方から」という図式が、演繹的にかつ絶対的な前提として機能しだすのだ。その具体的検討として、赤堀英三による朝鮮半島と日本列島での石庖丁分布の検討や（赤堀 1930）、中谷治宇二郎による文化圏（図1-1）と伝播の様相の分析（中谷 1934）にみることができよう。[3]そして、このような弥生文化のとらえ方は、敗戦後の杉原荘介による弥生文化の東進（図1-2）という理解（杉原 1977）、そして近年の藤尾慎一郎による日本列島の地域区分（藤尾 2011ほか）などにもみられる日本列島の初期農耕文化観として共通性をみいだすことができる。

4．弥生式土器に伴う石器と農耕の起源

　以上で述べたように、石庖丁と柱状片刃石斧を中心とする磨製石器は、日本列島の弥生式土器文化と旧満州地域や朝鮮半島との関係に注意を促すのに十分な働きを果たした。ただし、八木奘三郎の先駆的な指摘（八木 1902）や中山平次郎による炭化米の報告（中山 1923）あるいは山内清男による籾圧痕土器の紹介（山内 1925）などがあったものの、1900～1920年代段階において弥生式土器と農業の関係は中心的に意識されることはなかった。それが、1932年8月、唐突ともいえるかたちで発表されることとなる。山内清男の手による『日本遠古之文化』二の「縄紋土器の起源」の冒頭においてである（山内 1932c）。

　山内は「日本内地に於ける住民の文化は大きく二つに区分し得るであろう。第一は大陸との交渉が著明でなく、農業の痕跡のない期間、第二は大陸との著明な交渉を持ち、農業の一般化した期間である。前者は縄紋土器の文化に相当し、後者の最初の段階が弥生式の文化である」と宣言し、「弥生式の文化に於いては、新に農業が加わり、又、厚葬の萌芽が見られる。これらは当時盛んとなった大陸との交渉と直接又は間接に関係あるものであって、器物としても大陸系の磨製石器の種類が増加し、又青銅器、鉄器も亦輸入或は製作されるに至った」と叙述する（山内 1932c：85頁）。続く『日本遠古之文化』五にて、「片刃石斧は鍬として使用され、石庖丁は鎌の如き用途を持つたであらう。これらの石器は縄紋式には例がない。却って朝鮮などに一般的であって、弥生式の時代に、恐らく農業と相伴って伝来したものと思われる」と述べた（山内 1932f：60頁）。

　さらにこの『日本遠古之文化』と同時期、片刃石斧を論じ、「この種の斧（抉入柱状片刃石斧）寧ろ鍬は弥生式に伴ひ、又満鮮に分布することは周知のことである。刃の扁倚及び溝の位置まで同形なことは注意すべき点である」（括弧内筆者補）と指摘したうえで、「縄紋式には片刃石斧は稀であって特に鍬の如く附柄された様な例は全く無いと云ってよいかも知れぬ。これに反して弥生式には片刃石斧は一般的であり、附柄の装置を異にした三類のものがある。満鮮に同様のものが発見され、弥生式の諸例はこの系統のものと認められて居る。縄紋式からの伝統は全く無いと考へてよい」と述べている。そして、「鍬の如く附柄された片刃石斧は種々の用をなしたであらう。形態の

分化が少く、用途が多方面なことは原始的器具に一般的なことである。しかし鍬の最も適した用途は土を掘ることであらう。これは弥生式に於いて農業の発達を示す器具としての證拠と考へられる。穀物として稲が知られて居ることは云ふまでもない。(…中略…) 弥生式には農耕、竪穴、片刃石斧が一群をなして居る。これは新しい生活状態と共に一定の器物が一体となって伝来したことを示す如くである」とした（山内 1932b：250〜251頁）。

山内がこの種の片刃石斧を鍬と解釈したのは、春成秀爾によれば1931年1月に京都帝国大学解剖学教室にいた金関丈夫から借用した Max Ebert 編 "Die Reallexikon der Vorgeshichite"『先史学事典』全15巻（1924〜1932）の Hacke の項（第5巻、1926）の援用であるという（春成 1996：4頁）。また、「石庖丁は鎌の如き用途を持ったであらう」と山内が述べている点（山内 1932f：60頁）についても、Johan Gunnar ANDERSSON の『中華遠古之文化』を参照した成果である（山内 1937：273〜274頁）。

以上をまとめれば、先に紹介した鳥居や八木をはじめとする考古学者による満州や植民地となっていた朝鮮半島での活躍と成果を受けて、山内もまた柱状片刃石斧や石庖丁の類似性に言及したのである。加えて、同じく中国でのフィールドワークを進めていたアンダーソンの研究成果や欧州における研究動向をふまえて、山内はそれまで意識されることのなかったそれら石器類と農耕の関係を論じることにより、弥生式土器の文化が大陸から影響を受けた農耕社会の始まりであったことを初めて主張することができたのである。(4)

そして、この成果を森本六爾を中心とする東京考古学会の面々が組織的に追随した結果、弥生式土器文化が農耕社会であったことが、1930年代において急速に解明されたのである。

おわりに

弥生式土器自体の分析が不十分な段階で、森本や小林が「演繹的」に九州から東方への併行関係を論じたのは、大塚達朗が主張したような満州国支持が直接の要因ではない。(5) 大陸侵略と植民地形成を契機とする鳥居龍蔵や八木奘三郎らの調査、研究を通して得られた主に磨製石器の分布や型式的類似性が念頭にあったからこそ、森本は日本列島に新たに形成された弥生式土器文化の系譜を中国大陸に求めたのである。そして、山内清男もまた、鳥居らの成果を念頭に石庖丁や柱状片刃石斧を農具と認定することによって、農業という技術体系が中国大陸からもたらされた文化要素であるということを主張したのである。

1930年代、それは日本帝国が中国大陸を侵略し、泥沼の戦争へと突き進んでいく時代であった。(6) そして、その拡大のなかで「獲得」した成果を存分に生かしたことによって、弥生時代社会は大陸や朝鮮半島と結びつけられ、農耕社会としての社会像が明らかとされたのである。その成果を継承しているわれわれ研究者は、少なくともその事実を理解しなければならない。

註

(1) 鳥居が旅順の地を調査したのは日露戦争における旅順攻略（1905年1月1日）からわずか8カ月後、日

本海海戦（同年5月27日〜29日）から3カ月後にあたる。そして同年8月初旬から開始された米国ポーツマスでの講和会議期間中のことであった。

(2) これらの成果をまとめた著作において、鳥居は、自身は「之まで二十年余、日本周囲の調査のみ従事して」きたが、「従来の学者の研究は」、「日本島周囲の知識で、我日本内地と比較」するという視点が従来欠けていたことを憂慮し、「我等は一は日本的で一は之れをインターナショナールに世界学術の檜舞台に乗して研究せねばならぬ」という決意のもとに『有史以前及日本』を執筆したと述べている（鳥居1918：6〜7頁）。なお、アイヌ系、南方系、大陸系の混合によって「固有日本人」が成立するという混合説であり、かつ日鮮同祖論でもある鳥居の著作は、大正期のベストセラーであった（小熊 1995）。

(3) このような解釈の傾向と、いわゆる神武東漸をはじめとする記紀に各研究者がどのように向かい合ったかについても、興味深いテーマではあるが本稿では言及できない。

(4) 春成秀爾は、唯物史観の立場から古代史を論じていた渡辺義通の影響を指摘している（春成 1996）。

(5) 本稿では、大塚が取り上げた森本の弥生式土器の故地に関する発言において、中国東北部をあげた主な要因を当時学会で共有されていた石器の類似性に求めたが、これと彼の政治的思想は別問題であり、したがって本稿は、当時の満州国政策に対する森本の不支持を主張するものではない。たとえば、森本六爾は1931（昭和6）年度の研究動向をまとめるなかで、次のように発言している（森本 1932：53頁）。「昨年度に於ける注目すべき現象は、満州及支那方面に関する文献の著しい増加である。其はかの満州事変とは直接にはアンデパンダンであるとはいへ、其の事変を見たのと年を同じうしての現象であることは吾々の一考を要求する。日本遠古の文化と直接連鎖の一環をなす支那及満州の研究は今後も日本学者の鍬を入れるべき豊穣にして空漠たる分野である。濱田耕作、鳥居龍蔵、原田淑人、梅原末治氏の先駆者を初め斯学の新進諸家が轡を並べて、豪華なる研究の成果をあげられつつあるのは、恰も日本国家総動員の下に満州問題の解決を叫びつつあるに似ている」。このような叙述の背後に、森本のどのような世界観が反映され、それが弥生式土器文化の解釈にどのような影響を与えたのかについては、それ自体大変興味深いテーマではあるといえよう。ただし、過去の歴史学者が当時の「状況」のなかで文章として公表することが「許された思想」を、今日のわれわれが検証しようとするとき、筆者は次に紹介する福田敬一の言葉を忘れてはならないと思う。「その趣旨はどうあれ、わたしたちが戦争中の反動的とされる考古学を批判しようとするとき前提となるのは、自分自身がそのような状況におかれた場合に必然化されざるを得ない態度表明の中身であって、これは究極的には、当時の官憲とのやりとりを具体的に述べた証言の内容をわたしたちが覚悟できるか否かにかかっている。この点を抜きにして現在の高みから（安全地帯に身をおきながら）、「戦争中誰々は軍部の圧力に屈して反動的な研究に荷担した」とか「誰々はほんとうは進歩的な学者なのに、反動勢力の圧力によって沈黙させられた」などと第三者的に分析したところでたいした意味をもたないであろう」（福田 2005：118〜119頁）。

(6) 1931（昭和6）年の満州事変から1937（昭和12）年の日中戦争にいたる時期における日本国内の知識層の雰囲気については次の書物などに詳しい（加藤 1993・2009）。

参考文献

赤堀英三 1930「石庖丁の伝播」『考古学』1-5・6、東京考古学会、95〜99頁
石神 怡 2003「森本六爾・熱情と焦燥の塊」『弥生文化研究への熱いまなざし』平成15年秋期特別展図録、大阪府立弥生文化博物館、58〜69頁
石川日出志 1996「石器」『考古学雑誌』82-2、日本考古学会、81〜93頁
梅原末治 1922『鳥取県下に於ける有史以前の遺跡』鳥取県史蹟勝地調査報告第一冊、鳥取県
大塚達朗 2010「亀ヶ岡式土器移入・模倣論の再考」『南山大学人類学博物館紀要』第28号、南山大学人類学博物館、1〜28頁
大塚達朗 2011「日本先史考古学における編年研究の様相」『南山大学人類学博物館紀要』第29号、南山大学

人類学博物館、1～25頁
大塚達朗 2012「弥生土器様式論」『考古学研究』59-2、考古学研究会、43～55頁
大場磐雄・後藤守一・甲野勇・柴田常恵・森本六爾・八幡一郎 1934「弥生式土器の回顧と展望：座談会」『ドルメン』3-1、36～43頁、3-2、41～45頁
大庭重信 1996「『人類学雑誌』に見る周辺地域関連記事の傾向」『考古学史研究』第6号、京都木曜クラブ、45～52頁
岡本孝之 1975「日本＝東亜（朝鮮）考古学批判（一）―近代考古学の成立とその構造―」『異貌』第3号、共同体研究会、2～14頁
岡本孝之 1976「大日本帝国下の考古学―日本＝東亜（朝鮮）考古学批判（二）―」『異貌』第4号、共同体研究会、34～46頁
小熊英二 1995『単一民族神話の起源〈日本人〉の自画像の系譜』新曜社
加藤陽子 1993『模索する1930年代』山川出版社
加藤陽子 2009『それでも、日本人は「戦争」を選んだ』朝日出版社
鍵谷徳三郎 1908「尾張熱田高倉貝塚実査」『東京人類学会雑誌』23-266、東京人類学会、275～283頁
杉原荘介 1977『日本農耕社会の形成』吉川弘文館
高橋直一 1934「弥生式土器に関する考察―角形把手よりみたる―」『ドルメン』3-2、岡書院
種定淳介 1991『新阪九研究会関西情報』39掲載の手紙（『ＡＯＲＡ』1996再録、81～86頁）
鳥居龍蔵 1908「満州の石器時代遺跡と朝鮮の石器時代遺跡との関係に就て」『東京人類学雑誌』23-262、123～130頁
鳥居龍蔵 1917「有史以前の畿内」『人類学雑誌』23-9、東京人類学会、249～273頁
鳥居龍蔵 1918『有史以前之日本』磯部甲陽堂
中山平次郎 1923「焼米を出せる竪穴址」『考古学雑誌』14-1、10～21頁
中谷治宇二郎 1929『日本石器時代提要奥附』岡書房
中谷治宇二郎 1934「日本石器時代に於ける大陸文化の影響」『考古学』5-4、東京考古学会、91～103頁
濱田清陵（耕作）1930『東亜文明の黎明』刀江書房
濱田耕作・梅原末治 1923『金海貝塚調査報告』朝鮮総督府古蹟調査報告
春成秀爾 1996「文化と社会―山内清男「日本遠古之文化」の一背景―」『考古学研究』42-4、1～14頁
福田敏一 2005『方法としての考古学―近代における認識―』雄山閣
藤尾慎一郎 2011『新・弥生時代』吉川歴史文化ライブラリー329、吉川弘文館
藤田亮策 1935「朝鮮の石器時代」『ドルメン』4-6、岡書院、139～148頁
藤森栄一 1935「東日本海系石器文化の輪郭」『考古学』6-10、427～445頁
蒔田鎗次郎 1896「弥生式土器（貝塚土器ニ似テ薄手ノモノ）ニ付」『東京人類学雑誌』11-122、320～325頁
水野清一 1934「満蒙新石器時代要論」『考古学』5-8、1～24頁
森本六爾 1932『考古学年報第1輯』昭和6年度、東京考古学会
八木奘三郎 1900「九州地方遺蹟調査報告」『東京人類学会雑誌』16-175、1～21頁
八木奘三郎 1902「弥生式土器と竪穴」『日本考古学』合本増訂、嵩山房
八木奘三郎 1914～1915「朝鮮の磨石器時代」『人類学雑誌』29-12、478～482頁、30-2、48～58頁、30-5、170～183頁
八木奘三郎 1927『満州考古学』岡書院
山内清男 1925「石器時代にも稲あり」『人類学雑誌』40-5、181～184頁
山内清男 1932a「日本遠古之文化一　縄紋土器文化の真相」『ドルメン』1-4（7）、40～43頁
山内清男 1932b「磨製片刃石斧の意義」『人類学雑誌』47-7、244～251頁
山内清男 1932c「日本遠古之文化二　縄紋土器の起源」『ドルメン』1-5（8）、85～90頁

山内清男 1932d「日本遠古之文化三　縄紋土器の終末」『ドルメン』1-6（9）、46～50頁
山内清男 1932e「日本遠古之文化三　縄紋土器の終末」『ドルメン』1-7（10）、49～53頁
山内清男 1932f「日本遠古之文化五、縄紋式以後（前）」『ドルメン』1-8（11）、60～63頁
山内清男 1932d「日本遠古之文化六―四縄紋式以後（中）」『ドルメン』1-9（12）、48～51頁
山内清男 1933「日本遠古之文化七―四、縄紋式以後（完）―」『ドルメン』2-2（2）、49～53頁
山内清男 1934a「稲の刈り方」『ドルメン』3-2、31頁
山内清男 1934b「石庖丁の意義」『ドルメン』3-11、40～41頁
山内清男 1937「日本に於ける農業の起源」『歴史公論』6-1、雄山閣、266～278頁
八幡一郎 1930「環状石斧類」『考古学』1-2、69～79頁
八幡一郎 1928『南佐久郡の考古学的調査』岡書院

日本列島における方相氏の起源をめぐって

設 楽 博 己

はじめに

　方相氏は中国の戦国時代にさかのぼって存在が明らかにされている、宮中などで疾鬼を駆逐する役割を果たした呪者である。節分の豆まきで子供に追われる鬼が、方相氏の日本における零落した姿である。大宝律令に続く律令として、天平宝字元年（757）に制定された養老律令の喪葬令にある記述が、日本列島における方相氏（方相）の古い資料とされてきた。

　養老令における方相の記述は、開元二十年（732）に奉敕が撰した『大唐開元礼』などをほぼそのまま踏襲しているが、飛鳥時代の6世紀末に方相を車にのせて仏舎利を運んだという記述もあるので（松木 1975：29-30頁）、律令期の早くからかなり定着していた儀礼だということがわかる。さらにさかのぼる6世紀の古墳時代に、方相氏あるいはその思想の一端がすでに渡来していたのではないかという上田早苗の論考があるが（上田 1988：572-574頁）、それは奈良県斑鳩町藤ノ木古墳から出土した馬具に施された鬼神像が方相氏と考えられることを論拠の一つとしている。

　塩谷修は、上田の論考を踏まえて古墳時代の盾持人埴輪を中国の方相氏の文献上の記録や画像石に描かれた姿と比較しながら、盾持人埴輪の姿態が方相氏に起源をもつのではないかと考えた（塩谷 2001）。方相氏あるいはその思想の日本列島への伝来が5～6世紀にさかのぼることを独自な視点から述べたばかりでなく、それが古墳時代における中国との交流のなかでたんなる借り物ではなく、根を下ろしていた可能性を指摘した点で重要な論考といえよう。

　周礼には、方相氏は「黄金四目」で手に戈と盾を持って呪術を行う記述がある。黄金四目は仮面をかぶった姿態であるとの解釈が一般的であるが、奈良県桜井市纒向遺跡で木製仮面と盾の破片と鎌ないし戈の柄が一つの土坑から出土し、合田幸美はこれらが方相氏の用具ではないかとしている（合田 2010）。さらに、春成秀爾と小林青樹は弥生中期の絵画に見られる戈と盾を持つ人物絵画が方相氏をモデルにしたものではないかと考えた（春成 2004：40頁・2007：88-91頁、小林 2006：103頁）。こうした意見は、日本列島における方相氏の起源が3世紀あるいは紀元前1世紀にさかのぼるというものである。

　筆者も、これらの論文を参照しながら、福岡県北九州市城野遺跡における3世紀の方形周溝墓から出土した石棺の表面に描かれた絵画が方相氏を表現したものではないかと考え（設楽 2010）、群馬県渋川市有馬遺跡から出土した2～3世紀の顔面付土器に方相氏の影響が及んでいることを論じた（設楽 2011）。中国の方相氏にみられる、墓の中で疾鬼を駆逐する表現が日本列島にも存在している点から、3世紀という初期国家形成期に中国からの思想が流入している可能性を考え、そうし

た時代背景をもとにして広域に方相氏の影響が及んでいることを指摘したのである。

　最近纒向遺跡の資料が公になり、城野遺跡の報告書も刊行され、検討材料がそろいつつある。本稿では、中国における方相氏の文献資料と考古資料を取り上げて表現形態や性格を整理したのちに、日本のなかで近年明らかにされてきた関係資料をそれと比較しつつ日本列島の方相氏の起源について論じ、歴史的な意義に触れる。

1．中国における方相氏の資料

⑴　文献に見える方相氏

　中国における方相氏については、小林太市郎が詳細に論じているので（小林 1947）、それを参照しつつまとめておくことにする。

　方相氏の初出は周礼の夏官・司馬に見られる以下の記述である。

　　「方相氏掌。蒙熊皮。黄金四目。玄衣朱裳。執戈揚盾。帥百隷。而時難。以索室毆疫。大喪先
　　　匶。及墓入壙。以戈擊四隅。毆方良。」（周官）

　周礼は周の官制度を詳述したものである。戦国時代以降に作成されたと考えられており、実際に周代にそうした制度がそのまま存在していたのか疑問が多いとされるが、成立年代からすれば方相氏とその制度が遅くとも戦国時代あるいは前漢代、つまり弥生中期と同時代に存在していたことは確かである。

　まず、方相氏の姿であるが、熊の皮をかぶった黄金の四目であり、黒と赤の衣服を着て、戈と盾を持つ。四目が仮面の表現であることは、『大唐開元礼』が「黄金の目を四個飾れる仮面」と解して以来、それが現在の定説となっている。さらにさかのぼる『漢書』礼楽志には「常に象人四人を従える」とあり、象人は呉の違昭の注によると「仮面をつける人」とされている（佐原 2002：19頁）。いずれにしても、この異様な姿は何者かに対峙してそれを退ける僻邪の役割を帯びていることが明らかであり、戈と盾という武器・武具がそれをよく示している。

　梁代の『荊楚歳時記』に、春の節がわりに胡頭をいただいて逐疾を行うとあるが、「胡頭」は『隋書』礼儀志の「魌頭」があやまったものである（小林 1947：187頁）。隋書が示すように魌頭は方相よりも格下の呪者であり、方相の異形である。唐代の俑に鎮墓獣としての魌頭があるが、頭が燃え盛る炎のように造形されており、シカの角を取り付けているものもある。漢代の方相の絵画には頭に同様の装飾をもったものが多いが（図3-2）、これもやはり異形のいでたちであり、相手を驚かす僻邪の姿を演出したものといえよう。

　周礼に戻ると方相氏が立ち向かう対象は「方良」であるが、後漢の鄭玄の注によれば、方良とは山川の怪である魍魎のことで、魍魎は死人を食べる。室というのは宮室であり、また葬列を先導し墓坑に入ってその四隅を戈で撃つとあるから、宮室と墓で魑魅魍魎を撃退するのが方相氏の役割であった。

　後漢の光武帝の代に張衡が著した『東京賦』や、『漢旧儀』には次のような記述がある。

　　「方相秉鉞。巫覡操茢。侲子萬童。丹首玄製。桃弧棘矢。」（東京賦）

「一居人宮室區隅。善驚人。為小鬼。於是以歲十二月。使方相氏蒙虎皮。黃金四目。玄衣丹裳。執戈持盾。帥百隸及童子。而時難。以索室中而毆疫鬼也。」（漢旧儀）

「方相帥百隸及童女。以桃弧棘矢土鼓。鼓且射之。以赤丸五穀播灑。」（漢旧儀）

十二月の大儺に方相氏が侲子（童男・童女）を従えて、桃の弓で葦の矢を放ちながら魑魅以下十二の疾鬼を追い払う。『漢旧儀』には、童女たちが鼓を鳴らしながら弓矢を放ち、赤丸五穀をまき散らす様子も描写されている。『山海経』を引いた『論衡』訂鬼篇には、大きな桃の木の下で鬼を縛り上げて虎に食わせたとの記述があり（小林 1947：137頁）、桃は早くから僻邪の役割をもっていたことがわかる。また『漢旧儀』に「小鬼」とあるのは小児にとりつく鬼であるとされ、子どもを驚かす鬼が駆逐の対象になっているが、その際に方相氏が虎の皮をかぶっているのは、虎が熊とともにあるいはそれに先行して敵を退散させる力のある霊獣とみられていたことを反映したものであろう。

いずれにしても、方相氏の活躍の場面の主たるものは儺であるが、戦国末に成立した『呂氏春秋』十二紀に、季冬の大儺のほかに季春の国人の儺と仲秋の天子の儺の行事が記されているように、四季の変わり目である節が重要な逐疾の対象時期であり、「人界と鬼界との交通の開く時節にとくに悪鬼の侵入を防ぐために行われた」と小林は推測している（小林 1947：122頁）。

(2) 方相氏の絵画と造形

小林太市郎は頭の表裏両面に顔のある漢代の方相氏の明器俑を取り上げて（図1-1）、すべてではないにしてもこれが四目の表現形態であると述べた（小林 1947：121頁）。しかし、後の『政事要略』に描かれた絵画や韓国の昌徳宮にある仮面など、いずれも一対の目が上下につくのが方相氏の表現であることからすればそれが本来のあり方であり、小林が取り上げた例はイレギュラーなものとしたほうがよい。そこで注目できるのは、「熊の頭の皮を剥いで仮面を作り、その際に熊の目はつけたままにして、その下の位置に着装者用の目の孔をあけたことにその起源がある」という春成の見解である（春成 2007：68頁）。春成が例示した法隆寺の乾闥婆面（京都国立博物館編1982：72頁）などは、六朝以来仏教と習合して方相氏の表現が仏像に取り込まれていったよい例であるとともに、古相を示すものといえよう。

西周には、虎が人を飲み込もうとするモチーフで造形された青銅器が散見される。林巳奈夫によれば、この人物らしき像は人ではなく、虎の姿であらわされた最高神の帝を意味する（林 2004：14-21頁）。虎は中国の人間界で最も危険な動物の一つであった。その威力が崇拝の対象となって最高神の帝と組み合わさったことは容易に想像できよう。こうした周代の造形や思想が方相氏の元になっている可能性が考えられる。方相氏は熊の姿をとっているが、熊は虎とともに人間界で最も危険な動物の一つであることが僻邪の役割を帯びていった理由であろう。『漢旧儀』には方相氏は虎の皮をかぶることになっており、虎と熊は造形の点からも近似した動物とみなされていたと思われる。

漢代の画像石には、熊が一角の犀牛や龍などを威嚇したり操るような姿のモチーフが多い。山東省武梁祠の石室における画像石の絵画には、明らかに熊の姿をとった方相氏が手だけではなく足に

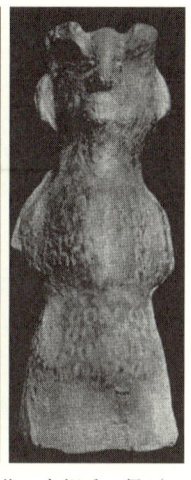

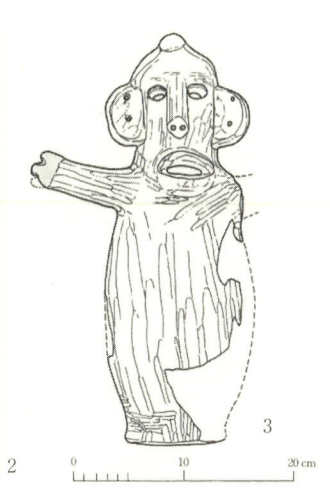

図1　漢代の方相氏の俑（1・2）と弥生時代の顔面付土器（3：群馬県有馬遺跡）
1・2は小林太市郎1947図版1・2・5。3は設楽2010図1

まで武器をつけて巨人に立ち向かっている姿が描かれている（図2-1）。巨人は人を食っているので、方良であろう。注目すべきは方相氏の頭に武器である弩が取り付けられている点である。この表現は、左右の手に武器を持ち足を踏ん張った方相氏にも見ることができる（図2-2）。この方相氏は歯をむき出しており、明らかに異形の表現と見てよい。

山東省大邑県董場郷の三国時代の画像石に描かれた方相氏は、盾と武器をもち、頭に鹿の角をつけており、先に述べた魌頭と同じ表現である（図3-2）。これらの造形や絵画には、四目の表現はない。しかし、俑や画像石には二目であるが武器と盾を持つ異形や熊の姿が散見され、方相氏をあらわしていることは間違いない。必ずしも四目であることが方相氏の必要条件ではなかったのであろう。その一方で小林が指摘したように、俑の人物の顔が大きく誇張され、人間離れしており、さらに顔面との間に段差をもつものがあるのは明らかに仮面の表現であり（図1-1・2）、方相氏のいでたちとしての仮面の表現は造形品にも見ることができるのである。

2．盾持人埴輪と方相氏

若松良一と日高慎は、盾持人埴輪の特徴として、①大型である、②耳が横に張り出す、③顔にイレズミと思われる線刻を施す場合がある、④容貌が怪異である点を指摘した（若松・日高 1992）。塩谷修は、若松らの指摘を踏まえたうえでさらに、⑤頭の表現が個性的である、⑥石を植立して剥き出しの歯を表現したものがある、⑦最初期の例は、5世紀前半に西日本に出現し、5世紀後半に関東地方など東日本に波及する、⑧出現期の盾持人埴輪には、その後のこの埴輪の個性がすでに現れている、⑨出現期の盾持人埴輪は前方後円墳前方部前面に単独で配置される、といった特徴を加え、盾持人埴輪は「盾を持つ人物」の配置を目的に、他の人物埴輪に先んじて創出された最古の人物埴輪とみなした（塩谷 2001：204頁）。

これらのうち、⑤が盾持人埴輪の大きな特徴であり、塩谷はこれを以下の5類に分類した。1類

図 2　漢代の画像石に見る方相氏
1 は小林1947図版7。2 は中国画像石全集編輯委員会編2000『山東漢画像石』中国画像石全集3、山東美術出版社・河南美術出版社、30図

＝烏帽子状をなすなど円錐形を呈す、2類＝飾りをつける、3類＝円筒形をなす、4類＝立飾りをもつ、5類＝冑を表現する、というものである（塩谷 2001：202頁）。また、②〜④にかかわる顔の表現も以下のように細別した。1類＝顔面に線刻や彩色の装飾をもつ、2類＝口唇を変形させる、3類＝歯を表現する、4類＝顎の輪郭が極端に突出する、5類＝装身具をつける（塩谷 2001：195頁）。

　盾持人埴輪は盾を主題にした埴輪であるから、防御機能を背景に成立したことは疑いない。盾の表面に鋸歯状の連続三角文を施したり、盾に戟を粘土でかたどって貼り付けること、顔の表情を強調したり変形させていることから、盾持人埴輪には悪霊や邪霊を排除する辟邪の機能が備わっていたと考えられる（若松・日高 1992、辰巳 1992）。盾持人埴輪が出現した当初、単独で前方後円墳の前方部前面に樹立されたことからすれば、古墳に迫り来る邪悪なものをまずはここで退散させる目的があったとみてよい（塩谷 2001：206頁）。

　塩谷は、文献や中国の画像石にあらわれた方相氏と盾持人埴輪を比較して、以下の結論を導いた。盾持人埴輪が@盾を主題にしたものであることに加えて、戟をもつ点、ⓑ頭部が体に比して大きくつくられ、顔の部分を誇張して表現するのは仮面のような装具を装着した可能性がある点、ⓒ頭部のつくりにさまざまな変異をもつ点から方相氏との類似性を指摘し、盾持人埴輪は5世紀前半に中国の辟邪の方相氏を原形として成立したと考えたのである（塩谷 2001：205〜210頁）。

　ⓑの仮面をつけたような顔の表現は、仮面状に突出した例が見つかっておらず、この点に仮説の証明としては不十分な嫌いがあったが、近年奈良県桜井市茅原大墓古墳から出土した4世紀にさかのぼる盾持人埴輪の平板な顔は、仮面のようである。画像石に表現された頭に武器を載せるなどした方相氏の特徴は、ⓒの2類であるV字状の突起など関東地方の盾持人埴輪に散見される表現との類似性が指摘できる。上田早苗の指摘した6世紀をさらにさかのぼり、埴輪という日本列島特有の器物に方相氏の表現を受容していたという塩谷の盾持人埴輪方相氏起源説は、きわめて興味深い。

　塩谷説を認めたうえで、その受容が弥生時代にまでさかのぼる可能性を考えてみよう。

図3 弥生土器の戈と盾を持つ人物の絵画（奈良県清水風遺跡）と漢代画像石の方相氏
1は春成2007図49。2は《中国画像磚全集》編集委員会編2006『四川画像磚』中国画像磚全集、四川出版集団、187図

3．弥生時代の方相氏関係資料

(1) 奈良県清水風遺跡の戈と盾を持つ人物絵画

　弥生時代の戈と盾を持つ人物絵画は、土器や銅鐸に施された例が多数ある。奈良県田原本町清水風遺跡の弥生中期後半の例は、その典型である。大型の壺の肩の部分に絵画を展開させているが、その中に描かれる。絵画は左から矢の刺さった鹿、魚の群れと簗と思われる施設、そして戈と盾を持つ人物が二人と高床建物である（図3-1）。人物は大小に描き分けられる。

　この人物画については、春成秀爾が山東省層山出土の商代の青銅器に描かれた絵画との類似性を指摘したうえで、悪霊を祓う方相氏に関する知識が弥生時代に一度伝来していた可能性があると考えた（春成2007：91頁）。ここで注目したいのは、右側の人物の頭の装飾が鹿の角のような点であり、中国の方相氏の絵画や魌頭の装飾と類似している点である（図3-2）。この絵画が農耕儀礼の情景を描いたものであることは、角のある牡鹿や倉庫と思われる高床建物を描いていることから動かしがたい。中国の方相氏が活躍するのは農事暦とも関係した節季であり、大人と子どもが五穀を撒きながら疾鬼を駆逐する儀礼であることから、清水風遺跡の戈と盾を持つ人物もそうした役割を演じている可能性が考えられる。大小は大人と子どもを描き分けたのであろう。弥生時代の戈と盾を持つ人物絵画が出現するのは、弥生中期後半すなわち紀元前1世紀である。それは、楽浪郡が設置されて日本列島に中国の文物が急速に流入するようになった時点である。奈良県田原本町唐古・鍵遺跡から出土した二階建て以上の建物を描いた絵画が漢代の建築の影響を受けていることが明らかだとすれば、突然出現する戈と盾を持つ人物絵画も中国の影響による可能性が考えられよう。

(2) 群馬県有馬遺跡の顔面付土器

　群馬県渋川市有馬字前原・同八木原字川原皆戸の有馬遺跡は弥生時代後期、2～3世紀の遺跡で

ある。埋葬主体部に礫を敷き詰めた礫床墓の14号墓の南外側1mほどのところから、うつ伏せに倒れた状態で、細長い壺の頭に顔面をつけた土器が出土した（図1-3）。墓に伴うものとみてよい。

　高さ36.5cmで胴部はややふくらむ長胴であり、胴部断面や底部は丸い。片腕を欠失しているが、本来両腕ともひろげてやや斜め上方にもちあげていたと思われる。頭は開口しておらず、丸みを帯びる。額には粘土帯が斜め上方に突出してつけられており、烏帽子をかぶったか兜巾をつけた山伏の額のようである。鼻は粘土を貼り付けることによって、隆々と高く長く表現される。口は割り抜かれ、下唇が飛び出した受け口の状態となっている。耳は大きな半円形の粘土版を貼り付けている。鼻や耳を大きくつくっている点に、この顔面付土器の大きな特徴がある。

　有馬遺跡の顔面付土器と塩谷が指摘した盾持人埴輪には、著しい共通性がある。塩谷が挙げた②～④の顔の表現では耳が大きいこと、下唇を突き出した表現に共通するものがあり、⑤の頭部形態については、1類の烏帽子状の形状に共通点が認められる。⑨にあげた墓のわきから出土するという状況も、共通項に加えてよい。有馬遺跡と共通した特徴をもつ資料は、このほかに群馬県域と長野県域の7遺跡で出土しているが、いずれも目、鼻、口、耳といった構成要素を強調する手法により通常と異なる状態を表現しており、盾持人埴輪との間に共通項の多いことがわかる（設楽 2011）。

　この地域で顔面付土器といえば、弥生再葬墓に伴ういわゆる顔壺（顔面付土器A）が一般的であり、有馬例が腕を持っているのは、再葬墓に伴う土偶形容器の伝統を引いたものである。しかし、顔面の誇張表現すなわち④の僻邪の性格は新規のものであり、墓に伴う点では再葬墓の顔壺や土偶形容器と共通するものの、埋葬主体部ではなく外側におかれていたと思われる点も盾持人埴輪の性格と同じとみた方がよい。したがって、有馬遺跡の顔面付土器は再葬墓の蔵骨器の伝統を引きながらも、僻邪という新しい性格を付与された、盾持人埴輪の造形につながる資料といえよう。

　有馬遺跡の墓からは、東日本では異例なほど多数の鉄剣が出土した。長野県下高井郡木島平村根塚遺跡からは、柄の先端などに渦巻き文様の装飾がついた加耶系の鉄剣が出土している。これらの鉄剣の製作技術は、日本海を通じて朝鮮半島から渡来したのだろう。大陸からの文化的影響によって、方相氏とそれにともなう思想がこの地にもたらされ、有馬遺跡の顔面付土器がつくられたと考えられる。

(3) 奈良県纒向遺跡の木製仮面・鎌ないし戈の柄・盾

　纒向遺跡は奈良県桜井市大字太田に所在する。この遺跡の太田池にある土坑から、木製仮面と鎌ないし戈の木製柄と盾の破片（図4）が出土した（福辻 2013）。この土坑は井戸であり、この遺跡から多数検出されるいわゆる祭祀土坑の一つである。鎌ないし戈の柄と盾は土坑の上層から多量の木製品や加工木とともに出土し、仮面は上層に比べて格段に少ない遺物とともに下層から出土した。共伴した土器から、これらは庄内式古段階、3世紀前半の時期とされる。

　木製仮面（図4-1）は、長さ26cm、幅21.6cmの角のとれたホームベース状をなす。カシ類の木でつくった鍬に加工を加えたもので、柄壺の舟形隆起を鼻の部分を残して取り払い、柄孔を口にしている。したがって口は正円をなすが、これは鳥取県羽合町長瀬高浜遺跡などの甲冑形埴輪と共通した表現である。眉が線刻されるが、イレズミの表現はない。また平坦であることや形からは、

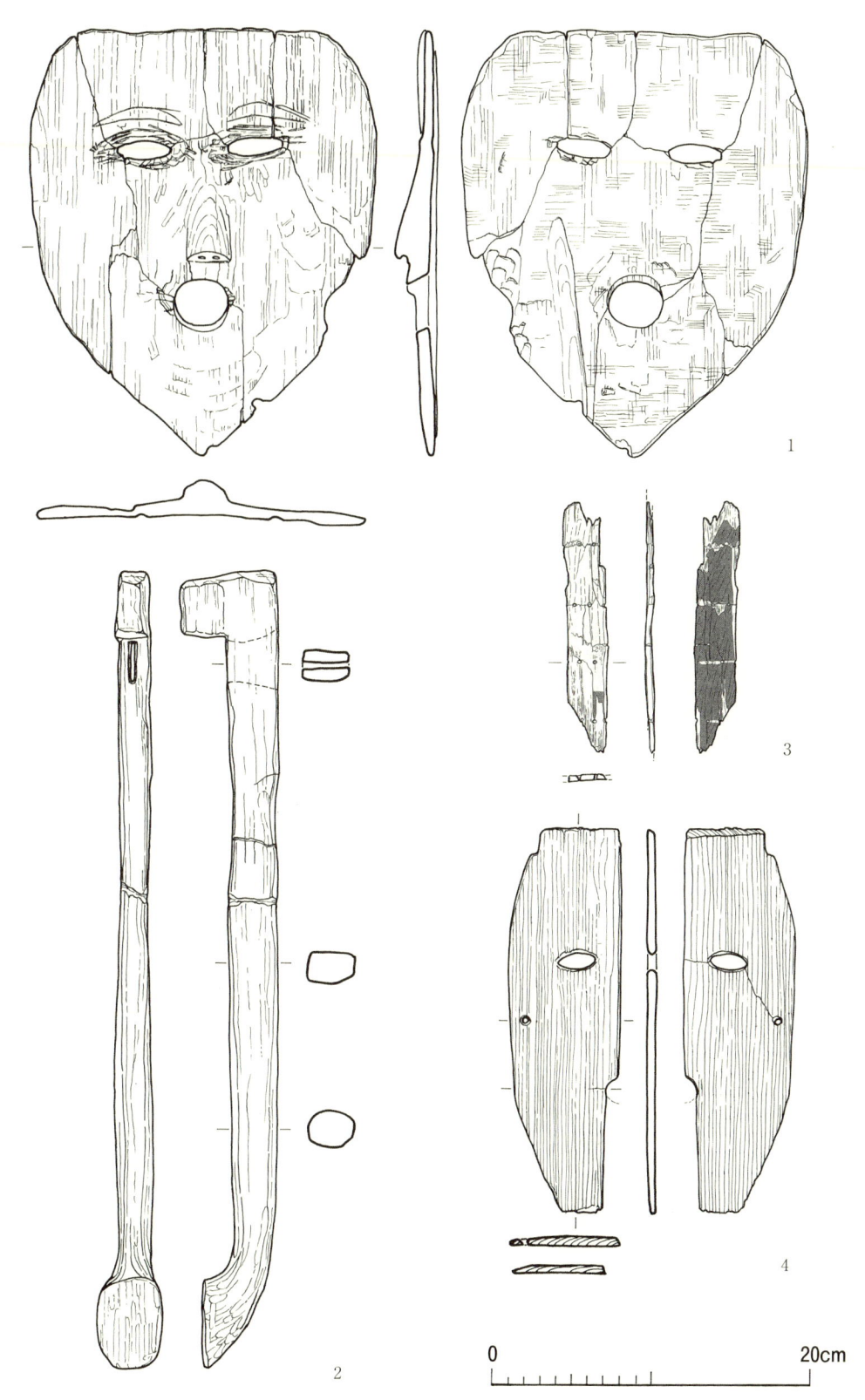

日本列島における方相氏の起源をめぐって　*349*

図4　奈良県纒向遺跡土坑出土の木製品（1〜3）と奈良県大福遺跡出土の木製仮面（4）
いずれも桜井市教育委員会所蔵。1・4は筆者実測・トレース、2は福辻2013図6-24をトレース、3は同図6-23を使用。

茅原大墓古墳出土の盾持人埴輪が思い浮かぶ。目と口の間隔は9cmほどと人の顔とほぼ同じ長さであり、実用のマスクとしてつくられたと思われるが、耳の部分にひもを通す孔があけられておらず、目の部分にひもを通すなど別の細工をしない限りは、戈と盾を持つことはできない。

　木製の盾（図4-3）はモミの木を素材とした、長さ15.2cm、幅2.7cmの小破片である。小孔が4段穿たれており、赤彩が施された弥生時代通有の盾である。鎌ないし戈の柄（図4-2）はカシ類を利用してつくられており、長さ48.2cmで頭部と基部に突起をもつ。報告者の福辻淳は、これを鎌の柄としている。弥生〜平安時代の鎌の柄は30〜50cmの長さのものが一般的であるのに対して、岡山市南方済生会遺跡や石川県小松市八日市地方遺跡の弥生中期の戈の柄は60cmほどの長さがある。纒向遺跡の例が鎌だとすれば、最も大きな部類に属す。しかし、大阪府八尾市恩智遺跡の戈の柄は35cmほどであるので長さだけからはいずれとも決しがたいが、形状からは鎌とみるべきだろう。

　これらは土坑の上下の層から出土したが、最も重要な仮面をまずは底に近いところに置いて、その上に鎌ないし戈の柄や盾を捨てたとすれば、これらは方相氏の3点セットである可能性が高い。中国の漢代には盾と鎌をもつ侲子をかたどったとされる俑があるので（小林 1947：図19・20）、方相氏や侲子が持つ武器は鎌の場合もあったのであろう。纒向遺跡の土坑からは、多量の桃の種が出土している。中国で桃は早くから仙人が珍重した樹木であり、方相氏ともゆかりの深いことは、すでに述べたところである。

(4)　奈良県大福遺跡の木製仮面

　纒向遺跡の南およそ3kmにある桜井市大福遺跡からも、木製の仮面が出土した（丹羽 2013）。木製仮面は大溝（SD1020）からさまざまな遺物とともに出土した。共伴した土器は大和Ⅵ-3様式前後を中心とする3世紀初頭ころのものであり、纒向遺跡の仮面よりも若干古いとされる。

　仮面（図4-4）はコウヤマキ製であり、全長23.4cmで、縦に半分に割れている。全体に平板で目の形は纒向例とほぼ同じ杏仁形だが、眉の表現はなく、口はおそらく楕円形をなし、あごの部分もカットされて面をなすなど異なる点も指摘できる。纒向例との大きな違いは耳の部分にひも通しの孔があることであり、装着可能な点である。

(5)　福岡県城野遺跡の石棺に描かれた絵画

　城野遺跡は、北九州市小倉南区にある弥生中期から後期後半の集落遺跡である。この遺跡から出土した方形周溝墓に設置された石棺の小口に絵画が描かれていた（谷口 2010、谷口編 2011）。副葬された小型短頸壺と鉄製刀子から、弥生後期終末とされる。

　方形周溝墓は23×16.5mと大型で、埋葬主体部は2基の箱式石棺が並列した土坑（1号墓）である。絵画はそのうちの南棺の西小口内面に描かれていた。石に塗布した朱の上をなぞるようにして描いた幅の広い底の丸い線刻画である。発掘した直後に撮影されたカラー写真（図5-1：谷口編2011図版21）が最も鮮明であるので、それにもとづいて現地での観察をまじえながら絵画をたどっていくと以下のように、盾と武器を持つ人物絵画であることがわかる（図5-2、図6-1）。

図5　福岡県城野遺跡の石棺と壁画
1は谷口編2011図版21。2は設楽作図

　まず、最も明瞭に観察することができたのが、絵画の下半を埋める格子目状の線刻（図5-2a）である。その上辺が長い直線で区画されているのも明らかである。この線の左端からは上に向かって幅の広い直線的な塗りの濃い部分が見られる（b）。左側三分の一ほどのところからは斜め左上に向かってわずかにカーブを描く線が立ち上がり（c）、上方で大きく右にカーブを描く。この線の右には横方向にいくつかの線刻が見られる（d〜g）。明瞭に観察できる線は以上であるが、これだけでも人物絵画であることがわかる。

　人物絵画を含めて弥生時代の絵画は、そのほとんどが一定の規則にもとづいている。人物絵画の多くは、肩の線が一直線であり、そこから頭を表現するには一本棒の首に丸い顔を描くか（図3-1）、あるいは肩の線のほぼ中央に電球状の頭を描くかである。佐賀県神埼町川寄吉原遺跡の絵画は後者の典型である（図6-2）。城野例がこれに属していることは間違いなく、人物以外の画題は考えられない。そのうえでさらに見ていくと、顔の横線の右端は一定の箇所で止まっている。それは、肩の線から伸びる顔の左側の輪郭（c）を肩の線の中心で線対称に折り返した部分に想定できる顔の右側の線のライン（g）と一致していることがわかる。

　そこで顔の中の線刻を見ていくと、上からd1・d2、e、fとなるが、dは横長の三角形の図形を左右に描き、それを上下に重ねているようであり、目の表現であろう。fは半開きに一筆描きされた口である。鼻の表現は不明であるが、あるいはeか。

　肩の右端も地の朱と重なってわかりづらいが、小さな三角形の線刻（h）があり、その先端から右下に線が伸びて縦に直線状の線刻

図6　城野遺跡と佐賀県川寄吉原遺跡の人物画
1は設楽作図。2は高島忠平 1980「佐賀県川寄吉原遺跡出土の鐸形土製品の人物絵画」『考古学雑誌』66-1、図2

(i) のあることがかろうじて判別できる。

　弥生時代の人物絵画には、一定のポーズがある。両手を広げて万歳しているものと、片手を下げるか両手を下げて武器・武具を持つものである。この絵画は後者の片手を下げたパターンであり、右手に持ったbは武器で、左手に持ったiは盾であろう。以上から、この線刻は武器と盾を持つ人物絵画であるといえよう。

　この石棺墓からは人骨が見つかっているが、4～5歳の幼児の頭骨であった。西小口に頭を向けているので、絵画はこの幼児を見下ろす位置に描かれている。そこで注目できるのが、中国の方相氏に墓の中に入って戈を振い四隅を撃って方良を駆逐する役目や宮中で童男童女を疾鬼からまもる役目があった点である。城野遺跡の石棺墓とその絵画は、すべての点においてこの絵画が方相氏であることを裏付けている。この幼児は碧玉の管玉と瑪瑙の棗玉でできた首飾りをつけていた。大型の方形周溝墓に葬られた幼くしてその地位を保証された人物であったのだろう。大量の朱とともに、中国の影響を受けて築かれた墓といえるのではないだろうか。

4．日本列島における方相氏に関する思想の導入とその意義

　以上、中国の方相氏の資料を一瞥して、弥生時代の方相氏に関する資料を拾い上げて比較した。まだ、例数は少ないが、盾持人埴輪につながる僻邪の思想がおそらく方相氏とその思想の導入という形で弥生後期後半にはある程度日本列島のなかに広い範囲におよんでいたことが推測できる。それらは北部九州という大陸文化をいち早く吸収することが可能であった地域、纒向遺跡とその周辺というヤマト政権揺籃の地、そして日本海を通じて北部九州や大陸の文化が流入した東日本の特定の地域であったが、3世紀という古墳時代の直前に大陸との交通を含めて物資の流通が広域化した時代背景とともに注目せざるを得ない。

　弥生中期後半に方相氏の情報が日本列島に及んでいるとすれば、後期のこれらの資料はその渡来が中期後半以来絶えずあったのか、弥生後期後半に再びあったのか、いずれにしても弥生時代のなかで一度にとどまらなかったことを示している。資料が3世紀前後に集中していることからすれば、後者の可能性が高く、2世紀後半から3世紀にかけて、中国の政治の動きと連動して展開した倭国乱から卑弥呼の登場と魏への遣使といった出来事を背景として、方相氏ないしそれに関する思想が中国から導入されたのであろう。

　とくに城野遺跡の資料は、①盾と武器を持つ人物絵画であり、②世襲というそれまでになかった権力継承の構造が明確化していることや、③水銀朱の多用などに中国との関係性の新展開がうかがえ、④墓の中で幼児を邪悪なものから守るような位置に描かれていることが指摘できるので、中国から伝来した方相氏とみなすのが妥当だろう。

　城野遺跡の絵画は、3世紀の儀礼や呪術の世界に中国からの影響を具体的に明らかにできた点に歴史的な意義をもつ。前方後円墳の成立については、墳丘の三段築成、北枕の思想、水銀朱を用いた棺を密封する措置などに中国の影響を認めようとする意見がある（都出 2005）。日本列島が、とくに中国との関係を深めながら東アジアのなかで国家形成に向かっていくという歴史的過程を明ら

かにしていくうえで、儀礼という当時の政治や権力構造とも密接に結びついている分野の考古学な検討をさらに進めていくことが望まれる。

引用・参考文献

上田早苗 1988「方相氏の諸相」『橿原考古学研究序論集』10、吉川弘文館、345-377頁
京都国立博物館編 1982『古面』岩波書店
合田幸美 2010「弥生仮面と方相氏」『仮面の考古学』大阪府立弥生文化博物館図録43、78-79頁
小林青樹 2006「弥生祭祀における戈とその源流」『栃木史学』20、87-107頁
小林太市郎 1947「葬送および防墓の土偶と辟邪思想」『漢唐古俗と明器土偶』一條書房、117-218頁
佐原　真 2002「総論―お面の考古学」『仮面―そのパワーとメッセージ』里文出版
塩谷　修 2001「盾持人物埴輪の特質とその意義」『茨城大学考古学研究室20周年記念論文集 日本考古学の基礎研究』茨城大学人文学部考古学研究報告第4冊、188-215頁
設楽博己 2010「弥生絵画と方相氏」『史学雑誌』119-9、1525-1527頁
設楽博己 2011「盾持人埴輪の遡源」川西宏幸編『東国の地域考古学』六一書房、123-134頁
辰巳和弘 1992『埴輪と絵画の古代学』白水社
谷口俊治 2010「城野遺跡に眠る弥生時代の葬送絵画」『ひろば北九州』33-11、財団法人北九州市芸術文化振興財団、40-41頁
谷口俊治編 2011『城野遺跡1』北九州市埋蔵文化財調査報告書447、財団法人北九州市芸術文化振興財団埋蔵文化財調査室
都出比呂志 2005「前方後円墳の誕生」『前方後円墳と社会』塙書房、329-359頁
丹羽惠二 2013「大福遺跡の仮面状木製品について」『纒向学研究』纒向学センター研究紀要第1号、105-112頁
林　巳奈夫 2004『神と獣の紋様学』吉川弘文館
春成秀爾 2004「日本の青銅器文化と東アジア」『国立歴史民俗博物館研究報告』119、31-49頁
春成秀爾 2007「日本の先史仮面」『儀礼と習俗の考古学』塙書房、55-101頁
福辻　淳 2013「纒向遺跡の木製仮面と土坑出土資料について」『纒向学研究』纒向学センター研究紀要第1号、95-103頁
松木裕美 1975「二種類の元興寺縁起」『日本歴史』325、17-33頁
若松良一・日高　慎 1992「形象埴輪の配置と復元される葬送儀礼（上）―埼玉瓦塚古墳の場合を中心に―」『調査研究報告』5、埼玉県立さきたま資料館、3-20頁

西の船・東の船団

杉山 浩平

はじめに

　船（舟）は、効率よく遠隔地への移動・運搬を可能とする道具である。それ故、船（舟）の出現と機能の問題は、ヒトの交流と物流を考えるうえで重要な課題と言える。しかし、船（舟）の実資料となると、近代以前の船（舟）体が有機質であるため、現在まで遺存していることが少なく、沈没船の発見や造形物、そして絵画など関連資料をもとにした造船工学的な視点から研究が行われている。たとえば日本列島域での船（舟）の研究は、おもにその歴史的な船体構造の変遷を明らかにすることに重点が置かれてきた。一方、古代地中海世界では、運搬用の土器が搭載されたままの沈没船が調査されるなど船（舟）の研究と交流・流通の研究は切り離せないものとなっている。つまり、本来は船（舟）の構造・運搬品・運搬技術・運搬航路などは一体のものなのである。

　そこで、本論ではこうした視点のもとで、比較的実資料や絵画資料が多く残されている古代ローマ時代の船（舟）と比較し、弥生時代の日本列島の交流の特質を明らかにしたい。

　なお、通常「船」は部材を組み合わせた構造船を表す意味で用いられ、「舟」は丸木舟など単材で作られたものを示す。本稿においても、この基準に従って使い分けて記載していく。

1．西の船

(1) 壁画・モザイクにみるローマ船

　ローマの遺跡にはさまざまな船の姿が残されている。沈没船などの実物の船のほかにも、建物床面のモザイク装飾や漆喰壁画装飾などに船の姿が描かれている。漁撈活動の場面、船戦の場面、交易商船の姿などである。ここでは数多ある中から4例を挙げておく。

① Pompei 遺跡　La casa della nave europa、線刻画

　イタリア南部ポンペイにある古代都市遺跡である。ペリステュリウム（peristylium：回廊で囲まれる中庭）に面した第Ⅲ室と第Ⅳ室の開口部の間にある壁面に船の線刻画が描かれている（Maiuri 1959）。画全体の大きさは132cm×100cmであり、そのなかに船が2艘描かれている（図1）。中央手前の1艘が大きく描かれ、その右側に小さく別の1艘が描かれている。中央の大形船は、船体中央に長方形の帆を支えるための太いマストがある。船尾側にはやや短いマストと帆が描かれている。また船の前方と後方にそれぞれ帆を上下させるためのロープが張られており、かなり具体的に船が描かれている。櫂は船首側に左右舷、それぞれに1本ずつ描かれている。

小形船の船底のレベルが大形船よりも上位にあり、船自体が小さく描かれている。つまり、2艘の船は遠近法による表現がされている。小形船はマストが中央に1本描かれ、方形のものがついている。櫂は船首側に1本描かれている。

②Pompei 遺跡　イシス神殿　ナポリ国立博物館蔵、彩色漆喰壁画

キャンバスには2艘の船がほぼ並行して描かれている（図2）。キャンバス手前側に船尾が見えており、出港の様子が描かれている。船の大きさはほぼ同じである。画を見る限り、2艘はともに同じスタイルの船であり、ともにマストや帆はなく、櫂が左右両舷側に多数描かれている。

③Villa del casale 遺跡　Piazza Armerina　床面モザイク装飾

イタリア・シチリア島にある紀元4世紀に建てられた別荘である。数多くの床面モザイク装飾が残るなかで二つの船の図像を取り上げておく。図3は漁撈活動の場面で、4艘の船が描かれている。各船には人物が3人ずつ配置され、網漁をする人物、竿を持ち魚を釣る人物、銛をもつ人物、魚籠から魚を出し、それを拾う人物などが描かれている。船にはマストなどの装置はない。また左上の船の図像をみると櫂を持つ人物が一人描かれている。網漁を行う船と釣竿を持つ人物が乗る船は、水面レベルに対してほぼ平行して描かれており、船の規模や構造は4艘とも同じ程度である。

④Villa del casale 遺跡　Piazza Armerina　回廊モザイク

図4（上・下）は剣闘士興行に用いる獣をアフリカ北部から運ぶ様子を描いた回廊のモザイクである。帆を張る（もしくは下ろす）作業に従事する人物と獣を船に乗せる作業を行う人物とが描かれている。船は中央にマストがある。船の大きさに対して人物が比較的大きく描かれている。しかし、マストに上るための梯子が立てかけられており、船の大きさは輸送船としてかなりの大きさの船と推定され

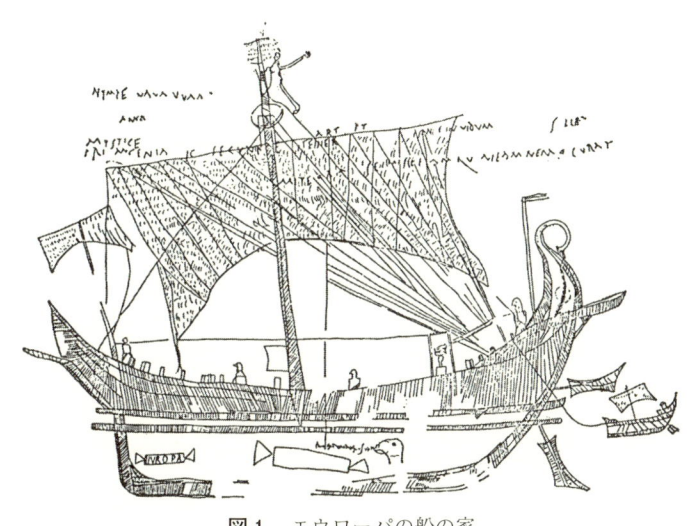

図1　エウローパの船の家

図2　イシス神殿の船の壁画

図3　Piazza Armerina の床面に画かれた船

図4　Piazza Armerina の回廊に画かれた船

る。船は右舷側が描かれており、櫂はホールから突き出るようにして現状で7本出ている（欠損部位から想像すると本来は9本か）。そして船尾側の1本はホールの形状が異なり、櫂も大形であり、舵と思われる。

数あるローマの船の中から4艘を取り上げた。La casa della nave europa と Villa del casale（図後半）と Villa del casale のモザイクの船は帆船であり、交易商船であろう。イシス神殿の船は、海戦用の船であり、Villa del casale（図前半）は手こぎの漁船である。ここでは、描かれる船の艘数に着目すると、帆船ならびに海戦用船は1～2艘描かれているが、漁船は組織的な網漁を行うため、4艘描かれている。漁船は通常この程度の艘数が一つの単位として活動していたのだろう。

(2)　船の構造

船の大きさが異なれば、当然構造が異なる。地中海域では多くの沈没船が発見され、船の構造がわかる事例が多くある。船の構造は大きく分けると、キール（竜骨）を持たないものと持つものの2種がある。

キールを持たない大形の構造船は、日本語では外壁先行法と呼ばれる工法で製作されるものである（宇野 1996）。この構造

船は、平底で、板材をホゾや楔や緊縛により結合して船体外壁を作り上げ、内部に肋材を付け、補強する船である。

キールを持つ船は丸木舟にその祖型があり、青銅器時代に地中海域の北部で出現し（Johnstone 1971）、少なくとも紀元前1000紀のギリシャには存在していたと考えられる（Casson 1971）。

船の横断面形がV字形をなすキールを構造に持つ船は、平底の船よりも安定性が増す（図5上・下）。また、竜骨の先端に衝角が取り付けることもできる。ローマ時代の船の絵画で船の先端に付けられている曲線状のものが衝角である。

軍船は速度と機動性を優先するため竜骨を除いて、軽量の木材を用いて、船体幅を狭くする。一方、商船は耐水性の高い木材を用いて、船体幅を広くして積載量の増加を図った。そして推進は帆に頼る。

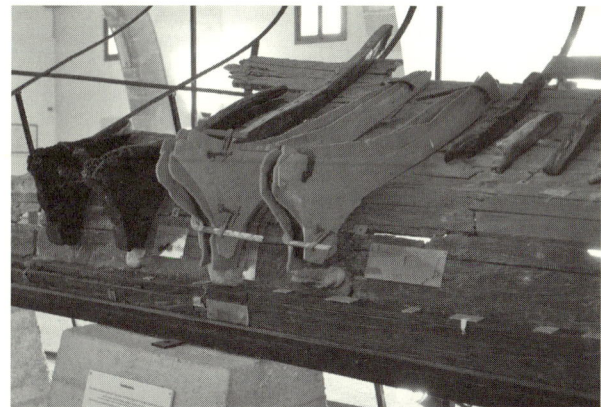

図5　V字形のキール

(3) 運搬容器・アンフォラ

古代ローマの地中海域において、オリーブオイルやワイン、そのほか農産物は船によって運ばれ、盛んな交易活動が行われた。内容物そのものが残存していなくても、その運搬用容器であるアンフォラ amphorae が遠隔地交易を行っていたことを示してくれる（図6）。アンフォラは口縁部もしくは頸部上半から頸部下部もしくは肩部につながる2本1対の把手がある。ローマ時代のものは、器高が最大径の数倍あり、その多くは比較的胴長である。底部の形状は尖底・平底・丸底など多様であるが、尖底の形態をなすものが多い。焼成は還元炎焼成のため硬質であり、器壁は比較的肉厚の土器である。装飾や文様が施されることは希である。

アンフォラには様々な形態があり、時期と地域性が顕著に反映されており、遺跡から出土するアンフォラ片一つをとっ

図6　アンフォラ

図7 アンフォラの交易

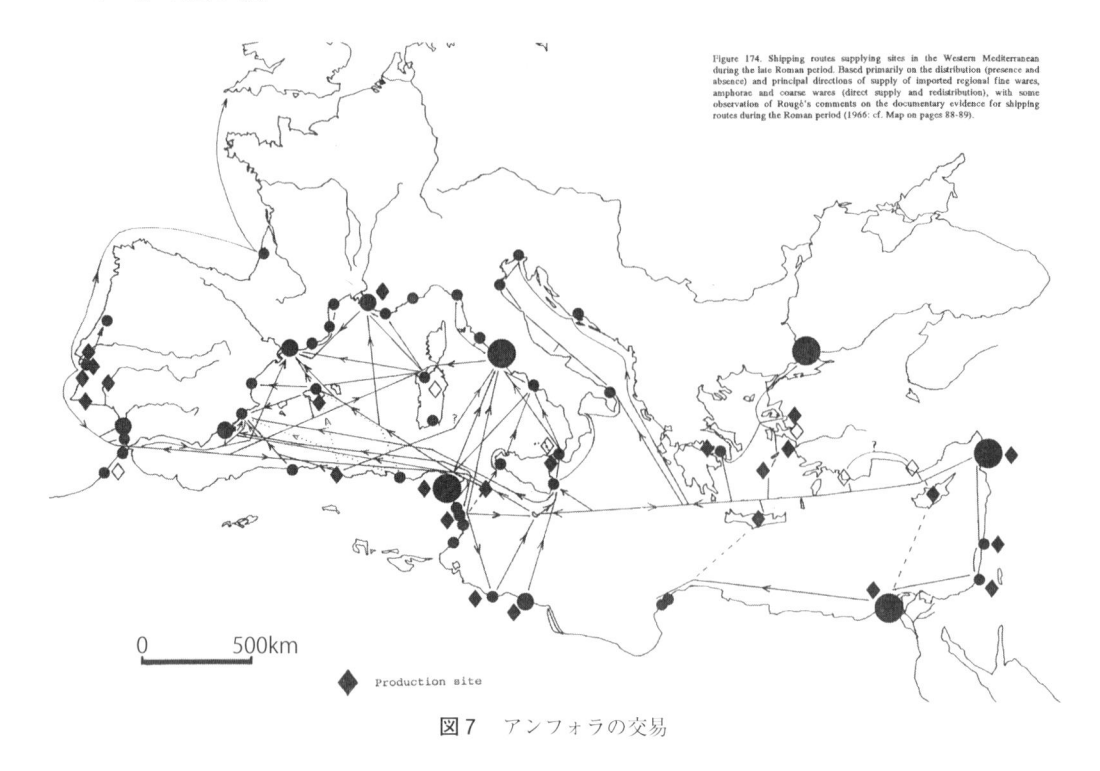

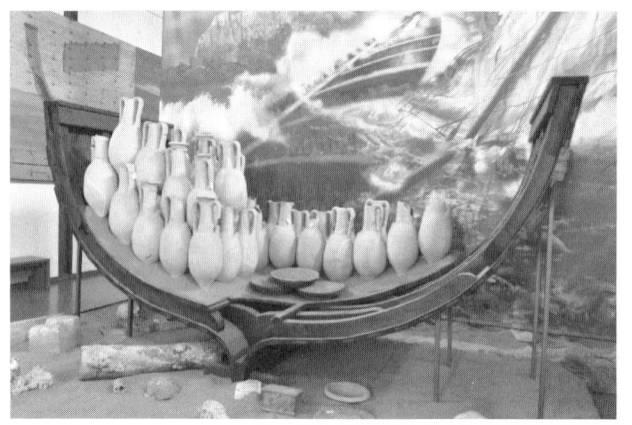

図8 船底に重ね置かれたアンフォラ

てみても、アンフォラが運ばれてきた経緯・そして広域なローマ社会の交易活動を知ることができる（図7）。アンフォラの多くが尖底であるのは、船に積み重ねる際に尖底部分が下段の土器の隙間に入り、固定することができるためである。通常アンフォラは3段から4段積み重なるように置かれ（図8）、大形船ならば、船の下段にアンフォラを置くためのスペースがあり、5800～7800個ぐらいの数のアンフォラを一度に運ぶことができたと考えられている（Kevin 1986）。

2．東の船団

(1) 船の板絵

日本列島の弥生時代・古墳時代の船に関する資料として、板材や土器などの表面に線刻により描かれた絵画がある。船の出土事例が多くないなかで、古代船研究の重要な素材となっている。特に板材に描かれた絵画（以後、板絵と呼ぶ）には、多くの船が描かれている。それらの船は構造や規

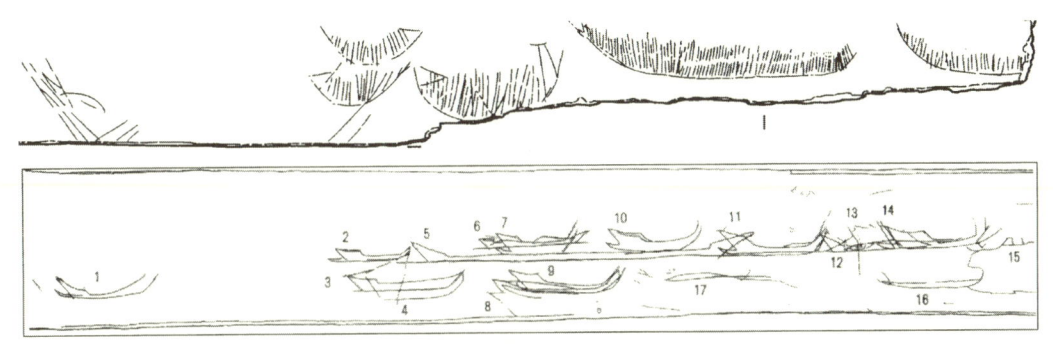

図9　袴狭遺跡出土の板絵

模の違いなどから"船団による航海"を表している。ここでは鳥取県鳥取市青谷上寺地遺跡と兵庫県豊岡市（旧出石町）袴狭(はかざ)遺跡から出土した板絵を検討する。

青谷上寺地遺跡出土の板絵は、弥生時代中期後葉の層位から出土した（湯村 2002）。大きさは長さ73.2cm×幅9.0cm×厚み1.2cmである。6艘の船が線刻され、それぞれ大きさ・形・装飾が描き分けられている（図9上）。船は板の左方向へと進む

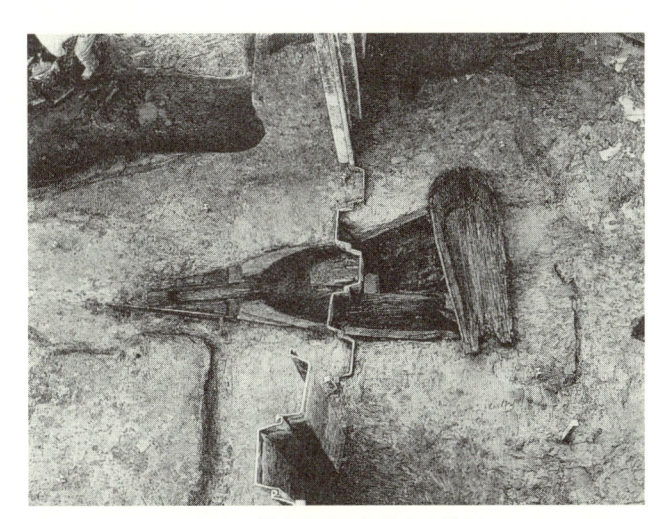

図10　袴狭遺跡の板絵出土状況

ように描かれ、先頭の船が最も大きく船首部に装飾とみられる線が描かれている。続いてやや小形の3艘が続き、そして大形の2艘が後続している。船の船底ならびに喫水線のレベルを比較すると、先頭の大形船は船底が見えず、喫水線のあたりが海水面になっている。後続する小形船の3艘は、船底（もしくは喫水線）レベルがまばらである。その後ろに位置するやや大形の2艘は、ほぼレベル同じながら追走する前3艘とは喫水線のレベルが異なっている。

袴狭遺跡出土の板絵は、弥生時代後期から古墳時代の溝SD304から出土した（兵庫県 2000）。大きさは長さ197.3cm×幅16.2cm×厚み2.0cmである。16艘の船が線刻され、ほぼ中心に位置する大形船を囲むように船が配置されている。船はすべて板の左側へと進むように描かれている（図9下、図10）。深澤芳樹は左前方に離れて進む小形船が水先船か偵察船であり、その後ろに大形船が小形船に護衛されるかのように取り囲まれていると絵画を読む（深澤 2005：14頁）。置田雅明は先頭の船を斥候の役割を担った軍船で、中央の2艘が輸送船、そのほかは護送船と解釈している（置田 2005：16頁）。船それぞれの機能の解釈は、別にしても、これら船は喫水線レベルでみると4段に分かれており、最も大きい船は上から2段目に位置している。

これら板絵の共通性としては、大きさがばらばらの複数の船がまとまって描かれている点である。そして、船の船底もしくは喫水線で比較すると、船のレベルは数船を一つのまとまりとして異なっ

ている。これまでにも深澤や置田により、これらの板絵は、弥生時代・古墳時代の船団を描いたものであると評価されており（深澤 2005、置田 2005）、筆者自身も、この板絵は船団を描いていると考える。ただし、複数の船底・喫水線のレベルで表している点には注意する必要がある。

(2) 準構造船

　日本列島から出土する木造船は、丸木舟から準構造船へ、そしてその後構造船へと変化していく。丸木舟には丸太1本を割り抜き加工した単材刳舟と2本以上の丸太を割り抜き加工し、それぞれを結合させた複材刳舟とがある。縄文時代の遺跡などから出土する丸木舟は単材割り抜きであるが、大阪市浪速区鼬川などからは製作年代不詳ながら楠製の複材刳船が出土している（安達 1998）。単材刳船では、材の限界から10mを超えるような大形丸木舟の例はないが、複材刳船は欠損部位がありながらも10mを超える大形丸木舟の例がある。

　弥生時代になると丸木舟に舷側板を取り付け、大形化し積載量を増した準構造船が製作されるようになった。舷側板や船の部材が西日本から東海地方を中心に出土している。特に大阪府八尾市久宝寺遺跡から出土した古墳時代前期の準構造船は船首部分であり、波よけとなる竪板とともに出土し、準構造船の具体的な姿を明らかにした（図10）。

　丸木舟と準構造船とではどの程度積載量に変化があるのか。鼬川出土の複材刳船には、舷側板が取り付けられていたあとがあり、オリジナルでは準構造船であったことがわかっている。長さ24mで幅が2mの複材刳船に高さ1mの舷側板を取り付けると、喫水は0.5mから1mへとなるものの、積載量は7トンから18トンと2.5倍になると試算されている（安達 1998：17頁）。

　久宝寺遺跡から出土している竪板の両側には舷側板をはめたと考えられる溝がある。溝の長さは95cmと102cmであり、舷側板の高さは1m程度と考えられる。丸木舟の平面形状が船中央部で膨らみ、船首部と船尾部ですぼまる形状だとすれば、船首部に位置する竪板の左右舷側番の幅が67.5cmであることから、船中央部での幅は1mを超えているだろう。久宝寺遺跡の船の長さについては、刳り船本体が残存していないため知る術はないが、仮に上記した鼬川出土丸木舟ほど長くなかったとしても、積載量は確実に増加している。

3．選ばれし、運ばれる壺形土器

　神奈川県小田原市の中里遺跡から出土した土器群は弥生時代研究者に衝撃を与えた。中里遺跡が調査される以前、筆者はかつて採集された弥生土器を報告したことがあった。その弥生土器とは、近畿地方（摂津地域）の中期中葉の土器である（杉山 1998）。執筆の際に、中里遺跡で採集されたと言われているが、その出自が南関東地方の土器とあまりにも離れており、どこまで関係があるのか甚だ自信がなかったのを記憶している。それでも土器を携えて近畿地方の研究者を訪ねた。なかでも、収蔵庫の棚によじ登りながら、資料を見せていただいた尼崎市田能遺跡の資料には非常に親近感が持てた。

　中里遺跡からはその後の発掘調査によって多くの近畿地方の土器が出土し、関東地方における本

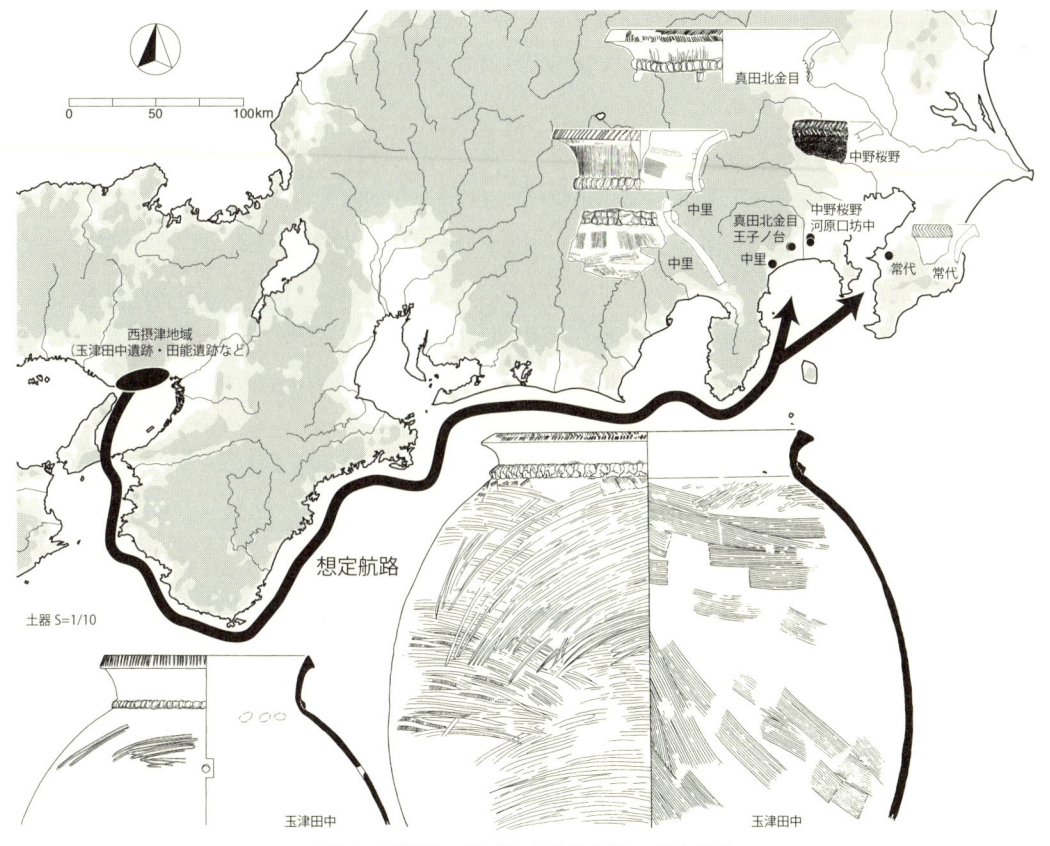

図11 遠隔地に運ばれた弥生土器の想定航路

格的な水田稲作農耕の開始を示す好資料となった（戸田 1999、河合 1999）。中里遺跡から出土した近畿地方の土器は壺形土器・甕形土器が主体であり、なかでも大形の壺形土器が特徴的である。大形の壺形土器は、胴部が球形で、頸部は太く、器壁は厚い。この土器が何を運んでいたのか、その内容物を知る術を持ち合わせないが、籾や液体類などの食糧であろう。近畿地方の摂津地域の土器は、これまでのところ、近畿以東の太平洋沿岸地域では、神奈川県と千葉県の遺跡でしか出土していない（図11）。

(1) 中里遺跡の摂津系の大形の壺形土器とアンフォラの共通性

数ある弥生土器器種の中から、大形の壺形土器が遠隔地で出土するのは、土器の内容物が運搬先で必要不可欠なモノであったためである。そして、それをできるだけ多く運ぶためのアイテムとして大形の壺形土器は製作され、利用されたものであろう。

弥生時代中期の近畿地方の土器には、櫛描文による装飾が施されるものが多い。しかし、これまで知られている南関東地方で出土する摂津地域の弥生土器には櫛描文が施されていない。さまざまな器形・文様構成があるなかで、無文の土器だけが遠く離れた関東地方で出土しているのである[1]。

大形で無文の土器、そして飛び火的に遠隔地で出土する摂津系の弥生土器は古代地中海世界のアンフォラに似ている。筆者は、石川日出志氏から両土器の類似性をことあるごとに指摘されてきた。

たしかに両土器の機能についての共通は理解できたが、それらが運ばれる具体像があまりにもかけ離れていた。しかし、今両土器は重なって見える

(2) 弥生船団が示すもの

アンフォラは大形の商船の下層部に積み重ねられ、数千の土器（容器）を運ぶことができる。硬質で厚い器壁、そして胴長の器形、大きく開くことが少ない口縁部の形状というアンフォラはまさに運ばれるための土器である。一方、弥生土器は酸火炎焼成のため、土器の強度は還元炎焼成の土器に比べれば、軟質である。そして大きく外に開く口縁部と「ハの字」に大きく張る肩部など、積み重ねた際に余分な荷重がかかる形態の土器である。そのため、運搬にあたり積み重ねたとしても2段程度が限界であろう。それだけの重みに弥生土器が耐えられるであろうか。

このように考えると、弥生時代において運搬された土器はローマの船とは異なり、重ねず平置きであったと推定される。そして、胴径の大きい壺形土器は、それだけでかなりのスペースを取らざるを得ない。つまり、1艘の船に乗せられる大形壺形土器の個数は決して多くない。ならば、多くの人の交流や多くのモノの物流を行おうとすれば、必然的に船の数は多くならざるを得ない。つまり、板絵に描かれている船団は、運搬船と護衛船の組み合わせではなく、まさに交流・物流を行う際に、大量の物資を運ぼうとすれば、それだけ船の数が必要であったその様を表していると解釈することができよう。

4. 結 論

本稿は弥生時代の船団が描かれた板絵を対象として、軍船・運搬船・護衛船という船団の構造の解釈に対して、古代ローマの船と比較した。その結果、弥生時代の板絵に描かれる船団は、多くの人と大量の物資を運ぶためには、運搬用の土器の耐用性と占有面積の関係から船団とならざるを得なかったことを明らかにした。大形の壺形土器には液体や穀物類などが収められ、小形の固体などは木箱などに収められ、船に乗せられていたのだろう。その姿を高台などから見た光景が板絵に描かれている。船の板絵が描かれる弥生時代中期後半から後期は、西日本で高地性集落が多く確認される時期である。板絵を描いた人は高地性集落など高台から、地形に沿って沖合を走行する船団を眺めていたのかもしれない。船の喫水線のレベルが、3段から4段に分けられているのは浜からの低い視点では描けない。

最後に今後の課題について述べておきたい。日本列島域では旧石器時代から舟が利用され、ヒトの交流と物資の流通が行われていたことは、神津島産黒曜石の流通などから疑う余地はない。その舟は丸木舟のような構造と考えられるが、弥生時代中期前葉以後、準構造船の部材の出土例が増加する。積載量を増すことができる準構造船の出現は、海を介した交流史・物流史を考える上で大きな変換点である。しかし、日本列島域における準構造船の系譜については、中国大陸ならびに朝鮮半島での船（舟）の出土例が少ないこともあり、今後の課題である。準構造船が日本列島域へ初めて着いた時、それは多くのヒト・大量の物資を乗せて海流を横断する船団であったに違いない。

註

(1) 中里遺跡から出土する土器に櫛描文が施されていないことを最初に指摘したのは、安藤広道氏である。関東弥生文化研究会等の席上での発言であったと記憶している。

引用文献

安達裕之 1998『日本の船』和船編 船の科学館
宇野隆夫 1996「西洋造船・海運史—丸木舟・皮舟・パピルス舟から鋼鉄蒸気船への歩みと社会変革（上）—」『富山大学人文学部紀要』第25号、富山大学人文学部、55〜122頁
置田雅昭 2005「威風堂々の古墳船」『考古学ジャーナル』No.536、15〜18頁
甲斐昭光ほか 1996『玉津田中遺跡 第5分冊』兵庫県教育委員会
河合英夫 1999「小田原市中里遺跡」『公開セミナー 弥生時代の幕開け』かながわ考古学財団、49〜52頁
戸田哲也 1999「東日本弥生農耕木の集落—神奈川県—中里遺跡」『季刊 考古学』第67号、87〜88頁
兵庫県教育委員会 2000『ひょうごの遺跡』38号
深澤芳樹 2005「港の出現と弥生船団」『考古学ジャーナル』No.536、11〜14頁
本村凌二監修 池口守・井上秀太郎訳 1999『ローマ経済の考古学』平凡社
湯村 功 2002『青谷上寺地遺跡4』鳥取県教育文化財団
若林邦彦 1999『河内平野遺跡群の動態Ⅶ』大阪府教育委員会
Casson, L. 1971 Ships and Seamanship in the Ancient World. Princeton U.P.
Greene, Kevib 1986 The Archaeology of the Roman Economy B.T. Batsford Ltd.（London）邦訳
Johnstone, Paul 1988 The sea-craft of prehistory 2nd. London, Routledge
Maiuri, A. 1959 Navalia pompeiana pp.18-22
Reynolds, Paul 1995 Trade in the Western Mediterranean, AD400-700: The ceramic evidence, BAR internatiolan Series 604

図出典

図1　　Maiuri 1959（本村ほか 1999より引用）
図2　　Giuseppina Cerulli Irelli・青柳正規ほか 1991
図3・4　Piazza Armellina にて筆者撮影
図5　　Museo Archeologico Regionale Baglio Anselmi（Italy）にて筆者撮影
図6　　小川忠博氏撮影
図7　　Reynolds 1995
図8　　Museo Reg.Le Storia Naturale E Mostra Carretto Siciliano（Italy）にて筆者撮影
図9　　湯村 2002、兵庫県 2000（原典を閲覧できなかったため置田 2005より引用）
図10　　若林 1999
図11　　各報告書より筆者作図

日本の神仙思想と道教的信仰
―― 烏・鳳凰・朱雀 ――

利部　修

はじめに

　朱鳥は天武朝の686年に制定された年号の名称である。『日本書紀』（以下書紀と表記）朱鳥元年七月条には「戊午の日、元を改めて、朱鳥の元年と曰ひ、仍りて宮を名けて飛鳥の浄御原の宮と曰ひき」とある（武田 1988）。同年9月9日に天武天皇が亡くなる直前の年号制定であり、これと関連して飛鳥浄御原宮の呼称が併記されている。

　年号制定の5日前には「癸丑の日、勅して、『天の下の事は大小を問はず、悉に皇后及び皇太子に啓せ』と宣り給ひき」とある（武田 1988）。この約2カ月後に亡くなる天武天皇が、死期の迫った状況下で、実質的な権限を皇后（持統天皇）と皇太子（草壁皇太子）に委ねたものである。

　渡辺晃宏は、新城の都（後の藤原京）を目指していた天武天皇が、その造営の果たせないのを悟り「遷都後に行う予定であった年号制定を実現し、かつ終の住処となる宮殿に命名して遷都に擬そうとした」と述べている。そして、その意志を皇后が引き継ぎ持統8年（694）に完成したのが、京域を伴う日本最初の都城である藤原京（新益京）である（渡辺 2009）。

　以下、天武天皇が死期を迎えるに当たり朱鳥を理想の年号とした背景を、道教的信仰の中核である神仙思想を中心に考えてみたい。

1. 日中神仙思想の素描

　中国で起こった神仙思想が日本に伝来したのは、初期の古墳から見つかる鏡の画像や文言によって確認できる。3世紀椿井大塚山古墳の三角縁神獣鏡には獣文帯同向式神獣鏡があり、内区には琴を弾く伯牙・東王父・西王母の神仙、界圏の細長い文様帯には「天王日月」を方格で区画し間に獣や鳥を配置している。他に「吾作明竟甚大好　上有東王父西母　仙人王喬赤松子　渇飲玉泉飢食棗　千秋萬歳不知老　兮」の銘文のある吾作五神四獣鏡や「張氏作鏡眞大巧　仙人大喬赤松氏　師子辟邪世少有　渇飲玉泉飢食棗　生如金石天相保　兮」の張氏作三神五獣鏡等も出土した（岡村他 1989）。

　宮崎泰史は、中国の前漢末から後漢初めの紀元前後には「寿如金石西王母」の銘文のある鏡が知られ、この頃には西王母が不死の観念に結び付いていたとし、西王母像が前漢後半の鏡に見られるとする岡村秀典説を支持している。前漢後半の鏡には、西王母と共に仙人・九尾狐・朱雀・兎・鳥・三足烏が見られる。また氏は、三足烏は『山海経』（前漢）で西王母の為に食べ物を用意する使者、九尾狐は『白虎通』（後漢）に祥瑞の象徴として登場し、2世紀初め頃には画像鏡・磚・石

等に東王公・西王母が対で表現され始めると指摘している（宮崎 1999）。

　中国の神仙は、古い民間信仰や伝説の中で考えられた不老長寿の神人のことで、戦国時代末期頃から陰陽家や道家思想に取り入れられ、晋の葛洪が著した『抱朴子 内篇』によって大系付けられた（柴田 1979）。本田濟は、そこで力説するのは仙人・仙道が実在すること、仙人になるためには学んで自力で成就すべきことで、後者は葛洪の独創的な理論であり凡人にも不老不死の道が開かれた、と述べている（本田 2009）。

　この神仙思想は、後に中国固有の宗教である道教の中核的な位置を占める。窪徳忠は道教を「古代の民間の信仰を基盤とし、神仙説を中心として、それに道家、易、陰陽、五行、讖緯、医学、占星などの説や巫の信仰を加え、仏教の体裁や組織にならってまとめられた、不老長生を主な目的とする現世利益的な宗教」と定義し、7～9世紀の東アジアにおける世界的宗教と位置づけた（窪 1977）。そして道教の成立について、新天師道を唱えた寇謙之（365～448）が北魏の皇帝太武帝に道書を献上し（424）、太武帝以降（442）は即位するごとに道壇にいって法籙を受けるのが慣例化したことから、5世紀なかばには国家的宗教になったと述べた（窪 1977）。

　また本田は、不老長生・現世利益を信じる道教は最も中国的な民衆宗教とした上で「三張で始めて教団宗教の体裁を整えた道教は、北魏の寇謙之（？～448）で理論的に整備され、唐（7～9世紀）ではほとんど国教の位置を占め、宋代（10～13世紀）には仏教の大蔵経に匹敵する道教経典の集大成『道蔵』が完成する」としている（本田 2009）。

　中国道教が理論的に整備された5世紀から、9世紀にかけては神仙思想が中核の位置を占めつつ、唐代では仏教と肩を並べる国家的宗教として成長しかつ盛行していった。

　黒板勝美の「我が上代に於ける道家思想及び道教について」は、日本の道教に関する初期の論考として評価されている（野口他 1996）。記紀の田道間守が常世国に赴く、日本武尊が白鳥になって陵より飛び去る等の記述は、神仙国や神仙思想の尸解を表している。また、新山古墳等の神獣鏡にある銘文から東王父・西王母を指摘して「道家思想、道教の存在と相関連する」と論じた（黒板 1996）。黒板は、『書紀』斉明2年（656）の記述（「起観、号為両槻宮、亦曰天宮」）からそれを道教の道観と想定したが、後に那波利貞と下出積與が批判した（那波 1996、下出 1996）。

　中国道教の、日本における在り方を根本から捉えたのが下出積與である（下出 1986）。氏は『古代神仙思想の研究』の中で、「成立道教＝教団道教と民間道教＝通俗道教という二つに大別される」とし、日本において成立道教は存在せず、仏教伝来以前に儒教と神仙思想が伝来していたとする。本書では、道教の中心である神仙思想について、三つの視点で記述している。一つは従来の文学上の問題としての研究からの離脱、二つ目は神仙思想と従来の世界観の関係、三つ目は神仙思想の日本的展開である。これらの問題点を、「常世国」「仙女」「浦島子伝承」等を基にして論証した。そして思想の異なる仏教と対比し、仏教と民間道教の接触する6世紀中葉から7世紀以降、両思想が大概併存して今日に至っており、この両思想の緩衝的機能を果たしたのが、神仙思想の持つ世界観である、と想定した。日本の思想史における重要な視点である。

　下出が主張した民間道教に代わって「道教的信仰」の用語を用いたのは和田萃である。氏は民間道教の伝来は道教教団の伝来と受け取られやすく、日本に道教教団は成立していない意味でそれを

避ける意図があった。氏は近年、道教的信仰の伝来について包括的に述べ、日本に伝わった道教的信仰における神仙思想の具体的行為を五つにまとめた（和田 2006）。①神仙境を憧憬しその地を訪ねる。②神仙境とされる深山で辟穀を実践する。③神仙境を模した苑池等を造り遊び楽しむ。④神仙になるための仙薬を服用する。⑤仙薬を医薬として服用する。というものである。そして「倭国における神仙思想の受容は推古朝に始まり、斉明朝に至って本格的となって、天武・持統朝において最も高揚した」とした。

2．三足烏と鳳凰

(1) 古代日中韓の三足烏

　中国起源の三足烏は、太陽の中にいる三本足の烏のことで、神禽として主に仕え、漢代の画像塼には瑞鳥の三足烏と瑞獣の九尾狐が西王母の傍らに描かれる（袁・鈴木 1999）。また、三足烏は日像に表され、月像に表現され不死薬と関係する蟾蜍や兎、西王母と共に神仙世界を象徴する鳥である。日像には二足烏と三足烏の表現があるが、二足烏が日像に描かれた古い例には前漢初期の湖南省長沙の馬王堆1・3号漢墓（Ｔ字形帛画）がある（何他 1998）。

　三足烏については、西川明彦が「日象・月象の変遷」を論じる過程で、中国・朝鮮半島・日本における三足烏（日象としての三足烏）の図像を一覧表にまとめてある（西川 1994）。氏は黒塗りで日精と判断される鳳凰化した烏を含んで、中国の35例（北周～北宋）・朝鮮半島の18例（楽浪時代～7世紀初）・日本の9例（飛鳥～鎌倉）を提示し、それぞれの地域の主な日月像の変遷図を示した。そして、三足烏の出現を前漢晩期か後漢初期、中国・朝鮮半島では5世紀に日像の烏の頸や尾が伸び、6世紀の月像には中央の桂樹を挟んで、蟾蜍と不死薬を搗く兎の構図が認められるとした。

　図中の三足烏の中でも注目されるのが、江蘇省丹陽建山金家村墓出土の〈日月像画像塼〉の日象である（図１-１）。桂樹の傍らで不死薬を搗く兎の月像と共に描かれており、宋～南斉（5世紀）とされている。その姿態は、胸を張り、翼を上に向かって大きく広げ、長い尾が立つ。日本では一

1　江蘇省丹陽建山金家村墓　　4　トルファン・カラホージャ
2　寧夏回族自治区固原墓　　　5　法隆寺
3　トルファン・アスターナ墓　6　正倉院

（1～6は西川 1994より）

図１　日本・中国の日月図像

般的に鳳凰と呼ばれる様相である。

　朝鮮半島では同じような鳳凰化した特徴の三足烏は少ない。明確な例としては、蟾蜍の月像が表現されている〈日神・乗鳳凰神と月神・乗鶴神〉があり、集安の五塊墳４号墓（６世紀中葉）から見つかった。平壌の江西中墓には〈日月図壁画〉があり、その日像は尾が長く水平で翼を大きく広げており（６世紀末葉〜７世紀初頭）、これ以降の掲載はない。

　日本では２例を掲載している。一つは法隆寺の玉虫厨子に描かれた〈須弥山世界図〉があり（５）、その日像の三足烏が不明瞭な月像と共に描かれる（７世紀）。二つ目が正倉院の桑木阮咸に描かれた〈日月図〉の三足烏である（６）。桂樹を挟んだ蟾蜍と兎の月像と共に描かれ（８世紀）、その姿態は、胸を張り、翼は上に向かって弧を描くように大きく広げ、長い尾も頭部に向かって弧を描く。

　三足烏の中国における鳥から鳳凰化の現象は大きな画期と見られる。５世紀の前述日像（１）以降、６世紀の翼を広げ尾が立ちその先端が外に屈折傾向を示す三足烏（２）、７世紀中葉から８世紀の翼を広げ尾が内側に湾曲して立ち上がる三足烏（３）、７世紀後半の翼を弧を描くように広げ尾が内側に湾曲して立ち上がる三足烏（４）等の類例がある。７・８世紀の日本出土資料（５・６）は、三足烏が鳳凰化した中国の影響下にあったからに他ならない。三足烏の鳳凰化を理解するため、以下に鳳凰図像の変遷を考える。

(2)　鳳凰図像の変遷

　東アジアの日中韓における鳳凰図像は、殷代甲骨文の「凰」字が最も古い図像的表現とされる。その系譜にある幾何学的な鳥形は、殷・西周の青銅器類に頻繁に見られ春秋時代にも認められている（林 1966）。林は、鳳凰の頭・頸・翼・尾羽・二本の足が明確になるのは春秋末葉・戦国初頭の頃からであり、漢代で「本来異なった地域、部族に起源をもち、形態も名称も異にした幾種類かの神話的な鳥」を鳳皇（鳳凰）と見なしていたことを明らかにした。そして四神の一つ朱雀との比較では、朱雀の図像は各種の鳳凰を含むとしている。

　網干善教は、キトラ古墳の朱雀に言及する際に、朱雀と鳳凰を並立して記述し、朱雀・鳳凰の姿態を静止・歩行・頡頏・飛翔に分類した。そして、鳳凰であっても四神に配置する場合は朱雀と見なしている（網干 2006）。山本忠尚は、榜題の存在、冠羽と尾羽根の形状、四神の組合せと表現された位置、朱彩の鳥、正面形の鳥図像を検討した結果「鳳凰と朱雀に明確な描き分けはない」と結論づけている（山本 2008）。

　以下、鳳凰図像を理解するのにその分類と変遷を試みるが、朱雀を鳳凰として包括し、朱雀は四神と朱鳥と関連する場合の表記とする立場を採る。鳳凰の姿態は、正面形・側面形・背面形の三つがあるが、このうち正面形と背面形の類例は極端に少なく、側面形の類例が総体を占めている。したがって、本文では側面形の鳳凰に限った分類を行う。側面形の鳳凰図像を分類するに当たって、上から下へ頭・頸・体部・脚部が揃った状態であること、長い尾羽を持つことを前提とし頭上の冠羽は分類要素に含めない。以下、翼・尾羽の状態によって分類し、変遷の特徴を見出したい。

　翼の状態には、開く（Ⅰ類）、閉じる（Ⅱ類）がある。Ⅰ類には片翼を含むことにする。つぎに分類対象にする尾羽は、体部や脚部の在り方を参考にする。その際、装飾の枝羽や複数の羽を束ね

1　河南省唐河県メリヤス廠漢墓（漢）
2　河南省南陽鋪首銜環画像（漢）
3　鳳碑（漢）
4　四川省新津県2号石棺（漢）
5　高元珪墓誌蓋（朝鮮）
6　河南省洛陽卜千秋墓（漢）
7　双鳳文裴粛銀盤（唐）
8　薬水里壁画古墳（朝鮮）
9　正倉院
10　河南省鄧県学荘村彩色画像磚墓（梁）
11　太原南郊唐壁画墓（唐）
12　墓門の朱雀線刻（唐）

（1・6・10・12は町田1987より、2・3は山本2008より、4は冉2007より、5・7～9は網干2006より、11は中川2004より）

図2　日本・中国・朝鮮半島の鳳凰図像

1　千秋・万歳画像磚
2　王子喬・浮丘公画像磚

（1・2は蘇2007より）

図3　河南省鄧県学荘画像磚墓

たような状態は、主たる羽や総体的在り方に主眼を置く。図2に類例を提示した。

　a類…垂下する（1）。b類…斜めに下降する（2）。c類…斜めに下降してから、水平もしくは斜めに立ち上がる（3）。d類…深く下降してから、頭上を越えて立ち上がる（4）。e類…水平に推移する（5）。f類…水平に推移してから立ち上がる（6）。g類…斜めに立ち上がる（7）。h類…斜めに立ち上がってから斜めもしくは水平に推移する（8）。i類…垂直に立ち上がる（9）。j類…垂直に立ち上がってから斜めに推移する（10）。k類…内側に湾曲して立ち上がってから、外側に湾曲して立ち上がる（11）。l類…内側に湾曲して立ち上がる（12）。1〜4・6は漢代、7・11・12は唐代、5は8世紀の8は時期不明の朝鮮半島、9は8世紀の日本、10は6世紀前半と考えられる南朝梁の資料である。

　これらの画像石や壁画に描かれた鳳凰は、漢代ではa類からh類までは認められるが、j類からl類は認めがたい。また漢代では、翼を半開きにした河南省洛陽・鄭州付近の空心塼槨墓（町田1987）に頭上に弧を描いた尾羽の例があるが、翼を大きく広げた類で尾が弧を描いて頭上に達する例は見出せない。i・j・lのように、尾部から立ち上がり頭や頭上を越えて表現される尾は、漢代より時代が降った時代に多くの事例が見られる。

　注目されるのが、10を含む鄧県学荘画像磚墓である（図3-1・2）。1は「千秋」「萬歳」の銘を持つ人面・獣面の仙禽で、不老不死を象徴している。2は鳳凰を中心に置き、笙を吹くのが巧みな王子喬と道士の浮丘公が出会って一緒に嵩山に登る伝承を描いたものとされる（蘇2007）。共に神仙思想を画材に取り上げている。1の仙禽は鳳凰尾羽分類のj類、2の鳳凰は分類のl類と同じである。鄧県学荘画像磚墓は南朝梁墓（6世紀前半）の可能性が高いとされている。蘇は「魏晋南北朝は神仙道教の成立した時代」で、「墓室に仙人関係の画像を配置することがとくに重要視されていた」と述べている。唐代や日本の鳳凰にもj類・l類が主体的に認められることから、この頃の鳳凰や仙禽画像が後の鳳凰画像に大きく影響していると考えられる。

　先の三足烏が5世紀頃から鳳凰化した要因は、道教としての神仙思想の成立と隆盛を反映したものに他ならない。すなわち、道教的信仰の高揚が聖鳥としての三足烏にも影響を与え、霊鳥や瑞鳥とされる鳳凰の姿を登場させる契機になったものと考えられる。

3．白雉と朱鳥

　日本の年号は、孝徳天皇の大化元年（645）に初めて採用された後、白雉・朱鳥が断続して用いられ大宝元年（701）以降今日まで継続している（藤谷1979）。年号に鳥が対象になるのは、この2例だけでしかも白と赤を強調しており、律令が整備され統一国家として歩む文武朝以前の状況として象徴的な出来事と思考される。飛鳥・白鳳の呼称もこの時期と重なる。

　『書紀』孝徳朝の白雉元年2月9日条では、長門の国司が白雉を献上したのを契機に、白雉元年に改元した経緯を述べる（宇治谷2007a）。百済君豊璋の白雉の話、道登法師の白鹿・白雀・三足烏・白雉の話、僧旻の「王者の徳が四方に行き渡るときに、白雉が現れる」とする話等、祥瑞に纏わる記事を記載する。15日条には、輿の白雉を御座の前に置き巨勢氏大臣が賀詞を述べ、つぎに天

皇が祥瑞として鳳凰・麒麟・白雉・白烏を引き合いに出し、臣下に白雉の吉祥を授かって天下を繁栄させるよう促し改元したことを記載する。ここでは色の分かる動物として、白雉・白鹿・白雀・白烏が登場している。

『書紀』の孝徳朝以前に色が表現された動物には、神武朝の金鵄、景行朝の白鹿・白犬・白鳥、仁徳朝の白鹿、雄略朝の赤馬・白鵜・白犬、欽明朝の白猪（地名）・赤鳩（人名）、推古朝の白鹿・白雉、皇極朝の白雀がある（宇治谷 2007a・2010a）。金鵄・赤馬・赤鳩以外は白の動物であり、白のすべてが祥瑞として表現されてはいないが、祥瑞以外に霊異を感じさせたり霊威を期待して表現されたものと思われる。孝徳朝に白い動物が祥瑞として詳しく語られるのは、これ以降祥瑞として度々登場する白い動物の、契機になる記事として重視したい。

南朝宋（420～479）の歴史を記載した『宋書』（488年完成）符瑞志には、神代から宋代における祥瑞出現とその解説（上）、祥瑞品目の分類と出現事実の記載（中・下）がある（水口 1998）。氏はその中の多くの祥瑞品目を列挙している。この内架空の生き物と魚を含む動物では、大勢を占める白だけの表記が26例あり、対する赤だけの表記は9例である。赤に対して白が多くを占め、白の優位が明白である。また唐の高祖が撰せしめた『芸分類聚』（624）祥瑞部には、架空の生き物と魚を含む動物に限定すれば、白鹿・白狐だけが白を付した特別な表記として扱われている。

正史には多くの祥瑞記事が見受けられることから（宇治谷 2007a・b・2010a～c）、7・8世紀には中国の祥瑞観念が深く浸透し、色では中国・日本においても白が基調になっていたことが理解される。

注目したいのが『書紀』の天武朝の赤い動物の記述である。筑紫の太宰が赤烏を献上（天武6年11月条）、赤雀が南門にいた（9年7月条）、赤雀が現れた（10年7月条）、周防国が赤亀を献上（10年9月条）、改元して朱鳥元年とした（朱鳥元年7月条）のごとくである。赤烏は、祥瑞としての赤い動物記述の初出であり、赤い鳥記述の初めでもある。仮に7・8世紀の赤い鳥の記述を拾うと、天武朝を皮切りに、相模国司が赤烏の雛2羽を献上（持統朝6年5・7月条）、下野・備前国が赤烏を献上（文武朝2年7月条）、越前国が赤烏を献上（文武朝慶雲2年9月条）、青竜・朱雀・白虎・玄武の動物（元明朝和銅元年2月条）、皇城門の外の朱雀大路（元明朝和銅3年正月条）、朱雀門の左右に整列（元明朝霊亀元年正月条）、武蔵・上野国が赤烏を献上（元正朝養老5年正月条）、白鳳以来・朱雀以前（聖武朝神亀元年10月条）、天皇が朱雀門に出御（聖武朝天平6年2月条）、出雲国が赤烏を献上（聖武朝天平11年正月条）、僧勤韓が赤烏を捕獲（桓武朝延暦3年6月条）、皇后宮に赤雀が現れる（桓武朝延暦4年）、と桓武朝にも見受けられる。この間、白雉・白烏・白亀等の白い動物の祥瑞は随所に見られる。

白が祥瑞を象徴する色であることは前述した。『史記』の封禅書には「此三神山者、其伝在▁渤海中▁、～諸仙人及不死之薬皆在焉、其物禽獣尽白、而黄金銀為▁宮闕▁、」とある（廣畑 1996）。蓬莱・方丈・瀛洲の三山では、仙人や仙薬で満ちて物や禽獣はことごとく白いとしており、中国神仙思想の中で白が重要視されていたことが理解できる。祥瑞の色として、赤も重視されていたことは『宋書』符瑞志でも確認できる。

日本において、天武朝以降白と共に赤も重要視されてきたことは、例に引いた『書紀』や『続日

本紀』の記述からも明らかである。天武朝で赤が珍重された理由はなぜなのか。

　天武天皇は、天文現象の観察やそれの吉凶の判断に優れ、陰陽の変化で吉をとり凶を避ける遁甲・式で占う方術を得意としていた。共に「中国で発達した道教系の方技」とされている（森田 2010）。上田正昭は、天武天皇の諡号（死後に贈る称号）「天渟中原瀛真人」の「瀛」を道教の瀛洲山にゆかりがあり、真人は道教の奥義を悟った真人の義としている。また八色姓の筆頭の真人、道師も道教と関連するとした（上田 1996）。福永光司は真人の理解に加えて、『道授篇』（4世紀後半成立）では「道教の神仙世界の宮殿・太極宮には四人の真人が居り老君すなわち神格化された哲人の老子は、その四人の太極真人の一人であるとされている」と指摘し、「「真人」は天皇ないしは皇后持統の神仙道教に対する積極的な関心を、最も端的にしめしている」と述べた（福永 1988）。

　『抱朴子 内篇』巻四金丹では、不老不死の丹薬について述べている。ここでは、多くの長生法や不死の処方の骨子は還丹と金液であると述べ、九丹（9種の丹薬）の薬名とその処方・効用について説く。これらは仙人になるための丹薬で、他に多くの丹法についても述べている。また、金液について「金液とは太乙がそれを飲んで仙人になったものである。九丹に劣らぬ利き目がある」とし、「九丹はまことに仙薬の最上の法である」と述べる（葛 1990）。

　注目したいのが九丹の一つ還丹である。一匙を百日服用すれば仙人になれる。朱鳥・鳳凰は頭上に舞い降り仙女がそばまでくる。この丹を塗ったお金を使用すればその日のうちに戻る。この丹で普通の人の目の上に字を書くとすべての鬼を避けられる、としている。遁甲・方術を得意とする天武天皇が、神仙思想に関する丹薬の知識を得ていたことは想像に難くない。

　一方『書紀』には、壬申の乱（672）の最中数万の兵を敵陣の近江に入らせたが、その際近江軍と判別するため天武方軍兵の衣服に赤布を付けさせた記事がある（宇治谷 2007a）。『抱朴子 内篇』巻十五雑応では、五兵（刀・弓矢・剣・弩・戟）を避ける方法を記載する。朱で北斗・日月の字を書く、五月五日に赤霊符を心臓の前に付ける、腰に熒惑（火星）朱雀の符を帯びる、喉に八字のある蝦蟇の血で刀剣に呪文を書く、と赤に纏わる遁甲術を述べる（葛 1990）。古代中国では、赤色を鬼神や霊力と結び付けたり、蘇生を象徴する神秘的な色彩として表現する場合がある（福永 1988）。

　以上のように、天武朝において赤の祥瑞を重要視する等、赤の色彩に固執していたことが理解される。不老長生を保つ仙薬の赤や遁甲等に関する赤が、大きく関わっていたものと考えられる。また、四神の朱雀も赤を表徴する守護神として重視された。年号に朱鳥とあるのは、「羽化登仙」を希求していた天武天皇が、朱雀と共に神仙と関連する三足烏や鳳凰も意識しつつ赤い鳥を総称したもので、祥瑞の白雉に対置して考案された名称であろう。

おわりに

　天武天皇は、仏教の発展に力を注いだ天皇としても知られており、『書紀』天武9年（680）には鸕野皇后の病気平癒のために薬師寺建立を開始している（森田 2010）。

　『書紀』天武8年（679）には紀伊国伊刀郡が芝草を献上し、同14年（685）には白朮を求め煎じ薬を作らせている（宇治谷 2007a）。『抱朴子 内篇』の巻十一仙薬には「仙薬のうち最上のものは

丹砂。その次は黄金。その次は諸芝。〜」、朮（山精）について「必ず長生せんと欲すれば、常に山精子を服せよ」とある（葛 2009）。天武天皇が不老長生の芝草や朮を服用しており、道教的信仰に心酔していた一端を示している。仙薬に関連する思いが、薬師を冠する寺名を採用する動機になったと考えられる。薬師寺造営は、天武が企画していた藤原京や律令整備事業と共に持統天皇に引き継がれていく。

『続日本紀』大宝元年（701）正月一日には、文武天皇に対する朝賀の儀式が実施された。大極殿の正門には、中央には烏形の幢、その左右に日像・月像の幡、その左右に青竜・朱雀と玄武・白虎の幡が立てられた（宇治谷 2010b）。和田萃は、後の朝賀式と天皇即位式には、烏形の幢、日像・月像の幡、四神旗が樹立されており、中でも朝賀式は「律令国家における最も重要な儀礼であった」としている（和田 1999）。文安元年（1444）の書写した「文安御即位調度図」には、注記と共に中央烏形の幢（三足烏）、脇の日像（赤烏）・月像の幡、その脇の四神旗が描かれている（山本 1893）。儀式に三足烏・日像・朱雀が配置されたのは、天武と共に神仙思想に傾倒し国家体制を整えた持統太上天皇の画策によるものと考えられる。

服制には唐制を模倣した礼冠や礼服があり、天皇が朝賀と即位式に召す大礼服に用いる礼冠を冕冠という（江馬 1979）。聖武天皇天平4年（732）から用いられた。『冠帽図会』には、前に立つ三足烏を描いた光輪（日像）が立つ（江馬 1979）。また礼服の赤い上衣と裳の袞冕には、肩の日月をはじめ星辰・昇り龍等の十二章文が描かれる。聖武天皇から孝明天皇まで用いられ、文武朝で制度化された（渡辺 1973）。日月に向かう昇り龍は、薬師寺東塔の擦銘（今城 1970）にも見える天武天皇「龍賀騰仙」の登仙を表徴化したようでもあり、天皇家と神仙思想の結びつきが見て取れる。

冒頭で述べた天武天皇の死亡日は、9月9日で五節句の一つの重陽にあたる（大和 2012）。偶然かもしれないが、通常忌み嫌う死を、登仙を成就したとして目出度い祝いの日に当てた可能性がある。そうであれば、それを実行できるは持統天皇であったであろう。律令国家体制を樹立し維持するのに、国教の仏教と共に神仙思想を中核に据えた道教的信仰が、国家の中枢まで入り込む必要があった。それを成し遂げた中心的人物が天武・持統の両天皇であったと考えられる。

参考文献

網干善教 2006『壁画古墳の研究』学生社
今城甚造 1970「擦銘」『奈良六大寺大観 第6巻』岩波書店
袁珂著・鈴木博訳 1999『中国神話・伝説』大修館書店、269・270頁
上田正昭 1996「和風諡号と神代史」『道教の伝播と古代国家』雄山閣、198頁
宇治谷孟 2007a『日本書紀（下）全現代語訳』講談社、188-190頁、253頁、271頁、304頁
宇治谷孟 2007b『続日本書紀（中）全現代語訳』講談社
宇治谷孟 2010a『日本書紀（上）全現代語訳』講談社
宇治谷孟 2010b『続日本書紀（上）全現代語訳』講談社、34頁
宇治谷孟 2010c『続日本書紀（下）全現代語訳』講談社
江馬 務 1979「冕冠」『日本歴史大辞典 第8巻』河出書房新社、479・480頁
葛 洪 2009『抱朴子 内篇』平凡社、64頁、71-74頁、209頁、235頁、308・309頁
岡村秀典他 1989『椿井大塚山古墳と三角縁神獣鏡』京都大学文学部、16-20頁

何介鈞・熊伝薪・高至喜 1998「発掘された死後の別世界―馬王堆漢墓―」『中国古代文明の現像―発掘が語る大地の至宝―下巻』アジア文化交流協会

黒板勝美 1996「我が上代に於ける道家思想及び道教について」『道教の伝播と古代国家』雄山閣

窪　徳忠 1977『道教史』山川出版社、175-177頁

柴田　実 1979「神仙思想」『日本歴史大辞典　第5巻』河出書房新社、683頁

下出積與 1986『古代神仙思想の研究』吉川弘文館

下出積與 1996「斉明紀の両槻宮について―書紀の道教記事考―」『道教の伝播と古代国家』雄山閣

蘇　哲 2007『魏晋南北朝壁画墓の世界』白帝社、233-240頁

武田祐吉 1988『訓読日本書紀』臨川書店、658・659頁

中川穂花 2004「中国における四神図像―漢代から唐代にかけての壁画墓の図録―」『亞洲考古学』第2号、亞洲考古学研究会・滋賀県立大学人間文化学部考古学研究室

那波利貞 1996「道教の日本国への流伝に就きて」『道教の伝播と古代国家』雄山閣

西川明彦 1994「日像・月像の変遷」『正倉院年報』第16号、宮内庁正倉院事務所

野口鐵郎他 1996「解説」『道教の伝播と古代国家』雄山閣

林巳奈夫 1966「鳳凰の図像の系譜」『考古学雑誌』第52巻第1号、日本考古学会

廣畑輔雄 1996「日本古典における神仙説および中国天文説の影響」『道教の伝播と古代国家』雄山閣、217頁

福永光司 1988『中国の哲学・宗教・芸術』人文書院、145・146頁、205頁

藤谷俊雄 1979「年号」『日本歴史大辞典　第7巻』河出書房新社、604・605頁

本田　濟 2009「解説」『抱朴子　内篇』平凡社、429・430頁、440頁

町田　章 1987『古代東アジアの装飾墓』同朋舎出版

水口幹記 1998「延喜治部省式祥瑞条の構成」『日本歴史』第596号、吉川弘文館

宮崎泰史 1999「3　仙の思想」『仙界伝説―卑弥呼の求めた世界―』大阪府立弥生文化博物館、22-25頁

森田　悌 2010『天武・持統天皇と律令国家』同成社、27-29頁、52-55頁

大和岩雄 2012「道教の体現者・天武天皇」『呪術と怨霊の天皇史』新人物往来社、100・101頁

山本忠尚 2008『日中美術考古学研究』吉川弘文館、92頁

山本鉄次郎 1893『群書類従巻第百十一』経済雑誌社、572・573頁

冉万里 2007『唐代金銀器文様の考古学的研究』雄山閣

渡辺晃宏 2009『平城京と木簡の世紀』講談社、22-30頁

渡辺素舟 1973『日本服飾美術史』雄山閣、99-102頁

和田　萃 1999「四神図の系譜」『国立歴史民俗博物館研究報告』第80集、国立歴史民俗博物館、18頁

和田　萃 2006「道術・道家医方と神仙思想―道教的信仰の伝来」『信仰と世界観』岩波書店

三角縁神獣鏡前半期の分有ネットワークの変遷

折 原 洋 一

はじめに

　三角縁神獣鏡は、同笵（型）鏡分有がきわめて顕著で、複雑なネットワークを描け、当時の社会関係が反映されている可能性があり、その構造を分析することは重要と言え、本論では三角縁神獣鏡分有関係を時期的に分け、ネットワークの変遷と構造の特色を見出したいと思う。

1．三角縁神獣鏡前半期の編年

　分析する三角縁神獣鏡は、いわゆる「舶載鏡」と呼称される鏡群で、これを三角縁神獣鏡の前半期として捉える。また、本鏡群の内区文様は基となった環状乳神獣鏡や同向式神獣鏡等に良く類似するタイプと四神四獣鏡や三神三獣鏡など類似性の低いタイプに大きく分けられ、前者は文様構成が複雑で、丁寧に製作されているのに対して、後者は文様構成が前者より単純で、製作時間においても短いと推測される。これは前者が三角縁神獣鏡のブランドイメージの確立を担い、後者が現実的な需要を賄う役割を持つとも考えることができる。そこで、三角縁神獣鏡を下記のように分ける。
　ブランド：内区文様が同向式・環状乳式に良く類似するタイプである。
　普　及　版：ブランドよりも文様などが簡略化されるタイプである。
　ブランド版と普及版はその価値においても差があると思われ、威信財の階層性の高低と取扱いの差異はマルセル・モース（山口・伊藤・有地共訳 1973）、桜井栄治（桜井 2011）により指摘されており、両者の拡散形態に多少の差異があると思われるため、今回は普及版のみの拡散について考える。

三角縁四神四獣鏡の編年　これについてはすでに拙稿（折原 2008）が存在するが、その後の検討で多少の訂正が出てきたため、ここに概要と訂正を示したい。拙稿では三角縁四神四獣鏡（3神5獣等の派生する鏡式も含める）を複像式と単像式、さらに複像式を神仙類型から細分し、編年単位としている。神仙類型は襟から生えた翼を持つ「翼一体系統」、背中から生えた翼と横縞紋の上体を特徴とする「翼分離横縞系統」、背中から生えた翼と縦縞紋の上体を特徴とする「翼分離縦縞系統」、背中から生えた翼と胸像のような形状の「翼分離胸像系統」、手首が退化・消滅する変遷が認められ「新作銘系統」（新作から始まる銘文を有すことが多い）、小数例しかない特異な群を異形群の5グループに分け、この内の翼一体系統と翼分離横縞系統はほぼ同じ変遷をし、その他の系統は各々独自に変遷すると考えており、各グループの変遷は次のようになる。

複像式四神四獣鏡の翼一体系統と翼分離横縞系統　両系統は、神仙像性別配置、内区外周帯の乳文の有無、外区斜面帯の鋸歯文の有無から変遷を設定している。なお、神仙像の性別は鍬形の頭部が西王母、三個の突起がある頭部を東王父と理解でき、前者を女性起源神仙像、後者を男性起源神仙像とし、両者を綯い交ぜにした鍬形の中に1～3個の突起がある中性ともすべき頭部は仮に女性起源神仙像に含めている。両系統の変遷は下記の通りとなる。

　　1段階　神仙像は、女性起源神仙像と男性起源神仙像で一組として計二組を対置し、内区外周帯は無乳文、外区斜面帯は有鋸歯文である。

　　2段階　神仙像は、同性2像を一組として女性起源神仙像組と男性起源神仙像組を対置し、内区外周帯は無乳文、外区斜面帯は有鋸歯文である。

　　3段階　神仙像は、構成原則がなく、内区外周帯は無乳文、外区斜面帯は有鋸歯文である。

　　4段階　神仙像は、構成原則がなく、内区外周帯は有乳文、外区斜面帯は有鋸歯文である。

　　5段階　神仙像は、構成原則がなく、外区斜面帯は非鋸歯文である。

なお、前稿で1段階とした目録50は翼一体系統としたが、特異な神仙像のため腕手強調系統として新たに神仙像類型を設定し、後述のように3段階へ、前稿で目録40を有乳文として4段階に含めたが、乳文とするには小さいことから無乳文とし、3段階へと訂正する。

複像式四神四獣鏡翼分離縦縞系統　翼分離縦縞系統は、2～4段階において一つの鏡の中に翼分離横縞系統と共存し、複像式四神四獣鏡では目録66のみ本系統の神仙像だけで構成され、外区斜面帯が円弧文となる非鋸歯文から5段階としたい。

複像式四神四獣新作銘系統　手の退化状況から変遷が把握でき、外区斜面帯に有鋸歯文の4段階以前の目録37・目録39と無鋸歯文の5段階以降の目録18～20・65に分かれ、手首より先の退化状況から目録37（3段階）→目録39（4段階）→目録18～20・65（5段階）の流れが想定できる。なお、前稿で異形群とした目録65は新作銘系統の神仙像に類似することから当系統に含める。

複像式四神四獣腕手強調系統　神仙像は翼が衿～背中のいずれかから生えており、生えている位置が曖昧で翼一体とも翼分離とも判断し難く、また腕と手が他の神仙像類型よりも大きく強調されている。本系統は、目録51と50が相当し、前者は鋸歯文の外区斜面帯・小乳文付内区外周帯を有し、これを複像式四神四獣鏡の翼一体系統と翼分離横縞系統の変遷に照合すると4段階に相当させられ、後者は前稿において1段階としたが、目録51と神仙・神獣像が良く類似し、有鋸歯文外区斜面を持つことから同時期または前段階となり、内区外周帯が無乳文となることから3段階とする。

その他　目録53があり、神獣像が目録32の虎に類似、神仙像性別が1種類から3段階と考える。

単像式四神四獣鏡　拙稿（折原 2008）では、下記のように編年している。

　　1段階　有鋸歯文外区斜面帯、鈕寄りに大型乳文のみを有す。

　　2段階　有鋸歯文外区斜面帯、内区には小型乳文と大型乳文を有し、多種獣文の外周帯である。

　　3段階　有鋸歯文外区斜面帯、内区には小型乳文と大型乳文を有し、単種獣文の外周帯である。

　　4段階　有鋸歯文外区斜面帯、内区には小型乳文と大型乳文、単種獣文の外周帯に小型乳文を有す。

　　5段階　非鋸歯文外区斜面帯、内区には外周帯寄りに大型乳文、外周帯は大型乳文を有す。

四神四獣鏡における神仙像・神獣像の変遷特徴　これまで概略を示した編年に基づき四神四獣鏡の神仙像・神獣像の変遷的特徴について検討すると次のようになる。神仙像は、1～3段階は腕と手が一致（腕と手がややズレが生じる3段階目録40の1例を除き）した正座タイプだけで、4段階以降は腕と手が一致した正座タイプと完全に不一致で疑似胡坐状（前稿において胡坐状としたが仏獣鏡に真の胡坐が存在するため疑似を加えた）になったタイプが正座と混在する状況となる。

神獣像は、耳の有無に大きな変化が見られ、有耳神獣像はブランドの同向式である目録9に見られるが、普及版の四神四獣鏡では1～3段階に耳がなく、耳が出現するのは4段階以降である。

その他の普及版の鏡式群の編年　その他の鏡式群は、五神仙像以上を有す多神仙像鏡式群、方格銘付獣文帯三神三獣鏡系鏡式群、波文帯三神三獣鏡式群、大型乳文付三神三獣鏡式群、斜縁二神二獣鏡に類似する神獣の顔が正面を向く二獣A系鏡式群、二禽二獣鏡の二禽を二神仙に置き換えた神獣の顔が横向きの二獣B系鏡式群、仏獣鏡系鏡式群、車馬鏡系鏡式群、盤龍系鏡式群などがある。

編年は、四神四獣鏡式群の変遷から得られた次のような特徴を基に検討する。

　　特徴A　四神四獣鏡4段階は外区斜面帯に鋸歯文があり、小乳文付の内区外周帯・疑似胡坐座の神仙像・有耳神獣像のいずれかを一つ以上を持つ例が多く、4段階の特徴として四神四獣鏡以外の鏡に拡大・適用できると考えられる。

　　特徴B　有鋸歯文外区斜面帯と捩文乳座を持つことは、両者を共有する鏡が上記の特徴Aを持つ鏡によってほぼ占められることから4段階の特徴と考える。

多神仙像鏡式群　本鏡式群は、目録56～58・61に特徴Aから4段階に相当させられ、目録55は崩れた画文帯が共通する目録56・57と同一時期に、さらに目録55と目録62は龍の顔表現が一致する点から同一時期と考えられる。目録63は唯一の無文外区斜面帯の例で、目録55～58・61・62との文様的連続性から5段階に相当させる。目録59は2段階の目録32と神獣構成（龍3頭・虎1頭）や片手をあげる脇侍などの共通点より同鏡からの派生が推測され、2段階：目録32→3段階：目録59→4段階：目録55～58・61・62→5段階：目録63という流れが想定できる。

方格銘付獣文帯三神三獣鏡式群　本鏡式群は、目録102～104・111・112が特徴A・Bを有し、すべて4段階に相当させることができる。目録105は外区斜面が無文、神仙像を見ると目録104と同じ胸像的な全体像がよく類似し、時系列的連続性が推測されることから5段階が、目録107は外区斜面が無文、神仙像は目録105の神仙像に手腕を新たに付け加えた形状で、内区外周帯乳文がやや大型などから目録105よりも新しい6段階と考えられる。目録109は外区斜面が無文で、神仙像の左右両脇に三角錐文が各1個存在し、この文様は本鏡式群に多く見られ、目録102～104が4段階、目録105が5段階になることから4・5段階の特徴と思われることから5段階と考える。

波文帯三神三獣鏡式群　本鏡式群は、香炉文がモチーフの一つとなる例から香炉文の消失や小香炉文が乳文上に置かれる例へと変遷すると指摘（岸本 1989）されている。前者の時期を考えると、神獣が本鏡式群において新たに龍虎を融合して創作されたとされ（岸本 1989）、その元となる龍虎を探すと、4段階に相当する目録60の虎を基調とし、同鏡の龍の眉を付け加えると近似し、以上のように発生したと考え、無文外区斜面帯から5段階以降とすることができ、目録131・134～136を5段階、目録123～125・127～130・130-131・132・133・138を6段階とする。

大型乳文付三神三獣鏡式群　本鏡式群は、目録114〜118が相当し、この群は退化した香炉文、神仙像が6段階の波文帯三神三獣鏡式群の中に類似した例があり、本群も同時期と考えられる。

二獣A系鏡式群　本鏡式群は、目録82・83・87・90・91・96・98・高坂8号墳？が特徴Aあるいは Bを有し4段階に相当させられ、その他は外区斜面帯が非鋸歯文から5段階以降で、目録92・95、目録97・93、目録89・88・202・201、目録16・17・86のグループに分けて変遷を考える。

目録92と目録95は同じ系譜上にあるもので、後者の内区文様は脇侍等の表現から前者の退化形であり、前者が界圏、後者が界線となることから目録95を5段階、目録92を6段階に相当させる。目録93と目録97は同じ系譜上にあるもので、前者は神仙像等や唐草文の表現から後者の退化形であることが理解され、目録97を5段階、目録93を6段階に相当させる。

目録89は4段階の目録90の2神仙1脇侍から1神仙を減らし、1脇侍を追加した構成で、脇侍は目録90の脇侍を祖形とした背中側に刻み目のある隆起線を2重に配し、手に何かを持つ表現で、2体を左右対称に配する双子形を呈している。脇侍像に着目すると、目録89において双子の真ん中に捩り文座の珠文を持つ腕が表現されるのに対して目録88・202では腕がなく珠文のみとなり、4段階：目録90の脇侍→5段階：目録89→6段階：目録88・202という変遷が考えられ、目録201は双子に腕がない点が目録88と共通することから目録88・202と同じ6段階と考える。

目録16・17・85・86は無文外区斜面から5段階以降、神仙像はいずれも4体存在し、6段階において神仙像が3体以下となる例が多いことから6段階以前となり、5段階に相当させる。

二獣B系鏡式群　本鏡式群は、二神二獣鏡式のみで、神仙像は翼分離縦縞系統・翼分離胸像系統がある。翼分離縦縞系統は、目録101が存在し、当鏡は外区斜面が無文で、主文とならない香炉文、獣文帯は蝦蟇や大型乳文の存在などから当鏡を6段階に相当させる。翼分離胸像系統は、目録99・100があり、外区斜面は無文で、両者とも方格銘付獣文帯三神三獣鏡式群5段階目録105の神仙像に良く類似することから5段階に相当させる。

仏獣鏡系鏡式群　本鏡群は、内区外周帯〜外区斜面帯からⅠ類：獣文帯＋有鋸歯文外区斜面帯の目録119・120・塩田北山東古墳例→Ⅱ類：獣文帯＋櫛歯文＋無文外区斜面帯の目録121→Ⅲ類：櫛歯文＋無文外区斜面帯の目録122という流れが想定でき、Ⅱ類とⅢ類が無文外区斜面帯から5段階以降、そしてⅡ類→Ⅲ類から前者を5段階、後者を6段階に、Ⅰ類は目録119が特徴A・Bを有するから4段階に、塩田北山東古墳例は単像式四神四獣鏡である目録75に類似することがすでに指摘（中村 2008）されており、目録75が拙稿（折原 2008）において2段階となることから同時期もしくは近接する時期となり、目録119との連続性を考慮すると3段階とすることができ、本鏡群は3段階に塩田北山東古墳例、4段階に目録119・120、5段階に目録121、6段階に目録122を相当させる。

車馬鏡系鏡式群　本鏡式は、すべて無文の外区斜面帯を持ち、目録13が4乳、目録14・15が6乳となり、本来の車馬鏡が4乳であることから4乳を5段階、6乳を6段階とする。

盤龍系鏡式群　本鏡式群は、神獣の角と外区斜面帯に注目すると、Ⅰ類：有鋸歯文外区斜面帯を持ち無角2獣有角2獣の目録6、Ⅱ類：有鋸歯文外区斜面帯を持ち無角1獣有角3獣の目録3・4、Ⅲ類：無文外区斜面帯を持ち無角1獣有角3獣の目録1・2・5に分けられ、Ⅰ類からⅢ類へと無理なく並べられることから連続性が存在すると考えられ、Ⅲ類が無文外区斜面帯を持つ5段階以降

を示し、これを基準とするとⅠ類が3段階、Ⅱ類が4段階、Ⅲ類が5段階となる。

2．同笵（型）鏡分有ネットワークのグラフ構造

　今日のネットワーク構造の分析は、点と線からなる関係構造を扱うグラフ理論が用いられ、当理論は社会学においても社会的関係の分析に利用されており、本論の検討においても利用する。

　グラフ理論のグラフは点及び点と点を結線した線の集合体を示し、点は頂点、頂点同士を結ぶ線は辺、頂点に接続する辺の数は次数と呼ばれ、2頂点間のみを結ぶ1辺を距離1とし、ある頂点から別の頂点までの辺の数が距離となる。また、グラフの種類は辺の方向性の有無により有向グラフと無向グラフが、関係の強さを表すために点に重み付けをした有値グラフと物事の関係性を、あり＝1・なし＝0とする二値グラフが存在し、本稿では無向グラフの二値グラフを取り扱う。なお、グラフ理論の基礎を紹介している入門書として（右田・今野 2011）が存在し、参照されたい。

　社会学でのネットワーク分析では、最初に行為者と行為者同士の関連を示すイベントの関係のデーターとなる接続行列（本稿では三角縁神獣鏡分有関係）を作成、これから行為者同士やイベント同士の関係を表す隣接行列を導き、分析の基礎データーとしている。本稿の隣接行列は三角縁神獣鏡を分有する古墳（行為者）間の関係について考え、同じ目録№を共有しないが0、共有する古墳間は1とし、ネットワークでは古墳を示す頂点間を辺によって示めされ、同目録が共有される頂点間はすべてを結線した完全グラフとなるようにしている。三角縁神獣鏡分有ネットワークは同じ目録№を共有する頂点間の完全グラフを部分構造（クリーク）とし、複数の部分構造をもつ頂点が存在するため全体として非完全グラフとなり、このグラフを分析対象とする。

　社会ネットワークのグラフ分析では、中心性や構造同値性などの分析方法があるが、本稿では中心性について取り扱う。中心性は多くの指標があるが、その中でも媒介中心性・ボナチッチ中心性・情報中心性について検討する。それらの概要を記した書籍として（安田 1997・2001、金田 2003、鈴木 2009）等があり、これらを参考にして本稿で用いる指標の社会学的意味の概要を記したい。

　媒介中心性　ネットワーク内の全最短経路数に対して任意の頂点が含まれる割合で、交通路の中

表1　三角縁神獣鏡前半期の段階別目録番号

段階	ハブを有す頂点の目録番号	ハブを持たない頂点の目録番号
1段階	34・36a・42・79	
2段階	21・23・(24)・32・35・52・52a・67・75	
3段階	25・26・33・40・46・53・59・68・69・70・74	39・41・50・64・71・77・120a（塩田北山東）
4段階	3・37・43・44・48・55・56・57・58・60・61・62・76・82・90・98・104・111	4・6・45・47・48a・51・66・73・83・87・91・96・103・112・119・120・高坂8号墳？
5段階	A：1・13・16・18・63・65・81・86・92・102・105・109B：19・134	2・5・17・20・49・54・66・85・97・99・100・121・131・135
6段階	14・80・93・123・127・130・132・138	95・101・107・108・114・115・116・117・118・122・124・125・126・128・129・131・131a・133・136・201・202

※5段階はA：1・13・16…がAネットワーク、B：19・134はBネットワーク。目録番号は（下垣仁志 2010）に従う。

継点や人と人との仲立ちなどの度合いの高さを中心性値としている。なお、媒介中心性とフロー媒介中心性は前者が二値グラフ、後者が有値グラフの中心性値で、その値もやや異なる結果となる。

ボナチッチ中心性 隣接行列の固有値を利用し、高い中心性を有す集団の中の中心が低い中心性の集団の中の中心よりも高い中心性を持つという考えに基づいた中心性値で、それの改良型としてボナチッチ・パワー中心性があるが、恣意性が高くなっている。

情報中心性 頂点間経路の長さの逆数を情報量とし、すべての経路の情報量の総和により各頂点の重み付けをした中心性で、情報の伝達や伝染病の拡散研究に使われている。

以上の内、媒介・ボナチッチの各中心性値はデーター解析のフリーソフトであるＲに付属するsimple network analysis tool により標準化した数値を、情報中心性は筆者が（鈴木 2009）を参考にしてエクセルにより算出（下４桁以下を切り捨てした数値を表示）している。

各期の分有ネットワークのグラフ構造 ネットワークには、ネットワーク内の他の頂点よりも飛び抜けて次数（結線される辺数）の高い頂点が存在する場合があり、この頂点はハブと呼ばれ、ネットワーク内の広範囲に影響を与える頂点として重要となる。三角縁神獣鏡分有ネットワークにおいても有ハブネットワークと無ハブネットワークがあり、後者はハブが未確認である可能性が高く、ネットワークの断片に過ぎない可能性があるため分析対象とするには問題があり、ここでは有ハブネットワークのみ分析を行う。

ハブを有すネットワーク数の変遷 ハブを有すネットワークは１〜４段階が各１ネットワーク、５段階はＡとＢの２ネットワーク、６段階は１ネットワークとなり、Ⅰ・Ⅱ段階はハブを有すネットワーク１グラフに全頂点が結線されるためネットワーク数の増加がないと思われるが、Ⅲ段階以降はハブを有すネットワークに結線していない頂点が多数存在し、未発見のハブの存在を予測させ、Ⅲ段階以降の各段階はハブを有すネットワークが現状の数＋aと考えられる。

ハブを有すネットワークの類型と変遷 ハブを有すネットワークは次のような類型が設定できる。

Ａ類（図１－１・５Ｂ・６）：単体のハブを距離１の頂点群が囲んでおり、一つのサークルを形成する。

Ｂ類（図１－２・４）：複数のハブを核に距離１の頂点群が囲んでおり、ハブ同士は共有する頂点が多いため分離し難い構造で、ハブの独立性が低く、頂点群は一つのサークルを形成する。

Ｃ類（図１－３・５Ａ）：複数のハブを核に距離１の頂点群が囲んでおり、ハブ同士は共有頂点よりも各ハブに単体で結線する頂点が多いためハブの独立性が高く、頂点群は複数のサークルを形成する。

上記類型を１〜６段階のネットワークに当てはめると、１段階はハブを黒塚とし、ネットワークは単体のハブを有すＡ類、２段階はハブを黒塚と椿井大塚山とし、ネットワークはハブ同士の独立性が低いＢ類、３段階はハブを黒塚と椿井大塚山とし、ネットワークはハブ同士の独立性の高いＣ類、４段階はハブを黒塚・椿井大塚山・佐味田宝塚とし、ネットワークはハブ同士の独立性の低いＢ類、５段階はハブを佐味田宝塚とするＡネットワークと椿井大塚山・湯迫車塚をハブとするＢネットワークがあり、Ａネットワークが単体のハブを有すＡ類、Ｂネットワークがハブ同

士の独立性の高いC類、6段階がハブを東之宮とし、ネットワークは単体のハブを有するA類となる。ハブとしての椿井大塚山・佐味田宝塚を見ると、最初にハブとなった段階では前段階から存在するハブと多くの頂点を共有するB類で、ハブとしての独立性が低く、次段階では共有する頂点の少ないC類や単体のハブとなるA類となり、ハブは独立性が低いものから高くなる現象が見られ、さらに1～5段階までのハブが黒塚→黒塚・椿井大塚山→黒塚・椿井大塚山→黒塚・椿井大塚山・佐味田宝塚→椿井大塚山・湯迫車塚（Aネットワーク）、佐味田宝塚（Bネットワーク）と世代交代するような連続性があることを加味して考えると、畿外の湯迫車塚を除く畿内のハブは最初に前段階からの旧ハブと新たに出現した新ハブが同一行動をとることで学習、次段階では学習した新ハブが独立して行動するようになったことを写像する考古学的現象とも解釈できる。

　6段階では、東之宮単体をハブとするハブの独立性の高いネットワークA類が突如として出現し、ネットワークA・C類の出現前哨段階として東之宮が複数あるハブの一つとなるハブの独立性の低いネットワークB類が存在するという現象が認められず、未確認のネットワークを想定しても5段階における東之宮は目録89の1種だけでハブとなりえず、同じ畿外のハブとなる湯迫車塚においても4段階においてハブに結線される頂点群のひとつに過ぎなかったのに対して5段階ではネットワークC類のハブのひとつとなり、ネットワークA類のハブと同様に独立性の高いハブとなる点が一致し、畿外におけるハブの発生パターンと言えるのかもしれない。

　ハブの地理的位置の変遷は、1～4段階は畿内、ただし、3・4段階は未確認ハブの存在が推測されるため畿外のハブの存在も否定しきれないが、畿内だけであった可能性が高いと思われる。5段階は畿内とともに畿外が存在し、畿外は本段階から出現した可能性がある。6段階は現状で畿外が確認されるだけだが、未確認ハブの可能性から畿内にも存在した可能性があり、未確認ハブの問題があるものの1～4段階は畿内、5段階以降に畿内と畿外が併存していた可能性が指摘できる。

情報中心性値の変遷　ここでは情報中心性の変遷について触れる。情報中心性の数値分布を示すと1段階：0.694～1.773、2段階：0.8～2.774、3段階：0.614～1.595、4段階：0.37～1.104、5段階Aネットワーク：0.529～1.423とBネットワーク：1.925～3.318、6段階：0.523～1.65となり、2段階で1段階よりも全体的に高くなった後、3・4段階で下がり、5段階で再浮上し、6段階で再び下がるといった波状に変化しており、5段階は畿外のハブが初めて出現する時期と情報中心性値が再び高くなることが一致し、何らかの関係があるのか注目されるがその意味は不明である。

ネットワークの地理的特徴の変遷　ここではネットワーク内の直接結線される頂点同士の地理的関係について触れる。

　直接結線頂点同士の地理的関係は、頂点同士が距離1の関係、三角縁神獣鏡が同范（型）関係にあることを意味し、その中の各頂点の地理的に同一地域内に存在するか否かについて検討し、地域の単位としては現在の県単位を中心に考える。1・2段階の頂点は距離1で結線される頂点が他県同士となり、同県内同士はまったくなく、同一地域内の隣人が同じ物を持つことによる威信財としての価値低下を防ぐために同目録の三角縁神獣鏡の配布を避けているように思える。3段階以降では他県同士の直接結線が多い中、同県内同士の直接結線も多少認められる。事例をすべて列挙すると3段階では兵庫県の水堂─西求女塚─牛谷天神山と福岡県の石塚山─御領と奈良県の黒塚─新山、

1-1 1段階
目録 34・42・79

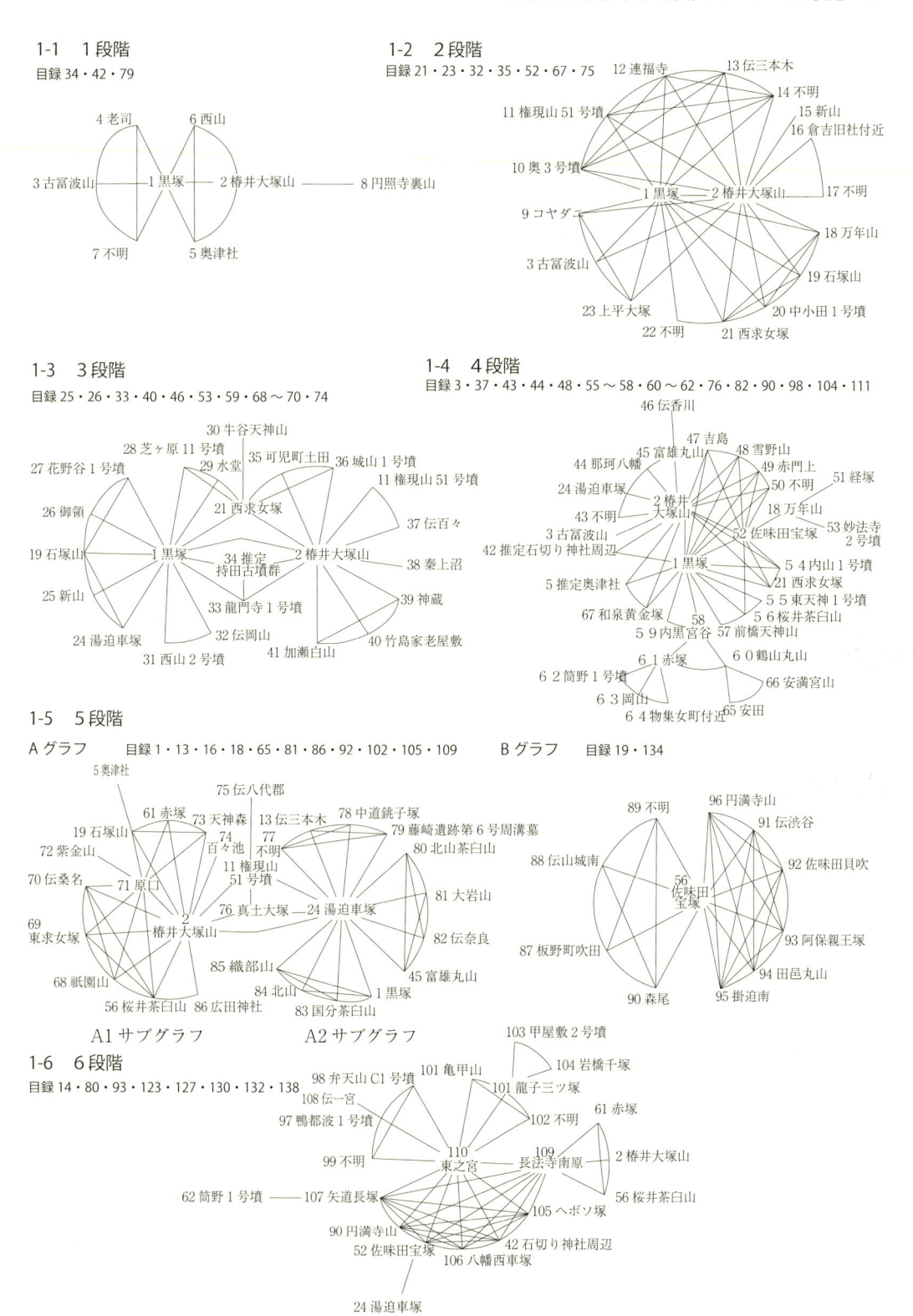

4 老司　6 西山

3 古冨波山　1 黒塚　2 椿井大塚山　8 円照寺裏山

7 不明　5 奥津社

1-2 2段階
目録 21・23・32・35・52・67・75

12 連福寺　13 伝三本木
11 権現山51号墳　14 不明
　　　　　　　15 新山
10 奥3号墳　16 倉吉旧社付近
9 コヤダニ　1 黒塚　2 椿井大塚山　17 不明
3 古冨波山　18 万年山
　　　　　　　19 石塚山
23 上平大塚　20 中小田1号墳
22 不明　21 西求女塚

1-3 3段階
目録 25・26・33・40・46・53・59・68～70・74

30 牛谷天神山
28 芝ヶ原11号墳　35 可児町土田
27 花野谷1号墳　29 水堂　36 城山1号墳
26 御領　21 西求女塚　11 権現山51号墳
19 石塚山　1 黒塚　34 推定持田古墳群　2 椿井大塚山　37 伝百々
25 新山　33 龍門寺1号墳　38 秦上沼
24 湯迫車塚　32 伝岡山　39 神蔵
31 西山2号墳　41 加瀬白山　40 竹島家老屋敷

1-4 4段階
目録 3・37・43・44・48・55～58・60～62・76・82・90・98・104・111

46 伝香川
45 富雄丸山　47 吉島　48 雪野山
44 那珂八幡　49 赤門上
24 湯迫車塚　2 椿井大塚山　50 不明　51 経塚
43 不明　18 万年山
3 古冨波山　52 佐味田宝塚　53 妙法寺2号墳
42 推定石切り神社周辺　1 黒塚　54 内山1号墳
5 推定奥津社　21 西求女塚
67 和泉黄金塚　58　55 東天神1号墳
59 内黒宮谷　57 前橋天神山　56 桜井茶臼山
62 筒野1号墳　61 赤塚　60 鶴山丸山
63 岡山　66 安満宮山
64 物集女町付近　65 安田

1-5 5段階
Aグラフ 目録 1・13・16・18・65・81・86・92・102・105・109
Bグラフ 目録 19・134

5 奥津社
61 赤塚　75 伝八代郡　13 伝三本木　78 中道銚子塚
19 石塚山　73 天神森　77 不明　79 藤崎遺跡第6号周溝墓
72 紫金山　74 百々池　80 北山茶臼山
70 伝桑名　71 原口　11 権現山51号墳　81 大岩山
69 東求女塚　椿井大塚山　76 真土大塚　24 湯迫車塚　82 伝奈良
68 祇園山　85 織部山　45 富雄丸山
56 桜井茶臼山　84 北山　1 黒塚
　　　86 広田神社　83 国分茶臼山

A1 サブグラフ　A2 サブグラフ

89 不明　96 円満寺山
88 伝山城南　91 伝渋谷
　　　　　56 佐味田宝塚　92 佐味田貝吹
87 板野町吹田　93 阿保親王塚
90 森尾　94 田邑丸山　95 掛迫南

1-6 6段階
目録 14・80・93・123・127・130・132・138

103 甲屋敷2号墳　104 岩橋千塚
98 弁天山C1号墳　101 亀甲山
108 伝一宮　101 龍子三ツ塚
97 鴨都波1号墳　102 不明　61 赤塚
99 不明　110 東之宮　109 長法寺南原　2 椿井大塚山
62 筒野1号墳　107 矢道長塚　105 ヘボソ塚　56 桜井茶臼山
90 円満寺山　42 石切り神社周辺
52 佐味田宝塚　106 八幡西車塚
24 湯迫車塚

図1 三角縁神獣鏡前半期（普及版）のハブ構造を持つ分有関係ネットワークの変遷

表2　三角縁神獣鏡前半期（普及版）の情報・媒介・ボナチッチ中心性値

古墳	段階	グラフ	情報	媒介	ボナチッチ	古墳	段階	グラフ	情報	媒介	ボナチッチ	古墳	段階	グラフ	情報	媒介	ボナチッチ
黒塚	1		1.773	0.571	1	黒塚	4		1.142	0.584	0.987	椿井大塚山	5	A	1.423	0.575	1
椿井大塚山	1		1.451	0.286	0.658	前橋天神山	4		0.717	0	0.176	百々池	5	A	0.612	0	0.612
西山	1		1.33	0	0.62	桜井茶臼山	4		0.87	0.009	0.295	天神森	5	A	1.031	0	0.426
奥津社	1		1.33	0	0.62	東天神1号墳	4		0.717	0	0.176	花塚山	5	A	1.046	0.071	0.436
円照寺裏山	1		0.694	0	0.179	宮谷	4		0.834	0.353	0.165	赤塚	5	A	1.031	0	0.426
老司	1		1.228	0	0.594	内里	4		0.746	0	0.158	原口I	5	A	1.207	0.093	0.765
古冨波山	1		1.228	0	0.594	和泉黄金塚	4		0.837	0	0.316	紫金山	5	A	0.568	0	0.124
不明	1		1.228	0	0.594	奥津社	4		0.837	0	0.316	桜井茶臼山	5	A	1.125	0.007	0.605
黒塚	2		2.647	0.257	0.969	西求女塚	4		0.915	0	0.445	祇園山	5	A	1.087	0	0.568
椿井大塚山	2		2.774	0.496	1	内山1号墳	4		0.915	0	0.445	東求女塚	5	A	1.087	0	0.568
三本木	2		2.029	0	0.588	石切り神社	4		0.757	0	0.273	桑名市伝	5	A	1.087	0	0.568
奥3号	2		2.029	0	0.588	吉島	4		0.984	0	0.653	広田神社	5	A	0.836	0	0.26
連福寺	2		2.029	0	0.588	雪野山	4		0.984	0	0.653	奥津社	5	A	0.529	0	0.071
権現山51号墳	2		2.029	0	0.588	赤門上	4		0.984	0	0.653	森尾	5	B	1.925	0	0.313
不明	2		2.029	0	0.588	不明	4		0.984	0	0.653	板野町吹田	5	B	1.925	0	0.313
コヤタニ	2		1.729	0	0.369	椿井大塚山	4		1.104	0.362	1	北山城南伝	5	B	1.925	0	0.313
古冨波山	2		1.729	0	0.369	佐味田宝塚	4		1.066	0.194	0.81	不明	5	B	1.925	0	0.313
上平川大塚	2		1.729	0	0.369	富雄丸山	4		0.819	0.062	0.239	掛迫南主体	5	B	2.467	0	0.826
西求女塚	2		2.016	0.026	0.484	那珂八幡	4		0.811	0	0.235	田邑丸山2号墳	5	B	2.467	0	0.826
石塚山	2		1.909	0	0.46	湯迫車塚	4		0.811	0	0.235	阿保親王塚	5	B	2.467	0	0.826
中小田1号	2		1.909	0	0.46	不明	4		0.811	0	0.235	北味田貝吹	5	B	2.467	0	0.826
万年山	2		1.909	0	0.46	古冨波山	4		0.542	0	0.137	渋谷伝	5	B	2.467	0	0.826
新山	2		0.8	0	0.136	万年山	4		0.569	0.123	0.115	円満寺山	5	B	2.467	0	0.826
旧社村付近	2		1.091	0	0.158	伝香川	4		0.463	0	0.033	佐味田宝塚	5	B	3.318	0.533	1
不明	2		1.091	0	0.158	経塚	4		0.37	0	0.016	赤塚	6		0.923	0	0.175
不明	2		1.221	0	0.198	妙法寺2号墳	4		0.37	0	0.016	椿井大塚山	6		0.923	0	0.175
伝岡山県	3		0.828	0	0.231	赤塚	4		0.608	0.175	0.029	桜井茶臼山	6		0.923	0	0.175
西山2号墳	3		0.828	0	0.231	鶴山丸山	4		0.601	0.121	0.029	長法寺南原	6		1.483	0.257	0.923
新山	3		1.001	0	0.332	物集女町付近	4		0.48	0	0.006	ヘボソ塚	6		1.411	0	0.86
湯迫車塚	3		1.001	0	0.332	岡山	4		0.48	0	0.006	石切り周辺	6		1.411	0	0.86
石塚山	3		1.145	0.009	0.437	筒野	4		0.48	0	0.006	八幡西車塚	6		1.411	0	0.86
御陵	3		1.001	0	0.332	安田	4		0.44	0	0.005	佐味田宝塚	6		1.434	0.095	0.874
花野谷1号墳	3		1.001	0	0.332	安満宮山	4		0.44	0	0.005	円満寺山	6		1.411	0	0.86
水堂	3		1.088	0	0.379	富雄丸山	5	A	0.967	0	0.225	矢道長塚東主体	6		1.434	0.095	0.874
芝ヶ原11号墳	3		1.088	0	0.379	大岩山	5	A	0.967	0	0.225	東ノ宮	6		1.65	0.61	1
黒塚	3		1.595	0.563	1	北山茶臼山	5	A	0.967	0	0.225	筒野1号墳	6		0.622	0	0.12
西求女塚	3		1.401	0.173	0.641	奈良県伝	5	A	0.967	0	0.225	弁天山C1号墳	6		1.007	0	0.191
牛谷天神山	3		0.614	0	0.12	藤崎遺跡6号	5	A	0.967	0	0.225	不明	6		1.007	0	0.191
椿井大塚山	3		1.559	0.524	0.845	中道銚子塚	5	A	0.967	0	0.225	鴨都波1号墳	6		1.035	0.095	0.194
可児町土田	3		1.08	0	0.344	三本木伝	5	A	0.967	0	0.225	一宮	6		0.532	0	0.027
城山1号墳	3		1.08	0	0.344	不明	5	A	0.967	0	0.225	亀甲山	6		1.031	0	0.192
持田古墳群推	3		1.133	0	0.427	北山	5	A	0.967	0	0.225	不明	6		1.031	0	0.192
龍門司1号墳	3		1.133	0	0.427	黒塚	5	A	0.967	0	0.225	龍子三ツ塚	6		1.081	0.181	0.2
神蔵	3		0.948	0	0.255	織部山	5	A	0.967	0	0.225	甲屋敷	6		0.666	0	0.032
竹島家老屋敷	3		0.948	0	0.255	国分茶臼山	5	A	0.967	0	0.225	岩橋千塚	6		0.666	0	0.032
加瀬白山	3		0.948	0	0.255	湯迫車塚	5	A	1.423	0.635	0.71	湯迫車塚	6		0.622	0	0.12
権現山51号墳	3		0.818	0	0.196	八代群伝	5	A	0.548	0	0.055						
百々伝	3		0.818	0	0.196	権現山51号墳	5	A	1.12	0.071	0.34						
秦上沼	3		0.643	0	0.159	真土大塚	5	A	1.099	0	0.333						

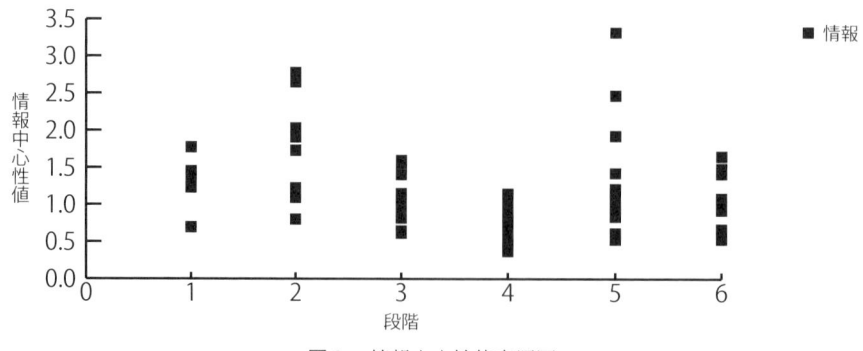

図2　情報中心性値変遷図

4段階では奈良県の黒塚―佐味田宝塚―桜井茶臼山、5段階Aグラフでは福岡県の祇園山―原口―石塚山―赤塚―天神森（これに近接する大分の赤塚も含められるかもしれない）と奈良県の富雄丸山―伝奈良県、5段階Bグラフでは奈良県の伝渋谷―佐味田宝塚―佐味田貝吹、6段階では岐阜県の矢道長塚―円満寺山と京都の椿井大塚山―長法寺南原―八幡西車塚となる。以上の頂点グループを観察すると9組中8組に媒介中心性を有す頂点（下線を引かれる例）が含まれ、例外となる5段階Aグラフ奈良県の富雄丸山―伝奈良県例は伝奈良県の実態が不明のため媒介中心性値を有す頂点であった可能性もあり、同県内同士の直接結線例には媒介中心性を有す頂点がほぼ含まれると言える。これらの媒介性中心性を有す頂点はハブとそれ以外の頂点が存在し、後者の頂点の情報・ボナチッチ・媒介の3中心性値を見ると、3段階の西求女塚は情報：1.401・ボナチッチ：0.641・媒介0.173となり、ハブとなる黒塚・椿井大塚山が情報：1.559～1.595・ボナチッチ：0.845～1・媒介：0.524～0.563で、ハブと西求女塚を除く頂点群が情報：0.643～1.145・ボナチッチ：0.12～0.437・媒介：0～0.009となり、その中間的な位置に、同様に5段階のAネットワークの椿井大塚山をハブとするサークル（表2のAグラフ）内の原口は3中心性値がハブと原口を除く頂点群の中間で、3段階の西求女塚と5段階の原口は3中心性値がハブに準じることから性格においても同様なことと考えられ、ハブを施主からの命を受けた三角縁神獣鏡の配布実行者とした場合、ハブから命を受けた地域的に限定された2次的拡散の配布実行者としての準ハブと捉えることもできる。西求女塚・原口以外としては3段階の石塚、6段階の長法寺南原と矢道長塚が準ハブもしくはそれに近い頂点と思われる。

まとめ

本論は、三角縁神獣鏡の「舶載鏡」と呼称されてきた鏡群の時期を1～6段階に分け、各段階の同笵（型）鏡ネットワークを検討し、その構造から次のようなことが考えられた。

ネットワークは、有ハブと無ハブがあり、無ハブネットワークは未確認ハブのある可能性が高く、各段階のネットワーク数は無ハブネットワークがある場合に有ハブネットワーク数＋αとなり、1・2段階：各1、3・4段階：各1＋α、5段階：2＋α、6段階：1＋αとなる。

ハブの地理的位置は1～4段階が畿内、5段階が畿内と畿外、6段階は畿外となるが未確認の畿内のハブが存在した可能性が高いと推測される。また、情報中心性値は1・3・6段階が低く、2・5段階が高くなる波状に推移し、5段階は畿外のハブが出現する時期であり、興味が持たれる。

有ハブのネットワークは、A～Cの構造的類型が設定でき、A類は単体のハブ、B類はハブ同士の独立性が低い複数のハブ、C類は独立性が高い複数のハブを各々有している。畿内のハブは独立性の低いハブを持つネットワークのB類から独立性の高いハブを有すAあるいはC類への変遷が認められ、世代交代のような現象が存在し、一方畿外のハブはB類がなく、突如AあるいはC類として出現し、畿内と畿外でハブ出現パターンが違い、出現意味が異なることを示しているのかもしれない。

直接結線される頂点は、同県同士例が1・2段階においてなく、3段階以降に同県同士例も多少

出現し、その中心に準ハブが存在する。これはハブを施主から命を受けた三角縁神獣鏡の配布実行者、準ハブはハブに準ずる性格を持つとすると、ハブから命を受けた地域限定の2次的な配布実行者が3段階より出現した推測することもできる。

　以上がハブを有すネットワーク構造の特徴であるが、この他にも多くの特徴が存在すると思われ、情報・媒介・ボナチッチ等のネットワーク指標は頂点の性格を明らかにする方法というだけでなく、情報中心性値変遷グラフで示したように歴史情報の定量分析を可能にすることができ、今後の発展に期待したい。

参考文献

折原洋一 2008「三角縁四神四獣鏡の編年について」『生産の考古学Ⅱ』倉田芳郎先生追悼論文集編集委員会編、同成社、105～128頁

金田　淳 2003『社会ネットワーク分析の基礎―社会的関係資本論に向けて』勁草書房

岸本直文 1989「神獣像表現から見た三角縁神獣鏡　2．製作工人3派　陳氏鏡群」『椿井大塚山と三角縁神獣鏡』京大文学部博物館図録、京都大学文学部、62頁

桜井英治 2011「第4章　儀礼のコスモロジー　1　気前の良さと御物の系譜学　御物の経済」『贈与の歴史学』中公新書2139、中央公論新社、182～183頁

佐藤幸恵 2012「地域情報　埼玉だより　三角縁神獣鏡・初発見」『考古学研究』第59巻第1号考古学研究会、110～112頁

下垣仁志 2010『三角縁神獣鏡研究辞典』吉川弘文館、418～435頁

鈴木　努 2009『ネットワーク分析　Rで学ぶデーターサイエンス　金明哲編　8』共立出版

中村大輔 2008「第8章　まとめ」『塩田北古墳発掘調査報告書』神戸市教育委員会、57頁

モース，マルセル（有地亨・伊藤昌司・山口俊夫共訳）1973「第2部　贈与論―太古の社会における交換の諸型態と契機　第Ⅱ章　このシステムの発展、気前の良さ、・名誉・貨幣　原注9」『社会学と人類学Ⅰ』弘文堂、325頁

右田正夫・今野紀雄 2011『マンガでわかる複雑ネットワーク―巨大ネットワークが持つ法則を科学する』サイエンス・アイ新書ソフトバンク、クリエイティブ株式会社

安田　雪 1997『ネットワーク分析―何が行為を決定するか』新曜社

安田　雪 2001『実践ネットワーク分析―関係を解く理論と技法』新曜社

筒形器台の分類と編年

池野 正男

はじめに

　筒形器台は朝鮮半島の伽耶・新羅地域で陶質土器の成立期に出現し、最初は壺を乗せる日常生活用品として使用されたが、その後大型・装飾化して、主に首長埋葬の場で用いる特殊な葬送具として儀器化する（朴 1994）。

　日本では5世紀初頭を初現とし、渡来人や渡来人との親密な交流をもつ首長等を被葬者とする古墳、渡来人が居住する集落等から出土する。5世紀後葉には、朝鮮半島や渡来人と関係する各地域の首長層等の古墳祭祀具として定着し、北陸にも導入された古墳が出現する。

　筒形器台が出土した加納南9号墳（（財）富山県理文事務所 2007）が位置する氷見市域は、能登半島東側の富山湾の付け根に位置し、縄文時代からの各時期を通して能登地域と一体化した文化を持ち、政治・経済的にも同一性の強い地域である。拙稿で取り扱う筒形器台も同様に、能登からは七尾市矢田高木森古墳（橋本 2002）や羽咋市山伏山1号墳（田嶋 1973）からも出土しており、能登の筒形器台とは一連の政治情勢の下での導入事例として捉えられるであろう。

　さらに、視野を広げて北陸地方全域に筒形器台の出土状況を俯瞰すると、若狭の獅子塚古墳（入江 1986）や越前の兜山北古墳（鯖江市教委 2001）、加賀の和田山23号墳（寺井町教委 1997）がある。これらの古墳の築造時期には時間幅があり、西から東への単純な時系列による波及状況になく、また点的な希薄な分布状況であるが、日本海側では越中以西が分布域となろう。

　拙稿は、筒形器台の分布域縁辺に位置する越中の小円墳の墳丘祭祀に筒形器台が導入された歴史的背景を論考するものであるが、紙幅の関係で、ここでの記述は筒形器台の分類と編年にとどめ、以下を別稿とする。

1．筒形器台

(1) 分 類（図1）

　陶質土器や須恵器の大型器台には、筒形と高杯形の2種類があるが、筒形器台のみを検討資料とする。

　筒形器台は、高さが40～60cm台の大型品、20～30cm台の中型品、10cm前後の小型品に分類され、小型品には、長頸壺とセットをなす低い筒状の高霊タイプのものや小さな受部に大きく広がる脚部をもつ高杯状のもの等のいくつかのタイプが認められるが、ここでは大・中型品と同形状のも

386　第Ⅱ部　周辺地域編

図1　筒形器台の分類

のみを対象とする。なお、小型品は陶質土器や初期須恵器段階にとどまることや出土量が少ないことから適宜に触れる程度とする。

　上記の前提に基づき分類する。分類は、受部と脚部の形態分類の組合せによって細分する。

　受部は、筒部から単純に「く」字状に折れて広がるA類、筒上部と一体となって壺の頸部のく

びれ部を呈し、受部は壺の口縁部にあたるB・C類に大別する。A類は、直線的に開くものや受端部近くで屈曲して受口状となるもの、途中で屈曲して有段状となるもの等がある。B類には、直線的に大きく広がるもの、受端部が屈曲し受口状となるもの、途中で屈曲して有段状となるもの、内湾気味に立ち上がり深いもの等がある。C類は、壺の体部器壁を厚く肥厚させたもので、受部は短く直線的に外反するものや受端部が受口状となるもの、途中で屈曲し深いものがあり、尾張を中心に岐阜県や三重県の一部に広がり、尾張型と呼称する。

　A類は、Ⅰ1期に主体となる受部で、B類はⅠ2期、C類はⅡ期に出現する。なお、受部の形態は、ここでの分類以上に細分が可能であるが、形態からの時期的変遷や地域的特徴等を探求する手立てを欠くことから、これ以上の細分は控える。

　脚部の形態には、筒部と一体となり、スムーズにラッパ状に開く1類、筒部との境で屈曲し、釣鐘状になる2～5類、内湾して浅い伏鉢状となる6～11類、筒状の釣鐘形をなす12～14類、洗面器を伏せた形態の15～17類に分ける。さらに、屈曲部には無突帯のものとリング状の突帯が巡るものがあり、前者をa類、後者をb類とする。

　これらの脚部の形態の特徴と出現時期を細述すると、1a類はⅠ1期及びⅠ2期の陶質土器や初期段階に主体となり新羅系とされる。

　2類は、野草のホタルブクロの花の形状のような筒部から、ふっくらと内湾気味に広がるもので、突帯のないa類、低いリング状の突帯が巡るb類、縦方向の区画装飾が入るc類に細分する。当類は伽耶系の脚部であるが、その中でもc類は高霊伽耶系とされ、Ⅰ1期に認められる。3類は筒部から外傾度を変えて直線的に広がるもので、Ⅰ2期からⅢ期に認められる。4類は、次の5類と3類の中間的な形状で筒部との境がわずかに屈曲面をもって広がる形態である。5類は、鋭角に折れて横方向に広がる明確な水平の屈曲段をもつもので、Ⅲ期に盛行し、屈曲平坦面に馬や人物等の小像を乗せる事例も出現する。

　6類は脚部が内湾して脚端部に至るもので、釣鐘状の2類と脚部が低い伏鉢状の7類との中間的な脚高をもつ。7・8類は内湾して脚高の低いヘルメット状を呈するもので、Ⅰ～Ⅱ期の初期段階に認められる。9類は、脚部が直線的に広がり、3類のさらに脚高を低くした形態で、突帯が巡るb類のみが抽出できる。10類は低い脚高で「ハ」字状に直線的に開くもの、11類は、脚部途中で折れて有段となるものである。10・11類はⅠ1期のON231号窯に認められる。

　12～14類は、円筒形に近い釣鐘状を呈するもので、12類の筒状、13類のなで肩、14類のいかり肩がある。13a類は志賀公園遺跡SU11出土品でⅠ2期、12類や14類は、Ⅳ・Ⅴ期の終末期に多い形態である。

　15～17類は、洗面器を伏せた形状をもち、8類に類似するが脚端部は外反する。15類は陶質土器、16・17類は尾張地域のⅢ期以降に盛行する。

　筒部は円筒状を呈して顕著な形態差はみられないが、大型径のものが前半代に多い傾向にある。受部との境付近にリング状の突帯を巡らすものや縦の棒状突帯で区画を施すものがわずかにある。

　透孔は、4方向に入れるものが圧倒的に多いが、陶質土器や初期段階は6～8カ所の多方向が多い。形状は長方形が主体を占めるが、三角形や円形もわずかに認められる。透孔が入る区画線は、

前半代が突出線、後半代は凹線で区分し、大型品が4～6段、中型品は2～4段程度で構成され、透孔は連続や千鳥状に入る。脚部の透孔は、2～4段に区画され、透孔の形状は三角形や長方形がある。また、受部には透孔を入れるものは多くはないが、長形や三角形、火焔形の透しを入れたものがわずかにある。

　貼付装飾は、受部外面に勾玉や円形、筒部や脚部、脚部の屈曲平坦面には人物や馬、犬等、筒部には亀、蛇、円形、勾玉等の装飾を貼付けるものがある。

　筒部や脚部の外面の文様は、櫛書き波状文が施されるが、陶質土器には、組紐文や刺突文がわずかに認められる。

⑵　編年と出土遺跡（図2～4）

　受部A類と脚部1・2類で構成された筒形器台は、伽耶系の器形に加えて新羅系の要素が強く加わり、出自は洛東江河口流域が想定される。この筒形器台を金官伽耶系の器台と呼称する。

　次に、受部B・C類と脚部2・3類で構成された器台は、新羅系の要素が弱まり、伽耶各地の要素が加わることから大伽耶系の筒形器台と呼称する。

　筒形器台の出土遺跡は、畿内及び周辺域とその他の地域に大別し、各期を古墳や須恵器生産遺跡の窯場、窯場に付属する工人集落、その他の渡来人関連集落等の遺構別に区分して記述する。

　Ⅰ1期　Ⅰ1期は金官伽耶系の器台が主体となる。受部はA類、脚部はラッパ状に開く1a類を主体に2・7・10・11類がある。陶質土器と須恵器があり、出土遺跡は渡来人との関係が深い古墳や須恵器生産遺跡、須恵器工人集落、渡来人集落及び渡来人との関係が強固な遺跡等に限定される。

　陶質土器の可能性が高い筒形器台の古墳からの出土は、都城市志和地古墳（面高・長津 1983）や岐阜市鎧塚古墳（伊藤・尾谷 1991）等がある。また畿内及び周辺域の集落からは、豪族の倉庫群とされる和歌山市鳴滝遺跡（和歌山県教委 1984）、遺跡の性格が明確でない和歌山市楠見遺跡（関西大学 1972）や有田川町野田地区遺跡（（財）和歌山県文化財 2009）等がある。

　須恵器筒形器台の出土は、畿内の生産遺跡の堺市大庭寺遺跡TG232号窯（大阪府教委・（財）大阪府埋文協会 1995）、堺市ON231号窯（大阪府教委・（財）大阪府埋文協会 1994）や須恵器工人集落に隣接する万崎池遺跡（（財）大阪文化財センター 1984）、渡来人関連集落の松原市・堺市大和川今池遺跡（（財）大阪府文化財調査研究 2000）、葛城市竹内遺跡（木下 2006）、そして津市六大A遺跡（三重県埋文 2002）がある。

　畿内及び周辺域の古墳には、岸和田市持ノ木古墳（岸和田市教委 1993）、橿原市新沢千塚281号墳（橿原考古研付属博 1987）等があげられる。

　Ⅰ2期　大伽耶系の筒形器台が出現する時期で、受部の形態はB類、脚部は1a類に加えて3・4類、そして尾張型の起点をなす13類がある。

　須恵器生産遺跡からの出土は、陶邑窯跡群の堺市TK83号窯（大阪府教委 1994）や名古屋市東山111号窯（斉藤 1983）があり、地方窯での事例が出現する。須恵器工人集落からは、堺市大庭寺遺跡谷部（1-OL）（大阪府教委・（財）大阪府埋文協会 1995）や堺市陶邑・伏尾遺跡溝1766-OO（大阪府教委・（財）大阪府埋文協会 1990）等の陶邑窯跡群周辺域がある。また大阪市長原遺跡

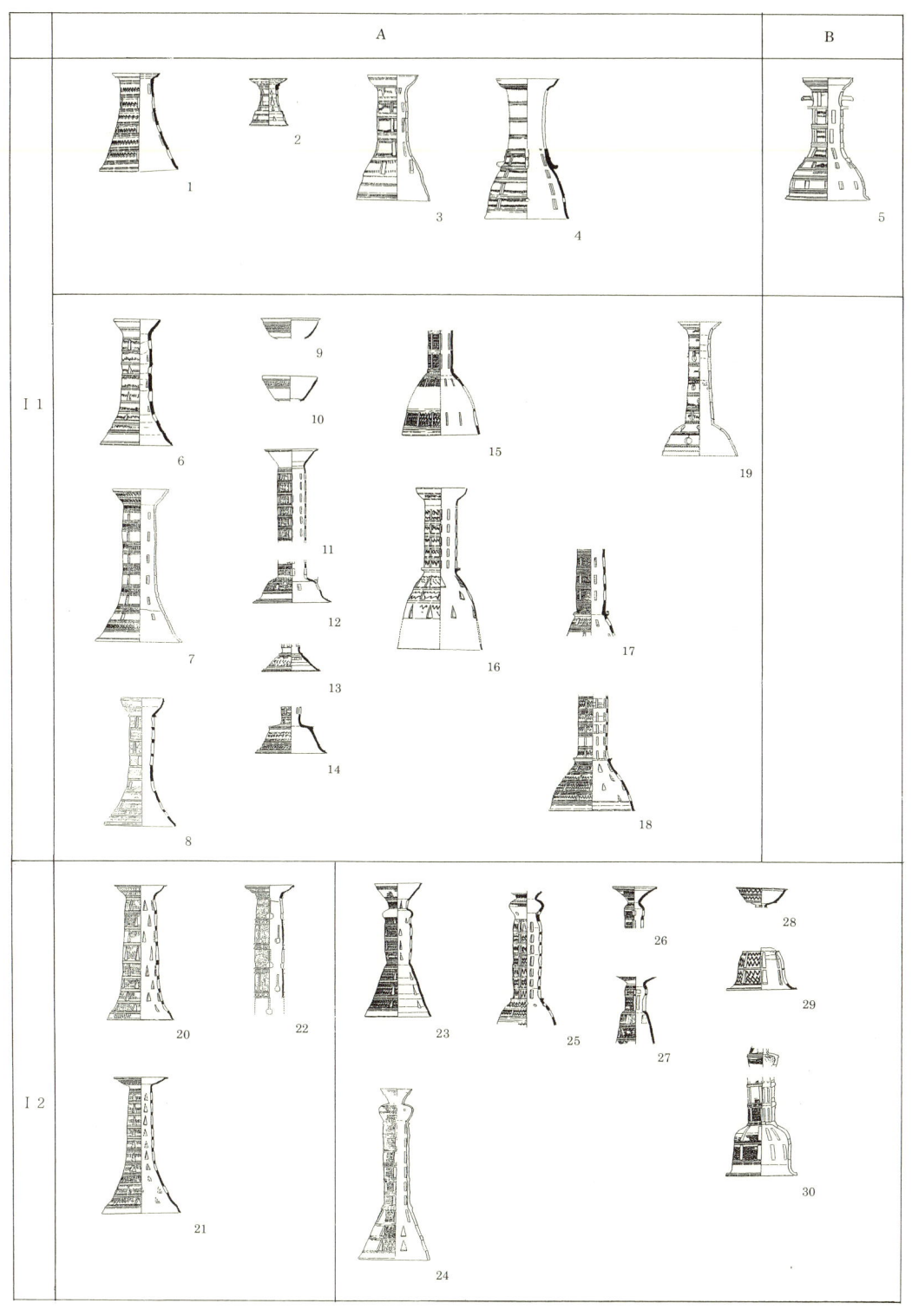

図2 筒形器台の編年 (1)

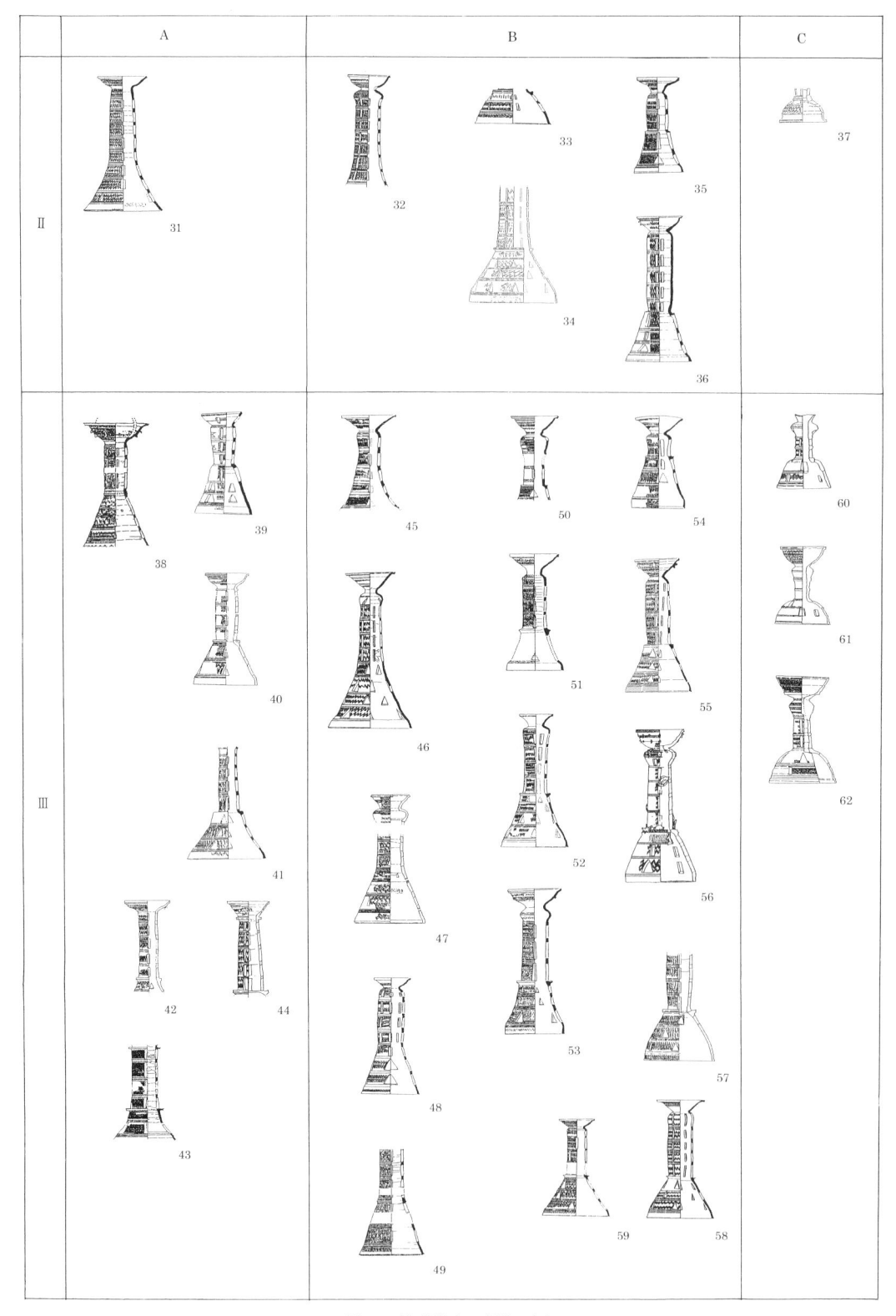

図3 筒形器台の編年（2）

筒形器台の分類と編年 *391*

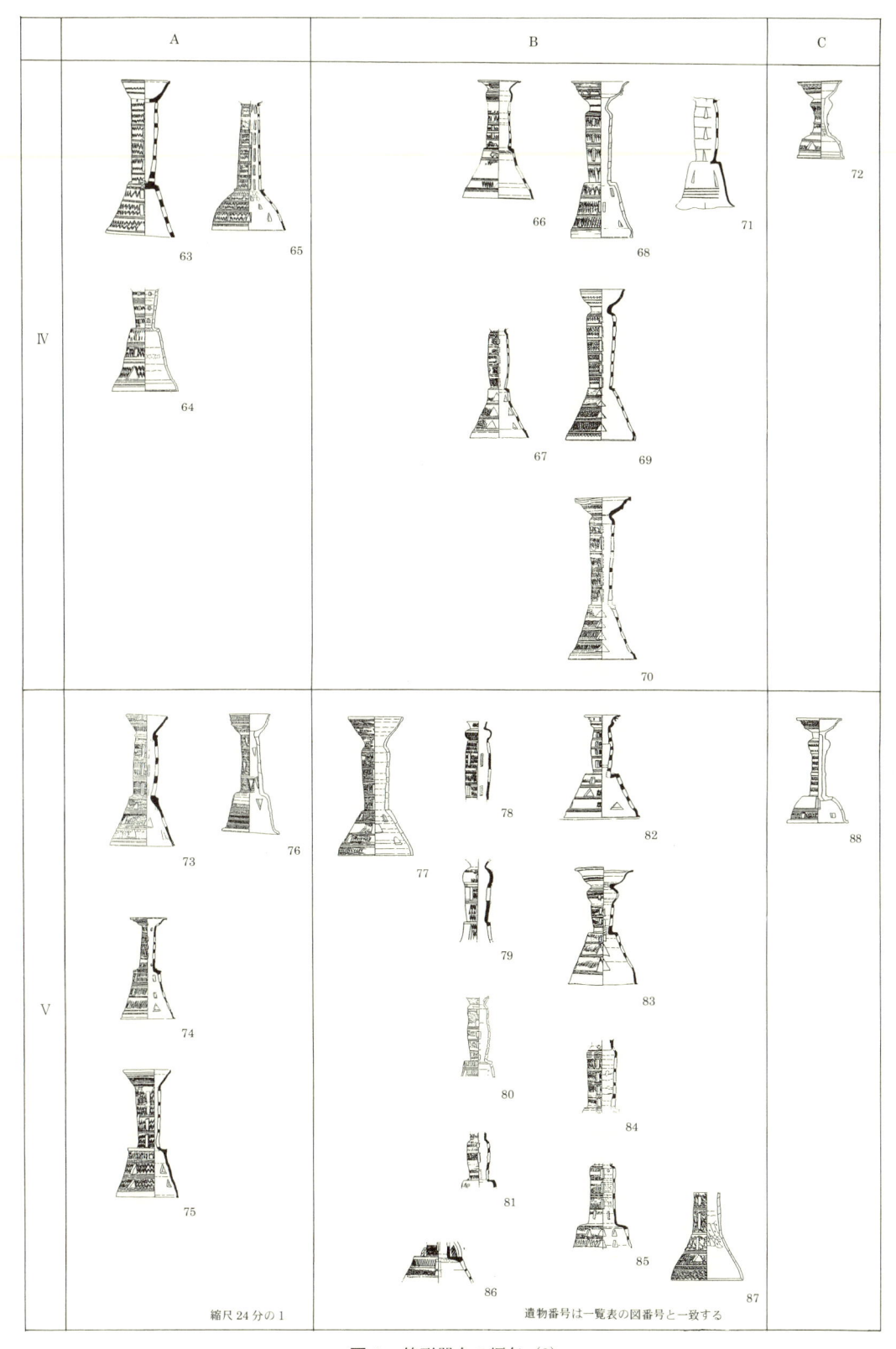

図4 筒形器台の編年 (3)

SX007や同遺跡SD057（（財）大阪市文化財協会 2005）の旧河内湖周辺域からの出土も知られている。

畿内の古墳の出土例は、大阪市長原45号墳（（財）大阪市文化財協会 1989）があり、地方の古墳出土例としては岡山市榊山古墳（西川 1986）や加古川市東沢1号墳（兵庫県考古博 2012）、鹿児島県神領10号墳（橋本 2010）等がある。

Ⅱ　期　尾張型のＣ類が出現する時期で、脚部は17類が認められる。Ａ・Ｂ類の脚部は１ａ類、６ｂ類、８ｂ類に加えて４・５類が比率を高める。

古墳からの出土例は、畿内及び周辺域では大阪市長原・瓜破遺跡57号墳（（財）大阪市文化財協会 1989）、地方の古墳からは松江市金崎１号墳（松江市教委 1978）がある。

畿内の生産遺跡等には、堺市 TK13窯（大阪府教委 1995）、同市陶邑・伏尾遺跡河川（56-OR）（大阪府教委・（財）大阪府埋文協会 1996）、大阪市難波宮跡谷出土品（（公財）大阪市博物館協会 2012）がある。地方の生産遺跡等には香川県宮山１号窯（瀬戸内海歴民 1984）や名古屋市大須二子山古墳下層（服部 2005）等がある。

Ⅲ　期　Ⅲ〜Ⅴ期は、筒形器台が古墳の墳丘上や横穴石室の前庭部等で執り行う祭祀品として渡来人や伽耶地域と関係をもつ地方の首長層に定着し、さらには日本の祭祀概念とミックスされて西日本各地の古墳に広がり、出土例が飛躍的に増加する時期である。

他方、Ⅲ期の陶邑の須恵器生産集団組織は、倭系集団に組み込まれた新たな集団となり、大規模な生産体制をとることや工人集落に付随して古墳が伴う等の前段階に比べて卓越した時期とされる（岡戸 1994）。筒形器台の受部は、Ⅱ期と同様にＢ類、脚部は５類が主体で推移し、Ｃ類には脚部15類が加わる。また、受部外面や筒部外面等に勾玉や円形の装飾を貼付した個体の比率が最も高くなる時期である。

全体の形状が推定できる筒形器台が出土した各地の古墳を列記すると、宮崎市生目７号墳（宮崎市教委 2003）、福岡市羽根戸古墳（小田 1964）、さぬき市川上古墳（長尾町教委 1991）、松江市古曽志大谷１号墳（島根県教委 1989）、名古屋市伝羽根古墳（沢村 2005）、海津市城山古墳（岐阜県 1972）、能美市和田山23号墳等の西日本各地の古墳に広まる。また、東日本の稀少例としては茨城県小美玉市玉里権現山古墳（玉里村教委 2000）がある。

一方、畿内の古墳出土品には、陶邑・伏尾遺跡41-OG（大阪府教委・（財）大阪府埋文協会 1990）や大阪市長原遺跡２号墳（大阪府教委・（財）大阪府文化財調査研究 2000）、泉佐野市長滝１号墳（泉佐野市 2006）等があり、渡来集団と関係が深い古墳群からの出土例が増加する。

さらに、畿内の須恵器工人集落の陶邑・大庭寺遺跡SK230（堺市教委 1994）や渡来人集落及び渡来人との関係が想定される大阪市長原遺跡SK706（（財）大阪市文化財協会 2006）、八尾市・東大阪市池島・福万寺遺跡（（財）大阪府文化財センター 2002）、阪南市亀川遺跡（（財）大阪府文化財調査研究 2002）等の集落遺跡からも出土している。

須恵器生産遺跡では、MT５-Ⅱ窯（大阪府教委 1979）等の陶邑窯跡群や三田市郡塚１号窯（兵庫県教委 1987）、豊橋市水神窯（豊橋市教委 1987）の出土例がある。

Ⅳ　期　脚部の形態は５類にほぼ単一化される。横穴式石室が各地に普及するとともに石室内や

表1　古墳出土筒形器台一覧

番号	古墳名	筒形器台	受部	脚部	古墳形態	規模	時期	図番号
1	鹿児島県大崎町神領10号墳くびれ部	完	A	1a	前方後円	54	Ⅰ2	
2	鹿児島県大崎町横瀬古墳くびれ部	破片	—	—	前方後円	140	Ⅰ2	
3	宮崎県都城市志和地古墳	完35.6	A	1a	—	—	Ⅰ1	1
4	宮崎県宮崎市生目7号墳後円造り出し	完58.4	B	1a	前方後円	46	Ⅲ	46
5	熊本県八代郡氷川町姫ノ城古墳墳丘	破片	—	—	前方後円	86	Ⅳか	
6	佐賀県基山町上野古墳墳丘	完37.0	B	5a	円？		Ⅴ	82
7	長崎県対馬市恵比寿山遺跡1号石棺	完7.9					Ⅰ1	
8	福岡県八女市岩戸山古墳墳丘	破片	B	5a	前方後円	132	Ⅴ	79
9	福岡県八女市立山山13号墳	破片	B	5a	円		Ⅲ	
10	福岡県那珂川町貝徳寺古墳周溝	破片4	—	5b	前方後円	53	Ⅲ	
11	福岡県福岡市羽根戸古墳	完57.0	B	5b	—	—	Ⅲ	56
12	福岡県筑紫野市隈平原1号墳	破片	A	—			Ⅲ	44
13	愛媛県松山市葉佐池古墳石室	完44.0	B	5a	前方後円	56	Ⅴ	83
14	愛媛県松山市播磨塚天神山古墳墳丘	破片(多)	B	5a	前方後円	32.5	Ⅳ	66
15	香川県さぬき市川上古墳石室	完44.6	B	8	円	20〜22	Ⅲ	58
16	島根県松江市金崎1号墳石室	完54.2	B	5a	前方後方	32	Ⅱ	36
17	島根県松江市塚山古墳造り出し	破片2	B	3a	方(造り出し)	33	Ⅲ	47
18	島根県松江市古曽志大谷1号墳造り出し	破片	—	7b	前方後方	46	Ⅲ	57
19	島根県安来市島田1号墳周溝	破片	B	—	円	11	Ⅲ	
20	鳥取県鳥取市横枕42号墳周溝	破片2	—	—	円	16.7	Ⅲ	
21	鳥取県鳥取市横枕59号墳周溝	破片3	—	—	円	17.1	Ⅲ	
22	鳥取県倉吉市向山46号墳周溝	完約44.0	B	5a	円		Ⅲか	
23	岡山県岡山市榊山古墳造り出し	破片	A	—	円	35	Ⅰ2	
24	岡山県笠岡市仙人塚古墳墳丘	破片2	B	—	帆立貝形	43	Ⅲ	
25	岡山県津山市日上畝山67号墳周溝	破片2	B	5a	円？		Ⅳ	
26	岡山県津山市日上畝山古墳群不明	破片	—	5a	—	—	Ⅳ	67
27	岡山県津山市長畝山2号墳周溝	破片	—	—	円	17	Ⅲ	
28	兵庫県たつの市中垣内天神山1号墳くびれ部	破片	—	3a	前方後円	約22.5	Ⅲ	
29	兵庫県三木市広野群集墳	完	A	7b	前方後円	約30		
30	兵庫県加古川市東沢1号墳周溝	破片	A	—	方(造り出し)	20	Ⅰ2	22
31	大阪府堺市栂北古墳周溝	破片3	—	5b	円	25	Ⅴ	
32	大阪府堺市陶邑・伏尾40-OG(方墳)周溝	破片	B	—	方	16	Ⅲ	
33	大阪府堺市陶邑・伏尾41-OG(方墳)周溝	破片2	B	3b	方	11	Ⅲ	38・49
34	大阪府和泉市野々井1号墳周溝	破片	—	—	前方後円	不明	Ⅳ	
35	大阪府和泉市野々井10号墳周溝	破片	—	—	前方後円	33	Ⅲ	
36	大阪府岸和田市持ノ木古墳周溝	破片6	A	—	方	12	Ⅰ1	
37	大阪府岸和田市田治米宮内溝052	破片2	B	—	方	約20	Ⅲ	
38	大阪府大阪市長原七ノ坪古墳石室	破片	B	—	前方後円	24	Ⅳ	
39	大阪府大阪市長原遺跡2号墳周溝	完54.2	B	4b	方	11	Ⅲ	53
40	大阪府大阪市長原遺跡3号墳周溝	破片4	—	—	方	14	Ⅲ	
41	大阪府大阪市長原遺跡4号墳周溝	破片	—	—	方	8	Ⅲ	
42	大阪府大阪市長原遺跡27号墳周溝	破片	B	4b	方	10〜12	Ⅲ	51
43	大阪府大阪市長原遺跡45号墳周溝	破片	—	—	方	7	Ⅰ2	
44	大阪府大阪市長原・瓜破遺跡57号墳周溝	破片	B	—	方(造り出し)	15	Ⅱ	
45	大阪府大阪市長原遺跡58号墳周溝	破片	—	—	不明	不明	Ⅲ	
46	大阪府大阪市長原・瓜破遺跡111号墳周溝	破片	A	5b	方	10.8	Ⅲ	40
47	大阪府大阪市長原遺跡166号墳主体部直上	破片2	—	—	方	不明	Ⅰ2	
48	大阪府大阪市喜連東遺跡SX501周溝	破片4	B	—	方	12.6	Ⅲ	
49	大阪府守口市梶2号墳周溝				帆立貝形	29.7	Ⅳ	
50	大阪府東大阪市半堂遺跡周溝	破片					Ⅲ	
51	大阪府東大阪市大賀世3号墳	破片	B	—	前方後円			
52	大阪府泉佐野市長滝1号墳周溝	完50.1破片	B・B	1a・4b	方	18〜20	Ⅲ	45・55
53	大阪府泉佐野市長滝3号墳周溝	破片2					Ⅳ	
54	和歌山県和歌山市井辺八幡山古墳東造り出し	破片	—	5a	前方後円	88	Ⅴ	
55	和歌山県和歌山市秋月9号墳周溝	破片	B	5a	円	14	Ⅴ	80

番号	古墳名	筒形器台	受部	脚部	古墳形態	規模	時期	図番号
56	和歌山県有田市箕島1号墳石室	完38.3	A	5b	円	12	V	74
57	京都府峰山町大耳尾1号墳	破片	B	—	円	24	V	
58	奈良県橿原市新沢千塚281号墳墳丘	破片	—	2b	円	20～23	Ⅰ1	15
59	三重県鈴鹿市石薬師東45号墳周溝	完29.2	C	16a	方	10	Ⅳ	72
60	三重県鈴鹿市石薬師東49号墳周溝	破片2	A	5a	方	13	Ⅳ	64
61	三重県亀山市井田川茶臼山古墳石室	完44.0	A	12a	円	30mか	V	76
62	岐阜県海津市城山古墳	完28.0	C	15a	—	—	Ⅲ	60
63	岐阜県岐阜市鎧塚古墳墳丘	推44.5	B	14a	前方後円	82	Ⅰ1	5
64	岐阜県養老町象鼻山51号墳	破片2	—	—	円	14	Ⅲ	
65	愛知県名古屋市東谷山9号墳石室	完39.6	C	16a	円	10～15	V	88
66	愛知県名古屋市伝宮根古墳	完29.0	C	16a	円	20前後	Ⅲ	61
67	愛知県名古屋市志賀公園遺跡SU11	破片	—	13a	前方後方か		Ⅰ2	30
68	愛知県名古屋市東古渡町遺跡SD03周溝	完40.4	C	16a	方	約15	Ⅲ	62
69	愛知県名古屋市大久手3号墳墳丘？	破片	—	16a	方	約14	Ⅲ	
70	愛知県名古屋市大塚2号墳攪乱層	破片	—	16a	不明	—	Ⅲ	
71	愛知県豊橋市市場古墳	破片	B	5a			Ⅳ	71
72	福井県美浜町獅子塚古墳石室	完51.0	A	5a	前方後円	34	V	73
73	福井県鯖江市兜山北古墳周溝	完47.2	A	5b	帆立貝形	23.7	V	75
74	石川県能美市和田山23号墳周溝	完38.0	A	5a	円	22	Ⅲ	39
75	石川県羽咋市山伏山1号墳石室	破片	B	—	前方後円	約49	V	
76	石川県七尾市矢田高木森古墳墳丘	完約59.9	B	5b	前方後円	59	Ⅳ	69
77	富山県氷見市加納南9号墳墳丘	完約60.2	B	5	円	19	Ⅳ	70
78	静岡県浜松市瓦屋西B2号墳周溝	完57.6	B	5a	円	15	Ⅳ	68
79	静岡県浜松市瓦屋西C5号墳墳丘	破片	—	—	前方後円	22	Ⅳ	
80	静岡県浜北市辺田平3号墳	完51.6	B	5a			V	77
81	群馬県前橋市前二子塚古墳石室	完58.0	A	5a	前方後円	93.7	Ⅳ	63
82	茨城県小美玉市玉里権現山古墳くびれ部	推36.5	B	8b	前方後円	89.5	Ⅲ	59

前庭部からの出土事例が増え、古墳祭祀の形態が大きく変化する時期にあたる。

　地方の古墳出土品には、松山市播磨塚天神山古墳（松山市教委・（財）松山市振興財団埋文 2001）、津山市日上畝山67号墳（津山市教委 2007）、鈴鹿市石薬師東45・49号墳（三重県埋文 2000）、七尾市矢田高木森古墳、氷見市加納南9号墳、浜松市瓦屋西B2号墳（川江 1979）、前橋市前二子塚古墳（田口 1987）等がある。

　畿内及び周辺域からは、堺市野々井1号墳（大阪府教委 1988）や大山崎町下植野南遺跡（（財）京都府埋文調査研究 2004）の渡来人関連の古墳や遺跡、堺市深井畑山1号窯（堺市教委 1994）等の窯場からの出土があるが、須恵器生産遺跡以外は減少傾向にある。

　Ｖ　期　筒形器台が小型化すると共に、祭祀遺物の主体が装飾付脚付壺や子持ち器台、高杯形器台、ミニチュア竈セット等に移行し、終焉を迎える時期である。筒形器台の脚部は、前期のⅣ期に引続き5類が主体をなす。

　畿内及び周辺域からは、有田市箕島1号墳（和歌山県 1983）や和歌山市井辺八幡山古墳（同志社大学考古学研 1972）があり、地方の古墳出土品には、佐賀県上野古墳（小田 1959）、松山市葉佐池古墳（松山市教委 2003）、亀山市井田川茶臼山古墳（三重県教委 1988）、名古屋市東谷山9号墳（名古屋市教委 1969）、浜北市辺田平3号墳（鈴木 2000）、鯖江市兜山北古墳、美浜町獅子塚古墳等がある。

　陶邑窯ではTK43-1号窯（（財）大阪文化財 1982）やTN7-1号窯（和泉丘陵遺跡調査会

表2 その他の遺跡出土の筒形器台一覧

番号	遺跡・遺構名	筒形器台	受部	脚部	時期	図番号
1	鹿児島県垂水市垂水小学校校庭遺跡	完6.6	A	1a	Ⅰ1	
2	愛媛県松山市北井門遺跡 MSK 3 SI17	破片	—	—	Ⅳ	
3	愛媛県松山市北井門遺跡 MSK 4 SD01	破片5	A	3a・4a?	Ⅱ～Ⅳ	
4	愛媛県松山市北井門遺跡 MSK 4 SD02	破片	—	—	Ⅳ	
5	愛媛県松山市北井門遺跡 MSK 6 SI19	破片	—	—	Ⅳ	
6	香川県三豊市豊中町宮山1号窯灰層	破片	B	6b	Ⅱ	
7	岡山県山陽町斎富遺跡包含層	破片	—	—	Ⅰ2	
8	兵庫県三田市郡塚1号窯	破片	—	—	Ⅲ	
9	兵庫県明石市赤根川・金ケ崎窯	破片	B	—	Ⅴ	81
10	大阪府堺市 ON231号窯灰層	破片5	A	9a・10a・10b	Ⅰ1	11～14
11	大阪府堺市大庭寺遺跡TG232号窯灰層	完45.4、破片3	A	1a	Ⅰ1	6・9・10
12	大阪府堺市大庭寺遺跡谷（1-OL）土器たまり	完48.6、破片2	B	3a・4a	Ⅰ2	23・26・27
13	大阪府堺市大庭寺遺跡河川（56-OR）	完36.0	B	4b	Ⅱ	35
14	大阪府堺市大庭寺遺跡谷（393-OL）	破片	A		Ⅰ1	
15	大阪府堺市陶邑・大庭寺遺跡SK230	完34.5	B	4b	Ⅲ	54
16	大阪府堺市陶邑・伏尾遺跡谷部	完49.4、破片	A	1a	Ⅰ2	21
17	大阪府堺市陶邑・伏尾遺跡溝1766-OO	破片	A	—	Ⅰ2	
18	大阪府堺市陶邑・伏尾遺跡溝1750-OS	破片	—	—	Ⅰ2	
19	大阪府堺市陶邑・伏尾遺跡谷	破片	—	—	Ⅰ2	
20	大阪府堺市陶邑・伏尾遺跡中・近世遺構（混入）	破片	A	—	Ⅱか	
21	大阪府堺市大庭寺・伏尾遺跡土坑97	破片	—	6a	Ⅴ	87
22	大阪府堺市万崎池遺跡包含層	破片	A	2c	Ⅰ1	16
23	大阪府堺市 TK85号窯灰層	破片	—	—	Ⅰ2	
24	大阪府堺市 TK43-Ⅰ号窯灰層	破片	B	—	Ⅴ	78
25	大阪府堺市野々井遺跡谷状遺構	破片	—	—	Ⅰ1	17
26	大阪府堺市野々井遺跡第3調査区土坑SX3B-01	破片	A	—	Ⅴ	
27	大阪府堺市野々井遺跡第6調査区竪穴建物SB6-02	破片	—	—	Ⅲ～Ⅴ	
28	大阪府堺市野々井遺跡第6調査区土坑SX6-A	破片	—	—	Ⅳ	
29	大阪府堺市野々井遺跡第6調査区南西部包含層	破片	—	—	Ⅲ	
30	大阪府堺市陶邑谷山池地区和泉丘陵TN7-1号窯灰層	破片	A	—	Ⅴ	
31	大阪府堺市東上野芝遺跡SK05	破片	B	—	Ⅱ	
32	大阪府堺市 TK83号窯灰層	破片3	—	—	Ⅰ2	
33	大阪府堺市 TK313号窯灰層	破片	—	—	Ⅲ	
34	大阪府堺市 TK13号窯灰層	完51.1、破片	A・B	1a	Ⅱ	31・32
35	大阪府堺市 MT5-Ⅱ号窯灰層	破片	B	—	Ⅲ	50
36	大阪府堺市小阪遺跡H地区灰層	破片7	B	11	Ⅰ2～Ⅴ	85
37	大阪府堺市小阪遺跡SK155	破片	—	—	Ⅱ	
38	大阪府堺市小阪遺跡SP129	破片	—	—	Ⅱか	
39	大阪府堺市 MT71号窯灰層	破片	B	—	Ⅱ	
40	大阪府堺市信太山2号窯灰層・包含層	破片	A	—	Ⅰ2～Ⅱ	
41	大阪府堺市深井畑山1号窯灰層	破片	—	—	Ⅳ	
42	大阪府堺市陵南遺跡河川状	破片2	—	—	Ⅳ～Ⅴ	
43	大阪府堺市大野寺跡OOT-5地点攪乱層	破片2	—	5b	Ⅳ～Ⅴ	
44	大阪府松原市・堺市大和川今池遺跡427井戸	完54.6	A	1a	Ⅰ1	7
45	大阪府松原市・堺市大和川今池遺跡460井戸	破片	—	—	Ⅴ	
46	大阪府阪南市亀川遺跡SD765	完49.8	B	4b	Ⅲ	52
47	大阪市大阪市長原遺跡NG-1古代包含層8トレ	破片	—	—	Ⅲか	
48	大阪府大阪市長原遺跡SX007上層窪地	完49.1	A	1a	Ⅰ2	20
49	大阪府大阪市長原遺跡SD057	破片	—	1a	Ⅰ2	
50	大阪府大阪市長原・瓜破遺跡SK39～41	破片2	—	—	Ⅱ	
51	大阪府大阪市長原・瓜破遺跡Ⅵ区SD23	破片	A	—	Ⅲ	42
52	大阪府大阪市長原・瓜破遺跡Ⅷ区SD41	破片	B	—	Ⅲ	
53	大阪府大阪市長原・瓜破遺跡A88-20①次調査SD705	破片	B	—	Ⅱ	
54	大阪市大阪市長原遺跡NG04-6次SK706	破片	A	5a	Ⅲ	41
55	大阪府大阪市長原遺跡NG93-26次SE701	破片	—	1b	Ⅲ	43

番号	遺跡・遺構名	筒形器台	受部	脚部	時期	図番号
56	大阪府大阪市長原遺跡 NG97-31SD703	破片2	A	4b	Ⅲ	
57	大阪府大阪市大阪城跡2B調査区谷1	破片	B	—	Ⅴ	84
58	大阪府大阪市大阪城下町谷 OJ92-1　4層	破片1	—	1b		
59	大阪府大阪市難波宮跡 NW10-4調査区　6区谷	破片1	—	6b	Ⅱ	34
60	大阪府八尾市久宝寺遺跡窪地 SQ5001	破片	—	—	Ⅱ	
61	大阪府八尾市久宝寺遺跡自然河川 NR5001	破片	Bか	—	Ⅱか	
62	大阪府八尾市・東大阪市池島・福万寺遺跡包含層	完43.4	B	3a	Ⅲ	48
63	大阪府高石市大園遺跡	破片	B	—	Ⅰ2	25
64	大阪府高槻市嶋上郡衙周辺遺跡27-D地区竪穴建物	破片4	—	7b	Ⅱ	33
65	大阪府四條畷市木間池北方遺跡川	破片	A	—	Ⅰ1	
66	大阪府四條畷市部屋北Ⅰ遺跡大溝 H11	破片	—	—		
67	大阪府四條畷市部屋北Ⅰ遺跡土坑 A1187	破片	—	4a	Ⅲ	
68	大阪府豊中市新免遺跡包含層	破片	—	—		
69	大阪府豊中市新免遺跡谷	破片	B	—	Ⅳ	
70	大阪府東大阪市神並遺跡谷	破片	—	—	Ⅲ	
71	大阪府寝屋川市楠遺跡土坑	完47.1、破片	A	1a	Ⅰ1	8
72	大阪府寝屋川市長保寺遺跡	破片	—	1a	Ⅰ1	
73	大阪府枚方市茄子作遺跡流路33	破片	—	—	Ⅰ1か	
74	大阪府交野市上私部遺跡溝2	破片（土師器）	—	—	Ⅱ？	
75	大阪府交野市私部南遺跡第1調査区470溝	破片	—	—	Ⅱ	
76	大阪府岸和田市二俣池北遺跡溝	破片2	—	5a？	Ⅴ？	
77	大阪府和泉市寺田遺跡河川1694・1692	破片5	A・B	2a・5a・8b	Ⅱ〜Ⅳ	
78	和歌山県有田川町野田地区遺跡1-A区包含層	完45.2	A	2a	Ⅰ1	3
79	和歌山県和歌山市楠見遺跡包含層	破片	A	2c	Ⅰ1	4
80	和歌山県和歌山市楠見遺跡 SK2	破片	—	6a？	Ⅰ1	
81	和歌山県和歌山市鳴滝遺跡 SB-01外	破片2	A	—	Ⅰ1	
82	京都府大山崎町下植野南遺跡竪穴建物 SHF116	破片	A	7b	Ⅳ	65
83	京都府宇治市街遺跡妙楽55地点溝 SD302	完17.0	A	1a	Ⅰ1	2
84	奈良県葛城市竹内遺跡溝	破片	—	7b	Ⅰ1	18
85	奈良県明日香村川原寺遺跡下層	完61.7	B	4b	Ⅰ2	24
86	奈良県天理市和爾・森本遺跡川	破片2	B	—	Ⅱ〜Ⅲ	
87	奈良県橿原市四条大田中遺跡溝	完7.0				
88	三重県津市六大A遺跡 SD1	破片2	—	7a	Ⅰ1	19
89	愛知県名古屋市大須二子山古墳下層	破片	—	16a	Ⅱ	37
90	愛知県名古屋市東山111号窯灰層	破片2	—	13a	Ⅰ2	28・29
91	愛知県名古屋市川東山遺跡	破片2	C	—		
92	愛知県名古屋市名古屋城三の丸遺跡 SI390	破片3	—	16a	Ⅲ	
93	愛知県名古屋市高蔵遺跡包含層	破片	—	—		
94	愛知県春日井市下原2-1・3・6号窯灰層	破片10	B	16a	Ⅲ〜Ⅳ	
95	愛知県豊橋市水神1〜3号窯灰層攪乱	破片2	—	5b	Ⅲ	
96	福井県美浜町興道寺窯灰層	破片	—	5a	Ⅴ	86
97	栃木県宇都宮市権現山遺跡豪族居館	破片	—	—	Ⅱ	

1992）等で焼成され、地方窯は明石市赤根川・金ケ崎窯（明石市教委 1990）や美浜町興道寺窯（入江 1986）が知られる。

　上述した各期の筒形器台の形態の特徴を概略すると、Ⅰ1期は陶質土器と初期須恵器があり受部は新羅系のA類が主体を占め、伽耶系のB類は客体的存在である。ただし脚部は2類、7a類、11類と伽耶系が主体を占める。なおTG232号窯の筒形器台はA1a類で新羅系の要素が色濃く入る形態である。

　Ⅰ2期は伽耶系の受部B類が出現し、大庭寺遺跡谷部（1-OL）や陶邑・伏尾遺跡からも出土し、陶邑窯群では両者が焼成される。脚部は1類や7類に3類、4類が加わり2類は減少する。

Ⅱ期は尾張型の筒形器台が出現する時期で、脚部は1類、8類に加えて5類が出現する。尾張型の受部はC類、脚部は16・17類で構成される。

Ⅲ期は地方の古墳からの出土事例が増え、従来の地域首長墓に加えて、小中規模の古墳からの出土例や横穴式石室からの出土品が増加するが、5世紀前葉に渡来人によって操業を開始した各地の須恵器窯が中頃には尾張の東山窯や伊予の市場南組窯以外の窯は衰退し、替わって陶邑窯の直接的な影響を受けた須恵器窯が各地に広まった結果もその一因と推測する。脚部は5類が比率を増し、受部や筒部に勾玉等の装飾を貼付ける比率が最も高くなる。

Ⅳ期の脚部は5類にほぼ統一され、Ⅴ期は終焉期で小型になるとともに脚部は重厚な形態の5類となる。

2．小　結

Ⅰ1期は筒形器台の出現期で陶質土器と須恵器で構成され、TG232型式やON231型式の短期間で、5世紀第1四半期を想定する。

TG232号窯の須恵器の系譜は、大甕底部の絞り目、器台の各種文様や透し、高杯蓋の櫛歯文、高杯の菱形透し、多窓透し、長脚二段交互透し等の特徴から馬山、昌原、金海、釜山にかけての沿岸地域の伽耶系とされる（酒井 2004）。また、筒形器台は釜山の華明洞7号墓出土品に類似する（朴 1998）。

Ⅰ2期は、TK73型式からTK216型式の時期で、大伽耶系の筒形器台が出現する。ただし出土は陶邑窯や周辺域のⅠ1期から継続する集落に、ほぼ限定されることから、上述遺跡への異なる地域からの新たな工人集団の渡来を想定する必要があるかも知れない。

Ⅱ期はON46型式からTK208型式までの5世紀中葉、Ⅲ期はTK23、TK47型式の5世紀後葉、Ⅳ期はMT15型式の6世紀前葉、Ⅴ期はTK10型式を中心にTK43型式の一部を含む時期の6世紀前葉から中葉を想定する。

引用文献
明石市教育委員会 1990『赤根川・金ケ崎窯跡―昭和63年度発掘調査概報』
伊藤禎樹・尾谷雅彦 1991「美濃鎧塚古墳の陶質土器」『考古学雑誌』第77巻第2号
泉佐野市 2006「長滝古墳群」『泉佐野市史』第9巻　別巻　考古編
和泉丘陵遺跡調査会 1992『陶邑古窯跡群―谷山池地区の調査―』
入江文敏 1986「獅子塚古墳」「興道寺窯」『福井県史』資料編13　考古
大阪府教育委員会 1979「MT5-Ⅱ号窯」『陶邑』Ⅳ
大阪府教育委員会 1988「第1調査区　野々井1・10号墳」『陶邑』Ⅵ-3
大阪府教育委員会・（財）大阪府埋蔵文化財協会 1990「40-OG」「41-OG」『陶邑・伏尾遺跡　A地区』
大阪府教育委員会・（財）大阪府埋蔵文化財協会 1994「ON231号窯」『野々井西遺跡・ON231号窯』
大阪府教育委員会 1994「TK83号窯」『陶邑』Ⅷ
大阪府教育委員会 1995「高蔵寺（TK）第13号窯」『陶邑窯群発掘調査概要』
大阪府教育委員会・（財）大阪府埋蔵文化財協会 1995「TG232号窯」「谷部（Ⅰ-OL）」『陶邑・大庭寺遺跡』

　　　　　　　　　Ⅳ
大阪府教育委員会・(財) 大阪府埋蔵文化財協会 1996「河川（56-OR）」『陶邑・大庭寺遺跡』Ⅴ
大阪府教育委員会・(財) 大阪府文化財調査研究センター 2000「長原遺跡」『河内平野遺跡群の動態』Ⅷ
岡戸哲紀 1994「揺籃期の陶邑」『文化財学論集』文化財学論集刊行会
小田富士雄 1959「佐賀県三養基郡基山町長野字上野古墳の須恵器」『九州考古学』7・8　九州考古学会
小田富士雄 1964「福岡県羽根戸の装飾付器台と甑」『九州考古学』22　九州考古学会
面高哲朗・長津宗重 1983「宮崎県都城市志和池出土の陶質土器」『古文化談叢』第12集
川江秀孝 1979「静岡県下出土の須恵器について」『静岡県考古学会シンポジュウーム2須恵器—古代陶質土器の編年—』静岡県考古学会
関西大学 1972「楠見遺跡」『和歌山市における古墳文化』関西大学文学部考古学研究第4冊
岸和田市教育委員会 1993『久米田古墳群発掘調査概要』
木下　亘 2006「須恵器から見た葛城の物流拠点」『葛城氏の実像』展示図録、橿原考古学研究所付属博物館
岐阜県 1972「城山古墳」『岐阜県史』通史編　原始
(公財) 大阪市博物館協会大阪文化財研究所 2012『難波宮址の研究』第18
(財) 愛知県埋蔵文化財センター 2001『志賀公園遺跡』
(財) 大阪市文化財協会 1989「長原・瓜破45号墳」「長原・瓜破57号墳」『長原・瓜破遺跡発掘調査報告』Ⅰ
(財) 大阪市文化財協会 2005「SX007」『長原遺跡発掘調査報告』ⅩⅡ
(財) 大阪市文化財協会 2006『長原遺跡発掘調査報告』ⅩⅣ
(財) 大阪文化財センター 1982「TK43-1号窯」『陶邑』Ⅴ
(財) 大阪文化財センター 1984「万崎池遺跡」『府道松原泉大津線関連遺跡発掘調査報告』
(財) 大阪府文化財センター 2002『池嶋・福万寺遺跡』2
(財) 大阪府文化財調査研究センター 2000『大和川今池遺跡（その1・その2）』
(財) 大阪府文化財調査研究センター 2002『亀川遺跡』
(財) 京都府埋蔵文化財調査研究センター 2004『下植野南遺跡』Ⅱ　京都府遺跡調査報告書第35冊
(財) 富山県文化振興財団埋蔵文化財調査事務所 2007「加納南古墳群」『平成18年度埋蔵文化財年報』
(財) 和歌山県文化財センター 2009『野田地区遺跡』
斉藤孝正 1983「猿投窯成立期様相」『名古屋大学文学部論集』86
酒井清治 2004「須恵器生産のはじまり」『国立歴史博物館研究報告』第110集
堺市教育委員会 1994「陶邑・大庭寺遺跡」「深井畑山窯跡群」『堺市文化財調査概要報告』第47冊
鯖江市教育委員会 2001「兜山北古墳」『兜山北古墳・般若寺跡』
沢村雄一郎 2005「羽根古墳」『愛知県史』資料編3　考古3　古墳
島根県教育委員会 1989「古曽志大谷1号墳」『古曽志遺跡群発掘調査報告書』
鈴木敏則 2000「遠江国　古墳時代」『須恵器生産の出現から消滅』第1回東海土器研究会
瀬戸内海歴史民俗資料館 1984「宮山1号窯」『香川県古代窯業遺跡分布調査報告』Ⅰ　瀬戸内海歴史民俗資料館紀要第1号
田口一郎 1987「前二子古墳」『第8回三県シンポジュウーム東国における古式須恵器をめぐる諸問題』第Ⅰ分冊　基調報告編
田嶋明人 1973「山伏山1号墳」『羽咋市史』原始・古代編
玉里村教育委員会 2000『玉里権現山古墳発掘調査報告書』
津山市教育委員会 2007「日上畝山67号墳」『日上畝山古墳群』Ⅱ
同志社大学文学部考古学研究室 1972『井辺八幡山古墳』
寺井町教育委員会 1997「和田山23号墳」『加賀能美古墳群』
豊橋市教育委員会 1987『水神古窯』

名古屋市教育委員会 1969「東谷山 9 号墳」『守山の古墳』
奈良県立橿原考古学研究所付属博物館 1987「新沢古墳群」『特別展　倭の五王時代の海外交流』展示図録
長尾町教育委員会 1991「川上古墳」『川上・丸山古墳発掘調査報告書』
西川　宏 1986「榊山古墳」『岡山県史』第18巻　考古資料
橋本澄夫 2002「矢田高木森古墳」『七尾市史』考古編
橋本達也 2010「古墳築造南限の前方後円墳」『考古学雑誌』第94巻第 3 号
服部哲也 2005「大須二子山古墳」『愛知県史』資料編 3　考古 3　古墳
兵庫県教育委員会 1987「郡塚 1 号窯」『青野ダム建設に伴う発掘調査報告書』（1）
兵庫県立考古博物館 2012『東沢 1 号墳』
朴　天秀 1994「伽耶・新羅地域の首長墓における筒形器台」『考古学研究』第40巻第 4 号
朴　天秀 1998「考古学からみた古代の韓・日交渉」『青丘学術論集』第12集
松江市教育委員会 1978『史跡金崎古墳群』
松山市教育委員会・（財）松山市生涯学習振興財団埋蔵文化財センター 2001『播磨塚天神山古墳』
松山市教育委員会 2003『葉佐池古墳』
三重県教育委員会 1988『井田川茶臼山古墳』
三重県埋蔵文化財センター 2000『石薬師東古墳群・石薬師東遺跡発掘調査報告』
三重県埋蔵文化財センター 2002『六大 A 遺跡発掘調査報告』
宮崎市教育委員会 2003『史跡生目古墳群―保存整備事業発掘調査概要報告書』Ⅳ
和歌山県 1983「箕島 1 号墳」『和歌山県史』考古資料編
和歌山県教育委員会 1984『鳴滝遺跡発掘調査報告書』

日本における勾玉研究の意義

瀧音　大

はじめに

　玉の研究者の中には、私たちが一般的に「勾玉」と呼称しているモノに対して、「曲玉」という語句を用いて研究を行う者もいる(1)。その要因の一つとしては、『日本書紀』（巻第六）垂仁天皇八七年二月の条に「八尺瓊勾玉」という記載がある一方で、同史料の中に「曲玉」という語句もみられることがあげられる。今日では、勾玉と曲玉とが同一のものとして認識されているが（斎藤 1992）、研究者はそれぞれ一定の定義づけを行った上で、勾玉もしくは曲玉といった名称を用いていくべきであろう。なぜなら、安易に勾玉という語句を使い、もしその語句が記・紀からの援用であったならば、語句の使用者はその史料を編纂した人々が、この語句の示すものに対してどのような認識であったのかを、ある程度は理解しておく必要があるからである。しかしながら、勾玉の実像や歴史的意味の理解は、歴史学における大きな課題といえる。そして、今をもってなお、その解明に研究者が四苦八苦しているというのが現状であり、意味から勾玉を定義することは困難である。そこで、ここでは、勾玉を形状が「く」もしくは「C」の字を呈し、端には紐を通すための孔があけられているものという、形態的特徴から定義するにとどめ、論を進めていくことにする。

　日本における勾玉は縄文時代前期からすでにみられ、分布範囲も列島全域に及ぶことが、膨大な発掘調査の成果によって明らかにされている。使用される材質には、ヒスイや碧玉・メノウのほかに、コハクやガラス・金・土などがあり、多様性をみせている。また、勾玉が形態や材質あるいは意味の時期的変化はひとまず置くとして、縄文時代から平安時代までという長期的かつ継続的に人々の生活の中に存在し続けていた事実は、他の考古遺物と比較しても稀有な存在といえるであろう。

　勾玉研究は、江戸時代中期頃にはすでに行われている(2)。勾玉研究が行われはじめた頃は、国文学や文献史学、民俗学、人類学など、さまざまな分野の研究者が、勾玉の起源の解明や史料にみられる勾玉に対する歴史的意味を積極的に試みており、勾玉自体に焦点を当てた研究が多くなされていた。

　しかし、1960年代以降の高度経済成長により、列島で発掘調査件数が増加し、それによって玉作り関係の資料も増加すると、起源や歴史的意味についての研究が減少し、代わって時代・地域ごとに形態の分類・変遷の把握や、分布範囲の特定、製作技法や工房の復元、生産から消費への流通過程の解明、玉作り集団の組織構造やヤマト政権との関係、朝鮮半島との交流などについて考古学的にアプローチしていく研究が多くなっていった。言葉を変えるならば、勾玉自体の研究から、勾玉

を含んだ「玉」を主体とした研究へ移行していったといえるであろう。そして、この研究方針が、現在に至るまで勾玉研究を方向付けているように考えられる。

事実、「日本玉文化研究の21世紀展望」をテーマに据えた、日本玉文化研究会の創立10周年記念号として刊行された『玉文化』第10号では、縄文時代や弥生時代、古墳時代の勾玉に対する研究史や課題が詳細に記述されているが（鈴木 2013、戸根 2013、米田 2013）、勾玉の性格に関する研究史やそれに対する課題の提示は少ないといってよいであろう。

以上のことをふまえ小考では、勾玉の起源や歴史的性格についての研究史を整理し、その課題も提示する。そして、この提示した課題に対して、考古学による勾玉の新たな研究方法を模索していき、その有効性をも示してみたい。また、それに加えて日本で勾玉を研究することに対する意義についても考えていくつもりである。

1. 勾玉の起源および性格に関する研究略史とその課題

勾玉研究が、起源の解明や神話の中にみられる勾玉、すなわち『日本書紀』の「八坂瓊」や『古事記』の「八坂勾璁」の性格などを明らかにすることを研究の主な目的としていた時期に発表されたのが、坪井正五郎による勾玉の獣牙起源説である（羽柴 1886、坪井 1891）。これは、獣類の歯牙の威力を畏怖し、それを自身に身につけることで、それのもつ呪力を自らも得られるという呪的な意味合いが勾玉にあるとする説である。

それ以降、この獣牙起源説は研究者の中で定説化されつつあったが、この説に異を唱える研究者もいた。その一人が、中山太郎である。中山は、勾玉に神の加護と性器崇拝による呪力の付与、原始時代における勇者の徽章の三つの性格を想定し、勾玉の肝臓模倣説を唱えた（中山 1930）。ほかにも、水野祐は古代航海者・海人部族の間に勾玉信仰が存在したことを推測し、勾玉を航海技術と深く結び付きのある月神の象徴であるとしている（水野 1969）。

また、折口信夫は「玉」に関して、「人間の身体に出たり這入ったりするところの抽象的なたま（霊魂）を具体的にしむぼらいずせる玉をばたまと称して、礦石や動物の骨などを此語で呼」び、「霊魂のたまも、まじっくに使用せられる、珠玉も、所詮同じものであつて、一つの物体の両面の様なものである」（折口 1996）と推測している。また、折口は、玉に霊魂の貯蔵所としての役割が備わっていたことや、玉と玉を触れ合わせ音を鳴らすことにより玉に貯蔵された霊魂が出ると当時の人々が考えていた可能性も指摘している（折口 1976）。

人類学者である金関丈夫は、勾玉が鉤状をしていることに注目し、外部へ出ていこうとする自身の魂をひっかけて拘束する機能と外部から体内に侵入する邪霊を引きとめるといった二つの機能を推測している（金関 1975）。

考古学研究では、まず高橋健自が坪井の勾玉獣牙起源説を支持した上で、勾玉の輪郭に護身の力があると推測している（高橋 1928）。また、後藤守一は京都府久津川車塚古墳（5世紀前半）（梅原 1920）から出土した5000点以上の勾玉が、石棺内に散布されたかのような出土状況を見て、古墳出土の玉類には、被葬者に対する服飾品以外の用途が考えられる指摘している（後藤 1940）。こ

の後藤の指摘がなされた以後、玉の出土状況が厳密に検討されるようになり、装飾性以外の玉の用途にも研究の目がむけられるようになる。

　寺村光晴は古墳時代の玉の様相には、前・中・後の三つの画期があることを指摘し（寺村1972・1980）、第1期における玉の性格は、呪的・宝的性格がみられるとしている。第2期では、滑石製模造品の種類が古墳と祭祀遺跡とでは異なっていることなどを根拠とし、祭祀司掌者による神祭りの玉と首長が直接司る玉の二つに性格が分離していくとしている。また、この時期については、①1期でみられた硬玉製勾玉と碧玉製管玉など、統一された材質・色彩・形態観が多様化していくことが古墳の副葬にみられ、②形式・粗造化された滑石製模造品の盛行は祭祀遺跡で確認でき、③子持勾玉の出現は単独出土するようになるという、三つの特徴がみられるとしている。そして、呪的・宝的性格を保有していた第1期の玉が、宝的性格は①にみられ、呪的性格から祭性への変化は②に、呪性の伝統的残存は③にそれぞれみられるとした。第3期には、祭祀遺跡や子持勾玉が減少することに加え、古墳への副葬品も多彩化がみられなくなる一方で、仏教と玉との関係性が色濃くみられるようになることを指摘している。

　また、勾玉の意味について考察したのが木下尚子である。木下によると、縄文時代の勾玉には、金関のいう魂の拘束具としての役割が想定され、それが弥生時代になると、縄文時代にみられた呪的な面を残しつつも、権力者の生命を守り、かつ権力の序列に対応した体系を備える装身具に変化していくと指摘している（木下2000）。また、古墳時代の勾玉については、弥生時代から継続して霊的なものを肉体に留める役割を想定しつつも、他の玉類と綴って用いられることや、勾玉の材質に多様性がみられること、祭祀に用いられるとされる石製模造品の登場を根拠に、弥生時代から古墳時代に移り変わっていくなかで、勾玉の意味合いが変化していることも指摘している。ほかにも、木下は、弥生墓から出土する勾玉の大きさや材質と一緒に副葬された青銅器の数や鏡の大きさが権力の大小と比例することを述べ、さらにガラス・ヒスイ・緑色石材の順に権力の序列化が、勾玉の材質によって行われていた可能性なども指摘している（木下2011）。

　ここで重要なことは、勾玉と霊魂との間に強い関係が推測されていることである。とくに、形態的特徴などから、勾玉の意味を推測した金関と木下の考えは、折口信夫の「たま」に関する考え方が強く影響していることが考えられる。

　さらに、勾玉の出土状況から性格の解明を試みた研究もある。乙益重隆は、勾玉を含む玉類が壺や甕などの容器に納められている事例を取り上げ（乙益1987）、土の中へ埋める行為について、土地の神を対象とした地鎮信仰と関係があると推測している。そして、これを古代中国でみられる瘞玉信仰に基づく可能性を指摘している。また、辰巳和弘は、唐古・鍵遺跡（田原本町教育委員会2008）から出土した褐鉄鉱の殻状容器に入ったままのヒスイ製勾玉に対して、古代中国では本来、その容器に仙薬を入れることを根拠に、当時の人々がヒスイ製勾玉に仙薬と類似する性格を想定していた可能性を推測している（辰巳2004）。

　以上、勾玉の起源と性格についての研究史を概観してきた。まず、ほとんどの研究者は、勾玉を用いる行為に霊魂の信仰がよみとれる可能性を指摘していることは興味深い。つまり、当時の人々において、霊魂が遊離するものであるという考えが、日常的に認識されていたことになる。

その他にも、墓の副葬品や、祭祀の道具、権力の象徴としての意味合いなども想定されており、勾玉が多義的なものであった可能性があるが、勾玉の性格や役割の根底には、精神文化的性格が色濃く備わっている可能性が高いと考える。しかしながら、この勾玉を用いた行為、いうなれば勾玉信仰は地域や時代ごと、さらには材質によって異なった様相を示す可能性がある（米田 2009・2011）。

そこで、まず量的データから勾玉の共通性を抽出しておくことが必須と考える。すなわち、各地域における勾玉の様相を時代ごとに細かくみていくとともに、それらを列島規模の視野からみた勾玉の様相と重ね合わせてみることで、勾玉信仰の範囲の確定や、当時の人々がもっていたであろう勾玉の意味をより正確に把握できると考えられる。

2．列島規模の視野からみた勾玉の地域性

考古学はその特性から、その地域で顕著なものや特異な事例に研究の焦点が集まりやすく、それが研究の偏りに繋がってしまう場合が多い。勾玉研究においても同様なことがいえ、地域・時代・材質に関して、研究の偏りをみることができる。

まず、地域については、生産地における勾玉の研究が活発に行われている一方で、消費地における勾玉の研究は未だ少ないのが現状である。そして、時代については一つの地域において時代を通して勾玉の様相をみた研究はきわめて少ないことである。三つ目の材質に関しても研究の偏りがみられ、ヒスイや碧玉、メノウ、水晶、滑石、ガラスが多く（大賀 2013）、土製の勾玉についての研究は少ない。つまり、勾玉研究が対象としてきた地域・時代・材質は限定的なものであり、研究の空白地帯というものが存在することがいえよう。これは、勾玉の共通性を抽出するにあたり、早急に解決しなければならない問題である。

そこで、千葉県（縄文：20遺跡28遺構、弥生：53遺跡94遺構、古墳：299遺跡760遺構）、愛知県（古墳：48遺跡58遺構）、奈良県（古墳：83遺跡131遺構）、福岡県（古墳：248遺跡411遺構）から出土する勾玉を用いて、研究の空白地帯を具体的に取り扱いながら、勾玉の共通性や地域性をみていく。

まず、地域についてである。表1からは、古墳時代において出土する勾玉の材質の割合が地域ごとに異なっていることが読み取れる。たとえば、千葉県では土製勾玉が多く出土するのに対して、奈良県では出土しにくいことや、愛知県からはコハク製勾玉が出土しにくい点などがあげられ、材質から地域性を読み取ることができるようである。

次に、一つの地域で時代を通して勾玉の様相をみていく。表2は、千葉県の竪穴建物における勾玉の出土数を材質ごとにまとめたものである。弥生時代に入ると滑石や土製の勾玉が新しく確認されるようになり、古墳時代になると竪穴建物における勾玉の出土量が増加するとともに、ヒスイや蛇紋岩・メノウなど、土製以外の材質を用いた勾玉が出土するようになってくる。

材質という観点から、土製勾玉に焦点を合わせてみるならば、千葉県では弥生時代になると、竪穴建物から土製勾玉が多く確認されるようになる。それが、古墳時代に入ると竪穴建物での消費が

表1　古墳時代における出土勾玉の材質からみた地域差

	硬玉	ヒスイ	蛇紋岩	碧玉	メノウ	水晶	滑石	ガラス	コハク	土	銀	その他	合計
千葉	24	26	34	23	223	21	358	12	19	468	0	150	1358
愛知	4	10	3	5	60	1	20	5	0	8	0	16	132
奈良	27	19	1	23	54	4	866	7	6	0	134	268	1409
福岡	111	45	32	45	115	31	224	43	20	46	0	114	826
合計	166	100	70	96	452	57	1468	67	45	522	134	548	3725

表2　千葉県における竪穴建物から出土する勾玉の材質

	硬玉	ヒスイ	蛇紋岩	碧玉	メノウ	水晶	滑石	ガラス	コハク	土	その他	合計
縄文時代	0	1	0	0	0	0	0	0	0	0	3	4
弥生時代	0	4	3	0	0	0	10	0	8	55	8	88
古墳時代	3	8	21	5	16	1	176	0	0	430	81	741
合計	3	13	24	5	16	1	186	0	8	485	92	833

表3　千葉県における土製勾玉の出土遺構

	竪穴建物	土坑	溝跡	土器集積地点	祭祀跡	横穴墓	土坑墓	周溝	方形周溝墓	合計
縄文時代	0	1	0	0	0	0	0	0	0	1
弥生時代	55	0	1	0	0	0	0	0	1	57
古墳時代	430	0	11	1	4	1	1	1	0	449
合計	485	1	12	1	4	1	1	1	1	507

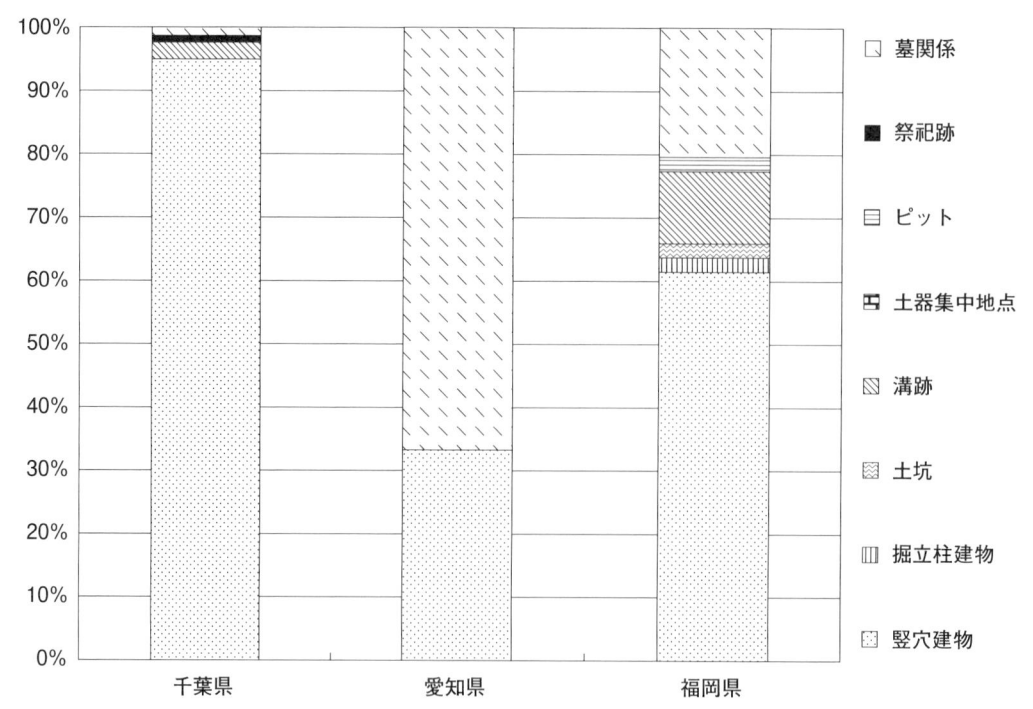

図1　各県における土製勾玉の出土遺構　※墓関係には古墳・横穴墓・土坑墓・周溝を含む

いまだ大半を占める一方で、溝跡や祭祀跡、さらに横穴墓や土坑墓といった墓に関係する遺構からも土製勾玉が出土するようになる（表3参照）。

また、土製勾玉の用いられ方も地域によって異なるように見うけられる。古墳時代において、千葉県では竪穴建物430点、溝跡11点、土器集中地1点、祭祀跡4点、横穴墓1点、土坑墓1点、周溝1点、愛知県では竪穴建物2点、古墳4点、福岡県では竪穴建物27点、掘立柱建物1点、土坑1点、溝跡5点、ピット1点、古墳7点、土坑墓2点が確認されている（図1参照）。地域差としていえることは、福岡県や愛知県の古墳から土製勾玉が確認されるのに対して、千葉県では現在までのところ出土例がみられない。

これらをふまえてみると、勾玉を消費する頻度や、勾玉を用いる場面ごとに材質を選択する様相などには、地域性が強く表れると考えられる。もし、このようにとらえて大過ないとするならば、研究地域の限定性が最も大きな課題であると考えられる。なぜなら、一つの地域で勾玉の様相を通観していく研究や、一つの形態や材質に限定した勾玉研究の成果は、最終的には日本における勾玉の共通性と比較する必要があり、そうすることによって、はじめてその地域における独自性を提示することができるからである。

この勾玉の共通性については、森貞次郎と木下尚子の研究がよく知られる。森は全国規模で弥生時代の勾玉を取り扱い、その形態を分類し、形態や材質ごとの分布範囲も提示している（森 1980）。さらに、森は弥生時代にみられる定形化した勾玉や丁字頭勾玉に対して、「弥生時代の段階では大陸風文化に直結する新興文化を象徴し、卓越した内面的な意義をもち、巫祝的な呪具としての社会的な意義はもっていたとしても、まだ、社会的な権威や権力を象徴するものとしての普遍的な取り扱いは受けていなかったようにみられる」と述べており、勾玉の共通性から実証的に歴史的意味合いを浮き彫りにしようと試みている。

また、木下尚子は、勾玉が定形化する要因や、その定形化した勾玉が象徴していた意味合いなどについて、縄文時代の勾玉や大陸文化との関係を踏まえながら論じている（木下 1987）。

しかしながら、両者の研究が発表された後、勾玉の分布や性格についての共通性を提示した研究は、ほとんど行われていないため、現在まで蓄積された膨大な情報を踏まえて両氏の成果を再検討する必要があると考えられる。また、時代も弥生時代に限定されていることから、勾玉の歴史を通観する研究も必須であると考えられる。そうすることで、時代の移行期における勾玉の形態や使用方法、さらには歴史的意味の継続の有無を明確に捉えることが可能になるであろう。

3．日本における勾玉研究の意義

考古学は、一つの対象に多くの事実を積み重ねて、その対象自体をより実証的に分析し、解釈を行っていくのみならず、その背後にある歴史的・社会的・文化的な意味を積極的に試みていく学問である。その一方で、呪的や霊的・祭祀的な要素を含む儀礼の過程や、人々の観念などを復元する場合には、直接的ではないにしろ文献史学や民俗学・宗教学・文化人類学などの研究成果を援用して解釈を行っていく傾向がみられるのも事実である。

これまでみてきたように、勾玉が人々の精神面と深く関係していることは、容易に想定することができる。そこで、まず私たちがすべきことは、膨大に蓄積された実証的な事例を詳細に観察し、時代的な変遷を具体的な資料に即してあとづける一方で、列島全体を俯瞰することでみえてくる勾玉信仰の普遍性を提示していく作業ではなかろうか。そうすることで、勾玉を対象とした隣接諸科学による多角的解釈がはじめて可能となると考えられる。

　勾玉の製作目的や使用目的に対して、歴史的意味を解読していくことは、人が霊魂についてどのように認識し、生活していたのかを明らかにすることに繋がり、言葉を換えるならば、当時の人々の精神史・思想史の一端を紐解く上で、重要な成果が期待できると考えられる。島根県松江市にある奥才34号墳では、勾玉を厳重に封じ込めたと考えられる事例が確認されている(3)（鹿島町教育委員会 1985）。その他にも、炉やカマド付近から勾玉が多く確認されていたり、勾玉自体に朱を施しているものや、熱を受けたりしている事例なども明らかになってきている。このような具体的な使用例から、勾玉の機能や象徴性をある程度、実証的に復元することが可能ではなかろうか。さらに、祭祀的要素の強い道具の一つと考えられている、子持勾玉や背合わせ勾玉(4)など、勾玉を形態的特徴の一部に組み込んでいる遺物の使用例との比較も重要な情報となりえるであろう。

　また、勾玉の起源の解明については、国内ひいては在地の社会的背景を考慮していくと同時に、世界史的な検討が求められる。たとえば、朝鮮半島の南部で勾玉が数多く確認されていることは古くから知られており、玉の機能についての研究も積極的に行われている（盧 2009、中村 2013）。また、近年では中国の吉林省や黒竜江省など、いわゆる中国東北地区から、日本でみられる勾玉に形態的特徴が類似した石製品が、出土していることが明らかになってきた（松浦 2009）。そのため、勾玉研究から近隣諸国との文物や文化の交流を、より幅広く議論することが可能であると考えられる。

おわりに

　以上、勾玉の起源や性格に関する研究史を概観していき、現段階における勾玉研究の課題について考えを述べた。今日の勾玉研究では、各地域や時代・形態・材質を個別にみていき、形態的特徴の変遷や勾玉を媒介とした地域間交流などについての研究が多くなされている。しかしながら、勾玉は多分に人々の精神面を含む遺物であり、それに沿った文化的解釈が必要になってくる。そこで、勾玉の出土状況を細かく観察していくことによって、勾玉の機能を推測していくと同時に、地域や時代を列島大の視野をもって、勾玉信仰の共通性を抽出する必要性を提示した。また、玉全体の観念から勾玉の性格をみていくことが多い現在の研究傾向に対して、勾玉の性格を今一度、再検討した上で、当時の人々における「玉」の観念を推測していくことが必要であるということも述べた。これらのことは、勾玉に関する資料が膨大に蓄積されている現在においては、十分に可能であろう。こうしたことの実践的・実証的積み重ねによって、勾玉の歴史的性格の解明、ひいては人々の精神文化の様相をより具体的に解読することが可能になると考えられる。

　勾玉研究の意義に関しては、考古学の立場から勾玉に関する基礎的情報を提示し、勾玉を通して

当時の社会構造や人々における精神文化の一端を理解することが可能であるということを述べた。社会の変動によって、人々における勾玉への認識に変化が生じる可能性は高いと考えられる。しかしながら、一方では時代を通して勾玉という一つのモノを人々が使い続けていた事実は明確であり、そのことに対する解釈も当然行われるべきであろう。(5)

註

(1) 鈴木克彦は、勾玉の名称に関する研究史をまとめており、考古学において江戸時代中期から明治時代までは「曲玉」を用いる研究者が多く、大正時代に「勾玉」が台頭していき、昭和に入ると「勾玉」が常用されることを述べている（鈴木 2006・2013）。
(2) 代表例としては、谷川士清の『勾玉考』（谷川 1774）や木内石亭の『曲玉問答』（木内 1936）などがある。
(3) 報告書によると、土師器壺の肩部付近まで5cm大の礫を詰め込み、その上面に碧玉製石釧を置き、釧の中に琥珀製勾玉1点を入れて、捩文鏡で蓋がされていた。礫の詰め込みは少量ずつ行われ、その都度顔料を塗布もしくは散布されていたこともわかっている。また、碧玉製勾玉1点も釧の中には納められてはいないが、壺の中に敷き詰められた礫の上に置かれていた。壺内の他の遺物には針状鉄製品も確認されている。そして、勾玉などが納められた壺には、焼成前に上部を切断されたもう一つの壺がかぶせられ、土の中に埋められていた。
(4) 背合わせ勾玉とは、2個の勾玉を背中合わせ状に連接した遺物のことをいい（瀧音 2013）、鳥取県米子市にある博労町遺跡などで出土が確認されている（米子市教育文化事業団 2011）。
(5) 本稿の作成にあたっては、谷川章雄先生、蔵持不三也先生に多くのご教授を頂いた。

引用・参考文献

梅原末治 1920『久津川古墳研究』關信太郎
大賀克彦 2002「弥生・古墳時代の玉」『考古資料大観　第9巻　弥生・古墳時代　石器・石製品・骨角器』313-320頁
大賀克彦 2013「2　玉と石製品の型式学的研究　①玉類」一瀬和雄・福永伸哉・北條芳隆編『古墳時代の考古学4　副葬品の型式と編年』147-159頁
乙益重隆 1987「壺に埋納した玉」『考古学資料館紀要』樋口清之博士喜寿記念3、39-44頁
折口信夫 1996「剣と玉」『折口信夫全集』19、23-35頁（初出は1931年、上代文化研究会開講演会筆記）
折口信夫 1976「萬葉集に現れた古代信仰―たまの問題―」『折口信夫全集』9、561-570頁
鹿島町教育委員会 1985『奥才古墳群』
金関丈夫 1975「魂の色―まが玉の起り」『発掘から推理する』朝日選書40、34-40頁
河村好光 2010『倭の玉器―玉つくりと倭国の時代』青木書店
木内石亭 1936「曲玉問答」中川和三編『木内石亭全集』巻1、下郷共済会
木下尚子 1987「弥生定形勾玉考」『東アジアの考古と歴史』（中）、岡崎敬先生退官記念論集、541-591頁
木下尚子 2000「装身具と権力・男女」『女と男、家と村』古代史の論点②、187-212頁
木下尚子 2011「第6章　威信財と祭器4　装身具」甲元眞之・寺沢薫編『講座日本の考古学　6　弥生時代』下、296-315頁
後藤守一 1940「古墳副葬の玉の用途に就いて」『考古学雑誌』30-7、500-538頁
斎藤　忠 1992『日本考古学用語辞典』学生社
鈴木克彦 2006「縄文勾玉の起源に関する考証」『玉文化』第3号、1-22頁

鈴木克彦 2013「縄文勾玉研究の展望」『玉文化』第10号、45-56頁
高橋健自 1928「勾玉と鈴に就いて」『考古學雜誌』18-7、373-384頁
瀧音　大 2013「背合わせ勾玉についての一考察」『古代』第131号、85-108頁
辰巳和弘 2004「勾玉、そのシンボリズム」『地域と古文化』370-379頁
谷川士清 1774『勾玉考』
田原本町教育委員会 2008『唐古・鍵遺跡Ⅰ』
坪井正五郎 1891「曲玉考材料」『東京人類學會報告』7-69、102-103頁
寺村光晴 1972「「たま」の系譜―古代玉概念の再検討―」『和洋国文研究』8、56-63頁
寺村光晴 1980「第一章　研究の基礎的前提　二　玉の性格と変遷」『古代玉作形成史の研究』43-56頁
戸根比呂子 2013「弥生時代玉文化研究の展望」『玉文化』第10号、63-80頁
中村大介 2013「朝鮮半島の玉文化研究の展望」『玉文化』第10号、137-148頁
中山太郎 1930「第4章　巫女の呪術に用ゐし材料　第2節　呪術の為に発達した器具」『日本巫女史』162-171頁
羽柴雄輔 1886「管玉曲玉ノ新説」『東京人類學會報告』1-8、160-164頁
松浦宥一郎 2009「中国新石器時代の勾玉」『玉文化』第6号、45-47頁
森貞次郎 1980「弥生勾玉考」『古文化論攷』鏡山猛先生古稀記念、307-882頁
水野　祐 1969『勾玉』学生社
米子市教育文化事業団 2011『鳥取県　博労町遺跡』
米田克彦 2009「勾玉祭祀の波及―弥生時代の中国地方を中心に―」『考古学と地域文化』103-122頁
米田克彦 2011「四国地方における弥生時代勾玉祭祀の波及」『玉文化』第8号、23-40頁
米田克彦 2013「古墳時代玉文化研究の展望」『玉文化』第10号、87-112頁
盧　希淑 2009「韓国の玉文化」『国際交流展　玉と王権』81-93頁
※千葉県・愛知県・奈良県・福岡県における勾玉の集成は、各県の発掘調査報告書を用いた。また、玉作り遺跡から出土した勾玉未成品は、集成から除いた。そして紙幅の関係で集成に用いた報告書の記載は、割愛した。ご容赦いただきたい。

図表出典
表1～表3、図1：筆者作成

北方四島の考古学的研究

右 代 啓 視

はじめに

　北方四島とは、日本列島の北海道本島の東北部に位置する択捉島、国後島、色丹島、歯舞諸島から成り、「北方領土」とも呼ばれる島々である。地理学上は、北海道本島の東部、根室海峡からカムチャツカ半島の南部、千島海峡までの間に連なる千島列島（Kuril Islands）の南部千島に含められている。千島列島は、かつて多くの島から成ることから「蝦夷が千島」と呼ばれ、明治2年（1869）に松前・蝦夷地と呼んでいた地域を「北海道」と総称し、国郡を分けた時に国後島、択捉島の両島を一国とし、千島としている。また、色丹島、歯舞諸島は北海道の一連の島として位置づけられていた。明治8年（1875）の「樺太千島交換条約」によって、クリル諸島が日本領となり、日本では得撫島以北の島々を含めて千島列島と呼び、現在の地理学上の位置づけとなった。この北方四島は、第二次世界大戦終結以降、現在でも日本固有の領土でありながらロシアの実効支配下に置かれている地域である。

　これまで、日本における北方域の先史文化研究では、北海道本島の北部に位置するサハリン島（旧：樺太）と、東部に位置する千島列島、南部に位置する本州があり、三つの文化ルートが存在し、その研究が進められてきた。しかしながら、北海道本島とカムチャッカ諸地域をつなぐ東ルートは、ロシアと日本との領土問題が決着しておらず半世紀を過ぎた現在、研究者が容易に立入ることのできない地域となっている。このことから、北方の先史文化研究は、最も遅れることとなった地域でもある。しかも考古学的な文化形成についても未解明な課題が多く、北海道の中世以降のアイヌ文化についても研究が進んでいない地域である。特に、北海道アイヌと千島アイヌの関係については、学際的な研究が求められてもいる。

　この地域の考古学的な研究は、樺太千島交換条約締結から第二次世界大戦終結の間、Torii（1919）、鳥居（1976）、河野（1905）、馬場（1934・1936・1937・1939）、名取（1939・1940）、林（1941）などによって、最も積極的に進められた。これらの研究は、この地域を研究対象とする先住民の人種論争（コロボックル論、石器時代人アイヌ説など）や、神話や物語を根拠とする日本人起源論なども関連し、人類学的な研究が主体であった（工藤 1998）。

　ここでは、わずか約70年間の先行研究はもとより、これまで現地での基礎的な考古学的なデータが少ないことから、ここ数年、筆者が進めるプロジェクト研究である北方四島の国後島、色丹島で実施してきた考古学的な成果を総括的に報告し、北方四島を含めた千島列島の考古学的研究の意義について論究することとする。

1．北方四島と千島列島の歴史的な認識

　北海道本島の東部は、古くから「蝦夷が千島」と呼ばれ、多くの島々からなる地域であると認識されていた。

　最古の千島列島が記されたものは、「新羅之記録」に松前慶廣が慶長4年（1599）、徳川家康に累世の系譜と蝦夷の地図を納めたとする記録がある。この図は現存しないが、松前は「蝦夷が千島」の状況を認識していたとされる。また、元和4年と同7年（1618・1621）に蝦夷地、松前を訪問したイエズス会宣教師であるアンジェラス，G がローマ・イエズス会に報告した「蝦夷報告書」（1621）に付された地図である。これは、松前の情報による記録であり、蝦夷島の奥と北アメリカの付近には獵虎島を含む群島があると記してあるが、まだ地図には示されていない地域である。この地図は、初めてヨーロッパに千島を紹介したものとし、後に多くの探検隊がこの地を訪れるきっかけとなったものである。

　これより後に松前は、幕府の命により正保元年（1644）に納めた「松前蝦夷地図」がある。これも現存はしていないが「新羅之記録」によると、寛永12年（1635）家臣を千島に派遣し全島をめぐらせ、さらに樺太を検分しこの地図を作製したとされている。この時期、松前は北方域の情報や事情など、かなり正確に把握していたことがうかがわれる。これを基に作製したと考えられる「徳川幕府撰正保日本図」正保元年（1644）頃の地図があり、千島を示した現存する最古のものである。後に製作された「徳川幕府撰元禄日本図」元禄15年（1702）は「正保日本図」の地図を基にしたともいわれ、地名や大小の島や位置などに多少の違いがみられるものの大きな変更は加えられていない。この地図には、東部に示された群島は「くるむせ」として示され現在の千島列島であり、北部に「からと」島と示されているのは現在のサハリン（樺太）である。くるむせとされる群島は、すでに大小34の島に名前がつけられている。

　寛永20年（1643）になると、フリース，M.G. によるオランダの北方探検が実施され、北海道本島をはじめ千島などの調査が行われている（北構 1973）。この探検の目的は、日本の北端に位置する蝦夷地が島であるかを確かめることと、何処の国に属しているか、また太平洋にある金銀島の所在を確認することであり、未知の地域であるこの地の資源調査も使命の一つであったとされている。17世紀末には、ロシアのコサック隊長のアトラゾフ，W によりカムチャッカの征服がなされ、カムチャッカの南端から続く千島列島の情報をカムダールから聞き、日本人の漂着民である船頭の伝兵衛からそれ以南の日本の情報や事情を知ることとなった。このことから、ロシア人による千島探検が本格化することとなる。享保9～寛保3年（1724～1743）にはベーリング，V.I. の探検、元文3～寛保2年（1738～1742）にはスパンベルグ，M.P. の探検などが実施されている。これらの探検をつうじ世界地図上に千島列島が表現されることとなった。その後、幕府の千島直轄経営はもとより、ロシアのクリル列島経営が本格化し、千島からクリル諸島はしばしば国際的な問題となる地域であり、日本とロシアの国境画定までさまざまな衝突があったのも事実である。

　このことから安政元年（1854）12月には「日露通好条約」が締結され、翌年から択捉島と得撫島

の間に国境が決められ、クリル諸島はロシアに属することとなった（図1）。国境を定めなかった樺太ではロシア（植民地建設を強力に推進）と日本（漁場の拡張）で激しい競争が展開され、明治8年（1875）に「樺太千島交換条約」が締結され、樺太はロシアへ、クリル諸島は日本に属すことになった（図1）。

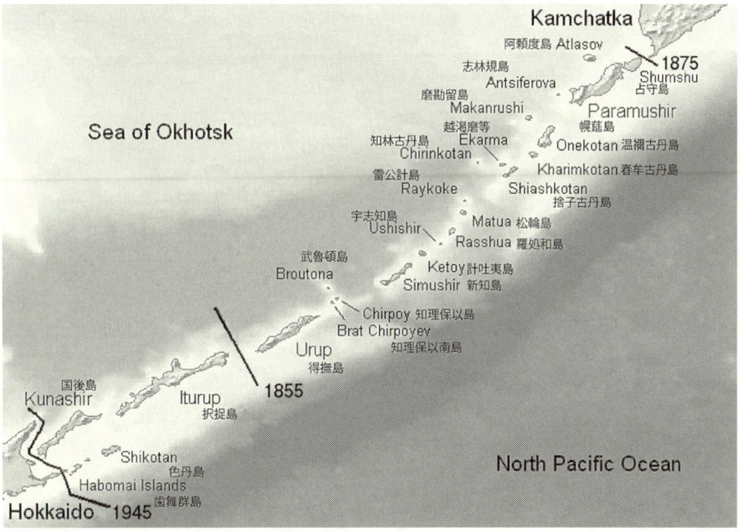

図1　千島列島の領土変遷
（1855：日魯通好条約、1875：樺太千島交換条約、1945：ロシア北方四島占領）

翌年の明治9年（1876）、開拓使の長谷部辰連と時任為基により、千島巡航が行われ千島列島の現況を把握する調査が実施され、北千島にくらす千島アイヌの状況も合わせて視察している。この時、千島アイヌ、アリュートの民族資料を収集してきている。現在、この民族資料は、市立函館博物館が所蔵している。明治37年（1904）の「ポーツマス条約」では、日露戦争の結果、樺太の北緯50°以南は日本の領土となった。さらに、昭和26年（1951）の「サンフランシスコ平和条約」では、第二次世界大戦後、日本は南樺太、千島列島（クリル諸島）を放棄し、現在にいたる未解決の領土問題が残された地域となっている（図1）。

北方四島における領土問題の国際法上の視点は、三つの解釈が存在する（田村 1971）。第一に、色丹島、歯舞群島は、利尻島や礼文島のように北海道本島を構成する一部の島であるということに基づく。これはポツダム宣言の第8項と対日平和条約の第1条にある「北海道」は日本国の完全な主権が認められている領土の一部であるということに基づく。第二に、択捉島と国後島は、南部千島であって日本が対日平和条約の第2条によって放棄した「クリル諸島」には含まれていないとするものである。これは、日本国政府が主張する領土であり、アメリカ政府が解釈している領土とも一致している。第三に、北部千島～中部千島と南樺太は対日平和条約の第2条で日本はすでに放棄しているが、領土主権の帰属先を明らかにしないまま放棄したものである。これは国際法上、領土主権の移譲には条約上の形式をとることが要求され、所有国の同意が必須要件とされるからである。

また、これまで日本政府における千島列島（北千島、中部千島、南千島）の定義については、日本領である南千島（国後島、択捉島）を千島列島に含まない、含むといった見解の揺れがみられる。これまでの経過と現在の地理学上の千島列島の定義と、条約上あるいは国際的な認識、政治上の判断から千島列島の見解が混同しているようである。現在の北方四島の領土問題には、南千島は含まれず、色丹島、歯舞群島は北海道の一部を構成している島とされている。

このように、北方四島、千島列島には、世界的なレベルでの歴史的な背景がみられる。しかも、

第二次世界大戦後の実効支配から67年経過した現在、北方四島には新たに在住ロシア人の歴史や文化が展開しているのも現状であり、国際的な政治判断を含めた大きな課題となっている。

2．北方四島と千島列島の考古学的調査

　この地域の考古学あるいは人類学的な研究は、樺太千島交換条約締結（1875）から第二次世界大戦終結（1945）の70年間となるが、特に先住民の人種論争の舞台となった地域である。先住民の人種論争は、石器時代を遺した人びととの人種や系統について、この時期に注目をあつめていた。これは、石器時代人非アイヌ説とアイヌ説であり、非アイヌ説はアイヌの伝承によりアイヌ以前に住んでいたとされるコロポックル族であるとするもので（坪井正五郎、渡瀬荘三郎など）、アイヌ説は北海道や樺太、千島に住むアイヌの祖先が拡がっていたとするものである（白井光太郎、小金井良精、河野常吉など）。これが明治に展開された石器時代人コロポックル説と石器時代人アイヌ説の論争であり、先のコロポックル説が有力な学説として当時、注目されていた。河野（1905、1908ab）は、この坪井（1886、1887ab）が提唱したコロポックル説＝石器時代人非アイヌ説に対し、北海道、樺太、千島を研究のフィールドとしていたことから、現地での学術的調査をふまえて強く反論している。この学術的調査は北海道庁が明治33年（1900）に北千島調査を実施しており、このメンバーとして河野常吉が参加し、北千島の状況を千島アイヌや考古学的な調査の成果を報文としてまとめている（北海道庁 1901）。この調査をデータにくわえ報告した河野（1905）のチャシ研究は、北海道、樺太、千島にアイヌが遺した砦遺跡（チャシコツ）があることを指摘し、千島列島におけるチャシについては千島アイヌであるヤーコフ酋長などとの同行による調査や聞取りから明確にした。また、坪井のコロポックル説は「アイヌの口碑によれば、往古此地にコロポックルと称する矮小人種あり、竪穴は勿論、遺跡より出づる石器、貝塚土器の類は、皆此人種の使用したるものにて、アイヌの使用したるものに非ずと称し、甚だしきはチャシをもコロポックルの遺跡なりと伝うものあり。但北千島アイヌには此口碑なし」と誤謬であることを強調している。さらに河野（1908a）は、坪井のコロポックル説に対し『非コロポックル論』を提示し、河野（1908b）ではコロポックル口碑の諸説をもって北海道、樺太、千島のアイヌの三派について論究し、徹底的に批判している。

　コロポックル説については、石器時代人種論あるいは日本人起源論を言及したアストン, W.G.（William George Aston；外交官、言語学、1841～1911、イギリス）、チェンバレン, B.H.（Basil Hall Chamberlain；言語学、1850～1935、イギリス）、シーボルト, H.（Heinrich von Siebold、外交官、考古学、1852～1908、ドイツ）、モース, E.（Edward Morse；動物学、1838～1925、アメリカ）、ミルン, J.（John Milne；地質学、1850～1913、ドイツ）などの日本滞在の外国人研究者がいる。特に外国人研究者のなかでも、ミルンは明治11年（1878）に火山調査を主な目的に日本列島はもとより千島列島の調査を行っている。また、ミルンは、人類学的な視点から日本人の起源についても興味を持っていた。千島列島の占守島では人類学的な調査を行い、自らクリルスキー・アイヌと称する住民と接触し、北海道アイヌの多くを特徴づける長いひげはなく、別の人種としての印象

を強く持ったようである。この調査の成果は多くあるが、クリルスキー・アイヌは半地下の竪穴住居にくらしていること、衣服は毛皮、上着の内側に鳥の羽つきの皮でつくられたものを着ていたこと、靴はアシカの皮でつくったものを履いていたこと、言語は自らの言葉を持ち、ロシア語も使えることなどを知りえたのである。このことから、Milne（1882）はアイヌの口碑の竪穴住居にくらす、背の低い集団、コロポグルについて言及し、蝦夷のアイヌはコロポグルの領地を進み、コロポグルは樺太、千島、南カムチャッカの住民によって代表されるという考えを示した。この説は、国内外の研究者に大きく影響をあたえることとなったものである。また、ミルンはアイヌの口碑にみられるコロポックルを、最初に取上げた研究者でもある。

　コロポックル説の根拠は、アイヌが土器や石器を使用していなく、竪穴住居に住んでいないことにあり、アイヌ伝説に登場するコロポックルがアイヌ以前の別集団として存在したとするものである。このころは時代区分や時期区分が明確に示されていない考古学や人類学の黎明期であり、大正に入り後の弥生時代でも石器が使用されていたことが明らかになった。石器時代人アイヌ説が定説化されるようになったのも大正に入ってからである。

　このように、コロポックル説の対象となっていた地域は北方四島と千島列島（クリル諸島）であり、詳細については工藤（1998）にまとめられているので参考にしていただきたい。現在の考古学では旧石器文化、縄文文化、続縄文文化、オホーツク文化、擦文文化、アイヌ文化と時期（時代）区分、文化区分などが確立され、当時の認識とでは大きく北方文化研究のとらえかたが進展している。

　当時の考古学的な調査、民族学的な調査はTorii（1919）、鳥居（1976）があり、千島・樺太交換協約の締結（明治9年〔1875〕）にともない、千島アイヌが明治17年（1884）に色丹島の北東部に位置する斜古潭へ移住させられた後の、明治32年（1899）に鳥居龍蔵は千島列島の調査を実施し考古資料、民族資料を収集してきている。この考古資料は東京大学総合研究博物館に所蔵され、民族資料は国立民族学博物館に所蔵されている。また、考古資料については東京大学大学院人文科学研究科編（2010）で詳細に報告され、鳥居龍蔵が千島列島の調査を実施した経緯などがまとめられている。民族資料は、これまで国立民族学博物館で開催された「鳥居龍蔵」展示会などで紹介されている（国立民族学博物館編 1993、財団法人アイヌ文化振興・研究推進機構編 2011）。当時の千島列島調査の記録写真は、東京大学総合研究博物館に所蔵され、目録として報告されている（鳥居龍蔵写真資料研究会編 1990）。

　この鳥居龍蔵の調査は、先史時代の考古資料の収集（発掘）、千島アイヌの民族学的な調査が大きな目的であり、「……千島列島のアイヌの風俗、言語、伝統、伝説、宗教、身体的特徴等々、また日本極北の地における新石器時代に関するきわめて貴重にして正確と考えられる多数の資料と記録を持ち帰ったのである」と示されている（鳥居 1976）。鳥居は色丹島で千島アイヌから居住していた島々の情報を得、移住前まで住んでいた竪穴住居や周辺の遺跡の発掘を実施している。色丹島で鳥居はアイヌのグレゴリ氏（推定：50〜55歳）を案内、通訳などのために助手として雇用し、択捉島ルベツ、ウルップ島（得撫島）、ブルトン〔ブロトン〕島（武魯頓島）、シムシル島（新知島）、ポロモシリ〔パラムシル〕島（幌莚等）、シュムシュ島（占守島）のモヨロプ港（片岡港）、アライ

ド島（阿頼度島）を訪問し、調査を行っている（図1）。この時、鳥居はカムチャツカ半島南端のロパトカ半島を回り各島々の調査を終えると、再度色丹島へ戻り24日間滞在し千島アイヌの民族学的な調査を実施している。

　また、鳥居が千島列島を調査した1年後の明治33年（1900）、先にふれた北海道庁の北千島調査の一員として河野常吉が北千島の状況や千島アイヌについて考古学および民族学的な調査を行っている（北海道 1901）。この調査は6月～7月の約1カ月間であり、根室を出発し色丹島（斜古丹に上陸）、択捉島（内保、留別に上陸）、新知島（新知に上陸）、幌筵島（ライシシ、カバリ、モヨロ、シーペットボ、湊、日の出に上陸）、占守島（片岡に上陸。島を一周）、得撫島（床丹に上陸）で調査を実施している（図1）。この調査では、幌筵島のペットボ沼で狩猟を行っている千島アイヌの出稼ぎ者、アウエリアン副酋長の一行12名を便乗し、越年の出稼ぎ者ヤーコフ酋長の一行13名を乗船させ色丹島へおくる役目もあったようである。出稼ぎにきている千島アイヌは、ライシシに住居を構え狩猟を行っている。ここには、酋長の住居（方形の竪穴）のほか4軒の住居があり、「竪窟ニ柱ヲ建テ梁木ヲ架シテ草土ヲ以テ之ヲ覆ヘリ」と記され、ほかの4軒も同様の構造であったことが報告されている（北海道 1901）。また、幌筵島のシーペットボ湖の西岸で竪穴住居址を確認し、占守島のペトボ沼（別飛沼）から海に流れる川の河口左岸で土器などの遺物を採集している。北海道（1901）の報文には、巡視日誌はもとより、北千島の各島概要、気候、植物、漁業、カムチャツカ（東察加）の漁業、千島アイヌを調査した状況についてもまとめられ、千島アイヌのヤーコフ酋長から寄贈された石器、骨角器など、24点が報告されている。しかも、河野（1905）では、この北千島調査で発見したチャシやヤーコフ酋長などから得た情報で、千島列島のチャシについてまとめられている。河野（1901・1905）、鳥居（1919・1976）は現在でも学術的に重要な文献であり、また林（1940）が色丹島で昭和9～13年（1934～1938）にかけて行った学術調査は千島アイヌから直接得た情報としてまとめられた最後の学術的な報告となっている。この学術調査は、千島アイヌのヤーコフ酋長の妹アレクサンドラ女史から得たもので、千島アイヌの語法など唯一のものである。現在、千島アイヌはその存在すら知られなくなり、物質文化研究や考古学研究の役割が一層重要になってきている。

　昭和初年の考古学的な調査は馬場（1934・1936・1937・1939）、名取（1939・1940）、林（1941）などがあり、人類学的な発掘調査は児玉（1940）が知られている。

　馬場（1934・1936・1937・1939）は、昭和5年（1930）に南千島の国後と択捉島（紗那、留別）、昭和8年（1933）～13年（1938）にかけ北千島の占守島、幌筵島で5回にわたる発掘調査を実施している（図1）。この調査は、特に占守島の北西部に位置する別飛湾岸の別飛川から潮見崎の地域を中心に行われている。発掘は貝塚、竪穴住居址、墳墓址で、オホーツク文化期からアイヌ文化期にかけてのもので、近現代のロシア製の陶器類も報告されている。これらの調査を基に、馬場（1939）は、千島列島の先史文化を総括的にまとめ、第1期をオホーツク式土器人が北千島よりさらにカムチャツカに渡来し活動の時期、第2期を内耳土器人が往来し活動時期であり、北千島は文化的に融合が進んだ地域であることを指摘している。この調査で収集した考古資料は、馬場脩コレクションとして市立函館博物館で所蔵されている（市立函館博物館 1994）。また、この馬場の調査

概要については、高橋（2010）にまとめられているので参考にしていただきたい。

　名取（1939）は、昭和8年（1933）に南千島の国後島、択捉島で発掘調査を行っている。国後島では、古釜布市街地周辺、アイヌ地、浜中海岸周辺、ニキシロ湖周辺で貝塚、竪穴住居址、墳墓址などを発掘し、縄文文化中期、続縄文文化期、オホーツク文化期、アイヌ文化期の調査を行っている。この時、アイヌ地で後北文化の墳墓と、浜中海岸の北西に位置する金毘羅山のチャシを確認している。択捉島では、留別の丘陵地、A～B地点の3カ所で発掘調査を実施し、オホーツク文化の竪穴住居址（A地点）、続縄文文化期（後北文化）の竪穴住居址（B・C地点）を発掘している。この時、調査した後北文化の墳墓については、名取（1940）で報告されている。

　また、林（1941）は、昭和16年（1941）に千島学術調査研究隊の学術部考古学班として、北千島の調査を実施している。当時、この千島学術調査研究隊は、陸海軍をはじめ農林省、北海道庁、朝日新聞社のほか、日魯漁業、太平洋漁業、北千島水産、北日本漁業、北千島鱈漁業や漁業関係者など各方面の支援を得て結成され、社団法人総合北方研究会が主催し組織されたものである（社団法人総合北方研究会 1944）。研究隊の目的は、北千島、中部千島における「北方の自然及び文化の科学的総合調査により、北方に於ける生活並びに産業の基本的条件を探究し、高度國防國家體制の建設に協力せんとする」であり、研究隊の編成は地質学（鈴木醇北大教授）、海洋学（岡田光世水講教授）、湖沼学（奥川一之助京大講師）、植物学（館脇操北大助教授）、動物学（犬飼哲夫北大教授）、昆虫学（河野廣道北大講師）、業場学（新野弘水講教授）、水産学（村山佐太郎函館高水教授）、考古学（林金吾本会学術部員）、農学（前川十郎北大教授）、衛生学（黒川雅一京大講師）、建築学（今和次郎早大教授〔代理：吉坂助手〕）、水産政策（今田清二函館高水教授）、文化政策（加藤顯清本会学術部員）、北方政策（伊藤緑良本会学術部員）と付属部員として朝日新聞社、朝日映畫株式会社であった。この調査期間は、昭和16年（1941）のおよそ3カ月間で、研究隊の本部は幌筵島柏原湾内におき、五班に分かれ実施している（社団法人総合北方研究会 1934）。

　林（1941）には、林が班長として北千島調査に昭和16年（1941）6月に出発するがウルップ島の南端で乗船した船が座礁し沈没したことで、再度7月に助手、杉山、河内、津田、安井、斎藤の計6名で幌筵島、占守島、阿頼度島への調査に出発している。幌筵島では、烏川で遺跡調査、塁山で発掘、鱒川から豊山、轟川の河口まで遺跡調査を行ない豊山で発掘、茂寄で発掘、樺里で13軒の竪穴住居址を発掘している。占守島では、長崎で発掘、別飛で竪穴住居群の発掘、蔭ノ澗で竪穴住居址の発掘（大きさ、深さともに最大の竪穴）の調査を行っている。また、林が最大の拠点と考える幌筵島の南端のシーペットボ（主別飛）で17軒の竪穴住居址、野田浦へ西北4kmはなれたペットボ（別飛）で竪穴住居址、来謝で貝塚を発掘している。阿頼度島では、擂鉢湾上陸の4km地点で竪穴住居址を発掘（前年も単独で発掘調査を行っている）、片岡湾上陸の地点で発掘、海馬湾から狐埼、さらに最北埼の遺跡探索を実施している。この調査で実施した遺跡の地点や遺物などの詳細は不明であるが、精力的に調査を進めていたことがうかがわれる（林 1941）。

　また、人類学的な調査は児玉（1940）があり、千島アイヌの形質的な研究が報告されている。これにともなう発掘調査を昭和12年（1937）と昭和13年（1938）に北千島の占守島別飛の砂丘で貝塚、竪穴住居址、墳墓址の調査を実施している（児玉 1971、渡辺 1971）。この時、考古資料のほかに

アリュート型骨格5体とアイヌ型骨格16体を収集している。

　昭和20年以降の考古学的調査としては、北千島〜中部千島の地域でロシアが実施した調査や1990〜1994年のサハリン州郷土博物館と北海道開拓記念館の共同発掘調査（右代・手塚 1991）、1994〜2000年のInternational Kuril Island Project（国際調査IKIP）、2006〜2007年のKuril Biocomplexity Project（日米露3カ国合同調査KBP）である（大坂 2010）。南千島（北方四島）では、2006年から北方四島歴史専門家交流として北海道開拓記念館で実施している北方四島の考古学的調査がある（右代・鈴木ほか 2007・2010・2011・2012・2013）。また、サハリン州郷土博物館では、近年になり遺跡分布調査を実施している（サマリン・シュービナ 2009）。これらの地域から昭和20年以前に収集された考古資料は、国内の博物館や大学などで所蔵しており徐々に報告されてきているが、明確な遺跡の位置や出土状況、収集にあたっての記録が把握できないのがほとんどである。また、千島列島の考古学的な研究は、村田・本田（1969）、五十嵐（1989）、杉浦（1998）、右代（1982・1996）、川上（2001）、本田（2006）、北構編（2008）などの報告がある。さらに、ロシアで昭和20年以降に収集した考古資料は、ほとんどがサハリン州郷土博物館で収蔵・保管しているのが現状である（右代：2012調査）。

3．北方四島の先史文化の特性

　これまで、千島列島の歴史的認識、あるいはこの地域で行われてきた考古学、人類学の調査・研究についての概要を示してきた。右代・鈴木ほか（2007・2010・2011・2012・2013）は、平成18〜24年（2006〜2012）にかけ、国後島、色丹島について精力的に現地での遺跡踏査、国後島古釜布郷土博物館所蔵の考古資料について報告してきた。平成25年（2013）6月も色丹島南西部の調査を実施している。この二つの島は先にもふれたが、地質学的に国後島は千島列島の火山島の一部であり、色丹島はかつて歯舞群島とともに根室半島の一部であったとされている。島の成立の違いから遺跡についても大きく違いがみられる。国後島は、湖沼、河口、砂丘、海岸段丘、丘陵などに遺跡がみられる。一方、色丹島は入組んだ湾、海岸段丘に遺跡が位置し、立地に違いがみられる。

　ここでは、国後島と色丹島の遺跡の特性、先史文化の時期について示すこととする。

⑴　国後島の遺跡とその特性

　現在、これまでの調査で国後島では、貝塚、集落址、墳墓址、チャシなど、65カ所を確認した（右代・鈴木ほか 2007・2010・2011・2012・2013）。昭和20年以前に確認された遺跡は、ロシア人が在住する古釜布、泊の地域、海岸部ではかつて軍事施設であった建造物やトーチカ、塹壕などで破壊されているものもある。しかしながら、現在は、古釜布や泊などのロシア人在住地域以外は、自然保護地区として管理され、遺跡についても保存状態が良好のものも多い。また、発見されていない遺跡も多く存在する。

　国後島は、北部と南部で大きく分けられる。南部は古釜布、ニキショロを含む南西部域、北部はそれよりも北に延びる北東部域である。南部は羅臼山、泊山がありニキショロ湖、アリゲル湖、古

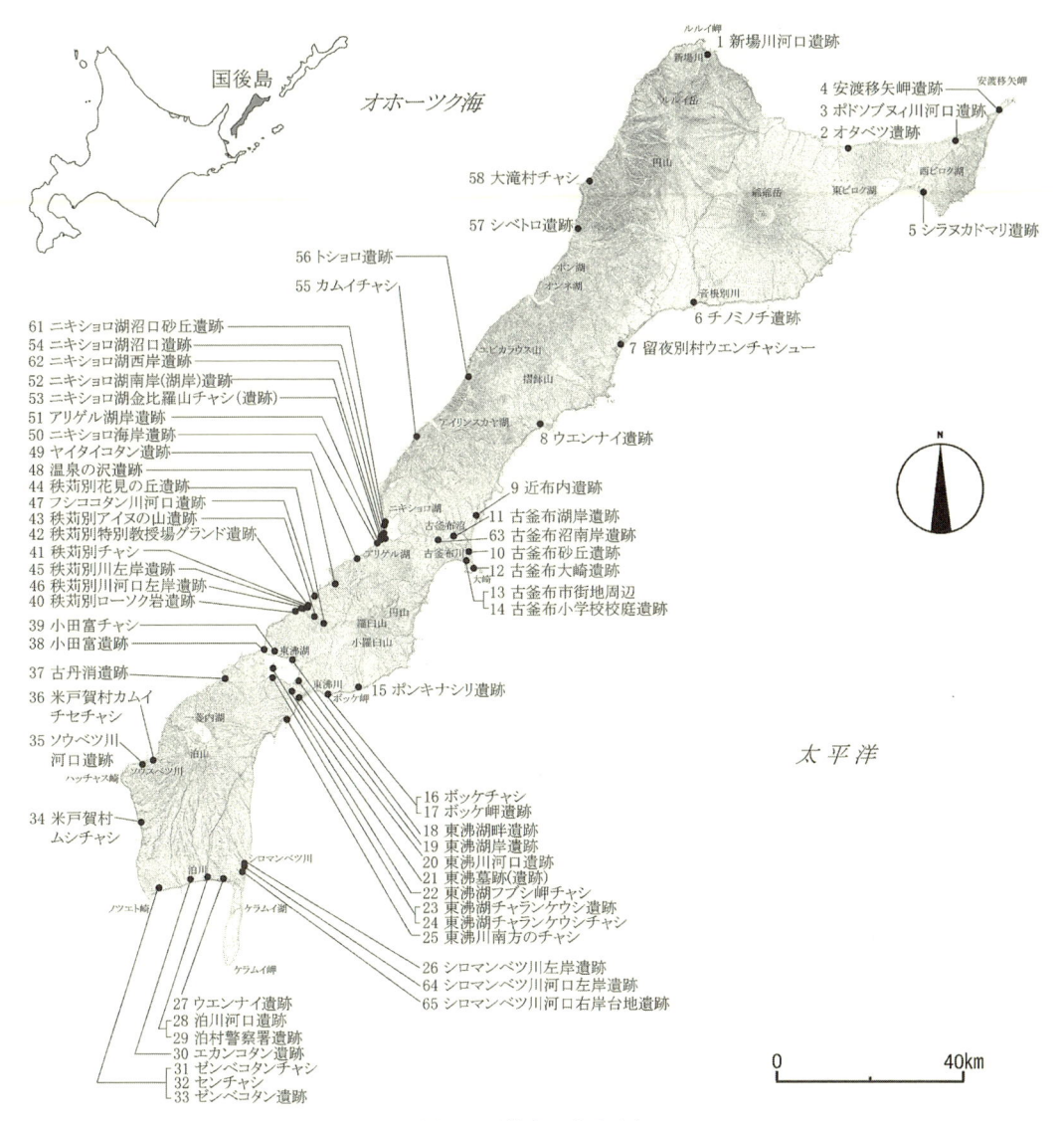

図2　国後島の遺跡分布
（59：マイアチヌィ川河口遺跡、60：ベスノイマイマチヌィ川河口遺跡は、遺跡の位置を未確認である。国土地理院、数値地図50000、北方四島の一部を使用）

釜布沼、東沸湖、一菱内湖、ケラムイ湖などの湖沼があり、図2に示すように湖沼、河川河口部に遺跡が集中している。南部は留夜別円山、ルルイ岳、爺爺岳と1000mを超える山々があり、大きな湖沼はないものの、海岸部にオンネ湖、ポン湖、東ビロク湖、西ビロク湖などの湖沼がある。この地域は、まだ十分な調査を実施していないため遺跡数が少ないが、湖沼や河川河口部に遺跡がみられる。国後島の南部と北部では島の成立にかかわる違いがあるものの、遺跡についても時期ごとに意図的に地域を選択してきたことがうかがわれる。

　①旧石器文化は、すでに加藤（1979）により指摘されているが、オシポフカ文化（ロシア・ハバロフロフスク遺跡群の旧石器文化）の石器群に含まれる有茎尖頭器と同種のものがあるとのことである。この遺跡は特定できないが、古釜布市街地周辺（図2-13）とした標高約40mの海岸段丘上

写真1 国後島ニキショロ湖金毘羅山チャシ（図2-53）

一体の地域であり、現在ロシア人が在住する市街地に位置する（右代・鈴木ほか 2007・2010）。しかも、サハリン州郷土博物館所蔵の北方四島の考古資料群には、この遺跡から採集した頁岩製の石刃が存在する（右代：2012調査）。いずれにしても、1万数千年前の後期旧石器文化から人が存在した痕跡がある。

②縄文文化は、すべての各時期をつうじ、遺跡が存在していたのではなく、早期～晩期にかけ限られた時期だけで、連綿と遺跡が存在したわけではない。早期では、古釜布砂丘遺跡（図2-10）から擦切り磨製石斧（右代・鈴木ほか 2007）、シロマンベツ川河口右岸台地遺跡（図2-65、図3）から石刃鏃を収集した（右代・鈴木ほか 2012）。国後島には、約7,000年前の石刃鏃文化が確実に存在することが明らかになった。中期は、古釜布砂丘遺跡（図2-10）、東沸川河口遺跡（図2-20）、泊川河口遺跡（図2-28）、シベトロ遺跡（図2-57）などで北筒式土器が採集でき、北筒文化圏が拡がっている。後期は、先の中期の遺跡から採集でき、羽状縄文を施文する土器群がみられ、北海道東部で発達する後期後半と関連するもので、独自に発展した可能性も考えられる。データが少ないため今後の課題としておく。晩期は、幣舞式、興津式、緑ヶ丘式が採集でき晩期末の遺跡がみられる。古釜布砂丘遺跡（図2-10）、東沸湖岸遺跡（図2-19）、小田富遺跡（図2-38）、シロマンベツ川左岸遺跡（図2-26）、ニキショロ湖南岸遺跡（図2-52）、アリゲル湖岸遺跡（図2-51）、シベトロ遺跡（図2-57）などがある。遺跡は段丘面より低地で確認でき、より湖沼や河川に密接な立地環境を求めるようになる。また、北海道東部の晩期と変わらない土器群ではあるが、特徴的にみられる突起付磨製石斧は千島列島に分布する石器でもあり、この時期特有の石器として続縄文文化までみられる。

③続縄文文化は、20カ所の遺跡を確認している（右代・鈴木 2010：図2）。これらは、北海道東部に文化圏を有する宇津内Ⅱb式土器、下田ノ沢1式土器、下田ノ沢2式土器の土器群がみられ、後の3～4世紀には後北C_2・D式土器の拡がりがみられる。続縄文文化では、連綿とした遺跡が形成されるのではなく、国後島では限られた時期にパッチ状に入り込んできて

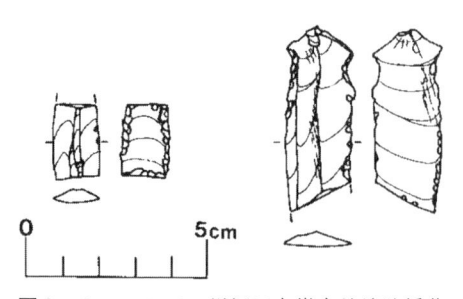

図3 シロマンベツ川河口右岸台地遺跡採集の石刃鏃・つまみ付きナイフ

いるのがわかる。

　④擦文文化は、10ヵ所の遺跡を確認している（右代・鈴木 2010・2011：図2）。擦文文化の遺跡からは、後期〜晩期の土器がみられ、11世紀を中心とするものが主体である。遺跡の立地は、海岸部河口、標高10m前後の砂丘や台地上にみられる。一方、筆者が擦文文化に位置づけているトビニタイ土器は、10世紀を中心とする遺跡が主体である。現地踏査では、特に古釜布砂丘遺跡（図2-10）、近布内遺跡（図2-9）、アリゲル湖岸遺跡（図2-51）で方形の竪穴住居址群を発見している。また、アイヌ文化のトイチセとの関連も考慮しなければならない課題もある。

　⑤オホーツク文化は、22ヵ所の遺跡を確認している（右代・鈴木 2010・2011：図2）。これらの遺跡は海岸部の河口、湖沼に接するようにみられ、標高約5mの砂丘、河岸段丘に位置する。また、海岸段丘下の狭い海岸部にある河口に接するように位置する遺跡もある。特に、ニキショロ湖、東沸湖の周辺には、五角形ないし六角形の特徴ある竪穴住居址や貝塚が多く、ニキショロ湖西岸遺跡（図2-62）、ニキショロ湖南岸遺跡（図2-52）、ニキショロ湖沼口遺跡（図2-54）、東沸湖岸遺跡（図2-19）、小田富遺跡（図2-38）があげられる。オホーツク文化の遺跡は、他の文化と遺跡立地環境が島内でも明確に違いがみられる。

　⑥アイヌ文化は、23ヵ所の遺跡を確認している（右代・鈴木 2010・2011：図2）。このうちチャシが12ヵ所と出土遺物から墓址と考えられる11ヵ所がある。コタン（集落）について明確な遺跡は確認していないが、近世から現代までの記録や文献などでコタンの位置の確認や平地式住居と竪穴住居の検討が重要な課題となっている。特に、チャシは軍事施設や塹壕で一部を破壊されているものも多いが比較的に保存状態が良く、ニキショロ湖金毘羅山チャシは二重の壕（地表面から30〜40cm）と壕の堀土で土塁がつくられ、この中央は土橋状になっている（写真1）。チャシの海岸部の頂上には、銃砲台の跡、周囲に塹壕がめぐらされて部分的に破壊されているが、規模が大きく、拠点的な存在感のあるチャシである。

(2) 色丹島の遺跡とその特性

　色丹島の調査は平成12年（2012）の北東部と平成13年（2013）の南西部の2回であり、この調査では集落址、チャシなど13ヵ所を確認した（右代・鈴木ほか 2013、2013調査）。昭和20年以前に確認された遺跡は林（1940）の報告があり、国後島と同様に海岸部ではかつて軍事施設であった建造物やトーチカ、塹壕などで破壊されている。現在は穴澗と斜古丹にロシア人が在住し、この地域以外は自然保護地区となっているようである。遺跡は国後島と同様に保存状態が良く、発見されていない遺跡も多く存在する。色丹島はかつて根室半島の一部であったことから、1000mを超える山や湖沼がないのが特徴である。一方、良好な湾が発達することから、斜古丹、マタコタン、穴澗、マスバ、ノトロ、松ケ浜、チボイなど入組んだ湾が形成されている（図4）。このことから遺跡の立地環境は、湾奥、海岸段丘、河川の河口からやや内陸の低地にみられる。今後の調査で多くの遺跡が発見されることは確実であり、さらに、色丹島斜古丹は、明治17年（1884）に北千島から千島アイヌ97人が移住した地であることから、河野（1905）、Torii（1919）、林（1940）などの報告から民族学的な調査も重要であり、居住地に建設した住宅にトイチセを併設したことも知られている

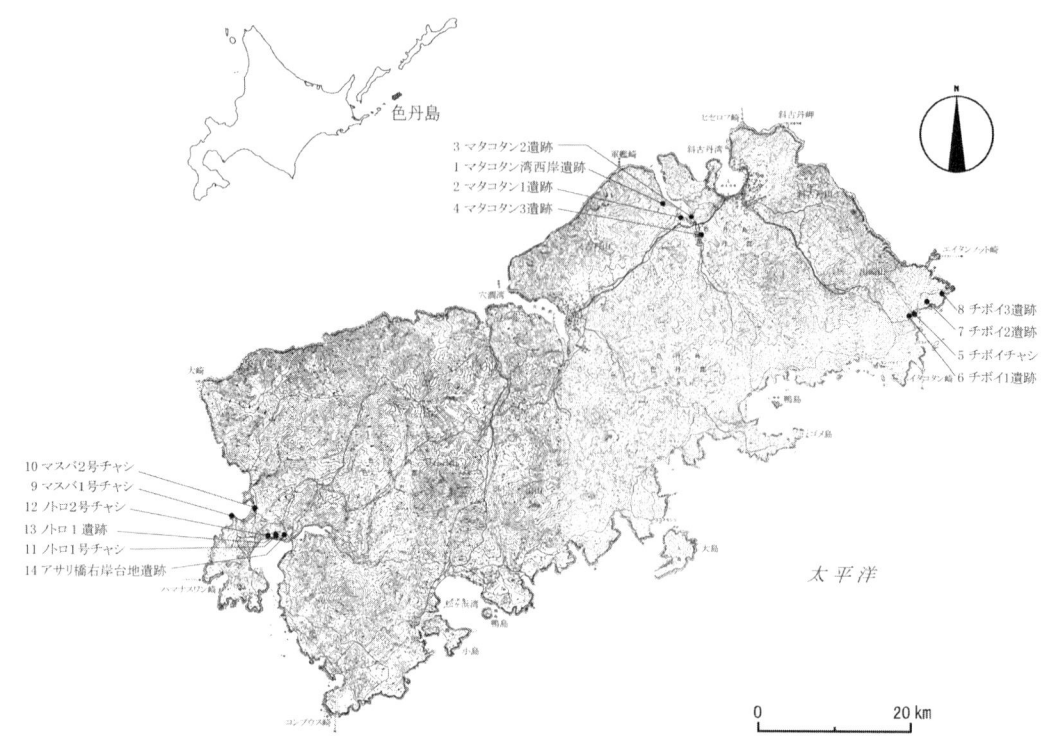

図4　色丹島の調査遺跡（国土地理院、数値地図50000、北方四島の一部を使用）

（ヒッチコック 1892）。ここはトイチセが確定できる地点であり、居住者や生活の状況も知ることができる唯一のところである。

　①旧石器文化は、確認していない。

　②縄文文化は、前期のチボイ1遺跡（図4-6）、中期のアサリ橋右岸台地遺跡（図4-14）である。イボイ1遺跡からは温根沼式土器と石器類が採集でき、アサリ橋右岸台地遺跡は北筒式土器が採集した（右代・鈴木ほか 2013、2013調査）。両遺跡とも竪穴住居址が確認できる。立地環境は、海岸段丘上の標高15〜20mに位置する。また、マタコタン3遺跡（図4-4）でも縄文土器と剥片を採集しているが時期を決めることができない遺物であった。

　③続縄文文化は、5カ所の遺跡を確認した（右代・鈴木ほか 2013、2013調査）。また、竪穴住居址はマタコタン湾西岸遺跡（図4-1）、ノトロ1遺跡（図4-13）、アサリ橋右岸台地遺跡（図4-14）で確認でき、土器や石器類はマタコタン2遺跡（図4-3）、チボイ3遺跡（図4-8）から採集した。土器は、宇津内・下田ノ沢系の土器が主体である。色丹島の続縄文文化は、林（1940）などの報告から国後島の状況と類似している。

　④擦文文化は、方形の竪穴住居址を3軒、マタコタン湾西岸遺跡（図4-1）で確認した。アイヌ文化のトイチセの可能性も高い。

　⑤オホーツク文化は、チボイ3遺跡（図4-8）で2軒の方形ないし五角形の竪穴住居址を確認している。土器は採集していないが石鏃、石槍、スクレーパー、石錘など、オホーツク文化の特徴を示す遺物を収集した（右代・鈴木 2013）。

写真 2　色丹島マスバ 2 号チャシ（図 4-10）

⑥アイヌ文化は、6 カ所の遺跡を確認している（右代・鈴木 2013、2013調査：図 4）。このうちチャシが 5 カ所と現地でアイヌの墓址とされる 1 カ所がある。チャシは、昭和20年以前に確認されていたチボイチャシ（林 1940：図 4-5）、マスバチャシ（マスバ 1 号チャシ）（河野 1905：図 4-9）に加え、マスバ 2 号チャシ（図 4-10、写真 2）、ノトロ 1 号チャシ（図 4-11）、ノトロ 2 号チャシ（図 4-12）を2013年の調査で新たに発見した。アイヌの墓址は、チボイ 2 遺跡（図 4-7）で長方形の浅い窪み 8 基（1〜1.5m）を確認しているが、断定は困難で詳細な調査が必要である。

おわりに

これまで、北方四島を含めた千島列島の歴史的認識、さらに千島列島における考古学あるいは人類学的な研究について示してきた。さらに筆者が進めているプロジェクト研究の北方四島の考古学調査を示した。この地域の考古学的な研究は、先史時代からの第三の文化ルートとして物質文化的な拡がり、文化的な接触と人的な接触、千島アイヌの考古学的なアプローチなど、人類史にとって究めて重要な領域である。しかしながら、日本領でありながら積極的に調査ができない地域でもあり、研究を進める上で制限など困難をようする地域である。

これまでの成果として、国後島で旧石器文化の存在、大陸から伝わってきた石器製作技法である石刃鏃文化の確認など、トピック的なものもあげられる。国後島と色丹島の先史文化をみると連綿と文化が築かれていたわけではなく、後期旧石器文化、縄文文化、続縄文文化、擦文文化、オホーツク文化と、その文化のなかでも限られた時期の遺跡が存在する。また、北方四島には、カムチャツカ地域の物質文化の影響を受けたと考えられる遺物もいくつかあげられる。また、これまでの先行研究から検討すると、確実に中部千島では縄文文化晩期、続縄文文化について存在する。オホーツク文化は、北千島まで拡がりをもっている。さらにアイヌ文化では、この地域に特徴的な内耳土器がカムチャツカまで拡がり、チャシについても北千島まで拡がりを有する。しかしながら詳細な

調査が実施できない現在、筆者が進める北方四島のプロジェクト研究を継続して、現地での基礎データの蓄積を進めるしかないのが現状である。また、国内に収集・保管されている考古資料、民族資料、さらには近世・近代の文献についても把握することも重要であろう。今後、継続的に現地での調査を実施し、第三の文化ルートの解明を進める所存である。

引用・参考文献

五十嵐国宏 1989「千島列島出土のオホーツク式土器」『根室市博物館開設準備室紀要』第3号、根室市博物館準備室、pp.9-23

伊藤初太郎 1935『考古学上の根室の遺物と遺跡』神戸安曇写真製版所、p.42

稲生典太郎 1938「北海道オホーツク海沿岸出土土器の一部について」『史前学雑誌』第10巻、第1号、pp.9-21

右代啓視 1982「動物意匠を施した注口・把手付のオホーツク土器」『北海道史研究』第30号、北海道史研究会、pp.52-54

右代啓視 1991「オホーツク文化の年代学的諸問題」『北海道開拓記念館年報』第19号、pp.23-52

右代啓視 1996「千島列島採集の考古資料―長尾又六コレクション―」『根室市博物館開設準備室紀要』第10号、根室市博物館開設準備室、pp.71-90

右代啓視 2000「北東アジアにおけるチャシの起源と位置づけ」『北の文化交流史研究事業研究報告』北海道開拓記念館、pp.35-68

右代啓視・赤松守雄 1995「オホーツク文化遺跡の分布とその特性」『北の歴史・文化交流研究事業研究報告』北海道開拓記念館、pp.157-179

右代啓視・鈴木琢也・村上孝一・スコヴァチツィーナ, V.M. 2007「国後島の遺跡―古釜布郷土博物館所蔵資料調査より―」『北方の資源をめぐる先住者と移住者の近現代史―2005-2007年度調査報告―』北海道開拓記念館、pp.161-182

右代啓視・鈴木琢也・村上孝一 2010「国後島における先史文化の資源利用．北方の資源をめぐる先住民と移住者の近現代史」『北方文化共同研究報告、北海道開拓記念館』pp.125-140

右代啓視・鈴木琢也・村上孝一・スコヴァチツィーナ, V.M. 2011「北方四島の先史文化研究と博物館交流の基礎づくり（Ⅰ）」『北海道開拓記念館研究紀要』第39号、pp.99-110

右代啓視・鈴木琢也・村上孝一・スコヴァチツィーナ, V.M. 2012「北方四島の先史文化研究と博物館交流の基礎づくり（Ⅱ）」『北海道開拓記念館研究紀要』第40号、pp.143-154

右代啓視・鈴木琢也・村上孝一・スコヴァチツィーナ, V.M. 2013「北方四島の先史文化研究と博物館交流の基礎づくり（Ⅲ）」『北海道開拓記念館研究紀要』第41号、pp.59-82

右代啓視・手塚 薫 1991「ウルップ島アリュートカ湾岸出土の遺物」『北の歴史・文化交流研究事業中間報告』北海道開拓記念館、pp.79-86

宇田川洋 1982「北海道・南千島・東北北部の続縄文文化遺跡」『日本歴史地図、原始・古代編』上．柏書房、pp.175-178

大坂 拓 2010「千島列島中部出土続縄文・オホーツク土器の新資料―2007年KBP調査出土土器の概要報告―」『千島列島先史文化の研究』東京大学常呂自習施設研究報告、第7集、東京大学大学院人文社会系研究科、pp.61-74

大場利夫 1971「北海道周辺地域に見られるオホーツク文化―Ⅳ 千島―」『北方文化研究』第5号、北海道大学文学部付属施設北方文化研究施設、pp.1-30

川上 淳 2001「千島通史1、考古学から見た先史時代」『根室市博物館開設準備室紀要』第15号、根室市博

物館開設準備室、pp.71-94
北構保男　1973『1643年アイヌ社会探訪記―フリース船隊航海記録―』雄山閣、p.169
北構保男編　2008『アイヌ民族・オホーツク文化関連研究論文翻訳集』北地文化研究会、p.306
工藤雅樹　1998『東北考古学・古代史学史』吉川弘文館、p.484
河野常吉　1905『チャシ即ち蝦夷の砦．河野常吉著作集』Ⅰ、考古学・民族誌編、1974；所収、北海道出版
　　　企画センター、pp.18-34
河野常吉　1908a『非コロポックル論．河野常吉著作集』Ⅰ、考古学・民族誌編、1974；所収、北海道出版企
　　　画センター、pp.35-57
河野常吉　1908b『コロポックル説の誤謬を論ず．河野常吉著作集』Ⅰ、考古学・民族誌編、1974；所収、北
　　　海道出版企画センター、pp.58-73
国立民族学博物館編　1993『民族学の先覚者―鳥居龍蔵が見たアジア』国立民族学博物館、p.116
児玉作左衛門　1940『千島アイヌ．南千島色丹島誌』アチックミューゼアム彙報、第47、pp.169-202
児玉作左衛門　1971「緊急を要したアイヌ研究―私の歩んだ道―」『北海道の文化』21、北海道文化財保護協
　　　会、pp. 7 -13
犀川会編　1933『北海道原始文化聚英』犀川会、1977；復刻、北海道出版企画センター、p.130
犀川会編　1933『北海道原始文化展覧会』北海道原始文化要覧、犀川会、1977；復刻、北海道出版企画セン
　　　ター、p.90
財団法人アイヌ文化振興・研究推進機構編　2011『千島・樺太・北海道アイヌのくらし―ドイツコレクショ
　　　ンを中心に―』財団法人アイヌ文化振興・研究推進機構、p.185
サマリン, I. A・シュービナ, O. A. (訳　宇田川洋)、2009「国後における「チャシタイプ」の要害遺跡、ロシ
　　　ア極東クリール列島」『北方探求』第 9 号、pp. 1 -17
社団法人総合北方研究会編　1934『千島学術研究隊報告書』第 1 集、社団法人総合北方研究会、p.157
市立函館博物館　1994『市立函館博物館蔵品目録．7 、考古資料篇、 4 』市立函館博物館、p.143
杉浦重信　1993『千島考古学文献目録．邦文編』根室市博物館開設準備室紀要、第 7 号、根室市博物館開設
　　　準備室、pp.15-36
杉浦重信　1998「考古学より見た北海道・千島・カムチャツカ」『野村崇先生還暦記念論集―北方の考古学―』
　　　野村先生還暦記念論集刊行会、pp.511-540
高橋　建　2010「馬場脩による北千島調査について」『千島列島先史文化の研究』東京大学常呂自習施設研究
　　　報告、第 7 集、東京大学大学院人文社会系研究科、pp.75-84
田村幸策　1971「北方領土の交際法上の地位」『古地図と歴史―北方領土』北方領土問題調査会、pp.129-142
坪井正五郎　1886「第 2 年総会演説」『東京人類学会報告』 2 - 9 、pp. 2 - 7
坪井正五郎　1887a「コロポックル北海道に住みしなるべし」『東京人類学会報告』 2 -12、pp.91-97.
坪井正五郎　1887b「コロポックル北海道に住みしなるべし」『東京人類学会報告』 2 -14、pp.167-172
東京大学大学院人文社会系研究科編　2010『千島列島先史文化の研究』東京大学常呂自習施設研究報告、第
　　　7 集、p.92
鳥居龍蔵　1976「考古学民族学研究・千島アイヌ」小林知生訳『鳥居龍蔵全集』第 5 巻、朝日新聞社、pp.311
　　　-553
鳥居龍蔵写真資料研究会編　1990；東京大学総合研究博物館所蔵、鳥居龍蔵博士撮影『写真資料カタログ、
　　　第 4 部、満州、千島、沖縄、西南中国』東京大学総合研究博物館標本資料報告、第21号、p.157
名取武光　1939「南千島の発掘旅行記―40年前の南千島紀行―」『アイヌと考古学』二、名取武光著作集、Ⅱ、
　　　1974；所収、北海道出版企画センター、pp. 4 -49
名取武光　1940「北海道国後島古釜布に於ける後期薄手縄文土器期竪穴様墳墓―後北式土器 C の墳墓―」『ア
　　　イヌと考古学』 2 、名取武光著作集、Ⅱ、1974；所収、北海道出版企画センター、pp.50-62

名取武光 1974『アイヌと考古学、2』名取武光著作集、Ⅱ、北海道出版企画センター、p.345
馬場 脩 1934「北千島占守島に於ける考古学的調査報告」『人類学雑誌』第49巻、第2号（馬場脩 1979『樺太・千島考古学・民族誌』1、所収、北海道出版企画センター、pp.33-66）
馬場 脩 1936「北千島占守島の第二回考古学的調査報告」『人類学雑誌』第51巻、第3号（馬場脩、1979a『樺太・千島考古学・民族誌』1、所収、北海道出版企画センター、pp.67-108）
馬場 脩 1937「第三回北千島占守島の竪穴発掘」『東京人類学会・日本民俗学総合大会』（馬場脩、1979a『樺太・千島考古学・民族誌』1、所収、北海道出版企画センター、pp.109-119）
馬場 脩 1939「考古学上より見たる北千島．第3部、日本及び隣接地の先史学」『人類学先史学講座』第10巻、雄山閣、p.107
林 欽吾 1940「色丹のアイヌ族．南千島色丹島誌」『アチックミューゼアム彙報』第47、pp.139-168
林 欽吾 1941『千島学術調査研究隊考古学班調査概報』（木村信六・和田文治郎・林欽吾 1984『千島・樺太の文化誌』北方歴史文化叢書、所収、北海道出版企画センター、pp.255-261）
ヒッチコック, R. 1892（訳 北構保男）、1985「アイヌ人とその文化—明治中期のアイヌの村から—」『世界の民族誌』1、p.251
北海道庁 1901『北千島調査報文』北海道庁、p.270
本田克代 2006「国後島東沸のチャシ—聞き取りによる—」『根室市歴史と自然の資料館紀要』第20号、根室市歴史と自然の資料館、pp.23-30
村田吾一・本田克代 1969「国後島の遺物」『北海道考古学』第5輯、北海道考古学会、pp.87-99
渡辺左武郎 1971「児玉先生の憶い出—戦前発掘のアイヌ墳墓発掘のことなど—」『北海道の文化21』北海道文化財保護協会、pp.3-6

Milne, J. 1882 *Notes on the Koro-poku-guru or Pit-dwellers of Yezo and the Kurile Islands.* Transactions of the Asiatic Society of Japan. Vol.10. pp.187-198

Prokofiev, M. M.・Deriugin, V. A. and Gorbunov, C.V. 1990 *Keramika Kuljtuy Satumon i ee Nakhodki na Sakhaline i Kuriljskikh Ostrovakh.* p.95

Torii, R. 1919 *Etudes Archeolgiques et Ethnologiques. Les Ainou des Iles Kouriles.* Journal College of Science, Imperia l University of Tokyo, Vol.XLII, p.480

弥生後期十王台式期における集落の一様相
―― 茨城県笠間市塙谷(はんがい)遺跡の再検討 ――

淺 間　陽

はじめに

　弥生時代後期後半は弥生時代の遺跡数が少ない北関東においても集落の急増する時期であり、弥生時代から古墳時代への移行を考える上でもひとつの画期と考えられている時期である。この時期の茨城県域では大洗町髭釜遺跡、土浦市原田遺跡群などで住居跡100軒を超す大規模集落がみられる。本稿で扱う笠間市塙谷遺跡も近年明らかになった大規模集落のひとつであり、集落の様相を探るための豊富なデータが得られている。

　筆者は塙谷遺跡の整理にかかわり、本報告で弥生時代について総括を行ったが、紙幅の都合により、十分な検討がかなわなかった（淺間 2011）。そこで本稿では、報告書で検討の足らなかった集落について住居形態や集落動向を中心に分析を行ない、その様相について考察してみたい。

図1　遺跡の位置と周辺の遺跡

1．塙谷遺跡の概要

　塙谷遺跡の所在する笠間市域は北部は八溝山系鶏足山山塊に連なる友部丘陵、東部は平坦な東茨城台地が茨城町から大洗町まで東西に展開し、台地に沿って涸沼川が東流する。塙谷遺跡は友部丘陵南端部の緩斜面に占地し、南側には涸沼川の支流である涸沼前川が東流する（図1）。

　塙谷遺跡では平成19・20年度に発掘調査が行われ、弥生時代後期の住居跡79軒、古墳時代前期の住居跡11軒、方形周溝墓2基が調査されている。また、塙谷遺跡の位置する小原地区では弥生後期の住居跡が多数確認されており、長峰東遺跡で9軒、小原遺跡で3軒、長峰西遺跡で7軒、三本松遺跡で15軒、行者遺跡で1軒の住居跡が調査されている。これらは「小原遺跡群」とでも呼称すべき弥生後期の遺跡群を形成している（図1右）。また、塙谷遺跡の弥生土器は十王台式土器が主体となるものの、栃木県域を主要な分布圏とする二軒屋式土器の組成比率が10％を超えており、二軒屋式集団との密接な関わりが窺える。[1]

2．塙谷遺跡の時期設定

　鈴木素行が細分を進める十王台式土器の編年（鈴木 2010等）をもとに弥生時代後期後半から古墳時代前期までを6期に分け、時期区分を設定した（図2）。報告書中と重複する部分もあるが、再度提示したい。

　1期　塙谷C区1・9号住居跡が主な遺構である。口縁部は無文で文様帯が狭く、下端には刻みが加えられる。これらは長峯（新）式（海老澤 2000）と呼ばれるものである。本時期の遺構は少ないが、十王台式土器は主体とならない。また、二軒屋式土器も少量ながら伴う。鈴木の薬王院式期に並行すると想定される。

　2期　塙谷A区37・64・74・85・86・98号住居跡、B2区4号住居跡、B3区11号住居跡が主な遺構である。口縁部文様帯には無文・縄文・櫛描波状文がある。頸部隆帯は厚く、櫛歯の本数は3～4本と少ない傾向にある。頸胴界の区画文は直線文である。二軒屋式の良好な個体は確認できない。鈴木の大畑式、富士山式に相当する。

　3期　最も遺構数が多い時期である。塙谷A区16・18・27・29・39・44・49・52・58・66・77・79・100号住居跡、B1区1～3号住居跡、B3区6・7号住居跡が主な遺構である。口縁部幅は拡張傾向にあり、口縁部文様態には横位の櫛描波状文が施文される。頸胴界の区画文に横位直線文＋波状文・上開きの連弧文の構成（7・8）が出現する。B3区3号住居跡では十王台式土器とともに二軒屋式土器の良好な個体（9・10）が伴出しており、本時期には確実に二軒屋式土器が伴う。鈴木の武田式西塙段階古期、小祝式糠塚段階に相当する。また、頸部無文帯土器群は本時期を最後に良好なものが確認できなくなる。

　4期　A区18・44・48・49・58・66・80号住居跡、B1区3・6号住居跡、B3区2・4・12号住居跡、C区2号住居跡、長峰東1・2・4・6・7号住居跡などが主な住居跡である。小片なが

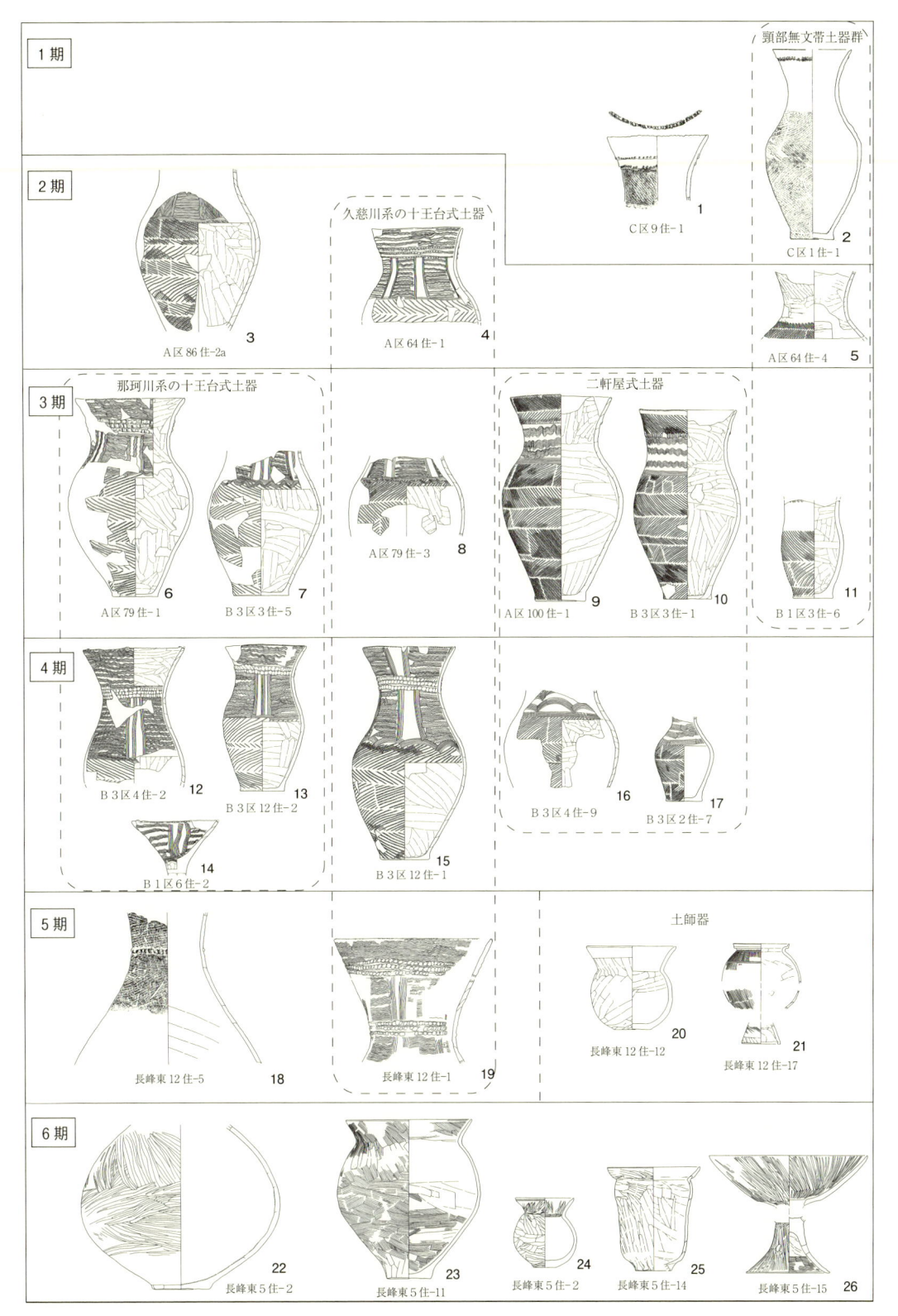

弥生後期十王台式期における集落の一様相　427

1期				頸部無文帯土器群
			1 C区9住-1	2 C区1住-1

2期		久慈川系の十王台式土器	
3 A区86住-2a	4 A区64住-1		5 A区64住-4

3期	那珂川系の十王台式土器		二軒屋式土器	
6 A区79-1	7 B3区3住-5	8 A区79住-3	9 A区100住-1　10 B3区3住-1	11 B1区3住-6

4期
12 B3区4住-2　13 B3区12住-2　14 B1区6住-2　15 B3区12住-1　16 B3区4住-9　17 B3区2住-7

5期　　　　　　　　　　　　　　　　　　　　土師器
18 長峰東12住-5　19 長峰東12住-1　20 長峰東12住-12　21 長峰東12住-17

6期
22 長峰東5住-2　23 長峰東5住-11　24 長峰東5住-2　25 長峰東5住-14　26 長峰東5住-15

図2　弥生時代後期～古墳時代前期の塙谷遺跡・長峰東遺跡土器変遷図

ら古墳時代の土師器が伴出する。武田式西塙段階新期、小祝式梶巾段階に相当する。小祝式（15）において頸胴界の区画文が下開きの連弧文であることを指標とする。

5期　B1区5号住居跡、長峰東遺跡12号住居跡などが該当する。十王台式は頸部の隆帯が消失し、帯状刺突文に置き換わることを指標とするが、塙谷・長峰東遺跡では当該土器は小片でしか確認できない。長峰東遺跡12号住居跡ではS字甕B類（21）と十王台式土器（18・19）の共伴が確認されており、本時期には確実に土師器との共伴が確認できる。鈴木の武田式石高段階に相当する。

6期　古墳時代前期の土師器が主体的に出土する遺構を対象とした。柱状脚高坏が組成する段階（古墳前期末）を除いて一括したため、時期幅を有する。塙谷A区1・4・5・8・23号住居跡、B3区7号住居跡、長峰東5号住居跡、2号周溝墓などが該当する。長峰東5号住居跡ではいわゆる元屋敷系高坏（26）が出土しており、本時期の中でも古相を呈すると考えられる。

3．住居跡の特徴と推移

　小原遺跡群では合計114軒の弥生時代住居跡が調査されており、これらの住居跡と古墳時代前期の住居跡（塙谷・長峰東のみ）の諸属性を表にまとめたものが表1である。ここでは各属性について前項で提示した時期区分に基づき、同一の集落と考えられる塙谷遺跡と長峰東遺跡を中心に大戸遺跡群、武田遺跡群の分析（鈴木 2010）との比較を交えながら分析してみたい。

　平面形　隅丸長方形、隅丸方形、隅丸台形、楕円形、不整円形の5種類を基本とする（図4）。隅丸長方形は普遍的な形態で1期から5期まで安定的に存在する。また、隅丸方形の住居もそれに次いで多く、古墳時代前期にいたり、方形に近い形態となる。大半は出入り口方向と奥壁を結ぶ主軸を長軸とする一方、短軸を主軸とする「横長」の住居が存在する（塙谷A区5・14住）。これは鈴木のC型に分類され、久慈川流域に多い住居形態とされる。以上の住居跡は武田遺跡群や大戸遺跡群でも多く確認されており、十王台式期に一般的な形態といえる。このほか塙谷遺跡では隅丸台形や楕円形、不整円形をなす住居跡が確認されている。中でも不整円形・楕円形の住居跡は3・4期に特徴的にみられ、5期以降急速に減少していく形態として特異な存在である。

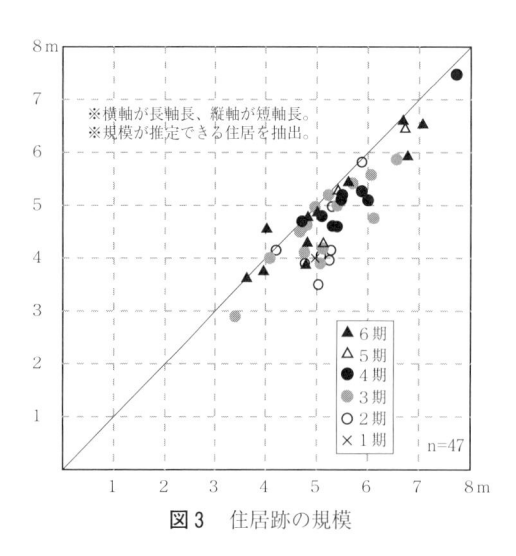

図3　住居跡の規模

　規模　図3を参照すると、1期は住居軒数が少なく、全体の規模を推定できる住居が確認できない。2期は多少のばらつきがあるものの、長軸4m前後に分布のまとまりがあるのに対し、3・4期には長軸5m前後に集中が見られる。古墳時代の5・6期にはさらに大きな6.6～7.0mにも集中が見られ、時期を経るにつれ大型化の傾向が読み取れる。また、2・3期は長軸6mを超える住居跡が確認できず、4期には長軸7.5mを超える超大型住居跡が出現するなど規模の格差が拡

弥生後期十王台式期における集落の一様相　429

| 1期 | 隅丸長方形 | 2期 | 隅丸方形 | | 隅丸台形 |

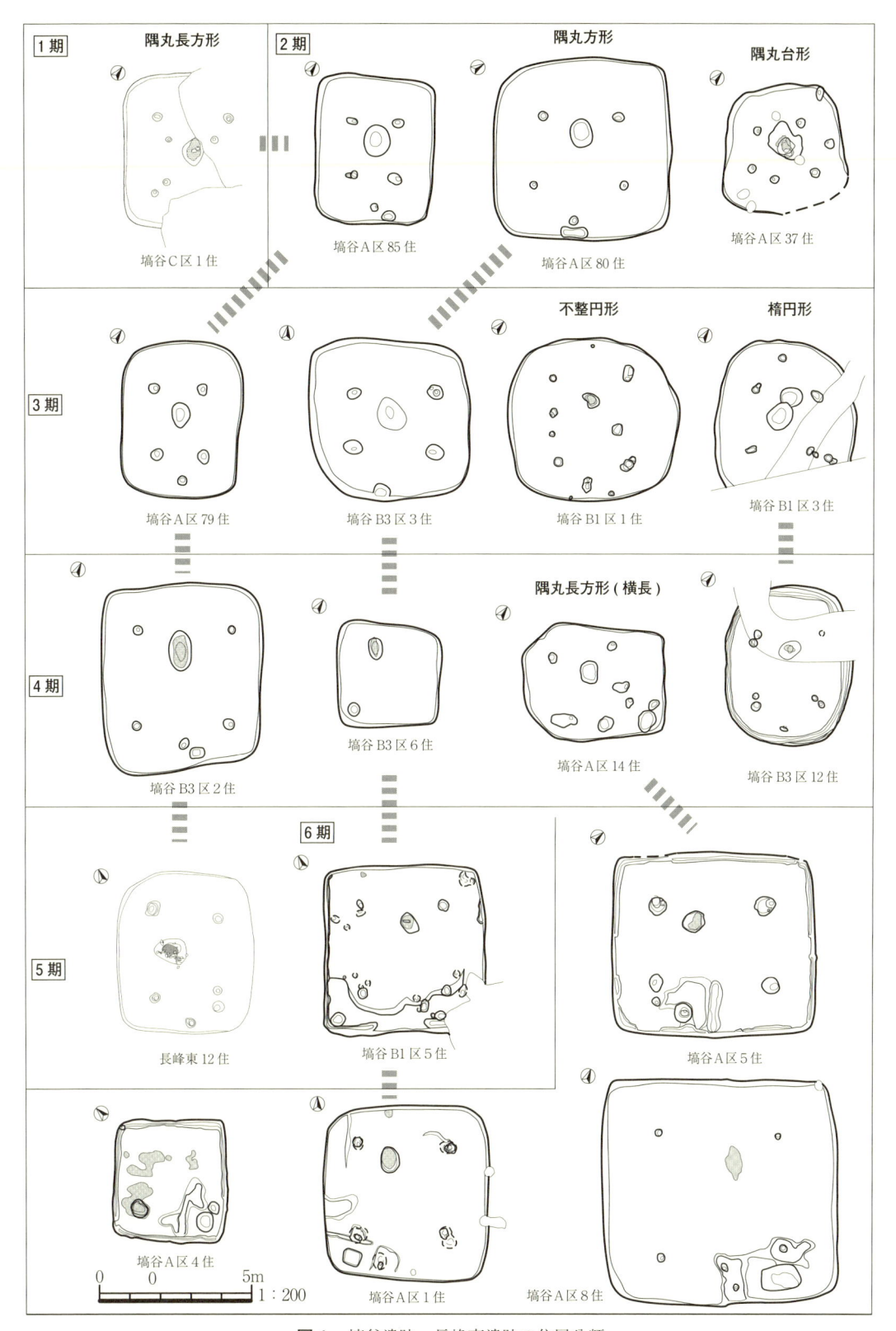

塙谷C区1住　　塙谷A区85住　　塙谷A区80住　　塙谷A区37住

3期　　　　　　　　　　　　　　　　不整円形　　楕円形

塙谷A区79住　　塙谷B3区3住　　塙谷B1区1住　　塙谷B1区3住

4期　　　　　　　　　　隅丸長方形(横長)

塙谷B3区2住　　塙谷B3区6住　　塙谷A区14住　　塙谷B3区12住

5期　　　　　　6期

長峰東12住　　塙谷B1区5住　　　　　　塙谷A区5住

塙谷A区4住　　塙谷A区1住　　塙谷A区8住

0　　5m
1:200

図4　塙谷遺跡・長峰東遺跡の住居分類

表1　小原遺跡群における弥生後期～古墳前期の住居跡一覧表

遺跡	遺構	時期	長軸(m)	短軸(m)	面積(㎡)	平面形	主軸方位	炉	備考	特徴的な遺物
塙谷A	1住	6期	5.62	5.46	30.6852	隅丸方形	N-2°-W	北寄り		
塙谷A	2住	4期	4.7	(4.7)	22.09	隅丸方形	N-57°-W			
塙谷A	3住	4期か				不明			砂岩製炉石	
塙谷A	4住	6期	3.96	3.77	14.9292	隅丸方形	N-42°-W	貯蔵穴	貯蔵穴	砥石1
塙谷A	5住	6期	6.77	5.95	40.2815	隅丸長方形	N-51°-W	北寄り	横長、壁周溝、貯蔵穴	
塙谷A	6住		4.85	4.7	22.795		N-11°-W		柱穴5+壁1	
塙谷A	8住		7.07	6.55	46.3085	隅丸方形	N-26°-W	北寄り		紡1、磨石2、砥石1
塙谷A	9住	3期か	—	—		不整円形	N-58°-W			磨石1
塙谷A	12住	6期	4.78	3.89	18.5942	隅丸長方形	N-21°-W		主柱穴不明	
塙谷A	13住	古墳時代				不明				
塙谷A	14住	4期か	4.63	3.72	17.2236	隅丸方形	N-50°-W		貯蔵穴	
塙谷A	16住	3期	4.7	4.56	21.432	隅丸方形	N-8°-E		主柱穴5+壁柱穴1	紡1
塙谷A	18住	4期	5.7	5.42	30.894	隅丸方形	N-33°-W		主柱穴・炉2回更新	紡1
塙谷A	23住	6期	4.81	4.31	20.7311	隅丸長方形		炉西寄り	貯蔵穴	
塙谷A	27住	4期	4.96	4.95	24.552	隅丸方形	N-6°-W		炉石	高坏1、敲石1
塙谷A	29住	4期	4.66	(4.5)	20.97	隅丸方形	N-31°-W			
塙谷A	30住	弥生後期				隅丸方形か	N-40°-W			
塙谷A	32住	古墳前期か	4.19	3.2	13.408	隅丸方形	N-27°-W			
塙谷A	33住	6期	4.82	4.8	23.136	隅丸方形	N-25°-W	やや北寄り	貯蔵穴	紡1、土錘1
塙谷A	35住			4.2			N-1°-E			
塙谷A	37住	2期か	4.11	3.7	15.207	隅丸長方形か	N-57°-W		二軒屋系多い。炉石	紡1、台石1
塙谷A	39住	4期か	3.75推定	3.4	12.75	隅丸方形	N-39°-W			
塙谷A	44住	4期	5	4.5	22.5	隅丸方形	N-15°-W	北寄り		
塙谷A	45住	後期後半	3.41	3.32	11.3212	隅丸方形	N-20°-W			台石1
塙谷A	48住	4期	5	4.46	22.3	隅丸方形	N-3°-W	北寄り		
塙谷A	49住	4期	6.06	5.58	33.8148	楕円形	N-10°-W			高坏1、磨石1
塙谷A	50住	後期後半					N-37°-W			
塙谷A	51住	後期後半	—	—		長方形か				
塙谷A	52住	後期後半	3.55	(3.4)	12.07	隅丸方形				
塙谷A	54住	4期	6.11	4.76	29.0836	隅丸長方形	N-18°-W	北寄り	炉石、拡張・更新	
塙谷A	56住		3.95	3.67	14.4965	隅丸方形	N-33°-W	北寄り	炉石	
塙谷A	57住	4期か	5.02	4	20.08	隅丸方形	N-32°-W	北寄り	炉石	
塙谷A	58住	4期か	4.6	3.9	17.94	隅丸長方形	N-2°-W	北寄り		紡1
塙谷A	61住	4期か	5推定	(3.5)	17.5	隅丸方形	N-68°-W			
塙谷A	64住	2期	5.03	(3.5)	17.605	隅丸方形	N-17°-W	北寄り		頸部無文帯1
塙谷A	66住	4期	3.4	2.9	9.86	隅丸方形	N-12°-W	北寄り		管玉1
塙谷A	67住		4.22	3.98	16.7956	隅丸方形	N-2°-E	北寄り		
塙谷A	73住	4期か	4.35	3.95	17.1825	隅丸方形	N-48°-W	北寄り		
塙谷A	74住	2期か	5.2	2.24以上	—	隅丸長方形か	N-32°-W			
塙谷A	77住	2期か	—	—			N-48°-W	北寄り		
塙谷A	79住	3期	5.07	3.9	19.773	隅丸長方形か	N-38°-W	中央		敲石1
塙谷A	80住	2期	5.88	5.82	34.2216	隅丸方形	N-62°-W		二軒屋系多い。	磨石1
塙谷A	81住	古墳前期末	—	—						
塙谷A	83a住	3期か	3.8	3.34	12.692	隅丸長方形	N-30°-W	中央		板状鉄斧1、磨石(炉石)1
塙谷A	83b住	6期か	2.9				N-30°-W			
塙谷A	85住	2期	4.76	3.9	18.564	隅丸方形	N-34°-W	中央	大型壺(廃屋墓か)	
塙谷A	86住		5.08	4.05	20.574	隅丸方形	N-45°-W	中央		
塙谷A	88住	3～4期か	5.22	-4.6	24.012	隅丸長方形	N-30°-E			
塙谷A	90住	2～3期か	4.14	2.5以上		隅丸長方形	N-48°-W	北寄り		二軒屋1
塙谷A	93住	2期か	5以上	(4.1)		隅丸方形	N-50°-E	中央	主柱穴中央による	
塙谷A	96住	2～3期か	3.4以上	3.86		隅丸長方形	N-63°-E			
塙谷A	97住	4～5期か	4.96	3.6以上		隅丸方形	N-25°-E		出入口ピットなし	
塙谷A	98住	2～3期か	4.76	4.24	20.1824	隅丸方形	N-44°-W	中央		
塙谷A	99住	3～4期か					N-13°-W	北寄りか		
塙谷A	100住	3期	2.4以上	2.9		隅丸方形か	N-38°-W			二軒屋1
塙谷A	101住		(5.08)	3.88以上		隅丸長方形	N-62°-E			磨石1
塙谷A	102住		—	—			N-17°-E	北寄り		
塙谷A	103住						N-73°-W	西寄り		
塙谷B1	1住	3～4期	5.65	5.24	29.606	不整円形	N-40°-W	北寄り		紡1、台石1
塙谷B1	2住	3～4期	5.28	4.64	24.4992	楕円形	N-21°-W	中央	変更後主軸N-69°-E	紡2、磨石1、台石1
塙谷B1	3住	3～4期	(4.77)	4.68		楕円形	N-36°-W	中央		頸部無紋帯土器1、紡錘車2
塙谷B1	5住	5期	5.42	5.3	28.726	隅丸長方形	N-2°-E	北寄り	炉石	
塙谷B1	6住	4期	(4.84)	4.63	22.4092	隅丸方形	N-28°-W	中央		台石1
塙谷B1	7住	4期	5.12	4.18	21.4016	隅丸方形	N-28°-W			二軒屋1
塙谷B1	8住	5期か	6.72	6.47	43.4784	隅丸方形	N-59°-W	北寄り		磨製石斧1、台石1
塙谷B1	9住	弥生後期	—	—			N-61°-W			
塙谷B2	2住	4期か	(6.06)	(3.54)		隅丸長方形	N-0°			紡錘車1
塙谷B2	3住	弥生後期	—	—			N-16°-W			
塙谷B2	4住	3期	4.08	4	16.32	隅丸方形	N-11°-W	北寄り		
塙谷B3	1住	3～4期	(5.94)	(3.74)		隅丸長方形	N-29°-W	中央		紡錘車1
塙谷B3	2住	4期	5.88	5.27	30.9876	隅丸方形	N-25°-W	北寄り		二軒屋1
塙谷B3	3住	3期	5.23	5.2	27.196	隅丸方形	N-28°-W	北寄り		二軒屋1
塙谷B3	4住	4期	6	5.1	30.6	隅丸方形	N-27°-W	北寄り		台石1、磨石1、管玉1
塙谷B3	5住	2期	5.3	4.98	26.394	隅丸方形	N-19°-W	中央		磨製石器1
塙谷B3	6住	古墳前期か	3.86	3.42	13.2012	隅丸方形	N-27°-W	北西より		
塙谷B3	7住	6期	5.15	4.82	24.823	隅丸方形	N-30°-W	北寄り		刀子1、不明銅1、砥石1
塙谷B3	8住	2～3期	4.08	3.78	15.4224	隅丸方形	N-15°-W	中央		

遺跡	遺構	時期	長軸(m)	短軸(m)	面積(㎡)	平面形	主軸方位	炉	備考	特徴的な遺物
塙谷B3	9住	4期か	4.73	4.55	21.5215	隅丸方形	N−22°−W	北寄り		台石1
塙谷B3	10住	4期か	〈5.0〉	4.46			N−22°−W	北寄り		
塙谷B3	11住	2〜3期	5.2	5.13	26.676	隅丸長方形	N−25°−W	炉中央		紡1、砥石1
塙谷B3	12住	4期	5.5	5.2	28.6	小判型	N−38°−W	北寄り		
塙谷B3	13住	2〜3期	5.35	5.02	26.857	隅丸長方形	N−47°−E			赤彩突起土器
塙谷C	1住	1期	4.94	3.3以上		隅丸長方形	N−39°−W	炉中央		
塙谷C	2住	3期	4.75	4.11	19.5225	隅丸長方形	N−9°−W			
塙谷C	3住	2期	5.28	4.15	21.912	隅丸長方形	N−27°−W	炉中央		
塙谷C	4住	2期	4.2	4.18	17.556	隅丸長方形	N−27°−W	北寄り		
塙谷C	5住	3〜4期	4.6	3.95	18.17	隅丸長方形	N−34°−W	北寄り		紡錘車1
塙谷C	6住		5.25	3.96	20.79	隅丸長方形	N−30°−W	炉不明		石鏃1混入？
塙谷C	7住		—	—	—		N−30°−W	北寄り		
塙谷C	8住		—	—	—		N−30°−W			
塙谷C	9住	3〜4期	4.74以上	4.73以上		隅丸長方形か	N−34°−W	不明		
塙谷C	10住	—	7.72以上	7.48以上		隅丸長方形か				
塙谷C	1竪	2期								
長峰東	1住	4期	5.1	4.8	24.48	隅丸方形	N−17°−W	炉2		紡1
長峰東	2住	4期	4.52				N−8°−W	不明		
長峰東	3住	6期	5.01	4.89	24.4989	隅丸方形	N−36°−W	北寄り	二軒屋多	炉石、砥石
長峰東	4住	6期	5.48	5.11	28.0028	隅丸方形	N−35°−W	北寄り	遺物多量	元屋敷系高坏1
長峰東	5住	6期	6.68	6.62	44.2216	隅丸方形	N−34°−W	北寄り		
長峰東	6A住	4期	—	—		隅丸方形	N−17°−W	中央か		
長峰東	6B住	4期か	—	—				不明		
長峰東	7住	4期	5.31	4.61	24.4791	隅丸長方形	N−48°−W	炉中央	掘り方、建て替え	
長峰東	8住	4期					N−45°−W	中央		
長峰東	9住	4期	6.55	5.87	38.4485	隅丸長方形	N−37°−W	北寄り	遺物多量	二軒屋系1、紡4、砥石1
長峰東	10住	4期				不整形か				元屋敷系高坏1
長峰東	11住	6期	3.63	3.64	13.2132	隅丸長方形	N−5°−E	中央		支脚1、紡2
長峰東	12住	5期	5.13	4.3	22.059	隅丸長方形	N−21°−E	中央	遺物多量	S字甕1
長峰東	13住	古墳前期	2.95	2.95	8.7025	隅丸長方形	N−49°−W	北寄り		紡1
長峰東	14住	古墳前期末	3.53			隅丸長方形か	N−13°−W	北寄り		柱状脚高坏1
長峰東	15住	古墳前期	3.63	2.73	9.9099	隅丸長方形	N−13°−W	中央		
長峰東	16住	2〜3期	—	—	—		N−30°−W	北寄り	拡張	
長峰西C1	5住	3〜4期	5.46	4.62	25.2252	隅丸長方形	N0°	北寄り		紡1、土玉4、磨石1
長峰西C1	10住	3〜4期	6.03	5.97	35.9991	隅丸方形	N−64.3°−W	西寄り		南関東系鉢1、紡3、土玉1
長峰西C1	12住	3〜4期	4.75	(4.43)		隅丸方形か	N−50.8°−E	北寄り	出入り口ピットなし	紡1
長峰西C2	1住	弥生末〜古墳前期	4.57	3.59	16.4063	隅丸方形	N−8°−W	中央	炉石	
長峰西C2	2住	4期か	4.58	4.65	21.297	隅丸方形	N−30°−W	北寄り	出入り口ピットなし	
長峰西C2	3住	3期	4.49	4.38	19.6662	隅丸台形	N−21°−E	不明	柱穴3	紡1、鉄鏃1、不明鉄1
長峰西C5	42住	3〜4期	—	—	—		N−8°−W			
小原	SI-2		5	3.5	17.5	隅丸方形	N−60°−W			
小原	SI04	3期か	(3.6)	3.3		隅丸方形	N−30°−W		二軒屋主体	
小原	SI05	3〜4期	4.8	3.8	18.24	隅丸方形	N−53°−W	中央		
行者	2住	4期	5.13	4.59	23.5467	隅丸長方形	N−20°−E	北西寄り	二軒屋主体	
三本松	SI-5	1期か	5.5	4.35	23.925	隅丸長方形	N−50°−W	中央	二軒屋主体	
三本松	SI-28		5.8	4.2	24.36	隅丸長方形か	N−40°−W	中央	二軒屋主体	
三本松	SI-33	3〜4期か	5.9	4.5	26.55	隅丸長方形	N−70°−W	中央	二軒屋主体	紡1
三本松	SI-42	1期	2.5	(4.1)		隅丸長方形	N−65°−W	中央	二軒屋主体	
三本松	SI-44	1〜2期	7.5	5.3	39.75	隅丸長方形	N−65°−W	中央	二軒屋主体	
三本松	SI-45		5	3.9	19.5	隅丸長方形				
三本松	SI-54	1〜2期	6.7	5.1	34.17	隅丸長方形	N−30°−E	中央	炉石、二軒屋主体	土製円盤1
三本松	SI-62	2〜3期	5.8	5	29	隅丸長方形	N−50°−W	北西寄り	二軒屋主体	
三本松	SI-66		(6.0)	4.0	24	隅丸長方形	N−60°−W	北西寄り		
三本松	SI-74	3〜4期	6.9	4	27.6	隅丸長方形	N−70°−W	中央	炉石	
三本松	SI-77		6.4	5.8	37.12	隅丸長方形	N−55°−W	北寄り		
三本松	SI-78		〈1.7〉	3.7	—	—	N−50°−W			
三本松	SI-79		5.5	5.5	30.25	隅丸方形	N−60°−W			
三本松	SI-80		〈2.4〉	4.4		隅丸長方形	N−60°−W			
三本松	SI-86		6.4	4.5	28.8	隅丸長方形	N−30°−W	北西寄り		

※住居規模の（ ）内は推定、〈 〉内は残存値を表す。
※「紡」は土製紡錘車を表す。

大する。

住居構造　主柱配置は4本＋出入り口ピット1本の構造を基本とし、この構成が古墳時代前期まで継続する。炉は地床炉で中央から北側の主柱穴間に位置し、時期が新しくなるにつれて中央から北側へ位置が移動する傾向がある。これは大戸遺跡群や武田遺跡群、さらには霞ヶ浦周辺でも海老澤稔の分析（海老澤 1993）で同様の傾向が指摘されており、茨城県内の弥生後期遺跡に共通して

みられる特徴といえる。また、炉石が付随するものがある。床面は4期までは地床であるが、5期には明確な掘り方をもつ住居が出現し、貼床を施すようになる。堉谷B1区8住は土器組成が弥生土器主体ながら、住居形態は方形に近く、掘り方をもつなど古墳時代前期の住居跡の特徴を持っており、移行期の様相とみなせる。

4．集落の変遷と遺跡群の動向

　堉谷遺跡・長峰東遺跡周辺の遺跡では1期以前に位置づけられる弥生時代の遺構・遺物が皆無であり、小原遺跡群における同時代の集落形成は1期から開始されたといえる。この点から小原遺跡群は弥生後期後半に新規に開拓された集落群とみなすことが可能であり、古墳時代以降もこれらの集落が継続することから以降の集団の基盤となる集落と推測する。住居跡の時期認定は出土土器に基づいているが、遺物が少数である場合、住居間の距離や主軸方位を参考にして時期を推定したものもある。

　堉谷・長峰東遺跡の集落変遷を概観すると、最初期の住居は堉谷C区1・9号住居跡のように谷口に近い丘陵緩斜面の南端部から集落の形成が開始される（図5）。その後2～4期にかけて住居軒数は増加し、3期に最盛期を迎える。2・3期は新しい場所を占有して住居を構築する傾向があり、4期には新たな居住域を形成する一方で、既存の居住域内の住居と重複して構築される例が見られる。3期には堉谷A区およびB1区北側の丘陵の急斜面近くに住居が集中し、谷地を挟んだ西側に位置する長峰東遺跡でも住居が出現する。また、古墳前期の5・6期にはさらに北側へと遺構分布の中心が推移する。以降、古墳前期末葉まで集落が継続したのち、一時断絶が見られる。このように集落の開始期は谷口付近から集落の形成が開始され、徐々に谷の奥へ向かって居住が進行する様子が捉えられる。各時期の住居跡は重複することが少ないが、重複する住居跡は2期と4期の住居跡であることが多い。また、建て替えによる住居跡の拡張・更新も認められるが、基本的には場所を変えながら居住域の占有を行っているとみられる。小原遺跡群全体の動向では堉谷遺跡C区と三本松遺跡で集落の造営が開始されたのち、2期には小原遺跡で集落の造営が開始され、3期には長峰東遺跡や行者遺跡、長峰西遺跡などに集落群が拡大する。

　同時期の住居はいくつかのまとまりを示しており、住居数の多い3期について分布をみてみると、堉谷遺跡および長峰東遺跡にはa～f群の6カ所のまとまりがみられる。鈴木素行は大戸遺跡群における1軒の住居跡が占有する範囲を半径16mと想定し、分析を行っている（前掲、鈴木 2010）。それによれば、距離15m未満をα、15～32mを距離βとし両者を血縁関係を表出する距離と捉え、αとβの差には血縁の遠近を想定している。これを最も集落構成の明らかな図5の堉谷3期a～e群と照合すると、同一の台地上にあるa群とb群は25m、b群とc群では約20mの各群内の住居間の距離は4～6mで距離αに相当する。これらの住居跡の近接は鈴木が指摘するように血縁関係による連帯を表出している可能性があり、注目できる。a群とb群は距離βに相当し、血縁関係の遠い集団とみなせようか。住居跡の配列は各群で主軸がそろっており、3軒程度のまとまりのものが多いが、a群とd群は5～8軒がコの字状ないし環状に配置されており、集落内での規模が際

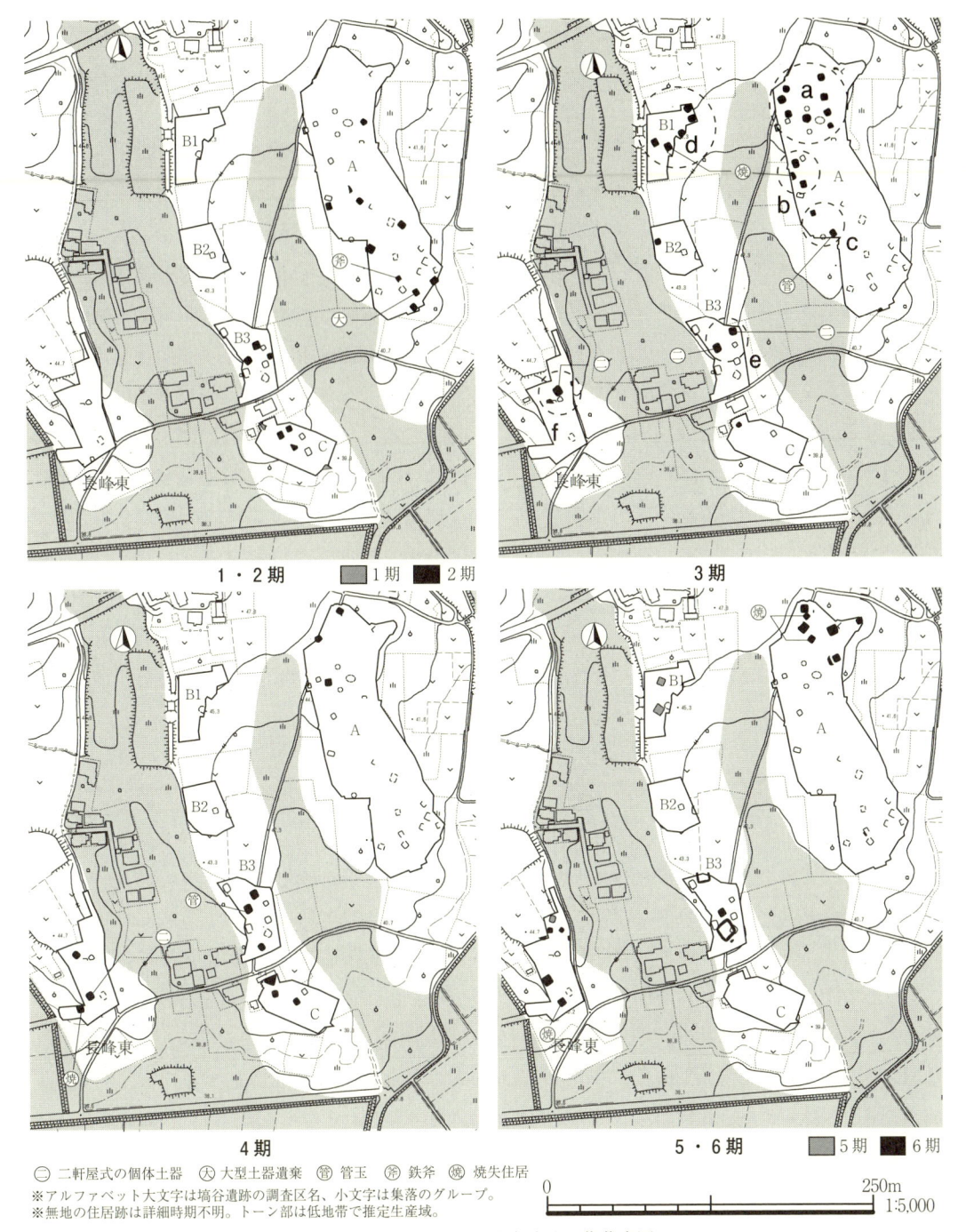

弥生後期十王台式期における集落の一様相　*433*

図5　塙谷遺跡・長峰東遺跡の集落変遷

◯ 二軒屋式の個体土器　🈯 大型土器遺棄　🈯 管玉　🈯 鉄斧　🈯 焼失住居
※アルファベット大文字は塙谷遺跡の調査区名、小文字は集落のグループ。
※無地の住居跡は詳細時期不明。トーン部は低地帯で推定生産域。

立っている。3期の住居すべてが同時期に存在した確証はないが、大戸遺跡群、武田遺跡群と比較すると1時期の住居数としては多く、各群との関係が注意される。また、d群とe群の距離は遺構の希薄帯となるB2区を挟んで約130mの距離があり、鈴木の距離δ（57m以上）に相当する。鈴木は距離δの住居群同士に在来の集団と他地域からの移入者との関係を想定している。塙谷遺跡

B2区の遺構希薄帯以南には3・4期の塙谷B3区2〜4号住居跡など二軒屋式土器の個体が出土した住居跡が多く分布することから、十王台集団と二軒屋集団の対峙という関係が示唆される。ただし、いずれの住居跡からも十王台式の個体土器が伴出しており、出土状況や二軒屋式土器の影響を受けた十王台式土器が存在する点からは二つの土器型式の製作集団が親和的な関係にあったことがうかがえる。また、塙谷遺跡の南方約600mに位置する三本松遺跡は二軒屋式土器が主体として出土する集落であり、二軒屋式土器はそれらの集団との交流によってもたらされたのであろう。

　住居群の動向が明らかなのに対し、墓制は明らかでない。鈴木素行は十王台式期の集落に住居以外の明確な遺構が見られないことから、墓制として居住を放棄した住居内に遺体を埋葬する「屋内墓」の可能性を指摘している（鈴木2005）。屋内墓の認定には副葬品とみなせる遺物が出土していること、焼失家屋であること等の条件があり、こうした条件にあてはまる住居跡は少ないが、大型の個体土器（塙谷A区86住）や管玉（塙谷A区66住）が床面から出土した住居跡、板状鉄斧が出土した塙谷A区83a住などはその可能性がある。また、住居跡の重複があまり見られず、以前に住居のあった場所を避けながら居住域が推移していく様相は廃絶された住居が墓として利用されたために重複が起こらなかった可能性をうかがわせる。なお、6期には塙谷遺跡B3区で方形周溝墓の造営が開始され、同時期の集落はA区北東に集中することからこの時期に居住域と周溝墓の墓域が明確に分かれていたと考えられる。ただし、周溝墓に埋葬される人数は推定できないものの、集落規模とは明らかに対応しない。したがって、屋内墓を含む弥生後期の墓制が古墳前期まで継続していた可能性は高いと言えよう。

まとめ

　塙谷遺跡は三本松遺跡とともに小原遺跡群の中で最初期に集落の形成が開始されたことから「開拓者の集落」と位置づけられる。住居の規模や構造は武田遺跡群や大戸遺跡群と比較して同様の傾向が指摘できると同時に住居形態では不整円形・楕円形の住居跡が本遺跡で特徴的にみられる。このような特徴が何に起因するかは今後検討しなければならないが、二軒屋式集団との接触によって生まれた可能性を想定したい。また、最初期の集落には十王台式土器が主体でないことも注意され、2期以降、十王台式土器が主体となることから、在来の集団（おそらく二軒屋式集団）に十王台集団が合流し、以降十王台式集団が集落構成員の主体になったと考えられる。さらに、同時期の住居軒数が他の遺跡群に比べ、多いことも特筆され、3期のように住居跡が血縁関係の遠近を示唆するいくつかの群に分かれて分布する状況が認められる。

　また、集落の生業基盤を水田稲作と仮定すると、その生産域となったのは塙谷・長峰東遺跡間の谷地内やその南側に展開する低地帯と推測される。この低地帯は西側に展開する丘陵によって涸沼前川が遮られ、南側へ大きく蛇行することにより、河川の氾濫から護られる形となる（図1）。谷頭からの湧水が豊富である点も加えれば、これらの低地帯は水田稲作を行う上で良好な環境であったと考えられ、集落が発展した一つの要因とみなすことができよう。

おわりに

以上、塙谷遺跡・長峰東遺跡の集落分析を中心に考察を行なった。塙谷遺跡は小原地区において旧石器・縄文時代を除くと、十王台式期に初めて集落の形成が開始され、古墳時代中期に一時的な断絶を挟みながらも中世まで集落の形成が確認できる。このことから当地域の根幹をなす集落として位置づけられ、地域史を考える上できわめて重要な遺跡といえる。今回は塙谷遺跡を中心に考察を行なったが、今後は三本松遺跡の集落構造や二軒式集団との関係についても追究していく必要があろう。また、屋内墓や住居規模の差、鉄器の保有に関する検討が不十分であった。今後の課題としたい。

註

(1) 『塙谷遺跡2』掲載遺物で二軒屋式と判別できたもの限って出土点数を集計した。掲載した弥生土器全点に占める割合は約12％であった。このほか、頸部無文帯土器群が約1％認められている。

引用・参考文献

淺間 陽 2011「第Ⅶ章第2節 弥生時代」『塙谷遺跡2』笠間市教育委員会・(有) 毛野考古学研究所、338-342頁

茨城県考古学協会ほか 1999『茨城県における弥生時代研究の到達点〜弥生時代後期の集落構成から〜』

海老澤稔 1993「弥生時代後期の住居形態について―霞ヶ浦周辺地域を中心として―」『婆良岐考古』第15号、婆良岐考古同人会、32-43頁

海老澤稔 2000「茨城県における弥生後期の土器編年」『東日本弥生時代後期の土器編年』第2分冊、東日本埋蔵文化財研究会、758-769頁

鈴木素行 2005「Ⅳ-5 船窪遺跡群における集落の軌跡―「生者の家」と「死者の家」集落論―」『船窪遺跡』(財) ひたちなか市文化・スポーツ振興公社、95-112頁

鈴木素行 2010「弥生時代後期「十王台式」の集落構造」『武田遺跡群 総括・補遺編』ひたちなか市教育委員会、47-91頁

※使用した遺跡の報告書は淺間 2011に記載したため割愛した。

入間川上流域の古墳時代
―― 飯能市加能里遺跡の事例を中心に ――

油 布 憲 昭

はじめに

　入間川流域、特に上流域の古墳時代について語られることはこれまで決して多くはなかった。これはひとえに検出事例が少ないことに起因する。狭山市笹井古墳群が入間川流域最西端の古墳であり、これより西の入間市・飯能市で古墳は発見されていない。笹井古墳群についても多くは未調査であり、調査済みの6号墳は遺物がなく残存状況がきわめて悪い点などから明確に古墳時代の所産とは断言できていない（高橋・小渕 1983）。入間川流域の古墳時代の様相は未だ不明確な部分が多い。

　このような現状の中、筆者は平成23年度、入間川左岸に立地する飯能市加能里遺跡第42次調査の発掘調査に携わり、多くの古墳時代土師器の出土に立ち会った。これまで飯能市内で調査された古墳時代は2遺跡（3調査地点）のみで住居数は4軒に留まっていたが、加能里遺跡第42次調査によって古墳時代の資料は急増している。入間川上流域で古墳時代の遺跡がほとんど確認できない中、加能里遺跡は特異な存在と言える。これにより市域での古墳時代の様相を再考する必要性を感じた。ひいては入間川上流域を広く概観し、当該地域の古墳時代における位置づけを考えてみたい。

1．対象地域及び遺跡の概要（図1）

　入間川は埼玉県南部の飯能市・入間市・狭山市・川越市の4市を流れ、川越市東部で荒川に合流する。本稿では便宜的に川越市域を下流域、狭山市・入間市域を中流域、飯能市域を上流域とする。
　今回中心として扱う加能里遺跡が所在する飯能市は入間川が市中央から南部にかけて蛇行しながら流れている。遺跡はこの入間川によって形成された河岸段丘上に立地する。過去には第42次調査区に隣接する第5・15次調査区で古墳時代の遺構が調査され、この一帯に古墳時代集落が存在することはすでに指摘されてきた（曽根原 1985、富本 2001）。第42次調査ではこの集落範囲がより広域であることが明確になった。さらに南小畔川流域の中原遺跡第3次調査では古墳時代後期の痕跡が確認できる（富本 1997）。しかし加能里遺跡とは時期差があり、単発的な集落のため単純に集落移動の痕跡をみることはできない。現状では限られた範囲で古墳時代の集落が営まれていたと思われる。

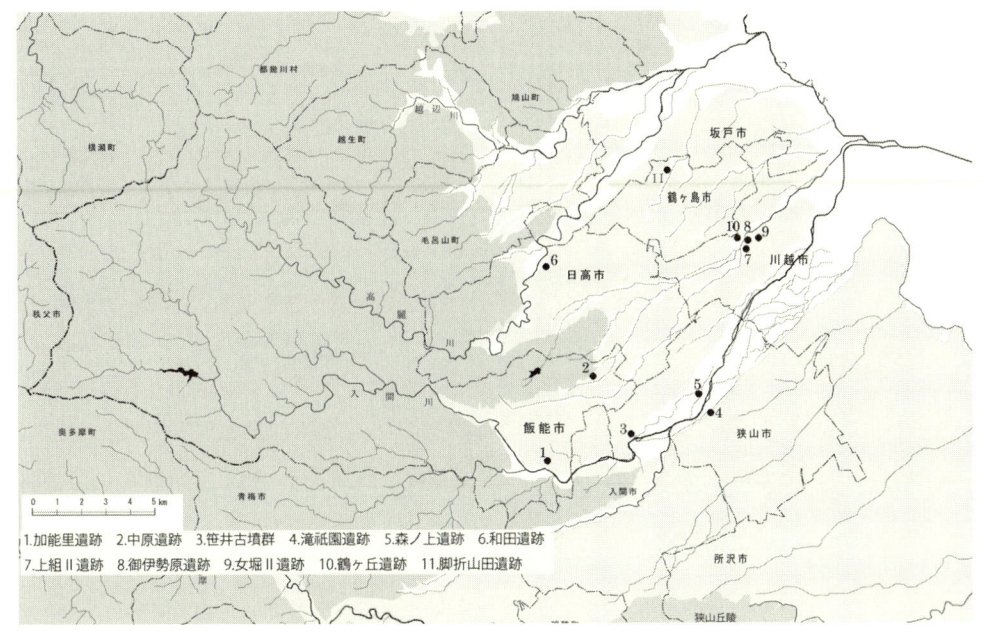

図1　加能里遺跡関連遺跡分布図（1/300,000）

2．遺構と遺物

(1) 土師器出土遺構の概要（図2）

加能里遺跡第42次調査で古墳時代の土師器が出土した遺構はK3号住居跡（以下K3住）・K7号住居跡（以下K7住）・1・5・6・26・84・104・140号土坑・4号遺構の計10遺構である。

K3住は加能里遺跡第5次調査（曽根原 1985）で検出した4号住居跡の東側にあたる。第5次調査分と合わせて全体が検出できた唯一の住居跡である。K7住は南側半分を倒木痕で破壊されているため住居跡としての詳細は不明確である。

土坑は円形を基調とするものが調査区内に点在する。1号土坑が最大であり、その他はほぼ同程度の規模であった。多くの土坑で中～下層を中心に遺物が出土した。84号土坑は破片が確認面でまばらに出土するのみで、残存状態も悪く図示に至らなかったため今回は対象から除外した。数基の土坑で覆土に炭化物あるいは焼土粒が混入するが、土坑内部に被熱の痕跡は認められない。

4号遺構は半分程が調査区外のため全容は不明確である。形状から住居跡の可能性もあるが、周溝や柱穴、炉跡などの痕跡は確認できない。また壁面土層でも掘り込みが不明瞭であり住居跡とするには根拠が弱いため別遺構として扱った。

(2) 出土土師器（図3・4、表1）

遺物の法量・器形・調整などの諸特徴は表1を参照されたい。遺構ごとの概要は以下の通り。

K3号住居跡（図3-1～5）：第5次調査4号住居跡出土遺物も含めると最も出土量が多い。

438　第Ⅱ部　周辺地域編

第5次調査区

第45次調査

第42次調査区全景略図（1/800）

第5次調査
4号住居跡　　　K3号住居跡

4号遺構・140号土坑

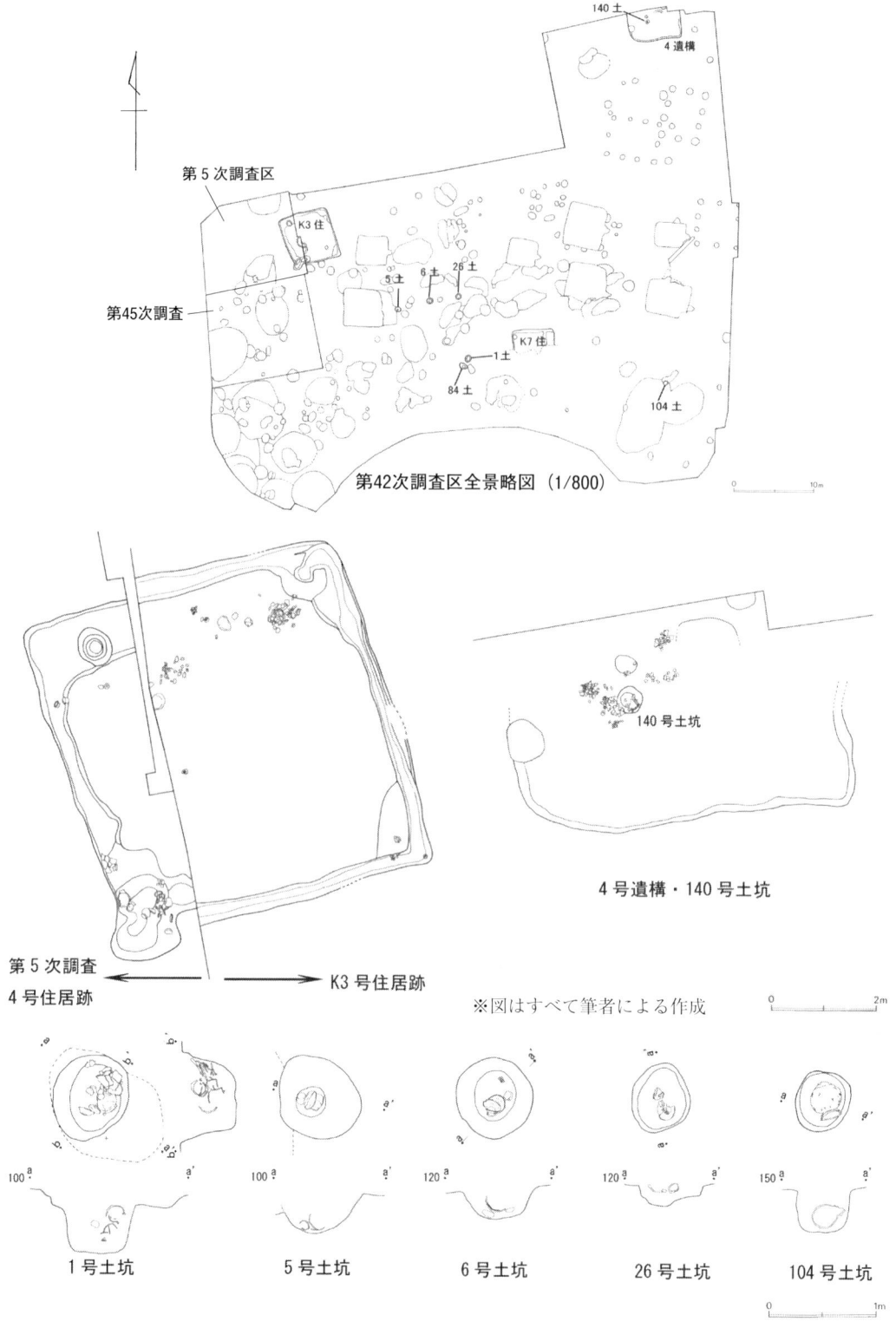

※図はすべて筆者による作成

1号土坑　　5号土坑　　6号土坑　　26号土坑　　104号土坑

図2　土師器出土遺構図（住居1/120　土坑1/60）

K3 号住居跡

K7 号住居跡

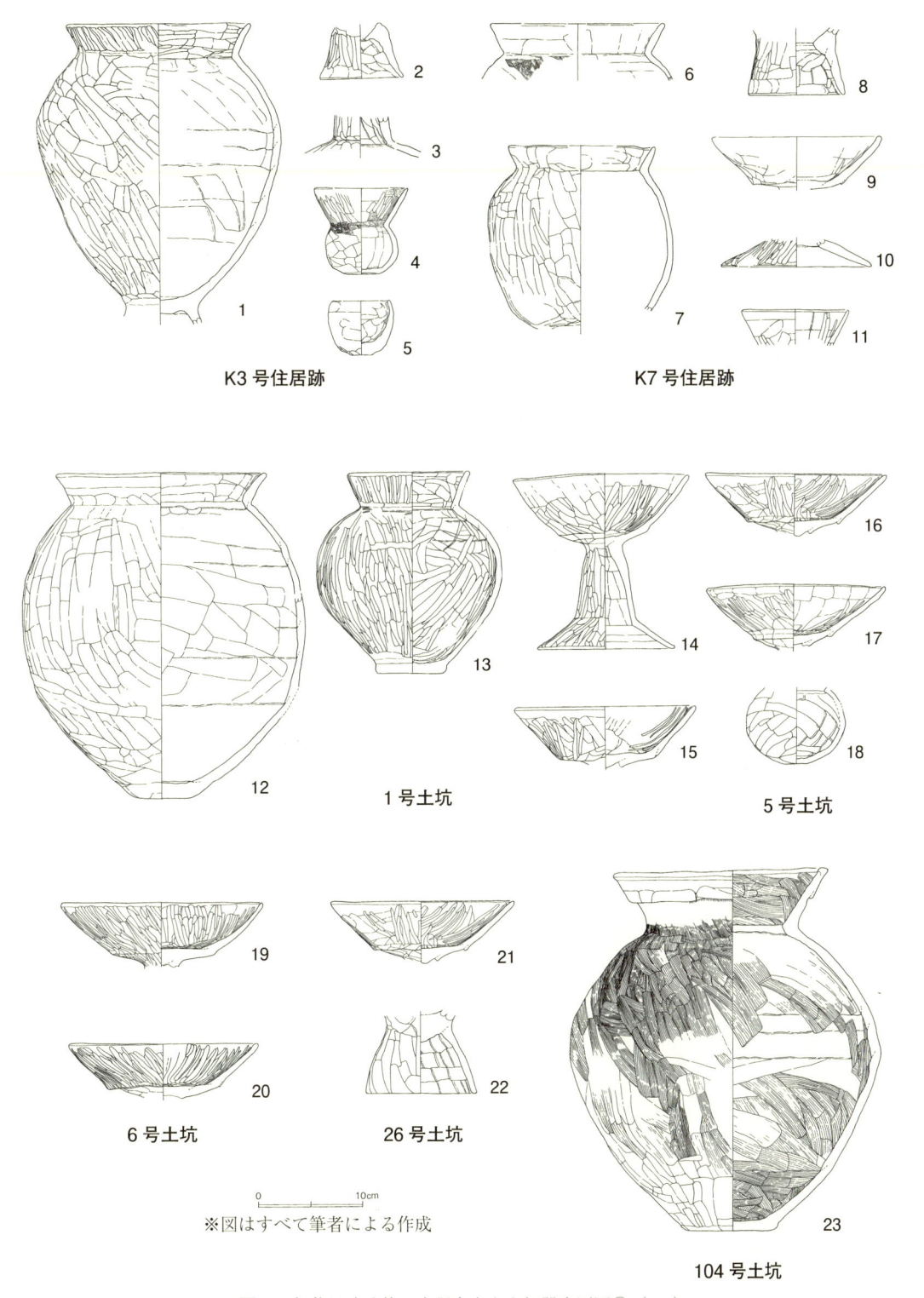

1 号土坑

5 号土坑

6 号土坑

26 号土坑

104 号土坑

※図はすべて筆者による作成

図3　加能里遺跡第42次調査出土土師器実測図①（1/6）

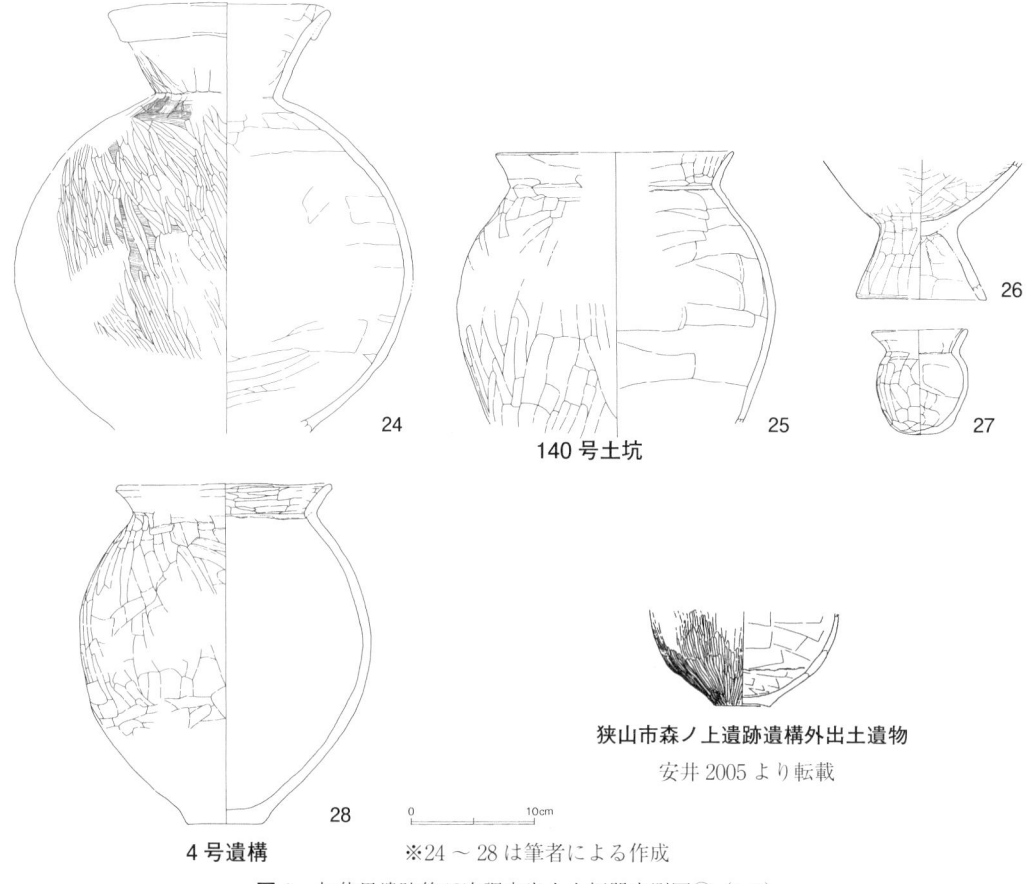

図 4　加能里遺跡第42次調査出土土師器実測図②　(1/6)

　K3住範囲では台付甕・高坏・坩・小型品が出土した。甕は図示した2点以外にも別個体の口縁部片が数点確認できる。3は数少ない高坏脚部片である。4・5はともに小型品で、4は坩、5は用途不明だが御猪口形を呈するミニチュア土器と思われる。

　K7号住居跡（図3-6～11）：甕・台付甕・高坏・坩が出土しているが残存状態は悪い。6～8は甕で、6は内外とも全面黒色化し、調整方法も他の2点と様相が異なる。7は比較的小型で、8は台部のみ残存する。9・10は高坏である。10は赤彩が施される脚裾部で9とは別個体であろう。11は坩の口縁部でK3住4と同形態と思われる。

　1号土坑（図3-12～15）：図示した器種以外にも複合口縁破片が確認できた。遺物は土坑中層からまとまって出土した。12は甕、13は小型の壺である。14・15は高坏で、14はほぼ完形で出土した唯一の個体である。15は坏部で14よりも口縁部が直線的である。これらの遺物は出土状況から一括廃棄（埋納？）されたと考えられる。

　5号土坑（図3-16～18）：土坑底面から高坏・坩が出土した。16・17は2点とも高坏坏部である。器形に差は認められるが、口縁部と底部の接合痕が段で残る点は共通する。18は坩である。球胴を呈しK3住4よりも大型である。

　6号土坑（図3-19・20）：どちらも高坏坏部であり、土坑底面から重なって出土した。2点とも

表1　加能里遺跡42次調査出土土師器観察表

遺構	遺物番号	器種	口径 ( )推定値	底径	器高 〈 〉残存値	調整	特徴
K3	1	台付甕	17.0	—	〈27.8〉	外：口縁部ミガキ　胴部斜めヘラナデ 内：口縁部ミガキ　胴部横ヘラナデ	胴部上部に最大径　口縁部くの字に屈曲　内外とも2次焼成顕著　器面の荒れは少ない
K3	2	台付甕	—	7.7	〈5.1〉	外：縦ヘラナデ　端部横ユビナデ 内：ユビナデ	やや低い台部　端部の擦り減り顕著
K3	3	高坏	—	—	〈3.5〉	外：縦ヘラミガキ 内：ユビナデ	柱状脚部　裾部への変換は明瞭
K3	4	坩	8.9	3.2	8.0	外：口縁横ナデ後ミガキ　胴部刷毛後ヘラミガキ 内：口縁横刷毛後縦ミガキ　胴部縦ナデ	口縁部に最大径　口縁部直線的　ハの字に開く　底面狭く平坦
K3	5	ミニチュア	(5.3)	2.2～2.4	5.1	外：ヘラナデ・ユビナデ 内：ユビナデ	御猪口形　ヘラナデは磨き状で光沢あり　底面は非常に平滑な仕上げ
K7	6	甕	8.6	—	〈17.0〉	外：ヘラナデ（やや刷毛状）　口縁部ナデ 内：口縁部横ヘラナデ　体部ヘラナデ	球形で胴中央に最大径があるが若干歪む　口縁部はくの字に屈曲
K7	7	甕	(16.0)	—	〈5.3〉	外：刷毛後ヘラナデ 内：ヘラナデ	全面黒色化　口縁部くの字に屈曲しやや外反
K7	8	台付甕	—	9.1	〈6.2〉	外：縦ヘラナデ　端部横指ナデ 内：横ヘラナデ	直立気味　全体的厚手　端部ほど薄手
K7	9	高坏	16.0	6.0	〈4.9〉	内外：ヘラナデ　内面は部分的にミガキ	内湾気味　底径が大きく浅身　口縁部と底部の接合部に段あり
K7	10	高坏	—	14.5	〈2.7〉	外：ヘラミガキ 内：ヘラナデ	柱状脚部の裾部　磨き密　やや厚手　残存率の割に重量感がある
K7	11	坩	(10.5)	—	〈3.3〉	外：横ナデ後縦ヘラナデ 内：横ヘラナデ後部分的に縦ヘラナデ	口縁部直線的　器面荒れはほとんどない　4とほぼ同形
1土	12	甕	19.5	5.7	30.2	外：縦ヘラナデ　体部下半横ヘラケズリ　口縁部横ナデ 内：横ヘラナデ	胴部中央に最大径　口縁部くの字に屈曲　歪みあり　底部への変換点はやや丸み　口縁部内面には粘土紐痕顕著
1土	13	小型壺	11.5	6.4	18.6	外：ナデ後ミガキ　頸部横ナデ 内：横ナデ後ミガキ	胴部中央に最大径　平底　口縁部くの字に屈曲しやや直立気味　底部に向け急なすぼまり　2次焼成顕著　小型の割に重量感あり
1土	14	高坏	16.6	5.8	16.3	外：脚部ヘラナデ後ヘラミガキ　坏部ヘラナデ 内：脚部横ヘラナデ　坏部はヘラナデ後疎らなミガキ	深身　やや内湾　柱状脚部は膨らまず直線的　裾部屈曲は明瞭で位置やや高い　坏底部内有稜　坏部内底面の荒れ顕著
1土	15	高坏	17.0	—	〈6.7〉	外：丁寧なヘラナデ後疎らなミガキ 内：指ナデ後疎らなミガキ	深身　口縁部直線的　坏部底面は有稜　外面の1/4は強い黒色化（2次焼成か黒斑か判別困難）
5土	16	高坏	17.8	8.1	〈5.1〉	内外：横ヘラナデ後ミガキ	坏部内径大きい　浅身　起伏目立つ　若干脆い　口縁部と底部の接合部に段あり
5土	17	高坏	17.0	5.3	〈6.2〉	内外：横ヘラナデ後疎らなミガキ	坏部内径小さい　深身　歪み目立つ　口縁部直線的　ハの字に開く、内面の1/3は黒色化
5土	18	坩	9.6	2.3	〈7.1〉	内外：ヘラナデ	やや扁平な球胴　丸底気味だが底面は狭く平坦　頸部に刺突のような痕跡
6土	19	高坏	19.0	6.8	〈6.1〉	内外：横ヘラナデ後ミガキ	口縁部内湾　口径最も大きい　浅身　2次焼成顕著だが器面は荒れない　黒斑あり　坏底部は有稜
6土	20	高坏	17.6	—	〈5.0〉	内外とも横ナデ後磨きを密　内面は放射状	口縁部直線的だが外形は湾曲　浅身　口縁部と底部の接合部に段あり　内外とも環状に黒色化（黒斑と思われる）
26土	21	高坏	17.4	6.8	〈5.8〉	外：横ヘラナデ後疎らな縦ミガキ 内：ヘラナデ後ミガキ	口縁部直線的　起伏目立つ　口縁部と底部の接合部に段あり　ヘラ状の黒斑
26土	22	台付甕		10.4	〈7.8〉	外：縦ヘラナデ 内：横ヘラナデ	台部中位やや膨らむ　接地面非常に平滑　やや硬質な印象
104土	23	壺	20.0	8.0	33.6	外：刷毛目 内：刷毛目後横ヘラナデ	口縁部は直線的に外傾　胴部中央に最大径　胴上部刷毛目明瞭　下部不明瞭　胴下半は2次焼成顕著で荒れる
140土	24	壺	(16.4)	—	〈33.8〉	外：刷毛後ミガキ 内：横ヘラナデ	口縁部直線的に外傾　口縁端部やや外反　扁平な球胴　若干歪む　頸部のくびれ強い　口縁部粘土帯は幅狭
140土	25	甕	(19.0)	—	〈22.5〉	外：縦ヘラナデ　下部ケズリ 内：横ヘラナデ　口縁部は刷毛か	口縁部やや上に最大径　口縁部くの字に屈曲　胴部中央から下部にかけて2次焼成顕著　器面荒れ激しい
140土	26	台付甕	—	10.1	〈10.9〉	外：縦ヘラナデ 内：横ヘラナデ　坏部ヘラナデ	台部は直線的でハの字に開く　薄手　台部内面上部は黒色化
140土	27	小型壺（甕か）	7.5	5.2	8.3	外：口縁横ナデ　胴・底部ヘラナデ 内：ナデ	口縁部くの字に屈曲　頸部やや歪む　底部は丸底だが僅かに平坦面を形成
4遺構	28	甕	17.3	(6.2)	26.9	外：ヘラナデ　胴部下半は横ヘラナデ 内：横ヘラナデ　口縁部ヘラミガキ	胴部中央に最大径　やや厚手　口縁部やや緩くの字に屈曲

（単位：cm）

ミガキを丁寧に施す調整方法は共通するが、口縁部と底部の接合部の作りに差がみられる。

26号土坑（図3-21・22）：高坏と台付甕がほぼ確認面で出土したが、土坑上部は削平されているため、出土位置は底面に近い下層とみられる。21の高坏坏部内面からは炭化物が検出された。22は台付甕の台部で、他の土師器よりもやや硬質感のある焼成である。

104号土坑（図3-23）：複合口縁壺が土坑底面から出土した。口縁部を3分の1程欠損する以外は良好に残存する。刷毛目が明瞭に観察できる唯一の個体である。2次焼成を受け器面が荒れているため火にかけての使用頻度は高かったと思われる。

140号土坑（図4-24～27）：複合口縁壺・甕・小型品が出土した。他の土坑とは出土状況が異なり、破片が多くまとまって出土した。24は複合口縁壺だが23とは器形・調整が大きく異なる。25の甕は胴部下半で2次焼成を強く受け器面が激しく荒れている。26は確認面から出土した台付甕の台部である。27は小型の甕か壺と思われる。底部は丸底気味に仕上げている。

4号遺構：甕（図4-28）1点を図示した。器形・調整ともK3住1や140号土坑25に類似する。2次焼成が顕著で火にかけての使用頻度は高かったと思われる。

3．加能里遺跡出土土師器の特徴

(1) 器種ごとの様相

壺（図3-13・23、図4-24）：壺と判断できる個体は少ないが図示した以外にも複合口縁が数点出土した。13のみ単口縁の小型壺であり、体部器形も他の2点とは大きく異なる。内外ともミガキを密に施す。残りの2点はいずれも刷毛目を施すが24は全体をミガキで仕上げ刷毛目はほとんど残らない。2点とも口縁部は外傾するが24は端部でわずかに外反気味となる。23が胴部中央で変換点を持つのに対し、24はやや扁平な球形を呈するなど、両者の器形・調整に関する相違は顕著である。

甕（図3-1・2・6～8・12・22、図4-25・26・28）：最も多く出土した器種である。台付・平底がある。基本的にはヘラナデで仕上げられるが、ケズリを施す個体も認められる。刷毛目は6で部分的に残る以外は確認できない。胴部形態にはバリエーションが認められる。土坑出土の甕でも2次焼成の痕跡があるため火にかけて用いられたことは明らかだが、土坑の壁・底面に被熱痕跡は認められなかった。別の場所で火にかけた後それぞれの遺構に遺棄されたと思われる。

高坏（図3-3・9・10・14～17・19～21）：大半が脚部を欠損していた。完形の状態で遺構内に埋納もしくは廃棄したものならば脚部破片も相当量出土すると思われるが、坏部の出土量に対して脚部の出土量は非常に少ない。また5・6号土坑のように坏部同士が重なって出土している状況からも遺構内へ遺棄した時点ですでに脚部は欠損していた可能性が高いと考えられる。

口縁部と底部の接合部に段が残る個体（図3-9・16・17・20・21）と、残らない個体（図3-14・15・19）がある。成形方法の違いによる差異だが、19・20のように両者は共伴する。そのためこの差異から単純に時期差を見出すことはできない。この点を除けば高坏はすべて「連続成形技法」[1]が用いられる点で共通する。

坩（図3-4・10・18）：図示した以外にも破片資料が数点確認できた。18のみ他の2点に対して

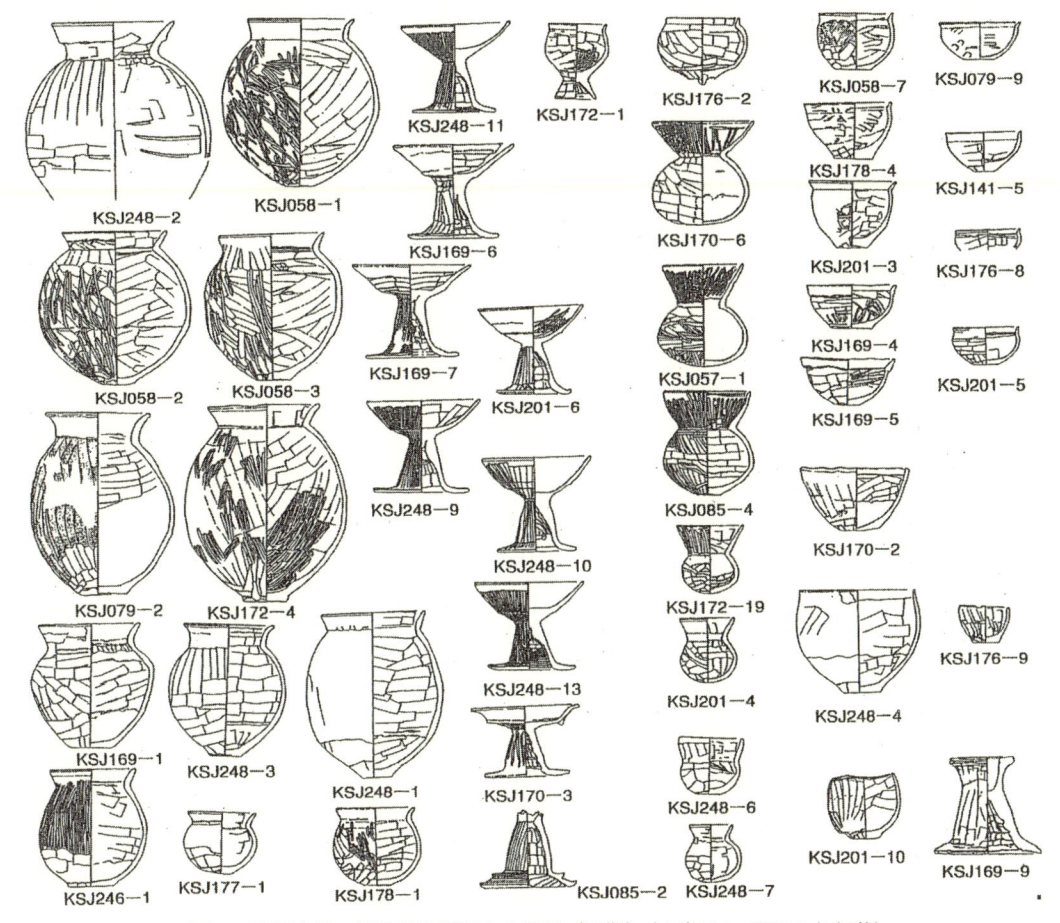

図5　所沢市第二椿峰遺跡群出土土師器（Ⅵ期）（中島ほか 2003より転載）

大型と思われる。4は器形・調整の特徴から18より先行する時期と考えられる。

(2) 編年的位置づけ（図5）

　加能里遺跡出土土師器は、近隣の日高市和田遺跡や川越市御伊勢原遺跡・女掘Ⅱ遺跡・上組Ⅱ遺跡、鶴ヶ島市脚折山田遺跡などで検出された古墳時代中期の土器様相に類似する。入間川流域において大規模な古墳時代集落は存在しないが、地域の枠を超え概観すれば所沢市第二椿峰遺跡群において弥生時代後期～古墳時代後期の住居跡が157軒調査されている（中島ほか 2003）。出土土器はⅠ～Ⅻ期に分類され、Ⅰ期を弥生時代後期（弥生町式期）、Ⅱ～Ⅴ期を弥生時代後期（前野町式）～古墳時代前期（五領式期）、Ⅵ・Ⅶ期を古墳時代中期（和泉式期）、Ⅷ～Ⅻ期を古墳時代後期（鬼高式期）に比定している。この編年案を援用し加能里遺跡の編年的位置づけを考えていく。

　加能里遺跡出土土師器は古墳時代前期（五領式期）に顕著にみられる器台が器種組成から欠落すること、高坏の脚部は確認できる限りすべて明確な柱状脚であること、甕は口縁部が「く」の字に屈曲し、基本的に刷毛目はなくヘラナデもしくはヘラケズリが主体的になるなど、その諸様相からⅥ期の古墳時代中期（和泉式期）が主体であることがわかる。その中で台付甕が一定量出土する点

や、複合口縁壺（23・24）にみられる刷毛目やミガキ主体の調整方法など、Ⅵ期よりも古い特徴も認められた。しかし複合口縁壺の粘土帯の幅は狭く、口縁部の外反が弱いか直線的な点など新しい様相も見て取れる。前期から中期への過渡期にある可能性が指摘できよう。

加能里遺跡出土土師器は古墳時代中期（和泉式期）を中心としながらもその時期には若干の幅があり、集落の出現は前期末頃にまで遡る可能性がある。後期（鬼高式期）の遺物は一切確認できないため、古墳時代中期の内に集落は終焉していると考えられる。

4．加能里遺跡の位置づけ

(1) 周辺地域の概観

周辺地域で加能里遺跡と同時期の集落は川越市御伊勢原遺跡・女掘Ⅱ遺跡・上組Ⅱ遺跡など小畦川流域に集中し、飯能市と近接する日高市では高麗川右岸で和田遺跡が市域唯一の古墳時代集落を形成するなど、偏在的な在り方を示している。[2]

入間川流域に限定すると当該期の遺跡は確認できない。しかし今回、加能里遺跡から約7km東に位置する、入間川左岸の狭山市森ノ上遺跡で古墳時代の土師器と思われる壺（甕か）の底部片が確認できた（図4右下）。報告書では遺構外出土であり時期不詳ながら弥生時代～古墳時代前期の可能性が指摘されている（安井 2005）。資料を実見した結果、内面への刷毛目調整、焼成具合や底部付近の形状で差はあるが、底部に向かってすぼまる胴部や外面にミガキを施す調整方法で1号土坑出土13に比較的類似することが確認できた。13は高坏14との共伴関係から古墳時代中期の所産と考えられる。これまで狭山市で古墳時代中期の遺跡は確認されていない。仮に森ノ上遺跡の事例が加能里遺跡と同時期ならば、入間川流域で同時期集落が近接して存在していた可能性がある。しかし住居跡などは確認できずわずかに1点のみの遺物で加能里遺跡との有機的な繋がりを想定することは現状では困難である。さらなる検討のため今後の資料増加に期待したい。

(2) 土師器埋納土坑について

加能里遺跡における特徴の一つとして土坑から土師器がまとまって出土した点が挙げられる。一見すると住居跡の貯蔵穴のみが検出されたとも見て取れるが、周囲に住居跡の掘り込み・周溝・柱穴・炉跡などの痕跡は皆無であったため調査時には単独の土坑として扱った。

出土土師器は高坏が主体である。住居に伴う貯蔵穴ならば一般的に甕などの日用雑器がより多く埋納されると思われるが、出土した甕は少量であった。高坏を日用品として使用しないとも言い切れないが、通常は供献用に用いた祭祀的な性格が強い器種と考えられる。

さらに5・6・26号土坑が直線的に約4m間隔で並ぶ点も特徴的である。ほぼ同規模・同形状であり、脚部を欠損した高坏が出土する点でも共通する。出土した高坏はいずれも和泉期と考えられ、埋納時期に大きな差はない。一つの可能性として、これらの土坑はお互いに関連し合い何らかの配列規則に則って構築されたものかもしれない。

このような検出状況にある土師器埋納土坑の事例を知ることはできなかったが、土坑出土遺物の

器種組成の様相は鶴ヶ島市脚折山田遺跡で検出された住居跡の貯蔵穴出土土師器に類する[3]。山田遺跡の事例では・出土した器形に実用的なものが少ないこと・実用品と思われる台付甕、蓋形土器に使用した痕跡がないこと・出土土器は高坏、台付甕を除くと小型品であることなどから、これらの貯蔵穴を「祭祀に関係ある施設」と仮定している（斎藤 1982）。

　祭祀関連遺構の事例としては川越市御伊勢原遺跡や女掘Ⅱ遺跡などが知られるが（立石 1987・1989）、検出状況や石製模造品が多く出土している点などで加能里遺跡の土坑とは異なる部分も多い。そのためこれらの事例をもって即自的に加能里遺跡の土坑が祭祀遺構であるとは断言できない。

　加能里遺跡が一般的な集落なのか、あるいは祭祀的な性格を有した集落なのか。資料増加が著しいとはいえ、この点においてはまだまだ判断材料が少なく、現時点では一つの問題提起に留め、今後はより広い視野で関連性を検証しなければならないと考える。

(3) 小　結

　現状では加能里遺跡が入間川流域最西端の古墳時代集落跡である。時期は古墳時代中期を主体としながらも先行する様相も確認でき、若干の時期幅を持って存在していたと思われる。しかしこの時期の前後の遺構・遺物は一切確認できず、長期にわたって継続した集落ではないと考えられる。突如として集落が形成され、比較的短い期間で再び人々が姿を消した状況が見て取れる。高橋一夫は「短期間で廃絶する数多くの遺跡は自然に依存する度合いが高く、生産性の低い谷水田を対象とし、自然条件の悪化や災害等で耕作不可能になると、そこを放棄して移動していた様子を伺うことができる」（高橋 2003）とし、これが東国における普遍的な現象であるという。

　飯能市は水田作りに向いていない土地であり、現代でも南小畔川流域に狭く水田域が認められる程度である。加能里遺跡内でもわずかに水田域が存在したが、その生産性は決して高いものではなかったと考えられる。この立地・自然条件が単発的な集落の存在に深く関わっていた可能性は十分にある。さらに前節で述べたように加能里遺跡には祭祀的な様相がいくらかうかがえる。これらの諸要素が集落の在り方にどのように関わっていったのか、今後の大きな検討課題の一つである。

まとめにかえて

　飯能市では縄文時代が終焉し弥生時代に入ると人々の痕跡を見ることができなくなる。その後大規模に集落が形成されるようになるのは霊亀二年（716年）の高麗郡建郡の契機を待たなければならない。縄文時代終焉からこの古代の契機に至るまでの間、人々が姿を消した土地でありながら、古墳時代の限られた時期のみ人々が戻ってきたことにはどのような意味があるのか。今回、集落出現の背景にあるものにまで迫ることはできなかった。

　資料増加の著しい入間川上流域の古墳時代であるが、周辺地域に比べればまだまだ検出事例は少ないと言わざるを得ず、本来なら同レベルでの比較検討に至るほどではないかもしれない。本稿においても積み残した課題は多い。しかし、これまで古墳時代の痕跡がきわめて希薄とされてきた地域で、決してそうではない状況を対外的に示していくことは今後の当該地域の古墳時代研究を進め

る上で大きな意義があると考える。わずかでも本稿がその足がかりとなれば幸いである。また今回扱うことができなかったが、加能里遺跡第42次調査に接する第45次調査でも古墳時代の土師器が出土している。第42次調査区と同一集落域と捉えられ、近辺でのさらなる資料増加の可能性は十分にあり得る。今後も動向に注目していきたい。

　なお、本稿を執筆するにあたり、未報告である加能里遺跡第42次調査の資料掲載において飯能市教育委員会には格別の配慮を頂いた。記して深謝申し上げる。

注

⑴　長谷川（1987：174〜179頁）より。高坏の成形方法は坏部と脚部の接合技法の差によって「組み合わせ成形手法」と「連続成形手法」に大分される。前者は坏部と脚部が別々に製作され、坏底部の孔に脚部を差し込み臍により接合する。後者は脚部に粘土を継ぎ足すことによって坏部を成形するため明瞭な接合痕を見出すことがむずかしい。加能里遺跡の高坏はすべて後者の技法による。

⑵　大谷（2000：62〜80頁）より。和田遺跡以外にも小畔川流域鹿山地区に所在する明婦遺跡で前期の竪穴式住居跡が調査されており、今後この地域でも古墳時代資料の増加が期待される。

⑶　斎藤（1978：344〜347頁）より。9軒の住居跡が調査されこの内6軒で貯蔵穴が検出された。住居に伴わない貯蔵穴1基を加え、7基の貯蔵穴が調査されている。規模は径50〜75cm、深さは30〜40cmを測る。基本的には不整円形を呈する。7基中5基が住居跡南側コーナーで検出されるなど貯蔵穴の画一性が指摘される。

参考文献

岩瀬　譲ほか 1985『鶴ヶ丘（E区）』埼玉県埋蔵文化財調査事業団
大谷　徹 2000「第二章　空白期の日高」『日高市史』日高市史編集委員会、日高市教育委員会
尾形則敏 2007「埼玉県川越市における古墳時代中・後期の様相—集落跡出土の5世紀から7世紀の土師器を中心に—」『あらかわ』第10号、あらかわ考古談話会、71〜85頁
小渕良樹 2002『上広瀬古墳群』狭山市教育委員会
小林寛子 2002「さいたま市における和泉式土器の編年試案—形態と調整からみた高坏の細分案—」『あらかわ』第5号、あらかわ考古談話会、51〜62頁
斎藤　稔 1978『脚折遺跡群—第二次発掘調査概報—山田遺跡B東.D.E.F.G.H（宮田遺跡）．I地点　雷電池東遺跡』鶴ヶ島町教育委員会
斎藤　稔・西川　制 1981『脚折遺跡群』鶴ヶ島町教育委員会
塩野　博 2004『埼玉の古墳　北足立・入間』株式会社さきたま出版会
曽根原裕明 1985「加能里遺跡第5次調査」『飯能の遺跡（2）』飯能市教育委員会
高橋一夫・小渕良樹 1983『笹井古墳群・八木北遺跡・滝祇園遺跡』狭山市教育委員会
高橋一夫 2003「第2編集落と祭祀第1章古墳時代の集落」『古代東国の考古学的研究』六一書房、185〜215頁
立石盛詞 1983「V結語　2土器について」『後張』埼玉県埋蔵文化財調査事業団
立石盛詞 1987『女掘II・女掘東原』埼玉県埋蔵文化財調査事業団
立石盛詞 1989『御伊勢原』埼玉県埋蔵文化財調査事業団
田中　裕 2003「五領式から和泉式への転換と中期古墳の成立」『帝京大学山梨文化財研究所　研究報告』第11集、帝京大学山梨文化財研究所、1〜13頁
富田和夫 1994『稲荷前遺跡（B・C区）』埼玉県埋蔵文化財調査事業団

富元久美子 1997「中原遺跡第3次調査」『飯能の遺跡（22）』飯能市教育委員会
富元久美子 2001「加能里遺跡第15次調査」『飯能の遺跡（30）』飯能市教育委員会
富元久美子 2010「第5章 縄文時代と古代のはざま―消えた集落―（弥生時代・古墳時代）」『掘り起こせ！地中からのメッセージ―発掘調査でわかった飯能の歴史―』飯能市教育委員会
中島岐視生ほか 2003『第二椿峰遺跡群』所沢市教育委員会市立埋蔵文化財調査センター
長谷川勇 1987『社具路遺跡』本庄市教育委員会
早川智明ほか 1989『上組Ⅱ』埼玉県埋蔵文化財調査事業団
坂野和信 1991「和泉式土器の成立について―序論―」『土曜考古』第16号、土曜考古学研究会、69～92頁
坂野和信 1991「和泉式土器の成立過程とその背景―布留式後期土器との編年的検討―」『埼玉考古学論集 設立10周年記念論文集』埼玉県埋蔵文化財調査事業団、585～633頁
比田井克仁 2004「地域政権と土器移動―古墳時代前期の南関東土器圏の北上に関連して―」『古代』第116号、早稲田大学考古学会、113～130頁
平岩俊哉 1995「古墳時代集落祭祀の一考察」『研究紀要』第12号、埼玉県埋蔵文化財調査事業団、17～36頁
安井智幸 2005『森ノ上遺跡』狭山市遺跡調査会
山川守男 1995「埼玉県深谷市城北遺跡の土器集積型祭祀跡―古墳時代後期の集落内祭祀―」『祭祀考古』第4号、祭祀考古学会、6～11頁
山田尚友 1999「古墳時代和泉から鬼高式期の集落―浦和市の遺跡を中心に―」『あらかわ』第2号、あらかわ考古談話会、9～18頁

移民の土師器生産
――土師器製作技法からみた平安時代の移民――

藤 野 一 之

はじめに

　平安時代において、陸奥・出羽両国で生産された須恵器や土師器に特徴的な痕跡が認められる。それは、須恵器長頸瓶や土師器高台付埦・皿など高台を有する器種の底部外面に認められる放射状の痕跡であり、「菊花文」や「菊花状」、「放射状痕跡」などと呼称されている。[1]

　このような特徴のある痕跡を有する土器が、近年の調査事例の増加によって茨城県内でも出土することが確認された。そこで本稿では、茨城県内での出土事例を紹介するとともに、その意義について若干の検討を試みたい。

1. 放射状痕跡の研究現状と概要

　底部外面に放射状痕跡を有する土器の研究史や性格については、利部修によって詳細にまとめられているため（利部 1996）、以下では研究状況と放射状痕跡の概要について簡単に記す。

　この痕跡について、初めて紹介したのは西村正衛・櫻井清彦の両氏である（西村・櫻井 1953）。また、坂詰秀一は青森県五所川原市所在の持子沢窯跡出土の須恵器壺に同様の痕跡が認められることから、津軽平野の広範囲に分布し須恵器の生産地のメルクマールとして注目できることを指摘した（坂詰 1972）。1970年代以降は調査事例の増加と比例するように、この痕跡を有する土器の出土量も増加しているが、あまり検討は行われず報告書中に記載される程度であった。

　その後、利部によって体系的な研究が行われ、放射状痕跡の分類や性格、分布域などに言及されている（利部 1996）。利部の研究によると、放射状痕跡は高台製作に伴う技法の痕跡である場合が多いが、一部には文様もしくは記号などに関わる痕跡が認められるという。また、放射状痕跡の認められる須恵器の分布域は、北海道南部から青森県・秋田県・岩手県の東北北部に集中し、9世紀から10世紀に限定されることが指摘されている。

　だが、利部の研究の後は活発な議論は行われておらず、出現時期や分布範囲、技術系譜、須恵器生産とロクロ土師器生産との関係など、さらなる検討が必要と考えられる。

　筆者の力量不足により、今回の検討では北海道や東北地方での出土事例を網羅的に集成することはできなかった。管見に触れた限りでは、須恵器は長頸瓶に放射状痕跡が多く認められ五所川原須恵器窯跡を中心に生産されているが（図1）、山形県山形市馬洗場B遺跡（図2-7・8）や宮城県石巻市須江糠塚遺跡6号窯跡（図2-16）では高台付埦にも認められるため、瓶類に限定されず

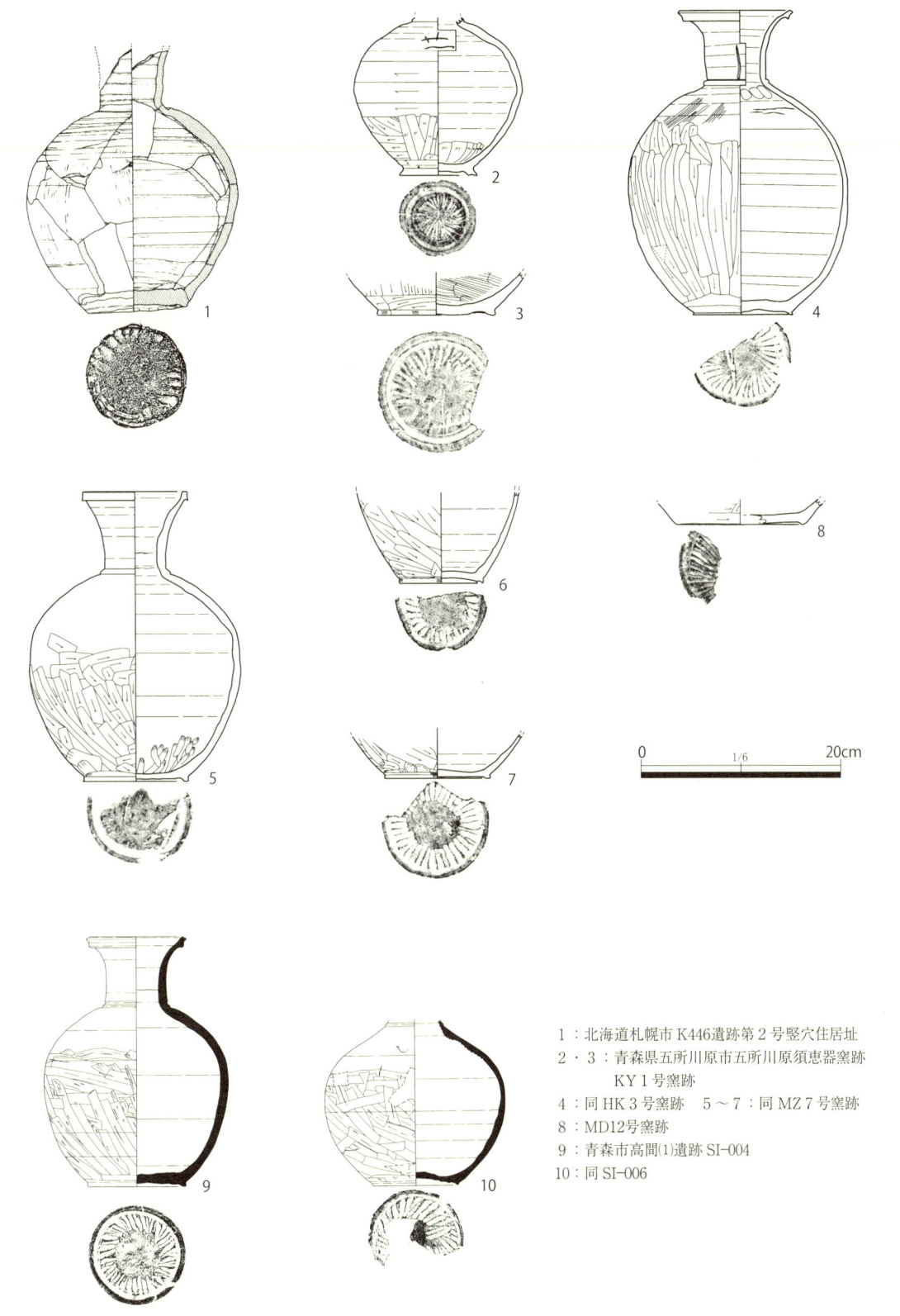

1：北海道札幌市 K446遺跡第 2 号竪穴住居址
2・3：青森県五所川原市五所川原須恵器窯跡
　　　 KY 1 号窯跡
4：同 HK 3 号窯跡　5〜7：同 MZ 7 号窯跡
8：MD12号窯跡
9：青森市高間(1)遺跡 SI-004
10：同 SI-006

図 1　北海道・東北地方での出土事例

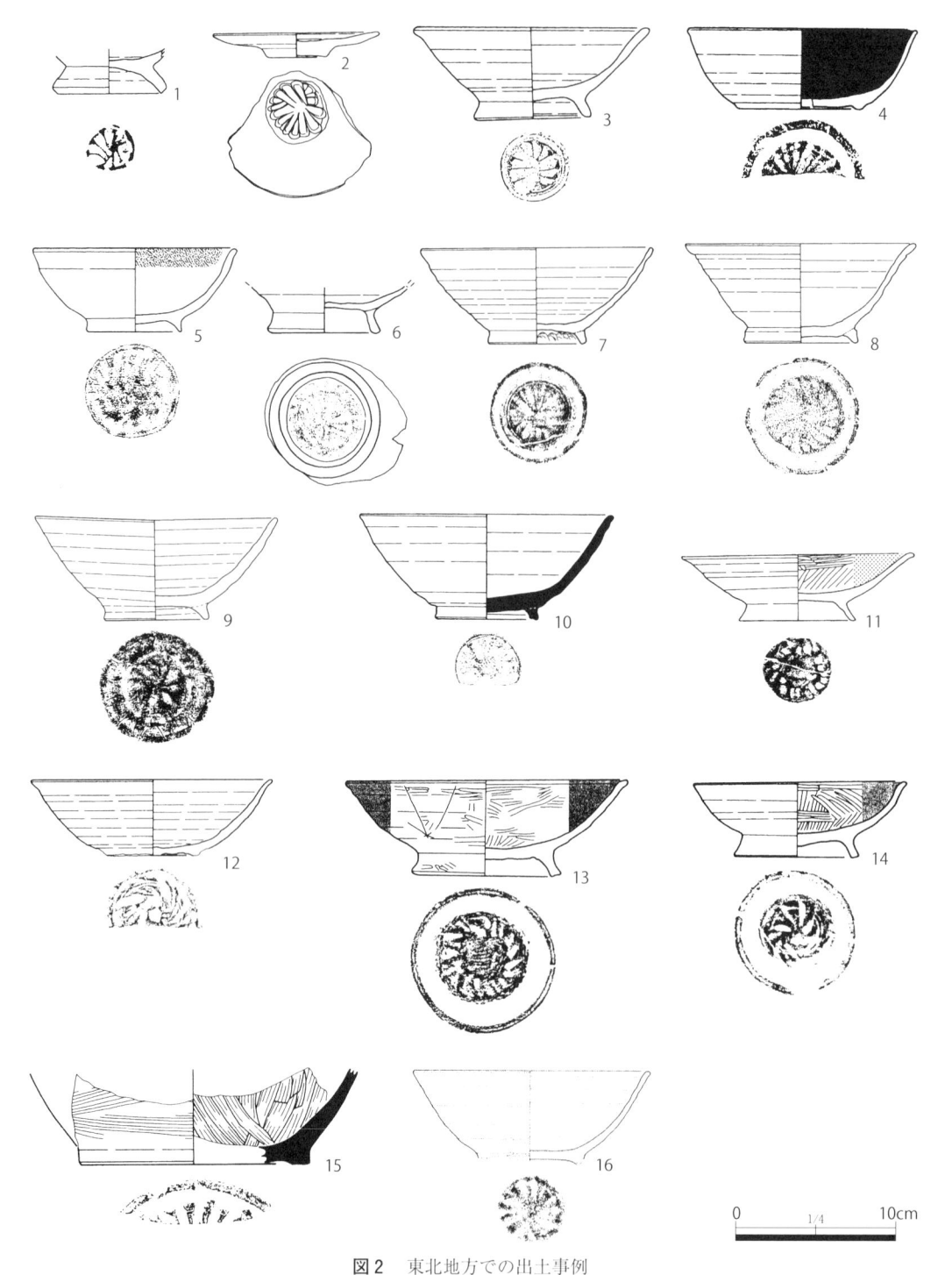

図2　東北地方での出土事例
1：秋田県大仙市払田柵跡 KF35第Ⅱ層　2：能代市福田遺跡 SI48　3：本荘市上谷地遺跡 SE30　4：鹿角市柴内館跡 SI450a
5：能代市ムサ岱遺跡 SI213　6：横手市姥ヶ沢窯跡 SJ125　7・8：山形県山形市馬洗場B遺跡 SG743
9：鮭川村下大曽根遺跡 SK152　10：米沢市馳上遺跡 SG2131　11：岩手県盛岡市飯岡沢田遺跡 RA011
12：盛岡市台太郎遺跡 RA595　13：同 RG498　14・15：同 RG498・499　16：宮城県石巻市須江糠塚遺跡6号窯跡

坏類にも共通した痕跡が認められる。土師器では高台付坏や皿などが多く、いわゆる赤焼き土器（図2-9）にも認められる。

放射状痕跡は、①高台周辺にのみ施されるもの、②中心から周縁にかけて全体的に施されるものの2種類に大きく分類でき、①は長頸瓶に多く認められ②は高台付坏や皿に多く認められる傾向がある。しかし、高台付坏でも図2-11・13などは高台周辺にのみ放射状痕跡が見られることから、長頸瓶と高台付坏・皿で厳密には区分できない。また、東北地方で出土するすべての高台付坏・皿に放射状痕跡は認められず、総体としては客体的な様相を示しており須恵器も同様である。そのため、東北地方の須恵器・土師器工人が保有していた共通の技術とはいえない。

分布域については、須恵器と土師器の両者を含めると北海道から青森県、秋田県、山形県、岩手県、宮城県に加え福島県からも出土しているという[(2)]。つまり、放射状痕跡を有する須恵器と土師器は出羽・陸奥両国の広い範囲に分布しており、利部の指摘するとおり東北地方における古代の土器の特徴となることは間違いない。

2．茨城県での出土事例

茨城県での出土事例は、現在のところ5遺跡13点であり、5遺跡中4遺跡が現在のつくば市域に集中している[(3)]。この地域は、律令制下において常陸国河内郡と考えられ、その中でも嶋名郷と河内郡家（金田官衙遺跡）の所在する菅田郷に位置する遺跡にまとまっている（図3）。以下では、放射状痕跡を有する土器が出土した遺跡と土器の概要について述べる。なお、遺跡の概要については各報告書および茨城県考古学協会（2005）を参考とした。

(1) 島名熊の山遺跡

河内郡嶋名郷に所在し、谷田川右岸の台地上に位置する。この遺跡は、古墳時代前期から平安時代までの遺構が集中する大規模な遺跡であり、台地上には複数の亜支谷が入り込み北部・北東部・中央部・南東部・南部・西部の六つの小区域に分けられている。

放射状痕跡を有する土器は7点出土しており（図4-1～7）、出土点数は茨城県内で最も多い。土師器高台付坏や皿、須恵器高台付坏に放射状痕跡が認められ、主体は共伴する遺物から9世紀後半と考えられるが、須恵器（図4-1）は10世紀初頭、高台径が縮小傾向にある土師器高台付坏（図4-2）は10世紀後半頃に位置づけられる。島名熊の山遺跡において、9世紀後半は主要な集落域が南半部に集中し、施釉陶器や墨書土器の出土数が最も多く、経済的に繁栄する時期と考えられている（清水 2013）。9世紀後半に位置づけられる、放射状痕跡を有する土師器が出土した遺構もこの傾向と同様であり、南半部にまとまっている。

放射状痕跡は、中心から外側へ施されているものが多く、棒状の工具が使用されている。また、この痕跡は高台貼付けに伴うナデによって一部消されているため、高台貼付け前に施されたものと考えられる。なお、胎土中には雲母を含むものもあり、他の土師器の胎土と大きな差は認められない。

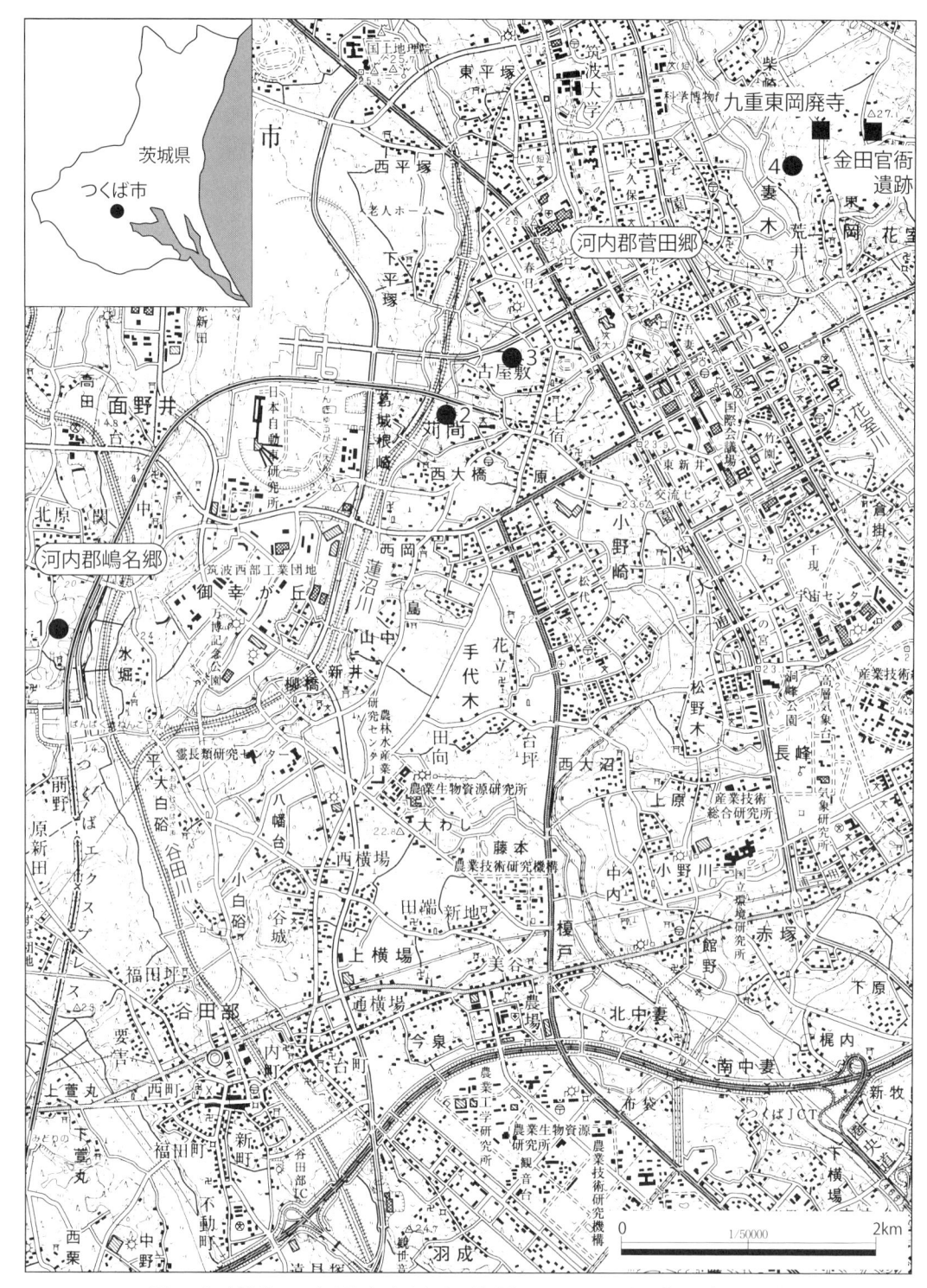

図3 河内郡域での出土遺跡（国土地理院発行1/50,000地形図「土浦」を使用）
1：島名熊の山遺跡　2：神田遺跡　3：六十目遺跡　4：中原遺跡

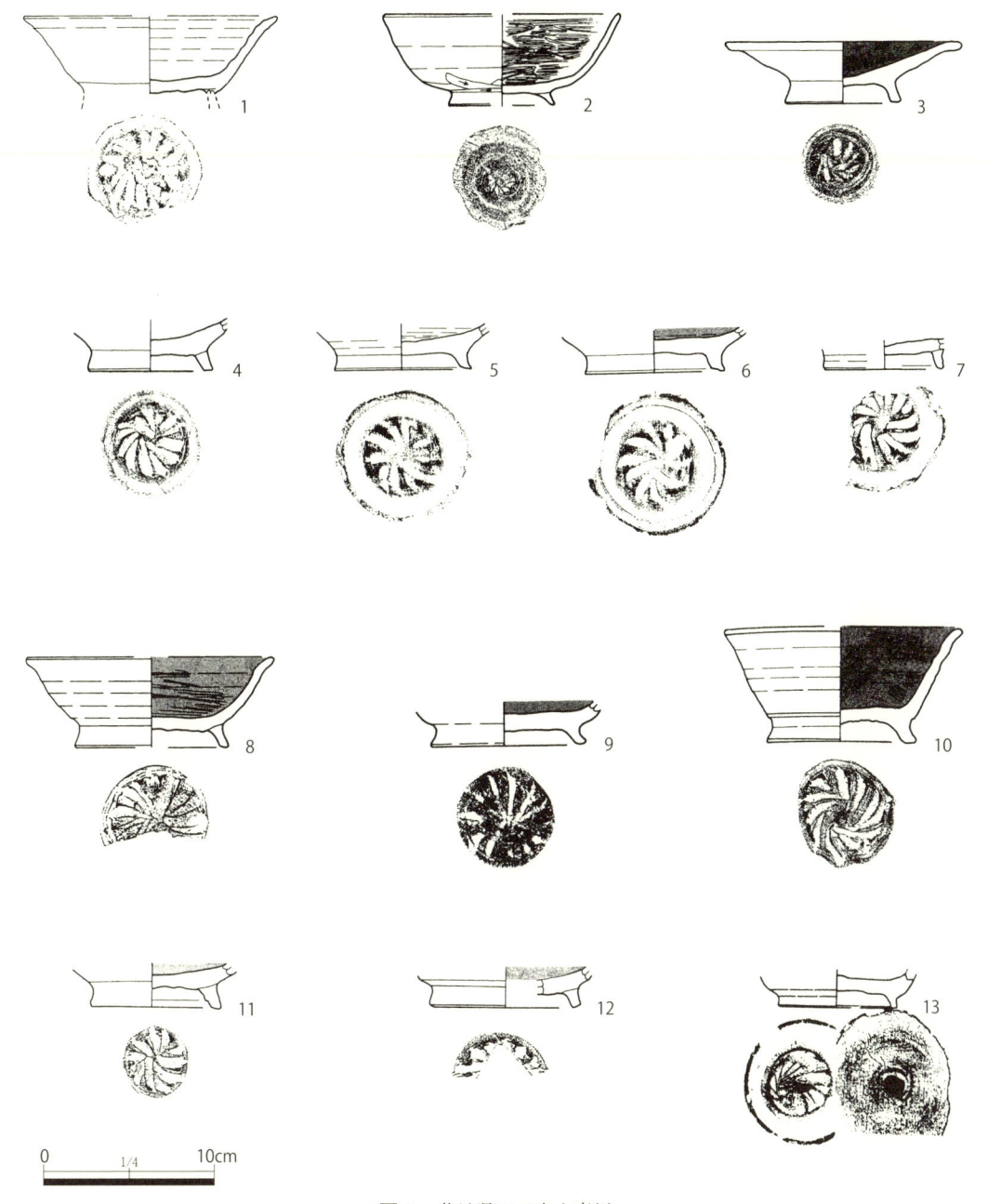

図4 茨城県での出土事例

1：つくば市島名熊の山遺跡第313号住居跡　2：同第1093号住居跡　3・4：同1324号住居跡　5：同第2665号住居跡
6：同第2672号住居跡　7：同第67号地下式坑　8：つくば市神田遺跡第10号井戸
9：つくば市六十目遺跡第16号住居跡　10：つくば市中原遺跡第246号住居跡　11：同第490号住居跡
12：同第491号住居跡　13：笠間市石井台遺跡第8号住居跡

(2) 神田遺跡

　河内郡菅田郷に所在し、蓮沼川左岸の台地上に位置する。8世紀前半に本格的な集落が形成され、9世紀後半まで存続するようである。

　放射状痕跡を有する土師器高台付埦は1点のみの出土であり（図4-8）、9世紀後半に位置づけられよう。放射状痕跡は中心から外側へ施されており、単位は比較的細かく高台貼付けに伴うナデによって一部消されている。

(3) 六十目遺跡

　河内郡菅田郷に所在し、神田遺跡と同様に蓮沼川左岸の台地上に位置する。集落は9世紀中葉に拡大し、9世紀後半に最大規模となる。

　放射状痕跡を有する土師器は1点のみの出土であり（図4-9）、高台付埦と考えられ時期は9世紀後半に位置づけられよう。放射状痕跡は中心から外側へ施されていると考えられ、痕跡同士の切合いは少ない。棒状の工具を使用しており、高台貼付けに伴うナデによって一部消されている。

(4) 中原遺跡

　河内郡菅田郷に所在し、花室川左岸の台地上に位置する。中原遺跡は、河内郡家と目される金田官衙遺跡の周辺に位置する集落であり、8世紀前半に集落が形成され10世紀初頭まで継続するようである。9世紀後半に集落は最大規模かつ転換期となり、四面庇の掘立柱建物跡や多量の灰釉陶器・緑釉陶器、青磁などが出土している。

　放射状痕跡を有する土師器は3点出土しており（図4-10～12）、いずれも高台付埦と考えられ時期は9世紀後半に位置づけられよう。放射状痕跡は棒状の工具が使用され、いずれも中心から外側へ施されていると考えられ、高台貼付けに伴うナデによって一部消されている。

(5) 石井台遺跡

　笠間市に所在する遺跡で、茨城県内では唯一つくば市以外の出土事例である。古代では新治郡巨神郷に位置すると考えられ、9世紀後半の住居跡からは「中火殿」墨書土器などが出土している。

　放射状痕跡を有する土師器は1点のみの出土であり（図4-13）、高台付埦と考えられる。資料の実見はし得なかったため詳細は不明であるが、放射状痕跡と考えられる痕跡が底部外面に施されている。

まとめ

　このように、東北地方を中心に分布が認められる放射状痕跡を施す土器が、茨城県内でも少量ではあるが出土していることが明らかとなった。茨城県内で出土したこれらの土器の特徴は以下のとおりである。

　①現在のつくば市域（古代では常陸国河内郡嶋名郷・菅田郷か）に集中する傾向がある。

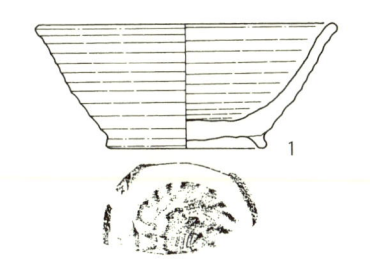

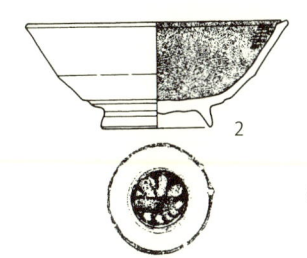

図5　群馬県での出土事例

1：前橋市上野国分僧寺・尼寺中間地域
　　H区第5号井戸跡
2：富岡市南蛇井増光寺遺跡C区グリッド

②土師器高台付埦が多く、その他に土師器高台付皿や須恵器高台付坏にも認められる。しかし、出土量は非常に少なく全体としては客体的な存在である。
③時期は9世紀後半が最も多く、一部10世紀代の土器も含まれる（図4-1・2）。
④1軒の住居跡から、複数個体の放射状痕跡を施す土器が出土することは非常に稀である。
⑤放射状痕跡は、高台を有する器種にのみ認められる。痕跡は中心から周縁にかけて全体的に施され、棒状の工具を使用している場合が多い。また、高台貼付けに伴うナデによって周縁部分は一部消されているため、この痕跡は高台製作に伴う技法の可能性がある。
⑥放射状痕跡を施す土師器と、そうでない土師器の胎土に大きな差は認められない。

以上のことから、茨城県内で出土する放射状痕跡を施す土師器は、東北地方からの搬入品ではなく在地で生産された可能性が高い。つまり、放射状痕跡を東北地方特有の製作技法痕とするならば、9世紀後半を中心とする時期の在地での土師器生産に、東北地方に出自が求められる人々が参画していたと推測される。しかし、放射状痕跡以外に東北地方の特徴を有する遺物の出土が認められないため、さらなる検証が必要であろう。

なお、関東地方では茨城県以外に群馬県でも放射状痕跡と考えられる痕跡が残る土器が出土している（図5）。群馬県内で管見に触れたものは、前橋市上野国分僧寺・尼寺中間地域出土の須恵器高台付埦（図5-1）と富岡市南蛇井増光寺遺跡出土の土師器高台付埦（図5-2）のわずか2点であるが、埦類に認められる点は茨城県での状況と類似する。また、北陸地方では石川県金沢市大友西遺跡や松任市三浦幸明遺跡などでも放射状痕跡を施す土師器高台付埦の出土が認められるが、これらの資料は田嶋編年中世1-Ⅰ期に位置づけられており（望月　1997）、東北地方と関係があるかは検討を要する。

おわりに

以上、茨城県内から出土した放射状痕跡を施す土器について紹介するとともに、若干の検討を行った。この放射状痕跡は、東北地方で出土しているものと類似点が多く、高台製作に伴う技法の痕跡と判断した。また、これらの土器は在地で生産された可能性が高く、土師器生産に際して東北地方に出自が求められる人々が参画していたことが想定される。

しかし、このような技法がどのように東北地方の中で出現し出羽・陸奥両国に拡散したのか、残

された課題も多い。東北地方での検討を進めることにより、関東地方で出土する放射状痕跡を施す須恵器・土師器の理解が深まり、それらを生産した工人の出自も追及できると考えられる。

註
⑴　本稿では、この痕跡の名称について利部修の研究にならい（利部 1996）、「放射状痕跡」と呼称する。また、放射状痕跡について利部修氏から多大なるご教示をいただいた。
⑵　福島県での出土事例については、林紘太郎氏からご教示いただいた。
⑶　資料の実見にあたり、つくば市教育委員会の石川太郎氏から多大なるご配慮をいただいた。

参考文献
青森市教育委員会 2013『石江遺跡群発掘調査報告書Ⅵ　高間(1)遺跡』青森市埋蔵文化財調査報告書第113集
秋田県教育委員会 1989『福田遺跡・石丁遺跡・蟹ヶ沢遺跡・十二林遺跡』秋田県文化財調査報告書第178集
秋田県教育委員会 2001『姥ヶ沢窯跡』秋田県文化財調査報告書第327集
秋田県教育委員会 2003『柴内館跡』秋田県文化財調査報告書第355集
秋田県教育委員会 2005『上谷地遺跡・新谷地遺跡』秋田県文化財調査報告書第395集
秋田県教育委員会 2005『ムサ岱遺跡』秋田県文化財調査報告書第396集
秋田県教育委員会払田柵跡調査事務所 1983『払田柵跡　第49-2～3・53・54次発掘調査概要』払田柵跡調査事務所年報1983
茨城県考古学協会 2005『古代地方官衙周辺における集落の様相―常陸国河内郡を中心として―』
稲田義弘 2003「熊の山遺跡出土の平安時代の土器様相―土師器を中心として―」『領域の研究』阿久津久先生還暦記念事業実行委員会
利部　修 1996「北日本の須恵器についての一考察」『考古学の諸相』坂詰秀一先生還暦記念会
熊谷公男 2007「蝦夷移配策の変質とその意義」『九世紀の蝦夷社会』奥羽史研究叢書 9、高志書院
国士舘大学文学部考古学研究室 1973『茨城県笠間市石井台遺跡』考古学研究室報告乙種第 3 冊
財団法人茨城県教育財団 1998『熊の山遺跡』茨城県教育財団文化財調査報告第133集
財団法人茨城県教育財団 1998『神田遺跡』茨城県教育財団文化財調査報告第134集
財団法人茨城県教育財団 2000『六十目遺跡』茨城県教育財団文化財調査報告第160集
財団法人茨城県教育財団 2001『中原遺跡 3』茨城県教育財団文化財調査報告第170集
財団法人茨城県教育財団 2002『熊の山遺跡』茨城県教育財団文化財調査報告第190集
財団法人茨城県教育財団 2007『島名熊の山遺跡』茨城県教育財団文化財調査報告第280集
財団法人茨城県教育財団 2008『島名熊の山遺跡』茨城県教育財団文化財調査報告第291集
財団法人岩手県文化振興事業団埋蔵文化財センター 2003『飯岡沢田遺跡第 3 次発掘調査報告書』岩手県文化振興事業団埋蔵文化財調査報告書第418集
財団法人岩手県文化振興事業団埋蔵文化財センター 2005『台太郎遺跡第51次発掘調査報告書』岩手県文化振興事業団埋蔵文化財調査報告書第468集
財団法人群馬県埋蔵文化財調査事業団 1998『上野国分僧寺・尼寺中間地域』（財）群馬県埋蔵文化財調査事業団発掘調査報告書第86集
財団法人群馬県埋蔵文化財調査事業団 1996『南蛇井増光寺遺跡Ⅳ』（財）群馬県埋蔵文化財調査事業団調査報告第196集
財団法人山形県埋蔵文化財センター 2002『馳上遺跡発掘調査報告書』山形県埋蔵文化財センター調査報告書第101集
財団法人山形県埋蔵文化財センター 2004『馬洗場 B 遺跡発掘調査報告書』山形県埋蔵文化財センター調査

　　　　　報告書第123集
財団法人山形県埋蔵文化財センター　2010『下大曽根遺跡発掘調査報告書』山形県埋蔵文化財センター調査
　　　　　報告書第182集
坂詰秀一　1972「津軽・持子沢窯跡の調査」『考古学ジャーナル』No.75
札幌市教育委員会　1979『札幌市文化財調査報告書ⅩⅩ』
清水　哲　2013「河内郡内の開発―島名熊の山遺跡を中心として―」『古代東国の地域開発』東国古代遺跡研
　　　　　究会第3回研究大会、東国古代遺跡研究会
東北古代土器研究会　2008『東北古代土器集成―須恵器・窯跡編―』
西村正衛・櫻井清彦　1953「青森縣森田村附近の遺跡調査概報（第二次調査）」『古代』第10号、早稲田大学
　　　　　考古学会
望月精司　1997「古代末期における土師器生産形態の変質」『北陸古代土器研究』第7号、北陸古代土器研究
　　　　　会

図版出典
図1・2：各報告書および東北古代土器研究会2008より転載
図3：筆者作成
図4・5：各報告書より転載

GRONINGER MUSEUM の中国・日本磁器

髙 島 裕 之

はじめに

　中国と日本の磁器の影響関係、ヨーロッパ陶磁器との影響関係も含め、「陶磁の東西交流」というテーマは、長く研究の対象となってきた。筆者も交易を介したこのテーマに興味を持ち、2012年、2013年3月に金田明美氏にお世話になり、オランダ諸機関での陶磁器調査を行なうことができた。2回の調査では、オランダにおける東洋陶磁器の受容の様相を概観することができたが、さらに詳細な分析が加えられるよう、今後も継続する予定である。本稿ではオランダの北部に位置するフローニンゲン博物館（GRONINGER MUSEUM）での調査を基に、交易の中での中国磁器、日本磁器、ヨーロッパ陶器をとりまく歴史環境について、陶磁器から考察を加えていく。

1．オランダでの陶磁器コレクションの背景

　オランダはいうまでもなく、17世紀から18世紀の日本・中国磁器の交易を考えるうえで不可欠な場所であり、オランダ東インド会社がその重要な役割を果たした。研究の蓄積もあり、2000年の「古伊万里の道」展は、アムステルダム市内の考古学の成果も取り入れ、陶磁交易の実像に迫る画期的な展示であった。この図録の中で藤原友子は、ヨーロッパ陶磁器と日本磁器の影響関係をみる中で、肥前磁器を圧倒する量を持ってヨーロッパに輸出されていた中国磁器の存在が無視されるべきでないと述べている（藤原 2000：143頁）。そして金田明美はオランダ国内の東洋陶磁器について言及し、「オランダの考古資料の何万点、何十万点という大量の陶片のなかで、東洋陶磁はとても稀少な存在である。また東洋陶磁は限られた時代で出土するので、国内の在地形土器や、中世からの伝統を持つドイツのストーンウェアーとは比較にならない稀少さを持つ。この稀少さはその時代の特別な生活文化の違いと関係を持つので、歴史や美術学の研究者からは研究材料として早くも注目されていた」と述べている（金田 2010：246頁）。また日本からオランダに運ばれた肥前磁器は、テーブルウェアが中心であり、コンテナとして渡った形跡がみられない点、オランダの食生活や嗜好に密着した中で、商品として渡ったことを指摘している。さらに17世紀末を境にした器種の変化にふれ、庶民の間で茶やコーヒーを東洋磁器で飲む習慣が根付いた結果によるカップ＆ソーサーの増加や、いわゆる金襴手様式の磁器の普及について指摘している（金田 2010：237-240頁）。同時にアムステルダムでは数千点におよぶ景徳鎮窯産の陶片の検出があるが、それに比してアムステルダム市考古局が所蔵する肥前磁器の陶片数は約100点程度であるとする（金田 2010：241頁）。

堀内秀樹もオランダのアムステルダムを始めとする13都市で調査を進め、具体的な陶磁器の消費状況について分析している（堀内 2007）。そして陶磁器の器形的・文様的特徴を基に、Ⅰ期（17世紀前葉～中葉）、Ⅱ期（17世紀末～18世紀中葉）、Ⅲ期（18世紀末～19世紀前半）に分け、傾向として最初は日本の遺跡から出土する器種や類似した文様がみられるが、Ⅱ期になるとヨーロッパ独自の器種が多くを占め、肥前磁器については、景徳鎮窯の貿易再開に合わせ、付加価値の高い色絵製品に主力貿易品をシフトしたとしている。（堀内 2007：55頁）。つまり中国磁器に対する日本磁器の需要量は圧倒的に少なく、17世紀末に変化の画期があることが、複数の研究者により指摘されている。

2．フローニンゲン博物館所蔵資料にみる製品模倣

オランダ北部に位置するフローニンゲン博物館の東洋陶磁器は、1984年、1999年に日本でも公開された有数のコレクションである（日本経済新聞社編 1984、長崎県立美術博物館他 1999）。その概要については、九州産業大学の『柿右衛門様式磁器調査報告書―欧州篇―』の中で、次のように記述されている（同書ではフローニンゲンを「フローニンヘン」と片仮名表記）。「古伊万里など日本からの磁器が荷揚げされる、オランダの北部の都市フローニンヘンとその近郊では東洋の磁器に興味を持つ市民は多く、それらで室内の壁を飾ることも珍しくはなかった。―中略―フローニンヘンでは、A・ナップ（A.Nap）やメロ・バッカー（Mello Backer）が膨大な量を買い入れ、後者の死後、そのコレクションは、1894年に開かれたフローニンヘン博物館に寄付された。20世紀の初頭にはJ・A・ヴレースマン（J.A. Wreesman）を筆頭とする人たちの遺贈も寄せられ、これらの私的コレクションこそはフローニンヘンの磁器コレクションの基礎となった。その後、東アジア磁器の学芸員に人を得て、コレクションは拡大し、整備された。―以下略」（大橋・鈴田・古橋編 2009：360頁：当該部分執筆は下村耕史・高辻知義）。

今回の調査では、収蔵庫での資料の保管状況の把握に努めた。(1)東洋陶磁器は大きな一部屋を使用し、中国、日本磁器が種類順、年代順に配列され、整理されていた。コレクションからも、中国、日本磁器について17世紀末に画期を見出すことは可能であり、発掘資料から得られる情報と傾向は同じである。またフローニンゲン博物館では年代を押さえることが可能な沈没船資料のコレクションも著名であり、GELDERMALSEN号他の資料が整理され、保管されている。2013年の調査では「中国・日本磁器の比較検討」に有益な資料として、17世紀中頃～18世紀前半の同じ外観を持つ中国、日本、ヨーロッパ産の陶磁器を、クリスティアーン・ヨルグ氏（Prof. dr. Christiaan J.A. Jörg）の特別な配慮により閲覧することができた。これらにはそれぞれに「製品模倣」を行なった関係がみられる。製品模倣については、村上伸之が生産史の理解として「技術導入を伴う影響」と「製品模倣という影響」を明確に区別して考える必要性を述べ、違いとして両窯業地での直接的な繋がりの有無があることを指摘している（村上 1999：81頁）。それをふまえ、次に閲覧した資料の一部について説明を加える。

(1) 色絵鶏竜文隅入角皿（図1）

　図1は、明末の中国製品を基に、日本製品、ドイツ製品が作られた例である。中国製品と日本製品は、染付文様と上絵を組み合わせ、内底に鶏文を描き、内側面には宝相華唐草文と竜文を二つずつ対面する形で描いている。見本となったと考えられる中国製品は、口沿は釉が剥げ、いわゆる「虫食い」の状態になっていて、破損部分の補修も確認できる。日本製品は1670～90年代の有田南川原山産と考えられ、型打ち成形で口沿をカットし口紅装飾を行なっており、降灰のみられる中国

①中国・景徳鎮

②日本・有田南川原山

③ドイツ・マイセン

図1 色絵鶏竜文隅入角皿（GRONINGER MUSEUM 所蔵・筆者撮影）

①日本・有田内山

②日本・有田内山

③オランダ・デルフト

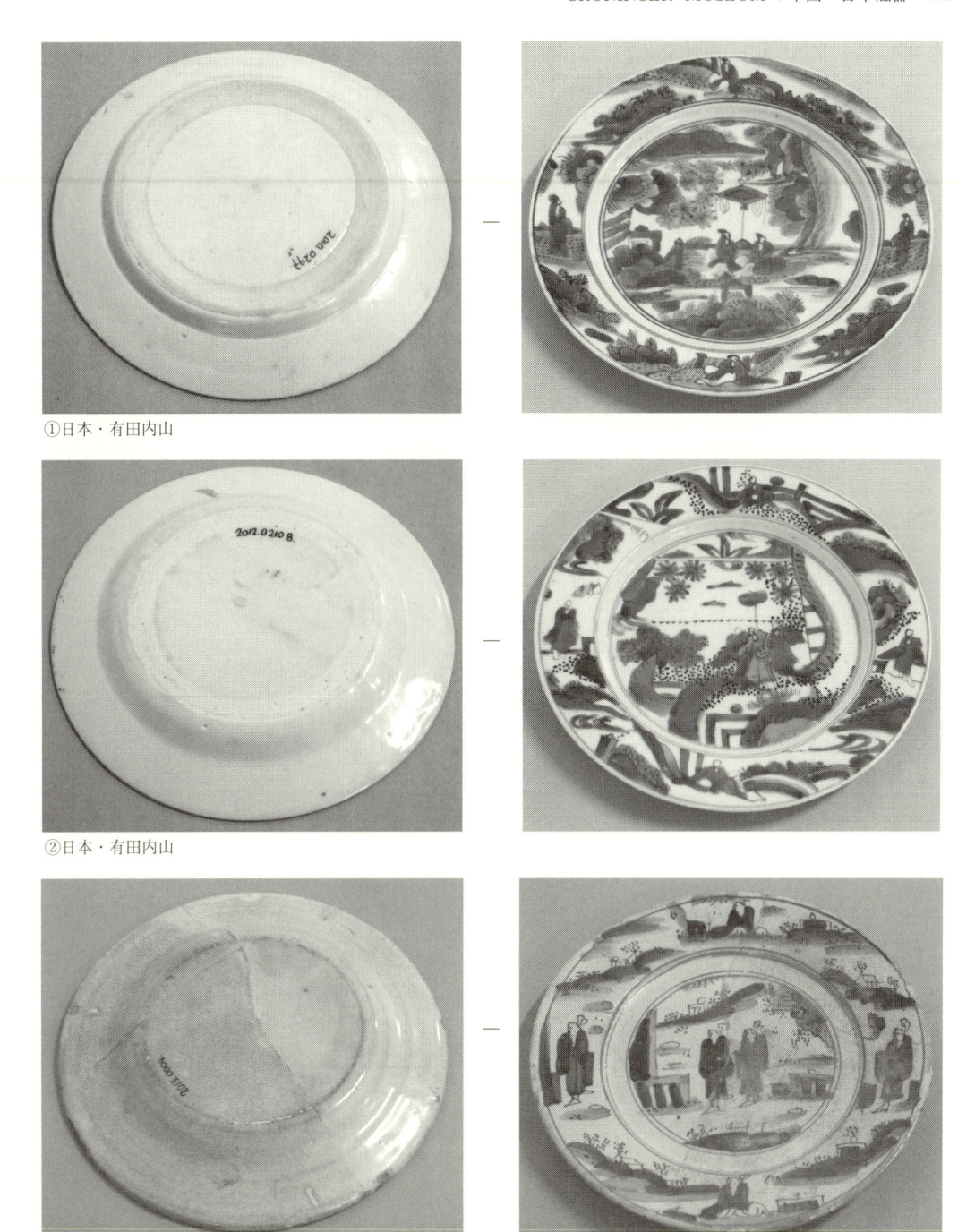

図2 染付・藍絵人物山水文皿（GRONINGER MUSEUM 所蔵・筆者撮影）

製品と異なり、丁寧な仕上げである。同じくオランダ北部のレーワルデンにあるプリンセスホフ陶磁博物館（Keramiekmuseum Princessehof）には同種の皿があり、その皿は内底の鶏文の天地と竜文の位置まで一致する例である。外面は高台内にハリ支え三つが確認でき、中国製品と異なり一重円圏をめぐらし、「福」銘が入る。ドイツ製品は18世紀にマイセンで作られた皿で、長皿で形状

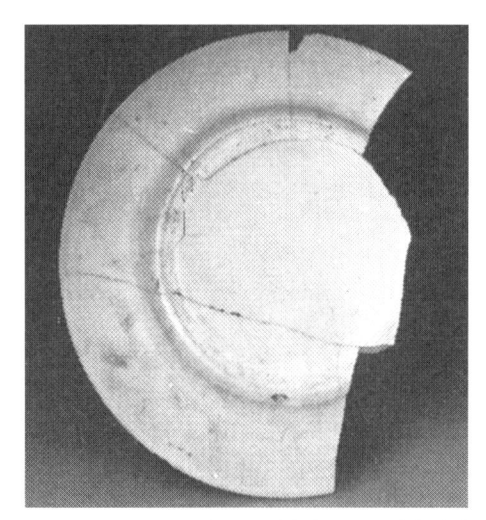

図3 有田長吉谷窯跡出土染付花鳥文平底皿（大橋・尾崎 1988：図版185-2 より）

も異なり、すべて上絵である点、高台の形状や内底文様の文様枠の形、高台内銘など中国製品を新しく構成した形となっている。整理をすると中国製品をモデルとして、有田の当時の最高水準の技術で仕上げられたのが日本製品であり、ドイツの製品はヨーロッパで受け入れられた中国、日本の意匠を新しく構成して作られたといえる。

(2) 染付・藍絵人物山水文皿（図2）

図2は、①、②が日本、③がオランダの皿で、口径約20cm の鍔縁の形であり、高台がなく平底である。内面の鍔部と内底に文様が入り、外面は無文となっている。平底皿を焼成するうえで、当初からその形を持つオランダ陶器は、鍔の口沿外側に三点の目跡を残した総釉となっている。日本では平底皿は、海外輸出用製品の多くみられる有田の長吉谷窯跡で確認されている（図3）。外底をみると、高台となる場所付近に輪状に1.5cm ほどの幅で釉剥ぎしている。しかし輪状の焼台のみでは不十分であり、ハリ支えの痕跡が一つないし二つ高台内に残っている。内面の施文についてみると、三つの皿に共通するのは、四方に人物を配置する鍔部の文様である。内底文様は①は右側の崖の表現や傘、人などを写実的に描くが、②では点描が目立ち、文様全体が区画化されて新しく構成されている。オランダ製品では、傘の表現もみられない。①は中国製品を丁寧に模倣した構図と考えられるが、②、③は描き方に変化が加えられている。整理をすると日本磁器では、オランダの器形と中国磁器のデザインを合わせる注文に応じた製品生産を試み、オランダ陶

図4　Frederik van Frijtom 画　風景文皿
（Jan Daniel van Dam 2004：55頁より）

GRONINGER MUSEUMの中国・日本磁器　463

①日本・有田内山

②日本・有田内山

③日本・有田南川原山

図5　染付西洋風景文皿（GRONINGER MUSEUM 所蔵・筆者撮影）

器では、国内で広く受け入れられている東アジア磁器のデザインを国産でという試みの中で、できた製品であると推測できる。

(3) 西洋風景文皿（図5）

　見本を元に描かれたことが明らかな西洋風景文皿の一群がみられる。図4の文様は、左上にヨーロッパ特有の雲を配し、画面奥に塔のような建物、さらに前列左側に樹木と複数の並ぶ人物、右側に乗馬した人とそれを引く人を配置する。手前には土坡（岡）が描かれている。1660年代頃のデルフト製品にみられるフレデリック・ファン・フライトム（Frederik van Frijtom）の画であり、複数種類が確認できる。この図像を基に描かれた皿は、日本や中国にある。日本の例ではいくつかの種類があり、図5-①は、外観まで類似した例である。外形については鍔縁のプレート状となる点はオランダと同じであるが、高台を有しており、ハリ支えを五つおいた痕跡があることから、有田での一般的な焼成法を用いている。図5-②は丸皿で、口紅装飾を施した例である。モデルよりも全体的に略された形となり、人物や建物など文様の一部がより強調される形となっている。図5-③は、有田南川原山産と考えられる資料で、十角形の土型を用いた型打ち成形であり、口紅装飾を施している。内面文様は図5-②と同じ構成となっている。オランダの見本には同柄の描かれた多角形のタイルもあり、画面を構成する際に参考となった可能性もある。整理をすると日本製品がオランダの見本を基に、わが国の原材料や技術水準に合わせて新しく構成され、さまざまな種類で広く作られたことが確認できる。

①日本・有田南川原山

②Amsterdams Bont（素地：中国・絵付：オランダ）

図6　色絵鳥梅文皿（GRONINGER MUSEUM 所蔵・筆者撮影）

(4) 色絵鳥梅文皿 (図6)

いっぽうでそれぞれの製品の生産工程が、生産地内で完結する場合と、運ばれた後に中継地で加飾される場合がある。具体的には Amsterdams Bont と呼ばれるスタイルであり、景徳鎮および有田の見繕いで運ばれた製品に対して、オランダで上絵付を行なう例である。図6-②は中国の素地に日本のいわゆる柿右衛門様式の鳥梅文をオランダで絵付けした皿で、この意匠がヨーロッパにおいて受け入れられていた様子をうかがうことができる。器形は洋食器のプレート形となっており、これらは使用者の嗜好の影響を直接的に受けていると考えられ、明治期の横浜で行なわれた輸出磁器への加飾と、同じような事例として捉えることができる（神奈川県立歴史博物館 2008）。

3．コレクションからみたオランダの陶磁器受容

次に述べてきた製品模倣の関係性をふまえ、オランダにおける有田磁器と中国磁器の受容について考察を加える。以前、17世紀後半から18世紀前半にヨーロッパ向けの磁器を焼成した有田の生産の実像について、内山地区と南川原山地区を比較し、分析したことがある。そして内山地区は一定水準の上質品を大量に生産する窯場であり、南川原山は上質な色絵磁器の開発、生産に特化した窯場であったことを指摘した（髙島 2009）。さらにアムステルダム市内遺跡の出土状況では、中国磁器に比べて日本磁器の量が非常に少なかったことが、先述したように指摘されている。実際に筆者自身としてもオランダの状況を確認したことで、中国磁器と競合しないよう、器種の特別注文に答えることや上質品であるという付加価値が、ヨーロッパ輸出を担った有田の窯場にとっては条件であったことを再認識した。

フローニンゲン博物館のコレクションの中には南川原山産磁器があり、九州産業大学が行なった柿右衛門様式磁器の調査で報告された71点のうち、25点（染付は13点）が「南川原山」と記載されている。染付磁器では1670～90年代と推定される製品に、南川原山産としての共通した特徴がみられる。器種では皿、鉢がみられ、型打ち成形を行ない、口紅装飾が基本となっている。施文では内底文様を中心に内側面を放射状に区画した例が多いことや、高台内銘が「金」、異体字の「福」と

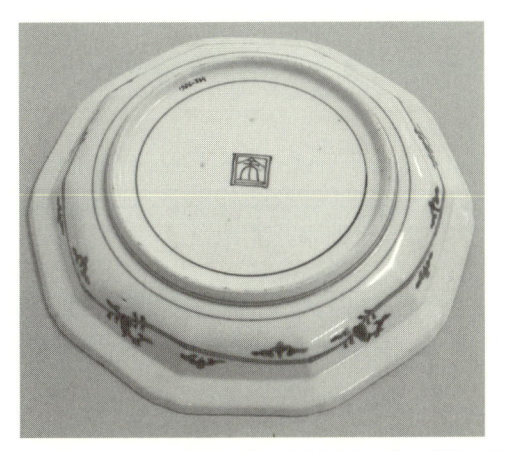

図7 有田南川原山の染付製品 （GRONINGER MUSEUM 所蔵・筆者撮影）

南川原山特有の銘で限定されていることは、コレクションの一つの趣向がうかがえる（図7）。そしてほとんどの資料の内底にスリキズがみられるので、実際に使用されていたことがわかる。これらは有田磁器の中で海外向けを意識した生産品でないにもかかわらず輸出された製品といえ、日本国内では江戸の武家地で出土する製品と同じである。武家地で出土する製品の特徴として、高品質な「揃い」の製品を作る技術が用いられているが、その上質品が海外において、一定量受容されたことを意味している。しかし上質品に特化した形であった南川原山地区での特徴的な製品生産は、1684年の展海令により本格化した中国磁器の輸出によって、それだけでは採算が合わなくなったと思われる。18世紀に入ると有田磁器の海外輸出は、複数の窯場の集合体である内山地区が主に請け負う形であり、社章や紋章、いわゆる古伊万里様式の色絵製品などを製作し、中国磁器に対したのである。実際にこの時期の南川原山地区でも窯跡出土資料ではないが、酒井田柿右衛門家裏庭の表採資料で、オランダ東インド会社「VOC」銘の入った芙蓉手皿が採集されている（図8）。つまりこれまでの上質品に特化した製品生産と異なり、海外輸出向けに社章など特別注文のデザインにも例外なく応じることのできる体制の変化が、窯場の中で起こった可能性も考えられる。

　いっぽうで有田全体としてのヨーロッパへの海外輸出についてまとめると、過去に指摘されているように1644年の中国の王朝交代の時期を経て、中国からの直接の技術導入があり、中国磁器の代替品としての役割を担った部分はあるだろう。ただその説明だけではすでに不十分な状況が、オランダでの様相からも明らかになってきた。中国の景徳鎮や徳化などのような大規模な生産地と異なり、生産量も限られることから、有田が交易品としてそこに共存するためには、常に付加価値が求められたのだと思う。それが当初は中国磁器のデザインに極めて類似した製品生産であったと推測される。さらに中国磁器に対して圧倒的少数であった有田磁器が、区別化を図るために一面で求められたのは、緻密さを誇る装飾の見映え（色絵・染付）、特別注文（器種・文様）への対応であったと考えられる。中国の窯場と異なり、極め細かい直接注文に敏感に対応できた窯場が有田であったのではないだろうか。それはオランダ東インド会社の商館が長崎にあり、その近隣にある有田の地理的環境が大きく作用したのだろう。また有田磁器をアジア内で運んでいた中国人が、長崎以外の港に持ち込み、そこでヨーロッパ行きの船に積載する中国磁器の数量を補う形で、遜色のない製品として共に運んだ例もあるだろう。結果として、製品の受容者の要求に応えた、かゆいところに手の届くような有田磁器の生産のあり方は、18世紀前半まで継続してヨーロッパに受け入れられた。それはふりかえってきたように、各国の窯場の製品模倣の関係を追うことから、実感できるところであろう。

　そして日本磁器から発展した製品模倣として、中国磁器のスタイルであるChinese Imariという

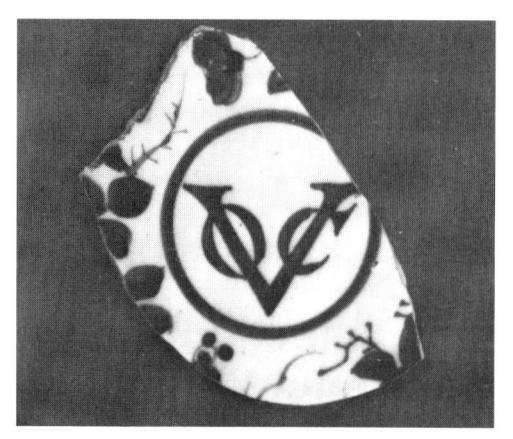

図8　柿右衛門家表採資料（有田町教委1977：5頁より）

形がある。また例示した色絵鳥梅文皿のように、日本磁器の意匠が生産地以外での加飾としてヨーロッパで行なわれ、消費者の要求を直接に汲み取る様式も作られたのである。

　実際にフローニンゲン博物館やプリンセスホフ陶磁博物館のコレクションを比較すると、類似する傾向がみられ、オランダ北部における日本磁器の趣向と受容について分析できる可能性があると思う。今回は手始めにそれぞれの製品模倣の関係を整理し、考察を加えたが、今後中国・日本磁器の交易の実像をより明らかにし、受け入れられた陶磁器がどのようにヨーロッパ文化との関係を持ったのか、さらに詳細な実地調査を行ない、稿を改めて起こしたい。

　なお、本稿は、平成24年度専修大学研究助成・個別研究「交易にみる中国・日本磁器の比較研究」の研究成果の一部である。

註
(1) GRONINGER MUSEUM では、郊外に位置する収蔵庫での調査の特別な許可が得られ、資料調査を実施した。調査にあたって日本でも著名なクリスティアーン・ヨルグ先生（ライデン大学名誉教授）が担当くださった。資料はヨルグ先生と前任者の100年にわたって収集されたという。寄贈された地元の資料について、良品を選択して収集するのではなく、セットで収集するよう努めてきたという。つまり資料の中には陶磁器の生産年代に流通した例と混ざり、明治以降に古美術品として渡った例も含まれるということである。

主要参考文献
有田町教育委員会　1977『柿右衛門窯跡発掘調査概報』
日本経済新聞社編（西田宏子監修）1984『オランダと中国・日本　東西交流陶磁展』
大橋康二・尾崎葉子　1988『有田町史古窯編』有田町史編纂委員会
長崎県立美術博物館他（下川達彌監修）1999『海を渡った陶磁器展　景徳鎮・伊万里・デルフト』毎日新聞社
村上伸之　1999「肥前における明・清磁器の影響」『貿易陶磁研究ＮＯ.19』日本貿易陶磁研究会、65-84頁
藤原友子　2000「「古伊万里の道」展について」『古伊万里の道』佐賀県立九州陶磁文化館、143-155頁
堀内秀樹　2007「オランダ消費遺跡出土の東洋陶磁器―十七世紀から十九世紀における東洋陶磁器貿易と国内市場―」『東洋陶磁 VOL.36』東洋陶磁学会、39-59頁
神奈川県立歴史博物館編　2008『特別展　横浜・東京―明治の輸出陶磁器』
大橋康二・鈴田由紀夫・古橋千明編　2009『柿右衛門様式磁器調査報告書―欧州篇―』九州産業大学
髙島裕之　2009「有田磁器の海外輸出とその生産の実像」『亜州古陶瓷研究Ⅳ』亜州古陶瓷学会、147-156頁
金田明美　2010「「イマリ」と呼ばれる肥前磁器―オランダ出土の肥前磁器について―」『世界に輸出された肥前磁器』九州近世陶磁学会、234-250頁
Jan Daniel van Dam　2004 "*Delffse Porceleyne Dutch delftware 1620–1850*" Waanders b. v., Zwolle, and Rijksmuseum, Amsterdam
Jerzy Gawronski　2012 "*Amsterdam Ceramics*" Uitgeverij Bas Lubberhuizen/Bureau Monumenten & Archeologie, Amsterdam
Menno Fitski　2011 "*KAKIEMON PORCELAIN A HANDBOOK*" Leiden University Press, Leiden; Rijksmuseum, Amsterdam

民俗資料の貿易陶磁の壺
―― 東京都の資料の紹介 ――

鈴木 裕子

はじめに

　各市町村に収蔵されている民俗資料の中に中国産の壺が混じっていることをみつけたのは最近のことである。現時点では都内のいくつかの区や市を調べただけであるが、種々の問題・課題を内包しているものの、出土資料ではないため、考古学の立場からはまったく等閑視されているし、民俗資料としても所蔵されているままのものが多いことから、これまでわかったことだけでも検討しておきたいと思う。[1]中間報告的な内容ではあるが、これらは個々の問題がさらに深化研究すべき点を複数抱えていることに他ならず、まずはその呈示が肝要と考えた次第である。

　本稿では都内都下で量的にまとまっている陶器の壺2種を取り上げた。[2]以下にこれらの民俗資料の壺について概略を述べるが、このタイプは出土資料もあり、海外の沈没船資料や伝世品も存在することからこの資料も含めて記述した。

1. 貿易陶磁の陶器の壺

(1) 黒褐釉丸形四耳壺（1～19）

　民俗資料11点（1～11）・出土資料1点（12）・海外の資料7点（13～19）の計19点を確認している。なお以下では、資料には記述順に通し番号を付した。図・写真もこれと一致する。

　1．品川区立品川歴史館蔵（1975年受入れ、図1-1・写真1）　口径10.7、底径11.0、器高36.6、最大胴径33.5cmを測る。器形は短い口縁部から肩部にかけては強く張り、体部は球胴形を呈す。底部は上げ底状に窪むのがこの壺の特徴である。最大胴径は体部中程になる。体部中程（胴継ぎ部にあたる）には、亀甲形の2段の面取り（叩き痕と思われる）が観察される。口縁部は外側に貼り付け、体部下半は横方向の削り、底部は回転削りと思われる。肩部には粘土紐の両端を押圧して貼り付けた横耳が4個認められる。耳はいずれも貫通せず、この個体での貼り付け位置は向かい合う2耳ずつが近い位置にある。内面から外面体部には暗褐色の釉の上から黒褐色釉が掛けられており、内外面の体部下半には釉の流れが幾筋もみられる。露胎の底面は灰褐色に発色している。胎土は混入物の少ない均質な土である。底面には直径10cmの輪状のひっつき痕がみられるが、これは同形の壺を直重ねで積み重ねているためと考えられる。窯詰め時にこの個体は一番上にあったために、口唇部にひっつき痕はない。口唇部が幅広（5mm）に作られているのは積み重ねるためと思われる。また体部中位には砂礫を多量に含む「砂目」の付着した痕が1カ所残る。他個体との熔着を防ぐた

スケール 1/6

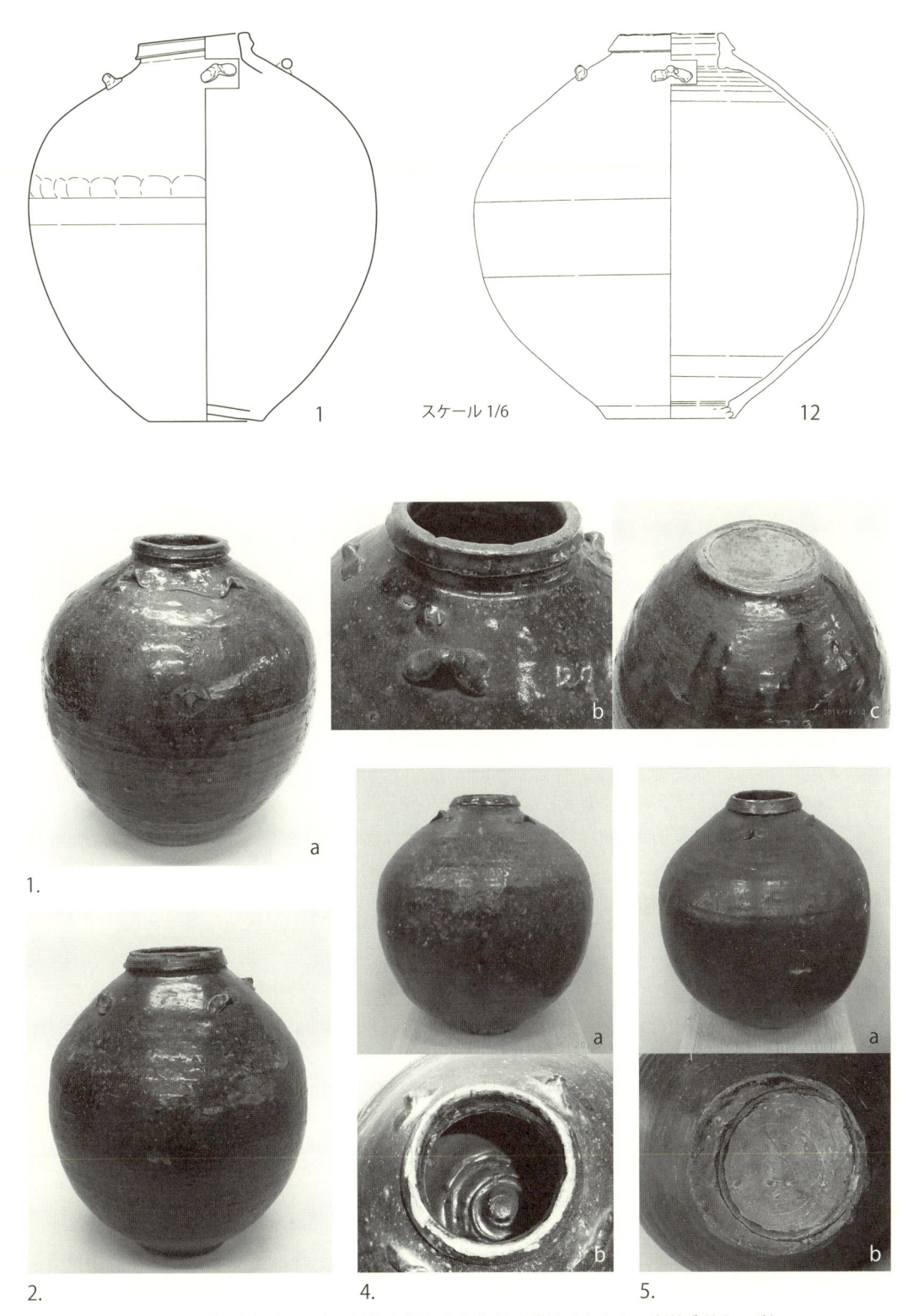

図1 黒褐釉丸形四耳壺　民俗資料と出土資料（番号は本文中の資料番号と一致）

めにつけられたと推測する。

  2. 品川区立品川歴史館蔵（写真2） 口径10.0、底径12.0、器高36.8、最大胴径31.5cm を測る。器形は1より体部の張り具合が弱い。体部下半は横方向の幅の広い面取り状の削りが顕著である。四耳の位置は1と同様に2個ずつに片寄り、貫通していない。釉は黒褐色に発色し、1色のようにみえる。底部は回転糸切り痕で、糸尻は中央に寄る。口唇部はひっつき痕でガサついているが、底面の窯詰め痕は不明瞭である（直径9cm）。

  3. 大田区立郷土博物館蔵（1985年受け入れ） 口径10.1、器高38.0、最大胴径33.7cm。

  4. 東大和市立郷土博物館蔵（写真4） 口径10.0、底径12.0、器高36.2、最大胴径33.0cm を測る。最大胴径付近に、亀甲形の面取りが目立つ。耳は1・2と同じで2個ずつが近くにあり、360°を均等に4分割して付けられているわけではない。釉は内面から外面体部まで黒色で、1色のようにみえる。口唇部のみにひっつき痕。器面上半の3分の1に降灰が観察される。

  5. 東大和市立郷土博物館蔵（1983年採集、写真5） 口径9.6、底径11.5、器高39.7、最大胴径33.2cm。内面の頸部と肩部の境にははっきりした稜があり、頸部は別部品で肩部に貼り付けられたことがわかる。なお、外側への折返し口縁も貼り付け。体部中程には亀甲形の面が1・4と同様に残る。内面から外面体部は黒色釉掛けであるが、内面は斑状になっており、二重掛けであることがわかる。口唇部と底面に窯詰め時の直重ね痕。底面のものは直径10cm の輪状。

  6. 町田市立博物館蔵（写真6） 口径10.0、底径11.5、器高37.8、最大胴径33.0cm。四耳の付け方は不均等。体部の砂目の付着痕は1カ所。口唇部と底面にひっつき痕が認められる。なお6～9は株式会社四門編2013に写真もしくは一覧表を掲載。

  7. 町田市立博物館蔵（写真7） 口径12.5、底径12.0、器高37.1、最大胴径31.7cm。内面は錆釉と思われる光沢のない釉、外面は暗褐色釉の上に黒褐色釉のやはり光沢のない釉がまだらに掛かる。外面体部中位には砂目が4カ所付着。

  8. 町田市立博物館蔵（写真8） 口径9.9、底径12.0、器高35.2、最大胴径31.5cm。四耳はすべて貫通していない。底面は回転糸切り痕。内面は錆釉か（褐色で光沢なし）、その上から外面は黒色釉を掛ける。口唇部と底面に直重ねの熔着痕がある。

  9. 町田市立博物館蔵 口径10.1、底径13.0、器高36.8cm。3点の破片に破損。破損部から看取すると、頸部より上は貼り付け。底部は中央部が窪む上げ底状。鉄釉は二重掛けで、8と同じようにまず内面から外面体部にかけて錆釉（褐色～暗褐色）を掛け、その上から外面は黒褐色釉を流し掛ける。この個体は釉流れの痕が内外に残っている。胎土は灰白色で、黒色粒をわずかに含むだけの混入物のほとんどない粘土質の土である。大きさの割りには手取りは軽い。

  10. 『武蔵野の民具と文書』所収（武蔵野市教育委員会 1992） 口径10.0、器高42.0、最大胴径40.0cm。掲載写真から判断。同書中では「茶壺・茶缶」に分類され、「幕末安政期（1854～59年）のもの。耳付き、紐を通し蓋をとめた」との記述がある。1984～90年の悉皆調査時に市内の旧家に納められていた。

  11. パルテノン多摩企画展「お茶で一服！」での展示品（2012年11月～2013年3月） 展示を筆者実見。個人蔵。計測値不明。農家の自家用のお茶を入れる容器として使用（現役）。

12. 中央区日本橋蛎殻町一丁目遺跡394号遺構出土（中央区教育委員会 2005、図1-12） 口径12.2、底径12.4（復元値）、器高36.2、最大胴径37.8cm。394号遺構（井戸）は、第1面上で検出・廃棄された遺構で、その廃絶時期は19世紀後葉以降とされる。共伴する陶磁器は、人工呉須で1880年代に生産された型紙摺り文様の製品や1890年代以降とされる銅版転写文の製品がみられることから、1890年代が下限と推定される。

13. インドネシアのアダム・マリク博物館蔵　北部スマトラのまじないの道具として装飾的な蓋がついている。計測値不明（Adhyatman 1981）。

14. インドネシア国立博物館蔵　器高38.0、最大胴径35.0cm（Adhyatman 1984）。

15. インドネシア個人蔵　器高35.5、最大胴径31.0cm（Adhyatman 1984）。

16. ブルネイ博物館蔵（写真16）　器高33.0cm（Harrisson 1986）。

17. ブルネイ博物館蔵（写真17）　器高44.0cm（Harrisson 1986）。16・17はサイズ違いの同タイプのものとして認識されており、用途は"wine jar"とある。

18. フィリピンの個人蔵　器高35.0、最大胴径33.3cm。

19. フィリピンの個人蔵　器高44.4、最大胴径37.2cm。18・19共に"wine"容器と呼ばれるとの記述がある。ブルネイ博物館蔵品と同規格の2点である。

以上の19点から、この黒褐釉丸形四耳壺の属性をまとめると次の5点に集約される。

器形・釉等　短い頸部に折返し口縁、球形の体部にほぼ2個ずつセットになる四耳（横耳）がつく。釉は2種類を二重掛けする。その発色は下黒褐色・上黒褐色、下暗褐色・上黒褐色、下錆釉・上黒褐色の組み合わせがある。

窯詰め　底部に口唇部径と同じ直径の輪状の熔着痕がみられることから、同タイプの製品を直重ねで積み上げたと考えられる。口唇部の「荒れ」もこの窯詰め法に起因する。また胴部最大径のあたりには、他個体とのひっつきを防ぐために「砂目」がつけられる。

年　代　現時点では日本橋蛎殻町一丁目遺跡出土資料が19世紀末の陶磁器と共伴しており、年代が特定されるものである。民俗資料としては、1が1975年に博物館に受け入れられており、この年代を少なくとも生産年代の下限と捉えることは可能ではあるが、いわゆる民俗資料のあり方を考えると、受け入れ時点ではもはや使われなくなり忘れられていた可能性が高い。国内への輸入時期は日本橋蛎殻町一丁目遺跡出土年代の19世紀末から下限はおおむね戦後、つまり20世紀前半を中心とする年代と考えておく。[3]

生産地　広東省石湾窯との知見を得ている。[4]

用途（内容物）　実見した資料（1～4、9～12）では当初の内容物を類推させる付着物や使用痕等はみられなかったが、Harrisson（1986）によれば根拠は書かれていないが「ワイン」の容器であるという。装飾性がなく、実用的な作りから内容物運搬用容器であることは、海外の資料が大・小サイズがあることからもわかる。内容量の違いにより規格が存在するのであろう。

またこの壺は系譜を遡る資料が国内外でみられる。図2-20がそれであるが、この資料は大阪府堺環濠都市遺跡SKT241出土のもので、1615年（慶長20）の大坂夏の陣で被災廃棄された（續1990）。短い口縁は玉縁、胴部最大径は肩部にあり、器形は算盤玉形を呈し、海外も含めると年代

472　第Ⅱ部　周辺地域編

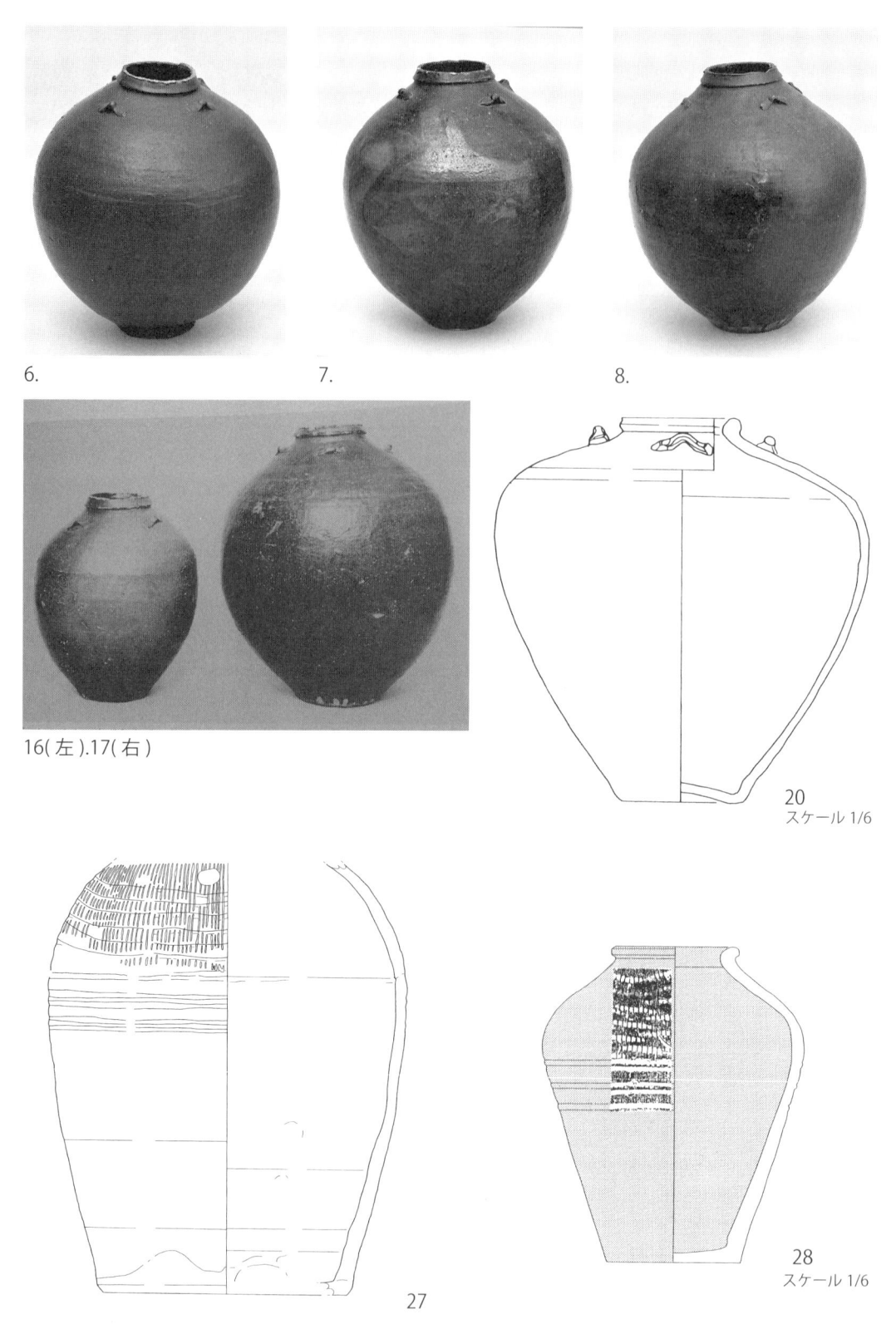

6.　　　　　　　　　7.　　　　　　　　　8.

16(左).17(右)

20 スケール1/6

27

28 スケール1/6

図2　黒褐釉丸形四耳壺と梅瓶形壺の出土資料（番号は本文の資料番号と一致）

的には17世紀初めにみられるが、その後国内では出土しなくなり、再びみられるようになるのは民俗資料としてということになる。

なお、国内での民俗資料としての再利用法については、梅瓶形壺と一緒に後述することとする。

(2) **梅瓶形壺**（21〜28）

民俗資料4点（21〜24）・出土資料4点（25〜28）の計8点を確認している。

21. 東大和市立郷土博物館蔵（1986年採集、図3-21・写真21）　口径12.8、底径18.0、器高47.1、最大胴径38.3cm。口縁部は外側に折り返しで、外面側は角張り、横位の沈線が廻る。肩部は大きく張り、底部にかけては急に窄まる。この個体は肩の張り具合が他個体より強い。体部上半には格子目状の文様が連続する。この文様は以下に述べるように数種類あるが、どのような技法で施されるのか、仮に「調整」と呼んでおきたい。また体部中位には横位の幅5mm間隔で2本並行する沈線が3条認められる。上下の沈線に挟まれた部分は隆帯となっており、これは「粘土紐を薄く貼り付けた隆帯」（東京都埋蔵文化財センター　2009）との記述がある。内面から外面にかけて灰緑色で濁った厚めの釉が掛けられる。底部近くは露胎である。底部は砂目。胎土は赤褐色で小石・礫を多く含む粗い土である。窯詰め法は肩部に輪状に廻っているが、その輪は所々切れており、おそらくは底部に切り欠きが数カ所ある筒形の窯道具を使用しているのであろう。この窯道具の厚みは約1cm、胎土は壺の土と同様の赤褐色の粗いものが使われている。この個体には再利用の出荷前に行なわれたと考えられる補修痕が観察される（写真21b）。これは割れ目に鉄を流し込み、幅3cmの鎹で止めつけている（22・25と同じ補修方法。後述）。

22. 東村山市徳蔵寺板碑保存館蔵（1968年寄贈、写真22）　口径12.5、底径21.5、器高47.5、最大胴径38.5cm。21と比べると胴部最大径は、体部中程に下がり、その張りも小さく、体部全体が丸みを帯びている。この個体も21と同様に体部下半に鉄を流し込んだり、大型の鎹で補修した痕跡が認められる。

23. 国分寺市教育委員会蔵（写真23）　口径11.5、底径22.3、器高48.0、最大胴径33.0cm。

24. 国分寺市教育委員会蔵（写真24）　口径11.5、底径23.5、器高49.0、最大胴径35.0cm。23・24共に類似する器形・成形・施文法・釉薬・胎土・窯詰め法の壺である。生産地や生産年代が近いのかもしれない。プロポーションは体部中位が丸味を帯びており、口縁と底部にかけて窄まるが、その張り具合は22ほどではない。いずれも体部に直径3cm以上の円形の鉄を流し込んだ補修痕がみられる。これは小さな欠けやヒビの修理と考えられる。なお23の肩部には陽刻の長方形の二重枠内に「玉記」の押印が観察される。

以上が民俗資料であるが、出土資料は以下の4点が確認される。

25. 文京区春日二丁目西遺跡38・39号遺構出土（東京都埋蔵文化財センター　2009、図3-25）　口径12.2、底径18.2、器高48.6、最大胴径39.0cm。器形は肩部が水平になるくらい大きく張り、体部半ばまで丸みを帯びる。体部中位に胴継ぎ。「調整」は口縁周囲は斜位の、肩部以下は横位の並行文である。釉は「鉄泥の上から鉄釉もしくは透明釉を掛ける」が、体部下位以下は無釉で釉だれがみられる。21〜24と同様に割れ口に鉄を流し込んでの補修、鎹止め、円形の鉄埋め込みの直しが多数看取され

474　第Ⅱ部　周辺地域編

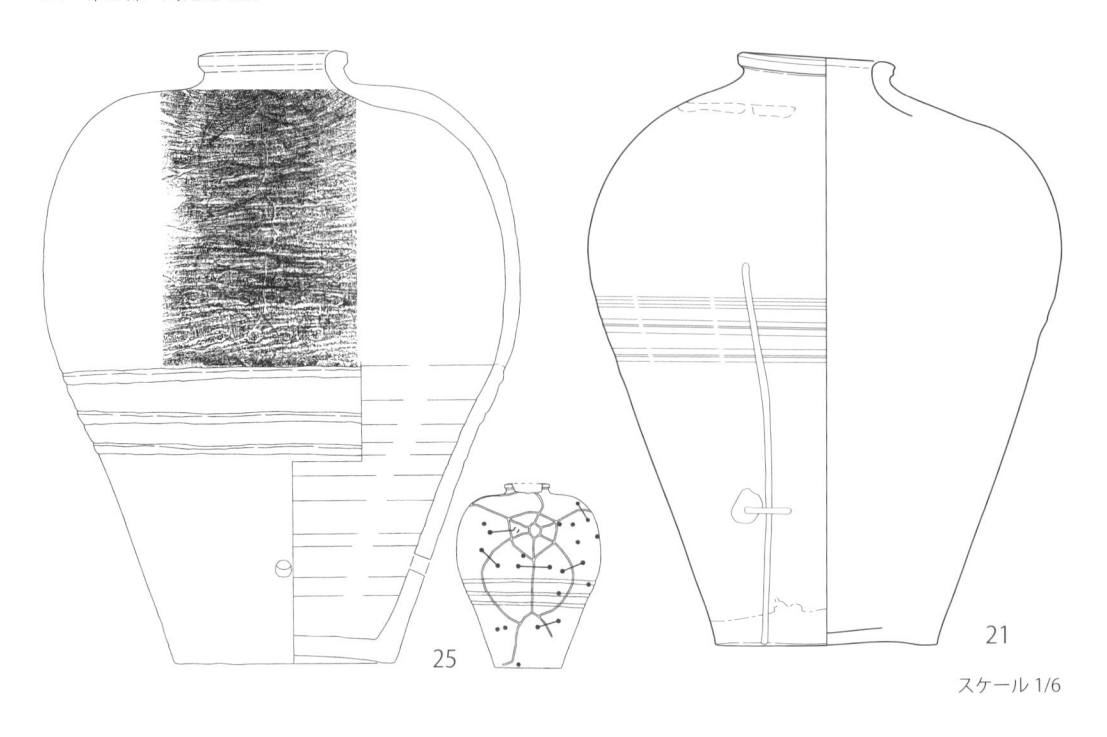

スケール 1/6

図3　梅瓶形壺の出土資料（2）と民俗資料（番号は本文の資料番号と一致）

写真A　　　　　　　　写真B
図4　梅瓶形壺の民俗資料（番号は本文の資料番号と一致）

る（図3-25右下が補修痕の概要）。割れ口の補修は割れ口の外面側を断面三角形に削り、鉄を流し込みやすくする加工が施されている。また体部下位には直径1.3cmの斜め下方への穿孔が焼成後に施されている。再利用時に開けられたと思われるもので、同じような位置に穿孔がみられるものに材質は違うが酒樽があり、再利用時の用途が類推される。

共伴遺物には肥前産染付蛸唐草文蓋物、瀬戸美濃産陶器石皿・植木鉢・通い徳利（釉漬け掛けで2合半）、堺産擂鉢（縁帯の断面は三角形）、瓦質土器植木鉢等があり、19世紀前半の廃棄と推定される。

26. 台東区上野忍岡遺跡群国立科学博物館おれんじ館地点第27号遺構出土（台東区文化財調査会 2001）　口縁と肩部片の写真のみ掲載。写真からは口縁直下の「調整」は縦線文の、肩部には横線文が施され

るが、これは同じ施文具で方向が相違するだけと思われる。釉は黒褐色を呈す。共伴する陶磁器は小片が多いものの肥前産染付八角鉢・染付ミジンコ手碗、瀬戸美濃産染付燗徳利、瀬戸美濃産復興織部鉢・変形皿の他に、内面に棒状圧痕のある丸瓦や東海系の軒桟瓦等、瓦も大量に出土しており、その廃棄年代は19世紀前半とされる。

27．台東区上野忍岡遺跡群国立科学博物館たんけん館地点第7号遺構出土（台東区文化財調査会 2001、図2-27）　肩部以下3分の1が残存する。底径24.0（復元値）、残存器高41.2、復元最大胴径35.6cmを測る。最大胴径は体部上位にあり、このあたりが最も丸味が強く、底部に向けて窄まる。体部上半の「調整」は縦線文である。図をみると施文の下には成形時の粘土紐が残っている。施文の下端と3条の横線の最も上の沈線の部分が胴継ぎ部にあたる。緑灰色の釉が掛けられている。年代は共伴遺物がほとんどない等不明としておく。[9]

28．長崎市栄町遺跡出土（長崎市埋蔵文化財協議会1993、図2-28）　口径11.4、底径13.0、器高30.0、最大胴径25.6cm。他の壺より小ぶりであるが、口径は同じで、その他の部位のサイズが小さくなっている。最大胴径は体部上位にあり、張りが強い。体部上半の施文は長方形区画。その下方の3条の横位の隆帯と掛けられる釉（「深緑色」との記述）も大サイズのものと変わらない。出土層位・遺構・共伴遺物共に記載がなく、年代は不明。

　これらの梅瓶形壺の特徴を列挙すると以下のような点が挙げられよう。

　器　形　胴部最大径は個体により体部上位から中位にかけてやや違いが認められ、またその張り方は個体によって違うものの、体部中位の3条の沈線の施文法や施文部位、口縁部の形態には変化はみられないことから、プロポーションのバラエティーは年代差を表わしているのではないと考える。むしろ同時期のバリエーションと捉えられる。

　「調整」・釉　この2種類の特徴は、バリエーションがみられるものである。「調整」は縦線文（23・24・27）と横線文（25）があり、22は上方からみると放射状の稜線（段）がつけられているが、これも縦線文の施文具を用いて装飾的な効果を狙ったと思われる。21・28は長方形の格子目である。

　釉については、鉄分が多い胎土でいずれの個体もテリが出て器面は褐色を呈しており、これを釉の一種とする記載もあるが、掛けられる釉は1種類で、灰緑色に濁った厚めの釉と、黒褐色の釉の2種類と思われる。後者の釉は26のみである。[10]

　年　代　限定できるものが少ないが、25と26は19世紀前半に廃棄されたとされる。この19世紀前半を上限の年代とし、民俗資料の22が1968年寄贈であるから、おおむね下限は黒褐色釉丸形四耳壺と同じく20世紀前半と推定したい。

　用　途　この梅瓶形壺は現代まで系統が繋がる壺がある。近年は中華料理屋の店先に置かれているのをよくみる紹興酒の壺である（写真A・B）。器形が類似しており、体部上半には縦線文の「調整」が施されている。ただ変化した部分もある。口縁部は玉縁となり、釉は透明度の高い黒褐色の釉が掛けられる。店先の紹興酒の壺は白い粉状の物質が体部に塗られているが、これは石膏で、「口は蓮の葉と油紙で覆い、素焼きの皿で蓋をする。その上を竹皮で包み、さらに粘土でトルコ帽子を被せたように塗り固める」「石膏で固めるのは、粘土では日本の植物検疫法にふれて輸出でき

ないためである」(花井 1992)。ところで紹興酒は1973年の日中国交正常化以来年々輸入量は増加したという(花井 1992)。

2．近代の指標としての壺

以上、黒褐釉丸形四耳壺と梅瓶形壺の特徴やわかったことを記したが、ここで2種の壺の年代についてやや広い視点からみておきたい。どちらの壺も遺跡出土資料の年代に不安定な要素はあるものの、莫大な資料の蓄積する江戸の遺跡からの事例は、前述のように10例に満たない。つまり近世の時点では日本の海外の窓口であった長崎を含めて、ほとんど国内に入ってきていないと考えられる。江戸の遺跡では17世紀以降、海外産のこのような大型の壺はほとんど出土しておらず、小坏・碗・大碗・小皿等の日常の器、しかも小型のものが主体を占めている(堀内・坂野 1996)。大型の壺の出現する背景には1859年の開国が画期となり、近代以降は国内への中華料理の普及に伴って需要が増したと想定される。その過程で再利用化が図られたのであろう。その意味では近代の指標となる貿易陶磁かもしれない。

ごく大雑把であるが、東京都に伝世する民俗資料の壺を貿易陶磁の観点から検討した。本稿では都内・都下全域の資料を把握したわけでもなく、この種の壺が国内でどのように分布するのか、またこの2種以外の貿易陶磁の壺の存在にも言及することができなかったが、まずは資料の紹介が先決との考えのもとに起稿した。

おわりに——民俗資料の観点から——

最後に、民俗資料の観点から提起し得る課題を以下の3点、挙げておく。

まず第一に、再利用時の購入元とその用途の問題が挙げられる。民俗資料のこの壺は、再利用(転用)品と推測する。用途としては「茶壺(茶甕)」(茶壺は10・11、茶甕は4・5・21・22)、「糘壺」(3)の名称がみられる。購入元は現時点で判明している資料はないものの、再利用時の流通ルートの解明にも繋がる重要な点である。特に梅瓶形の壺は、再利用時の出荷元で鎹を使用した中国風の直しが行なわれていることから、使用場所と再出荷元の両者間での「連携プレー」、もしくはある種の繋がりが想定できよう。

第二に、管見に入れる限り、各機関で保管されている民俗資料の「茶壺」や「茶甕」は国内産のものの方が数は多い。これらの生産地は信楽や沖縄の壺屋焼である。信楽産の壺は茶を保管しておくための専用容器であるが、壺屋焼の壺は泡盛の容器である。壺屋焼は遠方とはいうものの国内の生産地である。価格の面では、中国産より安価なことが想定される一方で、国内産の壺の容量は、中国産の壺より大型の製品もみられる。最後には同じような用途で使われており、その再流通ルートに共通するものがあるのか、ないのか。いずれにせよ、これは茶の普及過程が大きくかかわっているのであろう。

第三として、民俗資料としてだけでなく、近代の流通史として捉えた場合、大陸から国内への舶

載ルートが判明する可能性がある。近世の時点では唐船により中国から日本へと運搬されたが、近代以降は日本船が大陸から国内へ運んだルートも想定される。また国内の荷揚げ港も幕末の開国以降、数が増え、数量も増大したであろうことは容易に考え得る。

　課題は山積みであるが、まずは一歩一歩自分の目と足で確かめてゆく所存である。

註
(1) 民俗資料の壺を調査した区市は2区5市になるが、これらの選出の仕方はランダムであり、都下の他の区市町村は未調査である。
(2) 壺の名称は特徴的である器形と釉からとっている。特に「四耳壺」は国内外に多くの種類があり、器形を分類名の中に取り込んだ。
(3) Valdes (1992) では、根拠は示されていないが年代は「19〜20世紀」としている。
(4) 森達也の御教示による。
(5) 1600年に沈没したサン・ディエゴ (Desroches 1996)、1603年に沈没したビッテ・レウ (Piji-Ketel 1982) に3個体、また1690年に沈没したブン・タオ・カーゴ (CHRISTIE'S 1992) にも同種の資料がみられる。
(6) 数百冊の報告書が刊行される都下の江戸遺跡でも、出土事例は前述の1例のみであることから、近世の江戸市中に搬入されたこのタイプの壺は皆無といってよいほどであったと考えられる。
(7) 「叩き」状ではあるが、文様に重なる部分は観察できない。春日二丁目西遺跡例 (25) では「装飾的な叩き目」としている。
(8) 生産地でわざわざ直した壺を使うとは思えないし、補修痕の技法は22〜25に共通することから、この時点で補修痕と想定した。鎹を使用する直しは国内に伝世する竜泉窯の青磁碗「馬蝗絆」の伝来にあるように、中国の技法とされる。「馬蝗絆」は「足利義政所有の青磁碗の修理を明王朝に願い出たところ、同等のものは中国にはなく、鎹で修理され、戻された」との伝来をもつ（京都国立博物館 1991）。
(9) 27の壺が出土した第7号遺構は、近接するおれんじ館地点の第1号遺構と同じ遺構とされ、その第1号遺構は切り合い関係から17世紀初頭〜半ばと推定されている。が、この壺の出土位置・層位は記載がなく、実測図の器形をみると型式学的には21〜26・28と大きく相違する点はないため、むしろこれらと同年代と考えられる。
(10) 26は筆者未実見なので、詳細は不明。
(11) なお紹興酒の壺は醸造・発酵用ではなく、熟成用であり、日本輸出用の壺でもある。写真A・Bは2013年3月に横浜中華街で撮影したものであるが、石膏の蓋は店で開けられ、写真Aのように店先で瓶に移し替えて販売されていた。空になった壺は写真Bでは店先の植木鉢の台替わりに使われていた。また道端に転がっているのもみかけた。
(12) 黒褐釉丸形四耳壺は出雲に旧家にあるのを確認している。
(13) 民俗資料では黒褐釉丸形四耳壺と同生産地と考えられる黒褐釉壺（株式会社四門編 2013の資料番号B01-1340）や、出土資料では梅瓶形壺と同じ生産窯と思われる広口の寸胴形壺（長崎市埋蔵文化財調査協議会 1996の図10-10）等数が少ないながらもある。
(14) 民俗資料に暗いので誤認があるかもしれないが、調査カードには「茶壺」「茶甕」の両方の名称が使われているものの、両者の定義は明確ではないようである。「茶壺」の呼び名も茶の湯の「茶壺」は帽子の紐を通すために四耳の耳は貫通していなくてはいけないが、黒褐釉丸形四耳壺の耳は未貫通である。壺に入れる茶も農家の自家用の煎茶であり、茶の湯の「茶壺」とは定義がやや違っている。「糀壺」という名称も、調査カードへの記載名称であるが、これらの名称も再検討の余地がありそうである。

⑮　感覚的な見方ではあるが保管単位毎にみれば、貿易陶磁の壺1～4の5点に対し、国内産は10点位所蔵されている。

⑯　正確にいえば、茶だけではない。註14のように他の用途もあるが、江戸市中の遺跡や江戸近郊の遺跡では、このようなタイプの大型の壺・甕はほとんど出土しないので、近代化の過程で壺類が生活に取り込まれていったと思われる。

引用・参考文献

青木正児　1945「花彫」『華国風味』岩波文庫ワイド版（2001）所収
伊藤泉美　2009「中国人の進出」「横浜華僑社会の成熟」『開港150周年記念　横浜　歴史と文化』横浜市ふるさと歴史財団編、有隣堂所収
株式会社　四門編　2013『町田市立博物館所蔵民俗資料目録』町田市立博物館
京都国立博物館　1991『日本人が好んだ中国陶磁』
台東区文化財調査会　2001『上野忍岡遺跡群国立科学博物館おれんじ館地点』
中央区教育委員会　2005『日本橋蛎殻町一丁目遺跡』
續伸一郎　1990「堺環濠遺跡出土の貿易陶磁（1）」『貿易陶磁研究№10』日本貿易陶磁研究会
東京都埋蔵文化財センター　2009『春日二丁目西遺跡』
長崎市埋蔵文化財調査協議会　1993『栄町遺跡』
長崎市埋蔵文化財調査協議会　1996『新地唐人荷蔵跡』
花井四郎　1992『黄土に生まれた酒』東方書店
堀内秀樹・坂野貞子　1996「江戸遺跡出土の18・19世紀の輸入陶磁」『東京考古14』東京考古談話会
武蔵野市教育員会　1992『武蔵野の民具と文書』
Adhyatman, S. 1981 *Antique Ceramics found in Indonesia, Verious Use and Origins.*
Adhyatman, S. and Ridno,Abu. 1984 *TEMPAYAN DI MARTAVANS in INDONESIA.*
CHRISTIE'S 1992 *The Vung Tau cargo.*
Desroches, J-P., Casal, G. and Goddio, F. 1996 *Treasures of the SAN DIEGO.* National Museum of the Philippines.
Harrison, B. 1986 *PUSAKA Heirloom jars of Borneo.*
Piji-ketel, C. L. V. der. 1982 *THE CERAMICLOAD OF THE 'WITTE LEEUW'.* RIJKS MUSEUM
Valdes, C. O., Long, K. N. and Barbosa, A. C. 1992 *A Thousand Years of Stoneware Jars in the Philippines.*

編集後記

　本書の編者である飯島武次先生は、2014年3月で34年勤めてこられた駒澤大学をご退職になられる。その間、先生のもとには多くの学生、大学院生が集まり、指導を受け卒業していった。また、多くの大学で非常勤講師をされ、多くの教え子を育てられた。

　そうした教え子の中から先生の退職に合わせて論文集を出せないかと話が自然と持ち上がり、2010年12月、私は卒業生の菊地大樹、髙野晶文、佐藤大樹から飯島先生退職記念の論集を刊行したいとの相談を受けた。2011年6月には具体的な論集作成の相談をし、10月には発起人の依頼と編集委員の打診を行い、発起人21名の方々にご快諾をいただいた。同年の12月2日には菊地大樹、佐藤大樹が同成社を訪れ、打ち合わせを行い刊行を打診、快諾を得た。続けて編集会議を経て、2012年3月には駒澤大学の卒業生を中核に、飯島先生と親交のある中国考古学関係者に執筆依頼を行った。締め切りは2013年5月であったが原稿の集まりは思うにまかせず、編集委員の佐藤、松下賢、岸本泰緒子、長尾宗史らは根気よく連絡を取りながら原稿を集めてくれた。

　最終的には、中国の研究者、国内の中国研究者、学内外の教え子から42本にものぼる玉稿を賜ることができた。そして飯島先生の永年のテーマたる『中華文明の考古学』として一書となり、ここに上梓できたことは喜ばしいかぎりである。執筆者をはじめ本書刊行にご尽力いただいたすべての関係者の方々にたいして、発起人一同深く感謝申し上げる次第である。

　さて、ここで飯島武次先生の経歴を少々述べさせていただく。先生は東京都世田谷区にお生まれになり、都立駒場高校、駒澤大学歴史学科を経て、東京大学大学院博士課程に進学された。その後、東京大学文学部助手、平安博物館専任講師を経て、1980年4月に駒澤大学へ文学部専任講師として赴任された。駒澤大学ではそれまで考古学の教員が倉田芳郎先生一人であったが、このときはじめて二人になったわけである。1982年には助教授、1988年には教授となり現在に至っているが、その間、東京大学、國學院大學、東海大学、青山学院大学などでも非常勤講師をされてきた。

　先生のご専門は、中国夏王朝から西周王朝時代の研究であり、『夏殷文化の考古学研究』『中国新石器文化研究』『中国考古学概論』『中国夏王朝考古学研究』などの著書をはじめ、多くの編著や論文等を執筆され、中国考古学に大きな成果をもたらした。また、学会においては日本中国考古学会副会長、のちに会長を、さらに日本考古学協会国際交流委員会長を務められ、中国考古学を牽引されてこられた。

　駒澤大学では外国考古学の教員として教鞭を執ってこられたが、学科主任、大学院歴史学専攻主任、大学院人文科学研究科委員長を歴任され、教育面でも大きな役割を果たされてきた。また、駒澤大学の国内での発掘実習を続けてこられたが、2001年からは中国での発掘実習を、北京大学や陝西省考古学研究所などと合同で実施されてきた。日本の中でも外国での発掘実習を行う大学はほと

んどないと思うが、先生はほぼ毎年続けてこられ、実習生のほか、学内外の大学院生も参加するなど、駒澤大学考古学専攻の特色の一つとなっている。中国での発掘実習とともに、科学研究費による中国渭河流域における先周や西周時代の研究も共同研究として続けてこられ、成果を公表されてきた。

　そして今年度のご退職となるわけであるが、このように先生の歩まれた道をいまいちど振り返ってみると、日本国内における中国考古学研究進展への寄与は絶大であったとの思いをあらためて強くする。また、私を含め駒澤大学同窓生一同の先生に対する学恩は筆舌に尽くしがたい。ここに僭越ながら関係者を代表して先生への深い感謝の意を表し、これからの新たな門出を祝福させていただきたい。

　最後になったが、昨今の厳しい出版事情でありながら、出版の相談から刊行までお世話になった同成社の山脇洋亮会長、佐藤涼子社長、編集を担当していただいた工藤龍平氏には謝意を表したい。

　　2013年12月24日

　　　　　　　　　　　　　　　飯島武次先生退職記念論文集刊行会　代表　酒井清治

〔発起人〕
稲畑耕一郎・右代啓視・王巍・大貫静夫・小澤正人・許宏・古泉弘・小柳美樹・酒井清治・設楽博己・徐天進・焦南峰・鈴木敦・谷豊信・趙輝・寺前直人・中村慎一・西幸隆・西江清高・平川善祥・水村孝行・三宅俊彦・吉田恵二

〔編集委員〕
内田宏美・菊地大樹・岸本泰緒子・酒井清治・佐藤大樹・杉山浩平・髙島裕之・髙野晶文・寺前直人・長尾宗史・松下賢・三宅俊彦

　　　　　　　　　　　　　　　　　　　　　　　　　　　　　（敬称略・五十音順）

執筆者一覧 (五十音順)

淺間　陽（あさま・よう）
1980年生
現在、（有）毛野考古学研究所
〔主要著作論文〕「関東地方北部における条痕文系土器に関する若干の考察」『駒澤考古』31、2006年。「群馬県における縄文晩期から弥生中期後半の集落動態」『駒澤考古』37、2012年。

安食　多嘉子（あじき・たかこ）
1990年生
現在、駒澤大学大学院人文科学研究学科修士課程
〔主要著作論文〕「安徽省寿県安豊塘遺跡及び朝鮮半島各地における"敷葉工法"について」（2011年度駒澤大学文学部歴史学科卒業論文）。

池野　正男（いけの・まさお）
1951年生
（公財）富山県文化振興財団埋蔵文化財調査事務所
〔主要著作論文〕「律令的土器様式の成立過程と生産形態」『古代の越中』高志書院、2009年。「古代集落における仏教施設と関連遺物」『大境』第30号、富山考古学会、2011年。

右代　啓視（うしろ・ひろし）
1959年生
現在、北海道開拓記念館
〔主要著作論文〕「北海道の要害遺跡」『中世東アジアの周縁世界』同成社、2009年。「オホーツク文化の竪穴住居構造」『比較考古学の新地平』同成社、2010年。

内田　宏美（うちだ・ひろみ）
1976年生
現在、國學院大學文学部兼任講師
〔主要著作論文〕「漢長安城出土の骨簽に関する一考察」『中国考古学』第10号、2010年。「漢長安城未央宮出土骨簽および弩機の銘文について—前漢における武器生産の実態解明に向けて—」『中国考古学』第11号、2011年。

大貫　静夫（おおぬき・しずお）
1952年生
現在、東京大学大学院人文社会系研究科教授
〔主要著作論文〕『東北アジアの考古学』同成社、1998年。『ロシア極東の民族考古学』（共編著）六一書房、2005年。

岡村　秀典（おかむら・ひでのり）
1957年生
現在、京都大学人文科学研究所教授
〔主要著作論文〕『夏王朝　王権誕生の考古学』講談社、2003年。『中国文明　農業と礼制の考古学』京都大学学術出版会、2008年。

小澤　正人（おざわ・まさひと）
1963年生
現在、成城大学文芸学部教授
〔主要著作論文〕『中国の考古学』（共著）同成社、1999年。「東周時代青銅礼器の地域性とその背景」『中国考古学』5号、2005年。

折原　洋一（おりはら・よういち）
1956年生
（株）ノガミ　埋蔵文化財調査部
〔主要著作論文〕「房総半島における有窓（孔）鐔について」『生産の考古学』倉田芳郎先生古稀記念、同成社、1997年。「土製模造鏡と地域性」『季刊考古学』第96号　古墳時代の祭り、雄山閣、2007年。

利部　修（かがぶ・おさむ）
1955年生
現在、秋田県埋蔵文化財センター主任文化財専門員（兼）班長、秋田県埋蔵文化財センター中央調査班
〔主要著作論文〕『出羽の古代土器』同成社、2008年。「由利地域の古代生産遺跡」『古代由理柵の研究』2013年。

角道　亮介（かくどう・りょうすけ）
1982年生
現在、日本学術振興会特別研究員
〔主要著作論文〕「西周時代関中平原における青銅彝器分布の変化」『中国考古学』第10号、2010年。「西周青銅器銘文の広がり」『中国考古学』第12号、2012年。

加藤　里美（かとう・さとみ）
1971年生

現在、國學院大學博物館学芸員・文学部講師
〔主要著作論文〕『中国新石器時代における食品加工具の考古学的研究』國學院大學大学院叢書9、2002年。「海岱地区新石器時代的磨盤、磨棒」『東方考古』第2集、山東大学東方考古研究中心編、科学出版社、2005年。

川村　佳男（かわむら・よしお）
1975年生
現在、東京国立博物館主任研究員
〔主要著作論文〕「中国三岐地区の塩竈形明器について」『塩の生産と流通―東アジアから南アジアまで―』東南アジア考古学会編、雄山閣、2011年。「斉と楚の青銅器を比べる―器種構成を中心にして―」『中国　王朝の至宝』東京国立博物館他編、NHK他発行、2012年。

黄川田　修（きかわだ・おさむ）
1972年生
現在、台湾・国立台南藝術大学藝術史学系兼任助理教授
〔主要著作論文〕「斉国始封地考」『文物春秋』2005年4期。「華夏系統国家群之誕生」『三代考古』3、2009年。

菊地　大樹（きくち・ひろき）
1976年生
現在、奈良文化財研究所埋蔵文化財センター客員研究員
〔主要著作論文〕「中国先秦時代におけるウマと馬車の変革」『中国考古学』9、2009年。「先秦養馬考」『文化財論叢Ⅳ』奈良文化財研究所、2012年。

岸本　泰緒子（きしもと・たおこ）
1981年生
現在、駒澤大学大学院人文科学研究科博士後期課程
〔主要著作論文〕「獣帯鏡に関する一考察」『博望』東北アジア古文化研究所、第6号、2006年。「前漢鏡の地域性について―陝西省西安を中心に―」『駒澤考古』第34号、2009年。

許　宏（きょ・こう）
1963年生
現在、中国社会科学院考古研究所研究員・夏商周考古研究室兼二里頭工作隊隊長、中国社会科学院研究生院教授、中国考古学会理事
〔主要著作論文〕『先秦城市考古学研究』北京燕山出版社、2000年。『最早的中国』科学出版社、2009年。

小柳　美樹（こやなぎ・よしき）
1967年生
現在、金沢大学国際文化資源学研究センター客員准教授。駒澤大学文学部非常勤講師
〔主要著作論文〕「稲作と神々の源流」『現代の考古学』5、朝倉書店、1999年。「石犁考」『東海史学』40、2006年。

近藤　はる香（こんどう・はるか）
1979年生
現在、北京大学中国考古学研究中心兼職研究員
〔主要著作論文〕「西周鋳銅業研究的思考」『商周青銅器的陶範鋳造技術研究』文物出版社、2010年。「彊国青銅器生産体系研究」『古代文明』（第9巻）文物出版社（未刊）。

早乙女　雅博（さおとめ・まさひろ）
1952年生
現在、東京大学大学院人文社会系研究科教授
〔主要著作論文〕『朝鮮半島の考古学』世界の考古学⑩、同成社、2000年。『新羅考古学研究』同成社、2010年。

酒井　清治（さかい・きよじ）
1949年生
現在、駒澤大学文学部教授
〔主要著作論文〕『古代関東の須恵器と瓦』同成社、2002年。『土器から見た古墳時代の日韓交流』同成社、2013年。

佐藤　大樹（さとう・だいき）
1977年生
現在、駒澤大学禅文化歴史博物館
〔主要著作論文〕「中国古代の鋳銭技術の変遷―出土銭范の材質と型式の分析からのアプローチ―」『生産の考古学Ⅱ』2008年。

設楽　博己（したら・ひろみ）
1956年生
現在、東京大学大学院人文社会系研究科教授
〔主要著作論文〕『原始絵画の研究（論考編）』六一書房、2006年（編著）。『弥生再葬墓と社会』塙書房、2008年。

焦　南峰（しょう・なんぽう）
1954年生
現在、陝西省考古研究院研究員。中国考古学会常務理事。西北大学兼任教授。
〔主要著作論文〕「秦・西漢帝陵封土研究的新認識」『文物』2012年第12期。「宗廟道・游道・衣冠

道―西漢帝陵道路再探」『文物』2010年第1期。

杉山　浩平（すぎやま・こうへい）
1972年生
現在、東京大学大学院特任研究員
〔主要著作論文〕『東日本弥生社会の石器研究』六一書房、2010年。「縄文時代後晩期の伊豆・箱根・富士山の噴火活動と集落動態」『考古学研究』60(2)、2013年。

鈴木　敦（すずき・あつし）
1959年生
現在、茨城大学人文学部教授
〔主要著作論文〕「甲骨文字におけるセリエーション把握」『論集　中國古代の文字と文化』汲古書院、1999年。「論先秦文字編碼化問題」『甲骨学110年：回顧与展望　王宇信教授師友国際学術研討会論文集』中国社会科学出版社、2009年。

鈴木　舞（すずき・まい）
1982年生
現在、東京大学大学院人文社会系研究科博士後期課程
〔主要著作論文〕「殷墟小屯東北地工房に関する再検討」『中国考古学』第八号、2008年。「東京大学文学部列品室所蔵青銅爵に関する考察―特に製作技術の面から―」『東京大学考古学研究室研究紀要』第25号、2010年。

鈴木　裕子（すずき・ゆうこ）
1958年生
現在、（株）四門　文化財事業部
〔主要著作論文〕「出土資料からみた仁清」『野村美術館研究紀要』第10号、2001年。「江戸出土の備前産の徳利について」『東京考古』30、2012年。

髙野　晶文（たかの・まさふみ）
1978年生
現在、三条市生涯学習課
〔主要著作論文〕「咸陽秦墓のストーリー」『生産の考古学Ⅱ』同成社、2008年。

髙島　裕之（たかしま・ひろゆき）
1973年生
現在、専修大学文学部准教授
〔主要著作論文〕『有田古窯跡出土陶磁器の研究―17世紀における有田・南川原山の陶磁器生産の解明』雄松堂出版、2009年。「「柿右衛門」と有田・南川原窯」『専修大学人文科学研究所人文科学年報』41、2011年。

瀧音　大（たきおと・はじめ）
1984年生
現在、早稲田大学大学院人間科学研究科
〔主要著作論文〕「北海道出土の勾玉について」『駒澤考古』第34号、2009年。「背合わせ勾玉についての一考察」『古代』第131号、2013年。

田畑　潤（たばた・じゅん）
1979年生
現在、石洞美術館臨時職員・茨城大学人文学部非常勤講師
〔主要著作論文〕「西周時代前期における天馬―曲村墓地の被葬者集団について―青銅礼器副葬配置の分析から―」『中国考古学』第八号、日本中国考古学会、2008年。「黄河中流域における西周時代後期葬制の変化と拡散」『中国考古学』第十二号、日本中国考古学会、2012年。

千葉　基次（ちば・もとつぐ）
1946年生
現在、駒澤大学非常勤講師
〔主要著作論文〕「支石墓研究―コマ形土器と支石墓と青銅器―」『扶桑』田村晃一先生喜寿記念論文集、2009年。「遼寧青銅器文化と神権の形成」『講座　日本の考古学』6　弥生時代　下、青木書店、2011年。

寺前　直人（てらまえ・なおと）
1973年生
現在、駒澤大学文学部准教授
〔主要著作論文〕『武器と弥生社会』大阪大学出版会、2010年。「日本列島における青銅製武器模倣石器の出現過程」『古代文化』64-1、2012年。

鄧　聰（とう・そう）
1953年生
現在、香港中文大学歴史系教授、香港中文大学中国考古芸術センター主任
〔主要著作論文〕『玉根国脈（一）―2011"岫岩玉与中国玉文化学術研討会"文集』（劉国祥共同編集）科学出版社、2011年。「第七節　牛河梁遺址出土玉器技術初探」（劉国祥共著）『牛河梁―紅山文化遺址発掘報告（1983-2003年度）』文物出版社、2013年。

長尾　宗史（ながお・むねのり）
1978年生
現在、駒澤大学大学院人文科学研究科博士後期課程
〔主要著作論文〕「渭河流域における先周・西周時

代墓地の地形図と分布図」『中国渭河流域の西周遺跡』同成社、2009年。「渭河上流域における西周時期の先秦遺跡」『中国渭河流域の西周遺跡Ⅱ』同成社、2013年。

中村　慎一（なかむら・しんいち）
1957年生
現在、金沢大学理事（教育担当）・副学長
〔主要著作論文〕『稲の考古学』同成社、2002年。「比較考古学からみた弥生巨大環濠集落の性格」『弥生時代の考古学3』同成社、2011年。

西江　清高（にしえ・きよたか）
1954年生
現在、南山大学人文学部教授
〔主要著作論文〕『扶桑与若木—日本学者対三星堆文明的新認識—』北京大学中国伝統文化研究中心国学研究叢刊之十五（編・共著）、巴蜀書社、2002年。『世界歴史体系　中国史1—先史〜後漢』（松丸道雄他編・共著）、山川出版社、2003年。

廣川　守（ひろかわ・まもる）
1965年生
現在、公益財団法人泉屋博古館学芸課長
〔主要著作論文〕「遼寧大凌河流域の殷周青銅器」『泉屋博古館紀要』第10巻、1994年。「青銅觚形尊の容量」『中国考古学』第8号、2008年。

藤野　一之（ふじの・かずゆき）
1982年生
現在、坂戸市教育委員会事務局
〔主要著作論文〕「Hr-FAの降下年代と須恵器暦年代」『上毛野の考古学Ⅱ』2009年。「古墳時代における藤岡産須恵器再考」『埼玉考古』第48号、2013年。

三宅　俊彦（みやけ・としひこ）
1967年生
現在、専修大学兼任講師
〔主要著作論文〕『中国の埋められた銭貨』同成社、2005年。「サハリン出土の銭貨」『北海道大学総合博物館研究報告』6、2013年。

宮本　一夫（みやもと・かずお）
1958年生
現在、九州大学大学院人文科学研究院教授
〔主要著作論文〕『中国の歴史01　神話から歴史へ』講談社、2005年。『農耕の起源を探る　イネの来た道』吉川弘文館、2009年。

油布　憲昭（ゆふ・のりあき）
1985年生
現在、飯能市教育委員会生涯学習課　文化財専門調査員（嘱託）
〔主要著作論文〕「土師器焼成坑の変遷—関東に視点をおいて—」（研究ノート）『駒澤考古』第35号、2010年。

劉　宇毅（りゅう・うき）
1982年生
現在、駒澤大学大学院人文科学研究科修士課程
〔主要著作論文〕「高領乳状袋足分襠鬲の研究」（2011年度駒澤大学文学部歴史学科卒業論文）。

劉　緒（りゅう・しょ）
1949年生
北京大学考古文博学院教授を退職
〔主要著作論文〕『晋文化』文物出版社、2000年。「夏末商初都邑分析之一——二里頭遺址与偃師商城遺存比較」『中国国家博物館館刊』2013年第9期。

中華文明の考古学
ちゅうかぶんめい　こうこがく

■編者略歴■

飯島　武次（いいじま・たけつぐ）

1943（昭和18）年	東京に生まれる。
1966（昭和41）年	駒澤大学文学部地理歴史学科卒業
1972（昭和47）年	東京大学大学院人文科学研究科博士課程考古学専攻満期退学
1972（昭和47）年	東京大学助手（文学部）
1976（昭和51）年	財団法人古代学協会研究員
1980（昭和55）年	駒澤大学専任講師（文学部考古学）
1986（昭和61）年	北京大学考古学系研究員
1987（昭和62）年	文学博士（東京大学）
2009（平成21）年	北京大学考古文博学院客員教授
現　在	駒澤大学・駒澤大学大学院教授（文学部考古学）
著　書	『夏殷文化の考古学研究』（山川出版社、1985年）
	『中国新石器文化研究』（山川出版社、1991年）
	『中国周文化考古学研究』（同成社、1998年）
	『中国考古学概論』（同成社、2003年）
	『中国夏王朝考古学研究』（同成社、2012年）

2014年3月1日発行

編　者　飯島武次
発行者　山脇洋亮
印　刷　亜細亜印刷㈱
製　本　協栄製本㈱

発行所　東京都千代田区飯田橋4-4-8
　　　　（〒102-0072）東京中央ビル　㈱同成社
　　　　TEL 03-3239-1467　振替 00140-0-20618

©Iijima Taketsugu 2014. Printed in Japan
ISBN978-4-88621-658-8 C3022